Die Generale und Admirale der NVA

Klaus Froh · Rüdiger Wenzke

Die Generale und Admirale der NVA

Ein biographisches Handbuch

Herausgegeben vom
Militärgeschichtlichen Forschungsamt

Bechtermünz

Genehmigte Lizenzausgabe für Verlagsgruppe Weltbild GmbH,
Steinerne Furt, 86167 Augsburg

Umschlaggestaltung: Andreas Rödig, Atelier Lehmacher, Friedberg/Bay.
Umschlagmotiv: Bildarchiv Preußischer Kulturbesitz, Berlin
Gesamtherstellung: Clausen & Bosse GmbH, Birkstraße 10, 25917 Leck
Printed in Germany

ISBN 3-8289-0542-0

2006 2005 2004 2003
Die letzte Jahreszahl gibt die aktuelle Lizenzausgabe an.

Inhalt

Vorwort

Im Oktober 1952 wurden auf Weisung von DDR-Innenminister Willi Stoph militärische Dienstgrade und Rangabzeichen für die Kasernierte Volkspolizei (KVP) eingeführt. Gleichzeitig ernannte der amtierende Ministerpräsident Heinrich Rau auf Vorschlag des Politbüros des Zentralkomitees der SED 28 »leitende Kader« der noch als Polizeitruppe getarnten Streitkräfte – Altkommunisten ebenso wie ehemalige Wehrmachtoffiziere – zu Generalen und Admiralen. Sie waren die ersten von mehreren Hundert Offizieren im Generalsrang in der 41jährigen Geschichte der DDR.

Am 3. Oktober 1990, dem Tag der Vereinigung Deutschlands, waren alle Generale und Admirale der NVA entlassen. Keiner wurde in das Dienstverhältnis der Bundeswehr übernommen. Ausgenommen von dieser Grundentscheidung war ein Generalmajor im Medizinischen Dienst, der als Oberstarzt weitere Verwendung fand sowie fünf ehemalige Generale, die befristete Arbeitsverträge als zivile Berater des neuen Bundeswehrkommandos Ost erhielten.

Über die Führungskader der NVA, die Generale und Admirale, war lange Zeit – sowohl im Osten als auch im Westen – kaum etwas bekannt. Die Gründe dafür lagen vor allem in der strikten Geheimhaltungspraxis der DDR. Nur selten gelangten verläßliche Informationen über die militärischen und politischen Karrieren von hohen Offizieren in die Öffentlichkeit. Die Darstellung der DDR-Militärgeschichte ist jedoch ohne das Wissen um die Biographien der Angehörigen dieser der SED treu ergebenen, fachlich durchaus qualifizierten Funktionselite, die den Aufbau und die langjährige Entwicklung der »sozialistischen deutschen Streitmacht« wesentlich mitvorbereitet, mitgestaltet und letztlich auch mitzuverantworten hatten, nicht möglich. Bislang fehlte jedoch in der Reihe der in den vergangenen Jahren zahlreich erschienen biographischen Lexika zur DDR-Geschichte eine Übersicht zum militärischen Führungspersonal.

Das Militärgeschichtliche Forschungsamt (MGFA) will mit seinen Forschungen zur »Militärgeschichte der DDR im Bündnis« als Teil deutscher Militärgeschichte nach 1945 einen spezifischen Beitrag zur Aufarbeitung der Geschichte des SED-Staates leisten. Neben den längerfristig angelegten Vorhaben der Grundlagenforschung – zu dessen ersten Ergebnissen die »Geschichte der Kasernierten Volkspolizei (KVP) 1952-1955/56« zählt – betrachtet es das MGFA als eine wichtige Aufgabe, zwischenzeitlich auch Arbeiten zu publizieren, die Einzelaspekte herausgreifen und somit die Erschließung des Gesamtkomplexes erleichtern. In diesem Zusammenhang sei verwiesen auf die 1996 vorgelegte

Bibliographie »Die Militär- und Sicherheitspolitik in der SBZ/DDR« und das 1998 bereits in zweiter Auflage erschienene Handbuch der bewaffneten Organe der DDR »Im Dienste der Partei«.

Die nunmehr vorliegende Publikation bietet als biographisches Handbuch erstmalig einen vollständigen Überblick über die Generale und Admirale der Kasernierten Volkspolizei, der Nationalen Volksarmee, der Grenztruppen und der Zivilverteidigung. Insofern kann es als das »Who is Who« der DDR-Militärelite bezeichnet werden. Umfangreiche Archivrecherchen und Befragungen bildeten hierzu die Grundlage. Die auf den ersten Blick nüchtern erscheinenden Daten in den Kurzbiographien und verschiedenen tabellarischen Übersichten vermitteln über die reine Faktizität hinaus Einblicke in ein breites sozialgeschichtliches Spektrum. Bieten sie doch die Möglichkeit, individuelle Lebensläufe zu rekonstruieren, um damit Kontinuitäten und Brüche der Militärgeschichte der DDR transparenter zu machen und gleichzeitig ein präziseres Bild von der Personalpolitik und den Herrschaftsstrukturen des ehemals abgeschotteten Systems des DDR-Sozialismus zu erhalten. Das Handbuch zeigt sehr deutlich, wer an welchen Stellen Verantwortung trug. Damit werden zweifellos weitere Rückschlüsse auf die Entwicklung des Militärs als eine der »ehernen Säulen« des SED-Staates möglich.

Die Autoren des Bandes, Klaus Froh und Rüdiger Wenzke, haben mit dem Handbuch ein Werk vorgelegt, das sowohl der Forschung zur jüngsten deutschen Militärgeschichte als auch einer interessierten Öffentlichkeit wichtige Orientierungshilfen bietet. Dafür danke ich beiden Autoren. Besonders begrüßenswert ist darüber hinaus, daß sie das Projekt neben ihren jeweiligen vielfältigen und auch unterschiedlichen beruflichen Verpflichtungen in einer kooperativen Zusammenarbeit mit dem Militärgeschichtlichen Forschungsamt verwirklicht haben. Mein Dank gilt in diesem Zusammenhang auch dem Leiter des Forschungsbereichs »Militärgeschichte der DDR«, Oberst Dr. Hans Ehlert, und dem Leiter der Schriftleitung des MGFA, Dr. Arnim Lang, die den Band von Anfang engagiert begleitet haben.

Friedhelm Klein M.A. Potsdam, im Februar 2000

Oberst i.G. und Amtschef
des Militärgeschichtlichen Forschungsamtes

Vorbemerkung der Autoren

Wer sich über Deutschlands Generale und Admirale vor 1945 sowie über die militärischen Werdegänge der Generale und Admirale der Bundeswehr solide informieren will, findet dazu in der einschlägigen Literatur problemlos die entsprechenden Angaben[1]. Vergleichbare biographische Lexika über das DDR-Militär gab es bisher jedoch nicht. Zwar erschienen bereits Anfang der 60er Jahre in der Bundesrepublik zwei Publikationen mit Biographien hoher ostdeutscher Militärs. Ihr wissenschaftlicher Informationswert war aber eher begrenzt[2]. 1976 folgte die verdienstvolle Arbeit von Ullrich Rühmland »Die Generale der DDR« [3], in der versucht wurde, die Lebensläufe von knapp 200 Spitzenoffizieren verschiedener bewaffneter Kräfte nachzuzeichnen. Auch in dem in der Bundesrepublik sicherlich bekanntesten biographischen »Standardwerk« zur

---

1 Siehe dazu vor allem die umfangreichen und sorgfältig recherchierten Bände der Reihe »Deutschlands Generale und Admirale« , hrsg. von Dermot Bradley in Verbindung mit Markus Rövekamp unter Mitarbeit von Ernest Henriot u.a., die jedoch insgesamt noch nicht abgeschlossen ist. Dazu gehören als Teile u.a. Hans H. Hildebrand, Ernest Henriot, Deutschlands Admirale 1849-1945. Die militärischen Werdegänge der See-, Ingenieur-, Sanitäts-, Waffen- und Verwaltungsoffiziere im Admiralsrang, Bd 1-4, Osnabrück 1988 ff. (Teil I); Karl Friedrich Hildebrand, Die Generale der deutschen Luftwaffe 1935-1945. Die militärischen Werdegänge der Flieger-, Flakartillerie-, Fallschirmjäger-, Luftnachrichten- und Ingenieur-Offiziere einschließlich der Ärzte, Richter, Intendanten und Ministerialbeamten im Generalsrang, Bd 1-3, Osnabrück 1990 ff. (Teil II); Die Generale des Heeres 1921-1945. Die militärischen Werdegänge der Generale, sowie der Ärzte, Veterinäre, Intendanten, Richter und Ministerialbeamten im Generalsrang, Bd 1-4, Osnabrück 1993 ff. (Teil IV); Heinz-Peter Würzenthal, Dermot Bradley, Hansgeorg Model u. Markus Rövekamp, Vollständige Liste der Generale und Admirale der Bundeswehr 1955-1990, Osnabrück 1990 (Teil IVa); Dermot Bradley, Heinz-Peter Würzenthal u. Hansgeorg Model, Die Generale und Admirale der Bundeswehr 1955-1997, Bd 1, Osnabrück 1998 (Teil IVb). Siehe auch u.a. Nikolaus von Preradovich, Die Generale der Waffen-SS, Berg am See 1985; Clemens Range, Die Generale und Admirale der Bundeswehr, Herford, Bonn 1990; Die Militärelite des Dritten Reiches. 27 biographische Skizzen, hrsg. von Ronald Smelser u. Enrico Syring, Berlin, Frankfurt a.M. 1995.

2 Thomas Falk, Ulbrichts Generale, Bonn 1960; SED-Funktionäre in Uniform. Wer befiehlt in der Nationalen Volksarmee. Eine Dokumentation von Friedrich P. Martin, Köln 1962. Biographische Beiträge über ausgewählte DDR-Persönlichkeiten waren seit den 50er Jahren auch in Zeitschriften, vor allem im SBZ-Archiv bzw. im Deutschland Archiv erschienen. Besonders zu nennen sind dabei die Arbeiten von Karl Wilhelm Fricke.

3 Die Generale der DDR, bearbeitet von Ullrich Rühmland, Bonn 1976.

DDR, das 1987 in einer 4. erweiterten und überarbeiteten Auflage erschien, fand der interessierte Leser durchaus Daten zu Generalen und Admiralen der NVA[4]. Doch all diese Publikationen hatten den Mangel, daß sie auf Grund der schwierigen Quellenlage (Geheimhaltung und kaum nutzbare Veröffentlichungen aus der DDR) stets nur einen kleinen Teil der militärischen Elite erfassen konnten oder die Führungskräfte von Militär, Polizei und Staatssicherheit vermischten. Zudem wiesen die vorgelegten Kurzbiographien mitunter erhebliche Lücken, Ungenauigkeiten und auch Fehler auf. In der DDR selbst hielt man die Lebensläufe der Generale und Admirale prinzipiell geheim, sieht man von Ausnahmen ab, z.B. bei einigen Spitzenmilitärs[5].

Auch in den nach 1989/90 erschienenen biographischen Lexika zur DDR-Geschichte wurde der Militärbereich oft nur am Rande oder unvollständig erfaßt[6]. Wer z.B. nach militärischen Funktionsträgern unterhalb der Ebene der

---

4 Günther Buch, Namen und Daten wichtiger Personen der DDR, Berlin, Bonn 1973 ff.

5 Vgl. dazu z.B. die biographischen Skizzen in: Armee für Frieden und Sozialismus. Geschichte der Nationalen Volksarmee der DDR, Berlin (Ost) 1985. Siehe dazu auch die in der DDR erschienenen Lebenserinnerungen u.a.: Vincenz Müller, Ich fand das wahre Vaterland, hrsg. von Klaus Mammach, Berlin (Ost) 1963; Hasso Grabner, Heinz Mildner, Der Weg nach Hause. Erinnerungen von Ewald Munschke, Berlin (Ost) 1963; Helmut Welz, In letzter Stunde. Biographie nach umfangreichen Aufzeichnungen Arno von Lenskis, Berlin (Ost) 1978; Heinz Hoffmann, Mannheim – Madrid – Moskau. Erlebtes aus drei Jahrzehnten, Berlin (Ost) 1981; Heinz Hoffmann, Moskau – Berlin. Erinnerungen an Freunde, Kampfgenossen und Zeitumstände, Berlin (Ost) 1989. Weitere Angaben zu biographischen Abhandlungen über einige hohe NVA-Offiziere bis 1989 in: Die Militär- und Sicherheitspolitik in der SBZ/DDR. Eine Bibliographie (1945-1995), hrsg. von Hans Ehlert, bearbeitet von Hans-Joachim Beth, München 1996, S. 387-389.

6 Siehe u.a. Wer war wer – DDR. Ein biographisches Lexikon, hrsg. von Jochen Cerny, Berlin 1992; DDR: Wer war wer? 2146 Biographien zur DDR-Geschichte. Ein elektronisches Lexikon unter Windows, hrsg. von Bernd-Rainer Barth u.a., Berlin 1994; neuerdings auch in einer stark erweiterten Ausgabe: Wer war wer in der DDR? Ein biographisches Lexikon, hrsg. von Helmut Müller-Enbergs, Dieter Hoffmann u. Jan Wielgohs, Berlin 2000; Andreas Herbst, Winfried Ranke u. Jürgen Winkler, So funktionierte die DDR, Bd 3: Lexikon der Funktionäre, Hamburg 1994; Biographisches Handbuch der SBZ/DDR 1945-1990, Bd 1 u. 2, hrsg. von Gabriele Baumgartner u. Dieter Hebig, München, New Providence, London, Paris 1996 f. Nach ihrem Ausscheiden aus dem Dienst der NVA betätigten sich einige Ex-Generale publizistisch. Manche schrieben ihre Lebenserinnerungen, andere brachten ihre persönliche Sicht in die Diskussionen zur Aufarbeitung der ostdeutschen Militärgeschichte ein. Siehe dazu bisher u.a. NVA. Ein Rückblick für die Zukunft. Zeitzeugen berichten über ein Stück deutscher Militärgeschichte, hrsg. von Manfred Backerra, Köln 1992; Theodor Hoffmann, Das letzte Kommando. Ein Minister erinnert sich, Berlin, Bonn, Herford 1993; Theodor Hoffmann, Kommando Ostsee. Vom Matrosen zum Admiral, Berlin, Bonn, Hamburg 1995; Klaus-Jürgen Baarß, Lehrgang X. In geheimer Mission an der Wolga, Berlin, Bonn, Hamburg 1995; Heinz Keßler, Zur Sache und zur Person. Erinnerungen, 2. erw. Aufl., Berlin 1997; Werner Rothe, Jahre im Frieden. Eine DDR-Biographie, Schkeuditz 1997; Rührt euch!

unmittelbaren NVA-Führung sucht, sieht sich zumeist enttäuscht. Ähnliches gilt im übrigen auch für die Bereiche der Polizei und der Staatssicherheit[7].

Das vorliegende Handbuch soll helfen, diese Lücken zu schließen. Erstmals wurde versucht, *alle* ehemals im militärischen Bereich der DDR diensttuenden Generale und Admirale biographisch zu erfassen. Die Auswahlkriterien orientierten sich ausschließlich an der Rangelite des ostdeutschen Militärs. Aufnahme fand daher nur ein fest umrissener Kreis: Personen, die zwischen dem 1. Oktober 1952 – der offiziellen Einführung militärischer Dienstgrade in der DDR – und dem 2. Oktober 1989 – der letzten Ernennung von Obersten und Kapitänen zur See zu Generalmajoren und Konteradmiralen der NVA – in einen Generals- bzw. Admiralsdienstgrad ernannt worden waren und sich letztlich im genannten Zeitraum dem Militärbereich, d.h. der Kasernierten Volkspolizei (KVP), der Nationalen Volksarmee und den Grenztruppen bzw. darüber hinaus auch der Zivilverteidigung und der Gesellschaft für Sport und Technik zuordnen lassen. Es handelt sich bei den vorgestellten Generalen und Admiralen zumeist um die obersten Nomenklaturkader des DDR-Militärs: vom Minister über seine Stellvertreter, über die Chefs im Ministerium und in den Teilstreitkräften und deren Stellvertreter bis hin zu den Leitern und Direktoren von Einrichtungen sowie den Kommandeuren von Divisionen und Chefs von Wehrbezirkskommandos, Flottillen und Grenzkommandos.

General- und Chefinspekteure der Volkspolizei aus der Zeit von 1946 bis 1952 fanden auf Grund der in diesem Zeitraum oft unscharfen Trennung zwischen Polizei und Militär sowie der damaligen unklaren Ernennungs- und Beförderungspraxis nur dann Berücksichtigung, wenn sie nach dem Oktober 1952 in den Streitkräften (einschließlich KVP) einen Generals- bzw. Admiralsdienstgrad erreichten. Es wurden jedoch auch einige wenige Personen aufgenommen, die zeitweise in anderen bewaffneten Kräften der DDR Dienst taten bzw. dort zum General befördert wurden. Ausschlaggebend für die Aufnahme in dieses Handbuch war in der Regel eine längere Tätigkeit in Spitzenpositionen bzw. die Zugehörigkeit zur NVA bei ihrem Ausscheiden aus dem aktiven Dienst.

Die Autoren sind sich darüber im klaren, daß auch Offiziere mit dem Dienstgrad Oberst/Kapitän zur See und z.T. Oberstleutnant/Fregattenkapitän in hohen Nomenklaturdienststellungen bis zur Ebene des Ministeriums Leitungsverantwortung trugen und oftmals aus der »zweiten Reihe« stärker die Entwicklung der Armee prägten als manche ihrer Kameraden im Generalsrang. Das trifft vor allem auf die Besetzung leitender Dienststellungen in der Endphase

---

Zur Geschichte der Nationalen Volksarmee der DDR, hrsg. von Wolfgang Wünsche, Berlin 1998.

7 Vgl. dazu u.a. Wer war wer im Ministerium für Staatssicherheit. Kurzbiographien des MfS-Leitungspersonals 1950 bis 1989, hrsg. von Jens Gieseke, in: Anatomie der Staatssicherheit. Geschichte, Struktur und Methoden – MfS-Handbuch –, hrsg. von Siegfried Suckut u.a., Teil V/4, Berlin 1998, S. 3.

der Armee zu. Den Biographien dieser Offiziere soll in künftigen Projekten stärkere Aufmerksamkeit geschenkt werden.

Der Hauptteil des Handbuches umfaßt 377 Kurzbiographien der DDR-Militärelite, die nach einheitlichen Prinzipien aufgebaut sind:

In der ersten Zeile sind Name, Vorname, akademischer Grad/Titel und der in der DDR höchste erreichte militärische Dienstgrad des jeweiligen Generals/Admirals zu finden. Es schließen sich das Geburtsdatum, der Geburtsort und ggf. der Kreis an, dem der Geburtsort *heute* zugeordnet ist. Bei Geburtsorten außerhalb des Territoriums der ehemaligen DDR (Ostpreußen u.ä.) beziehen sich die Angaben in der Regel auf die bis 1945 üblichen deutschen Bezeichnungen, die teilweise mit gesonderten Hinweisen ergänzt werden. Zum »Kopf« jeder Kurzbiographie gehören des weiteren der Beruf des Vaters (im Einzelfall auch des Stiefvaters), der einen Hinweis auf die soziale Herkunft der vorgestellten Person ermöglicht, die Schulbildung, der zuerst erlernte Beruf (z.B. abgeschlossene Lehre) sowie das Sterbedatum, soweit es zu ermitteln war. In der Rubrik »Schule« wurde der höchste erreichte Schulabschluß nach folgender Einteilung aufgenommen: 8 Klassen (Volksschule), 10 Klassen (Mittelschule, mittlere Reife, Realschule, 10 Klassen in Grundlagenfächern) und 12 Klassen (Abitur, 12 Klassen in Grundlagenfächern). Eine eindeutige Zuordnung zu diesen Stufen gelang jedoch nicht immer. Zur Unterscheidung vom Erwerb der Mittleren Reife bzw. des Abiturs des »ersten« Bildungsweges an Oberschulen, Gymnasien u.ä. wurden als besondere Stufen die Abschlüsse »10 Klassen bzw.12 Klassen in Grundlagenfächern« gekennzeichnet. Insbesondere den 12-Klassen-Abschluß erwarben vor allem Ende der 50er/Anfang der 60er Jahre Offiziere, die für den Besuch einer Militärakademie vorgesehen waren, aber bisher zumeist nur über eine Volksschulbildung verfügten. Dieses Abitur wurde von den Betreffenden zumeist an einer Vorstudienanstalt (z.B. in Naumburg) in mindestens vier Fächern abgelegt, um die Hochschulreife zu erlangen. Andere Abschlüsse wie solche an Bürgerschulen, Berufsschulen, Handelsschulen usw. fanden in dieser Rubrik in der Regel keine Berücksichtigung.

Der sich anschließende zweite Block einer Kurzbiographie umfaßt die Zeit der beruflichen und politischen Tätigkeit bis 1945. Hier sind Angaben zur Erwerbstätigkeit, zur politischen Tätigkeit gegen das NS-Regime, zum Dienst in der Wehrmacht und zur Gefangenschaft der betreffenden Personen zu finden.

Der darauf folgende Hauptteil der Biographie enthält einen chronologischen Lebenslauf, bei dem die *dienstliche Tätigkeit in den bewaffneten Organen* im Mittelpunkt steht. In der Regel werden dabei nur Dienststellungen aufgeführt, die der Betreffende länger als sechs Monate innehatte. Das trifft analog auf den Besuch von militärischen Schulen, Kursen, Lehrgängen u.ä. zu. Als Bestandteil des Dienstverlaufs ist die militärische bzw. militärakademische Qualifizierung (ohne Fern- oder postgraduales Studium) ausgewiesen. Besonders hervorgehoben sind die Daten des Diensteintritts in die bewaffneten Kräfte der DDR (ganz gleich ob eine zeitliche Verwendung in der Volkspolizei, der Grenzpolizei, der Kasernierten Volkspolizei, im Ministerium für Staatssicherheit oder in der NVA stattfand) sowie der Ernennung zum General/Admiral bzw. Beförderungen im Generals-/Admiralsrang. Weitere Angaben geben Auskunft über die Mitgliedschaft in Parteien, über die – soweit den Autoren bekannt – jeweils verliehene höchste staatliche und militärische DDR-Auszeichnung (Auswahl) sowie über das Datum der offiziellen Beendigung des aktiven Wehrdienstes[8]. Zum Verbleib und zur Tätigkeit der Personen nach ihrem Dienstende werden nur in Ausnahmefällen Hinweise gegeben, z.B. wenn wichtige Positionen in anderen Bereichen der Gesellschaft eingenommen wurden.

Alle Generale und Admirale der NVA waren in der SED (in Einzelfällen in der NDPD) sowie – individuell und zeitlich unterschiedlich – zumeist auch in Massenorganisationen der DDR politisch organisiert – so u.a. im Freien Deutschen Gewerkschaftsbund (mit ruhender Mitgliedschaft), in der Freien Deutschen Jugend (abhängig vom Alter), in der Gesellschaft für Deutsch-Sowjetische Freundschaft und im Deutschen Turn- und Sport-Bund/Armeesportvereinigung »Vorwärts«. Während ihrer aktiven Dienstzeit hatten sie zahlreiche, z.T. häufig wechselnden Funktionen in diesen Organisationen, in Volksvertretungen usw. wahrzunehmen. Aus Platzgründen mußte jedoch in den Kurzbiographien auf die Darstellung dieser sogenannten »gesellschaftlichen Funktionen« vorerst verzichtet werden. Eine Aufstellung über die Mitgliedschaft von Spitzenmilitärs in zentralen Führungsorganen der SED und in der Volkskammer befindet sich aber im tabellarischen Übersichtsteil.

Ebenso bleiben strafrechtliche Verurteilungen und dienstliche Bestrafungen (außer Herabsetzungen im Dienstgrad) sowie eine Tätigkeit als »IM« des MfS unerwähnt, da insbesondere zum letzten Sachverhalt noch weitere Forschungsergebnisse ausstehen.

Da die Biographien sehr knapp gehalten werden mußten, war es notwendig, Abkürzungen zu verwenden. Im Interesse eines – auch für den militärischen Laien – lesbaren Textes, wurde daher auf viele der in der NVA offiziell gebräuchlichen Abkürzungen (z.B. STKPA – »Stellvertreter des Kommandeurs für Politische Arbeit«) verzichtet. Ebenso verbot es sich, aktuelle Abkürzungen aus dem Bereich der Bundeswehr wahllos auf die NVA zu übertragen. Die im

---

8 Betreffs ihrer Altersversorgung waren die Generale und Admirale in der DDR– wie alle Berufssoldaten der NVA – einem seit den 50er Jahren bestehenden Sonderversorgungssystem zugeordnet. In Vorbereitung und Durchführung der deutschen Einheit in den Jahren 1990/91 wurde in verschiedenen Regelungen und gesetzlichen Bestimmungen u.a. auch festgelegt, die Ansprüche aus Zusatz- und Sonderversorgungssystemen der DDR in die Rentenversicherung zu überführen. Die ehemaligen Generale und Admirale im Rentenalter hatten und haben also damit keinen Anspruch auf Pensionen, wie er z.B. bei Generalen und Admiralen der Bundeswehr nach der Beendigung ihres aktiven Dienstes üblich ist. Sie wurden und werden gemäß den Bestimmungen der gesetzlichen Rentenversicherung als Altersrentner eingestuft. Die Höhe der Rente wurde vom Gesetzgeber zudem – unabhängig vom tatsächlichen erreichten Verdienst – begrenzt.

Buch verwendeten Abkürzungen sind daher zum großen Teil von den Autoren den originären Begriffen weitgehend nachempfunden. Sie sind am Ende des Buches in einem Verzeichnis zu finden.

Der sich an den Kurzbiographien anschließende Teil des Handbuches umfaßt eine Vielzahl von tabellarischen Übersichten. Sie sollen dem Nutzer rasche und kompakte Informationen über Personalfragen in ausgewählten Militärbereichen der DDR vermitteln und zugleich eine Handreichung sein, um eine systematische Zuordnung von Dienststellungen mit dem Wirken der verantwortlichen Offiziere zu ermöglichen. Zu finden sind so u.a. Listen der Ernennungen, Beförderungstafeln, Tabellen zur personellen Besetzung von ausgewählten Führungsstellen der NVA, der Grenztruppen und ihren Vorläuferorganisationen von 1946 und bis zum Oktober 1990 sowie spezielle Zusammenstellungen zur politischen Tätigkeit vor 1945, zur Wehrmachtzugehörigkeit, zur Parteimitgliedschaft 1945/46, zur Tätigkeit in zentralen Partei- und Staatsorganen usw. Den Übersichten sind meistens kurze erläuternde Bemerkungen und teilweise detaillierte Hinweise zum historischen Hintergrund der Entwicklung der Formationen und Organisationen vorangestellt. Auf die Nennung der akademischen Titel wurde hier verzichtet.

Die den Band einleitende wissenschaftliche Einführung, die neben zahlreichen Tabellen auch eine Uniformtafel enthält, soll der notwendigen historischen Einordnung des Wirkens des NVA-Offizierkorps und vor allem der Gruppe der Generale und Admirale in den Gesamtkontext der DDR und ihres Militärs dienen. Der Beitrag zeigt Grundlinien der Herausbildung und Entwicklung der militärischen Elite in der DDR von 1952 bis 1989/90 auf, gibt Auskunft über Dienstgradbezeichnungen, Nomenklaturen und Uniformfragen und beschreibt schließlich das Ende der NVA und ihrer militärischen Führungsschicht. Dabei wird auch punktuell, u.a. über die Rolle der Wehrmachtoffiziere im NVA-Offizierkorps, über die Stufen der militärischen Aus- und Weiterbildung der Offiziere, über die Generationsproblematik in der NVA-Führung sowie über die Verstrickungen von Generalen und Admiralen mit der Tätigkeit des Ministeriums für Staatssicherheit informiert.

Im Anhang des Bandes sind Faksimiles sowie ausgewählte, überwiegend anonymisierte Dokumente und Materialien, z.B. Ministerbefehle über Kader, Ernennungsurkunden und Nomenklaturverzeichnisse abgedruckt. Ein Bildteil mit 55 Abbildungen, der u.a. Fotos der DDR-Verteidigungsminister und ihrer Stellvertreter enthält, ergänzt die in der Einleitung und den Dokumenten vermittelten Informationen.

Die Daten der vorliegenden Kurzbiographien und des tabellarischen Teils sind fast ausschließlich das Ergebnis aufwendiger Archivrecherchen. Der Schwerpunkt der Arbeit lag dabei auf der Auswertung von Akten des Politbüros des ZK der SED, des Nationalen Verteidigungsrates der DDR, von Befehlen des Ministers des Innern, des Ministers für Nationale Verteidigung bzw. des Ministers für Abrüstung und Verteidigung der DDR sowie von Personalakten und anderer »Kaderunterlagen«. Direkte Befragungen von NVA-Generalen/Admiralen a.D. sowie ggf. Nachfragen bei Familienangehörigen waren bei der Beschaffung und Überprüfung von Daten sehr hilfreich und teilweise unerläßlich. Die Kurzbiographien wurden darüber hinaus mit Angaben aus veröffentlichten Quellen bzw. aus publizierten Biographien, einschlägigen Handbüchern, Nachschlagewerken etc. ergänzt.

Durch die Erschließung von Originalquellen sowie durch die umfangreichen Befragungen gelang es, die vorliegenden Lebensläufe im wesentlichen vollständig zu erarbeiten. Dennoch konnten mit dem bisher zur Verfügung stehenden Material noch nicht alle Lücken geschlossen werden. Nicht selten widersprachen sich auch die Quellen im Detail. Insofern ist es möglich, daß trotz sorgfältiger Recherche einige Angaben im Einzelfall nicht frei von Ungenauigkeiten, Irrtümern und Fehlern sein können. Wir bitten in diesen Fällen die Betroffenen bzw. deren Angehörige um Verständnis und sind für jede Korrektur, Ergänzung und Anregung dankbar.

***

Herzlicher Dank gebührt allen, die am Zustandekommen dieses Handbuches beteiligt waren.

An erster Stelle sind dabei der Amtschef des Militärgeschichtlichen Forschungsamtes (MGFA) Potsdam, Oberst i.G. Friedhelm Klein, M.A., sowie der Leiter der Abteilung Forschung, Prof. Dr. Hans-Erich Volkmann, zu nennen, denen wir für die Förderung des Publikationsvorhabens danken. Ein ausdrücklicher Dank geht an den Leiter des Forschungsbereiches IV, Oberst Dr. Hans Ehlert, und den Leiter der Schriftleitung des MGFA, Dr. Arnim Lang, die das Projekt in enger Zusammenarbeit mit den Autoren von Beginn an aktiv unterstützten. Herrn Dr. Lang gebührt darüber hinaus das besondere Verdienst, die Arbeiten am Buch trotz zahlreicher anderer Verpflichtungen engagiert begleitet und koordiniert zu haben. Unser Dank gilt zudem dem Ch. Links Verlag, der den Titel in seine bewährte Reihe der Forschungen zur DDR-Gesellschaft aufnahm.

Weiterhin bedanken wir uns bei den Leitern der Archive und Museen, die uns Dokumente und Fotos zur Verfügung stellten. Mitarbeiter und Mitarbeiterinnen zahlreicher Institutionen standen uns zudem mit Rat und Tat bei unseren aufwendigen Recherchen zur Seite, dabei vor allem die Herren Albrecht Kästner und Lutz Collin vom Bundesarchiv-Militärarchiv in Freiburg, Volker Ernst vom Bundesarchiv Berlin-Lichterfelde, Claus Zimmermann vom Archiv des Bundesbeauftragten für die Unterlagen des Staatssicherheitsdienstes der ehemaligen DDR, Günter Stephan von der Fotostelle des Militärhistorischen Museums Dresden sowie die Leiterin der Bibliothek des Zentrums für Zeithistorische Forschung Potsdam e.V., Frau Inge Schmöker, und Frau Renate Stang, Bibliothekarin am MGFA Potsdam. Frau Erna Keubke stellte uns dankenswerterweise Vorlagen für die Uniformtafel zur Verfügung.

In unserer Arbeit wurden wir durch Auskünfte, kritische Bemerkungen, Korrekturen und Ergänzungen von Kollegen des MGFA und anderer wissenschaftlicher Institutionen, von Freunden und nicht zuletzt auch von ehemaligen hohen Offizieren der NVA unterstützt. Dafür möchten wir allen danken, insbesondere den Herren Staatssekretär a.D. Werner E. Ablaß, Generalleutnant der NVA a.D. Rolf Berger, Dr. Torsten Diedrich, Oberst Dr. Hans Ehlert, Oberst der NVA a.D. Jörg Hagemann, Dipl.-Hist. Andreas Herbst, Admiral der NVA a.D. Theodor Hoffmann, Dr. Klaus-Ulrich Keubke, Dr. Matthias Rogg, Generaloberst der NVA a.D. Horst Stechbarth und Armin Wagner, M.A.

Der ausdrückliche und besondere Dank gilt den Damen der Kopierstelle sowie den Damen und Herren der Schriftleitung des MGFA und hier vor allem Frau Christine Mauersberger, die alle anfallenden, oftmals sehr komplizierten Schreibarbeiten zuverlässig und mit großem persönlichen Engagement erledigte.

Nicht zuletzt bedanken wir uns bei unseren Familien für das unserer Arbeit entgegengebrachte Verständnis.

Zahlreiche konstruktive Hinweise, Kritiken und Ergänzungen haben es ermöglicht, die neue Auflage des Handbuches nochmals im Detail zu verbessern. Dafür möchten wir uns herzlich bedanken. Besonderer Dank gilt den Herren Dr. Helmut Bechert, Konteradmiral der NVA a.D. Dr. Friedrich Elchlepp (†), Kapitän zur See a.D. Walter Jablonsky, Generalmajor der NVA a.D. Werner Käseberg, Generalmajor der NVA a.D. Werner Patzer, Herrn Joachim Roller sowie Herrn Rainer Sippenauer für ihre ausführlichen Anmerkungen.

Klaus Froh Rüdiger Wenzke Potsdam, im Frühjahr 2003

Generale und Admirale im DDR-Militär. Eine Einführung

Zur Herausbildung und Entwicklung der militärischen Elite in der DDR 1952 bis 1989

Militäraufbau ohne kompetentes Führungspersonal?

Mit der totalen Niederlage der Wehrmacht im Mai 1945 schien auch das Ende einer deutschen militärischen Elite auf lange Sicht - wenn nicht sogar für immer - besiegelt zu sein. Aber bereits wenige Jahre nach der Kapitulation begann die militärische Frage bei den Deutschen in Ost und West, forciert durch die weltweite Systemauseinandersetzung im Kalten Krieg, wieder eine zentrale Bedeutung bei der Staatwerdung einzunehmen. Die künftigen deutschen Streitkräfte versuchten in diesem Kontext, das Problem der Bildung militärischer Eliten auf verschiedene Art zu lösen[1].

Im Osten Deutschlands leitete die Sozialistische Einheitspartei Deutschlands (SED) ab 1948 mit Hilfe der sowjetischen Besatzungsmacht unter dem Deckmantel einer »antifaschistisch-demokratischen« Entwicklung erste streng geheimgehaltene Schritte zur Aufrüstung in ihrem Herrschaftsbereich ein. Im Oktober 1949, dem Gründungsmonat der DDR, gehörten militärisch orientierte Polizeikräfte bereits zum Machtapparat des sich im Osten Deutschlands etablierenden SED-Regimes. Bis zum Anfang der 50er Jahre bildeten sich Formationen heraus, die rasch und immer offener die charakteristischen Merkmale von Streitkräften annahmen[2]. Die Hauptaufgabe dieser anfangs noch als »Volkspolizei (VP)-Bereitschaften« und »VP-Schulen« bezeichneten kasernier-

---

1 Vgl. Reinhard Stumpf, Die Wiederverwendung von Generalen und die Neubildung militärischer Eliten in Deutschland und Österreich nach 1945, in: Militärgeschichte. Probleme, Thesen, Wege. Im Auftrag des Militärgeschichtlichen Forschungsamtes aus Anlaß seines 25jährigen Bestehens ausgewählt und zusammengestellt von Manfred Messerschmidt, Klaus A. Maier, Werner Rahn und Bruno Thoß, Stuttgart 1982 (= Beiträge zur Militär- und Kriegsgeschichte, Bd 25), S. 478 - 497.

2 Vgl. dazu ausführlich Beiträge in: Volksarmee schaffen - ohne Geschrei! Studien zu den Anfängen einer »verdeckten Aufrüstung« in der SBZ/DDR 1947 - 1952. Im Auftrag des Militärgeschichtlichen Forschungsamtes hrsg. von Bruno Thoß, München 1994 (= Beiträge zur Militärgeschichte, Bd 51). Siehe auch Gerhard Wettig, Neue Erkenntnisse aus sowjetischen Geheimdokumenten über den militärischen Aufbau in der SBZ/DDR 1947 - 1952, in: Militärgeschichtliche Mitteilungen, 53 (1994), S. 399 - 419; »Reorganisation der Polizei« oder getarnte Bewaffnung der SBZ im Kalten Krieg? Dokumente und Materialien zur sicherheits- und militärpolitischen Weichenstellung in Deutschland 1948/49, hrsg. und eingel. von Günther Glaser, Frankfurt a.M. [u.a.] 1995.

ten Einheiten bestand allgemein darin, militärisch geschultes Personal für eine künftige Armee der DDR heranzubilden.

Von entscheidender Bedeutung für einen raschen und professionellen Streitkräfteaufbau war es freilich, auch eine politisch zuverlässige und fachlich kompetente militärische Führungselite zu schaffen. Entsprechend dem von den deutschen Kommunisten öffentlich postulierten Bruch mit dem »preußischen Militarismus« hatte sie sich hinsichtlich ihrer Rekrutierung, ihres Sozialprofils und ihrer Tradition grundlegend von den Eliten früherer deutscher Armeen[3] zu unterscheiden und den Zielen der Einheitspartei bedingungslos unterzuordnen.

Die SED befand sich unmittelbar nach dem Krieg aber gerade bei der Besetzung künftiger militärischer Führungsposten in einer komplizierten personalpolitischen Situation. Es gab insgesamt nur wenige Parteimitglieder, die sowohl eine militärische Ausbildung als auch den erforderlichen Sachverstand und das Format besaßen, um z.B. größere militärische Einheiten führen zu können. Dazu in der Lage waren noch am ehesten die ehemaligen Mitglieder des geheimen militärischen Apparates der Kommunistischen Partei Deutschlands (KPD), Funktionäre des Rotfrontkämpferbundes der 20er und 30er Jahre, ehemalige Spanienkämpfer und Ex-Partisanen sowie ehemalige Angehörige der Roten Armee. Gerade in diesem Personenkreis hatten die Kommunisten aber bis 1945 große Blutopfer im Kampf gegen das nationalsozialistische Regime hinnehmen müssen. Diejenigen, die die Nazi-Zeit und den Krieg überstanden hatten, waren zudem seit 1945/46 sofort in leitende Funktionen der Partei, der Wirtschaft oder der Polizei der Ostzone eingesetzt worden, um die Etablierung der neuen kommunistischen Macht zu forcieren[4].

Nunmehr wurden jedoch die wenigen Fachkräfte für den Aufbau der kasernierten militärischen Formationen benötigt. Walter Ulbricht forderte daher im April 1948 mit Nachdruck : »Wir brauchen Leute, die Fronterfahrungen, Leute, die Spanienerfahrungen oder sich auch sonst im Kampf bewährt haben. Ein

---

3 Vgl. u.a. Das deutsche Offizierkorps 1860–1960. Büdinger Vorträge 1977. In Verbindung mit dem Militärgeschichtlichen Forschungsamt hrsg. von Hanns Hubert Hofmann, Boppard a. Rh. 1980 (= Deutsche Führungsschichten in der Neuzeit, 11); Detlef Bald, Der deutsche Offizier. Sozial- und Bildungsgeschichte des deutschen Offizierkorps im 20. Jahrhundert, München 1982. Siehe auch Bernhard R. Kroener, Auf dem Weg zu einer »nationalsozialistischen Volksarmee«. Die soziale Öffnung des Heeresoffizierkorps im Zweiten Weltkrieg, in: Von Stalingrad zur Währungsreform. Zur Sozialgeschichte des Umbruchs in Deutschland, hrsg. von Martin Broszat [u.a.], München 1988, S. 651–682; Jürgen Förster, Vom Führerheer der Republik zur Nationalsozialistischen Volksarmee, in: Deutschland in Europa. Kontinuität und Bruch. Gedenkschrift für Andreas Hillgruber, hrsg. von Jost Dülffer [u.a.], Frankfurt a.M., Berlin 1990, S. 311–328.

4 Vgl. Patrik v. zur Mühlen, Spanien war ihre Hoffnung. Die deutsche Linke im Spanischen Bürgerkrieg 1936 bis 1939, Bonn 1983, S. 266–272.

Mann, der am Ebro gekämpft und [sich] bewährt hat, ist nicht für uns zu ersetzen, er gehört in eine leitende Stellung, in die Polizei[5].«

Mitte des Jahres 1948 befanden sich aber nur ca. 40 ehemalige Spanienkämpfer in den Polizeibehörden und Innenministerien der Länder der Sowjetischen Besatzungszone (SBZ). Nur wenige von ihnen nahmen dort bereits leitende Positionen ein. Zu den ehemaligen KPD-Funktionären und Spanienkämpfern, die bereits Ende der 40er Jahre als Chef- bzw. Generalinspekteure in den bewaffneten (Polizei-)Organen der DDR dienten, zählten u.a. Friedrich Dickel, Rudolf Dölling, Kurt Fischer, Hermann Gartmann, Heinz Hoffmann, Fritz Köhn, Rudolf Menzel, Erich Mielke, Richard Staimer, Josef Schütz, Gustav Szinda, Kurt Vogel, Kurt Wagner und Wilhelm Zaisser[6].

Es gelang also nicht, alle Führungsposten im militärisch orientierten Bereich der Polizei mit kommunistischen und gleichermaßen fachkompetenten Kadern zu besetzen. Vielmehr erforderten die Aufstellung der kasernierten Einheiten sowie die Lösung von Problemen ihrer Organisation, Bewaffnung und Ausbildung im zunehmenden Maße militärisches Fachwissen, das nicht allein durch die wenigen Militärkader der Kommunisten und auch nicht durch die Kenntnisse der Mannschafts- und Unteroffizierdienstgrade der Wehrmacht abzudecken war. Diese Aufgaben einer Funktionselite mußten daher zwangsläufig ausgebildeten ehemaligen Berufsoffizieren der Wehrmacht – möglichst ohne sichtbare NS-Belastung – übertragen werden.

Sowohl den Sowjets als auch der SED-Führung war klar, daß sich der Aufbau einer schlagkräftigen Truppe in möglichst kurzer Zeit ohne das Wissen von Fachleuten nicht bewerkstelligen ließ, auch wenn diese Personen aus Sicht der Kommunisten anfangs die Einheitlichkeit und Geschlossenheit der künftigen militärischen Führungsschicht störten[7]. Eine gewisse »Säuberung« der Elite wurde daher erst für die Zeit nach dem Abschluß der Aufbauetappe ins Auge gefaßt.

Bei der Rekrutierung griff man neben ausgewählten ehemaligen Offizieren der Reichswehr und der Wehrmacht auch auf einige Vertreter jener deutschen Generalsgeneration zurück, die ihre ersten Fronterfahrungen noch im Ersten

---

5 Stiftung Archiv der Parteien und Massenorganisationen der DDR im Bundesarchiv (im folgenden: SAPMO-BA), DY 30/IV 2/13/109, Bl. 260 f. Rede Ulbrichts auf der Innenministerkonferenz in Werder vom 21./22.4.1948.

6 Bei dem im Jahr 1950 einsetzenden Aufbau der Seepolizei standen aus diesem Personenkreis Erwin Bartz, Paul Blechschmidt, Richard Fischer und Waldemar Verner im Range eines General- bzw. Chefinspekteurs zur Verfügung.

7 Vgl. dazu u.a. Rüdiger Wenzke, Das unliebsame Erbe der Wehrmacht und der Aufbau der DDR-Volksarmee, in: Die Wehrmacht. Mythos und Realität. Im Auftrag des Militärgeschichtlichen Forschungsamtes hrsg. von Rolf-Dieter Müller und Hans-Erich Volkmann, München 1999, S. 1117–1132; Daniel Niemetz, Besiegt, gebraucht, gelobt, gemieden. Zum Umgang mit ehemaligen Wehrmachtoffizieren im DDR-Militär, in: Deutschland Archiv, 32 (1999) 3, S. 378–392.

Weltkrieg erhalten hatten, im Zweiten Weltkrieg bereits auf höheren Kommandoposten standen und aufgrund ihrer Erfahrungen prädestiniert schienen, eine Armee neu aufzubauen. So kamen als Chefinspekteure der Volkspolizei bereits bis 1951/52 mit unterschiedlicher Zeitdauer u.a. die ehemaligen Generale Rudolf Bamler, Arthur Brandt, Walter Freytag, Vincenz Müller (nur wenige Wochen), Hans von Weech und Hans Wulz zum Einsatz.

Eine »fertige« Gegenelite zur Führungsschicht der Vorgängerarmee stand in der ersten Aufbauphase der bewaffneten Kräfte in der SBZ/DDR also nicht zur Verfügung. Die SED stellte sich daher frühzeitig darauf ein, ihre militärischen Spitzenkader[8] aus einem völlig neuen Offizierkorps heranzuziehen. Traditionell waren bisher die Offiziere und insbesondere die Generale und Admirale des deutschen Militärs fast immer aus der gehobenen Mittel- und der Oberschicht gekommen, wobei jedoch schon in den Jahren bis 1945 z.B. die Bedeutung des Adels als Rekrutierungsbasis abgenommen hatte[9]. Entsprechend den kommunistischen Dogmen sollte nunmehr die Auswahl der künftigen Führungsschicht der Armee vorrangig nach ihrer Herkunft aus der »Arbeiterklasse« und ihrem Bekenntnis zur »neuen Ordnung« erfolgen, wofür vor allem die Mitgliedschaft in der SED, der Freien Deutschen Jugend (FDJ) und anderen Massenorganisationen stand. Fachliche Voraussetzungen oder Qualifikationen spielten eher eine nachgeordnete Rolle.

Als Personalreservoir für eine rasche Auffüllung der kasernierten Formationen und des aufzubauenden Offizierkorps standen anfangs vor allem jüngere Jahrgänge der Arbeiterschaft aus dem zivilen Bereich, die Gruppe der ehemaligen Wehrmachtangehörigen und Heimkehrer, die bereits in den sowjetischen Gefangenenlagern für die »Polizei« angeworben worden waren, junge Grenz- und Schutzpolizisten sowie Mitglieder und Funktionäre der SED und der FDJ zur Verfügung. Die Gründe und Motive für den freiwilligen Eintritt in die be-

---

8 Die Unschärfe der marxistisch-leninistischen Kaderdefinitionen traf auch auf die »militärischen Kader« zu. Galt anfangs (in der Aufbauphase) prinzipiell jeder, der sich zu den bewaffneten Kräfte meldete, als »Kader«, so subsumierte man später vor allem die Offiziere, aber auch Fähnriche und entwicklungsfähige Unteroffiziere unter diesen Begriff. Der »militärische Kader« sollte im Ideal der SED-Führung eine Mischung des mit der Partei verbundenen Funktionärs mit dem hochgebildeten Militärspezialisten darstellen, der in der Lage war, andere Armeeangehörige auszubilden, anzuleiten, zu erziehen und zu führen. Unter »Kaderpolitik« verstand man allgemein die Umsetzung von Partei- und Regierungsbeschlüssen in Konzepte für die Auswahl und den Einsatz von Führungspersonal. Die »Kaderarbeit« bezeichnete schließlich die praktische Verwirklichung der aus den Konzepten abgeleiteten Vorgaben. Siehe allgemein zum Kadersystem in der DDR u.a.: Arnd Bauerkämper, Kaderdiktatur und Kadergesellschaft. Politische Herrschaft, Milieubildungen und Wertetraditionalismus im Elitenwechsel in der SBZ/DDR von 1945 bis zu den sechziger Jahren, in: Eliten im Sozialismus. Beiträge zur Sozialgeschichte der DDR, hrsg. von Peter Hübner, Berlin 1999, S. 37–65.

9 Vgl. Bald, Der deutsche Offizier (wie Anm. 3). Siehe zum Strukturwandel in der Wehrmacht besonders Förster, Vom Führerheer (wie Anm. 3).

waffneten Kräfte waren verschiedenartig. Nicht selten lockten materielle Vergünstigungen und Versprechungen auf eine schnelle berufliche Karriere[10]. »Bei uns können Sie General werden, aber auch schnell alle Dienstgrade wieder verlieren«, so lautete eine in der damaligen Situation durchaus typische, letztlich wohl auch zutreffende Bemerkung, die die jungen Bewerber bzw. Angeworbenen von hohen SED-Funktionären manchmal zu hören bekamen[11].

Das Schlüsseljahr 1949

Das Jahr 1949 bildete zweifellos ein Schlüsseljahr auf dem Weg zu einer »sozialistischen« Militärelite in der DDR. Nachweisbar trat die Mehrzahl aller Personen, die später zum General oder Admiral in der NVA aufstiegen, in diesem Jahr als »VP-Anwärter«, Wachtmeister oder bereits als Offizier in die damaligen bewaffneten Kräfte der SBZ bzw. der jungen DDR ein.

Tab. 1: Übersicht über den Diensteintritt von Generalen und Admiralen in die bewaffneten Organe

Eintrittsjahr	Anzahl
1945 bis 1948	85
1949	107
1950 bis 1952	93
1953 bis 1954	38
1955	23
1956 bis 1960	19
Nach 1960	12

[Zusammengestellt nach den biographischen Daten der in diesem Buch vorgestellten 377 Generale und Admirale.]

---

10 Vgl. ausführlicher Rüdiger Wenzke, Auf dem Wege zur Kaderarmee. Aspekte der Rekrutierung, Sozialstruktur und personellen Entwicklung des entstehenden Militärs in der SBZ/DDR bis 1952/53, in: Volksarmee schaffen (wie Anm. 2), S. 214–220.

11 So der Kaderchef der HVA, Chefinspekteur Fritz Köhn, in einem Einstellungsgespräch zu dem ehemaligen Unteroffizier der Wehrmacht Gerhard Kunze, der nach seiner Rückkehr aus sowjetischer Gefangenschaft im Jahr 1950 in die militärischen Formationen der Volkspolizei eintrat. Kunze wurde 1969 zum Generalmajor der NVA ernannt und zehn Jahre später zum Generalleutnant befördert. Zit. nach: Gerhard Kunze, Feind und Kamerad – Zweimal «Kehrt – marsch!«, in: NVA. Ein Rückblick für die Zukunft. Zeitzeugen berichten über ein Stück deutscher Militärgeschichte, hrsg. von Manfred Backerra, Köln 1992, S. 78.

Die meisten von ihnen hatten – Mitte der 20er bis Anfang der 30er Jahre geboren und im Nationalsozialismus sozialisiert – das Kriegsende als Heranwachsende erlebt und waren in vielen Fällen aus ihrer Heimat im Osten vertrieben worden. Die wenigsten besaßen eine abgeschlossene Ausbildung, viele mußten sich anfangs als Land- oder Hilfsarbeiter verdingen. Ihnen bot sich mit dem Eintritt in die »Polizei« und dem Einschlagen der Offizierlaufbahn nicht nur eine Alternative zu ihrer oft sehr schwierigen und unbefriedigenden persönlichen Situation, sondern auch eine im allgemeinen materiell gut gesicherte und gesellschaftlich anerkannte berufliche Perspektive.

Ein Teil dieser quantitativ umfangreichsten (späteren) Generalsgeneration der NVA hatte zudem bereits als Soldat oder Unteroffizier in der Wehrmacht gedient und war 1948/49 mit speziellen Heimkehrertransporten aus der sowjetischen Gefangenschaft in die Heimat zurückgekehrt. Aus dem Unterführerkorps der Hitlerarmee waren in den 50er Jahren aber vorerst nur wenige Personen in die Führungselite der NVA vorgestoßen. Ab 1959 erweiterte sich dieser Kreis beträchtlich. Insgesamt stiegen über 40 ehemalige Unteroffiziere/Feldwebel der Wehrmacht in einen Generals- bzw. Admiralsrang der KVP/NVA auf.

Von der kasernierten Polizeitruppe zur Volksarmee

Der SED-Führung gelang es aufgrund dieser Anstrengungen bis Anfang der 50er Jahre tatsächlich, einen sich mehrheitlich aus der Arbeiterschaft rekrutierenden und zahlenmäßig ausreichenden Kaderbestand an Offizieren und Unterführern für künftige Streitkräfte zu schaffen. Anfänge dazu wurden bereits unter dem Dach der *Deutschen Verwaltung des Innern (DVdI)* gelegt, die seit 1946 die Polizeiorganisation in der SBZ schrittweise zentralisieren sollte. Aus ihrer Hauptabteilung Grenzpolizei/Bereitschaften (HA GP/B) ging die *Verwaltung für Schulung (VfS)* hervor, die dann im Herbst 1949 in die *Hauptverwaltung für Ausbildung (HVA)* im Ministerium des Innern umgewandelt wurde. 1951 zählte dieser eindeutig militärisch ausgerichtete Bereich des Ministeriums mit den ihm nachgeordneten regimentsähnlichen »Bereitschaften« und Schulen bereits über 50 000 Angehörige, davon waren mehr als 12 000 Offiziere[12].

In den folgenden Monaten wurden diese »Polizeiverbände« mit tatkräftiger Unterstützung der Sowjetunion qualitativ und quantitativ weiter auf- und ausgebaut. Ab Mitte 1952 vollzog sich mit der Bildung der *Kasernierten Volkspolizei* (KVP) der endgültige Übergang zu militärischen Strukturen. Die zeitweise bereits als »Nationale Streitkräfte« bezeichnete KVP war bis 1956 das stärkste

12 Vgl. ausführlicher zur HVA bei Hans Ehlert, Die Hauptverwaltung für Ausbildung (1949–1952), in: Im Dienste der Partei. Handbuch der bewaffneten Organe der DDR, hrsg. von Torsten Diedrich, Hans Ehlert, Rüdiger Wenzke, 2. Aufl., Berlin 1998, S. 253–280.

bewaffnete Organ der DDR und erreichte immerhin eine Stärke von über 100 000 Mann[13].

Erst mit der Schaffung der KVP konnte rein formal auch eine Militärelite in der DDR entstehen. Denn erst jetzt erhielten die bisher mit Polizeidienstgraden ausgestatteten Führer der kasernierten Formationen mit Wirkung vom 1. Oktober 1952 militärische Ränge verliehen. Aus den Chef- bzw. Generalinspekteuren der VP wurden nunmehr Generalmajore und Generalleutnante sowie Konteradmirale und Vizeadmirale. Die Einführung der neuen Dienstgrade, neuer Uniformen und einer neuen Gehaltsordnung hoben den Stolz der Angehörigen auf ihre Truppe und ließen zugleich die Sonderstellung der KVP im Ministerium des Innern noch stärker nach außen sichtbar werden. Zu den neu ernannten Generalen und Admiralen gehörten sowohl relativ junge kommunistische Führungskader mit einer mehr oder weniger ausgeprägten militärischen Vorbildung wie Friedrich Dickel, Heinz Hoffmann oder Heinz Keßler als auch die ehemaligen Wehrmachtgenerale Vincenz Müller, Arno v. Lenski und Otto Korfes, die bereits am Ersten Weltkrieg teilgenommen hatten. Die Kommunisten Walter Allenstein, Karl Linke, Ewald Munschke und Bernd Weinberger sowie die ehemaligen Generale Otto Korfes, Arno v. Lenski, Vincenz Müller und Karl Walther wurden im Herbst 1952 aus zivilen Funktionen heraus sofort mit dem Generalsdienstgrad in die KVP eingestellt.

Die eigentlichen Machtpositionen in der Armee lagen wie bisher in den Händen der sogenannten bewährten kommunistischen Führungskader, die das besondere Vertrauen der Sowjets genossen bzw. im Einzelfall direkt in deren Diensten standen. Zu ihnen zählten u.a. Willi Stoph (ab 1955 Generaloberst), Generalleutnant Heinz Hoffmann, Vizeadmiral Waldemar Verner sowie die Generalmajore Friedrich Dickel, Rudolf Dölling, Karl Linke und Ewald Munschke. Ihre Karrieren – mit Ausnahme von Stoph – glichen sich in vielem: Aus der kommunistischen Jugendbewegung führte sie ihr Weg in die KPD. Sie beteiligten sich am Widerstand gegen das NS-Regime; fast alle kämpften auf Seiten der »Internationalen Brigaden« im Spanischen Bürgerkrieg. Nicht wenige hatten in Konzentrationslagern und Gefängnissen der Nazis gesessen. Einige waren in die Sowjetunion emigriert, wo man sie später u.a. in der »Antifa-Arbeit« des NKFD einsetzte.

Insgesamt befanden sich etwa 220 ehemalige KPD- bzw. SPD-Mitglieder (vor 1933) in den Reihen der KVP, die aber keineswegs alle als Offizier, geschweige denn als General dienten. Im Stab des MdI lassen sich ca. zwanzig »parteierfah-

---

13 Vgl. ausführlich zur KVP: Torsten Diedrich, Die Kasernierte Volkspolizei (1952–1956), in: Im Dienste der Partei (wie Anm. 12), S. 339–370; Joachim Schunke, Von der HVA über die KVP zur NVA, in: Rührt euch! Zur Geschichte der Nationalen Volksarmee der DDR, hrsg. von Wolfgang Wünsche, Berlin 1998, S. 39–74; Torsten Diedrich und Rüdiger Wenzke, Die getarnte Armee. Geschichte der Kasernierten Volkspolizei der DDR 1952–1956, Berlin 2001.

rene«, zumeist höhere Offiziere - dazu gehörte der Chef der KVP sowie vier Abteilungsleiter und zwei stellvertretende Abteilungsleiter - nachweisen. In den Schulen und Bereitschaften wirkten ca. 40 langjährige Parteimitglieder (KPD/SPD) als leitende Offiziere. Sieben Altkommunisten arbeiteten als Leiter bzw. Stellvertreter einer KVP-Dienststelle; die anderen waren in eher untergeordneten Funktionen bis hin zum Leiter von Erholungsheimen tätig[14]. Aus ihrer antifaschistischen Tradition legitimierten sie nicht nur ihren generellen Führungsanspruch, sondern leiteten manchmal auch - differenziert nach Charakter und biographischem Hintergrund - eine politische und moralische Überlegenheit gegenüber ihren Offizierkameraden ab. Obwohl sie sich in der Truppe ausgesprochen antielitär gaben, zeigten sich in ihrem Verhalten mitunter Ansätze eines spezifisch elitär-proletarischen Selbstverständnisses.

Die letzten intensiven Vorbereitungen für den offenen Übergang zur Schaffung regulärer Streitkräfte in der DDR liefen 1954/55 an. In den Landeinheiten hatte sich mit den Territorialen Verwaltungen »Nord« und »Süd« sowie den sieben KVP-Bereitschaften eine militärische Grundstruktur herausgebildet, die später in Form zweier Militärbezirke sowie von sechs Divisionen im Prinzip bis zum Ende der NVA gültig bleiben sollte[15]. Mit dem raschen Ausbau der Seepolizei/VP-See war die Grundlage künftiger Seestreitkräfte gelegt worden. In der im Herbst 1953 in »Verwaltung der Aero-Klubs (VdAK)« umbenannten VP-Luft hatten sich als Ausgangsbasis für künftige Jagdfliegerdivisionen drei sogenannte »Aeroklubs« formiert.

Alle Anforderungen an die Weiterentwicklung der KVP wurden nunmehr vor dem Hintergrund von Veränderungen in der internationalen Lage - hier spielten vor allem die Bemühungen zur Einbeziehung der Bundesrepublik in die westliche Verteidigung eine entscheidende Rolle - sowie der verstärkten Machtsicherung im Innern des SED-Staates gezielt an der »Umwandlung der Kasernierten Volkspolizei in eine bewußte, schlagkräftige Kaderarmee« orientiert[16].

Obwohl die allgemeine soziale und politische Zusammensetzung des KVP-Offizierkorps zu diesem Zeitpunkt – statistisch gesehen - durchaus den von der SED gestellten Anforderungen entsprach - 77,7 Prozent der Offiziere entstammten 1953 ihrer sozialen Herkunft nach der Arbeiterschaft und 67,4 Prozent gehörten inzwischen der Partei an -, war es der SED noch nicht gelungen, ein wirklich geschlossenes Offizierkorps zusammenzuschweißen oder gar eine »sozialistische« Militärelite herauszubilden. Der von der politischen

14 Vgl. Bundesarchiv-Militärarchiv (im folgenden: BA-MA), DVH 3/3851, Bl. 255. Statistik der HVA vom 20.6.1952.

15 Die NVA stellte 1956 ursprünglich sieben Divisionen der Landstreitkräfte auf. Die 6. Motorisierte Schützen-Division in Prenzlau wurde aber bereits Ende 1958 wieder aufgelöst.

16 BA-MA, DVH 3/2040, Bl. 62. Direktive Nr. 6/55 des Chefs der KVP vom 9.7.1955.

Führung erzwungene rasche Aufbau der bewaffneten Organe nach dem Prinzip »Erst die Organisation, dann die Fachkräfte« hatte nämlich insgesamt dazu geführt, daß sich die militärische Führungsschicht bis weit in die 50er Jahre nicht nur sehr heterogen zusammensetzte, sondern auch bei weitem nicht den qualitativen Anforderungen moderner Streitkräfte gewachsen war. Das traf insbesondere auf das *höhere Offizierkorps* zu. Erst im Laufe der Jahre entwickelten sich viele dieser Offiziere zu fachlich kompetenten Berufsmilitärs.

Generale und Admirale im Aufbauprozeß der NVA

Am 18. Januar 1956 wurde offiziell die Nationale Volksarmee geschaffen[17]. Die Aufstellung des Offizierkorps der NVA vollzog sich im Jahre 1956 auf den Grundlagen des Gesetzes über die Schaffung der Volksarmee vom 18. Januar 1956, den Bestimmungen der Dienstlaufbahnordnung vom 30. Juni des Jahres sowie der Maßnahmen zur Personalreduzierung. Von einer Neuaufstellung konnte indes keine Rede sein, bildete doch das bereits vorhandene Offizierkorps der KVP die Basis der NVA-Führungsschicht. Im Gründungsjahr der NVA bestand die militärische Elite aus 28 Generalen und Admiralen, die zumeist im neu geschaffenen »Ministerium für Nationale Verteidigung« ihren Dienst aufnahmen. Einige Führungskader der KVP, so Heinz Hoffmann, Heinz Keßler und Waldemar Verner, befanden sich zum Zeitpunkt der NVA-Gründung zu einem militärakademischen Studium in der Sowjetunion. Sie nahmen nach ihrer Rückkehr wieder Spitzenpositionen in der Armee ein.

Tab. 2: Generale und Admirale im Ministerium für Nationale Verteidigung, März 1956 (Auswahl)

Name	Dienststellung
Generaloberst Willi Stoph	Minister für Nationale Verteidigung
Generalmajor Heinrich Dollwetzel	1. Stellvertreter des Ministers
Generalmajor Friedrich Dickel	Stellvertreter des Ministers und Chef der Politischen Verwaltung
Generalleutnant Vincenz Müller	Stellvertreter des Ministers und Chef des Hauptstabes
Oberst Erwin Freyer (ab 1. September 1956 Generalmajor)	Stellvertreter des Ministers für Technik und Bewaffnung
Generalmajor Bernhard Bechler	1. Stellvertreter des Chef des Hauptstabes
Generalmajor Walter Allenstein	Chef Rückwärtige Dienste
Generalmajor Ewald Munschke	Chef der Verwaltung Kader

17 Vgl. dazu ausführlicher Rüdiger Wenzke, Die Nationale Volksarmee, in: Handbuch der bewaffneten Organe (wie Anm. 12), S. 423–442.

Tab. 2: Generale und Admirale im Ministerium für Nationale Verteidigung, März 1956 (Auswahl)

Name	Dienststellung
Generalmajor Rudolf Menzel	Chef für Bauwesen und Unterkunft
Generalmajor Helmut Borufka	Chef Ausbildung
Generalmajor Arno v. Lenski	Chef Panzertruppen
Generalmajor Artur Kunath	Chef Artillerietruppen
Generalmajor Karl Linke	Chef der Verwaltung 19 (Militäraufklärung)
Generalmajor Siegfried Weiß	Chef der Verwaltung Inspektion
Generalmajor Fritz Köhn	Stellvertreter des Chef der Verwaltung Kader

Die Deutsche Grenzpolizei (DGP), die im Laufe der 50er Jahre eine mehrfach wechselnde Unterstellung (Ministerium des Innern bzw. Ministerium für Staatssicherheit) hinnehmen mußte, wurde ab 1957 von einem General des Innenministeriums geführt[18].

Die Generale und Admirale bildeten nur einen kleinen Teil des Offizierkorps der NVA. Am 1. Juli 1956 befanden sich rund 18 500 Offiziere in den Streitkräften. Das Durchschnittsalter im Offizierkorps betrug ca. 28 Jahre. 73,5 Prozent der Offiziere entstammten ihrer sozialen Herkunft nach (Beruf des Vaters) aus der Industriearbeiterschaft, 8 Prozent kamen aus Landarbeiterfamilien, 11,6 Prozent entstammten Angestelltenkreisen und nur 3,4 Prozent wurden als »Bauer« eingestuft. 79,5 Prozent aller NVA-Offiziere gehörten bereits der SED als Mitglied oder Kandidat an.

Die fachlichen Voraussetzungen für den weiteren Aufbau eines den Anforderungen einer modernen Armee entsprechenden Führungskorps waren Mitte der 50er Jahre immer noch denkbar schlecht. Ein militärisch ausreichend qualifiziertes Offizierkorps existierte noch nicht. Auch die Bildungsvoraussetzungen der künftigen Militärelite zeigten offenkundig Schwächen. Nur 10,5 Prozent aller Offiziere besaßen eine zehnklassige Schulausbildung, etwa gleichviele konnten das Abitur nachweisen. Die Analyse des Standes der militärischen Qualifikation bot ebenfalls ein für die SED noch wenig befriedigendes Bild. Cirka ein Viertel aller NVA-Offiziere verfügte Mitte 1956 über keine oder über eine nur ungenügende militärische Ausbildung. Die meisten hatten bislang nur eine zweijährige Offizierausbildung an Offizierschulen absolviert. Eine militärakademische Ausbildung für die Führungskader fehlte[19].

---

18 An der Spitze der Grenzpolizei standen seit 1948 hohe Offiziere, einige von ihnen im Generalsrang. Von 1957 bis 1960 leitete der Polizeigeneral Paul Ludwig die DGP. Siehe dazu Aufstellung der Leiter der DGP im tabellarischen Teil dieses Bandes.

19 Alle Angaben entnommen aus: BA-MA, VA-01/22112, Bl. 146–189. Teilbeitrag des »Chef Kader« vom 20.3.1967. Siehe dazu generell, auch z.T. mit leicht abweichenden

Streitkräfte ohne Generalstab

Die NVA verfügte Zeit ihrer Existenz über keinen Generalstab. Man begnügte sich – anfangs offenbar aus Geheimhaltungsgründen, nicht zuletzt aber auch aus politischer Rücksichtnahme gegenüber der Sowjetunion und im Interesse einer deutlichen Distanzierung von der Institution des Generalstabs früherer deutscher Armeen – mit einem sogenannten Hauptstab. Spätere Bemühungen der NVA-Führung, den Hauptstab in einen Generalstab – wie in allen anderen Warschauer-Pakt-Armeen üblich – umzubenennen, scheiterten am sowjetischen Veto[20]. Eine ernsthafte Begründung für die Ablehnung des DDR-Vorschlags lieferte die sowjetische Seite freilich nicht.

In der NVA gab es weder einen Generalstabsdienst noch eine eigenständige Generalstabsausbildung[21]. Kein General oder Stabsoffizier der KVP/NVA hatte bis Mitte der 50er Jahre eine solide militärakademische Nachkriegsausbildung erhalten. Zwar waren mehrere hundert ausgesuchter Offiziere der HVA/KVP bereits zwischen 1949 und 1953 zur Ausbildung in die UdSSR geschickt worden. Aber die drei streng abgeschirmten »Sonderlehrgänge« in Wolsk bei Saratow an der Wolga boten in erster Linie nur eine Ein-Jahres-Ausbildung für die Ebene »Regimentskommandeur« der Landstreitkräfte[22]. 120 bis 150 Offiziere erhielten dort pro Lehrgang eine allgemeine militärische Grundlagenausbildung, die sie befähigen sollte, Kommandeursfunktionen auszuüben. Der Unterricht, der Tagesablauf, sämtliche Befehle und Meldungen erfolgten in russischer Sprache. Ausbildungsfächer waren Schießen mit Infanteriewaffen, Topographie, Funker- und Fernmeldeausbildung, Artillerie- und Panzertechnik, chemische Abwehr, Sport, Marxismus-Leninismus u.a. »Unser militärischer Alltag dauerte von 6 bis 22 Uhr. Er schloß etwa 7 Stunden Ausbildung und 2 Stunden Pflichtselbststudium ein. [...] In den ersten Wochen absolvierten wir eine Art Grundausbildung. So unter anderem Exerzieren nach russischem Kommandos, Nahkampf mit Bajonetteinsatz, Pistolenschießen, Sportmethodik, Russisch und

---

Zahlenmaterial: Stephan Fingerle, Waffen in Arbeiterhand? Zur Rekrutierung der Offiziere der Nationalen Volksarmee, in: Nationale Volksarmee – Armee für den Frieden. Beiträge zu Selbstverständnis und Geschichte des deutschen Militärs 1945–1990, hrsg. von Detlef Bald, Reinhard Brühl und Andreas Prüfert, Baden-Baden 1995, S. 119–142 (= Militär- und Sozialwissenschaften, Bd 19)

20 Vgl. Fritz Streletz, Der Nationale Verteidigungsrat und das Vereinte Kommando des Warschauer Vertrages, in: Rührt euch! (wie Anm. 13), S. 159 f. Siehe auch BA-MA, AZN Strausberg 30472, Bl. 172 f. Rededisposition von Armeegeneral Hoffmann für ein Gespräch mit Marschall der Sowjetunion Ustinov (1983).

21 In der DDR existierte keine spezielle Institution zur Aus- und Weiterbildung von Generalen und Admiralen. Es gab jedoch in der KVP/NVA seit Mitte der 50er Jahre für Stabsoffiziere und Generale spezielle Führungslehrgänge, militärakademische Kurse usw.

22 Auch für die Fachkader der sich im Aufbau befindlichen Luft- und Seestreitkräfte der DDR erfolgte seit der ersten Hälfte der 50er Jahre eine Ausbildung in der Sowjetunion.

topographisch-kartographische Elementartätigkeiten. [...] Das Winterhalbjahr war ausgefüllt mit Vorträgen und Sandkastenausbildung[23].« Im Mittelpunkt der Lehrgänge stand die Taktikausbildung zum Einsatz von Schützen-, Panzer- und Artillerieregimentern, die mit Beginn der Sommermonate zumeist im Gelände stattfand. Zugleich wurden Grundsätze des taktischen Ein-satzes von Divisionen gelehrt.

Zur Qualifizierung der Offiziere der Seepolizei/VP-See war von 1952 bis 1954 ein erster Sonderlehrgang - nach seinem Leiter Helmuth Kubasch auch als »Kubasch-Lehrgang« bezeichnet - in Kaliningrad (Königsberg) durchgeführt worden.

Ab 1954 begannen dann Kurse verschiedener Spezialdisziplinen und Studienrichtungen sowohl an der Seekriegsakademie in Leningrad als auch an anderen sowjetischen Militärakademien. Nach der Rückkehr in die DDR übernahmen die auf den Sonderlehrgängen, Schulen und Akademien ausgebildeten Offiziere wichtige Leitungsfunktionen in den kasernierten Formationen und erreichten später als Oberst /Kapitän zur See oder General bzw. Admiral hohe Positionen in der NVA.

»Entwicklungsprobleme«

Im Zuge der weiteren Entwicklung der NVA zu einer »sozialistischen Koalitionsarmee« ab 1956/57 glaubte die Partei- und Armeeführung bei einem Teil der NVA-Offiziere Tendenzen einer gewissen »Abwendung vom Volk« und gar ein elitäres Verhalten zu erkennen[24]. Um die Beziehungen der Offiziere sowohl zu den Untergebenen in der Truppe als auch zum »einfachen Volk«, speziell zur »Arbeiterklasse«, zu stärken, leitete sie ab Mitte 1958 verschiedene Maßnahmen ein, die vor allem auf vermeintlich positive Erfahrungen der chinesischen Volksbefreiungsarmee beruhten[25]. So legte ein Politbüro-Beschluß der SED vom Januar 1959 fest, daß Offiziere »jährlich 4 Wochen Dienst als Soldat in der

---

23 Roland Haase, Auf dem letzten Lehrgang für Regimentskommandeure in der Sowjetunion, in: Vom Kalten Krieg zur deutschen Einheit. Analysen und Zeitzeugenberichte zur deutschen Militärgeschichte 1945 bis 1995. Im Auftrag des Militärgeschichtlichen Forschungsamtes hrsg. von Bruno Thoß unter Mitarbeit von Wolfgang Schmidt, München 1995, S. 79.

24 Vgl. ausführlich zum Leitbild der NVA vom »sozialistischen deutschen Soldaten« bei Peter Jungermann, Die Wehrideologie der SED und das Leitbild der Nationalen Volksarmee vom sozialistischen deutschen Soldaten, Stuttgart 1973, S. 183 – 256. Siehe auch SAPMO-BA, DY 30/IV 2/12/9, Bl. 20 f. Problemanalyse für einen Diskussionsbeitrag auf der Eggersdorfer Tagung von 1957.

25 Vgl. Friedrich Elchlepp und Dieter Flohr, »Chinesische Erziehungsmethoden«, in: Marineforum, 73 (1998) 4, S. 26 – 28; Rüdiger Wenzke, Chinesische Experimente, in: Information für die Truppe, 43 (1999) 1, S. 54 – 58.

Truppe (Kompanien, Batterien usw.)[26]« zu leisten hatten. Das galt auch für die Generale und Admirale, was nicht selten zu absurden Situationen führte und bei den Betroffenen zumeist auf Unverständnis stieß. Als einziger Vertreter der Generalität im Bereich der NVA mußte Konteradmiral Felix Scheffler im Mai 1959 seinen Dienst (»Bordpraktikum«) als Matrose auf dem Küstenschutzschiff 401 leisten[27].

Annähernd parallel zur Tätigkeit von Offizieren als Mannschaftsoldat bzw. Matrose in den Einheiten begann noch ein weiteres Experiment »chinesischen Ursprungs« in der NVA, das vor allem auf die Verbesserung der Verbindungen zur »Arbeiterklasse« in den Betrieben zielen sollte. Im Jahre 1959 wurden in diesem Zusammenhang beispielsweise etwa 1700 vorwiegend junge NVA-Offiziere ohne zivilberufliche Qualifikation (zumeist ehemalige Oberschüler) für einen Einsatz in der »Produktion« vom Dienst freigestellt[28]. Anfang Februar 1961 brach die SED – nicht zuletzt auf Druck Moskaus – diese Aktionen stillschweigend ab[29].

Vom Umgang mit Altkadern und Wehrmachtoffizieren

Ende der 50er/Anfang der 60er Jahre registrierte die NVA-Kaderverwaltung einen spürbaren Rückgang der ehemaligen Spanienkämpfer und KPD-Funktionäre in den Reihen der Armee. Innerhalb von fünf Jahren schieden viele von ihnen aus dem aktiven Dienst aus. Im gesamten Offizierkorps der NVA und der Grenztruppen, das die Generale und Admirale miteinschloß, dienten im Jahre 1962 nur noch 79 Personen, die, wie es offiziell hieß, »an revolutionären Kämpfen der Arbeiterklasse oder in anderer Weise am aktiven Widerstandskampf gegen den Faschismus beteiligt waren[30]«.

---

26 SAPMO-BA, DY 30/I IV 2/2/628, Bl. 112. Beschluß des Politbüros über den zeitweiligen Einsatz von Generalen, Admiralen und Offizieren in den unteren Einheiten als Soldaten (Anlage 10) vom 20.1.1959. Der Beschluß galt sinngemäß auch für die Ministerien für Staatssicherheit und des Innern.

27 Im Jahr 1959 leisteten knapp 140 Offiziere Dienst als »Soldat in der Truppe«, darunter sechs Oberste und ein Kapitän zur See. Zum Einsatz von Konteradmiral Scheffler siehe auch Foto im Bildteil dieses Bandes.

28 Vgl. BA-MA, VA-01/12737, Bl. 15. Statistische Übersichten über Freistellungen, 1960/61.

29 Die Experimente brachten offensichtlich nicht den gewünschten Erfolg, sondern gefährdeten in einigen Bereichen die Gefechts- und Einsatzbereitschaft. Zudem hatten sich Anfang der 60er Jahre die Beziehungen der UdSSR zur Volksrepublik China sichtbar verschlechtert. Damit verschwand auch in der DDR die bisher in der Propaganda viel gepriesene Vorbildwirkung der chinesischen Volksarmee.

30 Vgl. BA-MA, VA-01/13872. Schreiben von Generalmajor Pech an Oberst Otto Schwab vom 5.5.1962. Unter diesen 79 Personen befanden sich zu diesem Zeitpunkt folgende *aktive* Generale und Admirale: Heinz Hoffmann, Waldemar Verner, Heinz Keßler, Kurt

Der Aderlaß der kommunistischen Altkader aus militärischen Führungsfunktionen hatte unterschiedliche Ursachen. Eine gewisse Rolle spielte bei einigen sicherlich das fortgeschrittene Alter, obwohl manche zu diesem Zeitpunkt das 60. Lebensjahr noch gar nicht erreicht hatten. Entscheidender war offenbar aber die Tatsache, daß fast alle diese »verdienstvollen Genossen« den höheren Anforderungen an die Organisation und Leitung moderner Streitkräfte nicht mehr gewachsen waren. Oft gesundheitlich angeschlagen, überstiegen die Anforderungen der Dienststellung häufig ihre Fähigkeiten und Kenntnisse. Das führte nicht selten dazu, daß sie bei ihren Untergebenen an Ansehen und Vertrauen verloren und sich in der Öffentlichkeit mitunter der Lächerlichkeit preisgaben. »Die Partei hatte ihnen suggeriert, daß Kenntnisse in der marxistisch-leninistischen Theorie, politisch-ideologisch begründete Parteilichkeit und Treue zum ersten Arbeiter- und Bauernstaat der Welt sie befähigen, alle, auch die kompliziertesten militärischen Probleme lösen zu können. Diese ideologisch gestützte Selbstüberhebung verleitete manchen von ihnen zu fehlerhaften Entscheidungen zum Nachteil des Aufbaus der Truppe und eines effizienten Führungssystems. Sie waren fest davon überzeugt, daß das sowjetische Militärwesen das fortschrittlichste der Welt war, und haben diesen Glauben auch an einen großen Teil der nachwachsenden Offiziere weitergegeben[31].«

Ein besonderes Interesse an einer raschen Ablösung einzelner Altkader und weiterer »Pioniere« des militärischen Aufbaus in der DDR zeigte – auf dem ersten Blick durchaus erstaunlich – die Abteilung für Sicherheitsfragen des ZK der SED[32]. Sie befürchtete nämlich aus Sicht der Partei, daß es zur Handlungsunfähigkeit in Teilen der Armeeführung und damit zu einer Gefährdung der Gefechtsbereitschaft der NVA kommen könnte, wenn die nur militärisch unzureichend qualifizierten Generale weiterhin entscheidende Führungspositionen besetzten[33]. Die ZK-Abteilung machte das Verteidigungsministerium wiederholt auf – ihrer Meinung nach – gravierende Mängel im Führungsverhalten

Wagner, Bernhard Bechler, Friedrich Dickel, Richard Fischer, Erwin Freyer, Hermann Gartmann, Fritz Johne, Rudolf Menzel, Ewald Munschke, Herbert Scheibe und Felix Scheffler. Insgesamt registrierte man im Mai 1962 ca. 200 ehemaliger KPD-Mitglieder, Spanienkämpfer und Widerstandskämpfer, die entweder noch aktiv in der NVA und in den Grenztruppen dienten oder sich bereits in der Reserve bzw. außer Dienst befanden.

31 Joachim Goldbach, Die Nationale Volksarmee – eine deutsche Armee im Kalten Krieg, in: Die Nationale Volksarmee. Beiträge zu Selbstverständnis und Geschichte des deutschen Militärs von 1945–1990, hrsg. von Detlef Bald, Baden-Baden 1992, S. 129 f. Generaloberst a.D. Goldbach hatte seine militärische Karriere 1950 begonnen und war lange Jahre stellvertretender Verteidigungsminister der DDR.

32 Die ZK-Sicherheitsabteilung war ein Organ der SED-Führung zur unmittelbaren Anleitung, Kontrolle und Durchsetzung von Parteibeschlüssen in den bewaffneten Kräften einschließlich der Gesellschaft für Sport und Technik (GST). Ein Schwerpunkt ihrer Tätigkeit lag auf der Auswahl, dem Einsatz und der Entwicklung der militärischen Kader.

33 Vgl. u.a. SAPMO-BA, DY 30/IV 2/12/29, Bl. 301 f. Analyse über den Zustand der Kaderarbeit in der NVA (o.D.)

einzelner leitender Kader aufmerksam. Namentlich genannt wurden u.a. die Generale Walter Allenstein, Paul Blechschmidt, Heinrich Dollwetzel oder Richard Fischer, deren militärische Kenntnisse nicht ausreichen würden, um eine sachkundige und entsprechend der technischen Entwicklung des Militärwesens schöpferische Arbeit zu leisten. Kritisch äußerte sich die ZK-Abteilung auch zu anderen Generalen, die ihrer Ansicht nach »keine Kommandeure einer modernen Armee« werden könnten[34].

Schon vor dem Ausscheiden von Vertretern des kommunistischen Teils der Gründer- und Aufbaugeneration aus der NVA war das Schicksal der zweiten entscheidenden Gruppe des Aufbauprozesses der ostdeutschen Streitkräfte – der ehemaligen Wehrmachtoffiziere – besiegelt worden. Bereits zur Gründung der NVA im Jahr 1956 hatte man nur noch vier ehemalige Generale der Wehrmacht übernommen[35]. Der prominenteste Vertreter dieser Gruppe war zweifellos Generalleutnant Vincenz Müller. Er diente seit 1952 in der KVP und später in der NVA als Chef des Stabes und Stellvertreter von KVP-Chef Heinz Hoffmann bzw. von Verteidigungsminister Willi Stoph. Er hatte als Nicht-SED-Mitglied[36] eine der Schlüsselstellungen in den bewaffneten Kräften der DDR inne. Seine militärische Karriere begann im Jahr 1913 als Berufssoldat und setze sich in der Reichswehr und der Wehrmacht fort, in der er zuletzt den Posten des Kommandierenden Generals des XII. Armeekorps einnahm. Nach vierjähriger Gefangenschaft in der UdSSR kehrte er 1948 in die SBZ zurück. Im Jahr 1958 schied der »Soldat in vier Armeen« aus der NVA aus. Drei Jahre später starb er als Pensionär in Ost-Berlin durch einen mysteriösen Sturz aus dem Fenster seines Hauses[37].

Die ehemaligen Offiziere der Wehrmacht bildeten 1956 mit knapp über 500 Mann nur eine relativ kleine Gruppe in der militärischen Führungsschicht der NVA. Ihnen übertrug man in der Masse zumeist durchaus wichtige, aber genau umgrenzte Spezialistenstellen, »während man in der Bundesrepublik keine Be-

---

34 Einige der hier genannten Generale blieben dennoch weiter in Führungspositionen der Armee. Erst 1967 kam es in einigen Spitzenfunktionen zu einem personellen Revirement. So wurden Sigfrid Riedel und Kurt Wagner mit der Begründung, sie seien den »größeren Aufgaben« in der NVA nicht mehr gewachsen, auf einen anderen Posten bzw. in den Ruhestand (Wagner) versetzt. Vgl. BA-MA, AZN Strausberg 32605, Bl. 28–39. Auszug aus dem Protokoll des SED-Politbüros vom 21.02.1967.

35 Dabei handelte es sich um die Generale Arno v. Lenski, Vincenz Müller, Karl Walther und Hans Wulz. Otto Korfes war bereits Anfang 1956 aus den bewaffneten Kräften ausgeschieden, ohne noch in die NVA übernommen zu werden. In der Bundeswehr hatte man ehemalige Generale und Admirale erst 1956/57 reaktiviert. Die 44 ausgewählten Generale gehörten zumeist der jüngeren Wehrmachtselite an und waren bis 1945 vorwiegend als Generalstabsoffiziere, Divisionskommandeure oder Kommandierende Generale tätig. Vgl. Stumpf, Wiederverwendung (wie Anm. 1), S. 489 f.

36 Müller war Funktionär der Nationaldemokratischen Partei Deutschlands (NDPD).

37 Vgl. besonders Peter Joachim Lapp, Todesursache Fenstersturz? Der erste Generalstabschef der NVA, in: Deutschland Archiv, 32 (1999) 1, S. 79–85.

denken hatte, politisch selektierten Teilen der alten Militärelite die Spitzenstellen der neuen Armee zu überlassen – freilich erst, nachdem traditionelle Kompetenzen des deutschen Militärs aus ihm hinaus auf politische und parlamentarische Instanzen und auf die Bürokratie verlagert worden waren«[38].

Dennoch gelang es immerhin mehr als einem Dutzend ehemaliger Wehrmachtoffiziere, einen Generals- bzw. Admiralsrang im DDR-Militär zu erreichen[39]. Geht man von der Gesamtzahl (377) der seit 1952 bis 1990 in KVP, NVA und Grenztruppen ernannten Generale und Admirale aus, so hatten mehr als 60 Personen in Mannschaftdienstgraden und knapp 50 in Unterführerdienstgraden in der Wehrmacht gedient. Fast alle von ihnen waren während bzw. nach dem Krieg in Gefangenschaft gewesen, davon rund zwei Drittel in sowjetischer.

Ab Mitte der 50er Jahre verstärkten sich die bereits zuvor in Kreisen der SED immer wieder lautgewordenen Befürchtungen, daß die ehemaligen Wehrmachtoffiziere, ausgestattet mit neuer militärischer Macht, als eigentlich »klassenfremde« Elemente sich gegen die Partei wenden bzw. allzu leicht von der »Konterrevolution« mißbraucht werden könnten. Insofern stufte man sie generell als politisch »unsicher« ein und ließ sie vom Ministerium für Staatssicherheit und vom Politapparat besonders überwachen. Angesichts der angespannten Krisensituation des Jahres 1956 im Ostblock, die auch im Innern der DDR Folgen zeigte, hielt es die SED-Führung bereits wenige Monate nach der NVA-Gründung für erforderlich, sich der Zuverlässigkeit ihres stärksten bewaffneten Organs, insbesondere aber dessen Führungspersonals, zu versichern. Am 15. Februar 1957 beschloß das Politbüro Richtlinien zur raschen Entlassung »Ehemaliger« aus den Reihen der NVA[40]. Die in der Armee dienenden Offiziere teilte man dabei in drei Gruppen ein: Bis Ende 1957 mußten zuerst all diejenigen in die Reserve versetzt werden, die »aktiv führend in der Reichswehr und Hitler-Armee tätig waren, z.B. Offiziere des Generalstabes, Kandidaten für den Generalstab, Teilnehmer am Überfall in Spanien usw.[41]«. Diese Gruppe, eingesetzt vor allem in Stabs- und Kommandofunktionen, hatte bisher gewissermaßen den organisatorischen Aufbaustab und das militärische Rückgrat der Streitkräfte verkörpert. Sogenannte Spezialisten, die nicht in Stabs- oder Kommandostellen eingesetzt waren, durften bis nach 1960 im aktiven Dienst der NVA verbleiben. Alle übrigen sollten eigentlich spätestens bis Ende 1959 die Armee verlassen haben. Im März 1964, sieben Jahre nach dem Politbürobeschluß über die Entlassung der Offiziere, dienten aber noch 67 ehemalige Wehrmachtoffiziere aktiv in den Streitkräften[42]. Mit Generalmajor Hans Wulz war bereits im

---

38 Stumpf, Die Wiederverwendung (wie Anm. 1), S. 495.

39 Siehe namentliche Aufstellung im tabellarischen Teil dieses Bandes.

40 Vgl. SAPMO-BA, DY 30/I IV 2/2/528, Bl. 10 ff. Protokoll Nr. 8/57 des Politbüros der SED vom 15.2.1957.

41 Ebd., Bl. 10.

42 Darunter befanden sich 1964 die NVA-Generale Bernhard Bechler, Helmut Borufka, Kurt Geiger, Hans Gestewitz, Heinrich Heitsch, Georg Reymann und Heinz Zorn sowie

Herbst 1958 der letzte Wehrmachtgeneral ausgeschieden, mit Generalmajor Reinhard Brühl verließ dagegen erst im Sommer 1989 der letzte ehemalige Wehrmachtoffizier (Leutnant) im NVA-Generalsrang den aktiven Dienst der NVA.

»Qualifizierungsschub« durch Aus- und Weiterbildung

Der entscheidende Wandel im Offizierkorps der NVA vollzog sich ab den 60er Jahren vor allem im Bildungs- und Qualifikationsniveau[43]. Das betraf sowohl die Verbesserung der Allgemeinbildung als auch die militärische bzw. militärakademische Aus- und Weiterbildung. Anfang des Jahrzehnts wurden durch eine Vielzahl von Lehrgängen, Abendschulen u.ä. verstärkt Anstrengungen unternommen, vor allem den allgemeinen Bildungsstand der Offiziere zu erhöhen. Allein im Jahr 1960 befanden sich knapp 16 Prozent des gesamten Offizierkorps im Fern- oder Abendstudium. Nicht wenige spätere Generale erhielten die Grundlagen ihrer Allgemeinbildung (Abitur) z.B. an der Vorstudienanstalt (-fakultät) der Militärakademie vermittelt, die von 1960 bis 1965 in Naumburg existierte.

Zugleich konnte die militärische Qualifikation der Offiziere bedeutend verbessert werden. Im Jahr 1959 war in Dresden die höchste militärische Bildungsstätte der DDR, die Militärakademie »Friedrich Engels«, eröffnet worden. Obwohl es nicht gelang, den enormen Nachholbedarf an qualifizierten Fachleuten vollständig zu decken, konnten Mitte der 60er Jahre zumindest alle Divisions- und ein großer Teil der Regimentskommandeure eine abgeschlossene militärakademische Ausbildung nachweisen.

Die allgemeine Aus- und Weiterbildung der Offiziere in der NVA unterschied im Prinzip drei Stufen: Die Offizierausbildung an den Offizierschulen (seit den 70er Jahren an den Offizierhochschulen), die Aus- und Weiterbildung an einer Militärakademie sowie der Besuch der Generalstabsakademie in der UdSSR. Die ersten beiden Stufen konnten sowohl in der DDR als auch in der UdSSR oder auch gemischt absolviert werden.

In der Regel erhielt ein Teil der Offiziere, ca.10 Prozent eines Offizierjahrgangs, nach dem Studium an einer Offizier(hoch)schule und einigen Jahren Truppenpraxis die Möglichkeit, ein militärakademisches Studium zu absolvieren. So konnte an der Militärakademie »Friedrich Engels« in Dresden die Aus- und Weiterbildung von Offizieren zu Kommandeuren, Politoffizieren, inge-

---

die Oberste Reinhard Brühl, Friedrich Elchlepp (Kapitän zur See), Helmut Geisler und Kurt Röhr, die später zum Generalmajor bzw. Konteradmiral ernannt wurden.

43 Vgl. dazu auch Rüdiger Wenzke, »Bei uns können Sie General werden...« Zur Herausbildung und Entwicklung eines ´sozialistischen Offizierkorps´ im DDR-Militär, in: Eliten im Sozialismus (wie Anm. 8), S. 183–188.

nieurtechnischen Offizieren und Stabsarbeitern in sogenannten Profilen (z.B. »Mot.-Schützen«, »Panzer« oder »Truppenluftabwehr«) erfolgen, die auf eine hohe Spezialisierung zielten, welche sich später oft bis in die Generalität fortsetzte. Seit Anfang der 60er Jahre verließen jährlich mehr als 200 Absolventen die höchste militärische Bildungsstätte der DDR-Volksarmee.

Darüber hinaus bestand die Möglichkeit, als Offizierhörer an Militärakademien der UdSSR zu studieren[44]. Hier dauerte das reguläre Studium drei Jahre und war z.B. bei den mot. Schützen auf die Ebenen Regiment und Division ausgerichtet. Absolventen der bekannten »Frunse-Militärakademie« in Moskau sollten im Krieg wie im Frieden z.B. in der Lage sein, als Stabschef oder Kommandeur eines Regiments zu handeln oder als Stabsoffizier in Divisons- bzw. Armeestäben zu arbeiten. Sie konnten bis zum Dienstgrad Oberst befördert, in Abhängigkeit von ihrer Dienststellung aber auch zum General ernannt werden. Mehr als 4500 Offiziere der NVA hatten seit 1952 sowjetische militärakademische Bildungseinrichtungen unterschiedlichster Ebenen beendet und damit einen wichtigen Grundstein ihrer Karriere auf dem Weg zum höheren Führungskader der NVA gelegt[45].

Die SED sicherte sich grundsätzlich den bestimmenden Einfluß auf alle Personalentscheidungen, die im Zusammenhang mit der militärischen Aus- und Weiterbildung der NVA-Führungskader standen. Für den Besuch der Militärakademie waren z.B. nur solche Offiziere auszuwählen, »die politisch zuverlässig sind, ein hohes sozialistisches Bewußtsein besitzen, ihre Verbundenheit zur Arbeiterklasse, zur Sozialistischen Einheitspartei Deutschlands und zur Regierung der Deutschen Demokratischen Republik bewiesen haben und ihrer sozialen Herkunft nach aus der Arbeiterklasse bzw. der werktätigen Bauernschaft kommen«[46].

Vor allem seit den 60er Jahren setzte jedoch der Einsatz in Generalsdienststellungen – vor allem im operativen und im Bereich der Rückwärtigen Dienste

---

44 Eine Übersicht über alle militärischen Lehreinrichtungen im Warschauer Pakt, an denen NVA-Angehörige aus- und weitergebildet werden konnten, befindet sich bei Bernd Nagel, Aus- und Weiterbildung der Offiziere in der NVA, in: Ein Staat. Eine Armee. Von der NVA zur Bundeswehr, hrsg. von Dieter Farwick, Frankfurt a. Main, Bonn 1992, S. 300. NVA-Originaldokumente bestätigen diese Angaben. Vgl. dazu: BA-MA, DVW 1/44030, Bl. 2. Der ehemalige langjährige Chef des Hauptstabes der NVA nennt dagegen in Publikationen – ohne Beleg – die Zahl von 13 474 NVA-Angehörigen, die insgesamt an sowjetischen Militärakademien und Lehranstalten ausgebildet worden seien. Offenbar rechnet er auch jene NVA-Angehörige hinzu, die nur an kurzzeitigen Kursen (wenige Wochen Dauer) teilnahmen. Vgl. dazu Fritz Streletz, Der Nationale Verteidigungsrat, (wie Anm. 20), S. 168.

45 Dazu kamen einige NVA-Offiziere, die Militärakademien in Polen und der Tschechoslowakei absolviert hatten.

46 Zweite Durchführungsbestimmung für die Dienstlaufbahn für die Soldaten, Unteroffiziere und Offiziere der NVA der DDR, in: Anordnungs- und Mitteilungsblatt des Ministeriums für Nationale Verteidigung, Nr. 4, 1.2.1960, S. 13.

– in der Regel den Besuch der sowjetischen Akademie des Generalstabes voraus. Diese Militärakademie war 1936 in Moskau gegründet worden. An ihr wurden nach 1945 neben sowjetischen Generalen, Admiralen und Offizieren auch Angehörige der »Bruderarmeen« für Führungs- und Stabsverwendungen der operativ-strategischen Ebene ausgebildet.

Im Jahr 1955 waren die ersten 12 Offiziere der KVP/NVA an die Generalstabsakademie der Streitkräfte der UdSSR »K.J.Woroschilow« zur Teilnahme an einem zweijährigem Kurs »delegiert« worden[47]. Seit dieser Zeit wurden zur Aufnahme in die »Woroschilow«- Generalstabsakademie vor allem Offiziere aus den Divisionen und Kommandos bis zum Alter von 45 Jahren ausgewählt. Die dortige Ausbildung war für Dienststellungen ab Ebene Divisionskommandeur, Chef eines Militärbezirkes oder Leiter von Verwaltungen im Ministerium eine entscheidende Voraussetzung, da hierfür in der Regel umfassende Kenntnisse auf dem Gebiet der operativen Führung und gründliche militärische Spezialkenntnisse verlangt wurden. »Die Studienanforderungen waren hoch. Die tägliche Ausbildungszeit lief von 9.00 bis 14.00 Uhr. Das Pflichtselbststudium war bis 17.00 Uhr gefordert, dauerte aber im allgemeinen bis 19.00 Uhr an. Als ›Erben von Karl Marx und Friedrich Engels‹ erwartete man von den Offizieren der NVA besondere Anstrengungen und Leistungen. Ein Problem ergab sich aus der Erlernung der russischen Sprache. Im ersten und zweiten Semester wurde neben der militärischen Ausbildung täglich eine Stunde Sprachunterricht erteilt. Tägliche Hausaufgaben waren verbindlich. [...] Abgeschlossen wurde die Ausbildung mit der Ablegung eines Staatsexamens in ›Operativer Kunst‹ und der Verteidigung der Diplomarbeit[48] «, so die Erinnerung eines Offizierhörers der NVA an sein Studium an der »Genstab-Akademie«. Die Abschlußbeurteilungen der Akademie enthielten in den meisten Fällen Einsatzvorschläge bzw. Hinweise auf mögliche Verwendungen.

Aus der DDR kamen zwischen 1955 und 1990 nach bisherigen Erkenntnissen 283 Offiziere und Generale der Land- und Luftstreitkräfte zu einem Studium an die Moskauer Generalstabsakademie[49]. 1971 konnten von 79 Generalen, die zu

---

47 Unter den ersten Teilnehmern befanden sich Generalleutnant Heinz Hoffmann, die Generalmajore Rudolf Dölling, Heinrich Heitsch, Kurt Wagner und Siegfried Weiß sowie die Oberste und späteren NVA-Generale Martin Bleck, Hans Ernst und Sigfrid Riedel. Siehe dazu auch Heinz Hoffmann, Moskau-Berlin. Erinnerungen an Freunde, Kampfgenossen und Zeitumstände, Berlin(Ost) 1989, S. 351 – 359.

48 Heinz Böhme, Vom Anfang bis zum Ende. Vom Dienst in den Luftstreitkräften/Luftverteidigung, in: NVA. Ein Rückblick (wie Anm. 11), S. 138 f.

49 Vgl. Ein Staat. Eine Armee (wie Anm. 44). Die Anzahl der »Genstab-Akademie«-Absolventenin der NVA war von Jahr zu Jahr unterschiedlich. Nicht jedem Oberstleutnant/Oberst war es jedoch vergönnt, nach Abschluß dieser Ausbildung in absehbarer Zeit zum General ernannt zu werden. In der Regel verließen zwischen neun und zwölf Offiziere pro Abschlußjahr die Akademie. In den Jahren 1956, 1958, 1979, 1981, 1983, 1985, 1987 und 1989 gab es keine Absolventen. Fritz Streletz geht – wiederum ohne

diesem Zeitpunkt aktiv in den Streitkräften dienten, bereits 44 eine solche Ausbildung nachweisen. Mit Blick auf die Gesamtzahl aller Generale der NVA (1952–1990) hatten mehr als 150 von ihnen diese höchste Akademie im Warschauer Pakt absolviert. Die sowjetische Generalstabsausbildung endete für die NVA-Offiziere am 29. August 1990.

Tab. 3: Militärische Qualifikation der Generale und Admirale (Auswahl)

Einrichtung	Anzahl
Akademie des Generalstabes	154
Sowjetische Militärakademien	120
Sonderlehrgänge/UdSSR	58
Hochschule für Offiziere KVP/NVA	53
Militärakademie Dresden	120

[Zusammengestellt nach Auswertung der individuellen biographischen Angaben. Absolventen des sowjetischen Luftschutzinstituts sowie des Dzierzynski-Instituts sind hier nicht berücksichtigt. Doppelqualifizierungen sind nicht gesondert ausgewiesen.]

An der Militärpolitischen Akademie »W. I. Lenin« der sowjetischen Streitkräfte in Moskau studierten seit der 2. Hälfte der 50er Jahre bis 1990 248 Offiziere der drei NVA-Teilstreitkräfte. Aber nur wenige Generale konnten später eine derartige Qualifikation nachweisen.

Da die DDR keine Marineoffiziere zur Generalstabsausbildung nach Moskau entsandte, galt für das höhere Offizierkorps der Volksmarine im Prinzip der Besuch der Seekriegsakademie »A. A. Grečko« in Leningrad als »letzte« Stufe der militärischen Qualifikation in der UdSSR. Zur Vorbereitung auf höhere Führungsfunktionen bildete auch die Militärakademie »Friedrich Engels« (V. Fakultät »Seestreitkräfte«/seit 1970: Sektion »Seestreitkräfte«) Offiziere der Volksmarine sowie polnische und sowjetische Marineoffiziere in einem dreijährigen militärakademischen Studium aus.

Insgesamt hatten fast alle Generale und Admirale der NVA, der Grenztruppen und der Zivilverteidigung den ersten akademischen Grad in Form eines

Quellenbeleg – von 385 Absolventen der NVA aus. Seiner Meinung nach stellte die DDR insgesamt das stärkste (ausländische) Kontingent an der Generalstabsakademie. »Das führte dazu, daß mancher sowjetische Divisionskommandeur oder Abteilungsleiter in einem Armeestab oder dem Stab der Gruppe der sowjetischen Streitkräfte in Deutschland (GSSD) neidvoll auf seine deutschen Kollegen blickte, die im Unterschied zu ihnen das Absolventenzeichen der 'Genstaba' trugen.« Fritz Streletz, Von der Polizeitruppe zur Koalitionsarmee. Betrachtungen über die Rolle der DDR-Streitkräfte, in: Gegen den Zeitgeist. Zwei deutsche Staaten in der Geschichte, hrsg. von Gerhard Fischer, Hans-Joachim Krusch [u.a.], Schkeuditz 1999, S. 113.

Diploms erworben. In der Mehrheit wurde ihnen nach der Absolvierung von Militärakademien bzw. der Generalstabsakademie der Titel eines »Diplom-Militärwissenschaftlers« verliehen. Darüber hinaus waren in den Reihen der Generale und Admirale (seit 1952) jeweils über 20 Diplom-Ingenieure sowie Diplom-Gesellschaftswissenschaftler vertreten, die aber in der Regel ebenfalls nicht an zivilen Universitäten studiert hatten. Über 40 Angehörige der DDR-Militärelite trugen einen Doktortitel[50].

Zur kontinuierlichen Weiterbildung der Generale und Admirale in Spitzenpositionen der NVA wurden ab Ende der 60er Jahre verstärkt mehrwöchige Lehrgänge, »Höhere Akademische Kurse«, Schulungen usw. durchgeführt. 1969 nahmen erstmalig 10 leitende Generale der NVA (Heinz Hoffmann, Waldemar Verner [Admiral], Herbert Scheibe, Kurt Lange, Erich Peter, Fritz Streletz, Horst Stechbarth, Hans-Joachim Wiesner, Fritz Peter und Werner Winter) an einem sechswöchigen Führungslehrgang in der Sowjetunion teil, dem später weitere Lehrgänge folgten. An der Militärakademie »Friedrich Engels« fanden jährlich »Akademische Kurse« zur operativ-taktischen, an der Militärpolitischen Hochschule »Wilhelm Pieck« Kurse zur marxistisch-leninistischen Weiterbildung leitender Generale, Admirale und Offiziere der NVA, der Grenztruppen und der Zivilverteidigung statt. In der Regel zweimal im Jahr hatten die Generale und Admirale an einer gesellschaftswissenschaftlichen Schulung teilzunehmen. Die letzte ihrer Art fand im Sommer 1989 in Strausberg statt.

Generale und Admirale in der Koalitionsarmee der 70er und 80er Jahre

Anfang der 70er Jahre nahm die militärische Führung der NVA im wesentlichen jene Leitungsstrukturen ein, die auch noch im Frühjahr 1990 bestanden. Etwa anderthalb Jahrzehnte nach der offiziellen Gründung der NVA hatte sich aus der Offiziergruppe, deren Angehörige in der Mehrheit zwischen 1948/49 und 1952 in die ostdeutschen bewaffneten Kräfte eingetreten waren und die sich aus Soldaten und Unteroffizieren der Wehrmacht sowie aus »freiwilligen« ungedienten jungen Arbeitern, FDJ-Mitgliedern und Funktionären des Staats- und Parteiapparates der DDR zusammensetzte, eine zweite Generals- und Admiralsgeneration der NVA herausgebildet und schrittweise konsolidiert. Sie war der SED treu ergeben und erwarb sich zunehmend fachliche Anerkennung im Bündnis.

Das Generalkorps der NVA war durch eine große personelle Kontinuität, die zum einen Stabilität in höheren Kommandofunktionen bedeutete, aber zugleich auch Ursachen für Stillstand und Verkrustung in sich bergen konnte, gekenn-

---

50 Diese Zahl wurde nach Auswertung der individuellen biographischen Daten ermittelt. Das Führen akademischer Grade bzw. Titel in den Streitkräften regelte der Minister für Nationale Verteidigung.

zeichnet. In einigen militärischen Spitzenpositionen, z.B. im Verteidigungsministerium und in den Führungen der Teilstreitkräfte, gab es kaum noch Veränderungen. Willi Stoph, 1955 vom Zivilisten zum Generaloberst ernannt, war von 1952 bis 1960 als Innen- bzw. Verteidigungsminister mit dem Aufbau der bewaffneten Kräfte aufs engste verbunden gewesen. Heinz Hoffmann, 1949 als Generalinspekteur in die Volkspolizei eingestellt, 1952 Generalleutnant und 1960 Armeegeneral, verblieb bis zu seinem Tod 1985 über mehr als drei Jahrzehnte hinweg praktisch in höchsten bzw. *der* höchsten militärischen Position. Eine Ausnahmestellung nahm zweifellos auch Heinz Keßler ein, der 1989 ebenfalls auf eine steile und lange militärische Karriere zurückblicken konnte. Nach einer Bitte von Wilhelm Pieck, eine hohe Position in den bewaffneten Kräften zu übernehmen, avancierte der frühere FDJ-Funktionär 1950 zum Chef der sich im Aufbau befindlichen VP-Luft und erhielt im Alter von 30 Jahren den Rang eines Generalinspekteurs verliehen. Keßler wurde 1952 Generalmajor der Flieger und Chef der VP-Luft bzw. der Verwaltung der Aeroklubs. Nach dem Besuch einer Militärakademie in der UdSSR setzte man ihn als Chef der Luftstreitkräfte/Luftverteidigung der NVA ein. 1959 zum Generalleutnant und sieben Jahre später zum Generaloberst befördert, übernahm er ab 1967 die Funktion des Chefs des Hauptstabes und ab 1979 die des Chefs der Politischen Hauptverwaltung der DDR-Volksarmee. Nach dem Ableben von Heinz Hoffmann wurde Keßler Verteidigungsminister, eine Funktion, die der Armeegeneral bis zu seinem erzwungenen Rücktritt im Herbst 1989 behielt. Daß es auch anders ging, zeigt die Karriere des letzten Ministers für Nationale Verteidigung der DDR, Theodor Hoffmann. Er schaffte es – übrigens als einziger in den DDR-Streitkräften –, nicht nur vom einfachen Matrosen zum Admiral aufzusteigen, sondern über die Stufen der Verwendungen vom Schulbootskommandanten bis zum Chef der Marine und letztlich bis zum Minister zu gelangen.

Die eigentliche politisch-militärische Führung der NVA bestand stets nur aus einigen wenigen Generalen, die bis 1989 – oft über Jahre hinweg – sich im unmittelbaren Umkreis des Ministers aufhielten und auch den Kern des sogenannten Kollegiums im Verteidigungsministerium bildeten. So waren von 1972 bis zum Jahr 1989 sechs hochrangige militärische Führungsstellen insgesamt von nur neun Generalen besetzt worden. Alle gehörten den bewaffneten Organen der DDR bereits vor der offiziellen Gründung der NVA im Jahre 1956 als Offizier an.

Dem aus fachlichen oder Altersgründen unvermeidlichen Generationswechsel standen zunehmend sich immer stärker abzeichnende Beharrungstendenzen in der Armeespitze und im höheren Offizierkorps entgegen. Das führte seit den ausgehenden 60er Jahren zu einer teilweisen Überalterung, die sich letztlich lähmend auf die Entwicklung der Streitkräfte auswirkte. Als beispielsweise der langjährige Verteidigungsminister Heinz Hoffmann im Dezember 1985 starb, hatte er sich im Alter von 75 Jahren noch immer im aktiven Dienst befunden.

Planstellen und Personalstärken

Schrittweise wurde die Anzahl der Generals- und Admiralsplanstellen erweitert. Dazu vergrößerte man z.B. die Stäbe oder besetzte bestimmte Dienststellungen mit Generalsdienstgraden. So wuchsen z.B. allein in den Seestreitkräften/ Volksmarine die Admiralsstellen von einigen wenigen Mitte der 50er Jahre bis auf 26 Planstellen am Ende der 80er Jahre[51]. Auffällig war auch, daß seit den 70er Jahren im zunehmenden Maße die Chefs der Wehrbezirkskommandos in den Generalsrang aufrückten. Das Soll an Generalsplanstellen betrug in der Endzeit der NVA entsprechend dem «STAN 90« insgesamt 329 Planstellen, davon 299 in der Armee, 22 in den Grenztruppen und 8 Planstellen in der Zivilverteidigung. Die Verteilung nach Dienstgraden war dabei folgendermaßen: 1 Armeegeneral, 12 Generaloberste/Admirale, 72 Generalleutnante/Vizeadmirale und 244 Generalmajore/Konteradmirale.

Es ist jedoch festzustellen, daß nicht alle Stellen im »Soll-Plan« auch adäquat mit Generalen oder Admiralen besetzt werden konnten. In der Regel fanden bis in die 70er Jahre jährlich zehn bis fünfzehn Ernennungen statt, jedoch im Jahre 1979 wurden 33 Oberste und Kapitäne zur See zu Generalen/Admiralen ernannt. Danach schwankte die Zahl der Offiziere, die jährlich in den Generals- bzw. Admiralsrang aufstiegen, zwischen 7 (1983) und 24 (1988)[52]. Eine kontinuierliche personelle Erneuerung in Führungspositionen der Streitkräfte vollzog sich nur schleppend. Zudem bestand an der Tatsache, daß die Militärführung auch im DDR-Sozialismus ausschließlich Männersache war, angesichts der Beförderungslisten kein Zweifel. Frauen konnten durchaus Offizierdienstgrade erreichen, keiner Frau gelang es aber, in die militärische Führungsriege der DDR vorzustoßen[53].

Tab. 4: Anzahl der Generale in der NVA, 1957 - 1989 (Auswahl)

Stand	Anzahl (Ist)
01.07.1957	28
01.06.1965	34
01.01.1969	48
01.03.1973	85
01.03.1975	107
01.01.1978	130

51 Zu einigen Spezifika der Admirale der Volksmarine siehe Friedrich Elchlepp, Walter Jablonsky, Fritz Minow und Manfred Röseberg, Volksmarine der DDR. Deutsche Seestreitkräfte im Kalten Krieg, Hamburg, Berlin, Bonn 1999, S. 278 - 298.

52 Im Jahr 1985 wurden keine Generale und Admirale der NVA ernannt oder befördert.

53 Über die Rolle der Frauen in der NVA liegen derzeit noch keine detaillierten Untersuchungen vor.

Tab. 4: Anzahl der Generale in der NVA, 1957 - 1989 (Auswahl)

Stand	Anzahl (Ist)
07.10.1980	183
31.04.1987	203
01.12.1988	180
01.12.1989	169

[Zusammengestellt nach: BA-MA, AZN Strausberg 32253, Bl. 18 u. 76. Stärkenachweisbuch 1952 - 1989.]

Im letzten Jahrzehnt der DDR hatte die Anzahl der in den Streitkräften aktiv dienenden Generale und Admirale ihren Höchststand erreicht. Das Maximum wurde im Herbst 1986 zwischen den Ernennungen am 7. Oktober und dem Abschluß der Entlassungen im Dezember 1986 mit 218 erreicht. Die meisten dieser Spitzenkräfte waren im Ministerium für Nationale Verteidigung in Strausberg konzentriert. Einen Einblick in den »Generalsbestand« im DDR-Verteidigungsministerium soll die folgende namentliche Aufstellung geben:

Tab. 5: Generale und Admirale im Ministerium für Nationale Verteidigung, 1987 (Auswahl)

Name	Dienststellung
Armeegeneral Heinz Keßler	Minister für Nationale Verteidigung
Generaloberst Horst Brünner	Stellvertreter des Ministers und Chef der Politischen Hauptverwaltung (PHV)
Generaloberst Fritz Streletz	Stellvertreter des Ministers und Chef des Hauptstabes
Generaloberst Joachim Goldbach	Stellvertreter des Ministers und Chef Technik /Bewaffnung
Generalleutnant Manfred Grätz	Stellvertreter des Ministers und Chef Rückwärtige Dienste
Generalleutnant Heinz Handke	Hauptinspekteur der NVA
Generalleutnant Harald Ludwig	Chef Kader
Generalleutnant Wolfgang Kaiser	Chef Militärbauwesen und Unterbringung
Generalleutnant Wolfgang Steger	Stellvertreter des Chefs des Hauptstabes für operative Fragen
Generalleutnant Günter Leistner	Stellvertreter des Chefs des Hauptstabes für Organisation
Generalleutnant Gerhard Kunze	Stellvertreter des Chefs des Hauptstabes für Mechanisierung und Automatisierung der Truppenführung (MAT)
Generalleutnant Heinz Tappert	Chef Finanzökonomie

Tab. 5: Generale und Admirale im Ministerium für Nationale Verteidigung, 1987 (Auswahl)

Name	Dienststellung
Generalleutnant Alfred Krause	Chef Aufklärung
Generalleutnant Manfred Volland	Stellvertreter des Chefs der PHV für organisations-politische Arbeit
Generalleutnant Ernst Hampf	Stellvertreter des Chefs der PHV für ideologische Arbeit
Generalmajor Werner Käseberg	Chef der Verwaltung Inspektion
Generalmajor Wilfried Schäfer	Stellvertreter des Chefs Kader für Einsatz und Entwicklung der Kader
Generalleutnant Waldemar Seifert	Chef Pionierwesen
Generalmajor Otto Heinz	Chef Chemische Dienste
Generalmajor Wolfgang Schubert	Chef Verwaltung Spezialbauwesen
Generalmajor Günter Jahr	Chef Verwaltung Operativ
Generalmajor Herbert Christians	Chef der Verwaltung Territorialverteidigung
Generalmajor Hans-Werner Deim	Chef der Verwaltung Gefechtsbereitschaft/operative Ausbildung
Generalmajor Herbert Schmerler	Chef der Verwaltung Org./Planung
Generalmajor Werner Patzer	Chef der Verwaltung Org./Auffüllung
Generalmajor Rudolf Magnitzke	Stellvertreter Allgemein
Generalmajor Kurt Beaujean	Leiter Militärtopographischer Dienst
Generalmajor Heinrich Winkler	Chef der Verwaltung Internationale sVerbindungen
Generalmajor Norbert Wolff	Stellvertreter des Stellvertreters des Chefs Technik/Bewaffnung für Beschaffung und Chef der Verwaltung Technik
Konteradmiral Wolfgang Laue	Chef der Verwaltung Schiffbau
Generalmajor Horst Noack	Chef der Verwaltung Instandsetzung
Generalmajor Johannes Oreschko	Chef der Verwaltung Materielle Planung
Generalmajor Werner Freitag	Chef der Verwaltung Kfz-Dienst
Generalmajor Heinz Hampel	Chef der Verwaltung Raketen- und Waffentechnischer Dienst
Generalmajor Gerhard Storbeck	Chef der Verwaltung Panzerdienst
Generalmajor Max Butzlaff	Stellvertreter des Chefs Rückwärtige Dienste und Stabschef
Generalmajor Hans Zukunft	Chef der 10. Verwaltung
Generalmajor Raimund Kokott	Stellvertreter des Stellvertreters des Chefs der PHV für operative Aufgaben
Generalmajor Heinz Calvelage	Stellvertreter des Stellvertreters des Chefs der PHV für organisations-politische Aufgaben

Tab. 5: Generale und Admirale im Ministerium für Nationale Verteidigung, 1987 (Auswahl)

Name	Dienststellung
Generalmajor Alfred Dziewulski	Stellvertreter des Stellvertreters des Chefs der PHV für Propaganda/Agitation
Generalmajor Peter Steurich	Stellvertreter des Stellvertreters des Chefs der PHV für kulturpolitische Arbeit

In den drei Teilstreitkräften befanden sich etwa 70 Angehörige der höchsten Offiziergruppe. Bei den Grenztruppen taten 11 Generale Dienst. Mehr als 20 Personen waren »außerhalb« der Truppe, in zivilen Ministerien, im Justizwesen, im ZK der SED, in der GST sowie in der Zivilverteidigung eingesetzt[54].

Tab. 6: Die NVA-Generalität nach Dienstgraden und Bereichen, 31.04.1987

Bereiche	Gesamt	Armeegeneral	Generaloberst/ Admiral	Generalleutnant/ Vizeadmiral	Generalmajor/ Konteradmiral
Landstreitkräfte	40		1	7	32
Luftstreitkräfte/ Luftverteidigung	20		1	3	16
Volksmarine	15		1	3	11
Grenztruppen	11			3	8
Ministerium	63	1	3	14	45
Zentrale Truppen und Einrichtungen	9			2	7
Zentrale Lehreinrichtungen	13			1	12
Staatliche Organe	21			4	17
Zivilverteidigung	5			1	4
Bereich Aufklärung	6			1	5
Gesamt	203	1	6	39	157

54 Dazu gehörten u.a. der Stellvertreter des Vorsitzenden der Staatlichen Plankommission und Chef des Militärbereiches, der Stellvertreter des Ministers für Bauwesen und Chef Spezialbauwesen, der Stellvertreter des Ministers für Außenhandel und Chef spezieller Außenhandel, der Stellvertreter des Ministers für Verkehrswesen und Generaldirektor der INTERFLUG und der Stellvertreter des Generalstaatsanwaltes und Militäroberstaatsanwalt.

[BA-MA, AZN Strausberg 32253, Bl. 63. Stärkenachweisbuch Personal 1952–1989. Laut Stellenplan auf einer Oberst-Planstelle: Generalmajor Ingolf Fuhrmann, auf einer Zivil-Planstelle: Generalmajor Klaus Senf.]

Die 100 000 Mann starke Reichswehr verfügte Ende der 20er Jahre über rund 50 Generale. Die militärische Elite der Wehrmacht umfaßte 3191 Generale und Admirale, rechnet man Sonderlaufbahnen, Beamte, Waffen-SS u.a. nicht hinzu[55].

In der Bundeswehr wurden bei einer Gesamtpersonalstärke von ca. 500 000 Mann in der Zeit von 1955 bis 1990 1115 Generale und Admirale registriert[56]. In der NVA, einschließlich der Grenztruppen und der Zivilverteidigung, dienten zwischen 1952 und 1990 insgesamt 377 Generale und Admirale, wobei im Jahr 1986/87 die wohl höchste Zahl gleichzeitig in der Armee dienender Vertreter der höchsten Offiziergruppe zu verzeichnen war. Von den 50er bis in die 80er Jahren stieg der Generalsanteil – gemessen an der Entwicklung des Offizierkorps sowie der Gesamtpersonalstärke der Armee – rasch an. Kam z.B. im Jahr 1956 noch auf ca. 3200 NVA-Angehörige – rein rechnerisch – ein General, so lag dieses Verhältnis Ende der 80er Jahre etwa bei 1000 zu 1.

Die dritte Generalsgeneration

Zusammen mit ersten Anzeichen von Realitätsverlust, Verkrustung sowie auch von Machtmißbrauch bei einzelnen Personen der Armeeführung kündigte sich mit dem Übergang zu den 80er Jahren die dritte, eher akademisch-technokratisch ausgerichtete Generalsgeneration der NVA an. Ihr Aufwuchs war mit der weiteren Verbesserung des Bildungs- und Qualifikationsniveaus verbunden[57].

Die letzte, vor allem ab Mitte der 80er Jahre hervortretende NVA-Generalsgeneration umfaßte am Ende der DDR-Volksarmee ca. 25 Offiziere, die ihre Sozialisation im wesentlichen unter den Verhältnissen der DDR erhalten hatten. Die jüngsten von ihnen waren im letzten Kriegsjahr 1945 geboren worden. Nach ihrer Oberschulzeit und dem Ablegen des Abiturs oder als junger Facharbeiter gingen sie als Soldat in die Truppe und von dort aus als Offizier-

---

55 Vgl. Reinhard Stumpf, Die Wehrmacht-Elite. Rang- und Herrschaftsstruktur der deutschen Generale und Admirale 1933–1945, Boppard a.Rh. 1982, S. 15 (= Militärgeschichtliche Studien, 29).

56 Vgl. Heinz-Peter Würzenthal, Dermot Bradley u.a., Vollständige Liste der Generale und Admirale der Bundeswehr 1955–1990, Osnabrück 1990, S. VII. Siehe auch Werner Baur, Deutsche Generale. Die militärischen Führungsgruppen in der Bundesrepublik und in der DDR, in: Beiträge zur Analyse der deutschen Oberschicht, hrsg. von Wolfgang Zapf, 2. Aufl., München 1965, S. 115–135 (= Studien zur Soziologie, Bd 3).

57 Vgl. Fingerle, Waffen in Arbeiterhand? (wie Anm. 19), S. 120–126.

schüler an die Offizierschule. Nach ihrer Ausbildung durchliefen die meisten die klassische militärische Karriere: Am Beginn stand für mehrere Jahre der Einsatz als Zugführer und Kompaniechef. Danach schloß sich in der Regel ein Studium an der NVA-eigenen oder an einer sowjetischen Militärakademie an. Mit Anfang 30 kamen sie in Dienststellungen wie Stabschef eines Regiments oder als Offizier in Divisionsstäbe. Mit Anfang 40 erhielten sie die Möglichkeit zur Ausbildung an der Generalstabsakademie, um danach in hohe Kommandeurs- oder Stabsfunktionen eingesetzt werden zu können.

Den NVA-Generalen blieben jedoch die Führungsebenen im Warschauer Pakt oberhalb der Armeestruktur generell versagt. Diese wurden grundsätzlich mit sowjetischen Militärs besetzt. Daher kann die Anzahl von NVA-Generalen in Führungspositionen des östlichen Bündnisses als eher marginal bezeichnet werden. In den »Vereinten Streitkräften der Teilnehmerstaaten des Warschauer Vertrages« gab es in deren Stab sowie im Technischen Komitee jeweils nur eine Planstelle für einen NVA-General mit Sitz in Moskau. Beide wurden ab 1969 bzw. 1981 auch planstellengerecht besetzt[58]. Die dritte Generalsplanstelle im Ausland war dem Militärattaché der DDR in der UdSSR vorbehalten. Er war ab 1962 im Range eines NVA-Generalmajors[59]. In die strategische oder operative Planungsarbeit der Paktstreitkräfte, einschließlich der die Rolle der DDR-Volksarmee im Bündnis berührenden Teile, waren Vertreter der ostdeutschen Militärelite in der Regel nicht oder nur am Rande einbezogen.

Obwohl sich in den 80er Jahren ein Bild des NVA-Offiziers auszuprägen schien, dessen Karriere sich eher nach funktionalen, technokratischen oder wissenschaftlichen Denken und Handeln bestimmte, bekannten sich zweifellos alle Generale und Admirale der NVA – ob in den 50er oder in den 80er Jahren Dienst tuend – zu einem antifaschistischen Selbstverständnis und einer besonderen Verantwortung für den Bestand und die Erhaltung des Sozialismus in »ihrem« Staat, der DDR[60].

Die gemeinsamen weltanschaulichen Ideale der Generalität waren nicht nur eng mit der marxistisch-leninistischen Ideologie verbunden, sondern ihre Vertreter hatten den Auftrag und die Pflicht, diese bei allen politischen und militärischen Belangen zu berücksichtigen und durchzusetzen. Hierbei spielten die Politoffiziere eine besondere Rolle. Die Bedeutung des vor allem für die allge-

---

58 Anfang der 80er Jahre verrichteten z.B. 2 Generale und 19 Offiziere der NVA in Führungsorganen der Vereinten Streitkräfte ihren Dienst. Im Kriegsfall sollte die Zahl dieser Stellen mehr als verdoppelt werden (5 Generale und 50 Offiziere/Fähnriche). So war u.a. auch vorgesehen, den Chef der Landstreitkräfte der NVA als »Stellvertreter des Oberkommandierenden der Vereinten Streitkräfte auf dem Kriegsschauplatz für die NVA« zu benennen.

59 Siehe namentliche Aufstellung im tabellarischen Teil dieses Bandes.

60 Vgl. dazu auch Jürgen Danyel, Die unbescholtene Macht. Zum antifaschistischen Selbstverständnis der ostdeutschen Eliten, in: Eliten im Sozialismus (wie Anm. 8), S. 67–85.

meine politisch-ideologische Indoktrination zuständigen Politbereichs zeigte sich auch in der Einrichtung von etwa 30 Generalsplanstellen.

Letztlich konnte sich niemand der SED-Ideologie entziehen, auch wenn nicht alle Generale gleichermaßen in erster Linie »glühende Verfechter« des Parteiwillens gewesen waren, sondern sich mancher mehr als Militär fühlte. Alle Generale und Admirale gehörten freilich selbstverständlich der SED an, sieht man von den wenigen Ausnahmen in der Aufbauphase der Armee ab[61].

Ohne Zweifel gab es wohl Unterschiede und auch Differenzen im politischen Denken der DDR-Generale und Admirale, die aber zuweilen gar nicht so sehr – wie zumeist vermutet wird – zwischen den technischen Spezialisten und den Politoffizieren auftraten, sondern vielmehr innerhalb und quer durch einzelne Generalsgruppen in Abhängigkeit von Dienstgrad, Dienststellung, Lebenserfahrung, persönlichen Einsichten usw. zu finden waren. Trotz genereller weltanschaulicher Übereinstimmung und eindeutig sozialistischer Ausrichtung bildete also die NVA-Elite keinen monolithischen Block besonders starker politischer Eiferer. Manch ein General oder Admiral hatte sich als »gelernter DDR-Bürger« ein durchaus kritisches Bewußtsein gegenüber gesellschaftlichen Prozessen und Problemen bewahrt. So waren im Einzelfall vorsichtige Kritik und Zweifel an einigen Auswüchsen der SED-Politik ebenso zu finden wie Konservatismus, ideologische Engstirnigkeit und politischer Dogmatismus.

Generell bleibt aber festzuhalten: Die Generale und Admirale der NVA waren nicht nur in ihrem Selbstverständnis treue Diener der Partei und des Staates, die sich der Verteidigung und dem Schutz des Vaterlandes, von »Frieden und Sozialismus« verpflichtet fühlten, sondern sie bildeten objektiv innerhalb des SED-Herrschaftsapparates eine spezifische Macht- und Funktionselite, die letztlich für das Funktionieren der Diktatur mitverantwortlich zeichnete.

Tab. 7: Erster Sekretär/Generalsekretär des ZK der SED, Vorsitzender des Staatsrates und des Nationalen Verteidigungsrates 1960 bis 1989

Vorname, Name	von ... bis	Bemerkungen
Walter Ulbricht	11.02.1960 bis 03.05.1971	12.09.1960 Vorsitzender des Staatsrates;
Erich Honecker	03.05.1971 bis 18.10.1989/24.10.1989	03.05.1971 bis 22.05.1976 Erster Sekretär, danach bis 18.10.1989 Generalsekre-

[61] Das betraf einige ehemaligen Offiziere der Wehrmacht, die bereits vor ihrem Eintritt in die KVP/NVA Mitglied der NDPD geworden waren. Dazu gehörten Vincenz Müller, Arno v. Lenski, Otto Korfes und Heinz Neukirchen (bis 1961, danach SED).

Tab. 7: Erster Sekretär/Generalsekretär des ZK der SED, Vorsitzender des Staatsrates und des Nationalen Verteidigungsrates 1960 bis 1989

Vorname, Name	von ... bis	Bemerkungen
		tär des ZK; 24.06.1971 bis 24.10.1989 Vorsitzender des NVR; 1976 bis 1989 Vorsitzender des Staatsrates (1971 bis 1976 hatte Willi Stoph das Amt inne)
Egon Krenz	18.10.1989/24.10.1989 bis 03.12.1989/06.12.1989	Generalsekretär/ Vorsitzender des Staatsrates u. des NVR

Das zeigte sich nicht zuletzt an der Verquickung der Militär- und der Parteiführung in politischen Spitzenpositionen[62]. Dem gewählten ZK der Partei gehörten auch stets Militärs an. Die ZK-Mitglieder im Generalsrang verdankten ihre »Wahl« im Prinzip der herausgehobenen Dienststellung (z.B. als Chef der Politischen Hauptverwaltung). Auf ZK-Tagungen traten sie gelegentlich auf, wenn es um militärpolitische Themen ging. Stets behielt es sich jedoch der Generalsekretär der SED als Vorsitzender des NVR vor, alle wichtigen militärischen Grundsatzentscheidungen zu treffen und den Oberbefehl über die Armee in seinen Händen zu halten.

Die Staatssicherheit und die Generale

Auch die Generalität der NVA unterlag - wie alle anderen Angehörigen der NVA und der Grenztruppen - der ständigen Beobachtung und Kontrolle durch das Ministerium für Staatssicherheit. Zuständig für die »Arbeit« in der Armee war seit Anfang der 50er Jahre die Hauptabteilung I[63].

---

62 Siehe dazu die entsprechenden Aufstellungen im tabellarischen Teil dieses Bandes. Vgl. auch u.a. Karl Wilhelm Fricke, Die Militärs in der DDR-Führung, in: Deutschland Archiv, 7 (1974) 3, S. 231-234.

63 Die Geschichte der HA I des MfS ist noch wenig erforscht. Ihre Ursprünge reichen bis in das Jahr 1949/50 zurück, in dem die operative Verantwortlichkeit der Staatssicherheit für die HVA, Seepolizei und VP-Luft durch die Abteilungen VII a bis VII c wahrgenommen wurde. In diesem Zusammenhang werden als leitende Offiziere des MfS u.a. VP-Inspekteur Rolf Markert, VP-Kommandeur Karl Krug, VP-Inspekteur Erich Kistowski sowie VP-Inspekteur Gerhard Kroszewski genannt. Die Abteilungen VII wurden im Dezember 1951 zur Hauptabteilung I zusammengeführt.

Tab. 8: Leiter der HA I des MfS 1950 bis 1990

Dienstgrad, Vorname, Name,	von ... bis	Bemerkungen
Inspekteur Heinz Gronau	01.11.1950 bis 28.02.1953	1951Chefinspekteur, 1953 Oberst
Generalmajor Ottomar Pech	01.03.1953 bis 02.04.1955	
Generalmajor Martin Weikert	02.04.1955 bis 15.06.1955	
Oberst Karl Kleinjung	01.07.1955 bis 23.06.1981	1959 Generalmajor 1974 Generalleutnant
Generalmajor Manfred Dietze	24.06.1981 bis 31.12.1989	1989 Generalleutnant

In den 50er Jahren standen vor allem KVP/NVA-Generale im Visier des MfS, die bereits in der Wehrmacht als Offizier oder General gedient hatten. Bei einigen von ihnen vermutete die Staatssicherheit Kontakte zu westlichen Kreisen, die in der Regel als »Feindtätigkeit« eingestuft wurden. So legte man in diesem Zusammenhang u.a. umfangreiche Akten über Heinrich Heitsch, Arno v. Lenski, Vincenz Müller, Hermann Rentzsch oder Hans Wulz an. Im Oktober 1956 gerieten zudem auch andere NVA-Generale wie Bernhard Bechler, Helmut Borufka und Heinz Zorn sowie die Konteradmirale Felix Scheffler und Heinz Neukirchen kurzzeitig ins Blickfeld des MfS[64]. Bechler und Borufka waren beispielsweise allein schon deshalb verdächtig, weil sie aus »kleinbürgerlichen Kreisen« stammten. Bei keinem der überprüften Generale konnte jedoch eine derartige »Feindtätigkeit« nachgewiesen werden. Dennoch sollten durch »weitere inoffizielle Arbeit« sowie offizielle Absprachen »die Arbeit und das Verhältnis der leitenden Offiziere« überprüft werden[65].

Selbst altkommunistische Führungskader im Generalsrang blieben von der Auspähung ihrer Person durch das MfS nicht verschont. Der Anlaß zur Beobachtung konnte u.a. in Widersprüchen bei der Darstellung ihrer illegalen Tätigkeit vor 1945 liegen oder ihre Arbeit in den bewaffneten Kräften betreffen. So warf man z.B. Generalmajor Wilhelm Mayer, seit 1924 Mitglied der KPD und von 1952 bis 1954 stellvertretender Innenminister, vor, nicht nur fachlich inkompetent zu sein, sondern auch - nach Ansicht der Staatssicherheit - eine

---

64 Vgl. Der Bundesbeauftragte für die Unterlagen des Staatssicherheitsdienstes der ehemaligen DDR (im folgenden: BStU), SdM 1201, Bl. 255. Einschätzung der Lage in der NVA, Oktober 1956. Konteradmiral Scheffler wurde vom MfS fälschlicherweise als Wehrmachtoffizier eingestuft, er war jedoch nur im Unteroffizierrang.

65 Ebd., AIM, 11095/70, Bd 1, Bl. 288-291. Aktennotiz der HA I/1 zur Arbeit der Generale im Stab des Ministeriums für Nationale Verteidigung vom 13.3.1957. Siehe dazu auch Dokument im Anhang dieses Bandes.

insgesamt »zweifelhafte« politische Einstellung an den Tag zu legen. Mayer fühlte sich dagegen vom MfS beschattet und ließ die Mitarbeiter des Geheimdienstes seine Abneigung wiederholt spüren. Bei Verdachtsmomenten einer wie auch immer gearteten »Feindtätigkeit« wurden Generale und Admirale der NVA auch später wiederholt zum Objekt der Überwachung durch das MfS.

Eine besondere Verantwortung war den Mitarbeitern der HA I im Personalbereich übertragen worden, wobei sie neben routinemäßigen Sicherheitsüberprüfungen auch versuchten, direkt auf Kaderentscheidungen der Armeeführung Einfluß zu nehmen. Sogenannte Auskunftsberichte über »kadermäßigen Schwächen« sowie »Bedenken« zu einzelnen Offizieren, die für die Besetzung bestimmter Positionen vorgesehen waren, wurden in der Regel direkt an den Chef der Kaderverwaltung gegeben. Dabei verlief die Zusammenarbeit zwischen dem MfS und NVA-Kaderoffizieren nicht immer nach den Vorstellungen der HA I. So soll Generalmajor Ewald Munschke, von 1952 bis 1961 Kaderchef der KVP und der NVA, seine Untergebenen zeitweise angewiesen haben, Mitarbeitern der Staatssicherheit keine Personalakten mehr auszuhändigen, da diese zuvor offenbar mehrmals ihre Kompetenzen überschritten hatten. Die Nachfolge von Munschke trat übrigens dann Generalmajor Ottomar Pech an, der als langjähriger Angehöriger des MfS u.a. auch für zwei Jahre die HA I geleitet hatte. »Abstimmungsprobleme« traten nunmehr nicht auf.

Die »operative Aufklärung« von Offizieren konnte im Zusammenhang mit der vorgesehenen Übernahme in leitende Positionen der NVA bzw. vor der Ernennung zum Generalmajor/Konteradmiral erfolgen. Nicht immer erteilte das MfS seine Zustimmung zu Personalentscheidungen des Verteidigungsministeriums. Im Fall von Oberst Kurt Röhr stellte sich das MfS auf Grund der Vergangenheit Röhrs als »faschistischer Offizier und seiner nicht immer eindeutigen und klaren parteilichen Einstellung« gegen seine Einsetzung als Stellvertreter des Chefs des Hauptstabes und Chef der Verwaltung Operativ. Das MfS forderte 1960 statt dessen, ihn in die Reserve versetzen zu lassen[66]. Röhr übernahm dennoch – wenn auch nur kurzzeitig – die Funktion des Verwaltungschefs im Hauptstab, besuchte danach die Generalstabsakademie in der UdSSR und war noch bis 1977 u.a. als Lehrstuhlleiter an der Militärakademie in Dresden tätig, wo er als Generalmajor a.D. ausschied.

Die MfS-Hauptabteilung nahm darüber hinaus – wahrscheinlich seit den 70er Jahren – in Abständen von mehreren Jahren sogenannte Leitereinschätzungen von hochrangigen NVA-Offizieren vor. Neben Angaben zum Lebenslauf, zur beruflichen Entwicklung, zu »politisch-moralischen Verhaltensweisen« und »politisch-militärischen Führungseigenschaften« stand vor allem die Einstellung und das Verhalten des Betreffenden zum MfS und dessen Arbeit im Mittelpunkt.

---

66 BStU, AP 18842/80, Bl. 39. Auskunftsbericht der HA I/MfNV vom 22.9.1960.

Eine Reihe von Generalen war für die HA I »positiv erfaßt«, was nichts anderes bedeutete, als daß sie über ihre notwendigen dienstlichen Kontakte hinaus z.B. als »Gesellschaftlicher Mitarbeiter für Sicherheit (GMS)« informell mit der Staatssicherheit zusammenarbeiteten. Ihre Tätigkeit durfte auch nicht ihren Dienstvorgesetzten bekanntwerden, wofür sie sich in einer schriftlichen Erklärung verpflichten mußten. So hieß es über einen NVA-Generalleutnant in führender Position, der 1973 schriftlich zur Zusammenarbeit mit dem MfS »berufen« worden war: »Das Verhältnis des Genossen Generalleutnant [...] unserem Organ gegenüber kann als gut eingeschätzt werden. Er stellte in der Vergangenheit mehrfach unter Beweis, daß er bereit und in der Lage ist, uns bei der Klärung wichtiger operativer Probleme zu unterstützen. Zur Klärung wichtiger Fragen innerhalb der Verwaltung nimmt er zu unserem Organ die Verbindung selbständig auf[67].« Die Aufgabengebiete dieses GMS mit dem Decknamen »Helmut« umfaßten u.a. die Informationsbeschaffung zu Fragen der Gefechtsbereitschaft und der Führung im Ministerium, zu Hinweisen auf Spionage- und »Zersetzungserscheinungen« im Dienst und im Freizeitbereich von Angehörigen der Leitung des Verteidigungsministeriums, zur Anwendung bzw. Nichtanwendung neuer Erkenntnisse in der taktischen Ausbildung sowie über »operativ interessierende Personen« im Bereich der Militärakademie, der Offizierhochschulen und der Weiterbildung. Hohe Offiziere und Generale wurden auch als Inhaber von »Konspirativen Wohnungen« (KW) geworben.

Insgesamt nahmen die meisten der vom MfS angesprochenen Offiziere und Generale der NVA die ihnen von der Staatssicherheit übertragenden Aufgaben durchaus sehr ernst. Manche versuchten dabei, ihre inoffizielle Tätigkeit auch zur eigenen Profilierung bzw. zur Forcierung ihrer Karriere zu nutzen. Einige waren jedoch offensichtlich nicht bereit, mehr als nur allgemeine Informationen über Kameraden zu geben.

»Besondere Vorkommnisse«

»Abfällige« Äußerungen von Generalen zur SED-Politik im privatem Bereich wurden ebenso genau durch Zuträger an die HA I übermittelt und dort registriert wie alle anderen »besonderen Vorkommnisse« in der Führungsschicht der Streitkräfte.

Generell ist zu sagen, daß die überwiegende Mehrheit der militärischen Elite der DDR ihren Dienst pflichtgemäß, den Gesetzen und Dienstvorschriften entsprechend, versah[68]. Dabei waren solche Charaktereigenschaften wie Bescheidenheit, Ausgeglichenheit, Verantwortungsgefühl und Verständnis für

---

67 Ebd., AGMS 2125/83, Bd 1, Bl. 15. Leitereinschätzung der HA I/MfNV vom 26.4.1977.

68 Das Problem der Verantwortung für die Todesschüsse an der Grenze ist in der Literatur hinreichend problematisiert worden und wird hier ausgeklammert.

Untergebene ebenso zu finden wie Überheblichkeit, Größenwahn, Realitätsverlust und Machtbesessenheit.

Einzelne Generale und Admirale der NVA waren dennoch in Alkoholexzesse, in Verstöße gegen Dienstvorschriften und in Fälle von Amtsmißbrauch verstrickt. Einige hatten Liebesverhältnisse mit ihren Sekretärinnen, andere ließen sich von persönlichen Animositäten leiten, was die Beziehungen zu den ihnen Unterstellten unter Umständen deutlich belasten konnte. Seit Mitte der 50er Jahre mußten sich Generale und Admirale in mehr als 40 Fällen gegenüber ihrem Dienstherrn wegen disziplinarer Verstöße verantworten. Die Folgen waren Aussprachen beim Minister sowie Bestrafungen in Form von Verweisen und Versetzungen, der Herabsetzung im Dienstgrad bzw. in der Dienststellung oder die vorzeitige Entlassung aus dem Wehrdienst. Die Herabsetzung im Dienstgrad war eine Disziplinarstrafe und sollte auf der Grundlage der Dienstvorschrift über Disziplinarbefugnisse und disziplinarische Verantwortlichkeit erfolgen. Bekannt sind die Aberkennung des Dienstgrades (Generalmajor Bernd Weinberger), fünf Dienstgradherabstufungen (Generalmajor Heinz Gerloff zum Oberst d.R., Generalmajor Karl Linke zum Oberst d.R., Generalmajor d.R. Kurt Rappmann zum Oberstleutnant d.R., Generalmajor d.R. Hans Sieg zum Oberstleutnant d.R. und Generalleutnant Harry Strobel zum Generalmajor) sowie mindestens zehn vorzeitige Entlassungen von Generalen und Admiralen[69].

Ging man gegen junge Offiziere bei vergleichbaren Vergehen in der Regel hart vor, so gab es bei Generalen oft nur zögerliche Auseinandersetzungen. Viel zu lange tolerierten Vorgesetzte und Mitarbeiter das offensichtliche Fehlverhalten bei einigen leitenden Generalen zum Beispiel in Fragen des Alkoholmißbrauchs.

Konflikten wurde also in der Mehrzahl eher ausgewichen bzw. man versuchte, sie generell unter den Teppich zu kehren. Im Fall eines Generalleutnants wurden selbst bei sehr schwerwiegenden, im Detail nachgewiesenen kriminellen Straftaten wie u.a. verbrecherischer Diebstahl und Betrug zum Nachteil des »sozialistischen Eigentums« keine strafrechtlichen Konsequenzen wirksam. Minister Armeegeneral Heinz Hoffmann entschied persönlich in Abstimmung mit dem MfS, gegen den General aus seinem Ministerium lediglich ein Disziplinarverfahren »ohne Aufsehen« durchzuführen. Unter Erteilung bestimmter Auflagen konnte der Generalleutnant – letztlich ohne eine weitere Strafverfolgung befürchten zu müssen – »auf eignen Wunsch und unter Berücksichtigung des Gesundheitszustandes« offiziell aus dem Dienst ausscheiden.

Die Auswertung der Vorkommnisse von Nomenklaturkadern war in der Regel zusätzlich mit Parteiverfahren verbunden, worüber das ZK der SED zu

---

69 Einen besonderen Fall stellt die Entlassung von Generalmajor Heinz Gerloff dar. Er wurde noch kurz vor der Wende im Sommer 1989 u.a. auch wegen seiner für die SED unbequemen politischen Äußerungen in der Öffentlichkeit aus der Armee (bei gleichzeitiger Herabsetzung im Dienstgrad) entlassen und aus der Partei ausgeschlossen.

informieren war. Das galt bei dienstlichen Vorkommnissen ebenso wie bei persönlichem Fehlverhalten. Zumeist wurden den Betroffenen Mißbilligungen, Rügen und strenge Rügen als Parteistrafen ausgesprochen, die letztlich auch Eingang in die Personalakten fanden.

Untersuchungen während und nach der »Wende« 1989/90, die auf Druck einer großen Zahl von NVA-Angehörigen eingeleitet worden waren, brachten in verschiedenen Bereichen der NVA nicht nur Korruption und Amtsmißbrauch sondern auch Privilegien von Generalen und Admiralen ans Licht[70]. Zweifellos genossen die militärischen Spitzenkräfte Sonderrechte, die den anderen, »normalen« Berufssoldaten nicht zugestanden wurden. Sie verfügten u.a. über bevorzugte Einkaufsmöglichkeiten in speziellen Läden, brauchten nicht über zehn Jahre auf einen neuen PKW zu warten und hatten auch keine Probleme, in einem der Ferienheime der NVA unterzukommen. Einige Sonderregelungen galten darüber hinaus nur für ausgewählte Personengruppen in der unmittelbaren Führung der NVA. Sie waren nicht selten mit einer ungerechtfertigten persönlichen Vorteilsnahme verbunden. Das betraf u.a. die Bereitstellung (ab Planstelle Generalleutnant) bzw. den Bau von Einfamlienhäusern, die Inanspruchnahme von NVA-Transportflugzeugen und Hubschraubern für private Urlaubsflüge oder die Einrichtung und Nutzung von Sonderjagdgebieten. Auch wenn nicht jeder General oder Admiral im Einzelfall Privilegien nutzte, hatten sich spätestens im Herbst 1989 führende Vertreter der militärischen Elite der DDR sowohl bei ihren Untergebenen als auch bei der DDR-Bevölkerung endgültig als »Soldaten des Volkes« diskreditiert.

Dienstgradbezeichnungen, Nomenklatur und Uniformierung

Dienstgradbezeichnungen und Wehrdienstbestimmungen

In den ersten beiden Jahren des Bestehens der 1946 gebildeten Deutschen Verwaltung des Innern gab es offenbar noch keine einheitliche Dienstgradstruktur. Die höchsten Dienstgrade »Generalinspekteur« und »Chefinspekteur« waren im Führungsbereich in der Regel an die jeweilige Dienststellung (Präsident, Vizepräsident, Hauptabteilungsleiter der DVdI, Chef einer Landespolizeibehörde) gebunden. Erst der Befehl Nr. 24/48 vom 14.12.1948 legte für alle Polizeikräfte im Osten Deutschlands einheitliche Dienstgradbezeichnungen und -abzeichen

70 Vgl. u.a. Abschlußbericht des Ausschusses zur Untersuchung von Amtsmißbrauch, Korruption und persönlicher Bereicherung in der NVA, den Grenztruppen und der Zivilverteidigung vom 15.3.1990, in: Militärreform in der DDR. Mitteilungen, Positionen, Dokumente, Meinungen, Nr.14, 1990, S. 1 f.

fest[71]. Darunter befanden sich auch die »Generals«-Dienstgrade »Chefinspekteur der VP«, »Generalinspekteur der VP« und »Chef der Volkspolizei«. In den nachfolgenden Jahren wurden die allgemeinen Laufbahn- und Beförderungsrichtlinien für Polizeiangehörige weiter ausgearbeitet und spezifiziert[72].

Am 27. August 1952 erließ Innenminister Willi Stoph den Befehl Nr. 9/1952 über die Einführung neuer Rangbezeichnungen und Rangabzeichen in der KVP(Land), der VP-See und der VP-Luft[73]. Was im Befehl als ein Beitrag zur »Hebung des Verantwortungsbewußtseins der Offiziere und Unteroffiziere« und zur Festigung der Disziplin in der Volkspolizei herausgestellt wurde, war in Wirklichkeit ein weiterer Schritt zum Aufbau ostdeutscher Militärformationen. Dem Befehl entsprechend erhielten alle Angehörigen der KVP ab dem 1. Oktober 1952 militärische Dienstgrade verliehen. So wurde u.a. aus dem VP-Anwärter der Soldat, aus dem VP-Hauptwachtmeister der Feldwebel, aus dem VP-Oberkommissar der Oberleutnant und aus dem VP-Inspekteur der Oberst. Im Bereich der höchsten Führungsbereiche der bisherige Chef -und Generalinspekteure wurden die Generals- bzw. Admiralsdienstgrade Generalmajor/Konteradmiral, Generalleutnant/Vizeadmiral, Generaloberst/Admiral sowie - nach sowjetischem Vorbild - Armeegeneral/Flottenadmiral eingeführt. Vorgesehen war anfangs, daß die Generale die Bezeichnungen ihrer Waffengattung bzw. ihres Dienstes führen sollten, z.B. Generalmajor der Artillerie, Generalmajor der Pioniere, Generalleutnant der Luftwaffe, Generaloberst der Panzertruppen, Generalmajor des Ingenieur-technischen Dienstes, Generalmajor des medizinischen Dienstes, Generalleutnant des Intendantendienstes[74]. Ähn-liches galt für die Admirale, die man in Admirale des Ingenieur-Schiffs-Dienstes (Ing.) und des Küstenschutzes (KS) unterscheiden wollte. Diese Bezeichnungen setzten sich in dieser Form nicht durch, so daß die Zusätze in den folgenden Jahren wegfielen. Die Liste der ersten bereits vom Politbüro des ZK der SED für den Generalsrang ausgewählten und bestätigten Offiziere mußte dem Ministerpräsidenten zur Abzeichnung vorgelegt werden[75]. Mit Wirkung

---

71 Vgl. Klaus Walther, Uniformeffekten der bewaffneten Organe der DDR. Spezialkatalog, Bd 1: Ministerium des Innern 1949–1990, Berlin 1993, S. 11–31; Geschichte der Deutschen Volkspolizei, hrsg. vom Ministerium des Innern, Bd 1: 1945–1961, 2. Aufl., Berlin(Ost) 1987, S. 117.

72 Seit 1950 gab es für die neu geschaffene Seepolizei die Dienstgrade Generalinspekteur und Chefinspekteur offenbar mit dem Zusatz »Seepolizei«.

73 Vgl. BA-MA, DVH 3/2002, Bl. 20 f. Befehl des Ministers des Innern vom 27.8.1952.

74 Vgl. ebd., Anlage 1, Bl. 22–24.

75 Eine Vorschlagsliste vom 23.9.1952 wies 27 Personen aus. Der Name von Chefinspekteur Friedrich Dickel wurde handschriftlich von Innenminister Willi Stoph nachgetragen. Ebenso wurde der für die Generalinspekteure Rudolf Dölling und Heinz Keßler vorgesehene Dienstgrad Generalleutnant auf Generalmajor zurückgestuft und der Generalmajorsrang von Richard Fischer in den eines Konteradmirals handschriftlich geändert. Vgl. ebd., DVH 1/2072, Bl. 8. Liste der Vorschläge für Ernennungen im Generalsrang vom 23.9.1952.

vom 1. Oktober 1952 erhielten dann 28 vormalige Chef- und Generalinspekteure der VP bzw. auch Zivilisten Generals- und Admiralsdienstgrade verliehen[76]. Sie waren die ersten Generale und Admirale der DDR[77].

Umfassendere Dienstlaufbahnbestimmungen für Offiziere, Generale und Admirale der KVP wurden schließlich im Herbst 1954 erlassen. Sie enthielten u.a. die Mindeststehzeiten in den jeweiligen Dienstgraden. Diese allgemeinen Bestimmungen der KVP definierten, daß der »Offizierkaderbestand der Kasernierten Volkspolizei der Deutschen Demokratischen Republik [...] aus Offizieren, Generalen und Admiralen, die eng mit der Arbeiterklasse und den übrigen Werktätigen verbunden sind« bestehen sollte[78]. Für Offiziere bestand die Verpflichtung, den Dienst in der KVP mindestens zehn Jahre zu versehen.

Nach der Schaffung der NVA 1956 gehörten die Generale und Admirale nach ihrem Dienstverhältnis zu den Berufssoldaten und bildeten weiterhin eine eigene Dienstgradgruppe[79]. Die ersten Dienstlaufbahnordnungen der NVA aus den Jahren 1956 und 1962 wiesen für sie im Prinzip die gleichen Dienstgrade wie bisher in der KVP aus, wobei der Dienstgrad »Flottenadmiral« inzwischen abgeschafft worden war. Erst mit dem neuen Wehrdienstgesetz von 1982 kam es wieder zur Einführung dieses Dienstgrades. Zeitgleich damit wurde zudem als höchster militärischer Dienstgrad in der DDR der »Marschall der DDR« festgelegt. Die Ernennung zum Marschall sollte im Verteidigungszustand oder für außergewöhnliche militärische Leistungen auf Beschluß des Staatsrates der DDR durch dessen Vorsitzenden erfolgen[80]. Die Dienstgrade »Flottenadmiral« und »Marschall« sind aber in der DDR nie verliehen worden. Neu seit 1982 war jedoch auch, daß Generale und Admirale nunmehr neben den Leutnanten, den Hauptleuten und den Stabsoffizieren zur einheitlichen Dienstgradgruppe der Offiziere gezählt wurden.

---

76 Vgl. ebd., Bl. 5. Beschluß des Ministerrates über die Verleihung von Dienstrangen vom 1.10.1952.

77 Siehe namentliche Liste im tabellarischen Teil dieses Bandes.

78 Vgl. BA-MA, DVH 1/3765, Bl. 105. Bestimmungen über den Dienstverlauf der Offizierkader vom 5.10.1954.

79 Vgl. Erlaß des Staatsrates der DDR über den aktiven Wehrdienst (Dienstlaufbahnordnung) vom 24.1.1962, in: Gesetzblatt der DDR, 1962/I, S. 6.

80 Vgl. Anordnung des Nationalen Verteidigungsrates der DDR über den Verlauf des Wehrdienstes in der NVA – Dienstlaufbahnordnung – NVA – vom 25.März 1982, in: Wehrdienstgesetz und angrenzende Bestimmungen. Textausgabe mit Anmerkungen und Sachregister, hrsg. vom Ministerium für Nationale Verteidigung, Berlin(Ost) 1988, S. 48. Der Inhalt der Dienstlaufbahnordnung der NVA galt auch für die Angehörigen der Grenztruppen. Der Dienst in der Zivilverteidigung der DDR wurde durch die Dienstlaufbahnordnung – ZV – geregelt. Darin war u.a. festgelegt, daß Generale der ZV vom Vorsitzenden des Nationalen Verteidigungsrates ernannt bzw. befördert werden. Vgl. ebd., S. 74.

Tab. 9: Überblick über deutsche Generals- und Admiralsdienstgrade seit 1920 (Auswahl)

Reichswehr 1920 bis 1935	Generalmajor/ Konteradmiral Generalleutnant/ Vizeadmiral General (mit der Waffenbezeichnung »der Infanterie«., »der Artillerie« usw.) / Admiral Generaloberst
Wehrmacht 1935 bis 1945	Generalmajor/ Konteradmiral Generalleutnant / Vizeadmiral General (mit der Waffenbezeichnung »der Infanterie«, »der Artillerie«, »der Panzertruppe«, »der Kavallerie«, »der Gebirgstruppe«, »der Pioniere«, »der Nachrichtentruppe«, »der Flieger«, »der Flakartillerie«, »der Fallschirmtruppe«, »der Luftnachrichtentruppe«, »der Luftwaffe«)/ Admiral Generaloberst/ Generaladmiral (seit 1936) Generalfeldmarschall/ Großadmiral Reichsmarschall
HVA 1949 bis 1952/ KVP (01.07. bis 30.9.1952)	Chefinspekteur (seit 1950 auch mit dem Zusatz »der VP-Luft« bzw. »der Seepolizei«/»der VP-See«) Generalinspekteur (seit 1950 auch mit dem Zusatz »der VP-Luft« bzw. »der Seepolizei«/»der VP-See«)
KVP/ NVA 01.10.1952 bis 02.10.1990	Generalmajor/ Konteradmiral Generalleutnant/ Vizeadmiral Generaloberst/ Admiral Armeegeneral/ Flottenadmiral (1952, seit 1982) Marschall der DDR (seit 1982)
NVA (lt. Entwurf Wehrdienst-Gesetz vom März 1990) – nicht eingeführt)	Brigadegeneral / Flottillenadmiral Generalmajor/ Konteradmiral Generalleutnant/ Vizeadmiral General / Admiral
Bundeswehr seit 1955	Brigadegeneral/ Flottillenadmiral Generalmajor/ Konteradmiral Generalleutnant/ Vizeadmiral General (»Vier- Sterne-General«) / Admiral

Noch einige Bemerkungen zur vorstehenden Übersicht: Trotz zum Teil gleicher Bezeichnungen waren die Ränge der DDR-Streitkräfte nicht mit jenen der Reichswehr, der Wehrmacht oder der Bundeswehr identisch. So kann z.B. der Generaloberst der NVA ebensowenig mit dem Rang eines Generalobersten in der Wehrmacht gleichgesetzt werden wie ein Generalleutnant der NVA mit dem Generalleutnant der Bundeswehr, in der es den Dienstgrad Generaloberst nicht gibt. Die ursprünglichen Dienstgrade der KVP unterschieden sich anfangs teilweise von den später in der NVA gültigen Generals- und Admiralsdienstgraden, da sie mit Zusatzbezeichnungen wie »der Flieger«, »der Panzer«, »des Intendantendienstes« und des »Medizinischen Dienstes« ausgestattet waren. Die Dienstgrade für die NVA galten auch für die Grenztruppen der DDR, die Grenzbrigade Küste und für die Zivilverteidigung (ab 1976; ohne Armeegeneral). In den (preußisch-)deutschen Streitkräften bis 1918 (Heer) und in der kaiserlichen Marine lauteten die grundsätzlichen Dienstgradbezeichnungen in der Generalshierarchie (ohne Sonderformen): Generalmajor, Generalleutnant, General (mit Waffenbezeichnung »der Infanterie«, »der Artillerie« »der Kavallerie«), Generaloberst/Admiral, Generalfeldmarschall/Großadmiral. In der Sowjetarmee – dem verordneten Vorbild der ostdeutschen Streitkräfte – fanden sich die Dienstgradbezeichnungen (80er Jahre): Generalmajor, Generalleutnant, Generaloberst, Armeegeneral, Marschall der Waffengattung, Hauptmarschall der Waffengattung und Marschall der Sowjetunion/ Flottenadmiral der Sowjetunion.

Offiziere der NVA wurden zum ersten Generalsdienstgrad[81], oder in eine Dienststellung *ernannt* und als General/Admiral *befördert*. Das Wehrdienstgesetz von 1982 wies als allgemeine Voraussetzungen für die Ernennung bzw. Beförderung u.a. folgendes aus: »a) die politische, militärische und charakterliche Eignung und die dafür erforderlichen Kenntnisse, Fähigkeiten und Leistungen sowie b) die verfügbare Planstelle«[82]. Ein Überspringen von Ebenen auf dem Weg »nach oben« war durchaus möglich, da es z.B. kein festgeschriebenes Anforderungspaket für den Aufstieg zum General gab. Ernennungen zum Generalmajor/Konteradmiral sowie Beförderungen beruhten in der Regel auf dem Leistungsprinzip. Die Verleihung des Generalsranges konnte aber auch erfolgen, wenn man ältere und verdiente Offiziere auszeichnen wollte (z.B. Ernennung zum Generalmajor a.D.). Ausschlaggebend war jedoch stets der politische Wille der SED. Hinzu kam das Wohlwollen des Vorgesetzten. Gerade subjektive Kriterien spielten für Ernennungen, Beförderungen und Versetzungen offenbar auch in der NVA eine große Rolle. Vor diesem Hintergrund bedarf die Beförderungspraxis in der NVA und den Grenztruppen zweifellos noch weiterer Untersuchungen. Auf den ersten Blick läßt sich jedoch in dieser Frage z.B. keine Sonderstellung der Angehörigen des Politapparates erkennen.

»Uniformwechsel« zwischen den Teilstreitkräften waren zumeist im Zusammenhang mit Versetzungen, z.B. ins Ministerium, möglich. So erfolgte die Reaktivierung des 1954 als Konteradmiral aus der KVP entlassenen Richard Fischer im Jahr 1960 als Generalmajor. In einem anderen Fall wurde ein Kapitän zur See zum Generalmajor ernannt. Offenbar hatte es sich eingebürgert, daß in

---

81 Das galt auch für den »Marschall der DDR«

82 Dienstlaufbahnordnung der NVA (wie Anm. 80), S. 48. Siehe auch Dokumentenanhang in diesem Band.

bestimmten (zentralen) Führungsfunktionen der Armee Admiralsdienstgrade nicht erwünscht waren[83]. Als man im Herbst 1989 Vizeadmiral Theodor Hoffmann im Zusammenhang mit seiner bevorstehenden Ministerernennung zum Generaloberst der Landstreitkräfte befördern wollte, trug dieser seine Bedenken dagegen vor, die dann auch von der SED-Führung respektiert wurden[84]. Wechselten Generale von den Streitkräften in andere bewaffnete Organe (z.B. 1963 Generalleutnant Friedrich Dickel vom Verteidigungsministerium zum Ministerium des Innern) oder umgekehrt (z.B. 1956 Generalmajor Ottomar Pech vom Ministerium für Staatssicherheit zur NVA), blieben die bisherigen Dienstgrade unverändert.

Ernennungen zum Generalmajor/Konteradmiral und Beförderungen im Generaldienstgrad fanden seit dem Ende der 50er Jahre in der Regel zweimal jährlich statt: anläßlich des 1. März, des Jahrestages der NVA, sowie anläßlich des »Tages der Republik« am 7. Oktober[85]. In den Jahren 1957, 1958, 1965, 1985 und 1990 gab es in den DDR-Streitkräften weder Ernennungen noch Beförderungen auf der Generalsebene.

Der Ablauf der Veranstaltungen war seit etwa Anfang der 70er Jahre im wesentlichen gleich: Die zu befördernden Generale und Admirale und die zu Generalmajoren bzw. Konteradmiralen zu ernennenden Oberste bzw. Kapitäne zur See hatten sich im Haus des ZK der SED in Berlin einzufinden. Dort nahmen sie zumeist im Beratungsraum des Generalsekretärs des ZK Aufstellung[86]. Zugegen waren der Generalsekretär, zugleich Vorsitzender des Nationalen Verteidigungsrates, der Verteidigungsminister, der Sekretär des Nationalen Verteidigungsrates sowie der Leiter der Abteilung für Sicherheitsfragen des ZK der SED. Wiederholt wohnten auch der zuständige ZK-Sekretär sowie der Sekretär des Staatsrates dem protokollarischen Akt bei. Der dienstälteste General erstattete dem Generalsekretär Meldung. Nachdem vom Sekretär des Verteidigungsrates der Befehl über die Beförderungen und Ernennungen verlesen worden war, überreichte der Generalsekretär die Urkunden und Effekten, die

---

83 Auf gewisse »Rivalitäten« zwischen Militärs in »grauen Hosen« und Marineleuten an der Militärakademie Dresden verweist auch der langjährige Kommandeur der Sektion Seestreitkräfte: »Die Marine war hier besonders suspekt. Gar zu gern hätten manche uns völlig gleichgeschaltet und auch in graue Stiefelhosen gesteckt.« Günther Pöschel, Seefahrt macht frei! Leider nicht immer..., in: NVA. Ein Rückblick (wie Anm. 11), S. 175.

84 »Nach einem kurzem Wortwechsel darüber, ob man auch als Marineoffizier der ›Seemacht DDR‹ die Ministerfunktion ausüben könne und dem Hinweis darauf, daß Waldemar Verner mit Admiralsdienstgrad zwei Jahrzehnte lang Chef der Politischen Hauptverwaltung und damit höchster Parteifunktionär der NVA gewesen war, entschied Krenz in meinem Sinne.« Theodor Hoffmann, Das letzte Kommando. Ein Minister erinnert sich, Berlin, Bonn, Herford 1993, S. 35.

85 Nur in wenigen Fällen, so bei Krankheit oder außergewöhnlichen Umständen, wurde von diesem Schema abgewichen.

86 Einige Veranstaltungen fanden auch im Empfangssaal im Amtssitz des Vorsitzenden des Staatsrates statt. Bis 1976 lautete die Bezeichnung »Erster Sekretär des ZK der SED«

ihm von einem Offizier der Kontrollgruppe des Nationalen Verteidigungsrates zugereicht wurden. Ein Vertreter der Beförderten bzw. Ernannten sprach danach die Dankesworte. Im Anschluß wurde noch ein Glas Sekt gereicht. Die DDR-Nachrichtenagentur ADN veröffentlichte in einer Pressemitteilung in der Regel die Namen der Beförderten und Ernannten.

Anläßlich des bevorstehenden 40. Jahrestages der Republik wurden nach diesem »Protokoll«[87] am 2. Oktober 1989 letztmalig Generale befördert und Offiziere der NVA zum Generalmajor bzw. Konteradmiral ernannt[88] . Im Beisein von ZK-Sekretär Egon Krenz, Verteidigungsminister Armeegeneral Heinz Keßler, dem Chef des Hauptstabes der NVA und Sekretär des Nationalen Verteidigungsrates, Generaloberst Fritz Streletz, sowie ZK-Abteilungsleiter Wolfgang Herger beförderte bzw. ernannte Erich Honecker 12 Offiziere (ein Generalmajor, zehn Oberste sowie ein Kapitän zur See)[89].

Die Dauer der Dienstzeit im militärischem Beruf wurde für Berufsoffiziere in der DDR in ihrer unteren Grenze durch das Erreichen der Dienstzeit von 25 Jahren und ihrer oberen Grenze durch die Altersgrenze im aktiven Wehrdienst bestimmt. Die Altersgrenze war auf das vollendete 65. Lebensjahr festgelegt[90]. Damit galten für Berufskader der NVA im Prinzip die Festlegungen über den Eintritt in das Rentenalter, die für alle DDR-Bürger verbindlich waren. Dennoch gab es offensichtlich für einzelne Generale und Admirale Ausnahmen und Sonderregelungen. Das betraf die Überschreitung (bzw. Unterschreitung) der Altersgrenze ebenso wie Fragen der Rentengewährung bzw. -berechnung.

Die Dienstlaufbahnordnung sah für die Entlassung aus dem aktiven Dienst der NVA noch weitere Gründe vor, von denen einige auch bei der Generalität zur Anwendung kamen[91]. Danach konnte die Entlassung von Generalen[92], über die ab 1960 grundsätzlich der Vorsitzende des Nationalen Verteidigungsrates zu entscheiden hatte, u.a. wegen der Übernahme einer »wichtigen staatlichen bzw. gesellschaftlichen Aufgabe«, wegen dauernder Dienstuntauglichkeit oder aus diziplinaren Gründen erfolgen. Besonders 1990 wurden zudem vielfach »strukturelle Veränderungen« als Begründung für die Entlassung angegeben.

---

87 Am selben Tag, wenige Minuten vor diesem Auszeichnungs-, Beförderungs- und Ernennungsakt für die NVA, hatte im Arbeitszimmer von Erich Honecker die Auszeichnung, Beförderung und Ernennung von sechs Generalen und Offizieren des MfS stattgefunden.

88 Im November 1989 wurden noch Vizeadmiral Theodor Hoffmann zum Admiral sowie Konteradmiral Hendrik Born zum Vizeadmiral durch Einzelbefehle des Vorsitzenden des Nationalen Verteidigungsrates befördert.

89 Namentliche Aufstellung siehe Beförderungstafel im tabellarischen Teil dieses Bandes.

90 Für bestätigte »Kämpfer gegen den Faschismus« war sie 5 Jahre niedriger.

91 Vgl. Dienstlaufbahnordnung der NVA (wie Anm. 80), S. 54.

92 Die Entlassung eines Marschalls der DDR sollte auf Beschluß des Staatsrates durch dessen Vorsitzenden erfolgen.

Im Zusammenhang mit der Versetzung in den Ruhestand hatte es von einigen betroffenen Generalen bereits auch vor 1989/90 – aus ihrer persönlichen Sicht – Kritik an den Umständen und den Rahmenbedingungen ihrer Entlassung gegeben[93]. Das führte wiederholt zu Unstimmigkeiten, im Einzelfall zur Verbitterung.

Nomenklaturen

Die Arbeit mit den Kadern wurde von der SED von Anfang an als ein Schlüsselproblem für die Entwicklung »sozialistischer Streitkräfte« angesehen. Um die praktische Verfügungsgewalt über alle Positionen zu erhalten, die für die Sicherung ihrer Macht von Bedeutung waren, ordnete sie deshalb auch die Spitzenfunktionen des Militärs der personalpolitischen Zuständigkeit ihrer höchsten Parteigremien zu. In Anlehnung an das sowjetische Modell entstand somit ab Ende der 40er Jahre schrittweise ein spezifisches Nomenklatursystem, das die Stellenbesetzung im militärischen Führungsbereich prägte[94]. Es verzeichnete – wie auch in allen anderen wichtigen Teilen von Partei, Staat und Gesellschaft – ausgewählte Führungspositionen und ordnete sie nach Leitungsebenen und Bereichen.

Im Zusammenhang mit der durch die Bildung der KVP erfolgten Strukturveränderungen im Innenministerium mußte auch die Nomenklatur der leitenden Kader des MdI verändert werden. Bereits Ende März 1953 war eine Nomenklatur bestätigt worden, die für die 1952 propagierten »Nationalen Streitkräfte« erstmalig 15 Nomenklaturdienststellungen umfaßte. Nach nochmaligen Veränderungen stimmte das SED-Politbüro im September 1953 Vorschlägen zu, die im Ministerium des Innern u.a. neben den Ministerstellvertretern speziell für die Kasernierte Volkspolizei folgende Dienststellungen benannten: Stellvertreter des Chefs der KVP, Chefs der VP-See und der VP-Luft und deren Stellvertreter, »Gehilfen« des Chefs für Ausbildung und Lehranstalten sowie für Bauwesen und Unterbringung, Stellvertreter des Chefs des Stabes, Chef Rückwärtige Dienste, Chef Bewaffnung, Chef Motorisierung, alle Chefs der Verwaltungen, soweit sie Generalsstellen besetzten, Chefs der Territorialverwaltungen

---

93 Vgl. dazu u.a. BA-MA, AZN Strausberg 32620, Bl. 134–135. Brief von Generaloberst a.D. Kurt Wagner an Walter Ulbricht vom 2.5.1967. Wagner beklagte sich darin, wie er im Alter von 62 Jahren – für ihn überraschend – in den Ruhestand geschickt wurde. Er bat Ulbricht u.a. »eine solche Art und Weise bei der Behandlung eines Genossen, wenn gegen ihn nichts vorliegt, sich aber eine Ablösung von seiner Funktion notwendig macht, nicht zu dulden«. (Bl. 135)

94 Vgl. Wenzke, Auf dem Wege zur Kaderarmee (wie Anm. 10), S. 266 f. Zum Nomenklatursystem u.a. Matthias Wagner, Das Kadernomenklatursystem – Ausdruck der führenden Rolle der SED, in: Die SED. Geschichte -Organisation-Politik. Ein Handbuch, hrsg. von Andreas Herbst/Gerd-Rüdiger Stephan/Jürgen Winkler, Berlin 1997, S. 148–157.

und ihre Stellvertreter, Leiter der Bereitschaften und der Hochschule in Dresden sowie der Standortälteste der KVP in Berlin und sein Politstellvertreter. Alle Ernennungen und Beförderungen von Generalen/Admiralen fielen ebenfalls in die Kompetenz des Politbüros. Der Ministerpräsident war nur noch für deren formelle Bestätigung zuständig[95]. In den folgenden Jahren kam es zu weiteren Veränderungen in den Nomenklaturbereichen, wobei zumeist neue Dienststellungen aufgenommen wurden[96]. Die Bestätigung einer Reihe nachgeordneter Positionen, wie z.B. von Abteilungsleitern im Stab der KVP, den Leitern der Offizierschulen sowie der Chefs der Registrierverwaltungen bzw. der Militärpresseorgane lag zu dieser Zeit in der Verantwortung des Sekretariats des ZK der SED bzw. der ZK-Abteilung für Sicherheitsfragen[97].

Nach Gründung der NVA legte ein Beschluß der SED-Sicherheitskommission vom April 1957 die Nomenklatur für leitende Kader des Ministeriums für Nationale Verteidigung fest. Danach waren vom Politbüro zu bestätigen: alle Stellvertreter des Ministers, der Chef Kader, der Chef Rückwärtige Dienste sowie die Chefs der Seestreitkräfte und der Militärbezirke. Das Politbüro entschied – wie bisher – über sämtliche Ernennungen zum General und Admiral sowie über alle Beförderungen innerhalb der Generaldienstgrade. Siebzehn Dienststellungen unterlagen der Nomenklatur der SED-Sicherheitskommission und waren von ihr zu bestätigen. Dazu gehörten u.a. der Chef Aufklärung, die Stellvertreter des Chefs des Hauptstabes, die Stellvertreter der Chefs in den Teilstreitkräften und Militärbezirken, die Kommandeure der Divisionen und Küstenflottillen und deren Politstellvertreter, die Leiter der Höheren Schulen in Dresden und Berlin-Treptow, der Militäroberstaatsanwalt, die Chefredakteure der Zeitungen und Zeitschriften sowie der Vorsitzende der Parteikontrollkommission bei der Politischen Verwaltung. Der Sicherheitskommission mußten zudem auch alle Vorschläge zum Besuch der Generalstabsakademie in der UdSSR vorgelegt werden. Für etwa 23 Dienststellungen sowie für die Beförderung zum Oberst war nunmehr die Kontroll- und Registrier-Nomenklatur der ZK-Abteilung für Sicherheitsfragen zuständig. Hierbei handelte es sich vor allem um die Bestätigung von Verwaltungschefs im Ministerium, der Leiter und Politstellvertreter der Offizierschulen, von Abteilungsleitern in der Polit- und Kaderverwaltung sowie in den Stäben der Teilstreitkräfte. Diese Nomenklaturen wurden Mitte 1958 durch die Aufnahme von Dienststellungen wie der Leiter im Bereich der Forschung und Entwicklung des Verteidigungsministeriums oder Werkleiter von Rüstungsbetrieben ergänzt[98].

95 Siehe dazu Dokument im Anhang dieses Bandes.
96 Vgl. BA-MA, DVH 1/3895, Bl. 6 – 8. Nomenklaturkader vom 24.3.1954.
97 Vgl. ebd., DVH 3/2074, Bl. 165 – 168. Nomenklaturaufstellung vom 10.11.1955.
98 Vgl. ebd., DVP 1/7535, Bl. 274 f. Beschluß über die Nomenklatur vom 2.4.1959.

Tab. 10: Übersicht über die sozial-politische Zusammensetzung der Nomenklaturkader, Stand: 01.01.1958

	Stellvertr. des Ministers und Chefs im MfNV	Chefs und Stellvertr. in den Teilstreitkräften	Divisionskommandeure	gesamt
Ist	28	13	14	55
Alter				
30 bis 40 Jahre	9	7	7	23
41 bis 50 Jahre	12	5	7	24
51 bis 60 Jahre	7	1	-	8
Soziale Herkunft				
Industriearbeiter	20	7	9	36
Angestellter	4	3	2	9
Klein- u. Mittelbauer	-	1	2	3
Handwerker	-	2	1	3
Berufssoldat	3	-	-	3
Beruf				
Industriearbeiter	13	8	6	27
Landarbeiter	-		2	2
Angestellter	11	3	3	17
Berufssoldat	4	2	3	9
KPD/SPD				
Vor 1945	5	1	1	7
1945 bis 1948	18	9	11	38
Tätigkeit vor Eintritt in Bewaffnete Organe				
Funktionär in Partei, Staat oder Wirtschaft	16	5	2	23
Politische Ausbildung				
SED-Schulen	4	2	2	8
Antifa-Schule	6	2	2	10
Parteihochschule	2	3	-	5
Politschule	-	-	1	1
Militärische Ausbildung				
Militärakademie/ Sonderlehrgänge in der UdSSR	14	8	8	30
Hochschule für Offiziere Dresden	2	2	1	5
Wehrmacht				
General	1	-	-	1
Major bis Oberst	2	-	1	3
Leutnant bis Hptm.	5	5	1	11

Tab. 10: Übersicht über die sozial-politische Zusammensetzung der Nomenklaturkader, Stand: 01.01.1958

	Stellvertr. des Ministers und Chefs im MfNV	Chefs und Stellvertr. in den Teilstreitkräften	Divisionskommandeure	gesamt
Feldwebel	9	3	8	20
Unteroffizier	4	2	3	9
Gefangenschaft				
Sowjetische	10	7	6	23
Westliche	8	2	5	15
NKFD	5	-	2	7

[Vgl. BA-MA, DVW 1/39558, Bl. 9-11. Protokoll der Sicherheitskommission des ZK vom 15.4.1957 (Anlage).]

Hatte sich bis Ende der 50er Jahre neben dem SED-Politbüro vor allem die Sicherheitskommission der SED immer wieder mit Personalfragen der KVP/NVA beschäftigen müssen, so oblag es seit 1960 vor allem dem neugeschaffenen Nationalen Verteidigungsrat (NVR) und seinem Vorsitzenden, den Einsatz und die Abberufung von militärischen Nomenklaturkadern, die Ernennung, Beförderung und Entlassung von Generalen und Admiralen sowie die Verleihung von hohen staatlichen Auszeichnungen zu bestätigen bzw. vorzunehmen[99]. Anfang der 60er Jahre gehörten der Nomenklatur des NVR 64 Personen an, vom stellvertretenden Verteidigungsminister bis zum Leiter der GST. Die ZK-Abteilung für Sicherheitsfragen »verfügte« über 335 Nomenklaturkader, die u.a. die Chefredakteure der Militärpresse einschlossen[100]. In der Folgezeit gab es auch hier wiederholt Veränderungen - einige Dienststellungen wurden gestrichen, andere kamen hinzu[101]. Das Politbüro der SED als »oberste

[99] Die Kenntnisnahme und Bestätigung durch das SED-Politbüro waren in der Regel weiterhin erforderlich. Zur Nomenklatur des NVR gehörten auch die Führungskader des MdI, des MfS sowie der Zollverwaltung der DDR. Siehe zum NVR vor allem Armin Wagner, Der Nationale Verteidigungsrat der DDR als sicherheitspolitisches Exekutivorgan der SED, in: Staatspartei und Staatssicherheit. Zum Verhältnis von SED und MfS, hrsg. von Siegfried Suckut und Walter Süß, Berlin 1997, S. 169-198.

[100] Vgl. SAPMO-BA, DY 30/IV 2/12/29, Bl. 206. Nomenklatur des Sektors Nationale Verteidigung, (o.D.).

[101] So wurde z.B. 1964 die Funktion des Hauptabteilungsleiters der INTERFLUG in der Nomenklatur des NVR gestrichen, da mit der Bildung der Hauptverwaltung Zivile Luftfahrt im Ministerium für Verkehrswesen neue Unterstellungsverhältnisse geschaffen worden waren. Andererseits nahm man nunmehr den Chef der Verwaltung Finanzen des MfNV in die Nomenklatur auf, da sich die Bedeutung dieser Funktion angesichts der wirtschaftlichen Probleme im Militärwesen erhöhte. Vgl. BA-MA, DVW 1/39475, S. 55. Protokoll der Sitzung des NVR vom 26.2.1964.

Instanz« war jedoch grundsätzlich z.B. über alle Ernennungen und Beförderungen in der Generalshierarchie informiert. Ohne seine Zustimmung gab es keine relevanten Personalentscheidungen.

Die Kadernomenklaturen bildeten bis 1989 in Durchsetzung der Parteibeschlüsse und der militärischen Festlegungen die Grundlage für die Führung der Arbeit mit den Nomenklaturkadern in der NVA, den Grenztruppen und in der Zivilverteidigung. Weitere Einzelheiten waren dazu in einer Ordnung zur Kaderarbeit festgelegt.

Im Jahr 1987 erfolgte die letzte Überarbeitung des Nomenklaturverzeichnisses. Wesentliche Veränderungen zum Verzeichnis von 1982 waren die Erweiterung der Nomenklatur des Politbüros von 2 auf 3 Dienststellungen sowie die Verringerung der Nomenklatur des Sekretariats des ZK der SED von 8 auf 7 und des Nationalen Verteidigungsrates von 123 auf 122 Dienststellungen. Zu letzterer gehörten – außer den Ministerstellvertretern in der Funktion des Chefs des Hauptstabes und des Chefs der PHV, die dem NVR ja als Mitglieder angehörten – alle übrigen stellvertretenden Minister und Chefs. Des weiteren kamen die dem Minister direkt unterstellten Chefs wichtiger Bereiche, die Stellvertreter von Chefs, die Kommandeure der Divisionen und Offizierhochschulen, die Chefs der Wehrbezirkskommandos bis hin zum »Fliegerkosmonauten« sowie auch alle Militärattachés hinzu. In der Zivilverteidigung der DDR gehörten der Leiter und der Chef der Politischen Verwaltung zur Kadernomenklatur des NVR.

Darüber hinaus wurde die Kontrollnomenklatur der ZK-Abteilung für Sicherheitsfragen von 271 Dienststellungen und 7 zivilen Funktionen um jeweils etwa die Hälfte stark reduziert.

Zur Kadernomenklatur des Ministers für Nationale Verteidigung gehörten 389 Dienststellungen und 4 zivile Funktionen. Dazu kamen alle Generale/Admirale, soweit sie in Dienststellungen eingesetzt waren, die nicht zu den bereits erwähnten Kadernomenklaturen zugeordnet werden konnten (1987: 35 Generale/Admirale) sowie die Offizierhörer an der sowjetischen Generalstabsakademie (1987: 10). Insgesamt waren somit im Jahr 1987 neben 6 zivilen Funktionen 566 Dienststelllungen, Generale und Admirale sowie Offizierhörer den Kadernomenklaturen zugeordnet. Die Stellvertreter des Ministers, die zuständigen Chefs und Leiter bildeten zudem Kadernomenklaturen in ihren Verantwortungsbereichen[102].

Die durch den Verteidigungsminister einzubringenden Personalvorlagen an das SED-Politbüro, an das Sekretariat des ZK und an den Nationalen Verteidigungsrat wurden durch den Chef Kader des Ministeriums erarbeitet und nach Unterzeichnung dem Leiter der ZK-Sicherheitsabteilung übergeben. Zu den

---

[102] Vgl. ebd., DVW 1/43950, Bl. 30–35. Vorlagenotiz des Chefs Kader vom 8.5.1987; ebd., Bestätigtes Nomenklaturverzeichnis vom 27.5.1987. Das vollständige Nomenklaturverzeichnis (1987) befindet sich im Anhang dieses Bandes.

Vorlagen für den Verteidigungsrat war die Zustimmung des Chefs der Politischen Hauptverwaltung einzuholen. Zudem hatte man sich auch der Zustimmung des MfS zu versichern.

»Kaderfragen« bzw. Veränderungen von Nomenklaturkadern des Verteidigungsrates, d.h. vor allem die Bestätigung von Ernennungen, Beförderungen und Entlassungen von Generalen sowie die Besetzung bestimmter Dienststellungen, bildeten zumeist den letzten Punkt auf der Tagesordnung der Sitzungen des NVR. Die Vorlagen für Personalentscheidungen, denen Kurzbiographien sowie dienstliche und politische Beurteilungen des Betreffenden beigefügt waren, wurden in der Regel bestätigt[103].

Nur in wenigen Fällen gab es Abweichungen von den Vorlagen, wie z.B. im Fall von Oberst Willi Riedel, dessen schon bestätigte Ernennung zum Generalmajor der KVP kurzfristig wieder zurückgezogen worden war, oder wie bei Oberst Felix Kämmerer, dessen Ernennung zum Generalmajor zwar bereits 1986 stattfinden sollte, der aber aus Krankheitsgründen letztlich erst zu seiner Entlassung im Jahr 1987 zum Generalmajor a.D. ernannt werden konnte.

Die Rekrutierung und Vorbereitung von ausgewähltem Personal für Nomenklaturdienststellungen erfolgte aus einer sogenannten Kaderreserve, die praktisch eine Wartestellung darstellte. Die Wartezeit konnte zwei bis fünf Jahre umfassen, bevor es zumeist zur Übernahme einer höherer Position kam. Spontane Entscheidungen sollten dadurch ausgeschlossen werden. Insgesamt gesehen ermöglichte es das Nomenklatursystem, die kaderpolitischen Vorstellungen der SED im Militärbereich umfassend abzusichern.

Uniformierung

Generale und Admirale hoben sich in der Uniformierung deutlich von den anderen Offizieren ab. Die »Grundfarben« ihrer Uniformen (Effekten) waren gold sowie nach Teilstreitkräften unterschiedlich rot, hellblau und dunkelblau. Die Schulterstücke galten allgemein neben anderen Dienstgradabzeichen als die sichtbarste Form zur Kennzeichnung der Dienstgrade

Der Präsident der DVdI (»Chef der Volkspolizei«) hatte bereits goldene Schulterstücke mit zwei Sternen aufzuweisen gehabt. Die Schulterstücke seiner Vizepräsidenten (Generalinspekteure) zierte ein Stern. Die Chefinspekteure waren mit goldenen Schulterstücken ohne Stern ausgestattet. Die Dienstgradstruktur von 1948 und ihre Abzeichen wurden nach der Gründung der DDR vom Ministerium des Innern im wesentlichen übernommen. So bestanden die

---

103 Für den Vorschlag zur Aufnahme in die Nomenklatur des NVR, die überwiegend aus Generalsdienststellungen bestand, waren u.a. folgende Unterlagen vorzulegen: Vorschlagsblatt, Kurzbiographie, Parteifragebogen mit Lebenslauf, Attestation, Beurteilung der SED-Parteiorganisation, Paßbild, Abschriften der Diplome sowie die Personalakte.

Schulterstücke der General- bzw. Chefinspekteure der HVA aus goldfarbenen Rundschnüren (Metallgespinst) und einer dazwischen laufenden doppelten Silberplattschnur. Sie waren in vier Bogen auf dunkelgrüner Tuchunterlage geflochten. Dazu kamen bis zu zwei vierzackige, hintereinander angeordnete versilberte Sterne.

Für die Mitte 1950 neu geschaffene Seepolizei sollten zudem die Dienstgrade »Chefinspekteur der Seepolizei«, »Generalinspekteur der Seepolizei« 2. Grades (1 Stern) und »Generalinspekteur der Seepolizei 1. Grades« (2 Sterne) eingeführt werden, wobei letzterer nicht zur Einführung kam. Die Schulterstücke glichen den allgemeinen Grundformen mit abweichender (blauer) Tuchunterlage. Entsprechend dem Dienstgrad wurden auf beiden Unterarmen der blauen Uniformjacke goldfarbene Tressen getragen. Zum Beispiel trug ein Chefinspekteur der Seepolizei eine 55 mm breite Tresse mit einer darüberliegenden 16 mm breiten Tresse.

In der KVP und in der VP-Luft bestanden nach Einführung der militärischen Dienstgrade im Okober 1952 die Generalschulterstücke ebenfalls aus zwei goldfarbenen Rundschnüren (Metallgespinst) und einer dazwischen laufenden schmalen Silberplattschnur, in vier Bogen geflochten, nunmehr aber auf roter bzw. hellblauer Biesentuchunterlage. Entsprechend dem Dienstgrad gab es ein bis vier fünfzackige versilberte Sterne. Dem sowjetischem Vorbild entlehnt wurde der Dienstgrad »Armeegeneral« (vier Sterne), höchster militärischer Dienstgrad in der KVP.

Die Schulterstücke der Admirale der VP-See entsprachen bis auf die Farbe der Tuchunterlage (dunkelblau – Flottendienst, silbergrau – Verwaltungsdienst, weinrot – Küstendienst) in Grundform und Ausgestaltung denen der KVP-Generale.

Die Tressen an beiden Unterarmen bestanden aus goldfarbenen Metallgespinst – einer 50 mm breiten Tresse und darüber liegenden 14 mm breiten Tressen. Deren Anzahl (1 bis 4) richtete sich nach dem Dienstgrad des Trägers (Konteradmiral bis Flottenadmiral).

Bis Mitte der 60er Jahre waren die Schulterstücke der NVA-Generale im wesentlichen mit denen der KVP identisch. So zeigten die Schulterstücke zwei geflochtene goldfarbene Rundschnüre und einer dazwischen verlaufenden Silberkantschnur auf hochroter Biesentuchunterlage. Entsprechend dem Dienstgrad kamen ein bis vier fünfzackige versilberte Sterne dazu. Für Felddienstuniformen gab es Schulterstücke mit graubraunen Rundschnüren, einer dazu abgestimmten hellgrauen Mittelschnur und mattgrau lackierten Sternen. Die Unterlagen waren

Uniformtafel

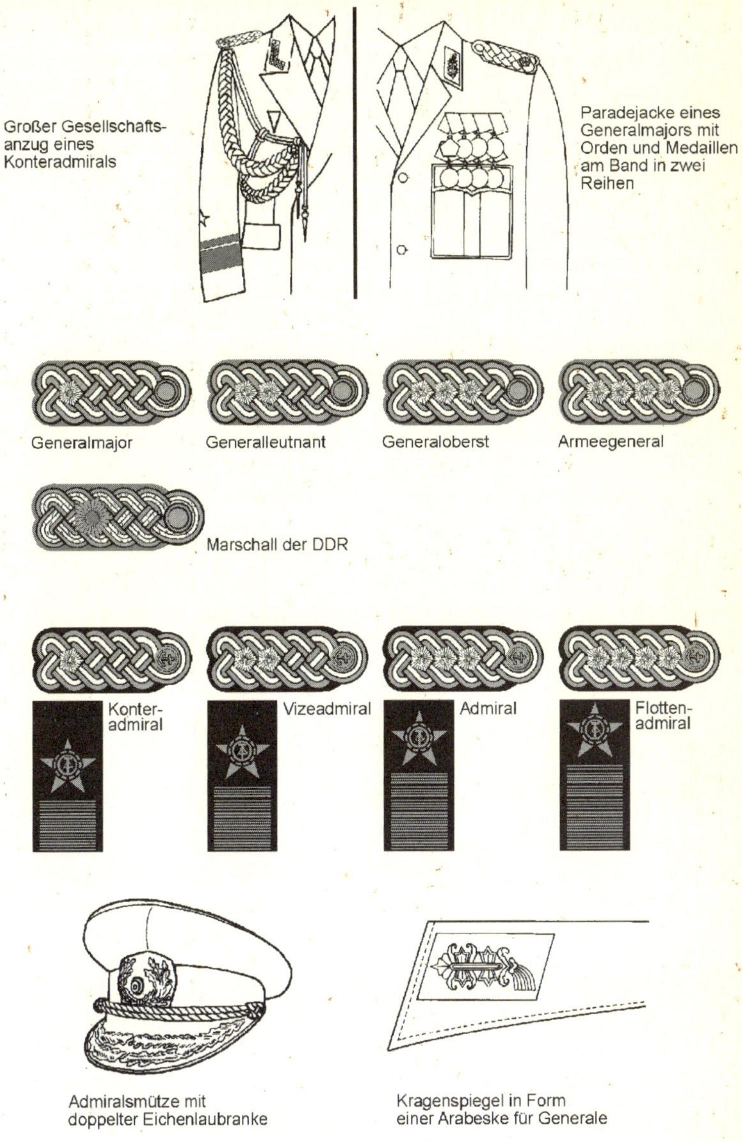

Quelle: K.-U. Keubke/M. Kunz, Uniformen der Nationalen Volksarmee der DDR 1956 bis 1986, Berlin 1990. © MGFA 04394-02

in Grautönen gehalten[104]. Wurden die Schulterstücke bis etwa 1980 noch in vier Bogen geflochten, führte man danach in fünf Bogen geflochtene Rundschnüre aus goldfarbenen Dederongespinst ein. Für den Felddienst wurden ebenfalls graubraune Rundschnüre in fünf Bogen geflochten. Die Marschallschulterstükke (ab 1982) bestanden aus zwei goldfarbenen Rundschnüren und zwei dazwischen verlaufenden doppelten Silberkantschnüren in vier Bogen geflochten auf hochroter Biesentuchunterlage. In der Mitte befand sich ein großer fünfzackiger vergoldeter Stern mit eingelegtem Similie-Rubin[105]. Im November 1989 wurde dieser Dienstgrad wieder abgeschafft. In den Luftstreitkräften/Luftverteidigung (LSK/LV) der NVA erhielten Generale der Luftverteidigung ab 1972 Schulterstücke mit hellblauer (wie Luftstreitkräfte) statt hochroter Biesentuchunterlage. Ab Mitte der 80er Jahre gab es zudem goldfarbene Tressen und Sterne für die Dienstgraderkennung.

Für Admiralsdienstgrade war - mit Ausnahme der Angehörigen der 6. Grenzbrigade Küste (hellgrün) - die Waffenfarbe dunkelblau beibehalten worden.

Tab. 11: Waffenfarben der Generale/Admirale der NVA 1956 bis 1990

Bereich	Waffenfarbe
Ministerium, Landstreitkräfte, Luftverteidigung (bis 1972), Zivilverteidigung (ab 1976)	Hochrot
Luftstreitkräfte, Luftverteidigung (ab 1972)	Hellblau
Seestreitkräfte/Volksmarine	Dunkelblau
Grenztruppen, einschließlich 6. Grenzbrigade Küste	Hellgrün

Die Schulterstücke für Generale der Deutschen Grenzpolizei waren im Grunde mit denen für Generale der Volkspolizei identisch, so u.a. in ihrer hellgrünen Biesentuchunterlage. Nach Unterstellung der Grenzpolizei unter das Ministerium für Nationale Verteidigung im Jahr 1961 entsprachen die Effekten und Dienstgradabzeichen denen der NVA. Die Waffenfarbe war hellgrün.

Die Zivilverteidigung der DDR wurde im Sommer 1976 unter die Führung des Ministers für Nationale Verteidigung gestellt. Ihre Generale trugen steingraue Uniformen der NVA-Landstreitkräfte mit Generalschulterstücken auf hochrotem Biesentuch.

---

104 Vgl. Klaus Walther, Uniformeffekten der bewaffneten Organe der DDR. Spezialkatalog, Bd 2: Ministerium für Nationale Verteidigung 1956 - 1990. Ministerium für Staatssicherheit 1957 - 1989, Berlin 1994, S. 48.

105 Vgl. ebd., S. 52.

Die Gliederung der Nationalen Volksarmee, Mitte der 80er Jahre

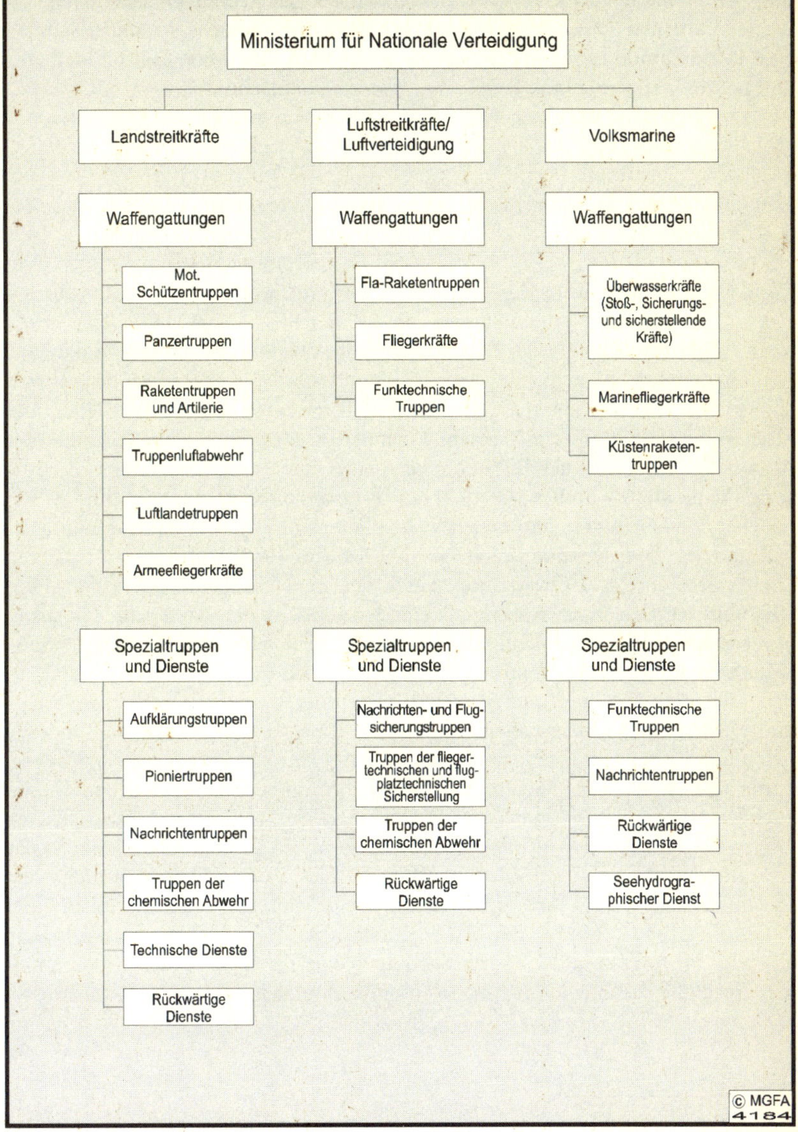

Anfang der 60er Jahre war in der DDR der Ehrendolch für Offiziere, Generale und Admirale eingeführt worden. Bei Generalen und Admiralen zeichneten sich Knopf, Griffring, Parierstange sowie Mund- und Ortblech der Scheide durch eine Feuervergoldung aus. Das Gehänge des Dolches bestand aus Goldlitzen und befand sich auf rotem, hellblauem oder dunkelblauem Untergrund[106].

Das Ende der NVA und ihrer Militärelite

Mitte Oktober 1989 löste Egon Krenz seinen langjährigen politischen Ziehvater Erich Honecker als Generalsekretär des ZK der SED ab. Wenig später wurde Krenz auch Vorsitzender des Staatsrates und des Nationalen Verteidigungsrates. Armeegeneral Keßler machte indes keine Anstalten, seinen Ministerposten abzugeben. Trotz zunehmender Rücktrittsforderungen aus den Reihen der Streitkräfte hielt Keßler an seinem Posten fest. Erst nach dem Rücktritt der Regierung Stoph und der Bildung einer neuen Regierung unter Hans Modrow wurde dann am 18. November 1989 der bisherige Chef der Volksmarine Admiral Theodor Hoffmann zum neuen Verteidigungsminister der DDR ernannt.

Zu dieser Zeit befanden sich ca. 200 Generale und Admirale im aktiven Dienst der NVA, der Grenztruppen und der Zivilverteidigung. Vor dem Hintergrund der sich abzeichnenden Veränderungen in der NVA, die vor allem unter dem Druck der Soldaten und der Öffentlichkeit unter der Bezeichnung »Militärreform« wirksam wurden, verließen etliche Generale und Admirale in den folgenden Wochen und Monaten mehr oder weniger freiwillig die Streitkräfte. Manchem wurde nahegelegt, in den Ruhestand zu treten, bei anderen fielen ihre bisherigen Tätigkeitsbereiche wie z.B. der Politapparat, ersatzlos weg. Unter denen, die sich pensionieren ließen, befanden sich dann neben Keßler auch seine bisherigen Stellvertreter Fritz Streletz, Horst Stechbarth, Klaus-Dieter Baumgarten und Wolfgang Reinhold. Für sie übernahmen Generale das Kommando, die in den Teilstreitkräften bereits wichtige Leitungsfunktionen ausgefüllt hatten und bisher als Stellvertreter eingesetzt waren. Nach dem 7. Oktober 1989 gab es in der NVA – außer den Beförderungen der Admirale Theodor Hoffmann und Hendrik Born im November 1989 – keine Ernennungen und Beförderungen von Generalen und Admiralen mehr.

---

106 Vgl. Klaus-Ullrich Keubke, Manfred Kunz, Uniformen der Nationalen Volksarmee der DDR 1956–1986, Berlin 1990, S. 109.

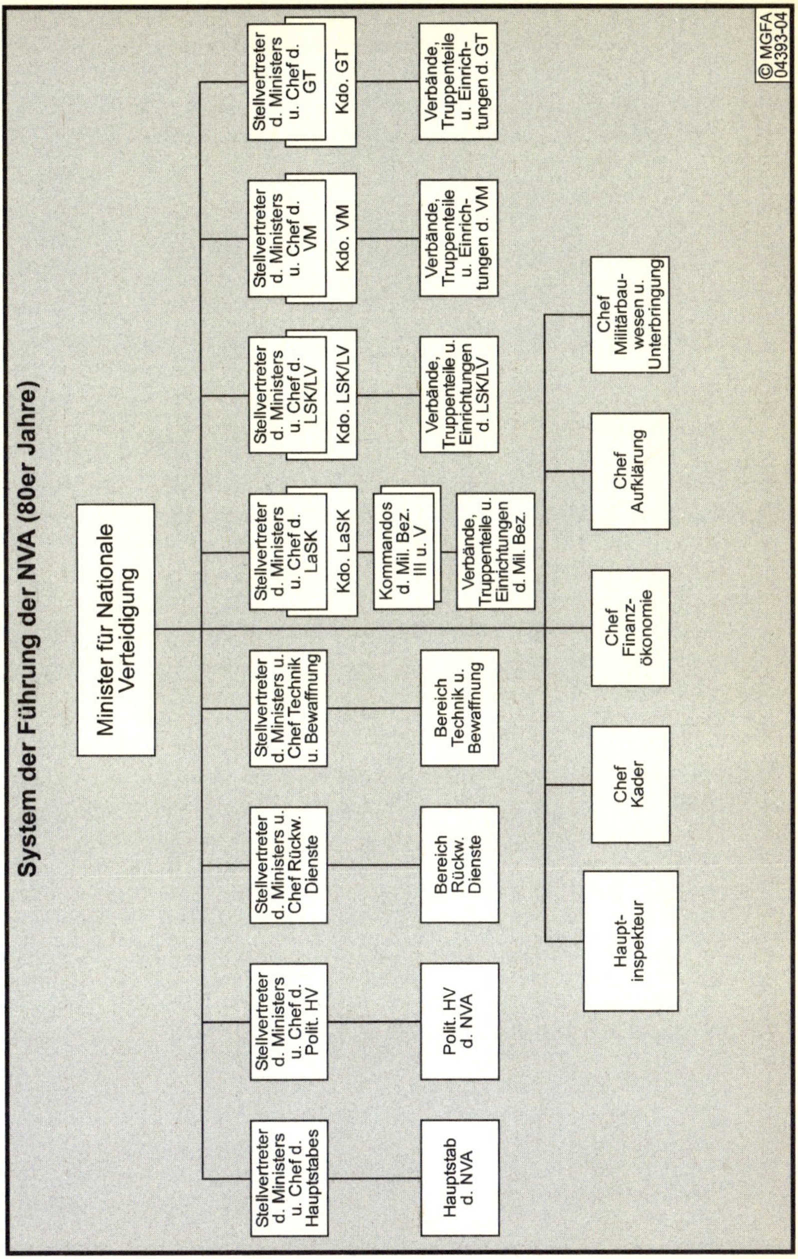
System der Führung der NVA (80er Jahre)
Minister für Nationale Verteidigung
Stellvertreter d. Ministers u. Chef d. Hauptstabes
Hauptstab d. NVA
Stellvertreter d. Ministers u. Chef d. Polit. HV
Polit. HV d. NVA
Stellvertreter d. Ministers u. Chef Rückw. Dienste
Bereich Rückw. Dienste
Stellvertreter d. Ministers u. Chef Technik u. Bewaffnung
Bereich Technik u. Bewaffnung
Stellvertreter d. Ministers u. Chef d. LaSK
Kdo. LaSK
Kommandos d. Mil. Bez. III u. V
Verbände, Truppenteile u. Einrichtungen d. Mil. Bez.
Stellvertreter d. Ministers u. Chef d. LSK/LV
Kdo. LSK/LV
Verbände, Truppenteile u. Einrichtungen d. LSK/LV
Stellvertreter d. Ministers u. Chef d. VM
Kdo. VM
Verbände, Truppenteile u. Einrichtungen d. VM
Stellvertreter d. Ministers u. Chef d. GT
Kdo. GT
Verbände, Truppenteile u. Einrichtungen d. GT
Haupt-inspekteur
Chef Kader
Chef Finanz-ökonomie
Chef Aufklärung
Chef Militärbau-wesen u. Unterbringung
© MGFA 04393-04

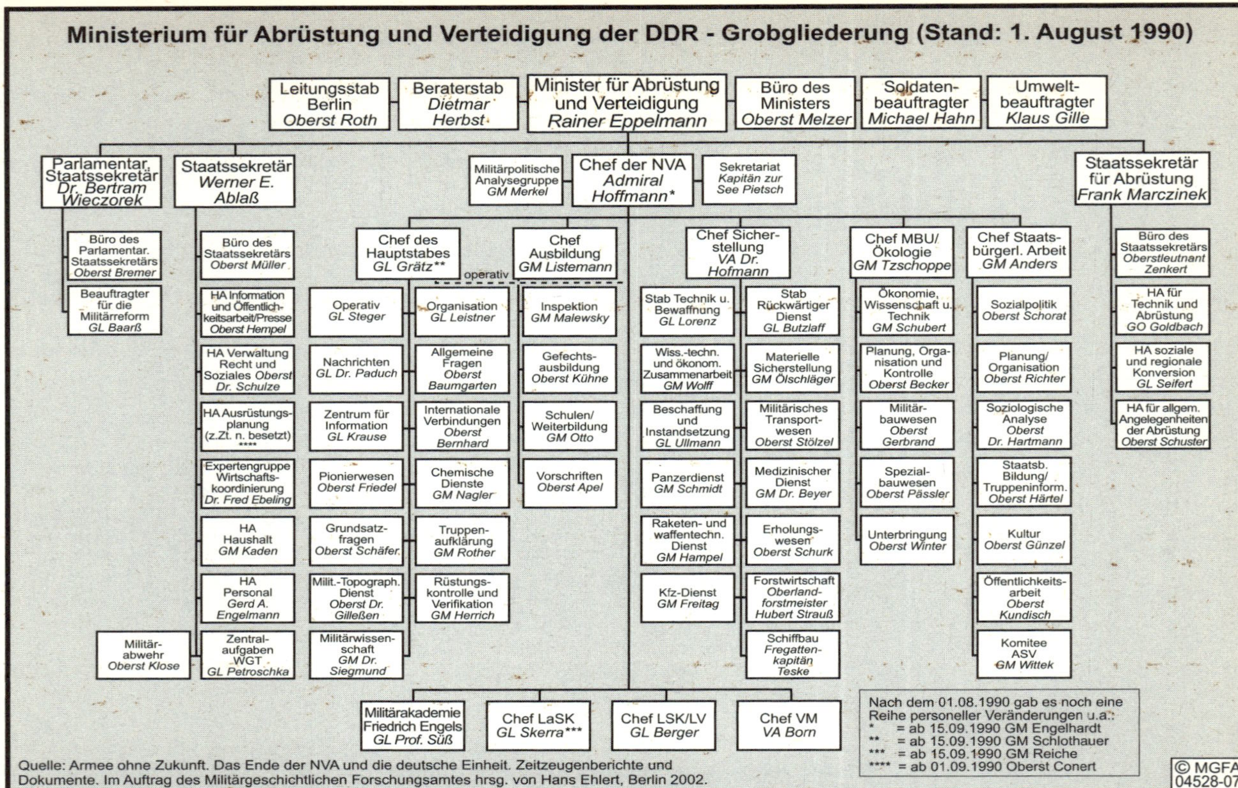
Ministerium für Abrüstung und Verteidigung der DDR - Grobgliederung (Stand: 1. August 1990)
Leitungsstab Berlin Oberst Roth
Beraterstab Dietmar Herbst
Minister für Abrüstung und Verteidigung Rainer Eppelmann
Büro des Ministers Oberst Melzer
Soldatenbeauftragter Michael Hahn
Umweltbeauftragter Klaus Gille
Parlamentar. Staatssekretär Dr. Bertram Wieczorek
Büro des Parlamentar. Staatssekretärs Oberst Bremer
Beauftragter für die Militärreform GL Baarß
Staatssekretär Werner E. Ablaß
Büro des Staatssekretärs Oberst Müller
HA Information und Öffentlichkeitsarbeit/Presse Oberst Hempel
HA Verwaltung Recht und Soziales Oberst Dr. Schulze
HA Ausrüstungsplanung (z.Zt. n. besetzt) ****
Expertengruppe Wirtschaftskoordinierung Dr. Fred Ebeling
HA Haushalt GM Kaden
HA Personal Gerd A. Engelmann
Zentralaufgaben WGT GL Petroschka
Militärabwehr Oberst Klose
Militärpolitische Analysegruppe GM Merkel
Chef der NVA Admiral Hoffmann*
Sekretariat Kapitän zur See Pietsch
Chef des Hauptstabes GL Grätz**
operativ
Operativ GL Steger
Nachrichten GL Dr. Paduch
Zentrum für Information GL Krause
Pionierwesen Oberst Friedel
Grundsatzfragen Oberst Schäfer
Milit.-Topograph. Dienst Oberst Dr. Gilleßen
Militärwissenschaft GM Dr. Siegmund
Organisation GL Leistner
Allgemeine Fragen Oberst Baumgarten
Internationale Verbindungen Oberst Bernhard
Chemische Dienste GM Nagler
Truppenaufklärung GM Rother
Rüstungskontrolle und Verifikation GM Herrich
Chef Ausbildung GM Listemann
Inspektion GM Malewsky
Gefechtsausbildung Oberst Kühne
Schulen/Weiterbildung GM Otto
Vorschriften Oberst Apel
Chef Sicherstellung VA Dr. Hofmann
Stab Technik u. Bewaffnung GL Lorenz
Wiss.-techn. und ökonom. Zusammenarbeit GM Wolff
Beschaffung und Instandsetzung GL Ullmann
Panzerdienst GM Schmidt
Raketen- und waffentechn. Dienst GM Hampel
Kfz-Dienst GM Freitag
Stab Rückwärtiger Dienst GL Butzlaff
Materielle Sicherstellung GM Ölschläger
Militärisches Transportwesen Oberst Stölzel
Medizinischer Dienst GM Dr. Beyer
Erholungswesen Oberst Schurk
Forstwirtschaft Oberlandforstmeister Hubert Strauß
Schiffbau Fregattenkapitän Teske
Chef MBU/Ökologie GM Tzschoppe
Ökonomie, Wissenschaft u. Technik GM Schubert
Planung, Organisation und Kontrolle Oberst Becker
Militärbauwesen Oberst Gerbrand
Spezialbauwesen Oberst Pässler
Unterbringung Oberst Winter
Chef Staatsbürgerl. Arbeit GM Anders
Sozialpolitik Oberst Schorat
Planung/Organisation Oberst Richter
Soziologische Analyse Oberst Dr. Hartmann
Staatsb. Bildung/Truppeninform. Oberst Härtel
Kultur Oberst Günzel
Öffentlichkeitsarbeit Oberst Kundisch
Komitee ASV GM Wittek
Staatssekretär für Abrüstung Frank Marczinek
Büro des Staatssekretärs Oberstleutnant Zenkert
HA für Technik und Abrüstung GO Goldbach
HA soziale und regionale Konversion GL Seifert
HA für allgem. Angelegenheiten der Abrüstung Oberst Schuster
Militärakademie Friedrich Engels GL Prof. Süß
Chef LaSK GL Skerra***
Chef LSK/LV GL Berger
Chef VM VA Born
Nach dem 01.08.1990 gab es noch eine Reihe personeller Veränderungen u.a.:
* = ab 15.09.1990 GM Engelhardt
** = ab 15.09.1990 GM Schlothauer
*** = ab 15.09.1990 GM Reiche
**** = ab 01.09.1990 Oberst Conert
Quelle: Armee ohne Zukunft. Das Ende der NVA und die deutsche Einheit. Zeitzeugenberichte und Dokumente. Im Auftrag des Militärgeschichtlichen Forschungsamtes hrsg. von Hans Ehlert, Berlin 2002.
© MGFA 04528-07

Führungswechsel: Vom Admiral zum Bausoldaten

Am 18. April 1990 erfolgte erstmals in der Geschichte der DDR die Übergabe der Amtsgeschäfte zur Führung des Verteidigungsministeriums an einen Zivilisten. Admiral Hoffmann wurde durch Rainer Eppelmann, Pfarrer und ehemaliger Bausoldat der NVA, unter der neuen programmatischen Bezeichnung »Minister für Abrüstung und Verteidigung« im Amt abgelöst. Eppelmann war bereits Tage zuvor von Ministerpräsident Lothar de Maizière als künftiger Minister benannt und am 12. April als oberster Dienstherr der Soldaten und Zivilangestellten der Armee von der Volkskammer gewählt worden. In seinem Befehl Nr. 1/90 über Personalentscheidungen vom 24. April 1990 bestätigte Rainer Eppelmann die bereits am 18. April in ihre neuen Funktionen eingesetzte »Mannschaft« zur Führung der NVA[107]. Das Ministerium wurde in vier Bereiche untergliedert, wovon drei von den zivilen Staatssekretären Werner E. Ablaß, Dr. Bertram Wieczorek und Frank Marczinek geleitet wurden. Dem spezifisch militärischen Teil sollte ein hoher Militär quasi als »Generalinspekteur« vorstehen.

Dem Minister direkt unterstellt waren der Soldatenbeauftragte, der Umweltbeauftragte, die drei Staatssekretäre als Strukturelemente des ministeriellen Teils sowie der Chef der NVA. Die oberste Kommandogewalt war an die Person des Ministers, im Verteidigungsfall an den Regierungschef (Ministerpräsident) gebunden. Damit bestand die politische Leitung des Ministeriums ausschließlich aus Zivilisten, was den Primat der Politik in den Streitkräften deutlich unterstrich. Der Minister behielt sich zudem bei ausgewählten Führungsfunktionen sowie bei allen Generalsplanstellen (und denen ihnen gleichgestellten zivilen Stellen) das Bestätigungrecht vor[108].

Die praktische Führung der Armee war jedoch anfangs ohne befähigte und bereite Vertreter der alten Militärelite nicht zu gewährleisten. Als Chef der NVA und damit oberster Soldat wurde mit dem letzten DDR-Verteidigungsminister Admiral Theodor Hoffmann ein erfahrener NVA-Offizier eingesetzt. Er war in dieser Eigenschaft als militärischer Vorgesetzter dem Minister unterstellt. Er verwirklichte die Führung der Armee über den Chef des Hauptstabes, die Chefs der Teilstreitkräfte, den Chef Ausbildung, den Chef Sicherstellung sowie den Chef Militärbauwesen, Unterbringung und Ökologie und den Chef Staatsbürgerliche Arbeit.

Erfuhren der Hauptstab, die Führungsstäbe der Teilstreitkräfte (bisherige Kommandos) und der Stab Militärbauwesen, Unterbringung und Ökologie vor allem innere Strukturveränderungen, so kam es auf dem Gebiet der Ausbildung

---

107 Vgl. BA-MA, DVW 1/44498. Befehl des Ministers vom 24.4.1990. Die Staatssekretäre hatten ihre Berufung z.T. schon vor dem 18. April 1990 durch den Ministerpräsidenten erhalten, so z.B. Werner E. Ablaß am 10. April.

108 Vgl. ebd., DVW 1/44507. Grundsätze der Arbeit mit Führungskräften vom 28.6.1990.

und der Sicherstellung zu einer Neustrukturierung. Der Chef Ausbildung und sein Stab bekamen nunmehr auch Aufgaben der wissenschaftlichen und staatsbürgerlichen Arbeit übertragen. Die bisherigen Dienstbereiche Technik und Bewaffnung sowie Rückwärtige Dienste wurden dem Chef Sicherstellung und seinem Stab unterstellt. An der allgemeinen Befehlshierarchie in der Truppe änderte sich insgesamt freilich wenig, wie selbst Eppelmann im Mai 1990 konstatieren mußte: »Für Sie als Militärs ist es besonders notwendig, zu wissen, wie die militärische Führungslinie, also die Befehls- und Kommandogewalt, verläuft. [...] Für den Regimentskommandeur, den Kommandeur einer Luftverteidigungsdivision oder den Stabschef eines Militärbezirks ändert sich an der Führungsstruktur, an den ihn unmittelbar berührenden Vorgesetzten- und Unterstellungsverhältnissen überhaupt nichts[109].«

Admiral Hoffmann bekam die volle truppendienstliche Verantwortung für die NVA übertragen[110]. Außer Hoffmann waren anfangs weitere Generale und Admirale in übergreifende Führungsfunktionen der Nationalen Volksarmee eingesetzt. Zu ihnen gehörten u.a. mit Generaloberst Joachim Goldbach als Leiter des Amtes/Hauptabteilung für Technik und Generalleutnant Manfred Grätz als Chef des Hauptstabes der NVA auch zwei hochrangige Soldaten, die bereits vor 1989 als Stellvertreter des DDR-Verteidigungsministers Verantwortung getragen hatten.

Tab. 12: Generale und Admirale im Ministerium für Abrüstung und Verteidigung, Mai/Juni 1990 (Auswahl)

Name	Dienststellung
Bereich Staatssekretäre	
Generaloberst Joachim Goldbach	Leiter der Hauptabteilung für Technik, Abrüstung und Konversion (Bereich Staatssekretär für Abrüstung Frank Marczinek)
Generalleutnant Waldemar Seifert	Hauptabteilung soziale und regionale Konversion (Bereich Staatssekretär für Abrüstung Frank Marczinek)
Generalleutnant Klaus Baarß	Bevollmächtigter/Beauftragter für die Militärreform (Bereich Parlamentarischer Staatssekretär Bertram Wieczorek)
Generalmajor Johannes Kaden	Bereich Leiter des Hauptabteilung für Haushalt (Staatssekretär Werner E. Ablaß)

109 Rede von Rainer Eppelmann auf der Kommandeurtagung in Strausberg, 2.5.1990, in: Militärreform in der DDR (wie Anm. 70), Nr. 17, 1990, S. 5.

110 Vgl. u.a. Hoffmann, Das letzte Kommando (wie Anm. 84), S. 204 ff.

Tab. 12: Generale und Admirale im Ministerium für Abrüstung und Verteidigung, Mai/Juni 1990 (Auswahl)

Name	Dienststellung
Bereich Chef NVA	
Admiral Theodor Hoffmann	Chef der NVA
Generalleutnant Manfred Grätz	Chef des Hauptstabes
Generalmajor Klaus Listemann	Chef Ausbildung
Vizeadmiral Hans Hofmann	Chef Sicherstellung NVA
Generalmajor Walter Tzschoppe	Chef Militärbauwesen und Unterbringung/Ökologie
Generalmajor Olivier Anders	Chef Staatsbürgerliche Arbeit
i. d. Hauptabt. Personal/Haushalt	
Generalmajor Heinz Calvelage	Stellvertreter Planung in der Hauptabteilung Personal
beim Chef Hauptstab	
Generalleutnant Wolfgang Steger	Bereich Operativ
Generalmajor Günter Jahr	Verwaltung Operativ
Generalmajor Hans-Werner Deim	Verwaltung Gefechtsbereitschaft und operative Ausbildung
Generalmajor Herbert Christians	Verwaltung Territorialverteidigung
Generalleutnant Günter Leistner	Bereich Organisation
Generalmajor Hans-Georg Löffler	Verwaltung Organisation
Generalmajor Werner Patzer	Verwaltung personelle Auffüllung
Generalleutnant Walter Paduch	Bereich Nachrichten
Generalmajor Joachim Albrecht	Verwaltung Automatisierung der Truppenführung
Generalmajor Gerhard Rother	Verwaltung Truppenaufklärung
Generalmajor Karlheinz Nagler	Verwaltung Chemische Dienste
Generalmajor Peter Herrich	Verwaltung Rüstungskontrolle und -verifizierung
Generalmajor Werner Siegmund	Verwaltung Militärwissenschaften
beim Chef Ausbildung	
Generalmajor Günther Malewsky	Verwaltung Inspektion
Generalmajor Manfred Merkel	Inspektionsbereich LSK/LV
Konteradmiral Hans-Joachim Dönitz	Inspektionsbereich Volksmarine
Generalmajor Werner Otto	Verwaltung Schulen und Weiterbildung
beim Chef Sicherstellung	
Generalleutnant Günter Lorenz	Stab Technik und Bewaffnung
Generalmajor Norbert Wolff	Wissenschaftlich-technische und ökonomische Zusammenarbeit
Generalleutnant Ehrenfried Ullmann	Beschaffung und Instandsetzung
Generalmajor Horst Noack	Verwaltung Instandsetzung

Tab. 12: Generale und Admirale im Ministerium für Abrüstung und Verteidigung, Mai/Juni 1990 (Auswahl)

Name	Dienststellung
Generalmajor Johannes Oreschko	Verwaltung Materielle Planung
Generalmajor Heinz Hampel	Verwaltung Raketen- und waffentechnischer Dienst
Generalmajor Werner Freitag	Verwaltung Kraftfahrzeugdienst
Generalleutnant Max Butzlaff	Stab Rückwärtige Dienste
Generalmajor Klaus-Dieter Ölschläger	Materielle Sicherstellung
Generalmajor Kurt Brunner	Hauptabteilung Treib- und Schmierstoffe
Generalmajor Horst Schmieder	Hauptabteilung Verpflegungsdienst
Generalmajor Eberhard Beyer	Medizinischer Dienst
beim Chef MBU/Ökologie	
Generalmajor Wolfgang Schubert	Ökonomie/Wissenschaft/Technik
beim Chef Staatsbürgerliche Arbeit	
Generalmajor Heinz Wittek	Komitee ASV »Vorwärts«

Die meisten Generale hatten eigentlich spätestens mit der Amtsübernahme Eppelmanns damit gerechnet, ihre bisherige Dienstgeschäfte an ihre Nachfolger übergeben und die Armee dann verlassen zu müssen. So wie beispielsweise Admiral Hoffmann wurden einige von ihnen jedoch von der neuen Führung persönlich gebeten, ihre militärische Tätigkeit im Interesse der Stabilität der Armee weiterhin loyal fortzusetzen. Der Minister hatte sich im übrigen bereits bei seiner Amtsübernahme explizit zur NVA und speziell auch zu ihren Offizieren und Generalen bekannt, die seiner Ansicht nach eine wichtige Rolle beim friedlichen Verlauf der »Wende« gespielt hätten[111]. Keiner der sich im April 1990 noch im Dienst befindlichen Generale und Admirale sah dann offenbar auch ein Problem darin, unter Eppelmann – immerhin »nur« ein ehemaliger Bausoldat – weiterzudienen.

Tab. 13: Generale und Admirale im aktiven Dienst, Juli 1990

	Generaloberst/ Admiral	Generalleutnant/ Vizeadmiral	Generalmajor/ Konteradmiral	Gesamt
NVA	2	21	94	117
Grenztruppen	-	-	8	8
Zivilverteidigung	-	-	1	1
Gesamt	2	21	103	126

111 Vgl. ebd., S. 209.

[Vgl. BA-MA, DVW 1/43747, Bl. 110. Arbeitsmaterial der Unterabteilung Führungskräfte, September 1990. Die Aufstellung erfolgte unter Beachtung bereits im Befehl realisierter Entlassungen bis einschließlich Befehl Nr. 21/90 des Ministers für Abrüstung und Verteidigung vom 6.7.1990.]

Bei manchem »altgedienten« Militär war dabei wohl auch ausschlaggebend, nicht so sehr etwas für Eppelmann leisten zu wollen, sondern eher noch »etwas« für die Armee als Ganzes und für die Interessen der Unterstellten bis hin zum einfachen Mannschaftssoldaten zu erreichen. Damit ist nicht gesagt, daß es unter den hohen NVA-Offizieren keinerlei Karrieredenken mit Sicht auf die Besetzung künftiger Posten gab.

NVA-Generale in die Bundeswehr?

Vor dem Hintergrund der sich abzeichnenden Wiedervereinigung Deutschlands verstärkten sich die Irritationen über die personelle Zukunft der NVA-Angehörigen. Besonders die Berufssoldaten fühlten sich von früheren, als Versprechungen aufgenommenen Äußerungen, vor allem von Rainer Eppelmann, getäuscht. So wurde von einigen Vertretern der politischen Führung des Ministeriums zeitweise u.a. auch die Ansicht verbreitet, daß selbst Generale die Chance zum Weiterdienen nach dem 2. Oktober 1990 erhalten würden.

Im August hatte Minister Eppelmann »im Interesse der Erneuerung des Führungsbestandes der NVA« angewiesen, alle Berufssoldaten, die älter als 55 Jahre waren, bis zum Termin der deutschen Einheit in den Vorruhestand zu schicken. Das betraf große Teile des Führungskorps der NVA, im Prinzip fast alle Generale und Admirale des Ministeriums. Nicht zuletzt die Führung der Armee sollte damit verändert bzw. verjüngt werden. Am 15. September 1990 fand das dazugehörige personelles Revirement statt: Die NVA erhielt mit Generalmajor Lothar Engelhardt (Jg. 1939) einen neuen Chef. Einige weitere Generale vor allem aus den Militärbezirken und Verbänden rückten in hohe Positionen des Hauptstabes oder des Bereichs Sicherstellung auf bzw. wurden mit der Führung dieser Bereiche beauftragt. All das war für die betroffenen Generale sicherlich als eine große persönliche Anerkennung und möglicherweise auch als Karriereschub gedacht – für die kurz vor ihrer »Abwicklung« stehenden Streitkräfte insgesamt war der Führungswechsel freilich ohne Bedeutung. Von der bisherigen »alten« Generalsgruppe erhielt nur Generalmajor Johannes Kaden (Jg. 1932) die Gelegenheit, im Amt zu bleiben. Er bat jedoch von sich aus um seine Entlassung[112].

Admiral Theodor Hoffmann, Generalleutnant Manfred Grätz und andere hatten ihre Entlassung zum 30. September erhalten und sollten den Nachfol-

---

112 Vgl. ebd., S. 292.

gern im Amt mit Sachkompetenz – vor allem in Fragen der Herauslösung der NVA aus dem Warschauer Pakt – möglichst weiter zur Verfügung stehen. Hoffmann und seinen Kameraden war im übrigen schon frühzeitig klar gewesen, daß »nur wenige, namentlich jüngere Generale und Obristen die Chance hatten, in der Bundeswehr weiter zu dienen – wenn man schon von einem Zusammenwachsen beider Staaten nicht nur reden, sondern entsprechend handeln wollte und bereit war, in künftigen gesamtdeutschen Streitkräften auch eine Traditionslinie dieser ehemaligen sozialistischen deutschen Armee weiterzuführen«[113].

Tab. 14: Generale und Admirale in neuen Dienststellungen der NVA, 15. September 1990 (Auswahl)

Name	Dienststellung
Generalmajor Lothar Engelhardt	Chef der NVA
Generalmajor Michael Schlothauer	Chef des Hauptstabes
Generalmajor Hans-Christian Reiche	Chef der Landstreitkräfte
Generalmajor Olivier Anders	Chef Sicherstellung
Generalmajor Roland Großer	Stellvertreter des Chefs der Landstreitkräfte und Chef des Stabes
Generalmajor Manfred Jonischkies	Chef Militärbezirk V
Generalmajor Henri Thunemann	Stellvertreter des Chefs des Militärbezirkes V und Chef des Stabes

[Vgl. BA-MA, DVW 1/44498. Befehl Nr. 31/90 des Ministers für Abrüstung und Verteidigung vom 28.8.1990. Alle genannten Generale waren mit dem Zusatz »mit der Führung beauftragt (m.d.F.b.)« in die neuen Dienststellungen eingesetzt worden. Die Übergaben erfolgten auf der Grundlage ordentlicher Protokolle.]

Ende August 1990 hatten Vertreter der inzwischen in Strausberg tätigen Verbindungsgruppe der Bundeswehr nach einem Gespräch mit Eppelmann an den Bundesverteidigungsminister berichtet, daß Eppelmann in der Tat darüber nachdachte, einigen NVA-Generalen die Möglichkeit zu geben, nach dem 2. Oktober in der Bundeswehr Dienst zu tun. Das sei nach Ansicht des ehemaligen Bausoldaten als »Ehrenschutz« für die NVA notwendig[114]. Es existierte eine Liste des Personalamtes, in der 12 Generale und Admirale verzeichnet waren, die von der Bundeswehr übernommen werden sollten. Rainer Eppel-

113 Ebd., S. 305.
114 Vgl. BA-MA, DVW 1/44507. Bericht an Minister Stoltenberg vom 26.8.1990.

mann beließ seine Unterstellten offenbar noch lange Zeit in dem Glauben, daß dies auch möglich wäre[115].

In den verantwortlichen Kreisen der Bundeswehr sah man die Dinge freilich etwas anders. Mitte September erklärte Bundesverteidigungsminister Stoltenberg gegenüber Eppelmann, daß kein General der NVA in die Bundeswehr übernommen werde. Nicht wenige Offiziere der Bundeswehr empfanden es generell als eine Zumutung, mit NVA-Offizieren oder gar Generalen in einer »Armee der Einheit« zu dienen. Zweifellos wollte man den Bruch mit dem alten Regime und den Neuanfang im Militär durch die rigorosen personellen Veränderungen deutlich unterstreichen. In diesem Sinne kam eine Übernahme der höchsten NVA-Kader überhaupt nicht in Frage, obwohl einige Stimmen auch dafür plädierten und die generellen Bereitschafterklärungen einiger NVA-Generale für einen Dienst in der Bundeswehr vorlagen. Letztlich wollte man im Westen den Eindruck einer Kumpanei zwischen Ost- und West-Generalen vermeiden. Das war auch offenbar die Meinung hoher Militärs der Bundeswehr: »Wir waren der Auffassung, daß der bevorstehende Neuanfang, auch und vor allem in der Führungsspitze deutlich werden müsse; ein General der NVA, groß geworden im Einsatz für Sozialismus und Klassenkampf, könne in der Bundeswehr nicht überzeugend für unser Grundgesetz, für unser Menschenbild und unsere Rechtsordnung eintreten. Auch würden weder die jungen Wehrpflichtigen noch die Bevölkerung in der ehemaligen DDR Verständnis für eine Übernahme haben. Minister Eppelmann akzeptierte erst nach einigem Zögern; wenige Tage vor dem 3. Oktober beauftragte er seinen Staatssekretär Ablaß, die Generale zu entlassen[116].«

Bereits am 24. September 1990 hatte die Verabschiedung von Admiral Hoffmann und seinen Generalskameraden aus der bisherigen NVA-Führung stattgefunden. Sie endete mit einem Dissens, der letztlich wohl ein Ausdruck für die insgesamt angespannte Situation bildete[117]. Am selben Tag legte der Generalinspekteur der Bundeswehr dem Staatssekretär im Bundesministerium der Verteidigung, Karl-Heinz Carl, eine Empfehlung zur Übernahme von NVA-Generalen/Admiralen im Status von *zivilen* Beratern vor[118]. Der betreffende Personenkreis war handverlesen. In verschiedenen Dokumenten wurden folgende NVA-Kader als mögliche Kandidaten vorgeschlagen: Generalleutnant Rolf Berger, Generalleutnant Klaus-Jürgen Baarß, die Generalmajore Olivier Anders, Eberhard Beyer, Lothar Engelhardt, Peter Herrich, Wolfgang Schubert, Michael Schlothauer, Bernd Schwipper sowie Vizeadmiral Hendrik Born. Sie sollten

---

115 Vgl. Hoffmann, Das letzte Kommando (wie Anm. 84), S. 305.

116 Jörg Schönbohm, Zwei Armeen und ein Vaterland. Das Ende der Nationalen Volksarmee, Berlin 1992, S. 34.

117 Vgl. Hoffmann, Das letzte Kommando (wie Anm. 84), S. 307 f; Werner E. Ablaß, Zapfenstreich. Von der NVA zur Bundeswehr, Düsseldorf 1992, S. 172.

118 Vgl. BA-MA, DVW 1/44507. Anschreiben des Generalinspekteurs an Staatssekretär Dr. Carl vom 24.9.1990.

einen Sonderstatus mit zeitlich befristeten Beraterverträgen (maximal zwei Jahre) erhalten[119].

Vier Tage später, am 28. September 1990, erfolgte dann die plötzliche Verabschiedung der letzten 24 noch diensttuenden Generale und Admirale der NVA, die davon zweifellos überrascht waren. Eppelmann dankte den Generalen in einem Befehl für ihre Arbeit und sprach die Überzeugung aus, daß sie als Offiziere außer Dienst »die Ehre und Würde der Nationalen Volksarmee« wahren würden. Letztlich teilte man ihnen nur mit, »daß am 2. Oktober, 24.00 Uhr, Schluß sei. Mir [d.i. Ablaß] war es vorbehalten, die Generäle mit wenigen Worten zu verabschieden. Damit war etwas geschehen, was eine Protestwelle ausgelöst hat. Der Staatssekretär hat die Männer verabschiedet, die vom Staatsoberhaupt bestellt worden waren. Sie haben das als ein Wegjagen empfunden[120].« Ein Teil der Entlassenen erhielt zwar eine befristete erweiterte Versorgung, an der Tatsache des tiefen Falls und des damit oft verbundenen sozialen Abstiegs konnten diese Gesten jedoch nichts ändern.

Als einziger General der NVA wurde am 3. Oktober 1990 Generalmajor Eberhard Beyer in den aktiven Dienst der Bundeswehr übernommen – im Dienstgrad zum Oberstarzt herabgestuft. Er sollte helfen, die Organisation der sanitätsdienstlichen Versorgung sicherzustellen[121]. Weitere fünf Generale erhielten befristete Beraterverträge: Generalmajor Engelhardt wurde als Berater in der Verbindungsgruppe zur Westgruppe der sowjetischen Streitkräfte (WGT) tätig. Generalmajor Schlothauer übernahm ebenso eine Beraterfunktion für den Bereich der Landstreitkräfte wie seine Kameraden Generalleutnant Berger für die Luftstreitkräfte und Vizeadmiral Born bei den Seestreitkräften. Generalleutnant Baarß unterstützte die Ausbildung beim Bundeswehrkommando Ost (BwKdoOst). Der neue, zeitweilige »Dienstherr« der ehemaligen NVA-Generale, der Befehlshaber des BwKdoOst General Schönbohm, beurteilte die ehemaligen Generale später als »sachkundige und bereitwillige Mitarbeiter«[122].

Der Ministerbefehl Nr. 43/90 vom 28. September bedeutete nicht nur das »Aus« für die letzten NVA-Generale, sondern er setzte auch den Schlußpunkt unter die fast vierzigjährige Entwicklung einer eigenständigen sozialistischen Militärelite der DDR.

Mit dem Ende der NVA hatten vor dem Hintergrund eines radikalen Personalwechsels auch die letzten, flexibleren Vertreter der ostdeutschen militärischen Führungsschicht ihr berufliches Tätigkeitsfeld und ihren Rang verloren.

---

119 Vgl. ebd., Aktennotiz an Staatssekretär Dr. Carl vom 26.9.1990. Generalleutnant Rolf Berger wird in diesem Dokument fälschlicherweise als Generalmajor eingestuft.

120 Ablaß, Zapfenstreich (wie Anm. 117), S. 173. Siehe auch Dokument im Anhang dieses Bandes.

121 Beyer wurde später aus der Bundeswehr entlassen.

122 Schönbohm, Zwei Armeen (wie Anm. 116), S. 66.

Keinem von ihnen gelang es, in der bundesdeutschen militärischen Elite Fuß zu fassen.

Verlierer der Einheit ? - Zwischen Selbstmitleid, Ausgrenzung und Strafverfolgung

Die meisten NVA-Offiziere, unter ihnen auch Generale und Admirale, hatten dem Umbruch der gesellschaftlichen und politischen Verhältnisse in der DDR fassungslos gegenübergestanden. »Hineingewachsen in den real existierenden Sozialismus der DDR, war für sie die herrschende Ideologie weitgehend unhinterfragtes Deutungsmuster der politischen Zusammenhänge und wesentliches sinnstiftendes Element ihres Berufsverständnisses. Sich selbst stets als loyaler Diener der Dreieinigkeit Staat, Partei und Volk betrachtend, mußten sie plötzlich feststellen, einer Fiktion aufgesessen zu sein: das Volk wendete sich gegen Partei und Regierung[123]«. Nach dem 3. Oktober 1990 fühlten sie sich nunmehr nur noch als Verlierer und Besiegte. Arbeitslosigkeit, die Übernahme von Hilfstätigkeiten, Rentenkürzungen, die Bezeichnung »Gedient in fremden Streitkräften[124]«, Strafverfolgung u.ä. empfanden sie als deutliche und vom ehemaligen »Klassenfeind« gewollte Zeichen der Ausgrenzung aus der neuen Gesellschaft. Zudem stellte man ihren Auftrag, zum Schutz von »Frieden und Sozialismus« beigetragen zu haben, ebenso in Frage wie das - nach ihrer Auffassung wichtigste - Verdienst, nämlich die Armee im Herbst 1989 nicht gegen das Volk eingesetzt und sie schließlich in einem friedlichen Prozeß in die deutsche Einheit geführt zu haben. Manche setzten dem nichts weiter als Selbstmitleid, Wehleidigkeit und Rückzug in die Privatsphäre entgegen, andere verharrten in Trotz und Schuldzuweisungen, wiederum andere versuchten, ohne den Stolz über die bisherige persönliche Lebensleistung zu verlieren, neue Einsichten zu gewinnen und sich den veränderten Bedingungen, Erfahrungen und Herausforderungen anzupassen.

---

123 Georg-Maria Meyer, Vom Klassenfeind zum Kameraden? Soziale Deutungsmuster von Offizieren der Nationalen Volksarmee (NVA), in: Aus Politik und Zeitgeschichte, B 36/90 vom 31.8.1990, S. 36.

124 Diese Bezeichnung war eine wehrpflichtrechtliche Einordnung, die sich darauf bezog, daß die Angehörigen der NVA nach Paragraph 8 des Wehrpflichtgesetzes der Bundesrepublik Militärdienst außerhalb der eigenen Streitkräfte der Bundesrepublik geleistet hatten. Hinzu kam, daß die Reservistenordnung der DDR laut Einigungsvertrag kein geltendes Recht mehr war, woraus man ableitete, daß für die Weiterführung von Dienstgradbezeichnungen der ehemaligen NVA (mit den Zusätzen »d.R.« und »a.D.«) offiziell keine Rechtsgrundlage mehr bestände. Politische Bemühungen verschiedener Parteien, die im Deutschen Bundestag auf eine Änderung dieser – nicht nur aus Sicht der Betroffenen diskriminierenden – Regelungen zielten, konnten sich bisher nicht durchsetzen.

In weiten Teilen der bundesdeutschen Öffentlichkeit galten NVA-Generale jedoch allgemein als Diener und Täter eines Unrechtsregimes, die letztlich auch auf die Anklagebank gehörten.

Im Oktober 1990 hatte die staatsanwaltschaftliche Strafverfolgung von SED-Unrecht begonnen. Bis zum Frühjahr 1999 wurden von den insgesamt über 65 000 staatsanwaltschaftlichen Ermittlungsverfahren jedoch rund drei Viertel eingestellt[125].

Im Zusammenhang mit Gewaltakten an der deutsch-deutschen Grenze gerieten neben den zivilen Mitgliedern des SED-Politbüros und des Nationalen Verteidigungsrates auch ehemalige Angehörige der NVA bzw. der Grenztruppen in das Visier der Ermittler und Behörden. Insgesamt wurden allein zur Grenzproblematik über 3000 polizeiliche und staatsanwaltschaftliche Ermittlungsverfahren eingeleitet.

Neben zahlreichen Verurteilungen von sogenannten Mauerschützen, die in der militärischen Hierarchie zumeist als Grenzsoldat oder Unteroffizier auf der untersten Ebene standen, kam es ab Sommer 1994 auch zu Verurteilungen der obersten militärischen Befehlsgeber der Grenzschützen[126]. So wurden u.a. Heinz Keßler und Fritz Streletz als »mittelbare Täter« zu mehrjährigen Haftstrafen (siebeneinhalb bzw. fünfeinhalb Jahre) verurteilt. Der langjährige Chef der Grenztruppen, Klaus-Dieter Baumgarten, und fünf seiner Stellvertreter (Karl Leonhardt, Heinz-Ottomar Thieme, Günter Gabriel, Gerhard Lorenz und Dieter Teichmann) wurden wegen Totschlags und versuchten Totschlags in 19 Fällen bzw. der Beihilfe dazu angeklagt und im September 1996 zu Haftstrafen von drei bis sechseinhalb Jahren (Baumgarten) verurteilt. Während des Verfahrens lehnten die Generale a.D. in einer Erklärung jede Schuld und strafrechtliche Verantwortung ab[127]. Alle Anträge auf Revision hatten keinen Erfolg; Baumgarten wurde jedoch im Frühjahr 2000 vorzeitig entlassen. Am 9. Oktober 1997 begann vor dem Potsdamer Landgericht ein Prozeß gegen den ehemaligen Grenztruppen-General Fritz Rothe, dem man versuchten und vollendeten Totschlag in jeweils drei Fällen vorwarf.

Bereits im August 1995 hatten am Berliner Landgericht Verhandlungen gegen zehn Mitglieder des Kollegiums des DDR-Verteidigungsministeriums (Wilhelm Ehm, Joachim Goldbach, Fritz Peter, Wolfgang Reinhold, Horst Stechbarth, Ottomar Pech, Helmut Borufka, Alfred Leibner, Heinz Handke und Harald Ludwig) begonnen. Die Anklage lautete hier auf Beihilfe zum Totschlag. Sechs

---

125 Vgl. Roman Grafe, Generalstaatsanwalt Christoph Schaefgen: »Wenig aufbauend ist die zahlenmäßige Bilanz unserer Arbeit«, in: Deutschland Archiv, 32 (1999) 1, S. 6–8.

126 Vgl. Roman Grafe, Die Strafverfolgung von DDR-Grenzschützen und ihren Befehlsgebern. Eine vorläufige Bilanz, in: ebd., 30 (1997) 3, S. 377–383. Siehe auch ausführlich Peter Joachim Lapp, Gefechtsdienst im Frieden. Das Grenzregime der DDR 1945–1990, Bonn 1999, S. 205–229.

127 Auszüge aus dieser Erklärung in: Volker Koop, »Den Gegner vernichten«. Die Grenzsicherung der DDR, Bonn 1996, S. 384–393.

der dort angeklagten Ex-Generale waren jedoch bis Ende 1996 für verhandlungsunfähig erklärt worden. Die vier noch verbleibenden Angeklagten erhielten mehrjährige Freiheitsstrafen ohne und mit Bewährung.

Im Juli 1998 sprach das Gericht den früheren Leiter der Sicherheitsabteilung des ZK der SED, Wolfgang Herger, sowie die ehemaligen NVA-Generale Horst Brünner, Manfred Grätz und Heinz Tappert der Beihilfe zum Totschlag schuldig, weil sie im Kollegium des DDR-Verteidigungsministeriums an Befehlen zur Grenzsicherung mitgewirkt hätten. Die ausgesprochenen Bewährungsstrafen lagen zwischen einem und zwei Jahren.

Darüber hinaus wurden Prozesse gegen hohe Offiziere der Grenzkommandos eröffnet. In diesem Zusammenhang verurteilten die Strafkammer des Erfurter Landgerichts im Februar 1999 u.a. den ehemaligen Kommandeur des Grenzkommandos Süd (1982 - 1987), Ex-Generalmajor Heinz Janshen, zu einer Freiheitsstrafe von 2 Jahren auf Bewährung sowie das Berliner Landgericht im Herbst 1999 den ehemaligen Kommandeur des Grenzkommandos Mitte (1971 - 1979), Ex-Generalmajor Bernhard Geier, zu 30 Monaten Haft.

Insgesamt wurden bis Ende März 1999 gegen 296 NVA-Angehörige Strafverfahren eingeleitet. In den bis zu diesem Zeitpunkt abgeschlossenen Gerichtsverfahren waren 19 Generale, 61 Offiziere und 147 Unteroffiziere bzw. Mannschaftssoldaten angeklagt worden. 58 Personen erhielten einen Freispruch, die anderen NVA-Angehörigen wurden zu Freiheitsstrafen sowie zu Freiheitsstrafen auf Bewährung verurteilt[128]. Sieben Generale befanden sich im Sommer 1999 noch im Strafvollzug[129]. Der Absturz für die zumeist hochdekorierten Spitzenmilitärs konnte schlimmer nicht sein.

***

Die SED hatte seit Ende der 40er Jahre dafür gesorgt, daß bewaffnete Kräfte zur Sicherung und Erhaltung ihrer Macht auf- und ausgebaut wurden. Unter Führung der Partei entstand ein »sozialistisches Offizierkorps«, das in vier Jahrzehnten zu einer politisch konformen und zunehmend fachlich-professionellen militärischen Führungsschicht geworden war. Die Generale und Admirale der NVA und der Grenztruppen - einschließlich ihrer Vorläufer - sowie der Zivilverteidigung bildeten einen Teil dieses Offizierkorps. Nach einem groben Raster lassen sich verschiedene »Generalsgenerationen« erkennen, die mit ihren

---

128 Weitere Verfahren in Sachen DDR-Grenzregime wurden inzwischen durchgeführt bzw. werden vorbereitet.

129 Vgl. Hans-Dieter Hein, Ein etwas anderer »Pilotprozeß« bei der Strafverfolgung ehemaliger Angehöriger der NVA vor dem Erfurter Landgericht, in: Information Nr. 5, hrsg. von der Arbeitsgruppe Geschichte der NVA und Integration ehemaliger NVA-Angehöriger in Gesellschaft und Bundeswehr beim Landesvorstand des DBwV, Berlin 1999, S. 77.

sozialen Strukturen, politischen Ansichten und militärischen Karrieren das sich von den frühen 50er bis in die 80er Jahre sukzessiv verändernde Bild von der ostdeutschen Generalität prägten. Dazu zählen die Gründer- und Führungsgeneration mit den sie in erster Linie repräsentierenden kommunistischen Funktionären vor 1945, mit jungen Parteikadern der SED sowie mit ausgewählten ehemaligen Generalen und Offizieren der Wehrmacht ebenso wie die Generation der jungen Arbeiter, Landarbeiter, FDJ- und Parteimitglieder, die vor allem zwischen 1949 und 1952 in die bewaffneten Kräfte eintraten sowie die Generation der professionalisierten Militärkader, die erst ab 1955/56 ihre militärische Karriere begonnen hatte und sich besonders durch einen hohen Bildungsstand auszeichnete. Die militärische Rangelite der DDR stellt sich damit durchaus als eine in sich differenzierte Führungsgruppe dar. Allen Generalen und Admiralen war jedoch gemeinsam, daß sie sich als Soldaten nicht nur der Erhaltung des Friedens und der »Arbeiter-und-Bauern-Macht«, sondern im besonderen Maße auch der Staatspartei verpflichtet fühlten. In diesem Sinne bildete die Generalität innerhalb des DDR-Herrschaftsapparates eine spezifische Elite, die letztlich in ihrer Gesamtheit für das Funktionieren des SED-Staates mitverantwortlich zeichnete.

Rüdiger Wenzke

Kurzbiographien

Adam, Wilhelm; Generalmajor (a.D.)

Geb.: 28.03.1893, in: Eichen, Kr. Hanau; Vater: Landwirt; Schule: Abitur; Lehrerseminar; Beruf: Lehrer; gest.: 24.11.1978

1915 bis 1918 Teilnahme am Ersten Weltkrieg; 1919 bis 1934 Lehrer; dazwischen Student, Uni Frankfurt a. M.; 1926 bis 1929 Dt. Volkspartei; 1934 Reaktivierung; 1934 bis 1939 u.a. Taktiklehrer, Kriegsschule Dresden; Offz. im Zweiten Weltkrieg, zuletzt Oberst u. Adj. von Gen.-Fm. Paulus; 1943 bis 1948 sowjet. Gefangensch.; 1943 BDO u. NKFD

1948 NDPD; 1948 bis 1949 Referent, Landesreg. Sachsen; 1950 bis 1952 Finanzmin., Landesreg. Sachsen; **Eintritt Bew. Organe**: 01.09.1952; 1952 bis 1953 Ltr. d. Abt. Inspektion, Verw. Lehranstalten/Chef Verw. Lehranstalten (m.d.F.b.); 1953 bis 1958 Kdr. Hochschule f. Offz. KVP/NVA; **Gen.Maj.**: (a.D.) 07.10.1977; Auszeichn.: Vaterländ. Verd.Ord. Silb.; Entl.: 01.04.1958

Albrecht, Joachim; Dipl.-Mil.; Generalmajor

Geb.: 28.02.1933, in: Holzweißig, Kr. Bitterfeld; Vater: Fleischer/Kraftwerksarbeiter; Schule: 8 Klassen; Beruf: Betriebsschlosser

1947 bis 1950 Lehre; 1950 bis 1952 Turbinenschlosser; **Eintritt Bew. Organe**: 09.06.1952; 1952 Pz.Kdt., VP-Bereitschaft Leipzig I; 1952 bis 1954 Offz.schüler, VP-Schulen Priemerwald, Großenhain; 1954 bis 1955 Zugfhr., Mech.Rgt. Oranienburg; 1955 SED; 1955 bis 1956 Kp.Chef Pz.Rgt., Oranienburg; 1956 bis 1960 Militärakad./UdSSR; 1960 bis 1961 Stv. Kdr. u. Stabschef Pz.Rgt.-1, Offz. f. Ausbild., Verw. Op., MfNV; 1961 bis 1963 OOffz. Feldausrüst., Verw. Op., MfNV; 1963 bis 1965 Ltr. Arbeitsgr. Truppenführung, Verw. Op., MfNV; 1965 bis 1969 Abt.-Ltr. Mechan. u. Automat. d. Truppenführung, MfNV; 1969 bis 1988 Stv. d. Stv. Chef Hauptstabes f. Mechan. u. Automat. d. Truppenführung u. Ltr. Abt. Mechan. u. Automat. d. Truppenführung, MfNV; 1988 bis 1990 Chef Verw. Automat. d. Truppenführung, MfNV/MfAV; **Gen.Maj.** 07.10.1989; Auszeichn.: Vaterländ. Verd.Ord. Bronze; Kampforden Gold; Entl.: 30.09.1990

Allenstein, Walter; Generalleutnant

Geb.: 05.10.1906, in: Berlin; Vater: Sattler; Schule: 8 Klassen; Beruf: Kaufm. Angest.; gest.: 26.03.1992

1921 bis 1925 Lehre; 1924 bis 1928 Jungbanner; 1925 bis 1929 Lagerist; 1926 SPD; 1928 KPD; 1928 RFB; 1928 bis 1931 Ltr. Unterbez. Rote Jungfront; 1929 bis 1939 Angest., Akkumulatorenfabrik Berlin; 1939 bis 1940 Wehrmacht, Bausoldat (Luftwaffe); 1940 bis 1943 Angest.; 1943 bis 1945 Wehrmacht, Gefr. (Flak); 1945 amerik. Gefangensch.

1945 bis 1948 Stv. HAbt.-Ltr., Dt. Zentr. Verw. d. Industrie, Berlin; 1946 SED; 1948 bis 1949 Stv. HAbt.-Ltr., Dt. Wirtschaftskomm.; 1949 bis 1952 GruppenLtr./HAbt.-Ltr., Büro f. Wirtschaft, MdI; **Eintritt Bew. Organe**: 01.10.1952; **Gen.Maj.**: 01.10.1952; 1952 bis 1953 Chef Verw. Finan., MdI; 1953 bis 1956 Chef Rückw.Dienste KVP; 1956 bis 1959 Chef Rückw.Dienste, MfNV; 1960 Offz.hörer Militärakad. Dresden; 1961 bis 1972 Stv. Min.fNV u. Chef Rückw.Dienste; **Gen.Ltn.**: 07.10.1963; Auszeichn.: Vaterländ.Verd.Ord. Gold; Scharnhorstorden; Entl.: 30.09.1972

Anders, Olivier; Dipl.-Mil.; Generalmajor

Geb.: 16.10.1942, in: Pethau, Kr. Zittau; Vater: Kupferschmied; Schule: 12 Klassen in Grundlagenfächern; Beruf: Betriebs- u. Verkehrseisenbahner

1957 bis 1960 Lehre; 1960 bis 1961 Rangierer, Rangierltr.; **Eintritt Bew. Organe**: 05.04.1961; 1961 Soldat; Wachrgt. MfNV; 1961 bis 1965 Offz.schüler, Offz.Schule LaSK; 1962 SED; 1965 bis 1967 Zugfhr., Mot.Schützen-Rgt.-17; 1967 bis 1969 Kp.Chef, Mot.Schützen-Rgt.-17; 1970 bis 1972 Offz. f. op. Arb., 11. Mot.Schützen-Div.; 1972 bis 1976 Militärakad./UdSSR; 1976 bis 1977 Stv. Kdr. u. Stabschef Mot.Schützen-Rgt.-17; 1977 bis 1980 Kdr. Mot.Schützen-Rgt.-16; 1980 bis 1982 Stv. Kdr. f. Ausbild., 11. Mot.Schützen-Div.; 1982 bis 1984 Gen.stab-Akad. UdSSR; 1984 bis 1986 Stv. Kdr. u. Stabschef 11. Mot.Schützen-Div.; 1986 bis 1990 Kdr. 11. Mot.Schützen-Div.; **Gen.Maj.**: 07.10.1988; 1990 Chef Verw. Staatsbgl. Arb., MfNV/MfAV; 15.09.1990 bis 02.10.1990 Chef Sicherstellung NVA, MfAV; Auszeichn.: Kampforden Bronze; Entl.: 02.10.1990

Arnold, Hellmut; Dipl.-Mil.; Generalleutnant

Geb.: 26.09.1921, in: Oberlichtenau, Kr. Chemnitz; Vater: Einzelhändler; Schule: 8 Klassen; Beruf: Bäcker

1936 bis 1940 Lehre, Bäckergeselle; 1940 bis 1941 RAD; 1941 bis 1945 Wehrmacht, Obergefr. (Koch); 1945 engl. Internierung

1945 bis 1946 Bäcker; 1945 KPD; 1946 SED; **Eintritt Bew. Organe**: 01.05.1946; 1946 bis 1949 Schutzpolizei, VP-Kreisamt Rochlitz u. Großenhain; 1949 bis 1950 Sonderlehrg./UdSSR; 1950 bis 1952 Stabschef VP-Bereitschaft Leipzig I; 1952 bis 1953 Stabschef, Territor.Verw. Kochstedt, Schwerin; 1953 bis 1954 Stabschef, KVP-Bereitschaft Erfurt; 1954 bis 1956 Stabschef, Territor.Verw. Süd; 1956 bis 1961 Stv. Chef Mil.Bez. u Chef d. Stabes, Kdo. Mil.Bez. III; 1961 bis 1963 Gen.stab-Akad. UdSSR; 1963 bis 1982 Stv. Chef d. Hauptstabes f. Org., MfNV; **Gen.Maj.**: 04.10.1966; **Gen.Ltn.**: 01.03.1974; Auszeichn.: Vaterländ.Verd.Ord. Gold; Kampforden Silb.; Entl.: 31.01.1982

Baarß, Klaus-Jürgen; Dipl.-Mil.; Generalleutnant

Geb.: 18.08.1934, in: Schwerin; Vater: Mechanikermeister; Schule: 12 Klassen in Grundlagenfächern; Beruf: Stahlschiffsbauer

1949 bis 1952 Lehre, Schiffsbauer; 1952 FDJ-Schüler, Jugendhochschule »Wilhelm Pieck«; **Eintritt Bew. Organe**: 23.05.1952; 1952 Kursant, VP-Dienstst. Pirna; 1952 bis 1953 Sonderlehrg. Flugzeugführer/UdSSR; 1953 bis 1955 Staffelkdr., Aeroklub Cottbus; 1954 SED; 1955 bis 1956 Stv. Kdr. f. flieg. Ausbild., Fliegergeschwader-1; 1956 bis 1959 Kdr. Fliegergeschwader-1; 1959 bis 1960 Militärakad./UdSSR; 1960 bis 1965 Stv. Kdr. f. Jagdfliegerkräfte, 3. LVDiv.; 1965 bis 1968 Kdr. Jagdfliegergeschwader-9; 1968 bis 1971 Offz.hörer Militärakad. Dresden; 1971 bis 1973 Kdr. Jagdbombenfliegergeschwader-31; 1973 bis 1978 Stv./Ltr. Ausbild. Jagdfliegerkräfte d. LV, Kdo. LSK/LV; **Gen.Maj.**: 07.10.1978; 1978 bis 1981 Stv. Chef LSK/LV f. LSK, Kdo. LSK/LV; 1981 bis 1986 Stv. Chef LSK/LV f. Ausbild. d. Front-u. Armeefliegerkräfte, Kdo. LSK/LV; **Gen.Ltn.**: 01.03.1986; 1986 bis 1988 Stv. Chef LSK/LV f. Ausbild. d. LSK, Kdo. LSK/LV; 1988 bis 1990 Stv. Chef LSK/LV f. Ausbild. d. LV, Kdo. LSK/LV; 01.03.1990 bis 18.04.1990 Hpt.-Inspekt. NVA; 18.04.1990 bis 30.09.1990 Bevollm. f. d. Militärreform (kommandiert), MfAV; Auszeichn.: Vaterländ.Verd.Ord. Silb.; Kampforden Gold; Entl.: 30.09.1990

Bamler, Rudolf; Generalmajor

Geb.: 06.05.1896, in: Osterburg, Kr. Stendal; Vater: Pfarrer; Schule: Abitur; Beruf: Berufssoldat; gest.: 13.03.1972

1914 bis 1918 Fahnenjunker, zuletzt Oberltn. u. Rgt.-Adj., Bergisches Feldart.-Rgt. 59; 1919 bis 1921 Adj. im Mob. Freiw. Garde-Art.Rgt./1. Art.Rgt.; 1921 bis 1924 Rgt.-Adj., Art.Rgt 3 Frankfurt/O.; 1924 bis 1927 Ausb. zum Generalstabsoffz.; 1927 bis 1932 Hptm., Referent, Abt. Fremde Heere, Gen.stab Heer; 1932 bis 1934 Batt.-Chef, Pz.-Art.Rgt.-74; 1934 bis 1939 Gr.-Ltr./Abt.-Ltr., Abwehrabt. III, Reichswehrmin., OKW; 1939 bis 1940 Kdr. Pz.-Art.Rgt., Chef Gen.stab Wehrkreis VII, Chef Gen.stab d. Mil..bef.habers Danzig-Westpr./Gen.Kdo. XX. AK; 1940 bis 1942 Chef Gen.stab XXXXVII. Pz.-Korps, 1942 Gen.Maj.; 1942 bis 1944 Chef Gen.stab AOK Norwegen, 1943 Gen.Ltn.; 1944 Kdr. 12. Inf.Div.; 1944 bis 1950 sowjet. Gefangensch.; 1944 NKFD

Eintritt Bew. Organe: 01.05.1950; 1950 bis 1951 Ltr. Art.-Schule, Eggesin/Glöwen; Chefinspekt.: 01.01.1951; 1951 bis 1952 wiss. Arb.; Reaktivierung; 1952 bis 1953 Ltr. SFL-Schule Erfurt; **Gen.Maj.**: 01.01.1953; 1953 SED; Auszeichn.: Vaterländ.Verd.Ord. Silb.; Entl.: 31.10.1951/31.12.1953

Bär, Harald; Dipl.-Mil.; Ing.; Generalmajor

Geb.: 02.03.1927, in: Titschendorf, Saale-Orla-Kr.; Vater: Arbeiter; Schule: 10 Klassen in Grundlagenfächern; Beruf: ohne/Berufssoldat; gest.: 17.06.1999

1944 RAD; 1944 bis 1945 Wehrmacht, Soldat (Infanterie); 1945 amerik. Gefangensch.

1945 bis 1946 Waldarbeiter, Forstamt Wurzbach; 1946 SPD/SED; **Eintritt Bew. Organe**: 28.08.1946; 1946 bis 1948 Posten, Kdo. Ltr, Grenzpolizei Rudolstadt, Meiningen; 1948 bis 1949 Lehrer, Landespolizeischule Erfurt; 1949 bis 1950 Stabschef, Grenzbereitschaft Gefell, Lehrg. PK-Schule; 1950 bis 1951 Lehrer, Lehranstalt Sondershausen; 1951 bis 1952 Stabschef, Abt.stab Thüringen, Weimar; 1952 bis 1953 Stabschef, Grenzbereitschaft Dermbach; 1953 bis 1955 Kdr. Grenzbereitschaft Dermbach; 1956 bis 1957 Offz.hörer Hochschule f. Offz.; 1957 bis 1959 Kdr. Abschnittsstab Dittrichshütte; 1959 bis 1962 Kdr. 4. Grenzbrig.; 1962 bis 1965 Kdr. 13. Grenzbrig.; 1965 bis 1967 Offz.hörer Militärakad. Dresden; 1967 bis 1971 Kdr. 7. Grenzbrig.; 1971 bis 1981 Kdr. GrenzKdo. Nord; **Gen.Maj.**: 01.03.1971; 1982 bis 1987 Kdr. Offz.Hochschule GT, Suhl; Auszeichn.: Vaterländ.Verd.Ord. Gold; Kampforden Gold; Entl.: 31.08.1987

Barthel, Manfred; Dipl.-Mil.; Ing.; Generalleutnant

Geb.: 26.12.1928, in: Werdau, Kr. Zwickauer Land; Vater: Spinnmeister; Schule: Abitur; Beruf: Textilpraktikant; gest.: 27.12.1989

1944 bis 1945 RAD; 1945 Wehrmacht, Soldat; 1945 sowjet. Gefangensch. (ČSR)

1945 bis 1947 Textilpraktikant, Werdau; 1947 SED; 1947 bis 1949 Student, Arb.-u.-Bauern-Fak. Zwickau/Leipzig; **Eintritt Bew. Organe**: 28.11.1949; 1949 bis 1950 Offz.schüler/Lehrer, VP-Schule Zwickau; 1950 bis 1951 1. Gehilfe Stabschef, VP-Dienstst. Frankenberg; 1951 bis 1952 Abt.-Kdr. Flak, Frankenberg; 1952 bis 1953 Sonderlehrg./UdSSR; 1953 bis 1954 Stv. Kdr. Allg., Flak-Kdo, KVP-Dienstst. Potsdam II; 1954 bis 1956 Stabschef, Flak-Kdo, KVP-Dienstst. Potsdam II; 1956 bis 1958 Kdr. Flak.Rgt.-5; 1958 bis 1960 Ltr. Abt. Luftschutz, Kdo. LSK/LV; 1960 bis 1966 Stv. Chef LSK/LV f. Fla-Raketen-Truppen, Kdo. LSK/LV; 1966 bis 1968 Gen.stab-Akad. UdSSR; 1968 bis 1972 Stv. Chef LSK/LV f. Fla-Raketen-Truppen, Kdo. LSK/LV; 1972 bis 1986 Stv. Chef LSK/LV u. Chef d. Stabes, Kdo. LSK/LV; **Gen.Maj.**: 01.03.1973; **Gen.Ltn.**: 07.10.1979; 1986 bis 1987 Stv. Chef d. Stabes Vereinte Streitkräfte Warschauer Vertrag; 1988 bis 1989 Dienstausübung b. Stv. Min.fNV u. Chef d. Hauptstabes; Auszeichn.: Vaterländ.Verd.Ord. Gold; Scharnhorstorden

Bartsch, Karl-Heinz; Dipl.-Mil.; Generalmajor

Geb.: 15.06.1932, in: Triptis, Saale-Orla-Kreis; Vater: Schlosser; Schule: 12 Klassen in Grundlagenfächern; Beruf: Verwaltungsangestellter

1946 bis 1949 Lehre; 1949 Angest., Rat d. Stadt Triptis; **Eintritt Bew. Organe**: 14.10.1949; 1949 bis 1950 Anwärter, Kursant, Gruppenführer, VP-Schule Torgau; 1950 bis 1951 Polit-Kultur-Offz., Gehilfe f. Jugendarb., VP-Bereitschaft Gera, Hohenstücken; 1951 SED; 1951 bis 1957 Gehilfe Jugendarb., OInstrukteur Parteiarb., Politabt. f. Sonderobjekte; 1957 bis 1959 Offz.hörer Politschule Treptow; 1959 bis 1962 Stv. Kdr. f. Politarb., Parteisekr., Pio.Rgt.-2; 1962 bis 1964 OInstrukteur, Ltr. Unterabt. Instr./Org., Politabt. f. Sonderobjekte;

1965 Ltr. Politorgan Waffengattungen u. Dienste, MfNV; 1965 bis 1969 Offz.hörer Militärakad. Dresden; 1969 bis 1973 Abt.-Ltr. Territor. Arb., Polit.Verw. Mil.Bez. V; 1973 bis 1978 Abt.-Ltr. Perspektivaufg., Polit. HV, MfNV; 1978 bis 1989 Stv. Chef Spez.bauwesen u. Ltr. Politabt., MfNV; **Gen.Maj.**: 01.03.1989; 1989 bis 1990 Stv. Min. f. Bauwesen u. Chef Spez.bauwesen, Mf Bauwesen u. Wohnungswirtsch.; Auszeichn.: Vaterländ.Verd.Ord. Bronze; Kampforden Gold; Entl.: 30.06.1990

Baumgarten, Klaus-Dieter; Dipl.-Mil.; Generaloberst

Geb.: 01.03.1931, in: Werna, Kr. Nordhausen; Vater: Gärtner; Schule: 12 Klassen in Grundlagenfächern ; Beruf: Zimmerer

1945 bis 1949 Lehre, Zimmerer; 1948 SED; **Eintritt Bew. Organe**: 07.02.1949; 1949 Wachtmeister, VP-Kreisamt Nordhausen; 1949 bis 1953 Posten, Gruppenführer, Zugfhr., Sachbearb. Ausbild., Wachbat. Berlin; 1953 bis 1954 Offz.hörer Hochschule f. Offz.; 1954 bis 1955 Abt.-Ltr. Gefechtsausb., Innere Truppen, MdI; 1955 bis 1956 OOffz. beim Stv. Min.dI f. Ausb., MdI; 1957 bis 1958 Stv. Abt.-Ltr. f. Ausbild./Schulung, HV Innere Sicherheit, MdI; 1958 bis 1959 Stv. Abt.-Ltr. Gefechtsausb., Kdo. DGP; 1959 bis 1960 Sonderlehrg./UdSSR; 1960 bis 1963 Militärakad./UdSSR; 1963 bis 1964 1. Stv. Kdr., 5. Grenzbrig.; 1964 bis 1965 Ltr. Fachrichtung/Ltr. Lehrstuhl Allg. Kdr. d.GT, Militärakad. Dresden; 1965 bis 1970 1. Stv. Chef GT; 1970 bis 1972 Gen.stab-Akad. UdSSR; 1972 bis 1973 1. Stv. Chef GT; 1973 bis 1978 Kdr. GrenzKdo. Süd; **Gen.Maj.**: 07.10.1974; 1978 bis 1979 Stv. Chef GT u. Chef d. Stabes; **Gen.Ltn.**: 07.10.1979; 1979 bis 1989 Stv. Min.fNV u. Chef GT; **Gen.Oberst**: 07.10.1988; Auszeichn.: Vaterländ.Verd.Ord. Gold, Scharnhorstorden; Entl.: 28.02.1990

Baustian, Gerhard; Dipl.-Mil.; Ing.; Generalmajor

Geb.: 17.01.1927, in: Lübz, Kr. Parchim; Vater: Schuhmacher; Schule: 12 Klassen; Beruf: Metallflugzeugbauer; gest.: 09.12.1988

1941 bis 1944 Lehre; 1944 RAD; 1944 bis 1945 Wehrmacht, Gefr. (Luftwaffe)

1946 bis 1947 Mechaniker, Parchim; 1947 bis 1948 Berufsschullehrerlehrg.; 1948 bis 1949 kaufm. Angest.; 1949 bis 1952 Erfassungsstellenltr., Volkseigener Erfassungs- und Aufkaufbetrieb Parchim; **Eintritt Bew. Organe**: 21.02.1952; 1952 Kursant, VP-Dienstst. Pirna; 1952 bis 1954 Hpt.fachlehrer, Fliegertechnische Schule Kamenz; 1953 SED; 1954 bis 1956 OIng., 3. Kdo., 2. Aeroklub; 1956 bis 1957 Kettenkdr., 3. Fliegerdiv.; 1957 bis 1959 Staffelkdr., Fliegerausb.geschwader-2; 1959 bis 1960 Kdr. Fliegerausb.geschwader-2, 3. Fliegerschule; 1961 Stv. f. flieg. Ausb., Fliegerausb.geschwader-3; 1961 bis 1962 Stv. f. flieg. Ausb., Jagdfliegerschule; 1962 Kdr. Jagdfliegerschule (m.d.F.b.); 1962 bis 1963 Stv. f. flieg. Ausb., Fliegertechnische Schule; 1963 bis 1965 Ltr. Abt. Gefechtsausbildung beim Stellvertreter Chef LSK; 1965 bis

1967 Stv. Chef LSK/LV f. LSK, Kdo. LSK/LV; 1967 bis 1968 Offz.Stellenplan R; 1968 bis 1970 Gen.stab-Akad. UdSSR; 1970 bis 1978 Stv. Chef LSK/LV f. LSK, Kdo. LSK/LV; **Gen.Maj.**: 01.03.1973; 1978 bis 1984 Stv. Vors. Zentralvorst. GST f. Flug- u. Fallschirmsprungausb.; Auszeichn.: Vaterländ.Verd.Ord. Bronze; Kampforden Gold; Entl.: 30.11.1984

Beaujean, Kurt; Dr. Ing., Dipl.-Ing.; Generalmajor

Geb.: 13.05.1928, in: Stutzhaus, Kr. Gotha; Vater: Ingenieur; Schule: Abitur; Beruf: Dipl.-Ing. f. Vermessungswesen/Berufssoldat; gest.: 08.12.1999

1945 RAD, Wehrmacht, Soldat (Infanterie); 1945 amerik. Gefangensch.

1945 bis 1948 Oberschüler; 1948 bis 1949 Waldarbeiter, Forstamt Oberhof; **Eintritt Bew. Organe**: 06.09.1949; 1949 bis 1950 Anwärter, Gruppenführer, Abt.-Ltr., VP-Bereitschaft Langensalza; 1950 bis 1952 Ltr. Ausbild., Kdo., VP-Bereitschaft Halle; 1951 SED; 1952 bis 1953 Offz.hörer Hochschule f. Offz.; 1953 bis 1958 Lehrer/Hpt.fachlehrer f. Militärtopogr., Hochschule f. Offz.; 1958 bis 1964 Militärakad./UdSSR; 1964 bis 1965 OOffz., Militärtopogr. Dienst, MfNV; 1965 bis 1966 Stv. Ltr. Militärtopogr. Dienst, MfNV; 1966 bis 1988 Ltr. Militärtopogr. Dienst, MfNV; **Gen.Maj.**: 07.10.1974; Auszeichn.: Vaterländ.Verd.Ord. Silb.; Kampforden Silb.; Entl.: 31.12.1988

Bechler, Bernhard; Generalmajor

Geb.: 09.02.1911, in: Lengenfeld, Kr. Auerbach; Vater: Betriebsleiter; Schule: Abitur; Beruf: Berufssoldat; gest.: 30.11.2002

1931 bis 1932 Soldat, Offz.anwärter, Inf.-Rgt.-10 Löbau/Dresden; 1932 bis 1933 Schüler, Fähnrich, Inf.schule Dresden; 1933 bis 1935 Zugfhr., Inf.-Rgt.-10 u. 31, Bautzen, Plauen; 1935 bis 1939 Adj., Inf.-Rgt.-102 Chemnitz, Inf.-Kdo.-24 Altenburg; 1939 bis 1940 Ordonanzoffz., Kp.-Fhr., 87. u. 294. Inf.-Div.; 1940 bis 1942 Adj. General z.b.V., Oberkdo. Heer, Zossen u. Ostpr.; 1942 bis 1943 Major u. Bat.-Kdr., Grenadierrgt.-29; 1943 NKFD (Fronteinsatz); 1943 bis 1945 sowjet. Gefangensch.

1945 KPD; 1946 SED; 1945 bis 1946 1. Vizepräs., Landesverw. Brandenburg; 1946 bis 1949 Innenmin. Landesreg. Brandenburg; 1949 bis 1950 Sonderlehrg./UdSSR; **Eintritt Bew. Organe**: 01.11.1949; Chefinspekt. 01.11.1950; 1950 bis 1952 Chef d. Stabes HVA; **Gen.Maj.**: 01.10.1952; 1952 bis 1954 Stv. Chef d. Stabes, MdI/KVP; 1955 bis 1956 Stv. Chef d. Stabes f. org. Fragen, Stab KVP; 1956 1. Stv. Chef d. Hauptstabes, MfNV; 1957 Stv. Chef d. Hauptstabes f. op. Arb. u. Chef Verw. Op., MfNV; 1957 bis 1959 Gen.stab-Akad. UdSSR; 1959 bis 1965 Stv. Kdr. Militärakad. Dresden u. Ltr. Fakultät f. Kdr. d. LaSK; 1965 bis 1969 Ltr. Forschungsstelle f. Truppenführung, MfNV; 1969 bis 1971 kommandiert z. Stellenplan f. Offz., Direktor d. Instituts für Mechan. u. Automat. d. Truppenführung; Auszeichn.: Ehrenspange Vaterländ.Verd.Ord. Gold; Kampforden Gold; Entl.: 28.02.1971

Berger, Rolf; Dipl.-Mil.; Generalleutnant

Geb.: 29.12.1936, in: Leipzig; Vater: Elektriker; Schule: Abitur; Beruf: Berufssoldat

1955 SED; **Eintritt Bew. Organe**: 12.08.1955; 1955 bis 1958 Offz.schüler, Fliegerschule Bautzen; 1958 bis 1959 Flugz.führer, Fliegergeschwader-7; 1960 bis 1961 Stv. Kdr. Fliegerstaffel f. Politarb., Fliegergeschwader-7; 1961 bis 1964 Offz.hörer Militärakad. Dresden; 1964 bis 1965 Ltr. Lufttaktik/Luftschießen, Jagdfliegergeschwader-9; 1965 bis 1968 Stv. Kdr. f. flieg. Ausbild., Jagdfliegergeschwader-9; 1968 bis 1973 Kdr. Jagdfliegergeschwader-9; 1973 bis 1977 Abt. Ltr. Ausbild. Jagdfliegerkräfte/Jagdbombenfliegerkräfte, Kdo. LSK/LV; 1977 bis 1980 Stv. Kdr. f. Jagdflieger, 1. LVDiv.; 1980 bis 1982 Gen.stab-Akad. UdSSR; 1982 bis 1985 Kdr. 3. LVDiv.; **Gen.Maj.**: 01.03.1984; 1986 bis 1989 Stv. Chef LSK/LV u. Chef d. Stabes, Kdo. LSK/LV; **Gen.Ltn.**: 07.10.1988; 1989 bis 1990 Chef LSK/LV; Auszeichn.: Vaterländ.Verd.Ord. Bronze; Kampforden Silb.; Entl.: 02.10.1990

Bernhagen, Kurt; Dipl.-Mil.; Generalmajor

Geb.: 06.03.1932, in: Roidin, Kr. Demmin; Vater: Melker; Schule: 10 Klassen in Grundlagenfächern; Beruf: Bäcker u. Konditor

1946 bis 1949 Lehre, Geselle; **Eintritt Bew. Organe**: 27.12.1949; 1949 bis 1950 Anwärter, Wachtmeister, VP-Bereitschaft Rostock; 1950 bis 1951 Offz.schüler, VP-Schule Naumburg; 1952 bis 1957 Zugfhr., Stv. Kp.Chef, Kp.Chef, Offz.hörer KVP-Dienstst. Eggesin, Spechtberg, Großenhain; 1956 SED; 1957 bis 1959 Stabschef Bat., Pz.Rgt.-22; 1959 bis 1960 Kdr. Bat., Pz.Rgt.-22; 1961 bis 1965 1. Stv. Kdr. Pz.Rgt.-21; 1965 bis 1967 Kdr. Pz.Rgt.-21; 1967 bis 1969 Offz.hörer Militärakad. Dresden; 1969 bis 1973 Kdr. Pz.Rgt.-21; 1973 bis 1975 Stv. Kdr. f. Ausbild., Uffz.Schule III, Mil.Bez. V; 1975 bis 1977 Stv. Kdr. u. Stabschef Uffz.Schule III, Mil.Bez. V; 1977 bis 1983 Stv. Chef u. Stabschef Wehrbez.kdo. Potsdam; 1983 bis 1990 Chef Wehrbez.kdo. Frankfurt/O; **Gen.Maj.**: 01.03.1988; Auszeichn.: Kampforden Gold; Entl.: 30.09.1990

Bernig, Herbert; Dipl.-Mil.; Konteradmiral

Geb.: 06.10.1931, in: Reichenau (Polen); Vater: Färbereiarbeiter; Schule: 8 Klassen; Beruf: Maschinenschlosser

1945 bis 1947 Landarbeiter, Hilfsschlosser; 1947 bis 1950 Lehre; 1950 Sekr. FDJ-Kr.Ltg. Zittau; **Eintritt Bew. Organe**: 04.08.1950; 1950 bis 1951 Kursant, Seepolizeischule Parow; 1951 SED; 1952 bis 1954 Sonderlehrg./UdSSR; 1954 bis 1956 OOffz./Ltr. Abt. Aufkl., VP-See/Verw. Seestreitkr.; 1956 bis 1960 Seekriegsakad./UdSSR; 1960 bis 1964 Stv. Chef u. Stabschef 4. Flottille; 1964 bis 1971 Chef 4. Flottille; 1971 bis 1975 Stv. Chef d. Stabes f. op. Arb., Kdo. VM; 1975 bis 1990 Chef Seehydrographischer Dienst; **K.Adm.**: 07.10.1988; Auszeichn.: Vaterländ.Verd.Ord. Gold; Kampforden Bronze; Entl.: 30.09.1990

Bethmann, Ulrich; Dipl.-Mil.; Generalleutnant

Geb.: 05.12.1934, in: Hübitz, Mansfelder Land; Vater: Korbmacher; Schule: Abitur; Beruf: ohne/Berufssoldat

Eintritt Bew. Organe: 14.08.1954; 1954 bis 1957 Offz.schüler, KVP/NVA-Schulen Naumburg, Plauen, Großenhain; 1957 SED; 1957 bis 1961 Zugfhr./Kp.Chef, Pz.Rgt.-1; 1961 bis 1962 Kp.Chef, Stv. Stabschef, Bat., Pz.Rgt.-1; 1963 bis 1967 Offz./OOffz. f. op. Arb., 1. Mot.Schützen-Div.; 1967 bis 1970 Offz.hörer Militärakad. Dresden; 1970 bis 1971 1. Stv. Kdr. Pz.Rgt.-1; 1971 bis 1973 Stv. Kdr. f. Ausbild., Mot.Schützen-Rgt.-1; 1973 bis 1975 Kdr. Mot.Schützen-Rgt.-1; 1975 bis 1977 Gen.stab-Akad. UdSSR; 1977 bis 1978 Stv. Kdr. f. Ausbild., 8. Mot.Schützen-Div.; 1978 bis 1982 Kdr. 8. Mot.Schützen-Div.; 1982 bis 1985 Stv. Chef Mil.Bez. u. Chef d. Stabes, Kdo. Mil.Bez. V; **Gen.Maj.**: 07.10.1982; 1985 bis 1990 Kdr. Offz.Hochschule LaSK Löbau; **Gen.Ltn.**: 07.10.1988; Auszeichn.: Vaterländ.Verd.Ord. Bronze; Kampforden Silb.; Entl.: 30.09.1990

Beyer, Bernhard; Dipl.-Ing., Dipl.-Mil.; Generalmajor

Geb.: 03.11.1940, in: Weckersdorf, Kr. Greiz; Vater: Forstarbeiter; Schule: 12 Klassen in Grundlagenfächern; Beruf: Fleischer

1955 bis 1959 Lehre, Geselle; **Eintritt Bew. Organe**: 15.10.1959; 1959 bis 1960 Kanonier, Flak.Rgt.-3; 1960 bis 1962 Offz.schüler, Offz.Schule Erfurt; 1961 SED; 1962 bis 1967 Offz. f. Verpflegung, Kdo. Mil.Bez. III; 1967 bis 1971 Militärakad./UdSSR; 1971 bis 1974 Ltr. Verpflegungsdienst, 4. Mot.Schützen-Div.; 1974 bis 1978 OOffz. f. op. Arb., Stab Rückw.Dienste, Kdo. Mil.Bez. III; 1978 bis 1980 Stv. Kdr. f. Rückw.Dienste, Uffz.Schule-I, Mil.Bez. III; 1980 bis 1982 Gen.stab-Akad. UdSSR; 1982 bis 1984 Stv. Kdr. f. Rückw.Dienste, 1. Mot.Schützen-Div.; 1984 bis 1986 Stv. Chef Rückw.Dienste u. Stabschef, Kdo. Mil.Bez. III; 1986 bis 1990 Stv. Chef Mil.Bez. u. Chef Rückw.Dienste, Kdo. Mil.Bez. III; **Gen.Maj.**: 07.10.1988; Auszeichn.: Kampforden Bronze; Entl.: 02.10.1990

Beyer, Eberhard; Dr. sc. med., OMed.Rat, Dipl.-Med.; Generalmajor

Geb.: 23.02.1944, in: Reußen, Saalkreis; Vater: Schmied; Schule: Abitur; Beruf: Arzt/Berufssoldat

Eintritt Bew. Organe: 12.11.1962; 1962 bis 1963 Soldat, Mot.Schützen-Rgt.-17; 1963 bis 1969 Offz.schüler Militärmed.Sektion Greifswald; 1964 SED; 1969 bis 1972 Rgt.arzt, Pz.Rgt.-22; 1972 bis 1974 Facharztausb., Kdo. Mil.Bez. V; 1974 bis 1975 Offz.hörer Militärmed. Akad. UdSSR; 1975 bis 1981 Chefarzt, Kdo. Mil.Bez. V; 1981 bis 1986 Chef Med. Dienst, Kdo. Mil.Bez. III; 1986 bis 1987 kommand. z. Chef Med. Dienst, MfNV; 1987 bis 1990 Chef Med. Dienst, MfNV; **Gen.Maj.**: 07.10.1988; Auszeichn.: Verdienstmedaille NVA Gold; Entl.: Übernahme in die Bundeswehr (Oberstarzt) nach dem 02.10.1990

Bilan, Heinz; Dipl.-Ges.-Wiss., Dipl.-Mil.; Generalmajor

Geb.: 01.01.1931, in: Dolina/Ostpr.; Vater: Angestellter; Schule: Mittlere Reife; Beruf: Maschinenschlosser

1945 Landarbeiter; 1945 bis 1947 Mittelschule; 1947 bis 1949 Lehre, Schlosser; 1948 SED; **Eintritt Bew. Organe**: 23.11.1949; 1949 bis 1950 Offz.schüler, VP-Schule Torgau; 1950 bis 1954 Klubltr., Stv. Kdr. f. Politarb. Abt./Kdo., VP-Dienststt./KVP-Dienststt. Leipzig, Zeithain, Potsdam; 1954 bis 1959 Militärpol.Akad./UdSSR; 1959 Stv. Kdr. f. Politarb., Pz.Rgt.-22; 1960 bis 1967 Stv. Kdr. u. Ltr. Politabt. 9. Pz.Div.; 1967 bis 1969 Gen.stab-Akad. UdSSR; 1969 bis 1972 Stv. Chef Polit.Verw. f. Instr./Org., Kdo. Mil.Bez. V; 1972 bis 1981 Stv. Chef Mil.Bez. u. Chef Polit.Verw., Kdo. Mil.Bez. III; **Gen.Maj.**: 01.03.1973; 1981 bis 1990 Stv. Chef Militärakad. Dresden u. Ltr. Politabt., Militärakad. Dresden; 1990 kommand. z. Chef Info.-Zentrum, MfNV; Auszeichn.: Vaterländ.Verd.Ord. Silb.; Kampforden Gold; Entl.: 30.04.1990

Blechschmidt, Paul; Generalmajor

Geb.: 20.12.1907, in: Bermsgrün, Kr. Greiz; Vater: Schlosser; Schule: Realschule; Lehrerseminar; Beruf: Volksschullehrer; gest.: 23.12.1961

1926 KJVD; 1928 bis 1933 Volksschullehrer; 1933 Entlassung als Lehrer; 1933 bis 1934 illegale kommun. Tätigkeit; 1934 bis 1936 Zuchthaus wegen Vorb. z. Hochverrat; 1936 bis 1942 erwerbslos, Bauarbeiter, Buchhalter; 1942 bis 1943 Wehrmacht, Soldat (Infanterie); 1943 bis 1945 sowjet. Gefangensch. (Überläufer); 1943 bis 1945 NKFD, Propagandist in der Roten Armee

1945 KPD; 1945 bis 1948 Stv. Landrat, Kr. Aue; 1946 SED; 1948 bis 1950 Landrat, Kr. Freiberg; **Eintritt Bew. Organe**: 01.08.1950; Chefinspekt. 01.10.1950; 1950 bis 1952 Ltr. HAbt. Versorgung Seepolizei/Chef Rückw. Dienste VP-See; **Gen.Maj.**: 01.10.1952; 1952 bis 1955 Stv. Chef VP-See f. Versorgung u. Chef Rückw.Dienste; 1956 Chef Rückw.Dienste, Verw. Seestreitkr.; 1956 bis 1960 Ltr./Kdr. Kadettenschule NVA, Naumburg; 1960 bis 1961 Stv. Kdr. f. Politarb., Militärakad. Dresden; Auszeichn.: Vaterländ.Verd.Ord. Silb.

Bleck, Martin; Dipl.-Mil.; Generalleutnant

Geb.: 12.06.1919, in: Altdamm, Kr. Randow (Polen); Vater: Eisenbahnarbeiter; Schule: 8 Klassen; Beruf: Kaufm. Angestellter; gest.: 15.04.1996

1933 bis 1939 Lehre, Angest., Stettin; 1939 RAD, 1939 bis 1945 Wehrmacht, Oberfeldw. (Infanterie)

1945 Landarbeiter; 1945 KPD; **Eintritt Bew. Organe**: 01.12.1945; 1945 bis 1948 Posten- u. Revierltr., VP-Kreisamt Wismar; 1946 SED; 1948 bis 1949 Stabschef 1. VP-Bereitschaft Mecklenburg/Vorpommern, Schwerin, Rostock, Priemerwald; 1949 bis 1950 Sonderlehrg./UdSSR; 1950 bis 1952 Ltr. VP-Bereitschaft Torgau; 1952 bis 1953 Chef Territor.Verw. Dessau; 1953 bis 1955 Kdr. KVP-Bereitschaft Schwerin; 1955 bis 1957 Gen.stab-Akad. UdSSR; 1957 bis 1964 Chef Mil.Bez. V; **Gen.Maj.**: 07.10.1959; 1964 bis 1980 Chef Verw.

Inspektion, MfNV; **Gen.Ltn.**: 01.03.1971; Auszeichn.: Vaterländ.Verd.Ord. Gold; Scharnhorstorden; Entl.: 30.11.1980

Böhme, Heinz; Prof. Dr. rer. mil., Dipl.-Mil.; Generalmajor

Geb.: 28.01.1929, in: Dresden; Vater: Tischler; Schule: 12 Klassen in Grundlagenfächern; Beruf: Tischler

1943 bis 1948 Lehre, Geselle

1948 SED; **Eintritt Bew. Organe**: 15.09.1948; 1948 bis 1950 Schutzmann, Wachschichtführer, Gruppenführer, VP-Dienstst. Dresden, Berlin, Brandenburg, Frankenberg, Dessau; 1950 bis 1951 Abt.-Ltr. Op., VP-Dienstst. Apolda; 1951 bis 1952 Stabschef Kdo., VP-Dienstst. Zeithain; 1952 bis 1953 Ltr. Mechanikerschule, Kamenz; 1953 Offz.hörer Pirna; 1953 bis 1956 Ltr. op. Abt., Aeroklub Bautzen; 1956 bis 1957 Ltr. Abt. Op., Verw. LSK; 1957 bis 1959 Stv. Ltr. Zentr. Gefechtsstand, Kdo. LSK/LV; 1959 bis 1963 Stv. Kdr. u. Stabschef 1. LVDiv.; 1963 bis 1966 Gen.stab-Akad. UdSSR; 1966 bis 1970 Kdr. 3. LVDiv.; **Gen.Maj.**: 07.10.1969; 1970 bis 1990 Kdr. Sekt. LSK/LV, Militärakad. Dresden; Auszeichn.: Vaterländ.Verd.Ord. Silb.; Kampforden Silb.; Entl.: 31.07.1990

Bohne, Herbert; Dipl.-Mil.; Generalmajor

Geb.: 22.09.1932, in: Wallwitz, Saalkreis; Vater: Elektriker; Schule: Mittlere Reife; Beruf: ohne/Berufssoldat; verst.

Eintritt Bew. Organe: 28.12.1950; 1950 bis 1952 Kursant, VP-Schule Naumburg; 1952 bis 1953 Sonderlehrg./UdSSR; 1953 bis 1956 Flugz.führer/Stv. Kdr. f. Politarb. Staffel, Aeroklub Bautzen; 1956 SED; 1956 bis 1962 Militärakad./UdSSR; 1962 bis 1964 Staffelkdr., Jagdfliegergeschwader-7; 1964 bis 1965 Staffelkdr., Jagdfliegergeschwader-1; 1965 bis 1968 Stv. Kdr. f. flieg. Ausbild., Jagdfliegergeschwader-8; 1968 bis 1973 Kdr. Jagdfliegergeschwader-8; 1973 bis 1975 Gen.stab-Akad. UdSSR; 1975 bis 1976 Stv. Kdr. u. Stabschef 1. LVDiv.; 1976 bis 1982 Kdr. 1. LVDiv.; **Gen.Maj.**: 07.10.1978; Auszeichn.: Vaterländ.Verd.Ord. Bronze; Kampforden Silb.; Entl.: 31.12.1982

Bormann, Günther; Dipl.-Mil.; Generalleutnant

Geb.: 07.12.1927, in: Berthelsdorf/Hainichen, Kr. Leipziger Land; Vater: Filmvorführer; Schule: 8 Klassen; Beruf: Konditor; gest.: 10.05.1997

1942 bis 1944 Lehre; 1944 bis 1945 RAD; 1945 Wehrmacht, Obergefr. (Flak); 1945 amerik. Gefangensch.

1945 bis 1949 Landarbeiter; 1947 SED; **Eintritt Bew. Organe**: 15.06.1949; 1949 Anwärter, Grenzpolizei; 1949 bis 1950 Gruppenführer, Zugfhr., Offz.hörer VP-Bereitschaft Frankenberg, VP-Schule Kochstedt; 1950 bis 1951 Ltr. Aufkl., VP-Bereitschaft Hohenstücken; 1951 Stv. Ausb., Kfz-Bat. Adlershof; 1951 bis 1952 Sonderlehrg./ UdSSR; 1952 bis 1953 Stabschef b. Stv. Art., KVP-Dienstst. Großenhain, Oranienburg; 1953 bis 1957 OOffz. Op., Verw. Bewaffn., Stab KVP/MfNV; 1957 bis 1959 Ltr. Abt. Op. b. Chef Art., MfNV; 1959 bis 1961 Gen.stab-Akad.

UdSSR; 1961 bis 1965 Chef Art., Kdo. Mil.Bez. III; 1965 bis 1971 Chef Rak.Truppen/Art., Kdo. Mil.Bez. V; **Gen.Maj.**: 01.03.1970; 1971 bis 1972 Chef Rak.Truppen/Art., MfNV; 1972 bis 1987 Chef Rak.Truppen/Art., Kdo. LaSK; **Gen.Ltn.**: 07.10.1977; Auszeichn.: Vaterländ.Verd.Ord. Gold; Scharnhorstorden; Entl.: 31.12.1987

Born, Hendrik; Dipl.-Mil.; Vizeadmiral

Geb.: 05.07.1944, in: Loitz, Kr. Demmin; Vater: Betriebs- u. Verkehrseisenbahner; Schule: Abitur; Beruf: ohne/Berufssoldat

Eintritt Bew. Organe: 29.08.1963; 1963 bis 1967 Offz.schüler, Offz.Schule VM; 1964 SED; 1967 bis 1970 Feuerleitoffz., Küstenschutzschiff 124 u. 122, 4. Flottille; 1970 bis 1972 Kdt. Hochsee-Minensuch- und Räumschiff 345, 4. Sich.Brig.; 1972 bis 1976 Seekriegsakad./UdSSR; 1976 bis 1978 Kdt. Küstenschutzschiff 142, 4. Flottille; 1978 bis 1981 Ltr. Arbeitsgr. op. Arb., Unterabt. Op., 4. Flottille; 1981 bis 1983 Stv. Chef u. Stabschef 4. Sich.Brig.; 1983 bis 1984 Stv. Chef u. Stabschef 1. Flottille; 1984 bis 1989 Chef 1. Flottille; **K.Adm.**: 07.10.1988; 1989 bis 1990 Chef VM; **VizeAdm.**: 22.11.1989; Auszeichn.: Kampforden Bronze; Entl.: 02.10.1990

Borning, Walter; Generalleutnant

Geb.: 13.04.1920, in: Neubrandenburg; Vater: Elektromonteur; Schule: Mittlere Reife; Beruf: Kaufm. Angestellter; gest.: 25.08.1983

1936 bis 1939 Lehre; 1939 RAD; 1940-1945 Wehrmacht, Uffz. (Luftwaffe/Flakart.); März 1945 Degradierung z. Soldaten u. Verurt. wegen Landesverrat zu zwei Jahren Zuchthaus, Strafe wurde nicht mehr wirksam; 1945 amerik. Gefangensch.

1945 bis 1946 Bauhilfsarbeiter; 1946 SED; 1946 bis 1949 Buchhalter, Abt.-Ltr., Kreisrat, Rat d. Kr. Neubrandenburg; 1950 Org. Instrukteur, MdI; 1950 bis 1951 Student, Parteihochschule SED; 1951 bis 1952 Abt.-Ltr., MdFinan.; **Eintritt Bew. Organe**: 01.06.1952 (zivile Offz.dienststellung); 1952 bis 1956 Instrukteur, Sektorenltr, Stv. Abt.-Ltr., Abt. Sicherheit d. ZK; 1956 bis 1959 amt. Ltr. Abt. Sicherheit d. ZK; 1959 bis 1960 Offz.hörer Militärakad. Dresden; 1960 Ernennung z. Oberst; 1960 bis 1972 Ltr. Abt. Sicherheit d. ZK; **Gen.Maj.**: 01.03.1963; **Gen.Ltn.**: 01.03.1970; Auszeichn.: Vaterländ.Verd.Ord. Silb.; Kampforden Silb.; Entl.: 31.03.1972

Borufka, Helmut; Dipl.-Mil.; Generalleutnant

Geb.: 26.10.1918, in: Tannwald, Kr. Gablonz (ČSR); Vater: Kaufm. Angestellter; Schule: Abitur; Beruf: Exportkaufmann

1937 Volontär, erwerbslos; 1937 bis 1938 Dienst in d. tschechoslow. Armee; 1938 bis 1939 erwerbslos, Volontär; 1939 bis 1943 Wehrmacht, Ltn. (Panzergrenadier); 1943 bis 1949 sowjet. Gefangensch.; 1943 NKFD

1949 SED; **Eintritt Bew. Organe**: 10.07.1949; 1949 bis 1951 Ltr. Abt. Ausbild. u. Schulung/Ltr. 1. Abt. Stab, HVA; Chefinspekt. 01.01.1950; 1951 bis 1952 Sonderlehrg./UdSSR; **Gen.Maj.**: 01.10.1952; 1952 bis 1955 Chef Verw. Ausbild. u. Inspektion, KVP; 1955 bis 1956 Stv. Chef KVP f. Ausbild. u. Lehranstalten; 1956 bis 1957 Chef Ausbild., MfNV; 1957 bis 1962 Stv. Chef DGP/GT u. Chef d. Stabes, Kdo. DGP/GT; 1962 bis 1964 Gen.stab-Akad. UdSSR; 1964 bis 1965 Stv. Chef GT u. Chef d. Stabes; 1965 bis 1974 Chef Verw. Schulen u. Weiterbild., MfNV; **Gen.Ltn.**: 01.03.1971; 1974 bis 1982 Hptinspekt. NVA; Auszeichn.: Vaterländ.Verd.Ord. Gold; Scharnhorstorden; Entl.: 31.12.1982

Bousseljot, Werner, Prof. Dr. sc. med.; OMed.Rat; Generalmajor

Geb.: 01.11.1934, in: Schwerin/Warthe (Polen); Vater: Vermessungsangestellter; Schule: Abitur; Beruf: Arzt/Berufssoldat

Eintritt Bew. Organe: 15.08.1953; 1953 bis 1955 Student, Uni Leipzig/VP-Krankenh. Leipzig; 1955 bis 1958 Offz.hörer Militärmed.Sektion Greifswald; 1956 SED; 1958 bis 1959 Pflichtass., Militärmed.Sektion Greifswald; 1959 bis 1961 Ltr. Sanitätsstelle, Art.-techn.-Schule/Inf.-Schule II; 1962 bis 1964 Offz.-hörer/Facharztaspirantur, Militärmed.Sektion Greifswald; 1965 bis 1968 Oberarzt, Neurol.-Psych. Klinik, Zentr. Lazarett NVA; 1968 bis 1975 Stv. f. Klinische Arb., Neurol.-Psych. Klinik, Zentr. Lazarett NVA; 1976 bis 1981 Stv. Chef f. Med. Fragen, Zentr. Lazarett NVA; 1981 bis 1990 Stv. Chef f. Med. Fragen, Militärmed.Akad. Bad Saarow; **Gen.Maj.**: 07.10.1984; Auszeichn.: Kampforden Silb.; Entl.: 30.09.1990

Breitfeld, Walter; Generalmajor

Geb.: 05.12.1903, in: Meinersdorf, Kr. Stollberg; Vater: Arbeiter; Schule: 8 Klassen; Beruf: Strumpfwirker/Textilarbeiter; gest.: 21.06.1981

1918 bis 1931 Strumpfwirker; 1923 KPD; 1931 bis 1933 erwerbslos; 1934 bis 1937 Emigr. ČSR; 1934 Verurteilung in Abwesenheit zu 10 Jahren Zuchthaus; 1937 bis 1939 Interbrig. Spanien; 1937 bis 1939 KP Spaniens; 1939 bis 1941 Internierung Frankreich; 1941 bis 1945 Bew. »Freies Deutschland« in Frankreich

1945 Arb.gebietsltr. KPD Chemnitz; 1946 SED; 1946 bis 1949 Org. Sekr./Vors., Kr.vorstand SED Zwickau; **Eintritt Bew. Organe**: 15.03.1949; 1949 Stv. Ltr. Abt. Polit-Kultur, Landesbehörde d. VP Sachsen; 1949 bis 1953 Mitarb. Polit.Verw., HVDVP; 1953 bis 1957 Stv. Polizeipräsident u. Ltr. Polit.Verw., Präsidium d. VP Berlin(Ost); 1957 bis 1962 Stv. Chef u. Ltr. Polit.Verw. Kdo.DGP/GT; **Gen.Maj.**: 07.10.1959; Auszeichn.: Vaterländ.Verd.Ord. Bronze; Entl.: 28.02.1962

Bretschneider, Günther; Dipl.-Ges.-Wiss.; Generalmajor

Geb.: 15.07.1930, in: Bärenstein, Weißeritzkreis; Vater: Waldarbeiter; Schule: Realschule; Beruf: Waldarbeiter

1946 bis 1949 Waldarbeiter; 1948 SED; **Eintritt Bew. Organe**: 21.09.1949; 1949 bis 1950 Offz.schüler, VP-Schule Torgau; 1950 bis 1953 Stv. Kdr. f. Politarb., Abt., Kdo., VP-Dienststt. Zittau, Löbau; 1953 bis 1955 Stv. Kdr. f. Politarb., Kdo., Territor.Verw. Nord; 1955 bis 1959 Militärpol.Akad./UdSSR; 1959 bis 1961 Stv. Kdr. f. Politarb., Flak.Rgt.-7; 1961 bis 1964 Instrukteur/OInstrukteur, Unterabt.-Ltr., Polit.Verw. Mil.Bez. III; 1964 bis 1969 Stv. Ltr. Polit.Verw. f. Instr./Org., Polit.Verw. Mil.Bez. III; 1969 bis 1977 Stv. Kdr. u. Ltr. Politabt. 11. Mot.Schützen-Div.; 1977 bis 1988 Chef Wehrbez.kdo. Cottbus; **Gen.Maj.**: 07.10.1980; Auszeichn.: Vaterländ.Verd.Ord. Bronze; Kampforden Gold; Entl.: 31.11.1988

Brodowsky, Günther; Dipl.-Mil.; Generalmajor

Geb.: 03.06.1932, in: Adlig Wolla (Polen); Vater: Melker; Schule: 12 Klassen in Grundlagenfächern ; Beruf: Melker

1946 bis 1951 Lehre, Melkergehilfe; 1951 SED; 1951 bis 1953 Bürgermeister, Liegau-Augustusbad; **Eintritt Bew. Organe**: 09.02.1953; 1953 bis 1955 Offz.-schüler, Offz.Schule Döbeln; 1955 bis 1956 Zugfhr., KVP-Dienststt. Marienberg; 1956 bis 1957 Offz., Stab 7. Pz.Div.; 1957 bis 1958 Offz.hörer Offz.-Schule Großenhain; 1958 bis 1961 Kp.Chef, Pz.Rgt.-15; 1961 bis 1964 Parteisekr., Pz.Bat., Pz.Rgt.-15; 1964 bis 1967 Stv. Kdr. f. Politarb., Pz.Rgt.-15; 1967 bis 1970 Offz.hörer Militärakad. Dresden; 1970 bis 1972 Stv. Kdr. f. Politarb., Pz.Rgt.-15; 1972 bis 1973 Stv. Ltr. Politabt. f. Org./Instr., 11. Mot.Schützen-Div.; 1973 bis 1976 Stv. Kdr. u. Ltr. Politabt. 4. Mot.Schützen-Div.; 1976 bis 1977 Parteihochschule KPdSU/UdSSR; 1977 bis 1979 Stv. Chef Polit.Verw. f. Instr./ Org., Kdo. Mil.Bez. III; 1980 bis 1981 Chef Wehrbez.kdo. Suhl; 1981 bis 1990 Chef Wehrbez.kdo. Erfurt; **Gen.Maj.**: 07.10.1988; Auszeichn.: Vaterländ.Verd.Ord. Bronze; Kampforden Gold; Entl.: 30.09.1990

Brühl, Reinhard; Prof. Dr. phil., Dipl.-Ges.-Wiss.; Generalmajor

Geb.: 23.08.1924, in: Chemnitz; Vater: Kupferschmied/Heizungsmonteur; Schule: 8 Klassen; Beruf: ohne/Berufssoldat

1939 bis 1940 Lehre (als Maschinenschlosser, Abbruch); 1940 bis 1942 Uffz.-Vorschule; 1942 bis 1944 Wehrmacht, zuletzt Ltn. in Pz.-Aufkl.Abt.; 1944 bis 1949 sowjet. Gefangensch.

1950 SED; **Eintritt Bew. Organe**: 01.01.1950; 1950 bis 1954 Lehrer, VP-Schule Torgau, VP-Schule/KVP-Dienststt. Treptow; 1954 bis 1958 Abt.-Ltr. Lehranstalten, Polit.Verw. KVP/MfNV; 1958 bis 1961 Lehrstuhlltr. Geschichte, Militärakad. Dresden; 1961 bis 1989 Direktor Militärgesch. Institut Potsdam; **Gen.Maj.**: 07.10.1979; Auszeichn.: Vaterländ.Verd.Ord. Bronze; Kampforden Gold; Entl.: 31.08.1989

Brunner, Kurt; Dipl.-Mil., Ing.; Generalmajor

Geb.: 10.07.1934, in: Straußnitz, Kr. Böhmisch Leipa (ČR); Vater: Schweißer/Schleifer; Schule: Mittlere Reife; Beruf: Laborfacharbeiter

1949 bis 1952 Lehre, Facharbeiter; 1952 bis 1955 Student, Fachschule f. Chemie; **Eintritt Bew. Organe**: 01.08.1955; 1955 Offz.hörer Offz.Schule f. Rückw.Dienste; 1955 bis 1957 Offz. f. Kfz., Offz. f. Treib- u. Schmierstoffe, Verw. d. Aeroklubs/Verw. LSK; 1956 SED; 1957 bis 1958 OOffz. Flugzeug-, Treib- u. Schmierstoffe, Kdo. LSK/LV; 1959 bis 1962 Offz.hörer Militärakad. Dresden; 1962 bis 1963 Offz.-Dienststl. beim Chef Rückw.Dienste, Kdo. LSK/LV; 1963 bis 1965 Ltr. Treib- u. Schmierstoff-Dienst, Kdo. LSK/LV; 1965 bis 1968 Ltr. Abt. Treib- u. Schmierstoff-Dienst, Kdo. LSK/LV; 1968 bis 1972 Stv. Unterabt.-Ltr. Org./Plan., Abt. Treib- u. Schmierstoffe, MfNV; 1972 bis 1990 Ltr. Treib- u. Schmierstoff-Dienst, MfNV/MfAV; **Gen.Maj.**: 07.10.1989; Auszeichn.: Kampforden Gold; Entl.: 30.09.1990

Brünner, Horst; Dipl.-Mil.; Generaloberst

Geb.: 21.02.1929, in: Buchwald, Kr. Hirschberg (Polen); Vater: Maurer; Schule: 12 Klassen in Grundlagenfächern; Beruf: Industriekaufmann

1943 bis 1946 Lehre, Kontorist

1947 bis 1948 Bahnunterhaltungsarb.; 1948 SED; 1948 Verwaltungsangest., VP-Revier-Neugersdorf; **Eintritt Bew. Organe**: 15.06.1948; 1948 bis 1949 Polizeiass., Kreispolizeiamt Löbau; 1949 Gruppen-Polit-Kultur-Offz., Bereitschaft Arnsdorf, Kursant, VP-Schule Döbeln u. Pirna; 1949 bis 1951 Politoffz., VP-Schule Pirna; 1951 bis 1953 Propagandist/Hpt.fachlehrer, Politschule Potsdam; 1953 bis 1954 Propagandist, KVP-Bereitschaft Prenzlau; 1954 bis 1955 Ltr. Parteischule, KVP-Bereitschaft Prenzlau; 1955 bis 1956 Stv. Ltr. Politabt., KVP-Bereitschaft Prenzlau; 1956 bis 1958 Stv. Kdr. u. Ltr. Politabt., 6. Mot.-Schützen-Div.; 1959 bis 1962 Offz.hörer Militärakad. Dresden; 1962 bis 1965 Abt.-Ltr., Polit. HV, MfNV; 1965 bis 1968 Stv. Chef GT u. Ltr. Polit.Verw., Kdo. GT; 1968 bis 1970 Gen.stab-Akad. UdSSR; 1970 bis 1971 kommand. z. Chef Polit. HV; **Gen.Maj.**: 01.03.1971; 1971 bis 1972 Stv. Chef Mil.Bez. u. Ltr. Polit.Verw., Kdo. Mil.Bez. III; 1972 bis 1985 Stv. Chef d. Polit. HV f. org.-pol. Arb., Polit. HV, MfNV; **Gen.Ltn.**: 01.03.1976; 1985 bis 1989 Stv. Min.fNV u. Chef d. Polit. HV; **Gen.Oberst**: 01.03.1987; Auszeichn.: Vaterländ.Verd.Ord. Gold; Karl-Marx-Orden; Scharnhorstorden; Entl.: 31.12.1989

Büttner, Wolfgang; Dipl.-Mil.; Generalmajor

Geb.: 02.08.1931, in: Schleiz-Oschitz, Kr. Schleiz; Vater: Tischler, Bildhauer; Schule: 12 Klassen in Grundlagenfächern; Beruf: Buchbinder

1946 bis 1949 Lehre, Buchbinder; **Eintritt Bew. Organe**: 28.08.1949; 1949 bis 1950 Kursant, VP-Dienststt. Brandenburg, Löbau, Apolda; 1950 bis 1952 Offz.schüler, VP-Schule Naumburg; 1952 bis 1953 Sonderlehrg./UdSSR; 1953 bis 1954 Flugz.führer, KVP-Dienststt. Bautzen II; 1955 bis 1959 Stv./ Staffelkdr., Fliegergeschwader-9; 1956 SED; 1959 bis 1962 Stv. f. Fliegerausb., Fliegergeschwader-9, Jagdfliegergeschwader-8; 1962 bis 1968 Kdr. Jagdfliegergeschwader-8; 1968 bis 1970 Offz.hörer Militärakad. Dresden; 1970 bis 1973 Kdr. Jagdfliegergeschwader-2; 1973 bis 1976 Stv. Kdr. f. Jagdfliegerkräfte, 3. LVDiv.; 1976 bis 1981 Stv./Ltr. Abt. Fliegerkräfte, Kdo. LaSK; 1981 bis 1983 Kdr. Führungsorgan Front-u. Armeefliegerkräfte; 1983 bis 1990 Chef Fliegerkräfte, Kdo. LaSK; **Gen.Maj.**: 01.03.1984; Auszeichn.: Vaterländ.Verd.Ord. Bronze; Kampforden Gold; Entl.: 30.09.1990

Butzlaff, Max; Dipl.-Mil.; Generalleutnant

Geb.: 27.02.1932, in: Voigtshagen, Kr. Greifenberg (Polen); Vater: Bauer; Schule: 12 Klassen in Grundlagenfächern; Beruf: ohne/Berufssoldat

1947 bis 1949 Landarbeiter; **Eintritt Bew. Organe**: 19.09.1949; 1949 bis 1950 Kursant, VP-Schule Prora; 1950 bis 1952 Zugfhr., Offz.hörer VP-Dienstst. Eggesin, Potsdam; 1951 SED; 1952 bis 1955 Kp.Chef, KVP-Dienstst. Eggesin, Potsdam; 1955 bis 1959 Militärakad./UdSSR; 1959 bis 1960 Bat. Kdr., Mot.-Schützen-Rgt.-1; 1961 bis 1962 Offz. f. op. Arb./OOffz. f. op. Plan., Verw. Op., MfNV; 1962 bis 1963 Ltr. Unterabt. op. Vorbereitung, Verw. Op., MfNV; 1963 bis 1966 Stv. Ltr. 1. Abt. u. Unterabt.-Ltr., Verw. Op., MfNV; 1966 bis 1970 Stv. Chef Verw. Op. u. Ltr. 1. Abt., MfNV; 1970 bis 1972 Stv. d. Stv. Chef Hauptstab f. op. Fragen, MfNV; 1972 bis 1974 Gen.stab-Akad. UdSSR; 1974 bis 1978 Stv. Chef d. Stabes f. op. Arb., Kdo. Mil.Bez. V; 1978 bis 1981 Stv. d. Stv. Chef d. Hauptstabes f. op. Zusammenwirken, MfNV; **Gen.Maj.**: 07.10.1979; 1981 bis 1989 Stv. Chef Rückw.Dienste u. Stabschef, MfNV; **Gen.Ltn.**: 01.03.1989; 1990 Stv. Chef Sicherstellung u. Stabschef, MfAV; Auszeichn.: Vaterländ.Verd.Ord. Silb.; Kampforden Gold; Entl.: 30.09.1990

Calvelage, Heinz; Dipl.-Mil.; Generalmajor

Geb.: 04.04.1933, in: Stettin; Vater: Zuschneider; Schule: 12 Klassen in Grundlagenfächern; Beruf: ohne/Berufssoldat

1949 bis 1950 Gelegenheitsarbeiter; **Eintritt Bew. Organe**: 01.07.1950; 1950 bis 1952 Jugendinstrukteur, Wachhabender, VS-Sachbearb., Lehrer, Landesbehörde d. VP Schwerin; 1953 bis 1955 Zugfhr., Stv. Kdr. f. Politarb., Kp.Chef, Werbeoffz., KVP-Dienstst. Prora, Prenzlau, Berlin; 1954 SED; 1955 bis 1956 FDJ-Sekr., Mot.Schützen-Rgt.-29; 1956 bis 1957 Offz.hörer Politschule; 1957 bis 1958 FDJ-Sekr., Pz.Rgt.-8; 1958 bis 1961 Parteisekr., Pz.Rgt.-8; 1962 bis 1965 Offz.hörer Militärakad. Dresden; 1965 bis 1967 OInstrukteur Parteiarb., Politabt. Militärakad. Dresden; 1967 bis 1969 1. Sekr. Kr.Ltg. SED, Militärakad. Dresden; 1969 bis 1974 Stv. Kdr. u. Ltr. Politabt., Offz.Schule/Offz.-Hochschule LaSK Löbau; 1974 bis 1975 Parteihochschule KPdSU/UdSSR; 1975 bis 1986 Stv. Kdr. u. Ltr. Politabt., Offz.Hochschule LaSK Löbau; **Gen.Maj.**: 07.10.1979; 1986 bis 1988 Stv. f. Parteiorgane d. Stv. Chef Polit. HV f. org.-pol. Arb., Polit. HV, MfNV; 1988 bis 1989 Stv. Chef Kader f. Partei- u.

Politkader, MfNV; 1990 Stv. Chef Kader/Ltr. Personalamt, MfNV/MfAV; Auszeichn.: Vaterländ.Verd.Ord. Silb.; Kampforden Silb.; Entl.: 30.09.1990

Christians, Herbert; Dipl.-Mil.; Generalmajor

Geb.: 19.01.1931, in: Wuppertal-Elberfeld; Vater: Vulkaniseur; Schule: 12 Klassen in Grundlagenfächern; Beruf: Elektroinstallateur

1946 bis 1949 Lehre, Geselle, Schmalkalden; **Eintritt Bew. Organe**: 09.09.1949; 1949 bis 1951 Kursant, Gruppenführer, VP-Dienstst. Gotha, Potsdam II; 1951 bis 1954 Zugfhr./Batt.führer, VP-Dienstst. Gotha, Klictz, Mühlhausen, Erfurt; 1954 SED; 1954 bis 1955 Offz.hörer Offz.Schule Dessau; 1955 bis 1956 Offz. f. Ausbild., Stab KVP; 1956 bis 1958 Offz. f. Ausbild., Verw. Chem. Dienste, MfNV; 1958 bis 1962 Offz. f. chem. Fragen, Verw. Op., MfNV; 1962 OOffz., Ltr. Arbeitsgruppe Kernwaffenschutz, Verw. Op., MfNV; 1963 bis 1966 Offz.hörer Militärakad. Dresden; 1966 bis 1972 Ltr. Unterabt. f. milit. Territorialorg. u. Zusammenwirken mit zentralen Staatsorganen, Verw. Op., MfNV; 1972 bis 1990 Chef Verw. Territorialverteidigung, MfNV/MfAV; **Gen.Maj.**: 07.10.1979; Auszeichn.: Vaterländ.Verd.Ord. Bronze; Kampforden Gold; Entl.: 30.09.1990

Clement, Fritz; Dipl.-Ges.-Wiss., Dipl.-Mil.; Generalmajor

Geb.: 28.02.1926, in: Magdeburg; Vater: Galvaniseur; Schule: 8 Klassen; Beruf: Maurer

1942 bis 1943 Lehre; 1943 bis 1945 Wehrmacht, Uffz. (Pioniere); 1945 bis 1949 sowjet. Gefangensch.

1949 SED; 1949 bis 1950 Abt.-Ltr. u. Parteisekr., Landesvorst. FDJ Sachsen/Anhalt; 1950 bis 1953 Ltr. Landesjugendschule FDJ Sachsen/Anhalt; **Eintritt Bew. Organe**: 01.01.1953; 1953 bis 1955 Student, Parteihochschule SED; 1955 bis 1959 Instrukteur, Abt. Sicherheit d. ZK; 1960 Offz.hörer Militärakad. Dresden; 1961 bis 1988 Instrukteur/Sektorenltr. Nat. Verteid., Abt. Sicherheit d. ZK; **Gen.Maj.**: 01.03.1971; Auszeichn.: Vaterländ.Verd.Ord. Silb.; Kampforden Gold; Entl.: 30.11.1988

Conrad, Wolfgang; Dipl.-Ges.-Wiss.; Generalmajor

Geb.: 29.01.1928, in: Berlin; Vater: Arbeiter; Schule: 12 Klassen in Grundlagenfächern; Beruf: Reichsbahnhelfer

1942 bis 1947 Reichsbahnhelfer

1946 SED; 1947 bis 1949 Ofenarbeiter; **Eintritt Bew. Organe**: 01.02.1949; 1949 VP-Anwärter, Bahnpolizei Berlin; 1949 bis 1950 Kursant, VP-Schule Torgau; 1950 bis 1952 Abt./Kdo-Polit-Kultur-Offz., VP-Dienstst. Hohenstücken, Weißenfels; 1953 bis 1955 Vors. Parteikontr.kommission, KVP-Dienstst. Hohenstücken, Eggesin; 1955 bis 1956 Stv. Kdr. f. Politarb., Kdo./Art.Rgt.-9; 1956 bis 1957 Offz.hörer Politschule; 1957 bis 1958 Stv. Kdr. f. Politarb., Art.Rgt.-12; 1958 bis 1961 OInstrukteur Parteikontr.kommission, Polit.Verw., MfNV;

1961 bis 1965 2. Sekr. Kr.Ltg. SED, MfNV; 1965 bis 1967 1. Sekr. Kr.Ltg. SED, MfNV; 1967 bis 1969 Offz.hörer Militärakad. Dresden; 1969 bis 1972 1. Sekr. Kr.Ltg. SED, MfNV; 1972 bis 1976 Stv. Stadtkdt. Berlin(Ost) u. Ltr. Politabt., Stadtkommandantur Berlin; 1976 bis 1981 Stv. Chef Verw. Kader f. Partei- u. Politkader, MfNV; **Gen.Maj.**: 07.10.1978; 1981 bis 1989 Stv. Chef Kader f. Partei- u. Politkader; MfNV; Auszeichn.: Vaterländ.Verd.Ord. Silb.; Kampforden Gold; Entl.: 28.02.1989

Daum, Sebald; Dipl.-Mil.; Generalmajor

Geb.: 22.01.1934, in: Brigidau, Kr. Stryj (Ostpr.); Vater: Sattler, Landwirt; Schule: 12 Klassen in Grundlagenfächern; Beruf: Bäcker

1949 bis 1952 Lehre; Geselle; **Eintritt Bew. Organe**: 12.01.1953; 1953 bis 1955 Offz.schüler, Offz.Schule Großenhain; 1955 SED; 1955 bis 1962 Zugfhr., Kp.Chef, Pz.Rgt.-11; 1962 bis 1965 Pz.Bat. Kdr., Mot.Schützen-Rgt.-17; 1965 bis 1969 Militärakad./UdSSR; 1969 bis 1973 Fachlehrer/Hpt.fachlehrer, Militärakad. Dresden; 1973 bis 1976 Kdr. Mot.Schützen-Rgt.-22; 1976 bis 1978 Gen.stab-Akad. UdSSR; 1978 bis 1980 Stv. Kdr. f. Ausbild., 4. Mot.Schützen-Div.; 1980 bis 1983 Kdr. Uffz.Schule I, MilBez. III; 1983 bis 1985 Kdr. Ausbild.Zentrum-15; 1985 bis 1990 Stv. Chef Mil.Bez. u. Chef Ausbild., Kdo. Mil.Bez. III; **Gen.Maj.**: 01.03.1986; Auszeichn.: Kampforden Silb.; Entl.: 30.09.1990

Deim, Hans-Werner; Dipl.-Mil.; Generalmajor

Geb.: 05.08.1934, in: Heinrichswalde (Ostpr.); Vater: Maler; Schule: 12 Klassen in Grundlagenfächern; Beruf: ohne/Berufssoldat

Eintritt Bew. Organe: 18.06.1952; 1952 bis 1953 Anwärter, Kursant, VP-Bereitschaft Quedlinburg, Kdo.schule Karpin; 1953 bis 1954 Offz.schüler, Offz.Schule Naumburg; 1954 SED; 1955 bis 1956 Adj. b. Chef Verw. Kader, KVP/MfNV; 1956 bis 1960 Militärakad./UdSSR; 1960 bis 1961 Stabschef Bat./Offz. op. Arbeit, Mot.Schützen-Rgt.-28; 1961 bis 1962 OOffz. op. Schulung, Kdo. Mil.Bez. V; 1962 bis 1963 Ltr. Unterabt. Op., Kdo. Mil.Bez. V; 1963 bis 1966 Offz./OOffz. f. LaSK, Verw. Op., MfNV; 1966 bis 1971 Stv. Abt.-Ltr., Verw. Op., MfNV; 1971 bis 1973 Gen.stab-Akad. UdSSR; 1973 bis 1976 Stv. Kdr. u. Stabschef 11. Mot.Schützen-Div.; 1976 bis 1978 Stv. d. Stv. Chef Hauptstab f. op. Fragen u. Chef Verw. Op., MfNV; **Gen.Maj.**: 07.10.1977; 1979 bis 1982 Stv. Chef Hauptstab f. op. Fragen, MfNV; 1982 bis 1990 Chef Verw. Gefechtsbereitschaft u. op. Ausbild./Ltr. Plan.stab, MfNV/MfAV; Auszeichn.: Vaterländ.Verd.Ord. Silb.; Kampforden Gold; Entl.: 30.09.1990

Deutsch, Rudolf; Dipl.-Mil.; Generalmajor

Geb.: 19.02.1931, in: Prödlitz (ČR); Vater: Arbeiter; Schule: 12 Klassen in Grundlagenfächern; Beruf: Maschinenschlosser; gest.: 19.04.1985

1945 bis 1946 Hilfsarbeiter/Hilfsschlosser; 1946 bis 1949 Lehre, Schlosser; **Eintritt Bew. Organe**: 26.10.1949; 1949 bis 1952 Kursant, Zugfhr., Offz.hörer VP-Dienstst. Zittau, Weißenfels, Döbeln, Treuenbrietzen, Potsdam; 1950 SED; 1953 bis 1957 Parteisekr./Stv. Kdr. f. Politarb., KVP-Dienstst./Pio.Rgt.-12 Küchensee, Klietz; 1957 bis 1958 Offz.hörer Politschule Treptow; 1959 bis 1961 Stv. Kdr. f. Politarb., Pio.Rgt.-12; 1962 bis 1965 Offz.hörer Militärakad. Dresden; 1965 bis 1972 Ltr. Politorgan d. unterstellten Truppenteile d. Bereiches Ausbild./Ausrüst., MfNV; 1972 bis 1975 Stv. Ltr. Polit.Verw. f. Instr./Org. d. MfNV; 1975 bis 1977 Ltr. Politorgan b. Min.fNV f. d. direkt unterstellten Bereiche u. Truppen; 1977 bis 1978 Parteihochschule KPdSU/UdSSR; 1978 bis 1979 Chef Politorgan b. Min.fNV f. d. direkt unterstellten Bereiche und Truppen; 1979 bis 1985 Chef Politorgan b. Chef d. Hauptstabes, MfNV; **Gen.Maj.**: 07.10.1980; Auszeichn.: Vaterländ.Verd.Ord. Bronze; Kampforden Silb.

Dickel, Friedrich; Dipl.-Mil.; Armeegeneral

Geb.: 09.12.1913, in: Wuppertal-Vohwinkel; Vater: Maurerpolier; Schule: 8 Klassen; Beruf: Former u. Gießer; gest.: 23.10.1993

1928 KJVD; 1928 bis 1931 Lehre, Former; 1931 KPD; 1931 bis 1933 erwerbslos, Tiefbauarbeiter; 1933 Haft; 1933 bis 1936 illegale kommunist. Arb., Emigr. Saargebiet, Frankreich, Holland; 1936 bis 1937 Interbrig. Spanien; 1937 bis 1939 Parteiarb. in d. UdSSR; 1939 bis 1945 Auslandstätigkeit im Auftrag der UdSSR

1946 SED; **Eintritt Bew. Organe**: 02.05.1947; 1947 bis 1949 Sekr., AmtsLtr., Abt.-Ltr., Polizeipräsidium Leipzig; 1949 bis 1950 Ltr. Politschule Torgau; 1950 bis 1953 Ltr. Politschule Berlin II; **Gen.Maj.**: 01.10.1952; 1953 bis 1955 Stv. Chef Polit.Verw. f. org. Fragen, KVP; 1955 bis 1956 Chef Polit.Verw. KVP; 1956 Stv. Min.fNV u. Chef Polit.Verw.; 1956 bis 1957 1. Stv. Min.fNV; 1957 bis 1959 Gen.stab-Akad. UdSSR; 1959 bis 1963 Stv. Min.fNV f. Techn./ Bewaffn.; **Gen.Ltn.**: 07.10.1963; 30.11.1963 Entl. aus akt. Wehrdienst; 1963 bis 1989 Min.dI u. Chef d. DVP; **Gen.Oberst**: 07.10.1965 (MdI); **Armeegen.**: 07.10.1984 (MdI); Auszeichn.: Ehrenspange Vaterländ.Verd.Ord. Gold, Karl-Marx-Orden; Held DDR; Scharnhorstorden; Entl.: 10.11.1989 (Rücktritt als Min.dI)

Diederich, Günther; Dipl.-Mil.; Generalmajor

Geb.: 16.09.1930, in: Wildberg, Kr. Demmin; Vater: Landarbeiter; Schule: 12 Klassen in Grundlagenfächern; Beruf: ohne/Berufssoldat

1945 bis 1948 Landarbeiter, 1948 SED; **Eintritt Bew. Organe**: 15.09.1948; 1948 bis 1949 Wachtmeister, VP-Dienstst. Stern-Buchholz; 1949 bis 1950 Zughelfer, VP-Schule Priemerwald; 1950 bis 1953 Zugfhr., Kp.Chef, VP-Dienstst. Weißenfels, Eggesin; 1953 bis 1954 Abt.-Ltr., KVP-Dienstst. Eggesin; 1954 bis 1956 Offz.hörer Hochschule f. Offz.; 1956 bis 1960 Offz./OOffz Gefechtsausb., Verw. Op., MfNV; 1961 bis 1964 Offz.hörer Militärakad. Dresden;

1964 bis 1967 Stv. Chef Verw. Org./Plan., MfNV; 1967 bis 1968 Chef Verw. Org./Plan., MfNV; 1969 bis 1971 Stv. d. Stv. Chef d. Hauptstabes f. Org., MfNV; 1971 bis 1972 Militärakad./UdSSR; 1972 bis 1974 Gen.stab-Akad. UdSSR; 1974 bis 1980 Stv. Chef d. Stabes f. Org., Kdo. Mil.Bez. III; 1981 bis 1990 Chef Wehrbez.kdo. Leipzig; **Gen.Maj.**: 07.10.1984; Auszeichn.: Kampforden Silb.; Entl.: 30.09.1990

Dietzsch, Rolf; Dr. h.c., Dipl.-Ges.-Wiss.; Generalmajor

Geb.: 18.03.1930, in: Altenburg; Vater: Fräser; Schule: 8 Klassen; Beruf: Klempner

1944 bis 1949 Lehre, Klempner

Eintritt Bew. Organe: 28.08.1949; 1949 bis 1950 Anwärter, VP-Dienstst. Prenzlau; 1950 bis 1951 Abt.-Ltr., VP-Dienstst. Weißenfels; 1951 bis 1952 Kursant, Politschule Treptow; 1952 SED; 1952 bis 1954 Propagandist, Instrukteur f. Polituntericht, VP-Luft/Verw. d. Aeroklubs; 1955 bis 1958 Lektor, Verw. d. Aeroklubs/Kdo. LSK/LV; 1958 bis 1959 OInstrukteur f. Politausb., Kdo. LSK/LV; 1959 bis 1961 Unterabt.-Ltr., Polit.Verw. LSK/LV; 1962 bis 1969 Stv. Ltr. Polit.Verw. u. Ltr. Abt. Agit./Prop., Polit.Verw. LSK/LV; 1969 bis 1970 Offz.hörer Militärakad. Dresden; 1970 bis 1976 Stv. Ltr. Polit.Verw. f. Prop./Agit., Polit.Verw. LSK/LV; **Gen.Maj.**: 01.03.1976; 1976 bis 1981 Chef Verw. Prop., Polit. HV, MfNV; 1981 bis 1983 Stv. d. Stv. Chef d. Polit. HV f. ideol. Arb. f. Prop./Agit., Polit. HV, MfNV; 1983 bis 1989 Kdr. Militärpol. Hochschule Berlin; 1989 bis 1990 kommand. z. Chef d. Polit. HV, MfNV; Auszeichn.: Vaterländ.Verd.Ord. Silb.; Kampforden Silb.; Entl.: 31.03.1990

Dirwelis, Erich; Dipl.-Mil.; Generalmajor

Geb.: 12.03.1921, in: Sandwalde, Kr. Schloßberg (Ostpr.); Vater: Waldarbeiter; Schule: 12 Klassen in Grundlagenfächern; Beruf: Maschinenschlosser

1936 bis 1938 Lehre; 1938 bis 1939 RAD; 1939 bis 1940 Waldarbeiter; 1940 bis 1944 Wehrmacht, Feldw. (Panzer); 1944 bis 1949 sowjet. Gefangensch.

Eintritt Bew. Organe: 17.05.1949; 1949 Kursant, Gruppenführer, Landespolizeischule Rostock, VP-Schule Eggesin; 1949 bis 1951 Fachlehrer, Kp.Chef, VP-Dienstst. Priemerwald; 1951 SED; 1951 bis 1952 Sonderlehrg./UdSSR; 1952 bis 1953 Fachlehrer/Hpt.fachlehrer, VP-Dienstst. Priemerwald, Pz.-Schule Großenhain; 1953 bis 1959 Stv. Kdr. u. Ltr. Ausbild., Pz.-Schule Großenhain; 1959 bis 1961 Gen.stab-Akad. UdSSR; 1961 bis 1965 1. Stv. Kdr. 7. Pz.Div.; 1965 bis 1969 Kdr. 11. Mot.Schützen-Div.; 1969 bis 1984 Kdr. Techn.Uffz.-Schule LaSK, Prora; **Gen.Maj.**: 01.03.1972; Auszeichn.: Vaterländ.Verd.Ord. Gold; Scharnhorstorden; Entl.: 30.11.1984

Dölling, Rudolf; Generalmajor

Geb.: 04.11.1902, in: Roßbach (ČR); Vater: Weber; Schule: 8 Klassen; Beruf: ohne/Berufssoldat; gest.: 03.08.1975

1917 bis 1918 Hilfsarbeiter, Textilfabrik, ČSR; 1918 bis 1922 Arbeiter, Landarbeiter, Baggerarbeiter in Deutschland; 1922 bis 1923 Hilfsarbeiter, Stellmacher, ČSR; 1923 KPČ; 1923 bis 1924 Besuch Internat. Parteischule; 1924 bis 1939 Parteifunktionär KPČ, Gewerkschaftsfunktionär, Parlamentsmitglied ČSR; 1939 Emigr. UdSSR; 1940 bis 1941 Dreher, Moskau; 1941 bis 1943 Student, Internat. Schule Komintern; 1943 bis 1944 Lehrer, Antifa-Schule Taliza; 1944 bis 1945 Redakteur, Rundfunksender Moskau

1945/46 Rückkehr in ČSR u. SBZ; 1946 KPD/SED; 1946 bis 1949 Funktionär, Abt. Schulung, Abt. Werbung u. Presse, Parteiapparat SED; **Eintritt Bew. Organe**: 15.09.1949 (Chefinspekt.); 1949 bis 1955 Stv. Chef HVA/Stv. Min.dI/Stv. Chef KVP u. HAbt.-Ltr. Polit-Kultur/Ltr. Polit.Verw.; Gen.inspekt.: 01.09.1950; **Gen.Maj.**: 01.10.1952; 1955 bis 1957 Gen.stab-Akad. UdSSR; 1957 bis 1959 Stellv. Min.fNV u. Chef Polit.Verw.; 1959 bis 1965 Botschafter in d. UdSSR; Auszeichn.: Karl-Marx-Orden; Vaterländ.Verd.Ord. Gold; Kampforden Gold; Entl.: 01.08.1959

Dollwetzel, Heinrich; Generalmajor

Geb.: 30.03.1912, in: Hamburg; Vater: Maschinenschlosser; Schule: 8 Klassen; Beruf: Rohrschlosser; gest.: 23.04.1966

1926 bis 1930 Lehre, Schlosser, Mechaniker; 1930 bis 1933 erwerbslos; 1932 KPD; 1933 Emigr. Dänemark; 1933 bis 1937 Emigr. UdSSR, Betriebsschlosser; 1937 bis 1939 Interbrig. Spanien; 1939 bis 1948 Emigr. UdSSR, Betriebsschlosser, Politarb., Mitarb. im Innenministerium UdSSR

Eintritt Bew. Organe: 01.12.1948; 1948 bis 1949 Abt.-Ltr. Org., HAbt. Polit-Kultur, Dt. Verw. d. Innern; 1949 SED; 1949 Ltr. Abt. Polit-Kultur, HAbt. Grenzpolizei/Bereitschaften, Dt. Verw. d. Innern; 1949 bis 1950 Sonderlehrg./UdSSR; 1950 bis 1951 Ltr. Abt. Polit-Kultur, VP-Dienststt. Priemerwald; 1951 bis 1952 Stv. Ltr. HAbt. Polit-Kultur, HVA; 1952 bis 1954 Stv. f. Parteiarb. b. Chef Verw. Mechanisierung, MdI; **Gen.Maj.**: 01.11.1954; 1954 bis 1955 Stv. Chef KVP f. Ausbild. u. Lehranstalten; 1955 bis 1956 1. Stv. Chef KVP u. Chef KVP (m.d.F.b.)/1. Stv. Min.fNV; 1956 bis 1958 Ltr. Offz.Schule Döbeln/Inf.schule Plauen; 1958 bis 1959 Kdr. Hochschule f. Offz./Militärakad. Dresden; 1959 bis 1960 Reserve d. MfNV; 1960 bis 1961 Stv. Chef Verw. Ausbild., MfNV; Auszeichn.: Vaterländ.Verd.Ord. Silb.; Entl.: (31.08.1959 Reserve, 1960 Reaktivierung) 30.06.1961

Dombrowski, Wolfgang; Dipl.-Ges.-Wiss., Dipl.-Mil.; Generalmajor

Geb.: 28.01.1933, in: Danzig; Vater: Schlosser; Schule: Mittlere Reife; Beruf: ohne/Berufssoldat

1947 bis 1949 Landarbeiter; **Eintritt Bew. Organe**: 29.12.1949; 1949 bis 1951 Anwärter, Kursant, VP-Bereitschaft Pinnow, Politschule Treptow; 1952 SED; 1952 bis 1955 Fachlehrer, Politschule Treptow; 1955 bis 1959 Militärpol.Akad./UdSSR; 1959 bis 1960 Propagandist, Mot.Schützen-Rgt.-28; 1961 bis

1965 OLektor, Ltr. Unterabt. Prop., Polit.Verw. Mil.Bez. V; 1965 bis 1967 Stv. Ltr. Polit.Verw. u. Ltr. Abt. Prop./Agit., Polit.Verw. Mil.Bez. V; 1967 bis 1971 Stv. Kdr. u. Ltr. Politabt. 9. Pz.Div.; 1971 bis 1973 Gen.stab-Akad. UdSSR; 1973 bis 1981 Stv. Chef Polit.Verw. f. Prop./Agit., Polit.Verw. LaSK; **Gen.Maj.**: 07.10.1977; 1981 bis 1989 Stv. Chef Mil.Bez. u. Chef Polit.Verw., Kdo. Mil.Bez. V; 1990 Stadtkdt. Berlin (Ost); Auszeichn.: Vaterländ.Verd.Ord. Silb.; Kampforden Gold; Entl.: 30.09.1990

Dönitz, Hans-Joachim; Dipl.-Mil.; Konteradmiral

Geb.: 26.06.1934, in: Leipzig; Vater: Kaufm. Angestellter; Schule: 12 Klassen in Grundlagenfächern; Beruf: Einzelhandelskaufmann

1948 bis 1952 Lehre, kaufm. Angest.; **Eintritt Bew. Organe**: 12.05.1952; 1952 bis 1954 Anwärter, Offz.schüler, Schiffsstammabt., See-Offz.Schule Stralsund; 1954 bis 1956 Offz. op. Arb., Küstenabschnitt Saßnitz; 1956 bis 1959 Offz.-hörer Marinelehranstalt/UdSSR; 1957 SED; 1959 bis 1961 Navigationsoffz., Minenleg- u. Räum-Abt.; 1961 bis 1962 OOffz. f. Navigation Ausb.-Kdo./ OIng., Kdo. VM; 1962 bis 1963 Stabschef/Navigationsoffz. U-JagdAbt., 4. Flottille, Stabschef Leichte Torpedo-Schnellboots-Brig., 6. Flottille; 1963 bis 1965 Chef Leichte Torpedo-Schnellboots-Brig., 6. Flottille; 1965 bis 1968 Seekriegsakad./UdSSR; 1968 bis 1971 Chef Leichte Torpedo-Schnellboots-Brig., 6. Flottille; 1971 bis 1974 Stv. Chef u. Stabschef 6. Flottille; 1974 bis 1983 Chef 6. Flottille; **K.Adm.**: 07.10.1980; 1983 bis 1987 Stv. Chef Ausbild. u. Ltr. Abt. Gefechtsausb., Kdo. VM; 1987 bis 1990 Ltr. Inspektionsbereich VM, Verw. Inspektion MfNV/MfAV; Auszeichn.: Vaterländ.Verd.Ord. Bronze; Kampforden Silb.; Entl.: 30.09.1990

Dörnbrack, Willi; Dipl.-Mil.; Generalmajor

Geb.: 15.05.1929, in: Glienke, Kr. Mecklenburg-Strelitz; Vater: Arbeiter; Schule: 10 Klassen; Beruf: Möbeltischler

1945 bis 1946 Landarbeiter; 1946 bis 1949 Lehre, Tischler; **Eintritt Bew. Organe**: 07.11.1949; 1949 bis 1950 Kursant, VP-Schule Rostock; 1950 bis 1953 Zugfhr./Kp.Chef, Stv. Stabschef Kdo., VP-Dienststt. Prora; 1951 SED; 1953 bis 1955 Offz.hörer Hochschule f. Offz.; 1956 bis 1958 Offz. op. Arb., 6. Mot.Schützen-Div.; 1958 bis 1965 Stv. Kdr. u. Stabschef Mot.Schützen-Rgt.-28; 1965 bis 1967 Offz.hörer Militärakad. Dresden; 1967 bis 1971 Kdr. Mot.Schützen-Rgt.-28; 1971 bis 1974 Stv. Kdr. u. Stabschef 8. Mot.Schützen-Div.; 1974 bis 1984 Kdr. Uffz.Schule-III, Mil.Bez. V; **Gen.Maj.**: 07.10.1979; 1984 bis 1989 Kdr. Militärtechn. Schule LaSK, Prora; Auszeichn.: Vaterländ.Verd.Ord. Bronze; Kampforden Gold; Entl.: 30.11.1989

Dreiseidler, Gustav; Dipl.-Ing.; Generalmajor

Geb.: 09.12.1916, in: Braunseifen, Kr. Römerstadt (ČR); Vater: Textilarbeiter; Schule: 8 Klassen; Beruf: Metallarbeiter

1930 bis 1937 Landarbeiter; 1937 bis 1938 Soldat, ČSR-Armee; 1938 bis 1939 Metallarbeiter; 1939 bis 1945 Wehrmacht, Oberwachtmstr. (Artillerie); 1945 bis 1949 sowjet. Gefangensch.

1950 SED; **Eintritt Bew. Organe**: 20.01.1950; 1950 Kp.-Chef, Fachlehrer, VP-Bereitschaft Eggesin; 1950 bis 1952 Stv. Ltr. f. Art., VP-Dienstst. Weißenfels; 1952 bis 1953 Sonderlehrg./UdSSR; 1953 bis 1956 Stv. Kdr. f. Art., KVP-Dienstst. Prenzlau; 1956 bis 1958 Chef Art., 6. Mot.Schützen-Div.; 1958 bis 1961 Chef Art., Kdo. Mil.Bez. III; 1961 bis 1962 Chef Art., MfNV; 1962 bis 1963 Stv. Chef Art., MfNV; 1963 Offz.hörer Militärakad./UdSSR; 1963 bis 1972 Stv. Chef Rak.Truppen/Art. u. Chef Verw. Rak.techn. u. Art.bewaffn., MfNV; 1972 bis 1980 Chef Verw. Rak.-Waffentechn.Dienst, MfNV; **Gen.Maj.**: 18.02.1974; Auszeichn.: Vaterländ.Verd.Ord. Gold, Kampforden Silb.; Entl.: 30.11.1980

Drews, Karl-Heinz; Dipl.-Mil.; Generalleutnant

Geb.: 22.12.1929, in: Stettin; Vater: Autosattler; Schule: 12 Klassen in Grundlagenfächern; Beruf: ohne/Berufssoldat

1944 bis 1945 Volkssturm (Kradmelder), Wehrmacht; 1945 bis 1948 Landarbeiter, Kr. Osterburg; 1948 SED; **Eintritt Bew. Organe**: 20.09.1948; 1948 bis 1949 Gruppenfhr., Kdo.-Ltr., VP-Bereitschaft Apollensdorf, Quedlinburg, Grenzkdo. Ziemendorf; 1949 bis 1953 Kursant, Zugfhr., Kp.Chef, Politschule Torgau, Politschule Treptow; 1953 bis 1954 Offz.hörer Hochschule f. Offz.; 1954 bis 1958 OInstrukteur u. Stv. Abt.-Ltr. Org./Instr., Polit.Verw. KVP/MfNV; 1958 bis 1960 Stv. Ltr. Politabt., 1. Mot.Schützen-Div.; 1960 bis 1961 Stv. Kdr. u. Ltr. Politabt., 1. Mot.Schützen-Div.; 1962 bis 1964 Gen.stab-Akad. UdSSR; 1964 bis 1967 Stv. Kdr. u. Ltr. Politabt. 4. Mot.Schützen-Div.; 1967 bis 1975 Stv. Chef Mil.Bez. u. Ltr. Politverw., Kdo. Mil.Bez. V; **Gen.Maj.**: 07.10.1969; 1976 bis 1978 Mil.Attaché in d. UdSSR; 1978 bis 1989 Stadtkdt. Berlin (Ost); **Gen.Ltn.**: 01.03.1981; Auszeichn.: Vaterländ.Verd.Ord. Silb.; Scharnhorstorden; Entl.: 31.11.1989

Dürichen, Rainer; Dipl.-Mil.; Generalmajor

Geb.: 16.09.1937, in: Leisnig, Kr. Döbeln; Vater: Hauer; Schule: 12 Klassen in Grundlagenfächern; Beruf: Maschinenschlosser

1951 bis 1955 Lehre, Schlosser; **Eintritt Bew. Organe**: 01.08.1955; 1955 bis 1958 Offz.schüler, Offz.schule KVP/NVA; 1958 SED; 1958 bis 1970 Zugfhr., Kp.Chef, Bat. Kdr., Pz.Rgt.-1; 1970 bis 1973 Offz.hörer Militärakad. Dresden; 1973 bis 1975 Stv. Kdr. u. Stabschef, Pz.Rgt.-11; 1975 bis 1978 Kdr. Pz.Rgt.-11; 1978 bis 1980 Gen.stab-Akad. UdSSR; 1980 bis 1989 Kdr. Ausbild.Zentrum-17, Mil.Bez. III; **Gen.Maj.**: 01.03.1988; 1989 bis 1990 Chef Wehrbez.kdo. Magdeburg; Auszeichn.: Kampforden Silb.; Entl.: 30.09.1990

Dziewulski, Alfred; Dr. rer. pol., Dipl.-Ges.-Wiss.; Generalmajor
Geb.: 06.06.1932, in: Wypenk (Polen); Vater: Landarbeiter, Rangierer; Schule: 10 Klassen; Beruf: Lehrer

1951 Student, Inst. f. Lehrerbild. Leipzig; 1951 bis 1953 Lehrer, Zentralschule Penig; 1953 bis 1955 Ltr., Zentralschule Schweikershain; 1954 SED; **Eintritt Bew. Organe**: 16.04.1955; 1955 bis 1956 Soldat, Offz.schüler, KVP-Dienststt. Frankenberg, Politschule Treptow; 1956 bis 1959 Parteisekr., Pz.Bat., Pz.Rgt.-23; 1960 bis 1961 Fachlehrer/Hpt.fachlehrer f. Ges.-Wiss., Pz.-Schule; 1962 bis 1964 Offz.hörer Militärakad. Dresden; 1965 bis 1967 OLektor, Verw. Prop./Agit., Polit. HV, MfNV; 1967 bis 1970 Stv. Abt.-Ltr., Verw. Prop., Polit. HV, MfNV; 1970 bis 1971 Chef Verw. Prop. (m.d.F.b.), Polit. HV, MfNV; 1971 bis 1981 Ltr. Abt. ges.-wiss. Ausb. u. Forschung, Polit. HV, MfNV; 1981 bis 1983 Ltr. Abt. Ges.-Wiss., Polit. HV, MfNV; 1983 bis 1990 Stv. f. Prop./ Agit. d. Stv. d. Chefs d. Polit. HV f. ideog. Arb., Polit. HV, MfNV; **Gen.Maj.**: 01.03.1986; ab 01.03.1990 kommand. z. Chef Staatsbgl. Arbeit, MfNV/MfAV; Auszeichn.: Vaterländ.Verd.Ord. Silb.; Kampforden Silb.; Entl.: 30.06.1990

Ebertz, Werner; Dipl.-Mil.; Generalmajor
Geb.: 17.09.1921, in: Kahla, Holzlandkreis; Vater: Porzellanarbeiter; Schule: 10 Klassen in Grundlagenfächern; Beruf: Feinmechaniker

1936 bis 1940 Lehre, Feinmechaniker; 1940 bis 1945 Wehrmacht, Oberfeldw. (Luftwaffe); 1945 amerik. Gefangensch.

1945 SPD; 1945 Betriebsschlosser; **Eintritt Bew. Organe**: 06.11.1945; 1945 bis 1948 Posten, Sachbearb., Revierltr., VP-Kreisamt Stadtroda; 1946 SED; 1948 bis 1949 Stabschef, Polit-Kultur-Offz., Stv./Dienststellenltr., Grenzpolizeidienststt. Benneckenstein, VP-Dienststt. Erfurt, Maxhütte, Gera; 1949 bis 1950 Stabschef Abt. Grenzpolizei, Abt.-Ltr., VP-Landesbehörde Weimar, VP-Landesbehörde Potsdam; 1951 Ltr. VPKA Potsdam; 1951 bis 1954 Leiter Lehranstalt DGP Sondershausen; 1954 bis 1955 Offz.hörer Hochschule f. Offz.; 1956 bis 1957 Kdr. Grenzbereitschaft Blumberg; 1957 bis 1960 Abt.-Ltr. Grenzdienst/Ausbild., Kdo. DGP; 1961 Offz.hörer Militärakad. Dresden; 1961 bis 1967 Kdr. 11. Grenzbrig.; 1967 bis 1969 Offz.hörer Militärakad. Dresden; 1969 bis 1982 Kdr. Offz.Schule/Offz.Hochschule GT; **Gen.Maj.**: 01.03.1974; Auszeichn.: Vaterländ.Verd.Ord. Gold; Kampforden Bronze; Entl.: 01.02.1982

Ehm, Wilhelm; Dr. phil., Dipl.-Mil.; Admiral
Geb.: 30.08.1918, in: Pola, Kr. Triest; Vater: Tischler; Schule: 8 Klassen; Beruf: Elektriker

1931 bis 1938 Rote Falken, SAJ; 1932 bis 1938 Lehre, Geselle; 1939 bis 1945 Wehrmacht, Oberfunkmstr. (Nachrichten); 1945 bis 1947 sowjet. Gefangensch.

1948 SED; 1947 bis 1948 Mitarb., SED-Kr.Ltg. Rügen; 1948 bis 1949 2. Sekr. SED-Kr.Ltg. Rügen; 1950 Hörer SED-Landesparteischule **Eintritt Bew. Organe**: 10.07.1950; 1950 bis 1951 Offz. f. Nachrichten(Kabel-)wesen, HV Seepolizei; 1951 bis 1952 Stv. Abt.-Ltr. Org., HV Seepolizei/VP-See; 1952 bis 1953 Abt.-Ltr., Verw. 19; 1953 bis 1954 Stv. Abt.-Ltr. Nachrichten f. Gef.ausb. u. Funkaufkl., VP-See; 1954 bis 1957 Stv. Chef d. Stabes u. Ltr. Abt. Org., Stab VP-See/Verw. Seestreitkr.; 1958 bis 1959 Stv. Chef Seestreitkr. f. Rückw.Dienste, Kdo. Seestreitkr.; **K.Adm.**: 01.08.1959; 1959 bis 1961 Chef Seestreitkr./VM; 1961 bis 1963 Seekriegs-akad./UdSSR; 1963 bis 1972 Chef VM; **VizeAdm.**: 01.03.1964; 1972 bis 1987 Stv. Min.fNV u. Chef VM; **Adm.**: 07.10.1977; Auszeichn.: Karl-Marx-Orden; Ehrenspange Vaterländ.Verd.Ord. Gold; Scharnhorstorden; Entl.: 30.11.1987

Elchlepp, Friedrich, Dr. jur.; Konteradmiral (a.D.)

Geb.: 04.07.1924, in: Biederitz, Kr. Jerichower Land; Vater: Studienrat; Schule: Abitur; Beruf: Berufssoldat/Jurist; gest.: 02.03.2002

1941 bis 1945 Kriegsmarine, zuletzt Oberltn. z. See u. I. Wachoffz. U-Boot 3514; 1945 engl. Gefangensch. (Norwegen)

1946 SED; 1946 bis 1949 Student, Uni Halle; 1949 Mitarb. FDGB, Landesvorstand Sachsen/Anh.; 1949 bis 1950 Ltr. Landesverwaltungsschule Königs Wusterhausen; **Eintritt Bew. Organe**: 28.02.1950; 1950 bis 1951 Abt.-Ltr., HV Seepolizei; 1951 bis 1953 Chef Flottenbasis Ost, Wolgast, Peenemünde; 1953 bis 1954 Abt.-Ltr. Op., Stab VP-See; 1954 bis 1956 Chef d. Stabes (m.d.F.b.), VP-See; 1956 bis 1957 Seekriegsakad./UdSSR; 1958 bis 1960 Stv. Kdr. f. Ausbild. See-Offz.Schule, Stralsund; 1960 bis 1981 Havariekommissar der DDR im Kdo. VM; 1981 bis 1984 Seekommissar d. DDR, Kdo. VM; **K.Adm.**: (a.D.) 30.11.1984; Auszeichn.: Vaterländ.Verd.Ord. Silb.; Kampforden Gold; Entl.: 30.11.1984

Eltze, Werner; Dr. phil., Dipl.-Mil.; Generalmajor

Geb.: 30.04.1930, in: Leipzig; Vater: Kürschner, Kraftfahrer; Schule: 12 Klassen in Grundlagenfächern; Beruf: Kaufm. Angestellter

1944 bis 1949 Lehre, Versicherungsangest., Leipzig

1946 SED; 1949 Instrukteur f. Jugendarb., SED-Kr.Ltg. Leipzig; **Eintritt Bew. Organe**: 01.09.1949; 1949 bis 1951 Kursant, Gehilfe f. Jugendarb., VP-Bereitschaft Leipzig, Potsdam; 1951 bis 1953 Gehilfe f. Jugendarb., VP-Dienstst. Pirna, Dresden; 1953 bis 1955 Instrukteur, Abt. Jugend, Polit.Verw. KVP; 1955 bis 1956 Offz.hörer Politschule Treptow; 1956 bis 1958 Instrukteur/OInstrukteur Jugend, Polit.Verw., MfNV; 1958 bis 1960 Abt.-Ltr. Jugend, Polit.Verw. MfNV; 1961 bis 1964 Offz.hörer Militärakad. Dresden; 1964 bis 1979 (Stellenplan R) Mitarb. ZK d. SED; 1979 bis 1990 Stv. Vors. Zentralvorst. GST f. Agit./Prop.; **Gen.Maj.**: 07.10.1986; Auszeichn.: Vaterländ.Verd.Ord. Silb.; Kampforden Gold; Entl.: 30.04.1990

Engelhardt, Lothar; Dipl.-Mil.; Generalmajor

Geb.: 05.07.1939, in: Wangenheim, Kr. Gotha; Vater: Landarbeiter, Neubauer; Schule: Abitur; Beruf: Berufssoldat

Eintritt Bew. Organe: 21.07.1958; 1958 bis 1959 Soldat, Wachrgt. MfNV; 1959 bis 1961 Offz.schüler, Pz.-Schule Großenhain; 1961 bis 1962 Zugfhr., Pz.Rgt.-15; 1962 SED; 1962 bis 1964 Offz.hörer Spez.-Schule MfNV; 1964 bis 1966 Offz., Verw. Aufkl., MfNV; 1966 Zugfhr., Pz.Rgt.-16; 1966 bis 1970 Kp.Chef, Aufkl.Bat.-7; 1970 bis 1973 Militärakad./UdSSR; 1973 bis 1976 OOffz. Aufkl., Kdo. Mil.Bez. III; 1976 bis 1978 Ltr. Arbeitsgr. Aufkl. b. Chef Aufkl., Kdo. Mil.Bez. III; 1978 bis 1980 Ltr. Unterabt. Truppenaufkl., Abt. Aufkl., Kdo. LaSK; 1980 bis 1982 Chef Aufkl., Kdo. Mil.Bez. V; 1982 bis 1984 Gen.stab-Akad. UdSSR; 1984 bis 1987 Chef Aufkl., Kdo. LaSK.; 1987 bis 1989 Stv. Chef d. Stabes f. op. Arb., Kdo. LaSK; **Gen.Maj.**: 01.03.1988; 1990 Stv. Chef LaSK u. Chef d. Stabes, Kdo. LaSK; ab 15.09.1990 Chef NVA, MfAV; Auszeichn.: Kampforden Silb.; Entl.: 02.10.1990

Erdmann, Franz; Dipl.-Mil.; Generalmajor

Geb.: 23.04.1939, in: Allenstein (Polen); Vater: Karosserieklempner; Schule: Abitur; Beruf: Berufssoldat

Eintritt Bew. Organe: 15.07.1958; 1958 Soldat, Pz.Rgt.-23; 1958 bis 1959 Uffz.-Schüler, Lehrbtl.-9, Pz.-Fahrer, Pz.Rgt.-23; 1959 bis 1961 Offz.schüler, Pz.-Schule Großenhain; 1961 bis 1964 Zugfhr., Mot.Schützen-Rgt.-9; 1963 SED; 1964 bis 1968 Kp.Chef, Mot.Schützen-Rgt.-9; 1968 bis 1970 Stv. Kdr. f. pol. Arb. Pz.Bat., Mot.Schützen-Rgt.-9; 1970 bis 1973 Kdr. Pz.Bat., Mot.Schützen-Rgt.-9; 1973 bis 1975 Offz.hörer Militärakad. Dresden; 1975 bis 1976 Stv. Kdr. f. Ausbild., Pz.Rgt.-23; 1976 bis 1977 Stv. Kdr. u. Stabschef Pz.Rgt.-23; 1977 bis 1979 Kdr. Pz.Rgt.-22; 1979 bis 1980 Stv. Kdr. f. Ausbild. 9. Pz.Div.; 1980 bis 1982 Gen.stab-Akad. UdSSR; 1982 bis 1987 Kdr. 9. Pz.Div.; **Gen.Maj.**: 01.03.1984; 1987 bis 1988 Kommand. z. Chef Mil.Bez. V; 1988 bis 1990 Chef Wehrbez.kdo. Berlin; Auszeichn.: Kampforden Gold; Entl.: 30.09.1990

Ernst, Hans; Dipl.-Mil.; Generalleutnant

Geb.: 18.02.1921, in: Celle; Vater: Arbeiter; Schule: 8 Klassen; Beruf: Konditor; gest.: 25.08.2000

1935 bis 1938 Lehre; 1938 RAD; 1938 bis 1945 Wehrmacht, Oberwachtmstr. (Artillerie)

1945 SPD; 1946 SED; **Eintritt Bew. Organe**: 25.05.1945; 1945 bis 1946 Oberwachtmeister, Polizei Erfurt; 1946 bis 1948 Polizei-Kommissar, Polizei Erfurt; 1948 bis 1949 Kdr., VP-Bereitschaften Ilmenau, Mühlhausen; 1951 bis 1952 Ltr. VP-Bereitschaft Kochstedt; 1952 bis 1953 Sonderlehrg./UdSSR; 1953 bis 1955 Ltr. KVP-Bereitschaft Potsdam; 1955 bis 1957 Gen.stab-Akad. UdSSR; 1958 bis 1961 Kdr. 4. Mot.Schützen-Div.; **Gen.Maj.**: 01.03.1961; 1961 1. Stv. Chef Mil.Bez. III; 1961 bis 1973 Chef Mil.Bez. III; **Gen.Ltn.**: 07.10.1968; 1973 bis 1976 Kdr. Offz.Hochschule LaSK, Löbau; Auszeichn.: Vaterländ.Verd.Ord. Gold; Kampforden Gold; Entl.: 15.02.1977

Eschke, Siegfried; Dipl.-Ing.; Generalmajor

Geb.: 11.10.1933, in: Chemnitz; Vater: Kaufm. Angestellter; Schule: 12 Klassen in Grundlagenfächern; Beruf: Fernmeldemonteur

1948 bis 1952 Lehre, Fernmeldemonteur, Leipzig; 1952 Student, Ing.-Schule Mittweida; **Eintritt Bew. Organe**: 23.06.1952; 1952 bis 1954 Kursant, VP-Dienstst. Kamenz; 1954 bis 1955 Ing. f. Funk, KVP-Dienstst. Bautzen; 1955 SED; 1955 bis 1961 Militärakad./UdSSR; 1961 bis 1963 OOffz. Funkmeß, 3. LVDiv.; 1963 bis 1969 Stv. Ltr./Ltr. VEB Instand.werk Pinnow; 1969 bis 1970 Studium, Hochschule f. Ökonomie Berlin; 1971 bis 1976 1. Stv. Generaldirektor im VEB Komb. Spez.Techn. Dresden; 1976 bis 1990 Generaldirektor VEB Kombinat Spez.Techn. Dresden; **Gen.Maj.**: 07.10.1984; Auszeichn.: Verdienstmedaille DDR; Entl.: 30.09.1990

Exner, Heinz; Dipl.-Mil.; Generalmajor

Geb.: 26.02.1925, in: Görlitz; Vater: Arbeiter; Schule: Abitur; Beruf: Steinsetzer

1939 bis 1942 Steinsetzer, 1942 bis 1945 Kriegsmarine, Signalobergefr.; 1945 bis 1946 engl. Gefangensch. (Norwegen), 1946 sowjet. Gefangensch.

1946 SED; 1946 bis 1947 Student, Arb.-u.-Bauern-Fak. Görlitz; 1947 bis 1949 Steinsetzer; **Eintritt Bew. Organe**: 21.11.1949/13.08.1957; 1949 bis 1951 Polizist, VP-Kreisamt Görlitz; 1951 bis 1954 Polit. Mitarb. SED-Kr.Ltg. Görlitz/Bez.Leitung Dresden; 1954 bis 1955 Student, Zentralschule d. SED Erfurt; 1955 bis 1957 Polit. Mitarb., SED-Bez.Leitung Dresden; 1957 Eintritt in d. NVA als Offizier; 1957 bis 1958 Offz.hörer Hochschule f. Offz.; 1958 bis 1959 Kp.Chef, Bat. Kdr., Mot.Schützen-Rgt.-7; 1959 bis 1961 1. Stv. Kdr. Reservisten-Ausb.Rgt.-7, Eilenburg; 1962 bis 1965 Kdr. Mot.Schützen-Rgt.-23; 1965 bis 1966 Offz.hörer Militärakad. Dresden; 1966 bis 1976 Chef Wehrbez.kdo. Rostock; **Gen.Maj.**: 07.10.1977; 1976 bis 1988 Chef Wehrbez.kdo. Berlin; Auszeichn.: Vaterländ.Verd.Ord. Silb.; Kampforden Silb.; Entl.: 31.10.1988

Fischer, Richard; Konteradmiral/Generalmajor

Geb.: 24.03.1906, in: Ahrensdorf, Kr. Ost-Sternberg; Vater: Arbeiter; Schule: 8 Klassen; Beruf: Bau- u. Möbeltischler

1920 bis 1928 Lehre, Geselle; 1928 bis 1929 Bühnentischler; 1929 bis 1932 Tischler, Polier; 1930 KPD; 1932 bis 1934 ill.. Tätigk.; 1934 bis 1936 Haft, Berlin; 1936 bis 1937 Tischler; 1937 bis 1945 Zuchth. Brandenburg, KZ-Sachsenhausen

Eintritt Bew. Organe: 15.05.1945; 1945 bis 1946 Stv. Ltr. Kriminalpolizei Berlin-Neukölln; 1946 SED; 1946 bis 1947 Stv. Ltr. Kriminalpolizei Berlin-Friedrichshain; 1947 bis 1949 Ltr. Kriminalinsp., Volkspolizeipräsidium Berlin; 1949 bis 1950 Ltr. Abt. Org. u. Verw., VP Berlin; Chefinspekt.: 01.08.1950; 1950 bis 1952 Ltr. Abt. Kader, Seepolizei; **K.Adm.**: 01.10.1952; 1952 bis 1954 Stv. Chef Verw. Kader u. Ltr. Abt. f. See- u. Lufteinheiten, KVP; 1954 bis 1959 Botschafter DDR in Nordkorea; 1960 Reaktivierung, OAdj. z.b.V., MfNV; **Gen.Maj.**: 01.02.1960; 1960 bis 1961 Stv. Chef Polit.Verw. f. allg. Fragen, MfNV; 1962 Ltr. d. Zensurstelle, MfNV; 1962 bis 1967 Mil.Attaché in d. UdSSR; 1967 bis 1971 Direktor Militärbibliothek Strausberg/ Dresden; Auszeichn.: Vaterländ.Verd.Ord. Gold; Karl-Marx-Orden; Kampforden Silb.; Entl.: 30.06.1954/31.01.1971

Fischer, Rolf; Dr. rer. pol., Dipl.-Mil.; Generalmajor

Geb.: 03.08.1930, in: Rübeland, Kr. Wernigerode; Vater: Modelltischler; Schule: Mittlere Reife; Beruf: Verwaltungsangestellter

1947 bis 1950 Lehre; Angest.; 1949 SED; 1950 bis 1952 Student, Akad. f. Staat u. Recht; 1952 bis 1953 Oberreferent, Rat d. Bez. Magdeburg; 1953 bis 1955 Hpt.Referent b. Staatsekr. f. Innere Angel.; **Eintritt Bew. Organe**: 20.04.1955; 1955 bis 1960 Sachbearb., Ltr. Sekretariat, Abt.-Ltr., Verw. Aktiver Brandschutz, MdI; 1960 bis 1961 Kursant, Luftschutz-Institut/UdSSR; 1961 bis 1966 Abt.-Ltr. Kdo. Luftschutz, MdI; 1967 Stv. Chef d. Stabes f. Kernwaffen-, Chemischer und Biologischer Schutz, Kdo. Luftschutz, MdI; 1968 bis 1976 1. Stv. Chef d. Stabes, Zivilverteid. DDR; 1976 bis 1978 Stv. Ltr. Zivilverteid. u. Chef d. Stabes, Zivilverteid. DDR; 1978 bis 1986 Stv. Ltr. Zivilverteid. u. Chef des Bevölk.-u. Volkswirtschaftsschutzes, Zivilverteid. DDR; **Gen.Maj.**: 10.02.1978; 1986 bis 1990 Stv. Ltr. Zivilverteid. u. Chef Verw. I, Zivilverteid. DDR; Auszeichn.: Vaterländ.Verd.Ord. Silb.; Scharnhorstorden; Entl.: 31.05.1990

Fischer, Wolfgang; Dipl.-Mil.; Generalmajor

Geb.: 18.06.1932, in: Oelsnitz/Vogtl.; Vater: Zeichner; Schule: 8 Klassen; Beruf: Speditionskaufmann

1946 bis 1948 Speditionsarbeiter; 1948 bis 1951 Lehre; **Eintritt Bew. Organe**: 10.07.1951; 1951 bis 1952 Posten, Schreiber, Hpt.feldw., VP-Bereitschaft Berlin-Rummelsburg; 1953 bis 1954 Offz.schüler, Offz.Schule Erfurt; 1954 bis 1955 Zugfhr., KVP-Kdo. Drögeheide; 1955 SED; 1955 bis 1956 Offz. f. op. Arb., Stab KVP-Dienststt. Prenzlau, Offz.hörer, Dresden; 1956 bis 1960 Militärakad./UdSSR; 1960 bis 1961 Stabschef Aufkl.Bat.-8; 1961 bis 1964 OOffz./Ltr. Unterabt. op.-takt. Ausbild., Kdo. Mil.Bez. V; 1964 bis 1969 OOffz., Verw. Op., MfNV; 1969 bis 1973 OOffz., Stab Vereinte Streitkräfte Warschauer Vertrag; 1973 bis 1975 Gen.stab-Akad. UdSSR; 1975 bis 1976 OOffz., Verw. Op, MfNV; 1976 bis 1980 Stv. Kdr. u. Stabschef 11. Mot.Schützen-Div.; 1980 bis 1981 Stv. Chef d. Stabes f. Org., Kdo. Mil.Bez. III; 1982 bis 1990 Chef Wehrbez.kdo. Halle; **Gen.Maj.**: 01.03.1986; Auszeichn.: Vaterländ.Verd.Ord. Bronze; Kampforden Silb.; Entl.: 30.09.1990

Fleißner, Werner; Dipl.-Mil., Ing.; Generaloberst

Geb.: 17.06.1922, in: Chemnitz; Vater: Modelltischler; Schule: 8 Klassen; Beruf: Modelltischler; gest.: 27.12.1985

1936 bis 1941 Lehre, Geselle; 1941 bis 1945 Wehrmacht, Uffz. (Artillerie); 1945 amerik. Internierung (Österreich)

1945 Modelltischler; 1946 SPD; 1946 SED; **Eintritt Bew. Organe**: 06.01.1946; 1946 bis 1948 Ltr. Referat Kfz., VP-Präsidium Chemnitz; 1948 bis 1950 Ltr. VP-Bereitschaft Großenhain; 1950 bis 1951 Stv. Ltr. Techn./Ausrüst., VP-Dienststt. Zeithain; 1951 bis 1956 Ltr. Kfz-Schule, KVP; 1956 bis 1958 Offz.-hörer Hochschule f. Offz.; 1958 bis 1961 Chef Kfz.-Wesen, MfNV; **Gen.Maj.**: 07.10.1963; 1964 bis 1972 Stv. Min.fNV f. Ausrüst.; **Gen.Ltn.**: 07.10.1969; 1972 bis 1985 Stv. Min.fNV u. Chef Techn./Bewaffn.; **Gen.Oberst**: 07.10.1977; Auszeichn.: Karl-Marx-Orden; Vaterländ.Verd.Ord. Gold; Scharnhorstorden

Förster, Martin; Dipl.-Mil.; Generalmajor

Geb.: 29.10.1928, in: Deetz, Kr. Soldin (Polen); Vater: Maurer; Schule: 8 Klassen; Beruf: Kfz.-Schlosser; Stahlgießer

1943 bis 1944 Lehre; 1944 bis 1945 Luftwaffenhelfer; 1945 engl. Gefangensch.

1945 bis 1947 Kfz.-Schlosser, Tankwart; 1947 bis 1949 Stahlgießer; **Eintritt Bew. Organe**: 15.08.1949; 1949 bis 1950 Kursant, VP-Schule Naumburg; 1950 bis 1953 Stv. Ltr. f. Ausbild., VP-Dienststt. Torgau; 1953 bis 1955 Gehilfe d. Ltr. Unterabt. Op., KVP-Dienststt. Dresden; 1954 SED; 1955 bis 1957 Offz.hörer Hochschule f. Offz.; 1957 bis 1960 OOffz. op. Arb., 4. Mot.Schützen-Div.; 1960 bis 1961 Ltr. Unterabt. Op., 4. Mot.Schützen-Div.; 1962 bis 1964 Gen.stab-Akad. UdSSR; 1964 bis 1966 Stv. Abt.-Ltr., Verw. Op., MfNV; 1966 bis 1971 Abt.-Ltr., Verw. Op., MfNV; 1971 bis 1975 OOffz., Stab Vereinte Streitkräfte Warschauer Vertrag; 1975 bis 1989 Stv. Chef Militärbauwesen u. Unterbringung f. Plan., Org. u. Kontr., MfNV; **Gen.Maj.**: 07.10.1977; Entl.: 30.11.1989

Franke, Arthur; Generalleutnant

Geb.: 05.08.1909, in: Berlin; Vater: Asphaltarbeiter; Schule: 8 Klassen; Beruf: Tischler; gest.: 23.10.1992

1923 bis 1930 Lehre, Tischler; 1930 KPD; 1930 bis 1933 erwerbslos; 1933 bis 1934 Bautischler; 1934 bis 1938 Emigr. ČSR; 1938 bis 1939 Interbrig. Spanien; 1939 bis 1941 Internierung in Frankreich; 1941 bis 1945 Haft in Tegel, KZ-Sachsenhausen

1946 SED; 1945 bis 1947 Parteisekr. SED-Kr.Ltg. Berlin-Tiergarten; 1947 bis 1948 Mitarb. SED-Landesvorst. Berlin; **Eintritt Bew. Organe**: 01.01.1949; 1949 bis 1950 Abt.-Ltr., Polizeipräsidium Berlin; 1951 bis 1959 Ltr. Politabt., VP-Luft/Verw. d. Aeroklubs/Kdo. LSK/LV; 1959 Stv. Chef Verw. Aufkl., MfNV; 1959 bis 1974 Chef Verw. Aufkl./Chef Aufkl., MfNV; **Gen.Maj.**: 01.03.1966; **Gen.Ltn.**: 01.03.1974; Auszeichn.: Karl-Marx-Orden; Vaterländ.Verd.Ord. Silb.; Scharnhorstorden; Entl.: 31.01.1975

Freitag, Werner; Dipl.-Ing.; Generalmajor

Geb.: 31.12.1935, in: Ludwigslust; Vater: Arbeiter; Schule: 12 Klassen in Grundlagenfächern; Beruf: Kfz.-Schlosser

1950 bis 1953 Lehre; 1953 bis 1955 Student, Arb.-u.-Bauern-Fak.; **Eintritt Bew. Organe**: 11.01.1955; 1955 bis 1957 Offz.schüler, Kfz.-techn.-Schule KVP/NVA; 1957 SED; 1957 bis 1958 Zugfhr., Mot.Schützen-Rgt.-29; 1958 bis 1960 Stv. Kp.Chef f. Techn./Ausrüst., Mot.Schützen-Rgt.-27; 1961 bis 1962 Offz. f. Kfz., Mot.Schützen-Rgt.-27; 1963 bis 1968 Militärakad./UdSSR; 1968 bis 1970 OOffz f. Instands. u. Versorgung Kfz., 8. Mot.Schützen-Div.; 1971 bis 1974 Ltr. Kfz-Dienst, 8. Mot.Schützen-Div.; 1974 bis 1977 Ltr. Unterabt. Nutzung b. Chef Kfz-Dienst, Kdo. LaSK; 1977 bis 1981 Chef Kfz-Dienst, Kdo. Mil.Bez. III; 1981 bis 1984 Stv. Chef Kfz-Dienst f. op. Aufg. u. Perspektivaufg., MfNV; 1984 bis 1990 Chef Kfz.-Dienst, MfNV/MfAV; **Gen.Maj.**: 01.03.1988; Auszeichn.: Kampforden Silb.; Entl.: 30.09.1990

Freyer, Erwin; Dipl.-Ing.; Generalmajor

Geb.: 27.12.1914, in: Berlin; Vater: Gärtner; Schule: Abitur; Beruf: Entwicklungsingenieur; gest.: 22.09.1992

1935 RAD; 1935 bis 1940 Student, TH Berlin; 1940 bis 1944 Ing., Henschel-Flugzeug-Werke; 1944 Verurteilung z. Tode, Vollstreckung aufgeschoben; 1944 bis 1945 Zuchthaus Brandenburg

1945 KPD; 1945 bis 1948 Referent/Hauptreferent, Dt. Zentralverw. f. Industrie; 1946 SED; 1948 bis 1949 Hpt.Referent, Dt. Wirtschaftskomm., HV Metallurgie; 1950 bis 1951 Hpt.Referent, Min.f.Industrie; 1951 bis 1953 Verwaltungsangest., Büro f. Wirtschaftsfragen, MdI; 1953 bis 1955 Abt.-Ltr., Min. f. Transportmittel- u. Landmaschinenbau; 1955 Angest., Amt f. Techn./Büro d. Stv. d. Vors. d. Min.präs.; Okt. 1955 Ernennung z. Oberst; **Eintritt Bew. Organe**: 01.01.1956; **Gen.Maj.**: 01.09.1956; 1956 bis 1957 Stv. Min.fNV f. Techn. u. Bewaffn.; 1957 bis 1962 Ltr. HAbt. I, Staatl. Plankommission DDR; 1962 bis 1963 Nachweis f. kranke Offz., Verw. Kader, MfNV; Auszeichn.: Vaterländ.-Verd.Ord. Silb.; Entl.: 31.07.1963

Freytag, Walter; Generalmajor

Geb.: 02.07.1892, in: Hasselburg, Ohrekreis; Vater: Gutsbesitzer; Schule: Abitur; Beruf: Berufssoldat; gest.: 06.02.1982

1912 bis 1918 Offz., Teiln. am Ersten Weltkrieg; 1918 bis 1921 landwirtsch. Tätigk.; 1921 bis 1928 Reichswehr; 1928 bis 1930 landwirtsch. Tätigk.; 1930 bis 1936 Reichswehr/Wehrmacht, Bat.Kdr; 1936 bis 1939 Festungskdt. v. Glogau; 1939 bis 1941 Kdt. v. Brünn; 1941 bis 1942 Kdr. GrenzRgt.-240; 1942 Gen.Maj.; 1942 bis 1943 Kdt. v. Smolensk, Krasnodar, Kdr. Osttruppen 741 u. 853; 1943 bis 1945 Kdt. von Danzig; 1945 bis 1949 sowjet. Gefangensch.

Eintritt Bew. Organe: 01.11.1949; 1949 bis 1950 DBD; 1949 bis 1952 Chefinspekt. (01.11.1949) u. Kdr. VP-Hochschule, Kochstedt; 1952 SED; **Gen.Maj.**:

01.10.1952; 1952 bis 1953 Ltr. Hochschule KVP, Dresden; Auszeichn.: Vaterländ.Verd.Ord. Bronze; Kampforden Bronze; Entl.: 31.12.1953

Fritzsche, Johannes; Dipl.-Mil.; Generalmajor
Geb.: 12.06.1934, in: Pethau, Kr. Löbau-Zittau; Vater: Berufsfeuerwehrmann; Schule: 12 Klassen in Grundlagenfächern; Beruf: Schlosser
1948 bis 1952 Lehre, Schlosser; **Eintritt Bew. Organe**: 16.06.1952; 1952 bis 1953 Posten, Postenführer, Grenzbereitschaft Blumberg; 1953 bis 1954 Uffz.-Schüler, Groß Glienicke; 1954 SED; 1954 bis 1955 Gruppenführer, Kontroll passierpkt. Zittau; 1956 bis 1957 Offz.schüler, Lehranstalt DGP Sondershausen; 1957 bis 1962 Zugfhr., Kp.Chef, 19. Bat., GrenzRgt.-3; 1962 bis 1963 Offz.hörer Offz.Schule Plauen; 1963 bis 1964 Kp.Chef, GrenzRgt.-3; 1964 bis 1968 Kdr. Bat., GrenzRgt.-3; 1968 bis 1971 Offz.hörer Militärakad. Dresden; 1971 bis 1972 Stv. Kdr. u. Stabschef GrenzRgt.-3; 1972 bis 1979 Kdr. GrenzRgt.-3; 1979 bis 1981 Stv. Kdr. u. Stabschef GrenzKdo. Nord; 1981 bis 1989 Kdr. GrenzKdo. Nord; **Gen.Maj.**: 07.10.1983; 1989 bis 1990 Kdr. Uffz.Schule VI; Auszeichn.: Vaterländ.Verd.Ord. Silb.; Kampforden Gold; Entl.: 30.09.1990

Fuhrmann, Ingolf; Dipl.-Ges.-Wiss.; Generalmajor
Geb.: 24.01.1931, in: Breslau (Polen); Vater: Angestellter; Schule: 12 Klassen in Grundlagenfächern; Beruf: ohne/Berufssoldat
Eintritt Bew. Organe: 01.03.1949; 1953 bis 1958 Stv. Kdr. f. Politarb., C-Kdo./Pz.Rgt.-4; 1958 bis 1961 OInstrukteur, Polit.Verw., MfNV; 1961 bis 1963 Abt.-Ltr. Org., Polit. HV, MfNV; 1964 bis 1966 Offz.hörer Militärakad. Dresden; 1966 bis 1968 Stv. Kdr. u. Ltr. Politabt. 11. GBrg.; 1968 bis 1981 Chef Verw. Org., Polit. HV, MfNV; 1981–1990 Dir. Buch- u. Zeitschriftenvertrieb NVA; **Gen.Maj.**: 07.10.1977; Entl.: 30.04.1990 (?)

Gabriel, Günter; Dipl.-Mil.; Ing. f. Kfz.-Wesen; Generalmajor
Geb.: 27.10.1930, in: Folbern, Kr. Riesa-Großenhain; Vater: Maurer; Schule: 12 Klassen in Grundlagenfächern; Beruf: Traktorist
1945 bis 1949 Landarbeiter; 1949 bis 1952 Traktorist u. Bauernberater; **Eintritt Bew. Organe**: 19.09.1952; 1952 Kraftfahrer, Grenzbrig. Plauen; 1952 bis 1955 Offz.schüler, Offz.Schule f. Kfz.-Wesen; 1953 SED; 1955 bis 1961 Offz. f. Techn., Kdo. DGP; 1961 bis 1964 Student, Ing.-Schule Zwickau; 1964 bis 1965 Stv. Kdr. f. Techn./Ausrüst., GrenzRgt.-21; 1965 bis 1971 Stv. Kdr. f. Techn./Ausrüst., 5. Grenzbrig.; 1971 bis 1972 Stv. Chef Kfz.-u. Pz.-Techn. u. Abt.-Ltr. Kfz-Wesen, Kdo. GT; 1972 bis 1973 Ltr. Unterabt. Ausrüst.; Kdo. GT; 1973 bis 1975 Stv. Kdr. f. Techn./Ausrüst., GrenzKdo. Mitte; 1975 bis 1977 Offz.hörer Militärakad. Dresden; 1977 bis 1980 Stv. Kdr. f. Techn./Ausrüst., GrenzKdo. Mitte; 1980 bis 1984 Stv. Chef GT u. Chef Grenzsicherungsanlagen; **Gen.Maj.**: 07.10.1982; 1984 bis 1989 Stv. Chef GT u.

Chef Techn. u. Bewaffn.; Auszeichn.: Vaterländ.Verd.Ord. Silb.; Kampforden Silb.; Entl.: 31.12.1989

Gall, Ullrich; Dipl.-Ök.; Generalleutnant

Geb.: 16.06.1923, in: Stettin; Vater: Angest.; Schule: Abitur; Beruf: Kaufm. Angest.

1941 bis 1942 RAD; 1942 bis 1945 Wehrmacht, 1944 Ltn. (Pioniere); 1945 bis 1948 sowjet. Gefangensch.

1948 SED; **Eintritt Bew. Organe**: 20.09.1948; 1948 bis 1949 Instrukteur, Abt. Grenze/Bereitschaften, Halle; 1949 bis 1950 Hpt.fachlehrer Schießausb., VP-Schule Döbeln; 1950 bis 1951 Stv. Kdr. f. Ausbild., VP-Bereitschaft Döbeln; 1951 bis 1952 Sonderlehrg./UdSSR; 1952 bis 1955 Ltr. KVP-Schule Naumburg; 1955 bis 1960 Chef Verw. Lehranstalten/Ltr. Abt. Schulen u. Stv. Chef Verw. Ausbild., MfNV; 1960 bis 1968 Reserve (1960 bis 1961 Instrukteur f. Org. u. Grundsatzfragen b. Stv. f. Techn./Bewaffn., Zivilbeschäft.; 1962 bis 1967 wiss. Mitarb. im MfNV, Zivilbeschäft.); 1968 Reaktivierung; 1968 bis 1972 Chef Verw. Instand. u. Bewaffn., MfNV; 1972 bis 1988 Stv. Chef Techn./Bewaffn. f. Bewaffn. u. Instand., MfNV; **Gen.Maj.**: 01.03.1975; **Gen.Ltn.**: 07.10.1982; Auszeichn.: Vaterländ.Verd.Ord. Silb.; Kampforden Gold; Entl.: 30.06.1988

Gartmann, Hermann; Generalmajor

Geb.: 24.12.1906, in: Waldheim, Osthavelland; Vater: Arbeiter; Schule: 8 Klassen; Beruf: Eisenflechter, Tabellierer; gest.: 18.03.1972

1921 bis 1924 Landarbeiter; 1925 bis 1928 Bauhilfsarbeiter; 1925 KJVD; 1927 KPD; 1929 bis 1930 KPD-Funktionär; 1930 bis 1933 Haft, Festung Groß Strehlitz; 1933 bis 1934 erwerbslos; 1934 bis 1936 Eisenflechter; 1936 bis 1937 Tabellierer; 1937 Emigr. ČSR; 1937 bis 1939 Interbrig. Spanien; 1939 bis 1941 Internierung in Frankreich; 1941 bis 1945 KZ-Dachau

1945 bis 1948 KPD/SED-Funktionär, Templin; 1946 SED; **Eintritt Bew. Organe**: 01.08.1948; 1948 bis 1949 Stv. f. pol. Arb., VP-Landesbeh. Brandenburg; 1949 bis 1951 Ltr. Verw. z. Schutz d. Volkswirtschaft/Ltr. Landesbehörde MfS, Land Brandenburg; Chefinspekt.: 01.03.1950; 1951 bis 1952 Stv. Min.fS; Gen.inspekt.: 01.08.1952; 1952 bis 1955 Stv. Min.fS (ab 1953 Min.dI) u. Chef HVDGP; **Gen.Maj.**: 12.02.1953 (MfS); 1955 bis 1957 Stv. Min.fS u. Ltr. HV Innere Sicherheit; 1957 Chef DGP; 1957 bis 1959 Mil.Attaché in d. UdSSR; 1960 Offz.hörer Militärakad. Dresden; 1961 bis 1964 Kdr. Inf.-Schule II/Schule GT; Entl.: 31.03.1964

Gehmert, Manfred; Dipl.-Mil.; Generalleutnant

Geb.: 01.11.1931, in: Demmin; Vater: Schlosser; Schule: 10 Klassen in Grundlagenfächern ; Beruf: ohne/Berufssoldat

1946 bis 1947 Lehre; 1947 bis 1949 Demontagearbeiter, Spreng-, Holz- u. Tiefbauarbeiter; **Eintritt Bew. Organe**: 01.12.1949; 1949 bis 1950 Offz.schüler, VP-Schule Rostock; 1950 bis 1951 Zugfhr., VP-Dienstst. Hohenstücken; 1951 bis 1952 Offz.hörer Offz.Schule Dresden; 1952 bis 1956 Kp.Chef, Stv. Bat. Kdr., KVP-Dienstst. Hohenstücken; 1953 SED; 1956 bis 1957 Bat. Kdr. Mot.Schützen-Rgt.-1; 1957 bis 1958 Offz.hörer Hochschule f. Offz.; 1958 bis 1959 1. Stv. Kdr. Mot.Schützen-Rgt.-1; 1960 bis 1963 Kdr. Mot.Schützen-Rgt. 3; 1964 bis 1967 Militärakad./UdSSR; 1967 bis 1968 Kdr. Mot.Schützen-Rgt. 27; 1968 bis 1971 1. Stv. Kdr. 8. Mot.Schützen-Div.; 1971 bis 1973 Gen.-stab-Akad. UdSSR; 1973 bis 1977 Kdr. 9. Pz.Div.; **Gen.Maj.**: 07.10.1977; 1977 bis 1979 Stv. Chef Mil.Bez. u. Chef d. Stabes, Kdo. Mil.Bez. V; 1979 bis 1986 Chef Mil.Bez. V; **Gen.Ltn.**: 01.03.1981; 1986 bis 1990 Chef Militärakad. Dresden; ab 01.04.1990 Dienstausüb. b. Chef d. Hauptstabes, MfNV/MfAV; Auszeichn.: Vaterländ.Verd.Ord. Silb.; Kampforden Gold; Entl.: 30.09.1990

Geier, Bernhard; Dipl.-Mil.; Generalmajor

Geb.: 05.12.1926, in: Altkarbe, Kr. Friedeberg (Polen); Vater: Maurer; Schule: 8 Klassen; Beruf: Industriekaufmann

1941 bis 1943 Kaufm. Lehre, Gehilfe; 1943 bis 1945 Kriegsmarine, Gefr. (Funker)

1945 bis 1946 Umschüler/Maurer; **Eintritt Bew. Organe**: 15.12.1946; 1946 bis 1948 Wachtmeister, VP-Kreisamt Lübben; 1948 SED; 1948 bis 1950 Stabschef, Grenz-Kommandantur Eldena; 1951 bis 1954 Ltr. Kommandantur, Grenzbrig. Schönberg; 1954 bis 1956 Instrukteur, Kdo. DGP; 1956 bis 1957 Sonderlehrg./UdSSR; 1958 bis 1959 Ltr. Unterabt. Grenzdienst, Kdo. DGP; 1959 bis 1962 Ltr. Unterabt., MdI; 1962 bis 1964 Stv. Stabschef u. Ltr. Abt. Op., Stadtkommandantur Berlin; 1964 bis 1969 Kdr. 2. Grenzbrig.; 1969 bis 1971 Gen.stab-Akad. UdSSR; 1971 bis 1979 Kdr. GrenzKdo. Mitte; **Gen.Maj.**: 01.03.1972; 1979 bis 1984 Stv. Kdr. f. Ausbild. Offz.Hochschule GT; 1984 bis 1986 Stellenplan f. nicht eingesetzte Offz. GT, MfNV; Auszeichn.: Vaterländ.Verd.Ord. Bronze; Kampforden Gold; Entl.: 31.12.1986

Geiger, Kurt, Prof. Dr. med. habil.; OMed.Rat; Dr. rer. mil.; Generalmajor

Geb.: 07.12.1920, in: Brünn; Vater: Postangestellter; Schule: Abitur; Beruf: Arzt; gest.: 21.08.1993

1939 bis 1945 Student, Prag, Leipzig u. Dienst in d. Wehrmacht (Unterarzt)

1945 bis 1946 LDP; 1946 bis 1948 Assist., Mitarb./Abt.-Ltr. Gesundheitswesen, Merseburg; 1947 SED; **Eintritt Bew. Organe**: 01.11.1948; 1948 bis 1949 Ltr. Abt. Gesundheitswesen, Grenzbrig. Halle; 1949 bis 1952 Ltr. VP-Krankenhaus Leipzig; 1952 bis 1954 Ltd. Arzt, Territor.Verw. Nord, Pasewalk; 1954 bis 1956 Ltr. Feldscherschule KVP, Leipzig; 1956 bis 1957 Ltr. Zentr. Lazarett NVA, Bad Saarow; 1957 bis 1958 Offz.hörer Milit.med. Akad./UdSSR; 1958 bis 1966 Chef Med.Verw./Med. Dienst, MfNV; **Gen.Maj.**: 01.10.1959; Entl.: 31.03.1966

Geisler, Helmut; Dipl.-Mil.; Generalmajor

Geb.: 24.12.1925, in: Straßburg, Kr. Crossen (Polen); Vater: Landwirt; Schule: Mittlere Reife; Beruf: Techn. Assistent

1943 RAD; 1943 NSDAP-Anwärter; 1943 bis 1945 Wehrmacht, 1945 Ltn.; 1945 bis 1948 sowjet. Gefangensch.

1948 SED; 1948 bis 1949 Student, Wirtschaftsschule, Plessow; 1949 Referent, Landesreg. Brandenburg; **Eintritt Bew. Organe**: 01.10.1949; 1950 bis 1951 Taktiklehrer, VP-Schulen Prenzlau, Berlin-Treptow; 1951 bis 1952 Sonderlehrg./UdSSR; 1952 bis 1956 Kdo.Ltr., VP-Bereitschaft Prora/Kdr. Mot.-Schützen-Rgt.-2, Div. Potsdam; 1956 bis 1960 Militärakad./UdSSR; 1960 bis 1963 1. Stv. Kdr. Inf.-Schule, Plauen; 1963 bis 1971 Stv. Kdr. Offz.Schule Löbau; 1971 bis 1973 1. Stv Kdr. Offz.Hochschule LaSK, Löbau; 1973 bis 1976 Stv. Kdr. f. Ausb. Offz.Hochschule LaSK, Löbau; 1976 bis 1977 Kdr. Offz.-Hochschule LaSK m.d.F.b., Löbau; 1977 bis 1980 Stv. Kdr. f. Ausb. u. Forsch. Offz.Hochschule LaSK, Löbau; **Gen.Maj.**: 20.02.1976; 1981 bis 1986 Kdr. Offz.Hochschule (f. d. Ausb. ausländ. Militärkader) Prora; Auszeichn.: Vaterländ. Verd.Ord. Silb.; Kampforden Silb.; Entl.: 31.12.1986

Gereit, Otto; Dipl.-Mil.; Generalmajor

Geb.: 13.08.1934, in: Ostwalde, Kr. Tilsit (Ostpr.); Vater: Maurer; Schule: Abitur; Beruf: ohne/Berufssoldat

1954 bis 1955 Praktikant, Stahlwerk Henningsdorf; **Eintritt Bew. Organe**: 27.05.1955; 1955 bis 1956 Posten, Grenzbereitschaft Salzwedel; Offz.schüler, Offz.Schule DGP Sondershausen; 1957 SED; 1956 bis 1957 Zugfhr. 1. Grenzbrig., HVDGP; 1958 bis 1961 Gehilfe Stabschef, Kp.Chef, Offz.hörer Offz.Schule Glöwen; 1961 bis 1962 OOffz. op. Dienst, 5. Grenzbrig.; 1962 Offz. f. Ausb., Ausb.Bat.-21; 1962 bis 1966 Kp.Chef, GrenzRgt.-21; 1966 bis 1967 Bat.Kdr., GrenzRgt.-21; 1967 bis 1968 1. Stv. Kdr. GrenzRgt.-21; 1968 bis 1971 Offz.hörer Militärakad. Dresden; 1971 bis 1974 Stv. Kdr. u. Stabschef GrenzRgt.-15; 1974 bis 1975 Kdr. Grenzausb.Rgt.-11; 1975 bis 1978 Stv. Kdr. f. op. Arb., GrenzKdo. Süd; 1978 bis 1980 Stv. d. Kdr. u. Stabschef GrenzKdo. Süd; 1980 bis 1982 Stv. d. Kdr. f. Ausbild. GrenzKdo. Süd; 1982 bis 1984 Stv. Kdr. u. Stabschef GrenzKdo. Süd; 1984 bis 1986 Stv. Kdr. f. Ausbild./Forsch., Offz.Hochschule GT Suhl; **Gen.Maj.**: 07.10.1986; 1987 bis 1990 Ltr. Inspektionsbereich GT, Verw. Inspektion, MfNV; ab 01.04.1990 Stv. Chef Grenzschutz u. Chef d. Stabes, MfNV/MfAV; Auszeichn.: Kampforden Gold; Entl.: 30.09.1990

Gerloff, Heinz; Dipl.-Mil.; Generalmajor

Geb.: 07.01.1931, in: Rostock; Vater: Schriftsetzer; Schule: Abitur; Beruf: ohne/Berufssoldat

1945 bis 1949 Oberschüler; **Eintritt Bew. Organe**: 02.09.1949; 1949 bis 1952 Kursant, Fachlehrer, Adj., VP-Schule Priemerwald; 1952 SED; 1952 bis 1956

Militärakad./UdSSR; 1956 bis 1958 Abt.-Ltr. Op., 9. Pz.Div.; 1959 bis 1960 OOffz. u. Abt.-Ltr. Op., Kdo. Mil.Bez. V; 1961 bis 1962 Hpt.fachlehrer f. op. Kunst, Militärakad. Dresden; 1962 bis 1963 Ltr. Fachrichtung Allg. Truppenführung, Militärakad. Dresden; 1963 bis 1965 Gen.stab-Akad. UdSSR; 1965 bis 1969 Stv. Chef d. Stabes u. Abt.-Ltr. Op., Kdo. Mil.Bez. III; 1969 bis 1973 Stv. Chef d. Stabes f. op. Arb., Kdo. Mil.Bez. III; 1972 bis 1973 Stv. Ltr. u. Stabschef Org.komitee X. Weltfestspiele (kommandiert); **Gen.Maj.**: 01.11.1973; 1973 bis 1976 Stv. Chef d. Stabes f. op. Arb., Kdo. LaSK; 1976 bis 1977 Stv. Chef LaSK u. Chef d. Stabes, Kdo. LaSK; 1977 bis 1989 Ltr. Lehrg. zur akad. Weiterbild. leit. Kader, Militärakad. Dresden; 28.08.1989 SED-Ausschluß; Herabsetzung im Dienstgrad z. Oberst d.R. am 15.09.1989; Auszeichn.: Kampforden Gold; Entl.: 15.09.1989

Gestewitz, Hans, Prof. Dr. med. habil; OMed.Rat; Generalleutnant

Geb.: 12.12.1921, in: Satow, Kr. Bad Doberan; Vater: Arzt; Schule: Abitur; Beruf: Arzt/Berufssoldat; gest.: 01.12.1998

1939 RAD; 1939 bis 1945 Wehrmacht (Feldunterarzt), dazwischen ab 1942 Student; 1945 engl. Gefangensch.

1945 bis 1948 Student, Uni Rostock, Erlangen, Hamburg; 1948 bis 1952 Ass.arzt; **Eintritt Bew. Organe**: 15.10.1952; 1952 bis 1956 Chefarzt HNO, Lazarett/VP-Krankenhaus, Bad Saarow; 1956 bis 1960 Ltr. Abt. HNO, Zentr.-Lazarett NVA, Bad Saarow; 1959 SED; 1960 bis 1968 Ltr. Zentr.Lazarett NVA u. Ltr. HNO-Klinik, Bad Saarow; 1968 bis 1973 Ltr. Zentr.Lazarett NVA, Bad Saarow; 1973 bis 1981 Chef Zentr.Lazarett NVA, Bad Saarow; **Gen.Maj.**: 01.03.1966; **Gen.Ltn.**: 01.03.1974; 1981 bis 1988 Chef Militärmed.Akad., Bad Saarow; Auszeichn.: Ehrenspange Vaterländ.Verd.Ord. Gold; Scharnhorstorden; Entl.: 30.11.1988

Girke, Ernst; Dipl.-Jurist; Generalmajor

Geb.: 08.11.1930, in: Zeidel, Kr. Militsch (Polen); Vater: Bergmann; Schule: 8 Klassen; Beruf: Schmied

1945 bis 1946 Bote, Bügermeisterei Sollwitz; 1946 bis 1949 Lehre, Geselle; **Eintritt Bew. Organe**: 01.09.1949; 1949 bis 1950 Anwärter, Kursant, 7. VP-Bereitschaft Sa./Anh.; 1951 SED; 1951 Offz.schüler, Zugfhr., VP-Schule Treptow; 1952 bis 1953 Stv. Kdr. f. Politarb., Kp., VP-Schule Kamenz; 1953 Kursant, Sonderlehrg. Justiz, Dresden; 1954 bis 1955 Untersuchungsführer/Gehilfe d. Staatsanwaltes, Verw. d. Aeroklubs; 1955 bis 1960 Ltd. Militärstaatsanwalt, 7. Pz.Div.; 1960 bis 1970 Ltd. Militärstaatsanwalt, Mil.Bez. V; 1970 bis 1971 Abt.-Ltr. Staatsverbrechen b. Militäroberstaatsanwalt; 1971 bis 1975 Stv. Militäroberstaatsanwalt f. op. Rechtspflege; 1975 bis 1976 Offz.hörer Militärakad. Dresden; 1976 bis 1987 Stv. Militäroberstaatsanwalt f. Strafverfolgung; **Gen.Maj.**: 07.10.1980; 1987 bis 1990 Stv. Gen.staatsanwalt u. Militäroberstaatsanwalt; Auszeichn.: Vaterländ.Verd.Ord. Bronze; Kampforden Gold; Entl.: 30.04.1990

Gleau, Egon; Dipl.-Mil.; Generalmajor

Geb.: 05.09.1937, in: Frassdorf, Kr. Köthen; Vater: Maurer, Hochofenarbeiter; Schule: 12 Klassen in Grundlagenfächern; Beruf: Feinmechaniker

1951 bis 1953 Lehre; 1953 bis 1955 Feinmechaniker, Dessau; **Eintritt Bew. Organe**: 17.06.1955; 1955 bis 1958 Offz.schüler, Offz.Schule Plauen; 1957 SED; 1958 bis 1960 Zugfhr., Aufkl.Bat.-8, 8. Mot.Schützen-Div.; 1960 bis 1962 Chef Aufkl.Kp.-5; 1962 bis 1964 Offz. f. spez. Ausbild., Kdo. Mil.Bez. V; 1964 bis 1965 Offz. Verw. Aufkl., MfNV; 1965 bis 1966 Offz. f. Gefechtsausb., Kdo. Mil.Bez. V; 1966 bis 1969 Kdr. Fallschirmjäger-Bat.-5; 1969 bis 1972 Militärakad./UdSSR; 1972 bis 1973 Ltr. Unterabt. Spez. Ausbild., Kdo. LaSK.; 1973 bis 1975 Kdr. Mot.Schützen-Rgt.-2; 1975 bis 1977 Gen.stab-Akad. UdSSR; 1977 bis 1979 Stv. Kdr. f. Ausbild., 11. Mot.Schützen-Div.; 1979 bis 1983 Kdr. 4. Mot.Schützen-Div.; **Gen.Maj.**: 07.10.1982; 1983 bis 1985 Stv. Chef Mil.Bez. u. Chef Ausbild., Kdo. Mil.Bez. III; 1985 bis 1990 1. Stv. Chef Militärakad. Dresden; Auszeichn.: Kampforden Bronze; Vaterländ.Verd.Ord. Bronze; Entl.: 30.09.1990

Glomba, Horst; Dipl. -Ges.-Wiss., Dipl.-Mil.; Generalmajor

Geb.: 07.08.1927, in: Hohenprießnitz, Kr. Delitzsch; Vater: Arbeiter; Schule: 12 Klassen in Grundlagenfächern; Beruf: Kaufm. Angestellter

1942 bis 1944 Lehre; 1944 RAD; 1944 bis 1945 Wehrmacht, Gefr. (Infanterie); 1945 bis 1949 sowjet. Gefangensch.

1949 SED; **Eintritt Bew. Organe**: Februar 1949; 1949 bis 1950 Posten, Revier-Polit-Kultur-Offz., VP-Kreisamt Delitzsch; 1950 bis 1952 Gehilfe f. Jugendarb., Abt. Grenze Halle, Instrukteur, Politabt. DGP; 1952 bis 1956 Ltr. Unterabt. Jugend, Politabt. DGP; 1956 bis 1959 Stv. Kdr. f. Politarb., Grenzbrig. Blumberg; 1959 bis 1961 Ltr. Politabt., 8. Grenzbrig., Karl-Marx-Stadt; 1961 bis 1964 Ltr. Politabt., 11. Grenzbrig., Rudolstadt; 1964 bis 1968 Offz.hörer Militärakad. Dresden; 1968 bis 1974 Polit. Mitarb., Abt. Sicherheit d. ZK; 1974 bis 1990 Sektorenltr., Abt. Sicherheit d. ZK; **Gen.Maj.**: 07.10.1982; Auszeichn.: Vaterländ.Verd.Ord. Silb.; Kampforden Silb.; Entl.: 28.02.1990

Goldbach, Joachim; Dipl.-Mil.; Generaloberst

Geb.: 08.12.1929, in: Cossebaude, Kr. Dresden; Vater: Kaufm. Angestellter; Schule: 8 Klassen; Beruf: Zimmermann

1945 bis 1949 Lehre, Zimmermann; 1949 Wirtschaftsltr.; **Eintritt Bew. Organe**: 27.10.1949; 1949 bis 1950 Kursant, VP-Bereitschaft Großenhain; 1950 bis 1952 Offz.schüler, Zugfhr., Fachlehrer, VP-Schule Priemerwald; 1951 SED; 1952 bis 1956 Militärakad./UdSSR; 1956 bis 1959 1. Stv. Kdr. 7. Pz.Div.; 1959 bis 1960 Stv. Kdr. u. Stabschef 7. Pz.Div.; 1960 bis 1964 Kdr. 7. Pz.Div.; 1964 bis 1966 Gen.stab-Akad. UdSSR; **Gen.Maj.**: 07.10.1966; 1966 bis 1969 Kdr.

4. Mot.Schützen-Div.; 1969 bis 1972 1. Stv. Chef Mil.Bez. III; 1972 bis 1979 Chef Mil.Bez. V; **Gen.Ltn.**: 07.10.1974; 1979 bis 1986 Stv. Min.fNV u. Chef Rückw.Dienste; 1986 bis 1990 Stv. Min.fNV u. Chef Techn./Bewaffn.; **Gen.Oberst**: 01.03.1986; ab 18.04.1990 Ltr. Amt f. Techn., Abrüstung u. Konversion, MfAV; Auszeichn.: Vaterländ.Verd.Ord. Gold; Scharnhorstorden; Entl.: 30.09.1990

Gotthilf, Leopold; Dipl.-Mil.; Generalmajor

Geb.: 19.06.1918, in: Wien; Vater: Arbeiter; Schule: Mittlere Reife; Beruf: Bürogehilfe; gest.: 29.12.1999

1933 bis 1938 Lehre, Bürogehilfe; 1938 bis 1939 RAD; 1940 bis 1945 Wehrmacht, Feldw.; 1945 bis 1948 sowjet. Gefangensch.

1948 SED; **Eintritt Bew. Organe**: 04.10.1948; 1948 bis 1949 Zug-Polit-Kultur-Offz., VP-Bereitschaft Kirchmöser, Naumburg; 1949 bis 1950 Sonderlehrg./UdSSR; 1950 bis 1953 Kdr. VP-Schule Erfurt I; 1953 bis 1957 Stv. Kdr. Hochschule f. Offz. KVP/NVA; 1957 bis 1959 Gen.stab-Akad. UdSSR; 1959 bis 1963 Kdr. 1. Mot.Schützen-Div.; 1963 bis 1974 Kdr. Offz.Schule/Offz.Hochschule LaSK; **Gen.Maj.**: 07.10.1968; 1974 bis 1980 Chef Verw. Schulen u. Weiterbild., MfNV; Auszeichn.: Vaterländ.Verd.Ord. Bronze; Kampforden Silb.; Scharnhorstorden; Entl.: 31.12.1980

Gottwald, Kurt; Dipl.-Mil.; Generalleutnant

Geb.: 11.12.1931, in: Pirna, Kr. Sächsische Schweiz; Vater: Verwaltungsangestellter; Schule: 8 Klassen; Beruf: Möbeltischler; gest.: 29.03.2002

1946 bis 1949 Lehre; 1949 SED; **Eintritt Bew. Organe**: 26.09.1949; 1949 bis 1950 Kursant, VP-Schule Döbeln; 1950 bis 1951 Abt.-Ltr., VP-Bereitschaft Torgau; 1951 bis 1952 Offz.hörer VP-Schule Kochstedt; 1952 bis 1954 Offz., 1. Verw., Stab KVP; 1954 bis 1958 Militärakad./UdSSR; 1959 Stabschef Mot.Schützen-Rgt. 7; 1960 bis 1961 OOffz., Verw. Op., MfNV; 1961 bis 1966 Stv. Chef u. Ltr. 1. Abt., Verw. Op., MfNV; 1966 bis 1968 Gen.stab-Akad. UdSSR; 1968 bis 1973 Stv. Kdr. u. Stabschef 11. Mot.Schützen-Div.; 1973 bis 1977 Stv. Chef Mil.Bez. u. Chef d. Stabes, Kdo. Mil.Bez. III; **Gen.Maj.**: 07.10.1974; 1977 bis 1982 Stv. Chef d. Stabes Vereinte Streitkräfte Warschauer Vertrag; 1983 bis 1987 Stv. Chef d. Hauptstabes f. op. Fragen, MfNV; **Gen.Ltn.**: 01.03.1987; 1988 bis 1990 Stv. Chef Aufkl., MfNV; ab Mai 1990 1. Stv. Chef Info-Zentrum f. op. Fragen, MfAV; Auszeichn.: Vaterländ.Verd.-Ord. Silb.; Kampforden Gold; Entl.: 30.09.1990

Grabowsky, Joachim; Dipl.-Wirtschaftler; Bauing.; Generalmajor

Geb.: 30.03.1931, in: Bautzen; Vater: Kaufm. Angestellter; Schule: 8 Klassen; Beruf: Maurer, Bautechniker

1946 bis 1950 Lehre, Maurer; 1950 bis 1953 Student, Ing.-Schule Zittau; 1953 bis 1955 Bauing.; 1954 SED; **Eintritt Bew. Organe**: 01.09.1955; 1955 bis 1956

Oberreferent/OOffz. f. Bauwesen, Büro d. stv. Vors. MR; 1956 bis 1959 OOffz. f. Invest.plan., HAbt. I, Staatl.Plankomm.; 1959 bis 1962 OOffz. f. Grundsatzfragen d. Jahres- u. Perspekt.planes d. MfNV, HAbt. I, Staatl.Plankomm.; 1962 bis 1971 Sektorenltr. u. Ltr. Abt. I, Militärbereich Staatl.Plankomm.; 1971 bis 1972 Parteihochschule KPdSU/UdSSR; 1972 bis 1975 Ltr. Abt. I, Militärbereich Staatl.Plankomm.; 1975 bis 31.03.1990 Stv. Chef Militärbereich u. Chef Verw. I, Staatl.Plankomm.; **Gen.Maj.**: 07.10.1982; ab April 1990 Chef Bereich ökon. Sicherst. d. bewaffn. Organe, HAbt.-Ltr., Min.rat DDR; Auszeichn.: Vaterländ.Verd.Ord. Bronze; Kampforden Gold; Entl.: 30.09.1990

Gräfe, Siegfried; Prof. Dr. rer. oec., Dipl.-Ing.; Generalmajor

Geb.: 12.01.1928, in: Königsbrück, Kr. Kamenz; Vater: Arbeiter; Schule: 8 Klassen; Beruf: Betriebseisenbahner

1942 bis 1944 Reichsbahnjugendhelfer; 1944 bis 1945 Wehrmacht, Grenadier

1945 SPD; 1945 bis 1950 Fahrdienstltr., Personalssachbearb., DR; 1946 SED; 1950 bis 1951 Bahnhofsvorsteher; 1951 bis 1952 Ober-/Hpt.Referent, Generaldirektion DR Berlin; **Eintritt Bew. Organe**: 01.01.1953; 1953 bis 1954 OOffz./Abt.-Ltr. Eisenbahntransp., 9. Verw., Stab KVP; 1955 bis 1956 Abt.-Ltr. Ausbild., 9. Verw., Stab KVP; 1956 bis 1957 Stv. Chef Transportwesen u. Abt.-Ltr. op. Arb. u. Ausbild., Verw. Transportwesen, MfNV; 1957 bis 1958 Offz.hörer Hochschule f. Offz.; 1958 bis 1972 Chef Transportwesen, MfNV; **Gen.Maj.**: 02.11.1970; 1972 bis 1988 Chef Militärtransportwesen, MfNV; Auszeichn.: Vaterländ.Verd.Ord. Silb.; Scharnhorstorden; Kampforden Gold; Entl.: 29.02.1988

Grapentin, Dieter; Dipl.-Mil.; Generalmajor

Geb.: 13.03.1937, in: Leipzig; Vater: Bäcker, Kraftfahrer; Schule: Abitur; Beruf: Fräser

Eintritt Bew. Organe: 01.08.1955; 1955 bis 1958 Offz.schüler, Offz.Schule Erfurt; 1958 bis 1959 Fräser (Freistellung f. d. Prod.); 1960 SED; 1960 bis 1962 Offz. f. Bekleid./Ausrüst., Art.Rgt.-3; 1962 bis 1966 Offz. f. Ausbild. Rückw.Dienste, Kdo. Mil.Bez. III; 1966 bis 1969 Militärakad./UdSSR; 1969 bis 1973 OOffz. Rückw.Dienste, Verw. Op., MfNV; 1973 bis 1976 Stv. Kdr. Rückw.Dienste, 9. Pz.Div.; 1976 bis 1978 Gen.stab-Akad. UdSSR; 1978 bis 1979 Stv. Chef Rückw.Dienste u. Stabschef, Kdo. Mil.Bez. III; 1979 bis 1983 Stv. Chef Rückw.Dienste u. Stabschef, Kdo. LaSK; 1983 bis 1989 Stv. Chef Mil.Bez. u. Chef Rückw.Dienste, Kdo. Mil.Bez. V; **Gen.Maj.**: 01.03.1986; 1989 bis 1990 Kdr. Sekt.Techn./Bewaffn. u. Rückw.Dienste, Militärakad. Dresden; Auszeichn.: Kampforden Silb.; Entl.: 30.09.1990

Grätz, Manfred; Dipl.-Mil.; Generalleutnant

Geb.: 09.01.1935, in: Altmittweida, Kr. Mittweida; Vater: Arbeiter; Schule: Abitur; Beruf: ohne/Berufssoldat

Eintritt Bew. Organe: 29.12.1952; 1952 bis 1954 Offz.schüler, Offz.Schule Erfurt, Großenhain; 1954 bis 1955 Stv. Stabschef, C-Kdo., KVP; 1955 bis 1959 Militärakad./UdSSR; 1959 bis 1961 Stv. Kdr. u. Stabschef Pz.Rgt.-11; 1961 bis 1967 OOffz./Stv. Abt.-Ltr., Verw. Ausbild., MfNV; 1967 bis 1968 Offz. im Stellenplan R, MfNV; 1968 bis 1971 Ltr. Unterabt. Gefechtsausb., Verw. Ausbild., MfNV; 1971 bis 1973 Gen.stab-Akad. UdSSR; 1973 bis 1976 Stv. Kdr. u. Stabschef 1. Mot.Schützen-Div.; 1976 bis 1978 Kdr. 8. Mot.Schützen-Div.; 1978 bis 1979 Stv. Chef Mil.Bez. u. Chef Ausbild., Kdo. Mil.Bez. V; **Gen.Maj.**: 07.10.1979; 1979 bis 1982 Stv. Chef Mil.Bez. u. Chef d. Stabes, Kdo. Mil.Bez. V; 1982 bis 1986 Chef Mil.Bez. III; **Gen.Ltn.**: 01.03.1984; 1986 bis 1989 Stv. Min.fNV u. Chef Rückw.Dienste; 1990 Stv. Min.fNV u. Chef d. Hauptstabes; ab 18.04.1990 bis 15.09.1990 Chef d. Hauptstabes NVA, MfAV; Auszeichn.: Vaterländ.Verd.Ord. Silb.; Kampforden Gold; Entl.: 30.09.1990

Gregori, Theo; Dipl.-Mil.; Generalleutnant

Geb.: 31.07.1929, in: Rochlitz, Kr. Mittweida; Vater: Maurer; Schule: 8 Klassen; Beruf: Zimmermann

1944 bis 1945 Montagearbeiter

1945 Landarbeiter; 1945 bis 1948 Lehre, 1947 SED; 1948 bis 1949 Angest., Rat d. Kr. Rochlitz; **Eintritt Bew. Organe**: 06.06.1949; 1949 bis 1950 Offz.schüler, VP-Schule Döbeln; 1950 bis 1951 Abt.-Ltr., VP-Dienstst. Leipzig II; 1951 bis 1952 Offz.hörer VP-Schule Kochstedt; 1952 bis 1953 Stv. Abt.-Ltr. f. Militärfragen, FDJ-Zentralrat; 1953 bis 1954 Offz.hörer Hochschule f. Offz.; 1954 bis 1955 Redakteur, Abt. Vorschriften, Stab KVP; 1955 bis 1959 Offz.hörer Militärakad./UdSSR; 1960 bis 1961 OOffz. f. op. Schulung, Verw. Op., MfNV; 1961 bis 1964 Stv. Ltr. op. Schulung, Verw. Op., MfNV; 1964 bis 1966 Ltr. 2. Abt., Verw. Op., MfNV; 1966 bis 1968 Gen.stab-Akad. UdSSR; 1968 bis 1970 Abt.-Ltr., Verw. Op., MfNV; 1970 bis 1974 OOffz., Sekretariat d. Min.fNV; 1974 Stv. Chef Verw. Aufkl., MfNV; 1974 bis 1982 Chef Verw. Aufkl., MfNV; **Gen.Maj.**: 01.03.1976; **Gen.Ltn.**: 07.10.1979; Auszeichn.: Vaterländ.Verd.Ord. Silb.; Kampforden Bronze; Entl.: 30.09.1982

Grießbach, Eberhard; Dipl.-Mil.; Konteradmiral

Geb.: 03.10.1935, in: Chemnitz; Vater: Schneider; Schule: Abitur; Beruf: ohne/Berufssoldat

Eintritt Bew. Organe: 11.08.1954; 1954 bis 1958 Offz.schüler, Offz.Schule Seestreitkr.; 1956 SED; 1958 bis 1959 Elektroschweißer, Peene-Werft Wolgast (Freistellung f. d. Prod.); 1960 bis 1962 Kdt. Torpedo-Schnellboot; 1962 Kdt. RS-Boot; 1963 bis 1965 Stabschef/Navigationsoffz. 1. Schnellbootabt., 6. Flottille; 1965 bis 1966 Chef 1. Rak.Schnellboots-Abt., 6. Flottille; 1966 bis 1969 Offz.hörer Militärakad. Dresden; 1969 bis 1970 Chef 3. Rak.Schnellboots-Abt., 6. Flottille; 1970 bis 1971 Chef Torpedo-Schnellboots-Brig., 6. Flottille; 1971 bis 1974 Chef 3. Rak.-Torpedo-Schnellboots-Brig., 6. Flottille; 1974 bis 1983

Stv. Chef u. Stabschef 6. Flottille; 1983 bis 1987 Chef 6. Flottille; **K.Adm.**: 01.03.1986; 1987 bis 1988 Stv. Chef Ausbild. f. Gefechtsausb., Kdo. VM; 1988 bis 1990 Stv. Chef VM u. Chef Ausbild.; Auszeichn.: Vaterländ.Verd.Ord. Bronze; Kampforden Silb.; Entl.: 30.09.1990

Großer, Roland; Dipl.-Mil.; Generalmajor

Geb.: 11.10.1936; in: Frankenberg, Kr. Mittweida; Vater: Kunstglaser; Schule: Abitur; Beruf: Berufssoldat

Eintritt bew. Org.: 12.08.1954; 1954 bis 1957 Offz.schüler, Art.-Schule Dresden; 1957 SED; 1959 bis 1961 Zugfhr., Art.Rgt.-5; 1961 bis 1962 Offz. ohne Planstelle; 1963 bis 1968 Militärakad./UdSSR; 1968 bis 1971 OOffz. f. Rak. u. Munition, Kdo. Mil.Bez. V; 1971 bis 1974 Stv. Kdr. 5. Rak.Brig. f. Rak.techn.-Dienst; 1974 bis 1976 Gen.stab-Akad. UdSSR; 1976 bis 1980 Kdr. 5. Rak.Brig.; 1980 bis 1987 Chef Rak.Truppen/Art., Kdo. Mil.Bez. V; **Gen.Maj.**: 07.10.1983; 1988 bis 1990 Chef Rak.Truppen/Art., Kdo. LaSK; ab 15.09.1990 Stv. Chef LaSK u. Chef d. Stabes, Kdo. LaSK; Auszeichn.: Kampforden Bronze; Entl.: 02.10.1990

Gruschke, Wolfgang; Dipl.-Ges.-Wiss.; Generalmajor

Geb.: 30.10.1939; in: Brandenburg; Vater: Stellmacher; Schule: 12 Klassen in Grundlagenfächern; Beruf: Dreher

1954 bis 1957 Lehre, Dreher; **Eintritt bew. Org.**: 09.07.1957; 1957 Soldat, Pio.Bat.-1; 1958 bis 1960 Offz.schüler, Offz.Schule Döbeln; 1959 SED; 1960 bis 1965 Zugfhr., Nachr.Bat.-5, Mil.Bez. V; 1965 bis 1969 OOffz. Agit., Nachr.Rgt.-5; 1969 bis 1971 Sekr. Zentr. Parteiltg., Nachr.Rgt.-5; 1971 bis 1974 Offz.hörer Militärakad. Dresden; 1974 bis 1976 Stv. Kdr. u. Ltr. Politabt., Nachr.Rgt.-5; 1976 bis 1978 Stv. Ltr. Politabt. u. Ltr. Unterabt. Instr./Org., 9. Pz.Div.; 1978 bis 1982 Stv. Kdr. u. Ltr. Politabt. 9. Pz.Div.; 1982 bis 1986 Stv. Chef Polit.Verw. f. Instr./Org., Mil.Bez. V; 1986 bis 1990 Stv. Chef Polit.Verw. f. Instr., Kdo. LaSK; **Gen.Maj.**: 01.03.1988; 1990 Ltr. Abt. Staatsbgl. Arb., Kdo. LaSK; Auszeichn.: Vaterländ.Verd.Ord. Bronze; Kampforden Bronze; Entl.: 30.09.1990

Hammer, Wolfgang; Dipl.-Ges.-Wiss.; Generalmajor

Geb.: 01.02.1929; in: Chemnitz; Vater: Dreher; Schule: 8 Klassen; Beruf: Bäkker; gest.: 14.02.2003

1946 bis 1948 Bäcker; 1947 SED; **Eintritt bew. Org.**: 23.08.1948; 1948 bis 1951 Polit-Kultur-Offz., VP-Bereitschaft Chemnitz; 1951 bis 1954 OInstrukteur, VP-Dienstst. Gera, Politabt. Sonderobjekte Berlin; 1954 bis 1955 Stv. Ltr. Politabt. Sonderobjekte Berlin; 1955 bis 1959 Offz.hörer Militärpol.Akad./ UdSSR; 1959 bis 1961 Stv. Ltr. Politabt., 7. Pz.Div.; 1961 bis 1965 Ltr. Unterabt. Kontr. u. Inspektion, Polit. HV, MfNV; 1965 Chef Verw. Instr. (m.d.F.b.), Polit. HV, MfNV; 1965 bis 1974 Abt.-Ltr.Kontrolle u. Inspektion, Polit. HV,

MfNV; 1974 bis 1975 Stv. Vors. Parteikontr.kommission, Polit. HV, MfNV; 1975 bis 1986 Chef Politorgan b. Stv. d. Min.fNV u. Chef Techn./ Bewaffn., MfNV; 1986 bis 1989 Stv. Chef Techn./Bewaffn. u. Chef Politorgan; **Gen.Maj.**: 01.03.1987; Auszeichn.: Vaterländ.Verd.Ord. Silb.; Kampforden Gold; Entl.: 30.11.1989

Hampel, Heinz; Dipl.-Mil.; Generalmajor

Geb.: 09.09.1928; in: Breslau (Polen); Vater: Schäfer; Schule: Mittlere Reife; Beruf: ohne/Berufssoldat; gest.: 13.07.1999

1945 RAD; 1945 bis 1946 Landarbeiter; 1946 »Umsiedlung« in d. SBZ; 1946 bis 1949 Textilarbeiter; 1949 SED; **Eintritt bew. Org.**: 28.08.1949; 1949 bis 1951 Kursant, Zugfhr., Kp.Chef, VP-Schule Glöwen; 1951 bis 1952 Stv. Ausbild., Inf.Kdo., VP-Dienstst. Brandenburg; 1952 bis 1958 Kdr. Art.Aufkl.Abt., Art.Kdo., Stv. Kdr. Art.Kdo./Art.Rgt.-5; 1958 bis 1962 OOffz. Art., Ltr. Unterabt., Stabschef Art., Mil.Bez. V; 1962 bis 1963 Stabschef Art., Kdo. Mil.Bez. III; 1963 bis 1964 Speziallehrg. Rak.Truppen/Art. in d. UdSSR; 1964 bis 1965 Chef Rak.Truppen/Art., (m.d.F.b.), Mil.Bez. III; 1965 bis 1966 Stabschef Rak.Truppen/Art., Mil.Bez. III; 1966 bis 1968 Gen.stab-Akad. UdSSR; 1968 bis 1971 Chef Rak.Truppen/Art., Mil.Bez. III; 1971 bis 1980 Chef Rak.Truppen/ Art., Mil.Bez. V; **Gen.Maj.**: 01.03.1977; 1980 bis 1990 Chef Rak.-Waffentechn.Dienst, MfNV; Auszeichn.: Vaterländ.Verd.Ord. Silb.; Kampforden Gold; Entl.: 15.08.1990

Hampf, Ernst; Dr. phil. h.c.; Dipl.-Ges.-Wiss.; Generalleutnant

Geb.: 07.06.1929; in: Cosel, Kr. Kamenz; Vater: Fabrikarbeiter; Schule: 8 Klassen; Beruf: Industriekaufmann

1945 Bauarbeiter; 1946 bis 1947 Industriekaufmann; 1947 SED; 1948 Sachbearb., Kr.Ltg. SED Magdeburg; **Eintritt bew. Org.**: 01.12.1948; 1948 bis 1949 Bibliothekar, VP-Präsidium Magdeburg; 1949 Kursant, VP-Schule Torgau; 1949 bis 1955 Lehrer, Politschule Torgau/Treptow; 1955 bis 1959 Ltr. Lehrstuhl, Politschule Treptow; 1960 bis 1961 Stv. Ltr. f. wiss. Arb., Politschule Treptow; 1961 bis 1965 Abt.-Ltr. Prop., Verw. Agit./Prop., Polit. HV, MfNV; 1965 bis 1968 Stv. Chef d. Polit. HV f. ideol. Arb., Polit. HV, MfNV; 1968 bis 1969 Offz.hörer Militärakad. Dresden; **Gen.Maj.**: 07.10.1969; 1969 bis 1989 Stv. Chef d. Polit. HV f. ideol. Arb., Polit. HV, MfNV; **Gen.Ltn.**: 07.10.1977; Auszeichn.: Vaterländ.Verd.Ord. Gold; Scharnhorstorden; Entl.: 31.01.1990

Handke, Heinz; Dipl.-Mil.; Generalleutnant

Geb.: 25.01.1927; in: Eisfeld, Kr. Ohlau (Polen); Vater: Tischler; Schule: Mittlere Reife; Beruf: ohne/Berufssoldat

1943 Bürogehilfe; 1943 bis 1944 RAD, 1944 bis 1945 Wehrmacht, Soldat (Luftwaffe/Infanterie); 1945 bis 1949 sowjet. Gefangensch.

1949 Chemiearbeiter; **Eintritt bew. Org.**: 12.12.1949; 1949 bis 1950 Offz.schüler, Zugfhr., VP-Schule Naumburg; 1951 bis 1952 Adj. b. Chef HVA/KVP; 1952 SED; 1952 bis 1953 Stabschef, VP-Bereitschaft Leipzig; 1953 Ltr. Kdo. KVP Leipzig; 1953 bis 1954 Offz.hörer Hochschule f. Offz.; 1954 bis 1957 Taktiklehrer, Hochschule f. Offz.; 1957 bis 1961 Offz.hörer Militärakad./UdSSR; 1961 bis 1964 Kdr. Mot.Schützen-Rgt.-17; 1964 bis 1967 Stv. Kdr. u. Stabschef, 11. Mot.Schützen-Div.; 1967 bis 1969 Gen.stab-Akad. UdSSR; 1969 bis 1972 Kdr. 11. Mot.Schützen-Div.; **Gen.Maj.**: 02.11.1970; 1972 bis 1973 Stv. Chef Mil.Bez. u. Chef Ausbild., Kdo. Mil.Bez. III; 1973 bis 1976 Chef Mil.Bez. III; **Gen.Ltn.**: 01.03.1976; 1976 bis 1978 Stv. Chef LaSK u. Chef Ausbild., Kdo. LaSK; 1978 bis 1982 Stv. Chef LaSK u. Chef d. Stabes, Kdo. LaSK; 1982 bis 1988 Hptinspekt. NVA, MfNV; Auszeichn.: Vaterländ.Verd.Ord. Gold; Scharnhorstorden; Entl.: 30.11.1988

Harwardt, Hugo; Dipl.-Staats-Wiss.; Generalmajor (a.D.)

Geb.: 14.08.1922; in: Neukirch-Höhe, Kr. Elbing; Vater: selbst. Maurermeister; Schule: 8 Klassen; Beruf: Handlungsgehilfe

1937 bis 1941 Lehre, Verkäufer; 1941 bis 1945 Wehrmacht Uffz. (Flak); 1945 amerik. Gefangensch.

1945 bis 1946 Landarbeiter; 1946 KPD/SED; **Eintritt bew. Org.**: 22.03.1946; 1946 bis 1949 Schutzpolizist, Sachbearb., VP-Kreisamt Ruppin; 1949 bis 1950 Sachbearb., Referats-Ltr., Landesbehörde d. VP, Potsdam; 1951 bis 1958 Abt.-Ltr., Bez.Behörde d. VP Potsdam; 1957 Spezialfachlehrg./UdSSR; 1958 bis 1967 Ltr. Bez.kdo Luftschutz, Potsdam; 1967 bis 1972 Ltr. Zentr. Lehranst. Zivilverteid., Beeskow; 1972 bis 1978 Ltr. Fachschule Zivilverteid. DDR, Beeskow; 1978 bis 1984 Kdr. Institut Zivilverteid. DDR, Beeskow; **Gen.Maj.**: (a. D.) 31.03.1984; Auszeichn.: Vaterländ.Verd.Ord. Silb.; Kampforden Bronze; Entl.: 31.03.1984

Heiland, Achim; Dipl.-Mil.; Generalmajor

Geb.: 03.04.1932; in: Hohenstein-Ernstthal, Kr. Chemnitzer Land; Vater: Kraftfahrer; Schule: 12 Klassen in Grundlagenfächern; Beruf: Maurer

1946 bis 1950 Lehre, Maurer; **Eintritt bew. Org.**: 13.02.1950; 1951 bis 1952 Kursant, Offz.schüler, VP-Dienstst. Brandenburg, Glöwen; 1952 bis 1955 Kp.Chef, Art.Kdo., Territor.Verw. Nord; 1954 SED; 1955 bis 1958 Stabschef Art.abt., Stv. Stabschef Art.Rgt.-5; 1959 bis 1962 Offz.hörer Militärakad. Dresden; 1962 bis 1966 OOffz. op.-takt. Ausbild. b. Chef Rak.Truppen/Art., MfNV; 1966 bis 1969 Ltr. Arbeitsgr. Op. b. Chef Rak.Truppen/Art., MfNV; 1969 bis 1976 Stv. Chef u. Stabschef Rak.Truppen/Art., Kdo. Mil.Bez. V; 1976 bis 1983 Stv. Chef d. Stabes f. Org., Kdo. Mil.Bez. V; 1983 bis 1990 Chef Wehrbez.kdo. Neubrandenburg; **Gen.Maj.**: 07.10.1988; Auszeichn.: Kampforden Gold; Entl.: 30.09.1990

Heinecke, Lothar; Dipl.-Mil.; Konteradmiral

Geb.: 30.03.1933; in: Zschornewitz, Kr. Wittenberg; Vater: Reichsbahn-Angestellter; Schule: 8 Klassen; Beruf: Betriebsschlosser; gest.: 21.02.1985

1947 bis 1950 Lehre, Betriebsschlosser; 1950 SED; **Eintritt bew. Org.**: 03.09.1950; 1950 bis 1952 Kursant, Seepolizeischule Parow; 1952 bis 1954 Kursant, Sonderlehrg./UdSSR; 1954 bis 1956 Sperroffz., UAbt. Gef.ausb., Saßnitz, Peenemünde; 1956 bis 1958 Sperr-Torpedo-Offz., 4. Flottille; 1959 bis 1962 Offz.hörer Seekriegsakad./ UdSSR; 1963 Chef Sicherungsbrig., 4. Flottille, Chef Leichte-Torpedo-Schnellbootsbrig., 6. Flottille; 1963 bis 1964 Stv. Chef Flottille u. Stabschef, 6. Flottille; 1964 bis 1970 Chef 1. Flottille; 1970 bis 1972 Stv. Chef d. Stabes f. Ausbild., Kdo. VM; 1972 bis 1985 Stv. Chef VM u. Chef Ausbild.; **K.Adm.**: 01.03.1974; Auszeichn.: Vaterländ.Verd.Ord. Bronze; Kampforden Gold

Heinig, Werner; Dipl.-Ges.-Wiss.; Generalmajor

Geb.: 04.02.1931; in: Chemnitz; Vater: Dreher; Schule: 10 Klassen in Grundlagenfächern ; Beruf: Klempner u. Installateur; gest.: 10.04.1990

1945 bis 1949 Lehre, Klempner; 1947 SED; **Eintritt bew. Org.**: 25.08.1949; 1949 bis 1950 Kursant, VP-Schule Torgau; 1950 bis 1955 Stv. Kdr. f. Politarb., VP-Dienstst. Leipzig, Prenzlau; 1955 bis 1956 Offz.hörer Politschule Treptow; 1956 bis 1962 Offz./OOffz., 19. Verw., MfNV; 1963 bis 1966 Offz.hörer Militärakad. Dresden; 1966 bis 1970 OInstrukteur/Ltr. Unterabt. Instr., Polit.Verw. Mil.Bez. III, 1971 bis 1973 Stv. Kdr. u. Ltr. Politabt. 4. Mot.Schützen-Div.; 1973 bis 1981 Stv. Chef f. Prop. u. Agit., Polit.Verw. Mil.Bez. III; 1981 bis 1990 Stv. Kdr. u. Ltr. Politabt. Offz.Hochschule Prora; **Gen.Maj.**: 07.10.1989; Auszeichn.: Vaterländ.Verd.Ord. Bronze; Kampforden Gold

Heinz, Otto; Dipl.-Mil.; Generalmajor

Geb.: 18.08.1927; in: Lauscha, Kr. Sonneberg; Vater: Maurer; Schule: 8 Klassen; Beruf: Werkzeugmacher

1942 bis 1944 Lehre; 1944 bis 1945 Wehrmacht, Kanonier (Flak-Art.); 1945 amerik. Gefangensch.

1946 bis 1949 Werkzeugmacher, Lauscha; **Eintritt bew. Org.**: 25.08.1949; 1949 bis 1950 Offz.schüler, Döbeln; 1950 bis 1951 Zugfhr., Hohenstücken; 1951 bis 1952 Ausb.Ltr. Abt., Hohenstücken; 1952 bis 1953 Kp.Chef, KVP-Dienstst. Hohenstükken, Offz.hörer Dresden; 1953 SED; 1953 bis 1955 Ltr. Schutzdienst, KVP-Dienstst. Erfurt; 1955 bis 1960 Ltr. Chem.Dienste, Territor.Verw. Süd/Mil.Bez. III; 1960 bis 1962 Gen.stab-Akad. UdSSR; 1962 bis 1964 Stv. Chef Chem.Dienste, MfNV; 1964 bis 1988 Chef Chem.Dienste, MfNV; **Gen.Maj.**: 01.03.1975; Auszeichn.: Vaterländ.Verd.Ord. Silb.; Kampforden Gold; Entl.: 30.11.1988

Heitsch, Heinrich; Prof.; Dipl..-Mil.; Generalleutnant

Geb.: 10.09.1916; in: Neusalza-Spremberg, Kr. Löbau-Zittau; Vater: Berufsoffizier; Schule: Abitur; Beruf: Berufssoldat; gest.: 31.03.1986

1935 bis 1945 Wehrmacht, 1938 Leutnant, zuletzt Stabsoffz. in Inf.-Div., Major (i.Gen.stab); 1945 bis 1949 sowjet. u. polnische Gefangensch.

Eintritt bew. Org.: 15.09.1949; 1949 bis 1950 Stabschef Verw. f. Schulung/HVA; Chefinspekt.: 01.10.1949; 1950 bis 1951 Offz. z.b.V., Stab HVA; 1951 bis 1953 Chef Rückw.Dienste, HVA/KVP; 1952 SED; **Gen.Maj.**: 01.10.1952; 1953 bis 1955 Ltr. VP-Schule Döbeln; 1955 bis 1957 Gen.stab-Akad. UdSSR; 1957 bis 1958 1. Stv. Kdr. Hochschule f. Offz.; 1958 bis 1970 1. Stv. Kdr. Militärakad. Dresden; 1970 bis 1977 1. Stv. Chef Militärakad. Dresden; **Gen.Ltn.**: 07.10.1977; Auszeichn.: Vaterländ.Verd.Ord. Gold; Kampforden Gold; Entl.: 30.11.1977

Henkel, Alfred; Dipl.-Mil.; Generalmajor

Geb.: 23.10.1928; in: Mellenbach, Schwarzakreis; Vater: Glashüttenarbeiter; Schule: 8 Klassen; Beruf: Industriekaufmann

1943 bis 1946 Lehre

1946 SPD/SED; 1946 bis 1948 Buchhalter; **Eintritt bew. Org.**: 01.10.1948; 1948 bis 1950 Gruppenführer, Gehilfe Einsatzltr., Stabschef, VP-Dienstst. Gotha, Meiningen, Suhl, Mühlhausen; 1951 bis 1952 Ausbild.ltr, Ltr. Aufkl., VP-Bereitschaft Mühlhausen; 1952 bis 1956 Offz.hörer Militärakad./UdSSR; 1956 bis 1957 Kdr. Mot.Schützen-Rgt.-22; 1957 bis 1958 Ltr. Unterabt. Op., 11. Mot.Schützen-Div.; 1958 bis 1961 Stv. Abt.-Ltr. Ausbild., Militärakad. Dresden; 1961 bis 1962 Stv. II. Fak., Militärakad. Dresden; 1962 bis 1963 Höh.Akad. Kurs; 1963 bis 1965 Stv. Ltr. II. Fak., Militärakad. Dresden; 1965 bis 1968 Stv. Kdr. Militärakad. u. Ltr. Fak. f. Kdr./Stabsoffz. LaSK, Militärakad. Dresden; 1968 bis 1970 Gen.stab-Akad. UdSSR; 1970 bis 1990 Direktor Institut f. Mechan. u. Automat. d. Truppenführung d. NVA; **Gen.Maj.**: 07.10.1987; Auszeichn.: Vaterländ.Verd.Ord. Bronze; Kampforden Gold; Entl.: 15.08.1990

Henkes, Klaus; Dr. rer. mil.; Dipl.-Mil.; Ing.; Generalleutnant

Geb.: 29.07.1929; in: Görlitz; Vater: Metallarbeiter; Schule: 8 Klassen; Bergtechnikum; Beruf: Chemielaborant; Erzhauer; Ingenieur

1945 sowjet. Gefangensch.

1946 bis 1949 Lehre, Espenhain; 1948 SED; 1948 bis 1949 Brigadier, SAG Wismut; 1949 bis 1950 Student, Freiberg; 1950 bis 1952 Brigadier, SAG Wismut; **Eintritt bew. Org.**: 23.05.1952; 1952 bis 1953 Sonderlehrg./UdSSR; 1953 bis 1954 Flugzeugführer, KVP-Dienstst. Bautzen; 1954 bis 1955 Hauptnavigator, Verw. d. Aeroklubs; 1955 bis 1959 Militärakad./UdSSR; 1959 bis 1961 Hauptsteuermann, Kdo. LSK/LV; 1961 bis 1975 Stv. Chef d. Stabes f. Flugsicherheit u. Gefechtsstände, Kdo. LSK/LV; **Gen.Maj.**: 01.03.1975; 1975 bis 1990 Stv. Min.f. Verkehrswesen f. zivile Luftfahrt u. Generaldirektor d. Fluggesellschaft INTERFLUG; **Gen.Ltn.**: 07.10.1982; Auszeichn.: Vaterländ.Verd.-Ord. Silb.; Kampforden Gold; Entl.: 30.04.1990

Henninger, Werner; Dipl. Mil.; Konteradmiral

Geb.: 07.04.1929; in: Pethau, Kr. Löbau-Zittau; Vater: Arbeiter/Sattler; Schule: 12 Klassen in Grundlagenfächern; Beruf: Apparateschleifer; Seemann

1945 Wehrmacht, Soldat (Volkssturm); 1945 bis 1946 sowjet. Gefangensch.

1946 bis 1948 Apparateschleifer, Jena; 1948 bis 1950 Seemann, Fischereiwesen, Saßnitz, Rostock; **Eintritt bew. Org.**: 18.11.1950; 1950 bis 1951 Anwärter Seepolizei, Ahlbeck, Parow; 1951 bis 1952 Ltr. Kabinett Navigationsausb., Seepolizeischule Parow; 1953 SED; 1953 bis 1954 Kursant, Politschule Treptow; 1954 bis 1956 Stv. Kdr. f. Politarb., 2. Minenleg- u. Räum-Div. Wolgast; 1956 bis 1957 Instrukteur f. Org. u. Parteiarb., Waffenarsenal; 1957 bis 1958 Gehilfe f. Jugendarb., 9. Flottille; 1958 bis 1959 Parteisekr., Räumabt., 1. Flottille; 1959 bis 1960 Offz.hörer Offz.Schule Stralsund; 1961 bis 1963 Fachlehrer ges.-wiss. Weiterbild., Offz.Schule VM Stralsund; 1964 bis 1967 Offz.hörer Militärakad. Dresden; 1967 bis 1969 Ltr. Unterabt. Instr./Org., Politabt. 1. Flottille; 1969 bis 1977 Stv. Chef Flottille u. Ltr. Politabt. 1. Flottille; 1977 bis 1978 Parteihochschule KPdSU/UdSSR; 1978 bis 1982 Stv. Chef Polit. Verw. f. Prop./Agit., Kdo. VM; **K.Adm.**: 07.10.1979; 1982 bis 1989 Stv. Kdr. u. Ltr. Politabt. Offz.Hochschule VM, Stralsund; Auszeichn.: Vaterländ.Verd. Ord. Silb.; Kampforden Silb.; Entl.: 30.09.1989

Herbst, Joachim; Dipl.-Mil.; Generalmajor

Geb.: 04.11.1928; in: Kleinnaundorf, Kr. Riesa-Großenhain; Vater: Kaufm. Angest.; Schule: 8 Klassen; Beruf: Zimmerer

1944 Lehre; 1944 bis 1945 Kriegsmarine, Matrose; 1945 engl. Internierung

1945 bis 1949 Lehre, Zimmerer; **Eintritt bew. Org.**: 19.09.1949; 1949 bis 1950 Kursant, VP-Schule Zittau; 1950 bis 1952 Ausb.ltr./OOffz. Aufkl., VP-Bereitschaft Pirna, Zeithain; 1952 bis 1953 Stabschef Staffel, VP-Dienstst. Kamenz; 1953 bis 1954 OOffz. f. op. Arb., 1. Aeroklub; 1954 SED; 1954 bis 1956 Stabschef, Flieger-Rgt., 1. Aeroklub/1. Fliegerdiv.; 1956 bis 1957 OOffz., Verw. LSK; 1957 bis 1959 Stv. Abt.-Ltr. u. Ltr. Unterabt. f. op. Arb., Kdo. LSK/LV; 1959 bis 1961 Gen.stab-Akad. UdSSR; 1961 bis 1969 Abt.-Ltr. op. Arb., dazw. Stv. Chef d. Stabes f. op. Arbeit; Kdo. LSK/LV; 1969 bis 1971 Stv. Chef d. Stabes f. op. Arb., Kdo.LSK/LV; 1971 bis 1972 Ltr. Abt. f. op. Arb., Kdo. LSK/LV; 1972 bis 1975 Stv. Chef d. Stabes f. op. Arb., Kdo. LSK/LV; 1975 bis 1988 Ltr. Inspektionsbereich LSK/LV/Inspekt.gruppe Fliegerkräfte/LSK, Chef Verw. Inspektion m.d.F.b., Verw. Inspektion MfNV; **Gen.Maj.**: 07.10.1979; Auszeichn.: Vaterländ.Verd.Ord. Silb.; Kampforden Gold; Entl.: 30.11.1988

Herkner, Walter; Dipl.-Ges.-Wiss.; Generalmajor

Geb.: 28.10.1928; in: Alt-Habendorf, Kr. Reichenberg (ČR); Vater: Textilarbeiter; Schule: 8 Klassen; Handelsschule; Beruf: Industriekaufmann; gest.: 16.01.1989

1942 bis 1944 Lehre; 1944 bis 1945 RAD; 1945 Wehrmacht, Gebirgsjäger; 1945 amerik. Gefangensch.

1945 bis 1948 »Umsiedlung« in d. SBZ, Einkäufer; 1946 KPD/SED; 1948 bis 1949 FDJ-Sekr., Boizenburg; 1950 Abt.-Ltr., FDJ-Landesltg. Schwerin/ZR Berlin; 1951 bis 1952 Parteihochschule SED; **Eintritt bew. Org.**: 01.01.1953; 1953 bis 1957 Instrukteur, Abt. Sicherheit d. ZK; 1957 bis 1958 Offz.hörer Hochschule f. Offz.; 1959 bis 1962 Sektorenltr., Abt. Sicherheit, ZK d. SED; 1962 bis 1970 Stv. Stadtkdt. Berlin (Ost) u. Ltr. Politabt.; **Gen.Maj.**: 07.10.1969; 1970 bis 1973 Stv. Chef GT u. Ltr. Polit.Verw., Kdo. GT; 1973 bis 1989 Chef Komitee ASV »Vorwärts«; Auszeichn.: Vaterländ.Verd.Ord. Gold; Kampforden Gold

Herrich, Peter; Dipl.-Mil.; Generalmajor

Geb.: 03.06.1936; in: Dolsthaida, Kr. Liebenwerda; Vater: Angestellter; Schule: 12 Klassen in Grundlagenfächern; Beruf: Elektriker

1950 bis 1953 Lehre; 1953 bis 1955 Student, Arb.-u.-Bauern-Fak. Freiberg; **Eintritt bew. Org.**: 01.08.1955; 1955 bis 1958 Offz.schüler, Pz.-Schule Großenhain; 1958 SED; 1958 bis 1964 Zugfhr., Kp.Chef, Pz.Rgt.-15; 1964 bis 1968 Militärakad./UdSSR; 1968 bis 1971 OOffz. op. Arb., 7. Pz.Div.; 1971 bis 1972 OOffz. f. Plan., Kdo. Mil.Bez. III; 1972 bis 1974 Ltr. Arbeitsgr. Plan./Koord., Kdo. Mil.Bez. III; 1974 bis 1976 Stv. Stabschef u. Ltr. Unterabt. Op., 11. Mot.Schützen-Div.; 1976 bis 1978 Gen.stab-Akad. UdSSR; 1978 bis 1981 Stv. Kdr. u. Stabschef 9. Pz.Div.; 1981 bis 1986 Stv. Chef d. Stabes f. op. Arb., Kdo. Mil.Bez. III; 1986 Stv. d. Chefs Mil.Bez. u. Chef d. Stabes, Kdo. Mil.Bez. III m.d.F.b.; 1986 bis 1990 Stv. f. internat. Arb. d. Stv. Chef d. Hauptstabes f. op. Fragen, MfNV; **Gen.Maj.**: 07.10.1988; 1990 Chef Verw. Rüstungskontrolle u. -verifikation, MfAV; Auszeichn.: Kampforden Silb.; Entl.: 30.09.1990

Heß, Hans; Dipl.-Ges.-Wiss.; Konteradmiral

Geb.: 25.05.1929; in: Thal, Wartburgkreis; Vater: Autoschlosser; Schule: Abitur; Beruf: ohne/Berufssoldat

1944 bis 1945 Maschinenarbeiter

1946 bis 1948 Student, Vorstudienanstalt; 1947 SED; 1948 bis 1950 Student, Uni Jena; **Eintritt bew. Org.**: 18.11.1950; 1950 bis 1951 Kursant, Seebtl. Ahlbeck, Seepolizeischule Parow; 1951 bis 1953 Stv. Kdr. f. Politarb., Kp., Seepolizeischule Parow; 1953 bis 1955 OInstrukteur Org., Unterführer- u. Mannschaftsschule VP-See Parow; 1955 bis 1959 Offz.hörer Militärpol.-Akad./UdSSR; 1959 bis 1961 Stv. Chef u. Ltr. Politabt. Torpedo-Schnellboots-Brig.; 1962 bis 1963 Stv. Chef u. Ltr. Politabt. 4. Flottille; 1963 bis 1970 Stv. Chef u. Ltr. Politabt. 6. Flottille; 1970 bis 1982 Stv. Kdr. u. Ltr. Politabt., Offz.Hochschule VM, Stralsund; **K.Adm.**: 07.10.1982; 1982 bis 1989 Stv. Chef VM u. Chef Polit.Verw., Kdo. VM; Auszeichn.: Vaterländ.Verd.Ord. Gold; Kampforden Silb.; Entl.: 31.12.1989

Heß, Karl-Heinz; Dipl.-Mil.; Generalmajor

Geb.: 24.09.1928; in: Walldorf, Kr. Schmalkalden-Meiningen; Vater: Bäcker; Schule: 12 Klassen in Grundlagenfächern; Beruf: Werkzeugmacher

1943 bis 1946 Lehre

1946 SPD/SED; 1946 bis 1949 Heizungsmonteur; **Eintritt bew. Org.**: 07.09.1949; 1949 bis 1950 Offz.schüler, VP-Schule Zittau; 1950 bis 1951 Zugfhr., VP-Dienstst. Erfurt; 1951 bis 1952 Ausbild.Ltr., Art.Kdo., Erfurt; 1952 bis 1956 Stv. Kdr. KVP-Kdo., Karpin V; 1956 1. Stv. Kdr., Art.Rgt.-17; 1956 bis 1958 1. Stv. Kdr., Art.Rgt.-16; 1958 bis 1962 Offz.hörer Militärakad. Dresden; 1962 bis 1966 Kdr. Art.Rgt.-1; 1966 bis 1967 Chef Art., 1. Mot.Schützen-Div.; 1967 bis 1973 Kdr. 5. RBrig.; 1973 bis 1975 Gen.stab-Akad. UdSSR; 1975 bis 1977 Stv. Chef Rak.Truppen/Art. u. Stabschef, Kdo. Mil.Bez. III; 1977 bis 1984 Chef Rak.Truppen/Art., Kdo. Mil.Bez. III; **Gen.Maj.**: 07.10.1979; Auszeichn.: Kampforden Silb.; Entl.: 30.09.1984

Hesse, Gustav; Dipl.-Mil.; Vizeadmiral

Geb.: 27.08.1931; in: Bodenbach, Kr. Tetschen (ČR); Vater: Fleischer; Schule: 8 Klassen; Beruf: Bäcker; gest.: 24.10.2001

1945 bis 1950 Lehre, Bäcker; **Eintritt bew. Org.**: 15.08.1950; 1950 bis 1951 Anw., Offz.schüler, Seepolizeischule Parow; 1952 bis 1954 Sonderlehrg./UdSSR; 1953 SED; 1954 bis 1956 Stabschef/Chef II. Minenleg- u. Räum-Div.; 1956 Ltr. UAbt. Ausb., Peenemünde; 1956 bis 1960 Seekriegsakad./UdSSR; 1960 bis 1963 Stv. Chef u. Stabschef 1. Flottille; 1963 bis 1971 Chef 6. Flottille; **K.Adm.**: 07.10.1969; 1971 bis 1985 Stv. Chef VM u. Chef d. Stabes, Kdo. VM; **Vizeadm.**: 07.10.1979; 1985 bis 1988 Stv. Chef VM u. Chef Ausbild., Kdo. VM; Auszeichn.: Vaterländ.Verd.Ord. Silb.; Kampforden Silb.; Entl.: 30.11.1988

Hiemann, Günter; Dr. sc. mil.; Dipl.-Mil.; Generalmajor

Geb.: 08.03.1930; in: Leipzig; Vater: Kaufm. Angest.; Schule: 12 Klassen in Grundlagenfächern; Beruf: Vermessungstechniker

1944 bis 1948 Lehre, Vermessungstechniker

1946 bis 1948 LDP; 1948 bis 1949 Topograph, SAG Wismut Aue; 1949 bis 1951 Vermessungstechniker, Topograph, FDJ-Sekr., Niedersedlitz, Wismut Ilmenau, Landesvermessungsamt Sachsen; 1951 bis 1953 Vermessungstechniker, MdI; **Eintritt bew. Org.**: 20.01.1953; 1953 bis 1956 Offz., Ltr. Militärtopogr. Dienst, Verw. d. Aeroklubs; 1955 SED; 1956 bis 1957 Offz., Verw. LSK/LV; 1957 bis 1962 Militärakad./UdSSR; 1962 bis 1963 Diensthab., Zentr. Gefechtsstand, Kdo. LSK/LV; 1963 bis 1972 Ltr. Abt. Flugsicherheit u. Gefechtsstände, Kdo. LSK/LV; 1972 bis 1975 Ltr. Abt. Gefechtsstände beim Stv. d. Chef d. Stabes f. Flugsicherheit u. Gefechtsstände, Kdo. LSK/LV; 1975 bis 1989 Stv. Chef d. Stabes f. Gefechtsstände u. Automat. d. Kdo. LSK/LV; **Gen.Maj.**: 07.10.1979; 1989 bis 1990 Direktor d. Amtes f. Luftraumkoordinierung d. DDR; Auszeichn.: Vaterländ.Verd.Ord. Silb.; Kampforden Gold; Entl.: 30.09.1990

Hoffmann, Heinz; Dr. h.c.; Dipl.-Mil.; Armeegeneral

Geb.: 28.11.1910; in: Mannheim; Vater: Schlosser; Schule: 8 Klassen; Beruf: Motorenschlosser; gest.: 02.12.1985

1926 KJVD; 1925 bis 1930 Lehre, Motorenschlosser; 1930 KPD; 1930 bis 1932 Maschinenschlosser; 1932 bis 1933 erwerbslos; 1933 bis 1935 Mitglied UnterBez.Leitung Mannheim u. Bez.Leitung KPD Pfalz/Baden; 1935 bis 1937 Emigr. UdSSR; 1935 bis 1937 Student, Internat. Leninschule Moskau; 1937 bis 1938 Interbrig. Spanien (Kommissar), danach bis 1939 Hospitalaufenthalt in Frankreich; 1939 bis 1946 Emigr. UdSSR, u.a. Polit-Instrukteur u. Lehrer in Kriegsgef.lagern

1946 Rückkehr in SBZ; 1946 SED; 1946 bis 1947 Persönlicher Sekr. von Wilhelm Pieck, danach von Walter Ulbricht; 1947 bis 1949 Sekr. SED-Landesltg. Berlin; **Eintritt bew. Org.**: 01.07.1949; 1949 bis 1950 als Gen.inspekt. (01.07.1949) Vizepräs. Dt. Verw. d. Innern u. Ltr. HAbt. Polit-Kultur, Dt. Verw. d. Innern; 1950 bis 1952 Ltr. HVA; **Gen.Ltn.**: 01.10.1952; 1952 bis 1955 Stv. Min.dI u. Chef KVP; 1955 bis 1957 Gen.stab-Akad. UdSSR; 1957 bis 1958 1. Stellv. Min.fNV; 1958 bis 1960 1. Stv. Min.fNV u. Chef d. Hauptstabes, MfNV; **Gen.Oberst**: 07.10.1959; 1960 bis 1985 Min.fNV; **Armeegen.**: 01.03.1961; Auszeichn.: Karl-Marx-Orden; Ehrenspange Vaterländ.Verd.Ord.; Held DDR; Scharnhorstorden

Hoffmann, Theodor; Dipl.-Mil.; Admiral

Geb.: 27.02.1935; in: Gustävel, Kr. Wismar; Vater: Landwirt; Schule: 8 Klassen; Beruf: Landarbeiter; Pionierleiter

1949 bis 1950 Landarbeiter; 1950 bis 1951 Lehre; 1951 bis 1952 Pionierltr., FDJ-Kr.Ltg. Wismar; **Eintritt bew. Org.**: 12.05.1952; 1952 bis 1955 Matrose, Offz.schüler, See-Offz.-Lehranstalt Stralsund; 1956 SED; 1956 Offz. f. Grundausb., 7. Flottille; 1956 bis 1959 Bootskdt., 7. Flottille, 6. Flottille; 1960 bis 1963 Seekriegsakad./UdSSR; 1964 Stv. Chef u. Stabschef, Rak.Schnellboots-Brig.; 1964 bis 1968 Chef Rak.Schnellboots-Brig.; 1968 bis 1971 Stv. Chef u. Stabschef 6. Flottille; 1971 bis 1974 Chef 6. Flottille; 1974 bis 1985 Stv. Chef d. Stabes f. op. Arb., Kdo. VM; **K.Adm.**: 07.10.1977; 1985 Stv. Chef VM u. Chef Ausbild., Kdo. VM; 1985 bis 1986 Stv. Chef VM u. Chef d. Stabes (m.d.F.b.), Kdo. VM; 1986 bis 1987 Stv. Chef VM u. Chef d. Stabes, Kdo. VM; **Vizeadm.**: 01.03.1987; 1987 bis 1989 Stv. Min.fNV u. Chef VM; **Adm.**: 16.11.1989; 1989 bis 1990 Min.fNV; ab 18.04.1990 bis 15.09.1990 Chef NVA, MfAV; Auszeichn.: Vaterländ.Verd.Ord. Bronze; Scharnhorstorden; Entl.: 24.09.1990

Hofmann, Hans; Dr. rer. mil.; Dipl.-Staats-Wiss.; Dipl.-Mil.; Vizeadmiral

Geb.: 10.07.1933; in: Hamburg; Vater: Arbeiter; Schule: 8 Klassen; Beruf: Technischer Zeichner

1948 bis 1950 Technischer Zeichner; **Eintritt bew. Org.**: 15.10.1950; 1950 bis 1951 Anwärter, Kursant, Wolgast, Seepolizeischule Parow; 1952 bis 1954 Sonderlehrg./UdSSR; 1954 bis 1956 Art.offz., Saßnitz; 1956 bis 1957 Art.offz., Flottenbasis Ost/1. Flottille; 1957 SED; 1958 bis 1960 Attachélehrg.; 1961 bis 1962 Stabschef 2. Minenleg- u. Räum-Abt., 4. Flottille; 1963 bis 1966 Offz.hörer Militärakad. Dresden; 1966 bis 1970 Stv. Chef u. Stabschef 1. Flottille; 1970 bis 1975 Chef 1. Flottille; 1975 bis 1989 Stv. Chef VM u. Chef Rückw.Dienste, Kdo. VM; **K.Adm.**: 01.03.1975; **Vizeadm.**: 01.03.1986; 1990 Stv. Min.fNV u. Chef Rückw.Dienste, MfNV; ab 18.04.1990 bis 15.09.1990 Chef Sicherstellung NVA, MfAV; Auszeichn.: Vaterländ.Verd.Ord. Silb.; Scharnhorstorden; Entl.: 30.09.1990

Hofmann, Heinz; Dipl.-Journalist; Generalmajor

Geb.: 22.03.1927; in: Rußdorf, Kr. Zwickauer Land; Vater: Maurer; Schule: 8 Klassen; Beruf: Kaufm. Gehilfe; Lehrer

1941 bis 1944 Lehre, kaufm. Gehilfe; 1944 NSDAP-Anwärter; 1944 RAD, 1944 bis 1945 Kriegsmarine, Matrose; 1945 engl. Gefangensch.

1945 KPD; 1946 SED; 1946 bis 1949 Neulehrer; 1950 bis 1952 Schulltr.; 1952 bis 1953 Stv. Kreisschulrat, Rat d. Kr. Chemnitz; **Eintritt bew. Org.**: 27.04.1953; 1953 bis 1954 Offz. f. Lehrmethodik, Verw. VP-See; 1954 bis 1960 OOffz., Ltr. Unterabt. u. stv. Abt.-Ltr., Verw. Aufkl., MfNV; 1960 bis 1964 Abt.-Ltr., Verw. Aufkl., MfNV; 1964 bis 1975 Ltr. f. op. Plan. u. Einsatz u. Stv. Ltr. f. Agenturaufkl., Verw. Aufkl., MfNV; 1975 bis 1981 Stv. Chef Verw. Aufkl. f. Agenturaufkl., Verw. Aufl., MfNV; **Gen.Maj.**: 07.10.1979; 1981 bis 1983 Stv. Chef Verw. Aufkl. f. strategische Aufkl., Verw. Aufkl., MfNV; 1983 bis 1984 Stv. Chef Verw. Aufkl. f. Agenturaufkl. m.d.F.b., Verw. Aufkl., MfNV; 1984 bis 1988 Stv. Chef Bereich Aufkl. u. Chef 1. Verw., Bereich Aufkl., MfNV; Auszeichn.: Vaterländ.Verd.Ord. Silb.; Scharnhorstorden; Entl.: 31.12.1988

Hollstein, Karl-Heinz; Dipl.-Mil.; Generalmajor

Geb.: 10.09.1919; in: Stettin; Vater: Arbeiter; Schule: 8 Klassen; Beruf: Elektroschlosser

1937 bis 1940 Elektroschlosser; 1940 bis 1945 Wehrmacht, Uffz. (Panzer); 1945 bis 1948 sowjet. Gefangensch.

Eintritt bew. Org.: 04.10.1948; 1948 bis 1949 Gruppenführer, VP-Bereitschaft Kühlungsborn; 1949 SED; 1949 bis 1950 Kdo. Ltr., VP-Dienstst. Pinnow; 1950 bis 1952 Offz., Pz.Kdo., VP-Bereitschaft Eggesin; 1952 bis 1953 Sonderlehrg./UdSSR; 1953 bis 1958 SFL-Kdo. Ltr./Kdr. Pz.Rgt.-4, Gotha; 1958 bis 1960 Gen.stab-Akad. UdSSR; 1960 bis 1962 1. Stv. Kdr. 4. Mot.Schützen-Div.; 1962 bis 1966 Kdr. 4. Mot.Schützen-Div.; 1966 bis 1979 Chef Wehrbez.kdo.

Schwerin; **Gen.Maj.**: 07.10.1974; Auszeichn.: Vaterländ.Verd.Ord. Bronze; Kampforden Bronze ; Entl.: 30.06.1979

Hotzky, Anton; Dipl.-Mil.; Generalmajor

Geb.: 06.09.1919; in: Seidowitz, Kr. Most (ČSR); Vater: Bergmann; Schule: Mittlere Reife; Beruf: Buchhalter

1938 bis 1939 Buchhalter; 1939 bis 1945 Wehrmacht, Feldw. (Luftnachrichten); 1945 amerik. Gefangensch.

1945 bis 1946 Landarb., Buchhalter; 1946 bis 1947 Arbeiter; 1947 SED; **Eintritt bew. Org.**: 15.07.1947; 1947 bis 1949 Ltr. Personalstelle, Grenzpolizei Rudolstadt u. Landespolizeibehörde Weimar; 1949 bis 1952 Einsatzltr. u. Stabschef, B (Art.)-Kdo., 7. VP-Bereitschaft Thüringen; 1952 bis 1953 Sonderlehrg./UdSSR; 1953 bis 1955 Stv. Abt.-Ltr., Verw. Bewaffn., Stab KVP; 1955 bis 1957 Abt.-Ltr. b. Chef Art., MfNV; 1957 bis 1961 Chef Art., MfNV; 1961 bis 1963 Gen.stab-Akad. UdSSR; 1963 bis 1965 Kdr. 8. Mot.Schützen-Div.; 1965 bis 1977 Chef Rak.Truppen/Art., Kdo.Mil.Bez. III; **Gen.Maj.**: 07.10.1969; Auszeichn.: Vaterländ.Verd.Ord. Silb.; Kampforden Silb.; Entl.: 30.11.1977

Hübner, Lothar; Dipl.-Ges.-Wiss.; Generalmajor

Geb.: 09.08.1938; in: Weitersroda, Kr. Hildburghausen; Vater: Krankenpfleger; Schule: 12 Klassen in Grundlagenfächern; Beruf: Friseur

1952 bis 1955 Lehre; 1955 bis 1956 Fernmeldebauarbeiter, Deutsche Post; **Eintritt bew. Org.**: 06.04.1956; 1956 bis 1957 Posten, Grenzbrig. Rostock; 1957 bis 1959 Uffz.schüler, Gruppenführer, Grenzbrig. Rostock u. Hildburghausen; 1958 SED; 1959 Offz.schüler, DGP-Schule Groß Glienicke, Glöwen; 1959 bis 1962 Stv. Kdr. f. Politarb. Kp., 9. Grenzbrig.; 1962 bis 1965 Instrukteur, GrenzRgt.-15; 1966 bis 1971 OInstrukteur Parteiarb., GrenzRgt.-15; 1971 bis 1974 Offz.hörer Militärakad. Dresden; 1974 bis 1977 Stv. Kdr. u. Ltr. Politabt. GrenzRgt.-3; 1977 bis 1980 Stv. Ltr. Politabt. f. Instr./Org., GrenzKdo. Süd; 1980 bis 1990 Stv. Chef Polit.Verw. f. Instr./Org., Polit.Verw. Kdo. GT; **Gen.Maj.**: 07.10.1986; ab 01.04.1990 Stv. Chef Grenzschutz f. op. Arb.; Auszeichn.: Vaterländ.Verd.Ord. Bronze; Entl.: 30.09.1990

Hübner, Werner; Dr. sc. phil.; Dipl.-Hist.; Generalmajor

Geb.: 17.07.1931; in: Jauer (Polen); Vater: Lackierer; Schule: Abitur; Beruf: Maschinenschlosser, Lehrer

1946 SED; 1946 bis 1949 Lehre, Maschinenschlosser; 1949 bis 1951 Student, Arb.-u.-Bauern-Fak. TH Dresden; 1951 bis 1955 Student, Uni Berlin; 1955 bis 1964 Instrukteur, Abt. Sicherheit d. ZK d. SED; **Eintritt bew. Org.**: 11.01.1959; 1964 bis 1979 Arbeitsgr.-Ltr., ZK; 1979 bis 1990 Sektorenltr., Abt. Sicherheit d. ZK; **Gen.Maj.**: 01.03.1987; Auszeichn.: Vaterländ.Verd.Ord. Silb.; Kampforden Gold; Entl.: 31.07.1990

Irmscher, Heinz; Dipl.-Mil.; Konteradmiral

Geb.: 06.07.1920; in: Göritzhain, Kr. Mittweida; Vater: Arbeiter; Schule: 8 Klassen; Beruf: Seemann

1935 bis 1937 Schiffsjunge; 1937 bis 1939 Leichtmatrose/Matrose; 1939 bis 1941 Student, Seefahrtsschule Hamburg; 1941 bis 1944 III. u. II. Offz. auf Tankschiffen; 1942 NSDAP-Anwärter; 1944 bis 1945 II. Offizier auf »Celebes« unter Flagge d. Kriegsmarine

1945 bis 1946 Bauhilfsarb., Göritzhain; 1946 SED; 1946 bis 1947 Funktionär, SED-Kr.Ltg. Rochlitz; 1947 bis 1949 HAbt.-Ltr. Planung, Rat d. Kr. Rochlitz; **Eintritt bew. Org.**: April 1950; 1950 bis 1951 Referent, HV Seepolizei; 1951 bis 1954 Abt.-Ltr., Stab Seepolizei/VP-See; 1954 bis 1955 Ltr. Küstenabschnitt I, Saßnitz; 1955 bis 1957 Chef Flottenbasis Peenemünde/Flottenbasis Ost/1. Flottille; 1957 bis 1958 Abt.-Ltr. Ausbild., Kdo. Seestreitkr.; 1958 bis 1959 Offz.hörer Hochschule f. Offz.; 1961 bis 1962 Betriebsltr., Prod.Direktor, VEB Peenewerft Wolgast; 1962 bis 1970 Stv. Chef d. Stabes f. Ausbild., Kdo. VM; 1970 bis 1976 Kdr. Offz.Schule/Offz.Hochschule VM, Stralsund; **K.Adm.**: 01.03.1971; Auszeichn.: Vaterländ.Verd.Ord. Gold; Entl.: 30.04.1976

Jähn, Sigmund; Dr. rer. nat.; Dipl.-Mil.; Generalmajor

Geb.: 13.02.1937; in: Morgenröthe-Rautenkranz, Kr. Klingenthal; Vater: Arbeiter; Schule: Abitur; Beruf: Buchdrucker

1951 bis 1954 Lehre; 1954 bis 1955 Pionierltr., Zentralschule Hammerbrücke; **Eintritt bew. Org.**: 26.04.1955; 1955 bis 1956 Soldat; 1956 SED; 1956 bis 1958 Offz.schüler, Fliegerschule Bautzen, Kamenz; 1958 bis 1960 Flugz.führer, Fliegergeschwader-8, Marxwalde; 1961 bis 1963 Stv. Kdr. f. Politarb. Staffel, Fliegergeschwader-8; 1963 bis 1965 Ltr. f. Lufttaktik u. Luftschießen, Jagdfliegergeschwader-8; 1965 bis 1970 Militärakad./UdSSR; 1970 bis 1976 Inspektion f. Jagdfliegerausb./Flugsicherheit b. Stv. Chef LSK/LV f. LSK, Kdo. LSK/LV; 1976 bis 1978 Kosmonautenausb./UdSSR; 26.08.1978 bis 03.09.1978 Kosmonaut im Weltraum; 1978 bis 1979 Stv. Ltr. Zentrum Kosmische Ausbild., Kdo. LSK/LV; 1979 bis 1990 Chef Kosmische Ausbild., Kdo. LSK/LV; **Gen.Maj.**: 01.03.1986; Auszeichn.: Karl-Marx-Orden; Held DDR; Fliegerkosmonaut d. DDR; Entl.: 02.10.1990

Jahr, Günter; Dipl.-Mil.; Generalmajor

Geb.: 11.11.1931; in: Gera; Vater: Arbeiter; Schule: 8 Klassen; Beruf: Bäcker

1946 bis 1949 Lehre, Bäcker; **Eintritt bew. Org.**: 01.08.1949; 1949 bis 1952 Kursant, Landespolizeischule Thüringen, Sachbearb., 5. VP-Bereitschaft Thüringen; 1952 SED; 1952 bis 1954 Zugfhr., KVP-Schule Erfurt; 1954 bis 1956 Kp.Chef, VP-Schule Erfurt; 1957 bis 1961 Militärakad./UdSSR; 1961 bis 1962 Bat. Kdr, Mot.Schützen-Rgt.-24; 1962 bis 1963 Stv. Ltr. Unterabt. Op., 4. Mot.Schützen-Div.; 1963 bis 1964 Ltr. Unterabt. Op., 4. Mot.Schützen-Div.; 1965 bis 1966 OOffz. LaSK., Verw. Op., MfNV; 1966 bis 1969 Ltr. Unterabt.

Op., Verw. Op., MfNV; 1969 bis 1972 Ltr. 3. Abt., Verw. Op., MfNV; 1972 bis 1974 Gen.stab-Akad. UdSSR; 1974 bis 1979 Stv. Kdr. u. Stabschef 8. Mot.-Schützen-Div.; 1979 bis 1983 Ltr. Abt. Gefechtsbereitschaft u. op. Ausbild. bzw. Chef Verw. Gefechtsbereitschaft u. op. Ausbild. m.d.F.b., Verw. Op., MfNV; 1983 bis 1990 Stv. d. Stv. Chef d. Hauptstabes f. op. Fragen u. Chef Verw. Op., MfNV/MfAV; **Gen.Maj.**: 01.03.1984; Auszeichn.: Vaterländ.Verd.Ord. Bronze; Kampforden Silb.; Entl.: 30.09.1990

Janshen, Heinz; Dipl.-Mil.; Generalmajor

Geb.: 29.05.1934; in: Loitz, Kr. Demmin; Vater: Arbeiter; Schule: 10 Klassen in Grundlagenfächern; Beruf: ohne/Berufssoldat

1948 bis 1951 Landarbeiter; **Eintritt bew. Org.**: 10.12.1951; 1951 bis 1953 Posten, Postenführer, Kontrollpassierpkt. Stralsund, Prerow/Zingst; 1953 bis 1954 Uffz.schüler, Lehranstalt Dömitz; 1954 bis 1956 Gruppenführer, Grenzbereitschaft Grabow; 1956 SED; 1956 bis 1957 Offz.schüler, Offz.Schule Sondershausen; 1957 bis 1960 Zugfhr./Kp.Chef, 7. Grenzbereitschaft, 1. Grenzbrig.; 1961 Geh. Stabschef 7. Grenzbereitschaft; 1961 bis 1963 Kp.Chef, GrenzRgt.-7; 1963 bis 1971 Kdr. Bootsgruppe, GrenzRgt.-7; 1971 bis 1973 Kdr. Bootsabt., GrenzRgt.-8; 1973 bis 1975 Offz.hörer Militärakad. Dresden; 1975 bis 1976 Stv. Kdr. f. Ausbild., GrenzRgt.-8; 1976 bis 1979 Kdr. Grenzausb.Rgt.-5; 1979 bis 1980 Stv. Kdr. f. Ausbild., GrenzKdo. Süd; 1980 bis 1982 Stv. Kdr. u. Stabschef, GrenzKdo. Süd; 1982 bis 1987 Kdr. GrenzKdo. Süd; **Gen.Maj.**: 07.10.1984; 1987 bis 1990 Kdr. Offz.Hochschule d. GT, Suhl; Auszeichn.: Kampforden Silb.; Entl.: 30.09.1990

Johne, Fritz; Generalmajor

Geb.: 14.06.1911; in: Ketten, Kr. Reichenberg (ČR); Vater: Tischler; Schule: 11 Klassen; Beruf: Kaufmänn. Angestellter/Kontorist; gest.: 14.09.1989

1926 bis 1929 Lehre; 1929 bis 1931 Angest., Gablonz; 1929 bis 1932 Sekr. Kommun. Jugendverband ČSR; 1931 Haft; 1931 bis 1933 erwerbslos; 1933 bis 1935 Militärdienst (ČSR); 1935 bis 1937 Angest., Konsum Kratzau; 1936 KPČ; 1937 bis 1939 Interbrig., Spanien; 1939 bis 1941 Internierung Frankreich; 1941 bis 1942 Gefängnis Reichenberg; 1942 bis 1945 KZ-Sachsenhausen

1945 bis 1946 KPČ-Funktionär; 1946/47 »Umsiedlung« in d. SBZ; 1947 SED; 1947 bis 1948 Jugendsekr., Landesvorstand SED Halle; **Eintritt bew. Org.**: 15.08.1948; 1948 bis 1949 Stv. Abt.-Ltr., Landesbehörde d. VP Halle; 1949 bis 1950 Sonderlehrg./UdSSR; 1950 bis 1952 Ltr. Abt. Ausbild./2. Abt., Stab HVA; **Gen.Maj.**: 01.10.1952; 1952 bis 1954 Chef Verw. Lehranstalten/Gehilfe Chef KVP f. Ausbild. u. Lehranstalten, Stab KVP; 1954 bis 1957 Chef Territor.Verw. Süd/Mil.Bez. III; 1957 bis 1959 Gen.stab-Akad. UdSSR; 1959 bis 1963 Kdr. Militärakad. Dresden; 1963 Versetzung in d. Reserve; 1963 bis 1967 Botschafter in Kuba; Auszeichn.: Karl-Marx-Orden; Ehrenspange Vaterländ.Verd.Ord. Gold; Kampforden Gold; Entl.: 31.05.1963

Jonischkies, Manfred; Dipl.-Mil.; Generalmajor

Geb.: 03.11.1942; in: Stettin; Vater: Friseur; Schule: Abitur; Beruf: Berufssoldat

Eintritt bew. Org.: 30.09.1961; 1961 bis 1965 Offz.schüler, Inf.-Schule II/ Offz.Schule LaSK; 1964 SED; 1965 bis 1970 Zugfhr., Kp.Chef, Mot.Schützen-Rgt.-28; 1970 bis 1973 Militärakad./UdSSR; 1973 bis 1976 Stv. Kdr. f. Ausbild., Mot.Schützen-Rgt.-27; 1976 bis 1978 Kdr. Mot.Schützen-Rgt.-27; 1978 bis 1980 Stv. Kdr. f. Ausbild., 1. Mot.Schützen-Div.; 1980 bis 1982 Gen.stab-Akad. UdSSR; 1982 bis 1986 Stv. Kdr. u. Stabschef, 8. Mot.Schützen-Div.; 1986 bis 1990 Kdr. 8. Mot.Schützen-Div.; **Gen.Maj.**: 07.10.1988; ab 15.09.1990 Chef Mil.Bez. V; Auszeichn.: Kampforden Bronze; Entl.: 02.10.1990

Jordt, Heinrich; Konteradmiral

Geb.: 15.12.1917; in: Nienburg/Weser; Vater: Gärtner; Schule: 10 Klassen in Grundlagenfächern; Beruf: Hufschmied u. Wagenbauer; gest.: 27.07.1987

1932 bis 1935 Lehre, Schmied; 1936 bis 1937 RAD; 1937 bis 1945 Kriegsmarine, Obermaat

1945 SPD; **Eintritt bew. Org.**: 01.08.1945; 1945 bis 1947 Streifendienstltr., VP-Kreisamt Freiberg; 1946 SED; 1947 bis 1948 Kursant, ReferatsLtr., Landespolizeischule Dresden; 1948 bis 1949 Ltr. Schutzpolizei, VP-Kreisamt Freiberg; 1949 bis 1950 Sonderlehrg./UdSSR; 1951 Ltr. Abt. Grundausb., Seepolizeischule Parow; 1951 bis 1952 Stützpkt.kdt., Räum- und Küstensicherungs-Div., HV Seepolizei; 1952 bis 1953 Ltr. U-Boot-Schule, VP-See; 1953 bis 1954 Ltr., Nachr.-Offz.lehranstalt, VP-See; 1954 bis 1955 Ltr. Höherer Offz.kurs, See-Offz.lehranstalt; 1955 bis 1956 Stv. Ltr. f. Einsatzfragen u. Ltr. allg. Abt., See-Offz.lehranstalt/-schule; 1957 Stv. Ltr. u. Ltr. allg. Ausbild. u. Stv. Ltr. See-Offz.Schule; 1958 bis 1960 Kdr. Schiffsstammabt., Kühlungsborn; 1960 bis 1961 Kdr. Flottenschule II, VM; 1962 bis 1963 Chef 6. Grenzbrig. Küste; 1963 bis 1964 Offz.hörer Militärakad. Dresden; 1964 bis 1979 Chef 6. Grenzbrig. Küste; **K.Adm.**: 01.03.1974; Auszeichn.: Vaterländ.Verd.Ord. Silb.; Kampforden Silb.; Entl.: 30.11.1979

Kaden, Johannes; Dipl.-Ökon.; Generalmajor

Geb.: 11.05.1932; in: Marieney, Kr. Oelsnitz; Vater: Instrumentenbauer; Schule: Mittlere Reife; Beruf: Industriekaufmann

1948 bis 1952 Lehre, Kaufm. Angest.; 1949 SED; **Eintritt bew. Org.**: 17.06.1952; 1952 bis 1956 Ltr. f. Finan., versch. Dienstst. d. bewaffn. Organe; 1956 bis 1959 Offz. f. Finan., Nachr.Rgt.-2; 1959 bis 1960 Offz.hörer Offz.Schule Rückw.Dienste; 1961 Offz. f. Kontrolle, Verw. Finan., MfNV; 1962 bis 1969 OOffz., Arbeitsgr. Perspektivplan., Verw. Finan., MfNV; 1969 bis 1975 Ltr. Abt. Haushaltskontr., Verw. Finan., MfNV; 1975 bis 1986 Stv. Chef Finanzökon. f. Haushalt u. Kontr., Verw. Finan., MfNV; 1986 bis 1990 Stv. Chef Finanzökon. f. Haushaltsplan. u. Kontr., Verw. Finan., MfNV; **Gen.Maj.**: 01.03.1988; 1990 Chef Finanzökon., MfNV; ab 18.04.1990 Ltr. Amt

f. Haushalt, MfAV; Auszeichn.: Vaterländ.Verd.Ord. Bronze; Kampforden Silb.; Entl.: 30.09.1990

Kaekow, Günter; Dipl.-Ing.; Generalmajor

Geb.: 02.11.1924; in: Luckenwalde, Kr. Teltow-Fläming; Vater: Tischler; Schule: 8 Klassen; Beruf: Werkzeugmacher

1939 bis 1942 Lehre; 1942 bis 1944 Wehrmacht, Gefr. (Panzer); 1944 bis 1948 sowjet. Gefangensch.

Eintritt bew. Org.: 05.10.1948; 1948 Kursant, VP-Bereitschaft Potsdam; 1949 SED; 1949 bis 1951 Sachbearb., Unterabt.-Ltr. Schuh- u. Lederwaren, Offz. f. Schuh- u. Lederwaren, HVA; 1951 bis 1953 OOffz., Verw. Motorisierung, HVA/KVP; 1953 bis 1954 Stv. Kdr. f. Techn./Ausrüst., mittl. Pz.-Kdo., Oranienburg; 1954 bis 1955 Offz.hörer Pz.-techn. Schule Erfurt; 1955 bis 1960 Stv. Kdr. f. Techn./Ausrüst., 1. Mot.Schützen-Div.; 1960 bis 1963 Stv. Chef Kfz-Wesen, MfNV; 1964 bis 1981 Chef Kfz-Dienst, MfNV; **Gen.Maj.**: 01.03.1976; 1981 bis 1984 Chef Verw. Kfz-Dienst, MfNV; Auszeichn.: Vaterländ.Verd.Ord. Silb.; Kampforden Gold; Entl.: 30.11.1984

Kahnt, Klaus; Dipl.-Mil.; Konteradmiral

Geb.: 09.02.1935; in: Leipzig; Vater: selbst. Friseur; Schule: 12 Klassen in Grundlagenfächern; Beruf: Maschinenschlosser

1949 bis 1953 Lehre, Maschinenschlosser; **Eintritt bew. Org.**: 10.01.1953; 1953 bis 1955 Matrose, Offz.schüler, See-Offz.lehranstalt Stralsund; 1955 SED; 1955 bis 1956 Offz. d. Unterabt. op. Plan., Verw. VP-See/Seestreitkr.; 1956 bis 1958 Offz. f. op.-takt. Ausbild., Kdo. Seestreitkr.; 1958 bis 1959 Navigationsoffz., Minenleg- u. Räum-Abt., 4. Flottille; 1959 bis 1961 Offz.hörer Offz.-Schule Stralsund; 1962 bis 1963 Stabschef 4. Grenzbootabt., 6. Grenzbrig. Küste; 1963 bis 1964 Chef 4. Grenzbootabt., 6. Grenzbrig. Küste; 1964 bis 1968 Offz.hörer Militärakad. Dresden; 1968 bis 1969 Chef 4. Grenzbootabt., 6. Grenzbrig. Küste; 1969 bis 1971 1. Stv. Chef 6. Grenzbrig. Küste; 1971 bis 1972 Chef 4. Sich.Brig., 4. Flottille; 1972 bis 1976 Stv. Chef u. Stabschef 4. Flottille; 1976 bis 1980 Chef 4. Flottille; **K.Adm.**: 07.10.1979; 1980 bis 1984 Stv. Chef d. Stabes f. Org., Kdo. VM; 1984 bis 1990 Kdr. Offz.Hochschule VM Stralsund; Auszeichn.: Vaterländ.Verd.Ord. Bronze; Kampforden Silb.; Entl.: 30.09.1990

Kaiser, Wolfgang; Dipl.-Ökon.; Bauing.; Generalleutnant

Geb.: 07.12.1930; in: Ummendorf, Bördekreis; Vater: Schlosser; Schule: Mittlere Reife; Beruf: Maurer

1947 bis 1949, Lehre, Maurer; 1949 bis 1952 Student, Fachschule f. Bauwesen; 1952 bis 1955 Bauing., Bauakademie d. DDR; 1955 bis 1956 Zivilbeschäft./Bauing., KVP; 1956 SED; **Eintritt bew. Org.**: 01.05.1956; 1956 bis 1959 Ltr. Inspektionsgr., Abt. Unterkunft, Mil.Bez. V; 1959 bis 1962 Ltr. Abt. Staatl.

Bauaufsicht, Verw. Unterkunft, MfNV; 1962 bis 1963 Ltr. Abt. Kontr., Verw. Bauwesen, MfNV; 1963 bis 1965 Haupting., Verw. Bauwesen, MfNV; 1965 bis 1969 Chef Verw. Bauwesen, MfNV; 1969 bis 1979 Chef Verw. Spezialbauwesen, MfNV; **Gen.Maj.**: 07.10.1979; 1979 bis 1982 Stv. Chef Militärbauwesen u. Unterbringung f. Ökon., Wiss. u. Technik, MfNV; 1982 bis 1990 Chef Militärbauwesen u. Unterbringung, MfNV; **Gen.Ltn.**: 01.03.1988; Auszeichn.: Vaterländ.Verd.Ord. Silb.; Kampforden Gold; Entl.: 28.02.1990

Kalkbrenner, Horst; Dipl.-Mil.; Generalmajor

Geb.: 15.10.1929; in: Heidenau, Sächsische Schweiz; Vater: Maschinenschlosser; Schule: 12 Klassen in Grundlagenfächern; Beruf: Maschinenschlosser

1944 bis 1945 Lehre; 1945 Wehrmacht, Soldat (Pz.-Grenadier)

1945 bis 1947 Lehre; 1947 SED; 1947 bis 1948 Maschinenschlosser; **Eintritt bew. Org.**: 20.09.1948; 1948 Schutzmann, VP-Kreisamt Pirna; 1948 bis 1950 Gruppenltr., VP-Dienstst. Großenhain; 1950 bis 1951 Stv. Abt.-Ltr./ Innendienstltr., VP-Dienstst. Großenhain; 1952 Fachlehrer, VP-Schule Priemerwald; 1952 bis 1956 Militärakad./UdSSR; 1956 bis 1957 1. Stv. Kdr. Pz.Rgt.-15; 1957 bis 1959 Kdr. Pz.Rgt.-15; 1960 bis 1962 Stv. Verw. Ausbild. u. Abt. Ltr Gefechtsausb., Verw. Ausbild., MfNV; 1962 bis 1964 Vertreter d. NVA b. Stab Vereinte Streitkräfte Warschauer Vertrag; 1964 bis 1966 Gen.stab-Akad. UdSSR; 1966 bis 1969 1. Stv. Kdr. 9. Pz.Div.; 1969 bis 1975 Stv. Chef Ausbild. u. Abt.-Ltr. Gefechtsausb., Kdo. Mil.Bez. V; 1975 bis 1979 Stv. Chef Ausbild., Kdo. LaSK; **Gen.Maj.**: 07.10.1979; 1980 bis 1989 Chef Wehrbez.kdo. Potsdam; Auszeichn.: Vaterländ.Verd.Ord. Silb.; Kampforden Gold; Entl.: 30.11.1989

Kalwert, Günter; Dr. jur.; Dipl.-Jurist; Generalmajor

Geb.: 15.07.1930; in: Stettin; Vater: Arbeiter; Schule: Mittlere Reife; Beruf: ohne/Berufssoldat

1945 bis 1946 Landarbeiter, Lehre; 1947 bis 1948 Schüler, Landarbeiter, Rechtspraktikant; **Eintritt bew. Org.**: 16.12.1948; 1948 bis 1953 Anwärter, Kursant, Gruppenführer, Zugfhr., Kp.Chef, VP-Dienstst. Quedlinburg, Burg, Eggesin; 1949 SED; 1953 Kursant, 1. Juristenlehrg., MdI; 1954 bis 1955 Untersuchungsführer, Staatsanwaltschaft d. VP; 1955 bis 1956 Staatsanwalt, HVDVP; 1956 bis 1958 Stv. Staatsanwalt kasernierte Einheiten MdI; 1958 bis 1960 Stv. Staatsanwalt, Kdo. DGP; 1961 bis 1962 Ltr. Abt. Allg. Aufsicht b. Militäroberstaatsanwalt; 1962 bis 1990 Ltr. HAbt. Militärgerichte im M.f. Justiz u. Stv. d. Min.f. Justiz; **Gen.Maj.**: 01.03.1976; Auszeichn.: Vaterländ.Verd.Ord. Silb.; Kampforden Silb.; Entl.: 30.09.1990

Kämmerer, Felix; Dipl.-Mil.; Generalmajor (a.D.)

Geb.: 27.12.1934; in: Gispersleben-Kiliani, Erfurt-Stadt; Vater: Schuhfacharbeiter; Schule: 8 Klassen; Beruf: Schriftsetzer

1949 bis 1952 Lehre, Schriftsetzer; **Eintritt bew. Org.**: 28.05.1952; 1952 bis 1953 Soldat, Uffz.schüler, Offz.schüler, Erfurt, Priemerwald; 1953 bis 1955 Zugfhr., Kp.Chef, VP-Dienstst. Gotha III; 1954 SED; 1955 bis 1959 Militärakad./UdSSR; 1959 bis 1961 Stabschef Pz.Bat., Pz.Rgt.-14, op. Offz. 7. Pz.Div., Offz. op. Schulung, MfNV; 1961 bis 1964 Ltr. Arbeitsgr. LaSK., Verw. Op., MfNV; 1964 bis 1971 Ltr. Arbeitsgr. op. Plan., Verw. Op., MfNV; 1970 bis 1974 Ltr. Unterabt. op. Plan., Verw. Op., MfNV; 1974 bis 1976 Gen.stab-Akad. UdSSR; 1976 bis 1978 Stv. Kdr. u. Stabschef 9. Pz.Div.; 1978 bis 1981 Stv. Chef d. Stabes f. op. Arb., Kdo. Mil.Bez. V; 1981 bis 1986 Stv. d. Stv. Chef d. Hauptstabes f. Org. f. Spezialausb., MfNV; 1986 bis 1987 Nachweis kranke Offz.; **Gen.Maj.** (a.D.): 30.04.1987; Auszeichn.: Kampforden Silb.; Entl.: 30.04.1987

Karin, Alexander; Dipl.-Mil.; Generalmajor

Geb.: 31.01.1925; in: Neustrelitz, Kr. Mecklenburg-Strelitz; Vater: Buchbinder, Kleingewerbetreibender; Schule: Mittlere Reife; Beruf: Industriekaufmann

1942 bis 1943 Kaufm. Lehre; 1943 bis 1945 Wehrmacht, Oberfähnrich (Marine-Flak); 1945 bis 1949 sowjet. Gefangensch.

1949 bis 1950 Kreissekr., Landesinstrukteur, stv. Ltr. Landesschule DSF, Schwerin; 1950 bis 1952 Hauptsachbearb., Referent, Oberreferent, Hauptreferent, MfAA; 1951 SED; **Eintritt bew. Org.**: 15.07.1952; 1952 Offz. f. Information, Verw. VP-See; 1952 bis 1954 Stv. Abt.-Ltr., Verw. Aufkl., KVP; 1954 bis 1955 Offz.hörer Hochschule f. Offz.; 1955 bis 1956 Stv. HAbt.-Ltr., Verw. 19 (Aufkl.), MdI/MfNV; 1956 bis 1962 HAbt.-Ltr., Verw. 19, MfNV; 1963 bis 1965 Gen.stab-Akad. UdSSR; 1965 bis 1984 Stv. Chef Verw. Aufkl. u. Ltr. Bereich Information, MfNV; **Gen.Maj.**: 07.10.1980; 1984 bis 1988 Stv. Chef Aufkl., MfNV; Auszeichn.: Vaterländ.Verd.Ord. Bronze; Kampforden Gold; Entl.: 30.4.1988

Käseberg, Werner; Dipl.-Mil.; Generalmajor

Geb.: 15.12.1930; in: Mügeln, Kr. Torgau-Oschatz; Vater: Fabrikarbeiter; Schule: 12 Klassen in Grundlagenfächern; Beruf: Industriekaufmann

1945 bis 1950 Lehre, Industriekaufmann; 1949 SED; 1950 bis 1952 Werkleiterass.; **Eintritt bew. Org.**: 01.09.1952; 1952 bis 1954 Anwärter, Offz.schüler, Kp.Chef, KVP-Dienstst. Zittau, Priemerwald, Drögeheide, Großenhain, Spremberg; 1954 bis 1957 1. Stv. Bat.-Kdr./Bat.-Kdr., Pz.Rgt.-14; 1957 bis 1958 Offz.hörer Hochschule f. Offz.; 1958 bis 1960 1. Stv. Kdr., Pz.Rgt.-11; 1960 bis 1962 Kdr. Pz.Rgt.-11; 1963 bis 1967 Militärakad./UdSSR; 1967 bis 1970 Kdr. Pz.Rgt.-1; 1970 bis 1972 Gen.stab-Akad. UdSSR; 1972 bis 1977 Stv. Kdr. f. Ausbild., 8. Mot.Schützen-Div.; 1977 bis 1980 Kdr. Uffz.Schule II; **Gen.Maj.**: 07.10.1979; 1980 bis 1983 Stv. Chef Mil.Bez. u. Chef Ausbild., Kdo. Mil.Bez. III; 1983 bis 1990 Chef Verw. Inspektion, MfNV; Auszeichn.: Vaterländ.Verd.Ord. Bronze; Kampforden Gold; Entl.: 30.04.1990

Keßler, Heinz; Dipl.-Mil.; Armeegeneral

Geb.: 26.01.1920; in: Lauban/Schlesien (Polen); Vater: Schmied; Schule: 8 Klassen; Beruf: Maschinenschlosser

1934 bis 1940 Lehre, Maschinenschlosser; 1940 bis 1941 Wehrmacht, Soldat (Infanterie); 1941 Überläufer; 1941 bis 1945 sowjet. Gefangensch.; 1943 bis 1945 NKFD

1945 KPD; 1945 bis 1946 Ltr. Jugendausschuß Berlin; 1946 SED; 1946 bis 1948 Vors. FDJ Berlin; 1948 bis 1950 Sekr. FDJ-Zentralrat; **Eintritt bew. Org.**: 01.11.1950; 1950 bis 1952 Gen.inspekt. (01.11.1950)u. Ltr. VP-Luft; **Gen.Maj.**: 01.10.1952; 1952 bis 1953 Stv. Min.dI u. Chef VPLuft; 1953 bis 1955 Chef VP-Luft/Verw. d. Aeroklubs; 1955 bis 1956 Militärakad./UdSSR; 1956 bis 1967 Stv. Min.fNV u. Chef LSK/LV; **Gen.Ltn.**: 01.10.1959; **Gen.Oberst**: 01.03.1966; 1967 bis 1978 Stv. Min.fNV u. Chef d. Hauptstabes; 1979 bis 1985 Stv. Min.fNV u. Chef d. Polit. HV; **Armeegen.**: 03.12.1985; 1985 bis 1989 Min.fNV; 17.11.1989 Rücktritt; Auszeichn.: Karl-Marx-Orden; Ehrenspange Vaterländ.Verd.Ord. Gold; Scharnhorstorden; Entl.: 15.12.1989

Kiesewalter, Waldemar; Dipl.-Mil.; Generalmajor

Geb.: 13.01.1935; in: Chemnitz; Vater: Arbeiter; Schule: 12 Klassen in Grundlagenfächern; Beruf: Schuhmacher

1949 bis 1952 Lehre, Schuhmacher; 1952 bis 1953 Dienst f. Deutschland; **Eintritt bew. Org.**: 16.02.1953; 1953 bis 1955 Offz.schüler, Offz.Schule Naumburg; 1955 SED; 1955 bis 1958 Zugfhr., Mot.Schützen-Rgt.-7; 1958 bis 1961 Kp.Chef, 7. Pz.Div.; 1961 bis 1962 Offz. f. op. Arb., 7. Pz.Div.; 1962 bis 1966 Militärakad./UdSSR; 1966 bis 1970 Offz. op. Arb., Abt. Op., Kdo. Mil.Bez. III; 1970 bis 1972 OOffz. op. Arb., Abt. Op., Kdo. Mil.Bez. III; 1972 bis 1974 Ltr. Unterabt. Op., 11. Mot.Schützen-Div.; 1974 bis 1976 Gen.stab-Akad. UdSSR; 1976 bis 1980 Stv. Kdr. u. Stabschef 1. Mot.Schützen-Div.; 1980 bis 1987 Ltr. Inspektionsbereich LaSK, Verw. Inspektion, MfNV; 1987 bis 1990 Stv. Hptinspekt. u. Chef Verw. Gefechtsausb., MfNV; **Gen.Maj.**: 01.03.1988; Auszeichn.: Kampforden Silb.; Entl.: 30.04.1990

Klabunde, Helmut; Dipl.-Ges.-Wiss.; Generalmajor (d.R.)

Geb.: 08.01.1935; in: Zarnekow, Kr. Belgard (Polen); Vater: Melker; Schule: 12 Klassen in Grundlagenfächern; Beruf: Stellmacher

1950 bis 1955 Lehre, Stellmacher; **Eintritt bew. Org.**: 31.05.1955; 1955 bis 1958 Uffz.schüler, Gruppenführer, Zugfhr., Pio.Bat.-8; 1957 SED; 1958 bis 1960 FDJ-Sekr., Pio.Bat.-8; 1960 FDJ-Student; 1961 bis 1967 OInstrukteur Jugendarb., Polit. HV, MfNV; 1967 bis 1970 Offz.hörer Militärakad. Dresden; 1970 bis 1975 OInstrukteur Jugendarb., Polit. HV, MfNV; 1975 bis 1981 Abt.-Ltr. Jugend, Polit. HV, MfNV; 31.05.1981 Versetzung in die Reserve; 1981 bis 1990 Vors. Gewerk. d. Zivilbeschäft. NVA; **Gen.Maj.**: (d.R.) 07.10.1988; Auszeichn.: Vaterländ.Verd.Ord. Bronze; Kampforden Bronze; Entl.: 31.05.1981

Kleffel, Harry; Dr. rer. mil.; Dipl.-Mil.; Generalmajor

Geb.: 01.05.1929; in: Suhl; Vater: Dreher; Schule: 8 Klassen; Beruf: Bankkaufmann

1943 bis 1948 Lehre, Angest., Sparkasse Suhl

1945 KPD; 1946 SED **Eintritt bew. Org.**: 25.10.1948; 1949 bis 1952 Finanzltr., VP-Schule Glöwen; 1952 bis 1954 Stv. f. materiell-techn. Versorgung, VP-Schule Glöwen; 1954 bis 1955 Offz.hörer Erfurt; 1955 bis 1959 Militärakad./UdSSR; 1959 bis 1960 Ltr. Org. u. Plan., 4. Mot.Schützen-Div.; 1961 Stv. Kdr. f. Rückw.Dienste, 4. Mot.Schützen-Div.; 1962 bis 1966 Stabschef Rückw.Dienste, Kdo. Mil.Bez. III; 1966 bis 1968 Gen.stab-Akad. UdSSR; 1968 bis 1973 Stv. Chef Mil.Bez. u. Chef Rückw.Dienste, Kdo. Mil.Bez. V; **Gen.Maj.**: 02.11.1970; 1973 bis 1978 Stv. Chef LaSK u. Chef Rückw.Dienste, Kdo. LaSK; 1978 bis 1989 Kdr. Sekt. Rückw.Dienste, Militärakad. Dresden; Auszeichn.: Vaterländ.Verd. Ord. Silb.; Kampforden Gold; Entl.: 31.10.1989

Klenner, Nikolaus; Dipl.-Mil.; Generalmajor

Geb.: 10.05.1925; in: St. Ingbert, Kr. Saarbrücken; Vater: Arbeiter; Schule: 8 Klassen; Beruf: Galvanoplastiker

1939 bis 1942 Lehre, Galvanoplastiker; 1942 RAD, 1943 bis 1945 Wehrmacht, Gefr. (Panzer); 1945 bis 1946 engl. Gefangensch.; 1946 sowjet. Gefangensch.

1946 KPD/SED; 1946 Galvanopastiker; 1947 bis 1949 Arb.gebietsltr., FDJ-Kr.Ltg. Dresden; **Eintritt bew. Org.**: 01.11.1948; 1948 bis 1950 Kursant, Polit-Kultur-Offz., VP-Bereitschaft Großenhain; 1950 bis 1954 Abt.-Ltr., VP-Dienststt. Leipzig, Eggesin; 1954 bis 1956 Offz.hörer Hochschule f. Offz.; 1956 bis 1958 Kdr. Pz.Rgt.-23; 1959 bis 1960 Stv. Kdr. f. Techn./Ausrüst., 9. Pz.Div.; 1960 bis 1962 Gen.stab-Akad. UdSSR; 1962 bis 1965 1. Stv. Kdr. 8. Mot.Schützen-Div.; 1965 bis 1972 Kdr. 8. Mot.Schützen-Div.; **Gen.Maj.**: 01.03.1970; 1972 bis 1974 Stv. Chef Mil.Bez. f. Ausbild., Kdo. Mil.Bez. V; 1974 bis 1977 Stv. Chef d. Stabes Vereinte Streitkräfte Warschauer Vertrag; 1977 bis 1980 Kdr. Sektion LaSK, Militärakad. Dresden; 1980 bis 1985 Stv. Chef Militärakad. u. Chef Ausbild., Militärakad. Dresden; Auszeichn.: Vaterländ.Verd. Ord. Silb.; Kampforden Gold; Entl.: 30.11.1985

Klimpel, Horst; Dipl.-Mil.; Generalmajor

Geb.: 12.11.1931; in: Korsenz, Kr. Militsch (Polen); Vater: Arbeiter; Schule: 12 Klassen in Grundlagenfächern; Beruf: ohne/Berufssoldat

1946 bis 1949 Heimarb., Hilfs- u. Bauarbeiter; **Eintritt bew. Org.**: 05.09.1949; 1949 bis 1951 Anwärter, Offz.schüler, VP-Dienstst. Großenhain, Priemerwald; 1952 bis 1953 Zugfhr., Kp.Chef, VP-Dienstst. Zeithain; 1953 bis 1954 Offz.-hörer Hochschule f. Offz.; 1954 SED; 1954 bis 1956 Bat. Kdr., KVP-Dienstst. Zeithain; 1956 bis 1959 Offz. f. Schießausb., Pz.Rgt.-11; 1959 bis 1960 Ltr. Lehrstuhl f. Schießausb., Pz.-Schule; 1961 bis 1964 Offz.hörer Militärakad.

Dresden; 1964 bis 1965 1. Stv. Kdr. Pz.Rgt.-11; 1965 bis 1971 Kdr. Pz.Rgt.-11; 1971 bis 1974 Gen.stab-Akad. UdSSR; 1974 bis 1979 Stv. Kdr. f. Ausbild., 9. Pz.Div.; 1980 bis 1990 Chef Wehrbez.kdo. Gera; **Gen.Maj.**: 07.10.1987; Auszeichn.: Vaterländ.Verd.Ord. Bronze; Kampforden Gold; Entl.: 30.09.1990

Kneiphoff, Paul; Dipl.-Mil.; Generalleutnant

Geb.: 18.11.1929; in: Salzwedel, Altmarkkreis Salzwedel; Vater: Eisenbahner; Schule: 12 Klassen in Grundlagenfächern; Beruf: Landmaschinenschlosser

1945 bis 1949 Lehre, Schlosser; 1949 SED **Eintritt bew. Org.**: 10.06.1949; 1949 bis 1951 Kursant, VP-Schule Eggesin, Pinnow; 1950 bis 1951 Zugfhr., VP-Dienstst. Halle; 1952 Bat.Kdr., VP-Dienstst. Eggesin, Großenhain; 1952 bis 1953 Sonderlehrg./UdSSR; 1953 bis 1956 Stabschef Art.-Kdo, Karpin; 1956 bis 1959 Kdt. Schießplatz Zingst; 1960 bis 1961 Kdr. Flak.Rgt.-1; 1962 bis 1963 Militärakad./UdSSR; 1963 bis 1968 Chef Truppenluftabwehr, Kdo. Mil.Bez. V; 1968 bis 1970 Gen.stab-Akad. UdSSR; 1970 bis 1973 Chef Truppenluftabwehr, Kdo. Mil.Bez. V; 1973 bis 1990 Chef Truppenluftabwehr, Kdo. LaSK; **Gen.Maj.**: 01.03.1975; **Gen.Ltn.**: 07.10.1982; Auszeichn.: Vaterländ.Verd.Ord. Silb.; Scharnhorstorden; Entl.: 28.02.1990

Kohlmay, Erwin; Dipl.-Mil.; Generalmajor

Geb.: 29.04.1930; in: Rehdorf/Neumark (Polen); Vater: Landwirt; Schule: 12 Klassen in Grundlagenfächern; Beruf: ohne/Berufssoldat; gest.: 28.10.1997

1944 bis 1945 Jungbauer

1945 bis 1948 Landarbeiter; 1947 SED; **Eintritt bew. Org.**: 01.10.1948; 1948 bis 1949 Kursant, VP-Dienstst. Potsdam; 1949 bis 1951 Kdo. Ltr., Abt.-Ltr., Grenzbrig. Eldena, VP-Dienstst. Stern-Buchholz, Rostock, Gehilfe Stabschef, Kochstedt; 1951 bis 1952 Stabschef, VP-Dienstst. Rostock; 1952 bis 1953 Gehilfe Stabschef, Eggesin; 1953 bis 1954 Gehilfe d. Ltr. op. Abt., VP-Dienstst. Eggesin; 1954 bis 1956 Offz.hörer Hochschule f. Offz.; 1956 bis 1958 OOffz. op. Arb., 8. Mot.Schützen-Div.; 1958 bis 1961 OOffz., Abt. Op., Kdo. Mil.Bez. V; 1961 bis 1962 Ltr. Unterabt. Op., Kdo. Mil.Bez. V; 1963 bis 1966 Offz.hörer Militärakad. Dresden; 1966 bis 1971 Stv. Kdr. u. Stabschef 8. Mot.Schützen-Div.; 1972 bis 1974 Gen.stab-Akad. UdSSR; 1974 bis 1976 Abt.-Ltr. Org./Plan. b. Chef Ausbild., Kdo. LaSK; 1976 bis 1983 Abt.-Ltr. b. Stv. Chef d. Stabes, Kdo. LaSK; 1983 bis 1989 Chef Wehrbez.kdo. Magdeburg; **Gen.Maj.**: 01.03.1987; Auszeichn.: Vaterländ.Verd. Ord. Bronze; Kampforden Gold; Entl.: 31.08.1989

Köhn, Fritz; Generalmajor

Geb.: 20.06.1901; in: Flensburg; Vater: Magistratsangestellter; Schule: 8 Klassen; Beruf: Schlosser; gest.: 17.07.1981

1916 bis 1918 Lehre; 1918 bis 1919 Matrose (Kaiserliche Marine), Teilnahme am Kieler Matrosenaufstand; 1920 bis 1924 Landarbeiter; 1925 bis 1931 Kraftfahrer; 1931 KPD; 1931 bis 1934 erwerbslos; 1933 bis 1936 illegale kommun.

Tätigkeit; 1934 bis 1936 Kraftfahrer; 1936 bis 1937 Schlosser; 1937 Emigr. nach Frankreich; 1937 bis 1939 Interbrig., Spanien; 1939 bis 1945 Internierung/KZ-Haft Sachsenhausen (Außenlager)

1945 bis 1947 Angest., KPD/SED-Kr.Ltg. Treptow; 1947 bis 1949 Kaderinstrukteur, ZK d. SED; **Eintritt bew. Org.**: 01.10.1949; 1949 bis 1952 Ltr. Personalabt., Stab HVA; Chefinspekt.: 01.01.1950; **Gen.Maj.**: 01.10.1952; 1952 bis 1953 Stv. Chef Verw. Kader, MdI; 1953 bis 1956 Stv. Chef Verw. Kader, KVP; 1956 bis 1961 Stv. Chef Verw. Kader, MfNV; Auszeichn.: Ehrenspange Vaterländ.Verd.Ord.; Karl-Marx-Orden; Kampforden Gold; Entl.: 31.12.1961

Kokott, Raimund; Dr. rer. pol.; Dipl.-Ges.-Wiss.; Generalmajor

Geb.: 14.06.1930; in: Geses, Kr. Neiße (Polen); Vater: Bäcker; Schule: 8 Klassen; Beruf: ohne/Berufssoldat

1944 bis 1945 Lehre als Drogist (abgebrochen)

1945 bis 1948 »Umsiedlung« in d. SBZ, Land-u. Hilfsarbeiter; 1946 SED; **Eintritt bew. Org.**: 22.09.1948; 1948 bis 1949 Polit-Kultur-Offz. Zug, VP-Bereitschaft Appollensdorf; 1949 bis 1950 Klubltr., VP-Bereitschaft Weißenfels, Dessau; 1950 bis 1951 Abt.-Polit-Kultur-Offz., VP-Dienstst. Prora; 1953 bis 1955 Parteiinstrukteur, Polit.Verw. KVP; 1955 bis 1959 Militärpol.Akad./UdSSR; 1959 bis 1961 Stv. Kdr. f. Politarb., Mot.Schützen-Rgt.-24; 1961 bis 1962 Ltr. Unterabt. Agit./Prop., 4. Mot.Schützen-Div.; 1962 bis 1964 Stv. Kdr. u. Ltr. Politabt., 4. Mot.Schützen-Div.; 1965 bis 1968 Ltr. Lehrstuhl, Militärakad. Dresden; 1968 bis 1971 Aspirantur, Militärakad. Dresden; 1971 bis 1972 2. Sekr. Kr.Ltg. SED, Militärakad. Dresden; 1972 bis 1974 Stv. Ltr. Politabt. f. Instr./Org., Militärakad. Dresden; 1974 bis 1981 Abt.-Ltr. Kontr./Inspektion, Polit. HV, MfNV; 1981 bis 1990 Stv. f. op. Aufg. d. Stv. Chef d. Polit. HV f. org.-pol. Arb., Polit. HV, MfNV; **Gen.Maj.**: 07.10.1982; 1990 kommandiert zur Verw. Staatsbürgerl. Arb., MfNV/MfVA; Auszeichn.: Vaterländ.Verd.Ord. Bronze; Scharnhorstorden; Entl.: 30.06.1990

Kopetz, Günther; Dipl.-Mil.; Generalmajor

Geb.: 13.08.1930; in: Rostock; Vater: Straßenbahnarbeiter; Schule: 8 Klassen; Beruf: ohne/Berufssoldat

1945 bis 1947 Arbeiter; 1947 bis 1949 Fachschul-Praktikant; **Eintritt bew. Org.**: 12.08.1949; 1949 bis 1951 Kursant, Gruppenführer, Kp.-Polit-Kultur-Offz., Zugfhr., Stabschef Kdo., VP-Bereitschaft Eggesin; 1951 SED; 1952 bis 1956 Militärakad./UdSSR, 1956 bis 1957 OOffz. Rückw.Dienste, 4. Mot.-Schützen-Div.; 1957 bis 1958 Ltr. Arbeitsgr. Ausbild., Stab Rückw. Dienste, MfNV; 1959 bis 1960 Stv. Stabschef u. Ltr. op. Abt., Stab Rückw.Dienste, MfNV; 1960 bis 1963 Stv. Chef Rückw.Dienste u. Stabschef, MfNV; 1963 bis 1965 Gen.stab-Akad. UdSSR; 1965 bis 1968 Stv. Chef Mil.Bez. u. Chef Rückw.Dienste, Kdo. Mil.Bez. V; 1968 bis 1972 Stv. Chef Rückw. Dienste u. Stabschef Rückw.Dienste, MfNV; **Gen.Maj.**: 07.10.1969; 1972 bis 1973 Stv.

Chef LaSK u. Chef Rückw.Dienste, Kdo. LaSK; Auszeichn.: Kampforden Bronze; Entl.: 30.09.1973

Korfes, Otto; Dr. rer. pol.; Generalmajor

Geb.: 23.11.1889; in: Wenzen, Kr. Gandersheim/Braunschweig; Vater: Pfarrer; Schule: Abitur; Beruf: Berufsoldat, Archivar u. Historiker; gest.: 24.08.1964

1909 bis 1914 Soldat, Fähnrich, Ltn., Inf.Rgt.-66 Magdeburg; 1914 bis 1918 Teiln. 1. Weltkrieg, Hptm.; 1919 bis 1920 kommand. z. Gen.stab, Berlin; 1920 bis 1935 Archivar im Reichsarchiv; 1935 bis 1937 ORegierungsrat i.d. Kriegsgesch. Forschungsanst. d. Heeres; 1937 bis 1939 Kdr. mot. Inf.Bat., Oberstltn.; 1939 bis 1943 Teiln. 2. Weltkrieg, zuletzt Kdr. 295. Inf.Div. u. Gen.Maj.; 1943 bis 1945 NKFD, BDO; 1943 bis 1948 sowjet. Gefangensch.

1948 NDPD; 1948 bis 1949 Ltr. Zentralarchiv in d. SBZ, Potsdam; 1949 bis 1952 HAbt.-Ltr. Archivwesen, MdI; **Eintritt bew. Org.**: 01.10.1952; **Gen.Maj.**: 01.10.1952; 1952 bis 1956 Ltr. d. hist. Abt., HV Org. MdI/Verw. Op., KVP; 1958 bis 1964 Vors. d. Arbeitsgemeinschaft ehem. Offz. (AeO); Auszeichn.: Vaterländ.Verd.Ord. Silber; Entl.: 31.03.1956

Korndörfer, Eberhard; Prof. Dr. Ing.; Dipl.-Ing.-Ökon.; Generalmajor

Geb.: 14.12.1926; in: Oelsnitz/Vogtland; Vater: selbst. Schneidermeister; Schule: 12 Klassen in Grundlagenfächern; Beruf: Eisenbahner

1944 RAD, Wehrmacht, Gefr. (Pioniere); 1944 bis 1945 amerik. u. engl. Gefangensch.

1945 bis 1949 Ausbild., DR; 1949 Zugüberwacher, Fahrdienstltr.; 1949 bis 1951 Sachbearb., Abt. Güterverkehr, DR Aue; 1951 bis 1952 Instrukteur/Referent, Generaldirektor DR Berlin; 1952 SED; **Eintritt bew. Org.**: 01.03.1953; 1953 bis 1955 Ltr. Unterabt. Op., Transp.abt. Dresden; 1955 bis 1957 OOffz. f. Ausbild., op. Verw., KVP/Verw. Transp.wesen, MfNV; 1957 bis 1959 Offz. f. Transp. ausb., Verw. Militärtransp.wesen, MfNV; 1960 bis 1961 Ltr. Unterabt. Transp. ausb., Verw. Militärtransp.wesen, MfNV; 1961 bis 1963 Abt.-Ltr. Bautruppen, Verw. Militärtransp.wesen, MfNV; 1964 bis 1971 Stv. Chef Verw. Militärtransp.wesen, MfNV; 1971 bis 1989 Kdr. Sektion Militärisches Transport-u. Nachrichtenwesen, Verkehrshochschule »Friedrich List«, Dresden; **Gen.Maj.**: 07.10.1984; Auszeichn.: Vaterländ.Verd.Ord. Bronze; Kampforden Gold; Entl.: 31.08.1989

Kotte, Werner; Dipl.-Mil.; Konteradmiral

Geb.: 03.09.1931; in: Dresden; Vater: Bäcker, Maurer; Schule: 12 Klassen in Grundlagenfächern; Beruf: Zimmerer

1948 bis 1950 Lehre, Zimmerer; **Eintritt bew. Org.**: 04.08.1950; 1950 bis 1952 Kursant, Seepolizeischule Parow; 1953 bis 1954 Kdt. Küstenschutz-Boot, Flottenbasis Peenemünde; 1954 SED; 1954 bis 1956 Offz. f. Gefechtsausb., Stab VP-See; 1956 bis 1958 Offz.hörer See-Offz.Schule; 1958 bis 1959 Offz. f. op.

Arb./Stabschef Stützpkt., 1. Flottille; 1959 bis 1961 Offz.hörer See-Offz.Schule; 1962 Nav.Offz., 1. Flottille; 1962 bis 1966 Stv. Stabschef u. Ltr. Unterabt. Gefechtsausb., 1. Flottille; 1966 bis 1969 Offz.hörer Militärakad. Dresden; 1969 bis 1971 Stv. Stabschef u. Ltr. Unterabt. Op., 1. Flottille; 1972 bis 1974 Stv. Chef u. Stabschef 1. Flottille; 1974 bis 1984 Chef 1. Flottille; **K.Adm.**: 07.10.1982; 1984 bis 1990 Stv. Chef d. Stabes f. Org., Kdo. VM; Auszeichn.: Vaterländ.Verd.Ord. Bronze; Kampforden Gold; Entl.: 30.09.1990

Krämer, Kurt; Dipl.-Ges.-Wiss.; Generalmajor

Geb.: 28.06.1924; in: Osterburg, Kr. Stendal; Vater: Bierbrauer; Schule: Mittlere Reife; Beruf: Vermessungstechniker

1940 bis 1942 Lehre; 1942 bis 1945 Wehrmacht, Obergefr. (Luftwaffe, Flak, Fallschirmjäger); 1945 bis 1949 sowjet. Gefangensch.

1950 bis 1952 Instrukteur u. Abt.-Ltr., Zentralrat FDJ; 1951 SED; **Eintritt bew. Org.**: 07.05.1952; 1952 bis 1954 Abt.-Ltr. Kader, VP-Luft/Verw. d. Aeroklubs; 1954 bis 1957 Sekretär u. Abt.-Ltr., Zentralvorst. GST; 1957 bis 1958 Vors. Bez.Vorstand GST, Bez. Frankfurt/O.; 1958 bis 1959 Bez.Parteischule Eberswalde; 1959 bis 1962 Abt.-Ltr., Zentralvorst. GST; 1962 bis 1964 Vors. Bez.Vorstand GST, Bez. Magdeburg; 1964 bis 1967 Hörer an der Hochschule d. FDGB, Bernau; 1967 bis 1968 Abt.ltr. Zentralvorst. GST; 1968 bis 1982 Stv. Vors. Zentralvorst. GST f. Org./Plan.; **Gen.Maj.**: 07.10.1980; 1982 Vors. Zentralvorst. GST (m.d.F.b.); 1982 bis 1984 Stv. Vors. Zentralvorst. GST f. Org./ Plan.; Auszeichn.: Vaterländ.Verd.Ord. Bronze; Kampforden Gold; Entl.: 30.11.1984

Krause, Alfred; Dipl.-Mil.; Generalleutnant

Geb.: 28.04.1930; in: Dresden; Vater: Packer, Kraftfahrer; Schule: 8 Klassen; Beruf: Verwaltungsangestellter; gest.: 19.11.2001

1944 bis 1947 Lehre

1946 SED; 1947 bis 1948 Verwaltungsangest., Dresden; **Eintritt bew. Org.**: 13.09.1948; 1948 bis 1950 Polizist, VP-Kreisamt Dresden, Offz.schüler, VP-Schule Torgau; 1950 bis 1953 Stv. Kdr. f. Politarb. Kp., Politschule Torgau/ Treptow; 1953 bis 1957 Ltr. Kaderabt., Politschule Treptow; 1957 bis 1962 Offz.hörer Hochschule f. Offz./Militärakad. Dresden; 1962 bis 1964 Stv. Kdr. f. Politarb. Mot.Schützen-Rgt.-7; 1964 bis 1970 Kdr. Mot.Schützen-Rgt.-7; 1970 bis 1972 Gen.stab-Akad. UdSSR; 1972 bis 1974 Stv. Kdr. f. Ausbild., 11. Mot.Schützen-Div.; 1974 bis 1977 Kdr. 11. Mot.Schützen-Div.; **Gen.Maj.**: 07.10.1977; 1977 bis 1979 Stv. Chef Mil.Bez. u. Chef d. Stabes, Kdo. Mil.Bez. III; 1980 bis 1982 Chef Verw. Inspektion, MfNV; 1982 bis 1989 Chef Verw./Ber. Aufkl., MfNV; **Gen.Ltn.**: 01.03.1986; 1990 Chef Info-Zentrum MfNV/MfAV; Auszeichn.: Vaterländ.Verd.Ord. Silb.; Kampforden Gold; Entl.: 30.09.1990

Kronig, Kurt; Dipl.-Ing.; Generalmajor

Geb.: 11.04.1933; in: Niesky, Niederschlesischer Oberlausitzkreis; Vater: Stellmacher; Schule: 10 Klassen in Grundlagenfächern; Beruf: Elektromonteur

1948 bis 1951 Lehre, Elektromonteur; 1951 bis 1953 Student, Ing.-Schule Chemnitz; **Eintritt bew. Org.**: 04.01.1953; 1953 bis 1955 Offz.schüler, Offz.Schule Kamenz; 1955 bis 1956 Zugfhr., Funkmeß-Zug, Kamenz; 1956 SED; 1956 bis 1957 Kp.Chef, Funktechn.Kp.; 1957 bis 1958 Offz./OOffz. f. Führ./Plan. Funktechn. Truppen, Kdo. LSK/LV; 1958 bis 1959 Sonderlehrg. LV; 1959 bis 1962 OOffz., Ing.techn. Abt. Fla-Rak.-Truppen, Kdo. LSK/LV; 1962 bis 1964 Offz.hörer Ing.-Schule f. Post- u. Fernmeldewesen Leipzig; 1964 bis 1965 Ltr. Unterabt. u. Stv. Ltr. Fla-Rak.-Ing.Dienst, Kdo. LSK/LV; 1965 bis 1967 Ltr. Unterabt. Instand./Kontr. Fla-Rak.-Instand.Dienst, Kdo. LSK/LV; 1967 bis 1971 Ltr. Fla-Rak.-Instand.Dienst, Kdo. LSK/LV; 1971 bis 1974 Funktechn. Hochschule/UdSSR; 1974 bis 1981 Stv./Ltr. Ausbild. b. Stv. Chef LSK/LV f. Fla-Rak.-Truppen, Kdo. LSK/LV; 1981 bis 1987 Stv./Chef Fla-Rak.-Truppen b. Stv. Chef LSK/LV f. Ausbild. d. LV; Kdo. LSK/LV; **Gen.Maj.**: 07.10.1982; 1988 Stv. Chef LSK/LV f. Ausbild. LV, Kdo. LSK/LV; 1988 bis 1990 Stv. d. Stv. Chef LSK/LV f. Ausbild. LV u. Chef Fla-Rak.-Truppen, Kdo. LSK/LV; Auszeichn.: Vaterländ.Verd.Ord. Silb.; Kampforden Silb.; Entl.: 30.09.1990

Krysmann, Walter; Dipl.-Mil.; Generalmajor

Geb.: 06.09.1929; in: Skalung, Kr. Kreuzburg (Polen); Vater: Sägewerksarbeiter; Schule: 8 Klassen VS; Beruf: Kraftfahrer; gest.: 30.08.1984

1945 Wehrmacht, Flakhelfer

1945 KPD; 1945 bis 1949 Hilfsarbeiter; Beifahrer, Kraftfahrer; **Eintritt bew. Org.**: 06.09.1949; 1949 bis 1951 Kursant, VP-Dienstst. Treptow; 1951 bis 1952 Zugfhr., Kp.Chef VP-Dienstst. Leipzig, Potsdam, Großenhain; 1952 SED; 1952 bis 1956 Militärakad./UdSSR; 1956 bis 1958 Stv. Stabschef 1. Mot.Schützen-Div.; 1958 bis 1959 Ltr. Unterabt. Op., 1. Mot.Schützen-Div.; 1960 bis 1963 Stv. Kdr. u. Stabschef, 1. Mot.Schützen-Div.; 1963 bis 1966 Kdr. 1. Mot. Schützen-Div.; 1966 bis 1968 Gen.stab-Akad. UdSSR; 1968 bis 1973 Kdr. 9. Pz.Div.; **Gen.Maj.**: 07.10.1969; 1973 bis 1974 Stv. Chef Ausb., Kdo Mil.Bez. III; 1974 bis 1977 Stv. Chef Mil.Bez. u. Chef d. Stabes, Kdo. Mil.Bez. V; 1977 bis 1984 1. Stv. Chef Militärakad. Dresden; Auszeichn.: Vaterländ.Verd.Ord. Silb.; Kampforden Gold

Kühn, Walter; Dipl.-Mil.; Konteradmiral

Geb.: 04.07.1920; in: Chemnitz; Vater: Arbeiter; Schule: 8 Klassen; Beruf: Modelltischler; verst.

1935 bis 1940 Lehre, Modelltischler; 1940 bis 1945 Kriegsmarine, Obermaat

1945 KPD; **Eintritt bew. Org.**: 01.07.1945; 1945 bis 1946 VP-Revierltr., Chemnitz; 1946 SED; 1946 bis 1949 Ltr. Schutzpolizei, Aue, Dresden, Oschatz; 1949 bis 1950 Offz.hörer VP-Hochschule; 1951 bis 1952 Vors. Parteikontr.kommission, HV Seepolizei/VP-See; 1952 bis 1954 Stv. f. pol. Arb. b.

Chef d. Stabes d. VP-See; 1954 bis 1955 Stv. Ltr. Politabt., VP-See; 1955 bis 1956 Offz.hörer Politschule Treptow; 1956 bis 1958 Chef 4. Flottille; 1959 bis 1961 Seekriegsakad./UdSSR; 1961 bis 1980 Stv. Chef d. Stabes f. Org., Kdo. VM; **K.Adm.**: 01.03.1976; Auszeichn.: Vaterländ.Verd.Ord. Silb.; Kampforden Gold; Entl.: 30.11.1980

Kunath, Artur; Dipl.-Mil.; Generalleutnant

Geb.: 02.11.1914; in: Leuben, Kr. Meißen; Vater: Schlosser u. Schweißer; Schule: 8 Klassen; Beruf: Lithograph; gest.: 05.02.1995

1929 bis 1935 Lehre, Lithograph; 1935 bis 1937 Wehrmacht; 1937 bis 1939 Lithograph, Volontär; 1939 bis 1942 Wehrmacht; 1942 bis 1943 Photolithograph; 1943 bis 1945 Wehrmacht, Feldw. (Infanterie, Pz.-Abwehr)

1945 KPD; 1945 bis 1946 Mitarb. f. Prop., Landesvorstand Sachsen; 1946 SED; 1947 bis 1948 Abt.-Ltr. f. Presse, Info. u. Prop., Landesreg. Sachsen; **Eintritt bew. Org.**: 15.09.1948; 1948 bis 1949 Ltr. Sekretariat d. Dt. Verw. d. Innern, Berlin; 1949 bis 1950 Sonderlehrg./UdSSR; 1950 bis 1951 Ltr. VP-Dienstst. Eggesin; 1952 Ltr. Fachabt. Art., HVA; 1952 bis 1954 Ltr. Abt. Org. u. Stv. b. Chef Bewaffn., MdI; **Gen.Maj.**: 01.11.1954; 1954 bis 1956 Chef Verw. Bewaffn., KVP; 1956 bis 1957 Chef Art.truppen, MfNV; 1957 bis 1959 Gen.stab-Akad. UdSSR; 1959 bis 1961 Chef Mil.Bez. III; 1961 bis 1962 Speziallehrg./UdSSR; 1962 bis 1965 Chef Art., MfNV; 1965 bis 1971 Chef Rak.Truppen/Art., MfNV; **Gen.Ltn.**: 01.03.1966; 1971 bis 1978 Stadtkdt. Berlin(Ost); Auszeichn.: Vaterländ.Verd.Ord. Gold; Scharnhorstorden; Entl.: 15.09.1978

Kunow, Erwin; Dipl.-Mil.; Generalmajor

Geb.: 14.12.1928; in: Ueckermünde, Kr. Ueckermünde-Randow; Vater: Former; Schule: 8 Klassen; Beruf: Buchdrucker; gest.: 12.12.1975

1943 bis 1944 Lehre; 1944 bis 1945 RAD; 1945 Wehrmacht, Soldat (Infanterie); 1945 engl. Internierung

1945 bis 1946 Buchdrucker; 1946 bis 1948 Angest., Rat d. Stadt Pasewalk; 1947 SED; **Eintritt bew. Org.**: 01.08.1948; 1948 bis 1949 Anwärter, VP-Kreisamt Pasewalk, Sachbearb. Finan., Kühlungsborn; 1949 bis 1951 VS-Stellenltr., Sportoffz., VP-Dienstst. Prora; 1951 bis 1955 Offz. f. Plan./Org. Rückw.Dienste/Stv. Kdr. f. Rückw.Dienste, VP-Bereitschaft Leipzig; 1955 bis 1959 Militärakad./UdSSR; 1959 bis 1965 OOffz. Abt. Militärwiss., Stv. Fachltr. Rückw.Dienste, Militärakad. Dresden; 1965 bis 1970 Stv. Kdr. f. Rückw.Dienste, 4. Mot.Schützen-Div.; 1970 bis 1972 Gen.stab-Akad. UdSSR; 1972 bis 1975 Stv. Chef Mil.Bez. u. Chef Rückw.Dienste, Kdo. Mil.Bez. III; **Gen.Maj.**: 01.03.1975; Auszeichn.: Kampforden Bronze

Kunze, Gerhard; Dipl.-Mil.; Generalleutnant

Geb.: 26.11.1923; in: Ziegelrode, Mansfelder Land; Vater: Bergmann; Schule: 8 Klassen; Beruf: Dreher

1938 bis 1941 Lehre; 1941 bis 1945 Wehrmacht, Feldw. (Panzer); 1945 bis 1949 sowjet. Gefangensch.

1950 SED; **Eintritt bew. Org.**: 01.01.1950; 1950 bis 1951 Sachbearb., HVDVP Berlin, Kp.Chef, VP-Schule Priemerwald, Stv. Ausbild., 6. VP-Bereitschaft, Offz. Fachr. Pz., HVA, Ltr. Abt., VP-Dienstst. Burg; 1951 bis 1952 Sonderlehrg./UdSSR; 1952 bis 1956 OOffz., 1. Verw., Stab KVP; 1956 bis 1959 Stv. Chef d. Stabes u. Abt.-Ltr. Op., Kdo. Mil.Bez. V; 1959 bis 1960 Stv. Kdr. u. Stabschef 8. Mot.Schützen-Div.; 1961 bis 1963 Gen.stab-Akad. UdSSR; 1963 bis 1965 Stv. Chef Mil.Bez. u. Chef d. Stabes, Kdo. Mil.Bez. V; 1965 bis 1988 Stv. Chef d. Hauptstabes f. Mechan. u. Automat. d. Truppenführung, MfNV; **Gen.Maj.**: 07.10.1969; **Gen.Ltn.**: 07.10.1979; Auszeichn.: Ehrenspange Vaterländ.Verd.Ord. Gold; Scharnhorstorden; Kampforden Gold; Entl.: 30.11.1988

Kusch, Ernst; Dipl.-Ges.-Wiss.; Dipl.-Mil.; Generalmajor

Geb.: 19.02.1937; in: Berlin; Vater: Masseur; Schule: 12 Klassen in Grundlagenfächern; Beruf: Maschinenschlosser

Eintritt bew. Org.: 30.07.1955; 1955 Soldat, KVP-Dienstst. Karpin I; 1955 bis 1958 Offz.schüler, Offz.Schule Plauen; 1956 SED; 1958 bis 1960 Zugfhr., Mot. Schützen-Rgt.-9; 1960 bis 1961 FDJ-Sekr. Mot.Schützenbat., Mot.Schützen-Rgt.-9; 1961 bis 1963 FDJ-Sekr., Mot.Schützen-Rgt.-9; 1963 bis 1964 Instrukteur Jugendarb., Mot.Schützen-Rgt.-9; 1964 bis 1968 OInstrukteur Jugendarb. 9. Pz.Div.; 1968 bis 1972 Militärpol.Akad./UdSSR; 1972 bis 1973 Stv. Kdr. f. Politarb., Pz.Rgt.-23; 1973 bis 1975 OInstrukteur, Polit. HV, MfNV; 1975 bis 1977 Gen.stab-Akad. UdSSR; 1977 bis 1979 Stv. Kdr. u. Ltr. Politabt. 11. Mot. Schützen-Div.; 1979 bis 1982 Stv. Chef Polit.Verw. f. Instr./Org., Kdo. Mil. Bez. III; 1982 bis 1987 Stv. Chef Polit.Verw. LaSK f. Instr./Org., Kdo. LaSK; **Gen.Maj.**: 01.03.1984; 1987 bis 1990 Stv. Chef d. Hauptstabes u. Chef Politorgan, MfNV; Auszeichn.: Vaterländ.Verd.Ord. Bronze; Kampforden Bronze; Entl.: 31.03.1990

Kutzschebauch, Günter; Dipl.-Mil.; Vizeadmiral

Geb.: 27.10.1930; in: Zug, Kr. Freiberg; Vater: Maler, Schuhmacher; Schule: 8 Klassen; Beruf: Landwirtschaftsgehilfe; gest.: 16.02.1996

1945 bis 1948 Lehre; 1947 SED; 1948 bis 1950 Sekr. f. Arb./Sozialpolitik, FDJ-Kr.Ltg. Marienberg; **Eintritt bew. Org.**: 03.08.1950; 1950 bis 1951 Kursant, Seepolizeischule Parow; 1952 bis 1953 Kursant, Politschule Treptow; 1953 bis 1955 OLektor; 1955 bis 1957 Jugendinstrukteur, Polit.Verw. KVP/NVA; 1957 bis 1960 OInstrukteur, Abt. Jugend, Polit.Verw. MfNV; 1961 bis 1963 Seekriegsakad./UdSSR; 1963 Stv. Chef Torpedo-Schnellboots-Brig., 6. Flottille; 1963 bis

1967 Stv. Chef u. Ltr. Politabt., 4. Flottille; 1967 bis 1974 Stv. Ltr. Polit.Verw. u. Ltr. Abt. Org./Instr., Kdo. VM, dazwischen 1973 bis 1974 Parteihochschule KPdSU/UdSSR; **K.Adm.**: 07.10.1974; 1974 bis 1976 Stv. Chef VM u. Ltr. Polit.Verw., Kdo. VM; 1976 bis 1982 Stv. Chef VM u. Chef Polit.Verw., Kdo. VM; **Vizeadm.**: 01.03.1981; 1982 bis 1990 Vors. Zentralvorst. GST; Auszeichn.: Vaterländ.Verd.Ord. Silb.; Scharnhorstorden; Entl.: 30.04.1990

Lange, Kurt; Dipl.-Mil.; Generalleutnant

Geb.: 10.07.1923; in: Gablenz, Niederschlesischer Oberlausitzkreis; Vater: Bergmann; Schule: 8 Klassen; Beruf: Bergmann; gest.: 28.10.1989

1937 bis 1940 Lehre, Bergmann; 1940 bis 1945 Wehrmacht, Feldw. (Panzer); 1945 bis 1949 sowjet. Gefangensch.

Eintritt bew. Org.: 01.11.1949; 1949 bis 1950 Kursant, Zugfhr., Kp.Chef, VP-Dienststt. Zittau; 1950 bis 1951 Abt.-Ltr. Pz., VP-Dienststt. Zittau; 1951 SED; 1951 bis 1952 Sonderlehrg./UdSSR; 1952 bis 1955 Offz., Verw. Ausbild., Stab KVP; 1955 bis 1958 Kdo. Ltr./Kdr. Pz.Rgt.-6, Drögeheide; 1958 Chef Pz., Mil.Bez. V; 1958 bis 1960 Gen.stab-Akad. UdSSR; 1960 bis 1964 Kdr. 9. Pz.Div.; 1964 bis 1967 1. Stv. Chef Mil.Bez., Kdo. Mil.Bez. V; **Gen.Maj.**: 01.03.1966; 1967 bis 1972 Chef Mil.Bez. V; **Gen.Ltn.**: 02.11.1970; 1972 bis 1974 Stv. Chef d. Stabes Vereinte Streitkräfte Warschauer Vertrag; 1974 bis 1983 Ltr. Militär. HAbt. M.f. Hoch- u. Fachschulwesen; Auszeichn.: Vaterländ.Verd.Ord. Gold; Kampforden Gold; Entl.: 30.04.1983

Lange, Manfred; Dipl.-Mil.; Generalmajor

Geb.: 26.12.1927; in: Herlasgrün, Kr. Plauen; Vater: Landwirt; Schule: 8 Klassen; Beruf: Zimmerer

1942 bis 1943 Lehre; 1944 bis 1945 Wehrmacht, Gefr. (Pioniere), 1945 engl. Gefangensch.

1945 bis 1946 erwerbslos; 1946 SED; 1946 bis 1947 Zimmerer; 1948 bis 1950 Angest., SAG Wismut; **Eintritt bew. Org.**: 13.01.1950; 1950 bis 1951 Offz.schüler, VP-Schule Döbeln; 1951 bis 1952 Zugfhr., VP-Dienststt. Großenhain; 1952 bis 1953 Navigator, Staffel, VP-Dienststt. Cottbus; 1953 bis 1954 Flugzeugführer, KVP-Dienststt. Cottbus; 1954 bis 1955 Staffel- u. Abt.-Ltr., Aeroklub Bautzen; 1955 bis 1956 Kdr. Aeroklub Bautzen (m.d.F.b.); 1956 bis 1957 Stv. Kdr. f. flieger. Ausbild., Aeroklub Bautzen/3. Fliegerdiv.; 1957 bis 1959 Kdr. 3. Fliegerdiv.; 1959 bis 1960 Militärakad./UdSSR; 1961 bis 1967 Kdr. 3. Fliegerdiv./3. LVDiv.; 1967 bis 1969 Gen.stab-Akad. UdSSR; 1969 bis 1970 Stv. Kdr. f. flieg. Ausb., Offz.Schule LSK/LV; 1970 bis 1978 Kdr. Offz.Schule/Offz.Hochschule LSK/LV, Kamenz; **Gen.Maj.**: 01.03.1974; 1979 bis 1986 Chef allg.milit. Ausbild./Schulen, Kdo. LSK/LV; Auszeichn.: Vaterländ.Verd.Ord. Bronze; Kampforden Gold; Entl.: 30.09.1986

Laue, Wolfgang; Dipl.-Ing.; Konteradmiral

Geb.: 24.02.1929; in: Leipzig; Vater: Straßenbahner; Schule: Mittlere Reife; Beruf: Elektromonteur; gest.: 1996

1945 Wehrmacht, Soldat; 1945 engl. Gefangensch.

1945 bis 1948 Lehre, Elektromonteur, Leipzig; 1948 bis 1949 Monteur; 1949 bis 1952 Student, Ing.-Schule Berlin; **Eintritt bew. Org.**: 01.08.1952; 1952 Offz. f. Elektrotechnik, HV Seepolizei; 1952 SED; 1952 bis 1953 Offz. Bauaufsicht, Volkswerft Stralsund, Peenewerft Wolgast; 1953 bis 1954 Offz. f. Elektrotechnik, VP-See; 1954 bis 1956 Schiffsbauing. f. Mineneigenschutz, VP-See; 1956 bis 1960 Seekriegsakad./UdSSR; 1961 bis 1963 Ltr. Unterabt. Forsch. u. Entw., Wiss.-techn. Zentrum, Kdo. VM; 1963 bis 1965 Ltr. Unterabt. Schiffbautechn., Kdo. VM; 1965 bis 1972 Stv. Chef Verw. Beschaff. f. Schiffbau, MfNV; 1972 bis 1989 Chef Verw. Schiffbau, MfNV; **K.Adm.**: 07.10.1982; Auszeichn.: Kampforden Gold; Entl.: 31.08.1989

Lehmann, Rolf; Prof. Dr. sc. mil.; Dipl.-Mil.; Generalmajor

Geb.: 05.05.1934; in: Leipzig; Vater: Maschinenschlosser; Schule: Mittlere Reife; Beruf: Elektromechaniker

1950 bis 1952 Lehre; Leipzig; **Eintritt bew. Org.**: 10.09.1952; 1952 bis 1954 Offz.schüler, Offz.Schule VP-Luft/Verw. d. Aeroklubs, Pirna, Kamenz; 1954 SED; 1954 bis 1956 Offz., Abt. Kader, KVP-Dienstst. Cottbus; 1956 bis 1957 OOffz. Abt. Kader, Verw. LSK; 1957 bis 1962 Militärakad./UdSSR; 1962 bis 1965 Stv. Ltr. Lehrstuhl, Sekt. LSK/LV, Militärakad. Dresden; 1965 bis 1971 Ltr. Lehrstuhl Jagdfliegerkräfte/LV, Sekt. LSK/LV, Militärakad. Dresden; 1972 bis 1980 Stv. d. Kdr. f. Forsch., Sekt. LSK/LV, Militärakad. Dresden; 1980 bis 1990 Stv. Chef Militärakad. f. Wiss. u. Forsch., Militärakad. Dresden; **Gen.Maj.**: 07.10.1984; Auszeichn.: Vaterländ.Verd.Ord. Bronze; Entl.: 30.09.1990

Leibner, Alfred; Dipl.-Jurist; Generalleutnant

Geb.: 16.03.1922; in: Chemnitz; Vater: Arbeiter; Schule: 8 Klassen; Beruf: Maurer; gest.: 05.01.1997

1936 bis 1939 Lehre; 1939 bis 1941 Maurer; 1941 RAD; 1941 bis 1944 Wehrmacht, OGefr. (Luftwaffen-Felddivision); 1944 bis 1948 sowjet. Gefangensch.

1948 SED; 1949 bis 1950 Hilfskrankenpfleger; 1951 bis 1953 Student, Hochschule f. Justiz; **Eintritt bew. Org.**: 01.06.1953; 1953 bis 1954 Assistent, Dresden, Untersuchungsführer, MdI Berlin; 1954 bis 1960 Militärstaatsanwalt, Verw. d. Aeroklubs/Kdo. LSK/LV; 1960 bis 1966 Militäroberstaatsanwalt; 1966 bis 1967 Offz.hörer Militärakad. Dresden; 1967 bis 1981 Militäroberstaatsanwalt; **Gen.Maj.**: 01.03.1971; **Gen.Ltn.**: 01.03.1981; 1981 bis 1987 Stv. Generalstaatsanwalt DDR u. Militäroberstaatsanwalt; Auszeichn.: Ehrenspange Vaterländ. Verd.Ord. Gold; Kampforden Gold; Entl.: 31.03.1987

Leistner, Bernd; Dipl.- Mil.; Generalmajor

Geb.: 03.05.1943; in: Lauter; Vater: Emaillemaler; Schule: Mittlere Reife; Beruf: Lehrer

1959 bis 1961 Student, Inst. f. Lehrerbild.; **Eintritt bew. Org.**: 05.04.1961; 1961 Soldat, Wachrgt. MfNV; 1961 bis 1964 Offz.schüler, Offz.Schule LaSK; 1964 bis 1970 Zugfhr., Kp.Chef, Mot.Schützen-Rgt.-24; 1970 bis 1976 Stabschef/Bat. Kdr., Stv./Kdr. Mot.Schützen-Rgt.-24; 1976 bis 1978 Offz.hörer Militärakad. Dresden; 1978 bis 1979 Ltr. Arbeitsgr. Gefechtsausb., 4. Mot.Schützen-Div.; 1979 bis 1982 Kdr. Mot.Schützen-Rgt.-24; 1982 bis 1984 Stv. Kdr. f. Ausbild., 4. Mot.Schützen-Div.; 1984 bis 1986 Gen.stab-Akad. UdSSR; 1986 bis 1987 Stv. Kdr. u. Stabschef 4. Mot.Schützen-Div.; 1987 bis 1990 Kdr. 4. Mot.Schützen-Div.; **Gen.Maj.**: 07.10.1989; Entl.: 02.10.1990

Leistner, Günter; Dipl.-Mil.; Generalleutnant

Geb.: 01.03.1931; in: Plauen/Vogtland; Vater: selbst. Ingenieur; Schule: Mittlere Reife; Beruf: Feinmechaniker

1945 bis 1948 Lehre; 1948 bis 1949 Mechaniker; **Eintritt bew. Org.**: 15.08.1949; 1949 bis 1952 Anwärter, Gruppenführer, Zugfhr., Abt.-Ltr., stv. Kdo. Ltr., VP-Schule Döbeln, VP-Schule Löbau; 1952 SED; 1952 bis 1953 Sonderlehrg./UdSSR; 1953 bis 1957 Offz./OOffz., op. Verw., KVP/MfNV; 1957 bis 1959 OOffz., Abt. Op., Kdo. Mil.Bez. III; 1959 bis 1963 Stv. Kdr. u. Stabschef 4. Mot.Schützen-Div.; 1963 bis 1965 Gen.stab-Akad. UdSSR; 1965 bis 1974 Stv. Chef Mil.Bez. u. Chef d. Stabes, Kdo. Mil.Bez. V; **Gen.Maj.**: 01.03.1970; 1974 bis 1981 Stv. d. Stv. d. Chef d. Hauptstabes f. Org. f. Spez.Ausbild., MfNV; 1982 bis 1990 Stv. Chef d. Hauptstabes f. Org., MfNV; **Gen.Ltn.**: 01.03.1984; Auszeichn.: Vaterländ.Verd.Ord. Silb.; Kampforden Gold; Entl.: 30.09.1990

Lenski, Arno von; Generalmajor

Geb.: 20.07.1893; in: Czymochen, Kr. Oletzko/Ostpreußen; Vater: Gutsbesitzer; Schule: Abitur; Beruf: Berufssoldat; gest.: 04.10.1986

1913 Leutnant, Grenadier-Rgt. zu Pferde, Bromberg; 1914 bis 1915 Zugfhr., Grenadier-Rgt. zu Pferde in Rußland u. Frankreich; 1915 bis 1916 Adj., Reserve-Kavallerie-Rgt. Nr. 49; 1916 bis 1918 1. Ordonanz-Offz. i. Stab Generalkdo. 55; 1919 bis 1920 Adj., Grenadier-Rgt. zu Pferde, Bromberg (Reichswehr); 1920 bis 1921 Schwadronoffz., Reiter-Rgt. 6, Demmin; 1921 bis 1924 Reitschüler, Kavallerieschule Hannover; 1925 bis 1929 Reitlehrer, Kavallerieschule Hannover; 1929 bis 1933 Schwadronchef, Kavallerie-Rgt. 14, Ludwigslust; 1933 bis 1934 Kdr. Uffz.-Reitschule, Hannover; 1934 bis 1935 Adj. d. Kdr. d. Kavallerieschule, Hannover; 1935 bis 1939 Kdr. Kavallerie-Rgt. 6, Schwedt, Darmstadt; 1939 bis 1942 Kdr. Schule f. schnelle Truppen, Krampnitz; 1942 bis 1943 Kdr. 24. Pz.-Division, 1942 Gen.Maj.; 1943 Vorpatent z. Gen.Ltn.; 1943 bis 1949 sowjet. Gefangensch.; 1944 NKFD

1949 NDPD; 1949 bis 1950 Stv. Vors. Landesvorstand NDPD Berlin; 1950 bis 1951 Mitarb. im Hauptvorstand d. NDPD; 1951 bis 1952 Direktor d. Berliner Stadtkontors; **Eintritt bew. Org.**: 01.08.1952; **Gen.Maj.**: 01.10.1952; 1952 bis 1953 Chef Verw. f. Motorisierung, MdI; 1954 bis 1956 Chef Verw. Motorisierung, KVP; 1956 bis 1957 Chef Pz.-Truppen, MfNV ; 1957 bis 1958 Chef Pz., MfNV; 1964 bis 1971 Vors. Arbeitsgem. ehemal. Offz. (AeO); Auszeichn.: Ehrenspange Vaterländ.Verd.Ord. Gold; Kampforden Gold; Entl.: 01.08.1958

Leonhardt, Karl; Dipl.-Mil.; Generalleutnant

Geb.: 15.04.1929; in: Planitz, Kr. Zwickau; Vater: Fleischer; Schule: 10 Klassen in Grundlagenfächern; Beruf: Kaufmann

1943 bis 1945 Lehre, Zwickau; 1945 RAD; 1945 amerik. u. franz. Gefangensch.

1945 bis 1947 Hilfsarbeiter, Lehrling, Demontagearbeiter; 1946 SED; 1947 bis 1948 Verw.angest., Rat d. Stadt Zwickau; **Eintritt bew. Org.**: 01.09.1948; 1948 bis 1949 Streifenpolizist, Zwickau, Grenzposten, Bad Elster; 1949 bis 1952 Instrukteur, Stabschef, GrenzKdo. Adorf, Grenzbereitschaft Plauen; 1952 bis 1954 Ltr. Kommandantur, GrenzKdo. Eibenstock; 1954 Offz.hörer Sondershausen; 1954 bis 1955 Ltr. Unterabt. Ausbild., Stv. d. Kdr. f. Allg., Grenzbereitschaft Karl-Marx-Stadt; 1956 bis 1957 Offz.hörer Hochschule f. Offz.; 1957 bis 1959 Offz. f. Ausbild., Ltr. Unterabt., Kdo. DGP; 1960 bis 1962 Ltr. Abt. Gefechtsausb., Kdo. GT; 1962 bis 1966 Offz.hörer Militärakad. Dresden; 1966 bis 1969 1. Stv. Kdr. 5. Grenzbrig. Calbe; 1969 bis 1971 Kdr. 13. Grenzbrig. Rudolstadt; 1971 bis 1972 1. Stv. Chef GT, Kdo. GT; 1972 bis 1979 Stv. Chef d. Stabes f. op. Arb., Kdo. GT; **Gen.Maj.**: 07.10.1978; 1979 bis 1986 Stv. Chef GT u. Chef d. Stabes, Kdo. GT; **Gen.Ltn.**: 07.10.1986; 1986 bis 1989 Stv. Chef GT u. Chef Ausbild., Kdo. GT; Auszeichn.: Vaterländ.Verd.Ord. Silb.; Kampforden Gold; Entl.: 30.11.1989

Leopold, Hans-Joachim; Dipl.-Ges.-Wiss.; Generalmajor

Geb.: 22.11.1931; in: Ohrdruf, Kr. Gotha; Vater: Arbeiter; Schule: 12 Klassen in Grundlagenfächern; Beruf: ohne/Berufssoldat

Eintritt bew. Org.: 01.05.1949; 1949 Anwärter, Gruppenführer, Abt.-Polit-Kultur-Offz., 2. VP-Bereitschaft Thüringen; 1950 bis 1952 Stv. Kdr. f. Politarb. Kp., Offz.Schule Erfurt; 1951 SED; 1953 Kursant, Politschule Treptow; 1953 bis 1956 Gehilfe f. Jugendarb., Territor.Verw. Nord; 1956 Offz.hörer Hochschule f. Offz.; 1956 bis 1957 Militärpol.Akad./UdSSR; 1957 bis 1960 OInstrukteur FDJ, Polit.Verw., MfNV; 1961 bis 1964 Abt.-Ltr. Jugendarb., Polit. HV, MfNV; 1964 bis 1968 Offz.hörer Militärakad. Dresden; 1968 bis 1970 Stv. Ltr. Politabt. u. Ltr. Unterabt. Instr./Org., 7. Pz.Div.; 1971 bis 1975 Stv. Kdr. u. Ltr. Politabt., 1. Mot.Schützen-Div.; 1975 bis 1976 Stv. Chef Polit.Verw. f. Instr./Org., Kdo. Mil.Bez. V; 1976 bis 1981 Stv. Chef Polit.Verw. LaSK f. Instr./Org., Kdo. LaSK; **Gen.Maj.**: 07.10.1978; 1981 bis 1990 Stv. Chef

Polit.Verw. LaSK f. Prop./Agit., Kdo. LaSK; 1990 kommandiert z. Direktor d. Militärgesch. Institut; Auszeichn.: Kampforden Silb.; Entl.: 30.09.1990

Lindner, Rudi; Dipl.-Mil.; Generalmajor

Geb.: 17.12.1923; in: Annaberg/Erzgebirge; Vater: Arbeiter; Schule: 12 Klassen in Grundlagenfächern; Beruf: ohne/Berufssoldat

1938 bis 1941 Textilarbeiter; 1941 bis 1942 RAD; 1942 bis 1945 Wehrmacht, Uffz. (Infanterie); 1945 amerik., engl., sowjet. Gefangensch.

1945 KPD; **Eintritt bew. Org.**: 01.08.1945; 1945 bis 1947 VP-Revier Annaberg; 1946 SED; 1947 bis 1949 Schüler, Schulungsltr., Landespolizeischule Dresden; 1949 bis 1950 Offz.schüler, VP-Schule Kochstedt; 1950 bis 1951 Stabschef, VP-Bereitschaft Meiningen; 1952 bis 1953 Sonderlehrg./UdSSR; 1953 bis 1956 Ltr. Unterabt. Op., KVP-Dienstst. Prenzlau; 1956 bis 1958 Stv. Kdr. u. Stabschef 6. Mot.Schützen-Div.; 1959 bis 1960 Abt.-Ltr. Gefechtsausb., Kdo. Mil.Bez. V; 1961 1. Stv. Chef Mil.Bez. m.d. F.b., Kdo. Mil.Bez. V; 1961 bis 1962 Offz.hörer Militärakad. Dresden; 1962 bis 1963 Abt.-Ltr. Gefechtsausb., Kdo. Mil.Bez. V; 1964 bis 1966 Gen.stab-Akad. UdSSR; 1966 bis 1971 Abt.-Ltr. Gefechtsausb., Kdo. Mil.Bez. V; 1971 bis 1983 Chef Wehrbez.kdo. Frankfurt/O.; **Gen.Maj.**: 07.10.1979; Auszeichn.: Vaterländ.Verd.Ord. Silb.; Kampforden Gold; Entl.: 31.12.1983

Link, Gerhard; Dipl.-Mil.; Generalleutnant

Geb.: 16.01.1932; in: Schetzingen, Kr. Moglino (Polen); Vater: Landwirt; Schule: 12 Klassen in Grundlagenfächern; Beruf: ohne/Berufssoldat

1946 bis 1949 Landarbeiter; **Eintritt bew. Org.**: 13.06.1949; 1949 bis 1950 Gruppenführer, Stv. Polit-Kultur-Offz., Ltr. VS-Stelle, VP-Bereitschaft Pinnow; 1950 bis 1952 Offz. f. Personalangelegenheiten, Kursant, Zugfhr., Stv. Rückw.Dienste/Bat., VP-Dienstst. Brandenburg, Döbeln, Prora; 1952 SED; 1952 bis 1953 Stv. Ltr. Unterabt. Versorgung, Territor.Verw. Nord; 1953 bis 1954 Offz.hörer Offz.schule Erfurt; 1954 bis 1956 OOffz. Rückw.Dienste, Verw. Kader, Stab KVP; 1957 bis 1961 Militärakad./UdSSR; 1961 bis 1963 OOffz. f. op. Arb., Chef Rückw. Dienste, MfNV; 1965 bis 1968 Ltr. Fachrichtung Rückw.Dienste, Offz.Schule Löbau; 1968 bis 1971 Stv. Kdr. f. Rückw.Dienste, 7. Pz.Div.; 1971 bis 1973 Gen.stab-Akad. UdSSR; 1973 bis 1983 Stv. Chef Mil.Bez. u. Chef Rückw.Dienste, Kdo. Mil.Bez. V; **Gen.Maj.**: 07.10.1979; 1983 bis 1990 Stv. Chef LaSK u. Chef Rückw.Dienste, Kdo. LaSK; **Gen.Ltn.**: 01.03.1986; Auszeichn.: Vaterländ.Verd.Ord. Silb.; Kampforden Silb.; Entl.: 28.02.1990

Linke, Karl; Generalmajor

Geb.: 10.01.1900; in: Görsdorf, Kr. Reichenberg (Liberec); Vater: Arbeiter; Schule: 8 Klassen; Beruf: Bandweber; gest.: 16.05.1961

1914 bis 1918 Fabrikarbeiter; 1915 Soz. Arb.jugend (Österreich); 1918 Soldat; 1919 italien. Gefangensch.; 1919 bis 1923 Abraumarbeiter; 1920 bis 1923 USPD; 1924 bis 1929 Weber; 1924 bis 1930 KPČ; 1930 Verhaftung/Emigration in d. UdSSR; 1930 bis 1951 KPdSU; 1930 bis 1934 Webmeister, UdSSR; 1935 bis 1939 Angest., M.f. Leichtind./UdSSR; 1939 bis 1941 Angest., Handelskammer Moskau, UdSSR; 1941 bis 1946 Dienst i. d. Roten Armee, u.a. Kdr. Partisanen-Abt. u. Kdr. Spähtrupp i. Slowakei

1946 bis 1949 Bandweber, ČSR; 1950 bis 1951 Übersetzer f. d. Sowjet. Kontr.-Kommission, Berlin; 1951 SED; 1951 bis 1952 Abt.-Ltr., Ltr. Sekretariat d. Vors., Staatl.Plankomm.; **Eintritt bew. Org.**: 01.06.1952; **Gen.Maj.**: 01.10.1952; 1952 bis 1955 Chef Verw. Allg. Fragen (Aufklärung), MdI/KVP; 1956 bis 1957 Chef Verw. 19 (Aufklärung), MfNV; 31.08.1957 Herabsetzung im Dienstgrad z. Oberst d.R.; Auszeichn.: Vaterländ.Verd.Ord. Silb.; Entl.: 31.08.1957

Lipski, Heinz; Dipl.-Lehrer f. Marxismus/Leninismus; Generalmajor

Geb.: 12.10.1931; in: Niederzehren (Polen); Vater: Landwirt; Schule: Mittlere Reife; Beruf: ohne/Berufssoldat

1945 bis 1948 Arbeiter, Landarbeiter; **Eintritt bew. Org.**: 16.11.1949; 1949 bis 1956 Anwärter, Offz.schüler, Lehrer Marxismus/Leninismus; 1952 SED; 1956 bis 1957 Hpt.fachlehrer Geschichte, Funkmeßschule Oranienburg; 1957 bis 1958 Hpt.fachlehrer, Offz.Schule LSK/LV; 1959 bis 1961 Offz.hörer Politschule Treptow; 1961 bis 1962 OInstrukteur polit. Schulung, Polit.Verw. LSK/LV; 1962 bis 1969 Unterabt.-Ltr. Prop., Polit.Verw. LSK/LV; 1969 bis 1970 Stv. Ltr. Polit.Verw. u. Ltr. Abt. Prop./Agit., Polit.Verw. LSK/LV; 1970 bis 1972 Parteisekr. Stab, Kdo. LSK/LV; 1972 bis 1973 Offz.hörer Militärakad. Dresden; 1973 bis 1989 Stv. Chef Polit.Verw. f. Instr./Org., Polit.Verw. LSK/LV; **Gen.Maj.**: 07.10.1979; 1989 bis 1990 Dienstausübung b. Chef LSK/LV; Auszeichn.: Vaterländ.Verd.Ord. Silb.; Kampforden Silb.; Entl.: 30.09.1990

Listemann, Klaus; Dipl.-Mil.; Generalmajor

Geb.: 06.06.1940; in: Höngeda, Unstrut-Hainich-Kreis; Vater: Arbeiter; Schule: 12 Klassen in Grundlagenfächern; Beruf: Stricker

1954 bis 1957 Lehre; **Eintritt bew. Org.**: 10.12.1957; 1957 bis 1958 Soldat, Mot.-Schützen-Rgt.-22; 1958 bis 1960 Uffz.schüler, Lehrbat.-4, Gruppenführer, Mot.-Schützen-Rgt.-22; 1960 Offz.schüler, Inf.-Schule Plauen; 1960 bis 1968 Zugfhr., Fachlehrer, Inf.-Schule/Offz.Schule LaSK, Löbau; 1961 SED; 1968 bis 1972 Kp.Chef/Hpt.fachlehrer, Offz.Schule LaSK, Löbau; 1972 bis 1975 Offz.hörer Militärakad. Dresden; 1975 bis 1976 Kdr. Mot.Schützenbat., Mot.Schützen-Rgt.-23; 1976 bis 1978 Stv. Kdr. f. Ausbild., Mot.Schützen-Rgt.-24; 1978 bis 1979 Kdr. Mot.Schützen-Rgt.-7; 1979 bis 1982 Stv. Kdr. f. Ausbild., 7. Pz.Div.; 1982 bis 1984 Gen.stab-Akad. UdSSR; 1984 bis 1985 Stv. Kdr. u. Stabschef 7. Pz.Div.; 1985 bis 1987 Kdr. 7. Pz.Div.; **Gen.Maj.**: 07.10.1987; 1987 bis 1990 Stellvertreter Chef

Mil.Bez. u. Chef Ausbild., Kdo. Mil.Bez. V; ab 18.04.1990 Chef Ausbild. NVA, MfAV; Auszeichn.: Kampforden Bronze; Entl.: 02.10.1990

Lobner, Walter; Dipl.-Mil.; Generalmajor

Geb.: 12.08.1930; in: Forst, Kr. Spree-Neiße; Vater: Tuchmacher, Weber; Schule: Abitur; Beruf: Elektrotechniker, Schmied

1945 bis 1952 Landarbeiter, Lehre, Geselle, FDJ-Funktionär; 1952 SED; **Eintritt bew. Org.**: 23.05.1952; 1952 Kursant, Pirna; 1952 bis 1953 Sonderlg./UdSSR; 1953 bis 1954 Stv. flieg. Ausbild., KVP-Dienstst. Cottbus; 1954 bis 1955 Kdr. 3. Abt., Aeroklub Cottbus; 1955 bis 1959 Militärakad./UdSSR; 1960 bis 1962 Stv. Kdr. f. flieg. Ausbild., 1. LVDiv.; 1962 bis 1965 Stv. Kdr. u. Stabschef Jagdfliegergeschwader-1; 1965 bis 1971 Stv. Kdr. u. Stabschef 1. LVDiv.; 1971 bis 1973 Gen.stab-Akad. UdSSR; 1973 bis 1980 Abt.-Ltr. Op./Stv. Stabschef op. Fragen, Kdo. LSK/LV; 1980 bis 1982 Stv. Stabschef Rückw.Dienste, Kdo. LSK/LV; 1983 bis 1990 Stv. Chef LSK/LV u. Chef Rückw.Dienste, Kdo. LSK/LV; **Gen.Maj.**: 07.10.1984; Auszeichn.: Vaterländ.Verd.Ord. Bronze; Kampforden Bronze; Entl.: 28.02.1990

Lochmann, Gerhard; Prof. Dr. sc. med.; OMed.Rat; Generalmajor

Geb.: 01.10.1935; in: Hartmannsdorf, Kr. Mittweida; Vater: Maurer; Schule: Abitur; Beruf: Arzt/Berufssoldat

Eintritt bew. Org.: 01.09.1954; 1954 bis 1956 Student, Uni Leipzig, Greifswald; 1956 bis 1959 Offz.hörer Militärmed.Sektion Greifswald; 1956 SED; 1959 bis 1960 Pflichtass., Militärmed.Sektion Greifswald; 1960 bis 1961 Zugfhr., Div.-Med.-Punkt, 8. Mot.Schützen-Div.; 1962 bis 1965 Assistenzarzt, Chirurg. Klinik, Zentr.Lazarett NVA, Bad Saarow; 1966 bis 1969 Ltr. Fachpoliklinik Chirurgie, Zentr.Lazarett NVA, Bad Saarow; 1970 bis 1989 Ltr. Chirurg. Klinik, Zentr. Lazarett NVA, Bad Saarow; **Gen.Maj.**: 07.10.1979; Auszeichn.: Kampforden Silb.; Entl.: 30.11.1989

Löffler, Hans-Georg; Dipl.-Mil.; Generalmajor

Geb.: 10.05.1937; in: Seehausen, Kr. Stendal; Vater: Eisenbahner; Schule: 12 Klassen in Grundlagenfächern; Beruf: Maschinenschlosser

1952 bis 1954 Lehre; 1954 bis 1955 Schlosser; **Eintritt bew. Org.**: 01.08.1955; 1955 bis 1958 Offz.schüler, Offz.Schule Döbeln, Plauen; 1957 SED; 1958 bis 1960 Zugfhr., Mot.Schützen-Rgt.-28; 1961 bis 1964 Kp.Chef, Mot.Schützen-Rgt.-28; 1964 bis 1965 Stv. Stabschef Mot.Schützenbat., Mot.Schützen-Rgt.-28; 1966 bis 1969 Militärakad./UdSSR; 1969 bis 1970 Offz. f. op. Schulung, Kdo. Mil.Bez. V; 1970 bis 1973 Stv. Kdr. u. Stabschef Mot.Schützen-Rgt.-3; 1973 bis 1977 Kdr. Mot.Schützen-Rgt.-3; 1977 bis 1980 Abt.-Ltr. Op., Kdo. Mil.Bez. V; 1980 bis 1982 Gen.stab-Akad. UdSSR; 1982 bis 1983 Stv. Chef d. Stabes f. op. Arb., Kdo. Mil.Bez. V; 1983 bis 1986 Kdr. 1. Mot.Schützen-Div.; 1986 bis 1990 Stv. Chef Mil.Bez. u. Chef d. Stabes, Kdo. Mil.Bez. V; **Gen.Maj.**: 01.03.1987;

1990 Chef Verw. Org., Hauptstab, MfAV; Auszeichn.: Vaterländ.Verd.Ord. Bronze; Kampforden Silb.; Entl.: 02.10.1990

Lohberger, Kurt; Generalmajor

Geb.: 02.06.1914; in: Lugau, Kr. Stollberg; Vater: Bergarbeiter; Schule: 8 Klassen; Beruf: Maurer

1928 bis 1930 Lehre; 1930 KPD; 1931 bis 1933 erwerbslos; 1933 bis 1937 Emigrat. ČSR; 1937 bis 1939 Interbrig. Spanien; 1939 bis 1941 Internierung Frankreich; 1941 bis 1943 Zuchthaus Waldheim; 1943 bis 1944 Wehrmacht, Soldat (Strafbatl. 999); 1944 bis 1945 Partisan, Griechenland, Albanien

Eintritt bew. Org.: 01.09.1945; 1945 Stv. Chef Polizei, Land Brandenburg; 1946 SED; 1946 bis 1948 Kreissekr. SED Stollberg; 1948 bis 1949 Ltr. u. Polit-Kultur-Offz., Abt. Grenze/Bereitschaften Sachsen; 1949 bis 1950 Sonderlehrg./UdSSR; 1950 bis 1952 Ltr. Abt. Polit-Kultur, VP-Dienstst. Zeithain; 1952 bis 1953 Ltr. Abt. Org, Polit.Verw. KVP; 1953 bis 1955 Ltr. Politabt., Territor.Verw. Süd; 1955 bis 1956 Ltr. Politabt., Territor.Verw. Nord/ Mil.Bez. V; 1956 bis 1959 Vertreter d. NVA im OKdo. Vereinte Streitkräfte Warschauer Vertrag; 1959 bis 1960 Stv. Chef Verw. Kader, MfNV; 1960 bis 1961 Kdr. Politschule Treptow; 1962 Offz.hörer Militärakad. Dresden; 1962 bis 1963 Offz.dienststellung, MfNV; 30.05.1963 Versetzung in d. Reserve, Stellenplan R; 1963 bis 1968 Vors. Zentralvorst. GST; **Gen.Maj.**: (d.R.) 01.03.1966; 1968 Reaktivierung als Gen.Maj.; 1968 bis 1971 Sekr. Zentr. Parteiltg., Militärverlag; 1971 bis 1974 Gruppe z.b.V., Militärgesch. Institut Potsdam; Auszeichn.: Karl-Marx-Orden; Vaterländ.Verd.Ord. Gold; Scharnhorstorden; Entl.: 31.12.1974

Lorenz, Gerhard; Dipl.-Ges.-Wiss.; Dipl.-Mil.; Generalleutnant

Geb.: 24.05.1930; in: Freital, Weißeritzkreis; Vater: Fleischer, Maurer; Schule: 10 Klassen in Grundlagenfächern; Beruf: Maurer

1944 bis 1948 Lehre, Maurer

1948 SED; **Eintritt bew. Org.**: 17.09.1948; 1948 bis 1949 Wachtmeister, Gruppenführer, Zug-/Kdo.-Polit-Kultur-Offz., VP-Bereitschaft Dresden, Chemnitz, Biesenthal, Berlin, Kursant, VP-Schule Glöwen; 1949 bis 1951 Polit-Kultur-Offz., Grenzkommandantur/Grenzbereitschaft. Blumberg; 1952 bis 1953 Prop., HVDGP; 1953 bis 1958 Ltr. Politabt., Lehranstalt/Politschule DGP, Groß Glienicke; 1958 bis 1960 Ltr. Politabt., 4. Grenzbrig.; 1960 bis 1962 Abt.-Ltr. f. Agit./Prop., Polit.Verw. Kdo. GT; 1963 bis 1965 Offz.hörer Militärakad. Dresden; 1965 bis 1968 Abt.-Ltr. Instr./Org., Polit.Verw. Kdo. GT; 1968 bis 1970 Stv. Chef GT u. Ltr. Polit.Verw., Kdo. GT; **Gen.Maj.**: 01.03.1971; 1971 bis 1973 Kdr. GrenzKdo. Süd; 1973 bis 1990 Stv. Chef GT u. Chef Polit.Verw., Kdo. GT; **Gen.Ltn.**: 01.03.1981; Auszeichn.: Vaterländ.Verd.Ord. Gold, Scharnhorstorden; Entl.: 31.05.1990

Lorenz, Günter; Dipl.-Ing.; Generalleutnant

Geb.: 03.09.1932; in: Bad Doberan; Vater: Schlosser; Schule: 8 Klassen; Beruf: Maschinen- u. Motorenschlosser

1947 bis 1948 Arbeiter; 1948 bis 1950 Lehre; **Eintritt bew. Org.**: 28.12.1950; 1950 bis 1952 Offz.schüler, VP-Schule Priemerwald; 1952 bis 1954 Stv. Kdr. f. Techn./Ausrüst., Kp./Bat., KVP-Dienstst. Spechtberg; 1953 SED; 1954 bis 1960 Militärakad./UdSSR; 1960 bis 1962 Stv. Kdr. f. Techn./Ausrüst., Pz.Rgt.-8; 1963 bis 1966 Abt.-Ltr. Pz.-Bewaffn., Kdo. Mil.Bez. V; 1966 bis 1975 Stv. Kdr. f. Techn./Ausrüst., 9. Pz.Div.; 1975 bis 1983 Chef Verw. Techn., MfNV; **Gen.Maj.**: 07.10.1983; 1983 bis 1990 Stv. Chef Techn./Bewaffn. u. Stabschef, MfNV; **Gen.Ltn.**: 01.03.1989; 1990 Stv. Chef Sicherstellung f. techn. Sicherstellung, MfAV; Auszeichn.: Vaterländ.Verd.Ord. Bronze; Scharnhorstorden; Entl.: 30.09.1990

Ludwig, Fritz; Dipl.-Mil.; Generalleutnant

Geb.: 25.07.1925; in: Wurzen, Muldentalkreis; Vater: Schlosser; Schule: 8 Klassen; Beruf: Flugzeugmotorenbauer

1940 bis 1943 Lehre, Motorenbauer; 1943 bis 1945 RAD, Wehrmacht, Gefr. (Flugzeugmechaniker); 1945 amerik. Gefangensch.

1945 bis 1949 Betriebs- u. Motorenschlosser; 1946 SPD; 1946 SED; **Eintritt bew. Org.**: 10.06.1949; 1949 bis 1953 Kursant, Stv. Zugfhr., Zugfhr., Ltr. Pio.-Dienst, VP-Schule Pirna, VP-Dienstst. Leipzig, Stab Territor.Verw. Süd; 1953 bis 1954 Offz.hörer Hochschule f. Offz.; 1954 bis 1956 Ltr. Pio.-Dienst, Territor.Verw. Süd; 1956 bis 1960 Chef Pio.-Wesen, Kdo. Mil.Bez. III; 1960 bis 1962 Gen.stab-Akad. UdSSR; 1962 bis 1965 Stv. Chef Pio.-Wesen, MfNV; 1965 bis 1972 Stv. Chef Rückw.Dienste f. Unterkunft u. Bauwesen, MfNV; **Gen.Maj.**: 01.03.1971; 1972 bis 1982 Chef Militärbauwesen u. Unterbringung, MfNV; **Gen.Ltn.**: 01.03.1981; 1982 bis 1987 Stv. Min.f. Bauwesen u. Chef Spezialbauwesen, Mf Bauwesen; Auszeichn.: Vaterländ.Verd.Ord. Gold; Kampforden Gold; Entl.: 30.11.1987

Ludwig, Harald; Dipl.-Mil.; Generalleutnant

Geb.: 30.04.1930; in: Waltershausen, Kr. Gotha; Vater: Schmied; Schule: 8 Klassen; Beruf: Kaufm. Angestellter

1944 bis 1949 Lehre, Angest.

Eintritt bew. Org.: 25.08.1949; 1949 bis 1950 Kursant, VP-Schule Torgau; 1950 Kadersachbearb., VP-Schule Torgau; 1950 bis 1952 Stv. Kdr. f. Politarb. 4. Abt., VP-Dienstst. Meiningen; 1951 SED; 1952 bis 1953 Stv. Kdr. f. Politarb., VP-Dienstst. Pasewalk; 1953 bis 1954 Kursant, Politschule Treptow; 1954 bis 1955 Adj. b. Chef KVP; 1955 bis 1960 Militärakad./UdSSR; 1960 bis 1961 Stv. Kdr. u. Stabschef Mot.Schützen-Rgt.-24; 1962 bis 1963 Kdr. Mot.Schützen-Rgt.-18; 1964 Abt.-Ltr., Verw. Kader, MfNV; 1965 bis 1979 Stv. Chef Verw. Kader f. Planung, MfNV; **Gen.Maj.**: 01.03.1976; 1979 bis 1981 Chef Verw.

Kader, MfNV; **Gen.Ltn.**: 01.03.1981; 1981 bis 1990 Chef Kader, MfNV; Auszeichn.: Vaterländ.Verd.Ord. Gold; Scharnhorstorden; Entl.: 30.04.1990

Mädler, Rudi; Dipl.-Mil.; Generalmajor

Geb.: 17.11.1927; in: Littmitz, Kr. Falkenau (ČR); Vater: Elektriker; Schule: 12 Klassen in Grundlagenfächern; Beruf: ohne/Berufssoldat

1944 RAD; 1944 bis 1945 Wehrmacht, Soldat (Infanterie); 1945 bis 1949 sowjet. Gefangensch.

1950 SED; **Eintritt bew. Org.**: 18.01.1950; 1950 bis 1951 Kursant, VP-Bereitschaft Leipzig, VP-Schule Glöwen; 1952 bis 1953 Offz.hörer Offz.Schule Weimar, Offz. f. Aufkl., Halle; 1953 bis 1956 Kp.Chef, KVP-Bereitschaft Halle; 1956 bis 1959 OOffz. f. Aufkl., Kdo. Mil.Bez. III; 1960 bis 1963 Offz.hörer Militärakad. Dresden; 1963 bis 1965 Offz. f. Plan., Kdo. Mil.Bez. III; 1965 bis 1967 OOffz., Abt. Op., Kdo. Mil.Bez. III; 1967 bis 1968 1. Stv. Kdr. Mot.Schützen-Rgt.-22; 1968 bis 1976 Kdr. Mot.Schützen-Rgt.-18; 1976 bis 1988 Chef Wehrbez.kdo. Dresden; **Gen.Maj.**: 07.10.1980; Auszeichn.: Vaterländ.Verd.Ord. Bronze; Kampforden Gold; Entl.: 30.11.1988

Magnitzke, Rudolf; Dipl.-Mil.; Generalmajor

Geb.: 12.09.1927; in: Torgau, Kr. Torgau-Oschatz; Vater: Schneider; Schule: 12 Klassen in Grundlagenfächern; Beruf: Maurer

1944 RAD; 1944 bis 1945 Wehrmacht, Kanonier (Pz.-Haubitzen); 1944 bis 1948 Lehre, Maurer

1947 SED; **Eintritt bew. Org.**: 01.04.1948; 1948 bis 1950 Wachtmeister, Gruppenführer, Zugfhr., Kp.Chef, VP-Bereitschaft Halle, 1. VP-Bereitschaft Sachsen, VP-Schule Naumburg; 1950 bis 1951 Ltr. Ausbild.Kdo, VP-Dienstst. Prora; 1951 bis 1952 Hpt.fachlehrer, VP-Schule Weimar; 1952 bis 1953 Sonderlehrg./UdSSR; 1953 bis 1958 Fachlehrer Taktik/Hpt.fachlehrer Inf., Hochschule f. Offz.; 1958 OOffz. Aufkl., Kdo. Mil.Bez. III; 1959 bis 1960 Ltr. Unterabt. Op., 4. Mot.Schützen-Div.; 1960 bis 1962 Kdr. Mot.Schützen-Rgt.-22; 1963 bis 1965 Gen.stab-Akad. UdSSR; 1965 bis 1972 1. Stv. Kdr. 11. Mot.-Schützen-Div.; 1972 bis 1974 Kdr. 11. Mot.Schützen-Div.; **Gen.Maj.**: 01.03.1974; 1974 bis 1976 Stv. Chef Mil.Bez. u. Chef Ausbild., Kdo. Mil.-Bez. III; 1976 bis 1980 Stv. Chef f. Grundsatzfragen, Plan. u Koord., Verw. Inspektion, MfNV; 1980 bis 1990 Stv. Chef d. Hauptstabes f. allg. Fragen, MfNV; Auszeichn.: Vaterländ.Verd.Ord. Silb.; Kampforden Gold; Entl.: 31.01.1990

Malewsky, Günther; Dipl.-Mil.; Generalmajor

Geb.: 15.02.1932; in: Königsberg/Ostpreußen; Vater: Schlosser; Schule: Abitur; Beruf: ohne/Berufssoldat

Eintritt bew. Org.: 12.12.1949; 1949 bis 1950 Offz.schüler, VP-Schule Naumburg; 1950 bis 1951 Zugfhr., VP-Bereitschaft Quarmbeck; 1952 bis 1953

Stv./Ltr. Kdo.-Schule, KVP-Dienstst. Eggesin; 1953 bis 1955 Offz.hörer Hochschule f. Offz.; 1955 SED; 1955 bis 1956 Kdr. Bat., 2. Mech. Kdo., Eggesin; 1956 bis 1958 Offz. z.b.V., Kdo. Mil.Bez. V; 1958 Kdr. Mot.Schützen-Bat., Mot.Schützen-Rgt.-12;1958 bis 1959 Stv. Kdr. f. Ausbild., Ausbild.-Rgt.-5; 1960 bis 1963 Offz.hörer Militärakad. Dresden; 1963 bis 1969 Kdr. Mot.Schützen-Rgt.-9; 1969 bis 1971 Gen.stab-Akad. UdSSR; 1971 bis 1972 1. Stv. Kdr. 8. Mot.Schützen-Div.; 1972 bis 1976 Kdr. 8. Mot.Schützen-Div.; **Gen.Maj.**: 07.10.1974; 1976 bis 1980 Kdr. Uffz.Schule-I LaSK; 1980 bis 1990 Stv. Chef Verw. Inspektion f. Grundsatzfragen, Plan. u. Koordinierung, MfNV; 1989 bis 1990 Chef Verw. Inspektion, MfNV/MfAV; Auszeichn.: Kampforden Gold; Entl.: 30.09.1990

Martin, Rolf; Dipl.-Mil.; Generalmajor (a.D.)

Geb.: 10.12.1922; in: Hainspitz, Holzlandkreis; Vater: Arbeiter; Schule: 8 Klassen; Beruf: Dreher; gest.: 04.08.1999

1937 bis 1940 Lehre; 1940 bis 1945 Wehrmacht, Feldw. (Infanterie); 1945 bis 1948 sowjet. Gefangensch.

1948 SED; **Eintritt bew. Org.**: 05.10.1948; 1948 bis 1949 Gruppenführer, Zugfhr., 7. VP-Bereitschaft Thüringen, Gotha; 1949 bis 1950 Ltr. Ausbild.Kdo, 7. VP-Bereitschaft Thüringen, Gotha; 1950 bis 1951 Kdo.-Ltr., VP-Bereitschaft Gotha; 1951 bis 1952 Sonderlehrg./UdSSR; 1952 bis 1953 Offz., Abt. Op., Verw. Op., MdI; 1953 bis 1958 Offz./OOffz., 1. Verw., KVP/Verw. Op., MfNV; 1958 bis 1962 Mitarb. Abt. Sicherheit d. ZK; 1963 Offz.hörer Militärakad. Dresden; 1963 bis 1970 Offz. Kontrollgr. d. NVR; 1970 bis 1986 Ltr. Kontrollgr. d. NVR (Stellenplan R, MfNV); **Gen.Maj.**: (a.D.) 28.02.1986; Auszeichn.: Vaterländ.Verd.Ord. Gold; Kampforden Gold; Entl.: 28.02.1986

Maseberg, Edwin; Dipl.-Mil.; Generalmajor

Geb.: 26.09.1919; in: Leutershausen/Mannheim; Vater: Friseur; Schule: 8 Klassen; Beruf: Friseur

1934 bis 1940 Lehre, Friseur; 1940 bis 1944 Wehrmacht, Obergefr. (Sanitätswesen); 1944 bis 1945 sowjet. Gefangensch.; 1944 bis 1945 Fronteinsatz NKFD

1945 KPD; **Eintritt bew. Org.**: 08.06.1945; 1945 bis 1946 Adj. Kdr. Schutzpolizei Dresden; 1946 SED; 1946 bis 1949 Kdr. Schutzpolizei Zwickau; 1949 bis 1950 Abt.-Ltr., Ring um Berlin, HVDGP; 1951 Stv. Ltr. f. Allg., HVDGP; 1952 bis 1957 Ltr. Abt. Küste, HVDGP; 1957 bis 1960 Kdr. 5. Grenzbrig., DGP; 1961 Offz.hörer Militärakad. Dresden; 1962 bis 1964 Kdr. 2. Grenzbrig.; 1964 bis 1966 Chef d. Stabes Stadtkommandantur Berlin(Ost); 1966 bis 1968 Gen.stab-Akad. UdSSR; 1968 bis 1980 Stv. Chef d. Hauptstabes f. allg. Fragen, MfNV; **Gen.Maj.**: 07.10.1977; Auszeichn.: Vaterländ.Verd.Ord. Gold, Karl-Marx-Orden; Kampforden Gold; Entl.: 30.11.1980

Mattler, Ernst; Dipl.-Wirtschaftler.; Ing.; Generalmajor

Geb.: 17.09.1934; in: Jahnsdorf, Kr. Zwittau (ČSR); Vater: Landwirt; Schule: 8 Klassen; Beruf: Zimmerer

1948 bis 1951 Lehre; 1951 bis 1952 Brigadier; **Eintritt bew. Org.**: 24.05.1952; 1952 Lehrg. f. Uffz., VP-Dienstst. Großenhain; 1952 bis 1955 Offz.schüler, Gruppenführer, Zugfhr., VP-Dienstst. Klietz, Weißenfels, Dessau, Karpin; 1954 SED; 1955 bis 1956 Zugfhr., Flugplatzbaubtl. Drewitz, Bautzen; 1956 bis 1959 Ing.-Schule f. Bauwesen Zittau; 1959 bis 1960 Zivilbeschäft., Unterkunftsabt. Potsdam; 1960 bis 1962 Investbaultr., Unterkunftsabt. Potsdam, Neubrandenburg; 1962 bis 1965 Stv. Ltr. f. Bauwesen, Unterkunftsabt. Schwerin; 1965 bis 1968 Ltr. Unterkunftsabt. Schwerin; 1968 bis 1972 Chef Verw. Unterbringung, MfNV; 1972 bis 1974 Stv. Chef Verw. Militärbauwesen f. Plan., Org. u. Kontr., MfNV; 1974 bis 1982 Chef Verw. Militärbauwesen, MfNV; 1982 bis 1987 Stv. Chef Spez.bauwesen f. Plan., Org. u. Kontr., MfNV; **Gen.Maj.**: 07.10.1982; 1987 bis 1989 Stv. Min.f. Bauwesen u. Chef Spez.bauwesen, Mf Bauwesen; Auszeichn.: Vaterländ.Verd.Ord. Bronze; Kampforden Gold; Entl.: 30.11.1989

Mayer, Wilhelm; Generalmajor

Geb.: 28.12.1905; in: Reutlingen/Württemberg; Vater: Arbeiter; Schule: 8 Klassen; Beruf: Mechaniker; gest.: 03.03.1978

1913 bis 1923 Lehre, Mechaniker; 1920 KJVD; 1924 KPD, Funktionär im Arbeitersport; 1924 bis 1935 Schlosser/Motorenschlosser, Berlin; 1935 bis 1939 Haft, Luckau, danach weiter ill. Arb.; 1939 bis 1945 Motorenschlosser, Jüterbog

1945 bis 1946 Kreissekr. KPD, Luckenwalde; 1946 SED; 1946 bis 1947 Landessekr. Vereinigung d. gegens. Bauernhilfe, Brandenburg; 1947 bis 1951 Mitarb. M.f. Aufbau, Pers. Referent b. Stv. Min.Präsident; 1952 Staatssekr. f. Bauwirtschaft; **Eintritt bew. Org.**: 01.01.1953; 1953 Stv. Min.dI f. Bauwesen (zivil); **Gen.Maj.**: 01.11.1953; ab 1.11.1953 bis 1955 Stv. Chef KVP f. Bauwesen u. Unterbringung; 1955 bis 1962 Direktor f. Wirtsch. u. Finan., Dt. Bauakademie Berlin; Auszeichn.: Vaterländ.Verd.Ord. Gold; Entl.: 31.10.1955

Meinhold, Gerd; Dipl.-Ges.-Wiss.; Dipl.-Mil.; Generalmajor

Geb.: 28.09.1943; in: Lobstädt, Leipziger Land; Vater: Angestellter/Expedient; Schule: Abitur; Beruf: ohne/Berufssoldat

Eintritt bew. Org.: 01.09.1962; 1962 bis 1965 Offz.schüler, Offz.Schule LaSK; 1963 SED; 1965 bis 1966 FDJ-Sekr. Pz.Bat.; 1967 bis 1969 Instrukteur Jugendarb., Pz.Rgt.-23; 1969 bis 1972 Instrukteur, Unterabt. Jugend, Polit.Verw. Mil.Bez. V; 1972 bis 1977 Militärakad./UdSSR; 1977 bis 1978 Stv. Kdr. f. Politarb., Pz.Rgt.-23; 1978 bis 1980 Stv. Ltr. Politabt., Ltr. Unterabt., 8. Mot.Schützen-Div.; 1980 bis 1982 Stv. Kdr. u. Ltr. Politabt., 8. Mot.Schützen-Div.; 1982 bis 1984 Gen.stab-Akad. UdSSR; 1984 bis 1986 Stv. Kdr. u. Ltr. Politabt., 4. Mot.Schützen-Div.; 1986 bis 1989 Stv. Chef Mil.Bez. u. Chef Polit.Verw., Kdo.

Mil.Bez. III; **Gen.Maj.**: 07.10.1987; 1989 bis 1990 Ltr. Politabt. Offz.Hochschule LaSK, Löbau;; danach geführt im Nachweis f. Berufssoldaten i.d. Berufsvorbereitung, MfAV; Auszeichn.: Kampforden Silb.; Entl.: 02.10.1990

Menger, Günter; Dipl.-Ing.; Generalmajor

Geb.: 01.04.1931; in: Hettstedt, Mansfelder Land; Vater: Kraftfahrer; Schule: Mittlere Reife; Beruf: Maschinenschlosser

1947 bis 1949 Lehre; **Eintritt bew. Org.**: 20.08.1949; 1949 bis 1950 Polit-Kultur-Offz., VP-Dienstst. Apollendorf, Burg; 1950 bis 1951 Polit-Kultur-Offz., Abt., VP-Dienstst. Weißenfels, Potsdam II; 1952 bis 1954 Stv. Kdr. f. Techn./ Ausrüst., Abt., Pz.-Kdo., Eggesin; 1953 SED; 1954 bis 1960 Militärakad./UdSSR; 1960 bis 1961 Stv. Kdr. f. Techn./Ausrüst., Pz.Rgt.-15; 1961 bis 1972 Stv. Kdr. f. Techn./Ausrüst. u. Ltr. Unterabt. Pz.-u. Kfz.-Dienst, 7. Pz.Div.; 1972 bis 1976 Chef Pz.-Dienst, Kdo. LaSK; 1976 bis 1983 Stv. Chef Ausbild. f. materielle Sicherstellung d. Ausbild., Kdo. LaSK; 1983 bis 1987 Stv. Chef Mil.Bez. u. Chef Techn./Bewaffn., Kdo. Mil.Bez. III; **Gen.Maj.**: 07.10.1984; 1987 bis 1990 Stv. Chef Techn. Komitee Vereinte Streitkräfte Warschauer Vertrag; Auszeichn.: Vaterländ.Verd.Ord. Silb.; Kampforden Gold; Entl.: 30.09.1990

Menzel, Rudolf; Generalleutnant

Geb.: 19.11.1910; in: Dresden; Vater: Fabrikheizer; Schule: 8 Klassen; Beruf: Kaufm. Angestellter; gest.: 16.07.1974

1925 bis 1928 Lehre; 1928 KPD; 1928 bis 1933 Funktionär d. KJVD/KPD; 1929 bis 1930 erwerbslos; 1930 bis 1932 Arbeiter, Keramik- bzw. Braunkohlenwerk; 1932 bis 1933 erwerbslos; 1933 Haft KZ-Hohenstein; 1934 bis 1937 Emig. Prag/ČSR; 1937 bis 1938 Interbrig. Spanien; 1939 bis 1940 Emig. Belgien u. Frankreich; 1940 bis 1945 Haft KZ-Buchenwald u. Zuchthaus Waldheim

1945 bis 1946 Mitarb. Sequester-Kommission, Thüringen; 1946 SED; 1946 bis 1948 Personalref., Landesamt f. Wirtschaft Weimar; **Eintritt bew. Org.**: 01.09.1948; 1948 bis 1949 Kdr. Schutzpolizei Weimar; 1949 bis 1952 Ltr. Landes-Verw. MfS, Thüringen, Mecklenburg; Chefinspekt.: 07.03.1950; **Gen.Maj.**: 01.11.1953 (MfS); 1952 bis 1953 Stv. Min.fS f. Wirtschaftsfragen; 1953 bis 1955 Stv. Min.dI f. Finan. u. Verwaltung; 1955 bis 1956 Stv. Chef KVP u. Chef Bauwesen u. Unterbringung, Stab KVP; 1956 bis 1957 Chef Bauwesen u. Unterbringung, MfNV; 1957 bis 1959 Stv. Min.fNV f. Techn./Bewaffn.; 1959 bis 1960 Offz.hörer Militärakad. Dresden; 1961 bis 1965 Stv. Chef Rückw.Dienste f. Bauwesen u. Unterkunft, MfNV; 1965 bis 1967 Direktor Militärbibl. Strausberg; 1967 bis 1973 Mil.-Attaché in UdSSR; **Gen.Ltn.**: 01.03.1973; Auszeichn.: Vaterländ.Verd.Ord. Silb.; Entl.: 30.04.1973

Merkel, Manfred; Dipl.-Mil.; Generalmajor

Geb.: 26.08.1933; in: Pfaffengrün, Kr. Auerbach; Vater: Meister der chem. Industrie; Schule: Abitur; Beruf: Chemiefacharbeiter

1952 Chemiefacharbeiter; **Eintritt bew. Org.**: 05.09.1952; 1952 bis 1955 Gruppenführer, Zugfhr., Nachr.-Kp., Aeroklub Cottbus; 1956 SED; 1956 bis 1957 Ltr. Funkmeßstation, Nachr./Flugsich.Bat., Kdo. LSK/LV; 1957 bis 1958 Offz. f. Plan. b. Chef Funktechn. Truppen, Kdo. LSK/LV; 1958 bis 1959 Militärakad./UdSSR; 1959 bis 1960 Stv. Kdr. f. Techn./Ausrüst., Funktechn.Rgt-2, 3. LVDiv.; 1960 bis 1963 OOffz./Ltr. Unterabt. Führung, Gefechtsausb. u. Einsatz, Kdo. LSK/LV; 1963 bis 1966 Offz.hörer Militärakad. Dresden; 1966 bis 1972 Ltr. Unterabt. Gefechtseinsatz b. Chef Funktechn. Truppen, Kdo. LSK/LV; 1972 bis 1974 Stv./Ltr. Abt. Ausbild. b. Chef Funktechn. Truppen, Kdo. LSK/LV; 1974 bis 1988 Chef Funktechn. Truppen, Kdo. LSK/LV; **Gen.Maj.**: 07.10.1983; 1988 bis 1990 Ltr. Inspektionsbereich LSK/LV, Verw. Inspektion, MfNV; Auszeichn.: Vaterländ.Verd.Ord. Bronze; Kampforden Gold; Entl.: 30.09.1990

Miethe, Peter; Dipl.-Ges.-Wiss.; Konteradmiral

Geb.: 27.01.1944; in: Prieros, Landkreis Dahme-Spreewald; Schule: Abitur; Beruf: ohne/Berufssoldat

Eintritt bew. Org.: 01.09.1962; 1962 bis 1966 Offz.schüler, Offz.Schule VM; 1963 SED; 1966 bis 1967 I. Wachoffz., Landungsschiff, 1. Flottille; 1967 bis 1969 Instrukteur Jugendarb., Landungs-Brig., 1. Flottille; 1969 bis 1973 OInstrukteur Jugendarb., 1. Flottille; 1973 bis 1976 Offz.hörer Militärakad. Dresden; 1976 bis 1977 Stv. Abt.-Ltr. Bew. Organe, Zentralrat FDJ; 1977 bis 1984 Abt.-Ltr. Bew. Organe, Zentralrat FDJ; 1984 bis 1986 Polit. Mitarb., Abt. Sicherheit d. ZK; 1987 bis 1989 Stv. Ltr. Abt. Sicherheit d. ZK; 1989 bis 1990 Ltr. Abt. Sicherheit d. ZK (m.d.F.b.); **K.Adm.**: 07.10.1989; 1990 Dienstausübung b. Chef Staatsbgl. Arbeit, MfNV; Auszeichn.: Kampforden Silb.; Entl.: 31.03.1990

Milzow, Helmut; Dipl.-Mil.; Konteradmiral

Geb.: 10.07.1932; in: Altenhagen, Kr. Demmin; Vater: Handwerker/Genossenschaftsbauer; Schule: 12 Klassen in Grundlagenfächern; Beruf: Sattler

1947 bis 1950 Lehre, Geselle; 1950 Instrukteur FDJ-Kr.Ltg. Demmin; **Eintritt bew. Org.**: 18.11.1950; 1950 bis 1952 Signalgast, WachLtr., Kursant, Seepolizei/VP-See; 1952 SED; 1952 bis 1954 Offz.schüler, Politschule KVP; 1954 bis 1955 Parteisekr./Prop. b. Ltr. Nachr.-Küste, VP-See; 1955 bis 1957 Stv. Ltr. f. Politarb., Zentrale Funkstelle Stubbenkammer; 1957 bis 1959 Stv. Ltr. f. Politarb. Nachr.betriebsabt., Kdo. Seestreitkr.; 1959 bis 1960 Offz.hörer Offz.Schule Seestreitkr./VM; 1960 bis 1961 Stv. Kdr. f. Politarb., 7. U-Jagd-Abt., 4. Flottille; 1962 bis 1963 Stv. Kdr. f. Politarb., 4. Sich.Brig/4. Minenleg- u. Räum-Abt.,

4. Flottille; 1964 bis 1967 Offz.hörer Militärakad. Dresden; 1967 bis 1970 Stv. Chef u. Ltr. Politabt., 4. Flottille; 1970 bis 1976 Stv. Chef u. Ltr. Politabt., 6. Flottille; 1976 bis 1979 Stv. Chef Polit.Verw. f. Instr./Org., Kdo. VM; 1979 bis 1980 Akad. f. Ges.-Wiss. b. ZK d. KPdSU; 1980 bis 1989 Stv. Chef Polit.Verw. f. Instr./Org., Kdo. VM; **K.Adm.**: 07.10.1984; 1989 bis 1990 Stv. Chef VM u. Chef Polit.Verw.; Auszeichn.: Vaterländ.Verd.Ord. Bronze; Kampforden Silb.; Entl.: 31.08.1990

Möckel, Günter; Dipl.-Mil.; Generalmajor

Geb.: 04.11.1933; in: Zwickau; Vater: Zimmermann; Schule: 8 Klassen; Beruf: Papiermacher

1948 bis 1951 Hilfsarbeiter; 1951 bis 1953 Student, Fachschule Altenberg; **Eintritt bew. Org.**: 02.01.1953; 1953 bis 1955 Offz.schüler, Offz.Schule Döbeln; 1955 SED; 1955 bis 1959 Zugfhr., Kp.Chef, Pz.Rgt.-14, Pz.Rgt.-15; 1960 bis 1963 Offz.hörer Militärakad. Dresden; 1963 bis 1965 Bat. Kdr., Pz.Rgt.-14; 1965 bis 1967 1. Stv. Kdr. Pz.Rgt.-16; 1967 bis 1972 Kdr. Pz.Rgt.-16; 1972 bis 1975 Gen.stab-Akad. UdSSR; 1975 bis 1979 Stv. Kdr. f. Ausbild., 7. Pz.Div.; 1979 bis 1985 Kdr. 7. Pz.Div.; **Gen.Maj.**: 07.10.1983; 1985 bis 1986 Org.-Lehrg.; 1986 bis 1988 Chef Wehrbez.kdo. Karl-Marx-Stadt; Auszeichn.: Vaterländ.Verd.Ord. Bronze; Kampforden Gold; Entl.: 30.11.1988

Möwes, Georg; Dipl.-Mil.; Generalmajor

Geb.: 07.12.1938; in: Magdeburg; Vater: Rohrleger; Schule: Abitur; Beruf: Unterstufenlehrer

1953 bis 1957 Student, Inst. f. Lehrerbild. Magdeburg; **Eintritt bew. Org.**: 04.08.1957; 1957 bis 1958 Soldat, Gruppenführer, Mot.Schützen-Rgt.-12; 1958 bis 1960 Offz.schüler, Offz.Schule Plauen; 1959 SED; 1960 bis 1963 Zugfhr., Mot.Schützen-Rgt.-3; 1963 bis 1967 Kp.Chef, Mot.Schützen-Rgt.-3; 1967 bis 1969 Adj. d. Min.fNV; 1969 bis 1972 Offz.hörer Militärakad. Dresden; 1972 bis 1973 OOfffz., Verw. Aufkl., MfNV; 1974 bis 1975 Stv. Kdr. u. Stabschef Mot.Schützen-Rgt.-24; 1975 bis 1978 Kdr. Mot.Schützen-Rgt.-24; 1978 bis 1980 Gen.stab-Akad. UdSSR; 1980 bis 1984 Stv. Kdr. u. Stabschef 4. Mot.Schützen-Div.; 1984 bis 1987 Stv. Kdr. Offz.Hochschule LaSK Löbau; 1987 bis 1990 Kdr. Ausbild.Zentrum-19; **Gen.Maj.**: 01.03.1988; Auszeichn.: Vaterländ.Verd.-Ord. Bronze; Kampforden Bronze; Entl.: 30.09.1990

Mühlmann, Dieter; Dipl.-Mil.; Generalmajor

Geb.: 02.04.1933; in: Kohren-Sahlis, Leipziger Land; Vater: Bäcker; Schule: Abitur; Beruf: ohne/Berufssoldat

1951 Industrieprüfer; 1951 bis 1953 Student, Med. Fakultät Uni Rostock; 1953 bis 1954 Sachbearb., Rat d. Kr. Geithain; 1954 SED; **Eintritt bew. Org.**: 14.05.1954; 1954 bis 1957 Uffz.schüler/Feldscher; 1957 bis 1958 Offz. f. Apothekenwesen, Kdo. DGP; 1958 bis 1959 Offz. f. Hygiene, Kdo. DGP; 1960 bis 1963 Offz.hörer Militärakad. Dresden; 1963 bis 1964 Stv. Kdr. f. Rückw.Dienste, GrenzRgt.-8; 1965 bis 1970 Stv. Kdr. f. Rückw.Dienste, 5. Grenzbrig.; 1970 bis 1972 Ltr. Abt. materielle Sicherstellung, Kdo. GT; 1972 bis 1982 Stv. Chef Rückw.Dienste u. Stabschef, Kdo. GT; 1982 bis 1990 Stv. Chef GT u. Chef Rückw.Dienste, Kdo. GT; **Gen.Maj.**: 01.03.1984; Auszeichn.: Vaterländ.Verd.Ord. Silb.; Kampforden Gold; Entl.: 30.09.1990

Müller, Gerhard; Dipl.-Mil.; Konteradmiral

Geb.: 18.05.1941; in: Leipzig; Vater: Arbeiter; Schule: 10 Klassen; Beruf: Mechaniker

1957 bis 1960 Lehre; 1960 SED; **Eintritt bew. Org.**: 01.08.1960; 1960 bis 1961 Offz.schüler, Offz.Schule VM; 1961 bis 1966 Offz.schüler, Offz.Hochschule/UdSSR; 1966 bis 1967 I. Wachoffz. Rak.Schnellboot; 1967 bis 1970 Stv. Abt.Chef f. Politarb., Rak.Schnellboots-Brig., 6. Flottille; 1970 bis 1971 Stv. Chef Abt. f. Raketeneinsatz, Rak.-Torpedo-Schnellboots-Brig.; 1971 bis 1973 Chef Abt., 1. Rak.-Torpedo-Schnellboots-Brig; 1973 bis 1976 Seekriegsakad. UdSSR; 1976 bis 1981 Chef 3. Rak.-Torpedo-Schnellboots-Brig.; 1981 bis 1983 Stv. Stabschef u. Ltr. Unterabt. Op., 6. Flottille; 1983 bis 1985 Stv. Chef u. Stabschef 6. Flottille; 1985 bis 1990 Chef 4. Flottille; **K.Adm.**: 01.03.1989; 1990 Stv. Chef Rückw. Dienste u. Stabschef, Kdo. VM; Entl.: 02.10.1990

Müller, Karl-Heinz; Prof. Dr. sc. techn.; Dr.-Ing.; Dipl.-Ing.; Generalmajor

Geb.: 30.07.1933; in: Chemnitz; Vater: Heizer; Schule: Abitur; Beruf: ohne/Berufssoldat

Eintritt bew. Org.: 20.08.1949; 1949 bis 1950 Kursant/Zugfhr., VP-Schule Pirna; 1951 SED; 1951 bis 1952 Fachlehrer Fu.techn., VP-Schule Pirna; 1952 2. Funking., Offz. b. Chef Nachr., Stab KVP; 1952 bis 1958 Militärakad./UdSSR; 1958 bis 1959 1. Stv. Kdr. Funktechn.-Rgt. 4 Cottbus; 1960 bis 1962 1. Stv. Chef Funktechn. Truppen, Kdo. LSK/LV; 1962 bis 1963 Ltr. Unterabt. Elektrotechnik, Abt. Forschung u. Entw., MfNV; 1963 bis 1964 Stv. Ltr. Abt. Forschung u. Entw., MfNV; 1964 bis 1967 Chef Verw. Techn., MfNV; 1967 bis 1970 Aspirantur, Militärakad./UdSSR; 1970 bis 1972 Stv. d. Stv. d. Min.fNV f. Ausrüst. u. Chef Verw. Techn., MfNV; 1972 bis 1975 Chef Verw. Techn., MfNV; 1975 bis 1990 Kdr. Mil.-techn. Institut NVA; **Gen.Maj.**: 01.03.1976; Auszeichn.: Vaterländ.Verd.Ord. Bronze; Kampforden Gold; Entl.: 31.05.1990

Müller, Vincenz; Generalleutnant

Geb.: 05.11.1894; in: Aichach/Oberbayern; Vater: Gerbermeister; Schule: Abitur; Beruf: Berufssoldat; gest.: 12.05.1961

1913 bis 1914 einjähriger Freiwilliger, Pio.Bat., München; 1914 bis 1915 Fahnenjunker, Fähnrich, Ltn., Zugfhr., Kp.Fhr., Pio.Kp.; 1915 bis 1918 dt. Militärmission i.d. Türkei; 1918 bis 1919 Führer Flammenwerferkp., Oberltn.; 1919 Hilfsoffz. in Op.abt., Oberkdo. Grenzschutz Ost, Zugfhr. Pio.Bat., Ulm; 1920 bis 1922 Wehrkreiskdo. V, Stuttgart; 1922 bis 1923 Zugfhr., Pio.Bat., Ulm; 1923 bis 1926 Adj. im Reichswehrministerium; 1926 bis 1927 Generalstabsausbildung, Hptm.; 1927 bis 1931 polit. Wehrmachtsabt. im Reichswehrministerium; 1931 bis 1932 Kp.Chef, 7. Pio.Bat. München; 1932 bis 1933 Berater b. Befehlshaber im Wehrkreis III, Arb. im Reichswehrministerium; 1933 bis 1935 Ltr. d. Aufbaus d. Mobilmachungsorg., Wehrkreiskdo. VII München; 1935 bis 1937 Ltr. d. Gruppe Mobilmachung im Gen.stab d. Heeres (Oberstltn.); 1937 bis 1938 Wehrmacht-Akademie; 1938 bis 1940 1. Gen.stabsoffz. (Ia), Heeresgruppe 2, Kassel (Oberst); 1940 bis 1943 Chef d. Stabes d. AOK-17, Zakopane; 1942 Gen.Maj.; 1943 Lazarett Deutschland (Gen.Ltn.); 1943 bis 1944 Kdr. d. 56. Div., 4. Armee; 1944 in Vertr. Kdr. XXXIX. Pz.-Korps, XXVII. Korps, XII. Korps; 1944 bis 1948 sowjet. Gefangensch.; 1944 BDO u. NKFD

1948 NDPD; **Eintritt bew. Org.**: Sept. 1948/23.09.1952; Sept. 1948 bis Febr. 1949 Chefinspekt. u. Stabschef d. HAbt. Grenzpolizei u. Bereitschaften, Dt. Verw. d. Innern (Ende des akt. Dienstes aus persönlichen Gründen); 1949 bis 1952 1. Stv. Vors. d. NDPD, Vizepräsident d. Volkskammer d. DDR; 1952 Wiedereintritt in d. bew. Organe; **Gen.Ltn.**: 01.10.1952; 1952 bis 1953 1. Stv. Min.dI u. Chef HV Org., Stab MdI; 1953 bis 1956 Stv. Chef KVP u. Chef d. Stabes; 1956 bis 1958 Stv. Min.fNV u. Chef d. Hauptstabes, MfNV; Auszeichn.: Vaterländ.Verd.Ord.; Entl.: 28.02.1958

Müller, Walter; Dipl.-Mil.; Generalmajor

Geb.: 04.12.1931; in: Unseburg, Kr. Aschersleben-Staßfurt; Vater: Maurer; Schule: 12 Klassen in Grundlagenfächern; Beruf: Kupferschmied

1946 bis 1947 Hilfsarbeiter; 1947 bis 1950 Lehre; 1950 bis 1951 Kupferschmied/Brenner; 1951 bis 1952 Student, Inst. f. Lehrerbild. Magdeburg; 1952 SED; **Eintritt bew. Org.**: 11.08.1952; 1952 bis 1954 Soldat, Kochstedt, Offz.schüler, Offz.Schule Erfurt; 1954 bis 1956 Stv. Kdr. f. Techn./Ausrüst., Pz.-Kp., Pz.Rgt.-1; 1956 bis 1960 Militärakad./UdSSR; 1960 bis 1961 Stabschef Pz.Bat., Pz.Rgt.-1; 1961 bis 1962 Stv. Ltr. Unterabt. Op., Stab 1. Mot.Schützen-Div.; 1962 bis 1966 Ltr. Unterabt. Op., Stab 1. Mot.Schützen-Div.; 1966 bis 1970 Stv. Chef d. Stabes u. Ltr. Abt. Op., Kdo. Mil.Bez. V; 1970 bis 1972 Gen.stab-Akad. UdSSR; 1972 bis 1976 Stv. Kdr. u. Stabschef 9. Pz.Div.; 1976 bis 1979 Kdr. 7. Pz.Div.; **Gen.Maj.**: 07.10.1978; 1979 bis 1981 Stv. Chef Mil.Bez. u. Chef d. Stabes, Kdo. Mil.Bez. III; 1982 bis 1984 Kdr. Sektion LaSK, Militärakad. Dresden; Auszeichn.: Vaterländ.Verd.Ord. Bronze; Kampforden Gold; Entl.: 30.06.1984

Münch, Joachim; Dr. rer. mil.; Dipl.-Ing.; Konteradmiral

Geb.: 21.02.1928; in: Chemnitz; Vater: Maschinist; Schule: Abitur; Beruf: Elektroinstallateur

1942 bis 1946 Elektrikerlehre; 1944 bis 1945 RAD; 1945 Wehrmacht, Soldat

1946 SED; 1946 bis 1948 Betriebselektriker; 1948 bis 1949 Student, Vorstudienanstalt Chemnitz; 1949 bis 1954 Student, TH Dresden; **Eintritt bew. Org.**: 03.08.1954; 1954 bis 1956 Lehrstuhl-Ltr. Elektrotechn., Seeoffz.lehranstalt, VP-See; 1956 bis 1958 Lehrstuhl-Ltr. Elektrotechn., Offz.Schule Seestreitkr.; 1959 bis 1960 Ltr. Fakult. Gefechtsabschnitt V, Offz.Schule Seestreitkr.; 1961 Ltr. Koord. u. Kontr., zgl. Stv. d. Chef f. Techn., Kdo. Seestreitkr.; 1962 bis 1963 Ltr. Wiss.-techn. Zentrum/Stv. Chef Techn./Bewaffn., Kdo. VM; 1963 Stv. Chef Rückw.Dienste f. Techn./ Bewaffn., Kdo. VM; 1963 bis 1964 Offz.hörer Militärakad. Dresden; 1964 bis 1965 Ltr. Abt. Schiffbautechn. u. Stv. Chef Rückw.Dienste f. Techn./Bewaffn., Kdo. VM; 1965 bis 1968 Ltr. Abt. Neue Techn., Kdo. VM; 1968 bis 1989 Stv. Chef Rückw.Dienste f. Techn./Bewaffn., Kdo. VM; **K.Adm.**: 07.10.1982; Auszeichn.: Vaterländ.Verd.Ord. Bronze; Kampforden Silb.; Entl.: 30.11.1989

Munschke, Ewald; Generalmajor

Geb.: 20.03.1901; in: Berlin; Vater: Steinbrecher; Schule: 8 Klassen; Beruf: ohne; gest.: 21.10.1981

1915 bis 1917 Bote b. Lebensversicherung; 1917 bis 1918 Hilfsdienst, Kurier; 1918 bis 1919 Zugabfertiger, Kutscher; 1919 bis 1920 Eisenbahner b. Eisenbahnrgt.-4; 1920 bis 1925 Arbeiter, Packer, Transportarbeiter; 1923 bis 1924 KPD (Austritt); 1925 bis 1931 Bauarbeiter; 1930 Wiedereintritt in d. KPD; 1931 bis 1933 erwerbslos; 1933 bis 1936 Emigr., UdSSR; 1936 bis 1938 Interbrig., Spanien; 1938 illegale Arbeit in Frankreich u. Belgien; 1939 bis 1945 illegale Arbeit in Frankreich, Belgien, Holland

1945 bis 1946 Parteisekr. KPD in d. Berliner Polizei; 1946 SED; 1946 bis 1949 Stv. Ltr./Ltr. Abt. Kader, Landesltg. SED Berlin; 1949 bis 1952 Hpt.Referent/Ltr. Kaderabt. b. ZK; **Eintritt bew. Org.**: 01.05.1952; **Gen.Maj.**: 01.10.1952; 1952 bis 1956 Chef Verw. Kader, MdI; 1956 bis 1961 Chef Verw. Kader, MfNV; 1961 bis 1969 Vors. Parteikontr.kommission Polit. HV, MfNV; Auszeichn.: Karl-Marx-Orden; Ehrenspange Vaterländ.Verd.Ord. Gold; Scharnhorstorden; Entl.: 31.01.1969

Nagler, Dieter; Dipl.-Ing.; Generalmajor

Geb.: 29.11.1934; in: Plauen; Vater: Modelltischler; Schule: 12 Klassen in Grundlagenfächern; Beruf: Maschinenschlosser

1949 bis 1952 Lehre; **Eintritt bew. Org.**: 22.08.1952; 1952 bis 1953 VP-Anwärter; 1953 bis 1954 Obertechniker f. Bewaffn., Aeroklub Bautzen; 1954 SED; 1954 bis 1960 Militärakad./UdSSR; 1960 bis 1962 Offz./OOffz. Funkmeßausrüstung, Kdo. LSK/LV; 1962 bis 1967 Abt.-Ltr. Spezialausrüstung, Kdo. LSK/LV; 1967 bis 1968 Militärakad./UdSSR; 1968 bis 1969 Ltr. Abt. Spez. Ausrüstung, Kdo. LSK/LV; 1969 bis 1972 Stv. Chef Rückw.Dienste f.

Wartung u. Inbetriebnahme, Kdo. LSK/LV; 1972 bis 1983 Abt.-Ltr. Neue Techn., Kdo. LSK/LV; 1983 bis 1987 Abt.-Ltr. Neue Techn. b. Stv. Chef LSK/LV f. Techn. u. Instandsetzung, Kdo. LSK/LV; 1987 bis 1990 Stv. Chef LSK/LV u. Chef Techn. u. Instandsetzung, Kdo. LSK/LV; **Gen.Maj.**: 07.10.1988; Auszeichn.: Vaterländ.Verd.Ord. Silb.; Kampforden Gold; Entl.: 30.09.1990

Nagler, Karlheinz; Dipl.-Mil.; Generalmajor

Geb.: 15.04.1928; in: Plauen; Vater: Modelltischler; Schule: 12 Klassen in Grundlagenfächern; Beruf: Modelltischler

1942 bis 1944 Lehre; 1944 RAD; 1945 Wehrmacht, Pz.-Grenadier; 1945 amerik. Gefangensch.

1945 bis 1949 Modelltischler; 1947 SED; **Eintritt bew. Org.**: 10.09.1949; 1949 bis 1950 Kursant, VP-Schule Döbeln; 1950 bis 1951 Zugfhr., Ausb.ltr., VP-Dienstst. Löbau, Pirna, Gera; 1952 bis 1953 OAdj., VP-Dienstst. Gera; 1953 bis 1954 Offz. Schutzdienst, Wachkdo. Berlin; 1954 bis 1956 OOffz. Kampfausb., Verw. Schutzdienst, KVP; 1956 bis 1957 OOffz. f. op. Arb., Verw. Chem. Dienste, MfNV; 1957 bis 1958 OOffz. für Ausbild., Verw. Chem. Dienste, MfNV; 1959 bis 1962 Offz.hörer Militärakad. Dresden; 1962 bis 1966 Chef Chem. Dienste, Kdo. LSK/LV; 1966 bis 1968 Stv. Chef Chem. Dienste, MfNV; 1968 bis 1976 Stv. Chef Chem. Dienste f. territoriale chem. Abwehr, MfNV; 1976 bis 1988 Stv. Chef Chem. Dienste f. Op./Ausbild., MfNV; **Gen.Maj.**: 07.10.1984; 1988 bis 1990 Chef Chem. Dienste, MfNV/MfAV; Auszeichn.: Vaterländ.Verd.Ord. Silb.; Kampforden Gold; Entl.: 15.08.1990

Nawrot, Manfred; Dipl.-Mil.; Generalmajor

Geb.: 25.09.1929; in: Girbigsdorf, Niederschlesischer Oberlausitzkreis; Vater: Arbeiter; Schule: 10 Klassen in Grundlagenfächern; Beruf: ohne/Berufssoldat

1944 bis 1945 Maschinenschlosser

1945 bis 1949 Landwirtschaftsgehilfe/Traktorist; **Eintritt bew. Org.**: 22.08.1949; 1949 bis 1951 Kursant, Zugfhr. VP-Dienstst. Döbeln; 1951 bis 1952 Ausbild.-Ltr., Gehilfe Stabschef, KVP-Dienstst. Löbau; 1952 Wachzugfhr., KVP-Dienstst. Pirna; 1952 bis 1954 Kp.Chef, VPLuft-Dienstst. Johannisthal; 1954 SED; 1954 bis 1957 Gehilfe Stabschef, Aeroklub Cottbus; 1958 bis 1963 Ltr. Unterabt./OOffz. Org./Plan., Kdo. LSK/LV; 1963 bis 1965 Ltr. Abt. Org./Plan., Kdo. LSK/LV; 1965 bis 1967 Offz.hörer Militärakad. Dresden; 1967 bis 1971 Ltr. Abt. Org/Plan., Kdo. LSK/LV; 1971 bis 1972 Stv. d. Chef d. Stabes f. Org., Kdo. LSK/LV; 1972 bis 1974 Ltr. Abt. Org./Plan., Kdo. LSK/LV; 1974 bis 1990 Stv. Chef d. Stabes f. Org., Kdo. LSK/LV; **Gen.Maj.**: 01.03.1987; Auszeichn.: Vaterländ.Verd.Ord. Silb.; Kampforden Silb.; Entl.: 30.09.1990

Nebrig, Joachim; Dipl.-Mil.; Generalmajor

Geb.: 13.09.1919; in: Leipzig; Vater: Transportarbeiter; Schule: Mittlere Reife; Beruf: Stein- und Offsetdrucker

1926 bis 1933 Rote Falken; 1936 bis 1939 Lehre; 1939 bis 1945 Wehrmacht, Feldw. (Luftwaffe)

1945 SPD; 1946 SED; 1945 bis 1946 Mitarb. Rat d. Stadt Leipzig; 1946 bis 1948 Sekr., FDJ-Kr.Ltg. Leipzig; **Eintritt bew. Org.**: 15.11.1948; 1948 bis 1949 Polit-Kultur-Offz., VP-Dienstst. Leipzig; 1949 bis 1950 Sonderlehrg./UdSSR; 1950 bis 1955 Ltr. Politabt., VP-Dienstst. Zittau, Schwerin, Erfurt; 1955 bis 1958 Stv. Kdr. u. Ltr. Politabt., KVP-Dienstst./7. Pz.Div. Dresden; 1958 bis 1960 Ltr. Abt.Org./Instr., Polit.Verw., MfNV; 1961 bis 1963 Gen.stab-Akad. UdSSR; 1963 bis 1964 Stv. Kdr. u. Ltr. Politabt., Militärakad. Dresden; 1964 bis 1967 1. Sekr. Kr.Ltg. SED, Militärakad. Dresden; 1967 bis 1971 Stv. Chef Mil.Bez. u. Ltr. Polit.Verw., Kdo. Mil.Bez. III; **Gen.Maj.**: 07.10.1969; 1971 bis 1972 Stv. Stadtkdt. Berlin(Ost) u. Ltr. Politabt.; 1972 bis 1975 Ltr. Polit.Verw. d. MfNV; 1975 bis 1979 Chef d. Politorgans b. Chef d. Hauptstabes, MfNV; Auszeichn.: Vaterländ.Verd.Ord. Gold; Scharnhorstorden; Entl.: 01.12.1979

Neidhardt, Wolfgang; Dipl.-Ing.; Generalleutnant

Geb.: 29.04.1930; in: Chemnitz; Vater: Maschinenanstreicher; Schule: 12 Klassen in Grundlagenfächern; Beruf: Maschinenschlosser

1944 bis 1945 Lehre

1945 bis 1946 Hilfsschlosser; 1948 SED; **Eintritt bew. Org.**: 15.09.1948; 1948 bis 1949 Volkspolizist, VP-Kreisamt Chemnitz, VP-Bereitschaft Frankenberg; 1949 bis 1950 Kursant, VP-Schule Eggesin; 1950 bis 1951 Abt.-Ltr., VP-Dienstst. Prenzlau; 1952 Stv. Stabschef, VP-Dienstst. Prenzlau; 1952 bis 1958 Militärakad./UdSSR; 1959 Ltr. Unterabt. Bewaffn., 9. Pz.Div.; 1959 bis 1960 Ltr. Lehrstuhl, Art.- u. Pz.-Schule; 1961 bis 1963 Stv. Kdr. f. techn. Ausbild., Art.-u. Pz.-Schule; 1963 Chef Verw. Art.-Techn., MfNV; 1963 bis 1964 Stv. Chef Verw. Art.-Techn. u. Bewaffn. b. Chef Art., MfNV; 1964 bis 1969 Stv. d. Stv. Min.fNV f. Ausrüst. u. Chef Verw. Techn., MfNV; 1969 bis 1973 Stv. Chef Techn. Komitee Vereinte Streitkräfte Warschauer Vertrag; 1973 bis 1981 Stv. Chef Techn./Bewaffn. f. Techn., MfNV; **Gen.Maj.**: 01.03.1974; **Gen.Ltn.**: 07.10.1979; 1982 bis 1990 Stv. Vors. Staatl.Plankomm. u. Chef Militärbereich; Auszeichn.: Vaterländ.Verd.Ord. Silb.; Kampforden Gold; Entl.: 31.03.1990

Neukirchen, Heinrich (Heinz); Vizeadmiral

Geb.: 13.01.1915; in: Duisburg; Vater: Kleinbauer/Gemüsehändler; Schule: Mittlere Reife; Beruf: Seeoffizier/Berufssoldat; gest.: 08.12.1986

1931 bis 1932 Volontär; 1932 bis 1933 Freier Mitarb. »Düsseldorfer Nachrichten«; 1933 bis 1934 erwerbslos; 1935 bis 1937 Matrose (Kriegsmarine); 1937 bis 1939 Maatenlehrg./Bootsmann; 1939 bis 1940 Hafenschutz-Kdt., 1940 bis

1943 Ausbilder, Fähnrichlehrgänge; 1943 bis 1944 Flak-Art.-Offz./Wachoffz., Minenschiff; 1944 bis 1945 Oberltn. (z.S.), Kdt. U-Jäger, Norwegen; 1945 Bat.-Kdr. Marineinfanterie; 1945 bis 1949 sowjet. Gefangensch.

1949 bis 1950 Mitarb./polit. Geschäftsführer d. NDPD Mecklenburg; 1949 NDPD; 1950 bis 1951 Stv. Vors. d. NDPD Landesvorstand Berlin; **Eintritt bew. Org.**: 01.03.1951; 1951 bis 1954 Chef d. Stabes, Seepolizei/VP-See; **K.Adm.**: 01.10.1952; 1954 bis 1956 Seekriegsakad./UdSSR; 1956 bis 1961 Stv. d. Chefs Seestreitkr./VM u. Chef d. Stabes, Kdo. Seestreitkr./VM; 1961 SED; 1961 bis 1963 Chef VM (m.d.F.b.); 1963 bis 1965 Stv. d. Chef VM u. Chef d. Stabes, Kdo. VM; **Vizeadm.**: 01.03.1964; Auszeichn.: Vaterländ.Verd.Ord. Bronze; Entl.: 30.11.1965

Neumann, Günther; Dipl.-Wirtschaftler; Generalmajor

Geb.: 05.07.1925; in: Niesky, Niederschlesischer Oberlausitzkreis; Vater: Glaser; Schule: 12 Klassen in Grundlagenfächern; Beruf: Industriekaufmann; Glaser; verst.: 04.09.1987

1939 bis 1942 Lehre; 1942 bis 1945 Wehrmacht, Uffz. (Flieger, Fallschirmjäger)

1945 KPD; 1945 bis 1949 Glaser/Umschüler; 1946 SED; 1949 bis 1951 Sachbearb., Stv. Abt.-Ltr. Jugendheim GmbH, Dresden, Berlin; 1951 bis 1953 Instrukteur, Sektoren-Ltr., Zentralrat FDJ; 1953 bis 1955 Stv. Abt.-Ltr., Zentralrat FDJ; **Eintritt bew. Org.**: 01.07.1955; 1955 bis 1958 Offz./OOffz., Verw. Finan., MfNV; 1959 bis 1960 Ltr. Abt. Plan., Verw. Finan., MfNV; 1960 bis 1963 Ltr. Zentralbuchhalt., Verw. Finan., MfNV; 1963 bis 1971 Ltr. Abt. Finan. u. Org., Verw. Finan., MfNV; 1971 bis 1972 Ltr. Abt. Plan. u. Stv. d. Chef Verw. Finan. MfNV; 1972 bis 1986 Stv. Chef d. Verw. Finan. f. Finanzierung, Org. u. Schulung, Verw. Finanzökonomie, MfNV; **Gen.Maj.**: 07.10.1979; Auszeichn.: Vaterländ.Verd.Ord. Bronze; Kampforden Gold; Entl.: 31.10.1986

Nitz, Egon; Dipl.-Mil.; Konteradmiral

Geb.: 09.05.1934; in: Bublitz (Polen); Vater: Müllergeselle; Schule: 12 Klassen in Grundlagenfächern; Beruf: Dreher

1949 bis 1952 Lehre; 1952 bis 1953 Student, Ing.-Schule f. Kraft- u. Arbeitsmaschinen, Meißen; **Eintritt bew. Org.**: 20.01.1953; 1953 bis 1955 Kursant, Offz.schüler, Seeoffz.lehrantalt, VP-See; 1955 bis 1956 Zugfhr. See-Offz.-Schule, VP-See; 1956 SED; 1957 bis 1959 Militärakad./UdSSR; 1960 bis 1961 Stabschef/Navigationsoffz., Torpedo-Schnellboots-Abt., Torpedo-Schnellboots-Brig., Seestreitkr./VM; 1961 bis 1962 Chef 2. Torpedo-Schnellboots-Abt., Torpedo-Schnellboots-Brig.; 1963 bis 1964 Stabschef Torpedo-Schnellboots-Brig., 6. Flottille; 1964 bis 1968 Seekriegsakad./UdSSR; 1968 bis 1971 Chef Rak.-Schnellboots-Brig., 6. Flottille; 1971 bis 1972 Chef 1. Rak.-Torpedo-Schnellboots-Brig., 6. Flottille; 1972 bis 1973 Stabschef Flottenschule VM, Parow; 1973 bis 1974 Kdr. Flottenschule VM (m.d.F.b.); 1974 bis 1983 Stabschef Flottenschule VM; 1983 bis 1990 Kdr. Flottenschule VM; **K.Adm.**: 01.03.1987; Auszeichn.: Vaterländ.Verd.Ord. Bronze; Kampforden Gold; Entl.: 30.09.1990

Noack, Horst; Dipl.-Ing.; Dipl.-Mil.; Generalmajor

Geb.: 09.07.1929; in: Dresden; Vater: Monteur; Schule: 12 Klassen in Grundlagenfächern; Beruf: Zimmerer

1944 bis 1949 Lehre, Zimmerer

1946 SED; **Eintritt bew. Org.**: 07.06.1949; 1949 bis 1950 Kursant, VP-Schule Döbeln, Pirna; 1950 bis 1952 Zugfhr., Ltr. d. Dienste, VP-Dienststt. Großenhain; 1952 Gehilfe d. Ltr. Pio.-Wesen, KVP-Dienststt. Prora; 1952 bis 1959 Militärakad./UdSSR; 1959 bis 1962 Offz. b. Chef Pio.-Wesen, Stv. Chef Pio.-Wesen, MfNV; 1962 bis 1968 Chef Pio.-Wesen, MfNV; 1968 bis 1970 Gen.stab-Akad. UdSSR; 1970 bis 1972 Stv. Chef f. Ausbild., Militärakad. Dresden; 1973 bis 1977 Stv. Chef Techn. Komitee Vereinte Streitkräfte Warschauer Vertrag; 1977 Stv. Chef Verw. Instandsetzung u. Ltr. Abt. Ökon. u. Kontr., MfNV; 1978 bis 1990 Chef Verw. Instandsetzung, MfNV; **Gen.Maj.**: 07.10.1979; Auszeichn.: Vaterländ.Verd.Ord. Bronze; Kampforden Gold; Entl.: 15.08.1990

Nordin, Wilhelm; Prof. Dr. rer. mil.; Dipl.-Mil.; Vizeadmiral

Geb.: 26.04.1924; in: Brünn (ČR); Vater: Sattlergeselle; Schule: 8 Klassen; Beruf: Gastronomiefacharbeiter; gest.: 07.05.1993

1938 bis 1941 Lehre; 1941 bis 1945 Kriegsmarine, Steuermannsobergefr.; 1945 amerik. Internierung, Norwegen

1945 bis 1946 erwerbslos; 1946 SED; **Eintritt bew. Org.**: 08.01.1946; 1946 bis 1948 Postenfhr., Abschnitts-Ltr.; 1949 Lehrer Polizeihochschule; 1950 Abt.-Ltr., Stab HVA; 1950 bis 1951 Stv. Ltr. Seepolizeischule, Parow; 1951 bis 1955 Kdr. See-Offz.lehranstalt, Stralsund; 1955 bis 1956 Seekriegsakad./UdSSR; 1957 Kdr. See-Offz.Schule, Stralsund; 1958 bis 1961 Stv. Stabschef, Kdo. Seestreitkr./VM; 1961 bis 1963 Stv. Chef u. Chef d. Stabes (m.d.F.b.), Kdo. VM; 1963 bis 1970 Stv. Kdr. u. Ltr. Fakultät Seestreitkr., Militärakad. Dresden; **K.Adm.**: 01.03.1966; 1970 bis 1976 Kdr. Sekt. Seestreitkr., Militärakad. Dresden; 1976 bis 1984 Kdr. Offz.Hochschule VM, Stralsund; **Vizeadm.**: 07.10.1978; Auszeichn.: Vaterländ.Verd.Ord. Gold; Kampforden Gold; Entl.: 30.11.1984

Oldenburg, Günter; Dipl.-Mil.; Generalmajor

Geb.: 03.09.1931; in: Stettin; Vater: Arbeiter; Schule: 8 Klassen; Beruf: Bäcker

1946 bis 1947 Gelegenheitsarbeiter; 1947 bis 1949 Lehre, Bäcker; **Eintritt bew. Org.**: 09.11.1949; 1949 bis 1950 Offz.schüler, VP-Schule Prora; 1950 bis 1952 Zugfhr., VP-Dienststt. Löbau; 1952 SED; 1952 bis 1953 Sportoffz., Gehilfe u. Ltr. Unterabt., KVP-Dienstst. Löbau; 1953 bis 1954 OOffz. op. Arb., Aeroklub Bautzen; 1954 bis 1955 Stabschef 3. Abt., Aeroklub Bautzen; 1955 bis 1959 Militärakad./UdSSR; 1960 bis 1961 Ltr. Unterabt. op. Arb., Kdo. LSK/LV; 1962 bis 1969 Stv. Chef d. Stabes f. op. Arb., Kdo. LSK/LV; 1969 bis 1971 Gen.stab-Akad. UdSSR; 1971 bis 1972 Stv. Chef d. Stabes f. op. Arb./Chef d. Stabes (m.d.F.b.), Kdo. LSK/LV; 1972 bis 1981 Kdr. 3. LVDiv.; **Gen.Maj.**: 07.10.1974; 1982 bis 1987 Mil.-Attaché UdSSR; 1987 bis 1988 kommand. z. Chef Aufkl., MfNV; 1989 bis 1990 Stv. Chef Aufkl. u. Chef 2. Verw., Bereich Aufkl., MfNV; Auszeichn.: Vaterländ.Verd.Ord. Gold; Kampforden Gold; Entl.: 30.04.1990

Ölschläger, Klaus-Dieter; Dipl.-Mil.; Generalmajor

Geb.: 27.10.1938; in: Kainzen/Niederschlesien (Polen); Vater: Ziegeleiarbeiter; Schule: Abitur; Beruf: Fräser

Eintritt bew. Org.: 10.08.1956; 1956 Soldat; 1956 bis 1959 Offz.schüler, Offz.Schule f. RD Erfurt; 1959 bis 1960 Arb. in d. Produktion; 1960 SED; 1960 bis 1962 Offz. Bekleid./Ausrüst., Kfz.-Bat., MfNV; 1962 bis 1966 Offz. Bekleid./Ausrüst., Mot.Schützen-Rgt.-7; 1966 bis 1970 Offz. Gefechtsausb., Stab Rückw.Dienste, MfNV; 1970 bis 1973 Militärakad./UdSSR; 1973 bis 1975 Stv. d. Stv. Kdr. f. Rückw.Dienste f. op. Arb, 11. Mot.Schützen-Div.; 1975 bis 1978 Stv. Kdr. f. Rückw.Dienste, 11. Mot.Schützen-Div.; 1978 bis 1980 Gen.stab-Akad. UdSSR; 1980 bis 1984 Stv. Chef Rückw.Dienste u. Stabschef, Mil.-Bez. III; 1984 bis 1986 Stv. Chef Mil.Bez. u. Chef Rückw.Dienste, Mil.Bez. III; **Gen.Maj.**: 01.03.1986; 1986 bis 1990 Stv. Chef Rückw.Dienste f. materielle Sicherst. u. territ. Zusammenarb./Chef materielle Sicherst., MfNV/MfAV; Auszeichn.: Vaterländ.Verd.Ord. Bronze; Kampforden Bronze; Entl.: 30.09.1990

Oreschko, Johannes; Dr. rer. oec.; Dipl.-Ök.; Generalmajor

Geb.: 27.01.1929; in: Kleinmückern, Kr. Altenburg; Vater: Landarbeiter; Schule: Abitur; Beruf: Maschinenschlosser

1943 bis 1945 Lehre; 1945 Volkssturm

1945 bis 1946 Lehre; 1946 bis 1947 Montageschlosser; 1947 bis 1951 Student, Arb.-u.-Bauern-Fak. u. Uni Jena, Leipzig; 1948 SED; 1951 bis 1952 Betriebsass. im M.f. Schwerindustrie; **Eintritt bew. Org.**: 15.09.1952; 1952 bis 1953 Hpt.fachlehrer Geschichte, Pz.-Offz.Schule Priemerwald, Großenhain; 1953 bis 1954 Lektor, Polit.Verw. KVP; 1954 bis 1957 Lektor, Polit-Abt. Territor.Verw. Süd/Mil.Bez. III; 1957 bis 1961 Hpt.fachlehrer f. Polit- u. Militärökonomie, Politschule Treptow; 1961 bis 1964 Sektoren-Ltr., Militärbereich d. Staatl.Plankomm.; 1964 bis 1990 Chef Verw. Materielle Plan., MfNV; **Gen.Maj.**: 07.10.1977; Auszeichn.: Vaterländ.Verd.Ord. Silb.; Kampforden Gold; Entl.: 15.08.1990

Otto, Günter; Dr. jur.; Dipl.-Jur.; Generalmajor

Geb.: 14.11.1925; in: Dresden; Vater: Schlosser; Schule: Abitur; Beruf: Jurist

1943 RAD; 1943 NSDAP-Anwärter; 1943 bis 1945 Kriegsmarine, Uffz., Fähnrich d.R.; 1945 engl. Gefangensch.

1945 bis 1946 angelernter Schmied/Hilfsschlosser; 1946 SPD/SED; 1946 Justizass., Amtsgericht Dresden; 1946 bis 1949 Student, Uni Leipzig; **Eintritt bew. Org.**: Oktober 1949; 1949 bis 1953 Referent, Oberreferent, Hptref., Abt.-Ltr., MdI, Staatssekretariat f. Innere Angelegenheiten; 1953 bis 1954 Stv. Allg. d. Oberstaatsanwalt d. VP; 1954 bis 1957 wiss. Oberass., Ausbild. f. Militärstaatsanwälte, Politschule Treptow; 1957 bis 1959 OOffz. f. Rechtsfragen, Sekr. d. Stv. Vors. d. Ministerrats; 1959 bis 1960 Ltr. Rechtsstelle, Sekretariat Min.fNV; 1960 bis 1961 Ltr. Sekretariat d. Min.fNV; 1961 bis 1976 Ltr. 1. Abt., Zentr. Vertragsgericht; 1976 bis 1986 Chef Verw. Beschaffung, MfNV; **Gen.Maj.**: 07.10.1980; Auszeichn.: Vaterländ.Verd.Ord. Silb.; Kampforden Silb.; Entl.: 30.11.1986

Otto, Siegfried; Dipl.-Ges.-Wiss.; Dipl.-Mil.; Generalmajor

Geb.: 29.08.1922; in: Antonsthal, Kr. Aue-Schwarzenberg; Vater: Arbeiter; Schule: Mittlere Reife; Beruf: Industriekaufmann

1939 bis 1941 Lehre; 1941 RAD; 1941 bis 1945 Wehrmacht, Uffz. (Marineflak/Sturmartillerie)

1945 KPD; 1945 bis 1946 Angest., Finanzamt Schwarzenberg, Landratsamt Aue; 1946 SED; 1946 bis 1947 Abt.-Ltr., Kr.Ltg. SED Aue; 1947 bis 1949 Ltr. d. Kreisparteischule Meißen; 1949 bis 1950 Student, Parteihochschule SED; **Eintritt bew. Org.**: 01.01.1951; 1951 bis 1955 Instrukteur, Abt. Prop. b. ZK; 1955 bis 1957 kommiss. Sektorenltr./Sektorenltr., Abt. Sicherheit d. ZK; 1957 bis 1958 Offz.hörer Hochschule f. Offz.; 1958/59 bis 1971 pers. Mitarb. v. Erich Honecker; 1971 bis 1973 Offz.hörer Militärakad. Dresden; 1973 bis 1989 pers. Mitarb. v. Erich Honecker; **Gen.Maj.**: 01.03.1974; Auszeichn.: Vaterländ.Verd.Ord. Gold; Kampforden Gold; Entl.: 30.11.1989

Otto, Werner; Dipl.-Mil.; Generalmajor

Geb.: 15.04.1930; in: Chemnitz; Vater: Gerüstbauer; Schule: 8 Klassen; Beruf: Orthopädiemechaniker

1944 bis 1947 Lehre

1947 bis 1949 Orthopädiemechaniker; **Eintritt bew. Org.**: 06.09.1949; 1949 bis 1950 Offz.schüler, Offz.Schule Döbeln; 1950 bis 1952 Offz. f. Plan., HVA; 1952 SED; 1952 bis 1954 Offz.hörer Hochschule f. Offz.; 1954 bis 1957 OOffz. f. Programme, Stab KVP/MfNV; 1957 bis 1961 Militärakad./UdSSR; 1961 bis 1962 OOffz. Plan./Ltr. Arbeitsgr., Verw. Ausbild., MfNV; 1962 bis 1967 Ltr. Abt. Gefechtsausb., Verw. Ausbild., MfNV; 1967 bis 1970 1. Stv. Chef Mil.Bez., Kdo. Mil.Bez. V; 1970 bis 1972 Gen.stab-Akad. UdSSR; 1972 bis

1980 Stv. Chef Militärakad. f. Ausbild., Militärakad. Dresden; **Gen.Maj.**: 07.10.1974; 1980 bis 1990 Chef Verw. Schulen u. Weiterbild., MfNV; Auszeichn.: Vaterländ.Verd.Ord. Bronze; Kampforden Gold; Entl.: 15.08.1990

Paduch, Walter; Dr.-Ing.; Dipl.-Mil.; Generalleutnant

Geb.: 07.05.1931; in: Wetterzeube, Burgenlandkreis; Vater: Stahlwerker; Schule: 8 Klassen; Beruf: Betriebs- u. Verkehrseisenbahner

1945 bis 1948 Lehre; 1948 bis 1949 Bahnhofsschaffner/Fahrdienstltr.; 1949 SED; **Eintritt bew. Org.**: 10.06.1949; 1949 bis 1950 Kursant, Zugfhr., VP-Schule Pirna; 1951 Ltr. Nachr.-Kdo., VP-Bereitschaft Weißenfels; 1952 bis 1953 Offz. Nachr., Stab KVP; 1953 bis 1954 Offz.hörer Hochschule f. Offz.; 1954 bis 1956 Stv. Kdr. f. Ausbild., Nachr.-Kdo., Stab KVP; 1956 bis 1959 Stv./Kdr. Nachr.Rgt.-2; 1960 bis 1963 Stv. Chef Nachr. f. op. Arb., MfNV; 1963 bis 1966 Gen.stab-Akad. UdSSR; 1966 bis 1975 Stv. Chef Nachr. f. Nachr.-Verb., MfNV; 1975 bis 1988 Chef Nachr., MfNV; **Gen.Maj.**: 01.03.1976; **Gen.Ltn.**: 07.10.1983; 1988 bis 1990 Stv. Chef d. Hauptstabes u. Chef Nachr., MfNV/MfVA; Auszeichn.: Vaterländ.Verd.Ord. Silb.; Scharnhorstorden; Entl.: 30.09.1990

Pahnke, Martin; Dipl.-Ges.-Wiss.; Generalleutnant

Geb.: 10.10.1924; in: Trebbin, Kr. Teltow-Fläming; Vater: Klempner; Schule: 8 Klassen; Beruf: Klempner/Installateur; gest.: 01.12.1993

1939 bis 1942 Lehre; 1942 bis 1944 Wehrmacht, Obergefr. (Luftwaffe); 1945 amerik. Gefangensch.

1945 Landarbeiter; 1945 bis 1949 Klempner; 1946 KPD/SED; **Eintritt bew. Org.**: 09.08.1949; 1949 bis 1951 Kursant, Stv. Ltr. Politabt., Politschule Torgau; 1951 bis 1952 Prop., Politschule Torgau; 1952 bis 1956 Stv. Ltr. Politabt., VP-Dienstst. Kamenz; 1956 bis 1959 Stv. Kdr. u. Ltr. Politabt., 1. Fliegerdiv.; 1960 bis 1961 Stv. Ltr. Politabt., Kdo. LSK/LV; 1962 Offz.hörer Militärakad. Dresden; 1962 bis 1965 Stv. Chef LSK/LV u. Ltr. Polit.Verw., Kdo. LSK/LV; 1965 bis 1967 Offz.hörer Militärakad. Dresden; 1967 bis 1968 Stv. Ltr. Polit.Verw. u. Ltr. Abt. Inst./Org., Kdo. LSK/LV; 1968 bis 1973 Stv. Chef LSK/LV u. Ltr. Polit.Verw., Kdo. LSK/LV; **Gen.Maj.**: 07.10.1969; 1973 bis 1989 Vors. Parteikontr.kommission, Polit. HV, MfNV; **Gen.Ltn.**: 01.03.1981; Auszeichn.: Ehrenspange Vaterländ.Verd.Ord. Gold; Entl.: 01.11.1989

Pankau, Albert; Dipl.-Mil.; Generalmajor

Geb.: 08.04.1927; in: Groß Butzig/Flatow (Polen); Vater: Landarbeiter; Schule: 8 Klassen; Beruf: Förster

1941 bis 1944 Lehre; 1944 RAD; 1944 bis 1945 Wehrmacht, Soldat (Infanterie)

1945 SPD; 1945 bis 1948 Landarbeiter; 1946 SED; **Eintritt bew. Org.**: 13.09.1948; 1948 bis 1949 Kursant, Gruppenführer, Stv. Zugfhr., Grenzpolizeibereitschaft Wittenberge; 1949 bis 1950 Kp.Chef, VP-Schule Glöwen; 1950 bis 1951 Ltr. Lehrabt., VP-Schule Glöwen; 1951 bis 1952 Hpt.fachlehrer Pio.-Wesen, VP-Schule Glöwen; 1952 bis 1953 Ltr. Techn. Abt., KVP-Dienstst. Klietz, Weißenfels; 1953 bis 1956 OOffz., Stv. Kdr. f. Ausbild., KVP-Dienstst. Dessau II; 1956 bis 1958 Offz.hörer Hochschule f. Offz.; 1958 bis 1962 Ltr. Lehrstuhl Pio.-Wesen, Militärakad. Dresden; 1963 bis 1966 Gen.stab-Akad. UdSSR; 1966 bis 1972 Chef Pio.-Wesen, Kdo. Mil.Bez. III; 1972 bis 1983 Chef Pio.-Wesen, Kdo. LaSK.; **Gen.Maj.**: 01.03.1976; 1983 bis 1984 Übernahme in Dienstverhältnis der Zivilverteid., Dienstausübung b. Ltr. d. Zivilverteid. DDR; 1984 bis 1990 Kdr. Institut Zivilverteid., Beeskow; Auszeichn.: Vaterländ.Verd.-Ord. Silb.; Kampforden Silb.; Entl.: 01.04.1990

Partzsch, Hans; Dipl.-Mil.; Konteradmiral

Geb.: 28.02.1930; in: Dresden; Vater: Postschaffner; Schule: 8 Klassen; Beruf: Baumöbeltischler

1944 bis 1949 Lehre, Geselle

Eintritt bew. Org.: 21.09.1949; 1949 bis 1952 Kursant, Gruppenführer, VP-Dienstst. Leipzig, VP-Schule Döbeln, VP-Dienstst. Pinnow; 1954 SED; 1952 bis 1953 Zugfhr., Kp.Chef, MdI Berlin, Verw. d. Aeroklubs Cottbus; 1953 bis 1954 Adj. Staffel, VP-Dienstst. Kamenz II; 1955 bis 1959 Militärakad./UdSSR; 1959 bis 1961 Stv. Kdr. u. Stabschef Fliegergeschwader-9; 1961 bis 1972 Stv. Stabschef u. Ltr. Unterabt. Op., 3. LVDiv.; 1972 bis 1981 Stv. Kdr. u. Stabschef, 3. LVDiv.; 1981 bis 1982 Kdr. 3. LVDiv. (m.d.F.b.); 1983 bis 1990 Chef Marinefliegerkräfte, Kdo. VM; **K.Adm.**: 01.03.1988; Auszeichn.: Vaterländ.-Verd.Ord. Silb.; Kampforden Silb.; Entl.: 31.03.1990

Patzer, Werner; Dipl.-Mil.; Generalmajor

Geb.: 14.03.1932; in: Fiddichow, Kr. Greifenhagen (Polen); Vater: Maurer; Schule: 12 Klassen in Grundlagenfächern; Beruf: ohne/Berufssoldat

1946 bis 1949 Landarbeiter; **Eintritt bew. Org.**: 19.11.1949; 1949 bis 1950 Kursant, 3. VP-Bereitschaft Brandenburg, Prenzlau; 1950 bis 1951 Offz.schüler, VP-Schule Döbeln; 1951 bis 1952 Zugfhr., VP-Schule Döbeln; 1952 bis 1956 Taktiklehrer, VP-Schule Döbeln; 1953 SED; 1956 bis 1958 Offz.hörer Hochschule f. Offz.; 1958 bis 1960 OOffz. op. Ausbild., Kdo. Mil.Bez. III; 1961 bis 1964 Offz.hörer Militärakad. Dresden; 1964 bis 1965 OOffz. u. Ltr. Arbeitsgr. f. Auffüllung, Verw. Org./Auffüllung, MfNV; 1965 bis 1967 Stv. Chef Verw. Org./Auffüllung, MfNV; 1967 bis 1990 Chef Verw. Org./Auffüllung bzw. Personelle Auffüllung, MfNV/MfAV; **Gen.Maj.**: 07.10.1982; Auszeichn.: Vaterländ.Verd.Ord. Bronze; Kampforden Gold; Entl.: 30.09.1990

Pech, Ottomar; Generalleutnant

Geb.: 02.01.1914; in: Weißenfels; Vater: Schlosser; Schule: 8 Klassen; Beruf: Stricker; gest.: 13.12.2000

1928 bis 1931 Lehre; 1928 bis 1931 Soz. Arb.jugend, danach bis 1933 Soz. Jugendverband; 1931 bis 1933 erwerbslos; 1933 bis 1935 Stricker; 1935 bis 1937 Wehrmacht, Gefr.; 1937 bis 1939 Stricker, Chemnitz; 1939 bis 1945 Wehrmacht, Feldw. (Infanterie)

1945 KPD; **Eintritt bew. Org.**: 08.05.1945; 1945 bis 1948 Polizeipräsidium Chemnitz; 1946 SED; 1948 bis 1949 Kdr. Schutzpolizei, Polizeipräsidium Berlin; 1949 bis 1950 Sonderlehrg./UdSSR; 1950 Eintritt in MfS; 1951 bis 1953 Abt.Ltr., MfS; **Gen.Maj.**: 12.02.1953; 1953 bis 1955 Ltr. HAbt. I, MfS; 1955 Kdr. Innere Truppen, MfS; 1956 Stabschef HV Innere Sicherheit; 1957 bis 1959 Stv. Chef d. Hauptstabes f. allg. Fragen, MfNV; 1960 Militärakad. Dresden; 1961 bis 1979 Chef Verw. Kader, MfNV; **Gen.Ltn.**: 07.10.1969; Auszeichn.: Karl-Marx-Orden; Vaterländ.Verd.Ord. Gold; Kampforden Silb.; Entl.: 01.08.1979

Penndorf, Lothar; Dipl.-Jur.; Generalmajor

Geb.: 08.12.1928; in: Cretzschwitz, Kr. Gera; Vater: Kraftfahrer/ Autoschlosser; Schule: Abitur; Beruf: Jurist

1947 SED; 1947 bis 1951 Student, Uni Jena, Leipzig; 1951 Gerichtsreferendar, Leipzig; 1952 wiss. Assistent, Halle; 1952 bis 1953 Gerichtsreferendar, Staatsanwaltschaft Bez. Leipzig; 1953 bis 1954 Hpt.Referent MdJustiz; **Eintritt bew. Org.**: 01.07.1954; 1954 Hpt.Referent, MdI; 1954 bis 1957 Staatsanwalt b. Generalstaatsanw. v. Berlin(Ost); 1957 bis 1959 Wiss. Oberassistent b. Militäroberstaatsanwalt; 1959 bis 1962 Militärstaatsanwalt b. Militäroberstaatsanwalt; 1962 bis 1966 Ltr. Abt. II b. Militäroberstaatsanwalt; 1967 bis 1971 Ltr. Abt. I b. Militäroberstaatsanwalt; 1971 bis 1976 Militäroberrichter, Vors. Militärstrafsenat, 1. Stv. Vizepräsident u. Vors. d. Militärkollegiums d. Obersten Gerichts; 1976 bis 1977 Parteihochschule KPdSU/UdSSR; 1977 bis 1990 Vizepräsident d. Obersten Gerichts u. Vors. d. Militärkollegiums; **Gen.Maj.**: 07.10.1982; Auszeichn.: Vaterländ.Verd.Ord. Silb.; Kampforden Silb.; Entl.: 31.03.1990

Peter, Erich; Dipl.-Mil.; Generaloberst

Geb.: 17.07.1919; in: Salza, Kr. Nordhausen; Vater: Schmied; Schule: 8 Klassen; Beruf: Schlosser; gest.: 11.10.1987

1933 bis 1936 Lehre; 1936 bis 1937 Arbeiter, Tief- u. Oberbau; 1937 bis 1938 RAD; 1938 bis 1939 Schlosser, Maschinenarbeiter; 1939 bis 1945 Wehrmacht, Uffz. (Panzer); 1945 amerik. Gefangensch.

1945 KPD; 1945-1946 Schlosser; 1946 SED; **Eintritt bew. Org.**: 14.01.1946; 1946 bis 1947 Einzelposten, Gruppenführer, Revier-Ltr., Abschnitts-Ltr., VP-

Dienstst. Nordhausen; 1948 bis 1949 Kreispolizeidirektor, Leiter Kreispolizeiamt Nordhausen; 1949 bis 1950 Sonderlehrg./UdSSR; 1950 bis 1951 Stv. Ltr. Fachabt., HVA; 1951 bis 1952 Stv. Techn./Ausrüst., VP-Dienstst. Gotha; 1952 bis 1954 Ltr. techn. Abt., Stab KVP; 1955 bis 1956 Stv. Chef Verw. Mot., KVP; 1956 bis 1957 Chef Verw. Pz.-Techn., MfNV; 1957 bis 1959 Gen.stab-Akad. UdSSR; 1959 bis 1960 Kdr. 9. Pz.Div.; 1960 bis 1961 Kdr. DGP; 1961 bis 1972 Chef Kdo. GT; **Gen.Maj.**: 07.10.1963; **Gen.Ltn.**: 07.10.1969; 1972 bis 1979 Stv. Min.fNV u. Chef GT; **Gen.Oberst**: 14.07.1979; Auszeichn.: Karl-Marx-Orden; Vaterländ.Verdienstorden Gold; Scharnhorstorden; Entl.: 01.08.1979

Peter, Fritz; Dipl.-Mil.; Generaloberst

Geb.: 28.12.1927; in: Bralitz, Kr. Märkisch Oderland; Vater: Fleischer/Bauer; Schule: 8 Klassen; Beruf: Landwirt

1942 bis 1944 Landwirtschaftsgehilfe; 1944 RAD; 1944 bis 1945 Wehrmacht, Soldat (Infanterie); 1945 bis 1948 sowjet. Gefangensch.

1948 SED; **Eintritt bew. Org.**: 24.09.1948; 1948 bis 1949 Kursant, Gruppenführer, VP-Bereitschaft Brandenburg, Potsdam; 1949 bis 1950 Zugfhr., Stv. Kdr. f. Ausbild., VP-Bereitschaft Löbau, Apolda; 1951 Stabschef VP-Bereitschaft; 1951 Offz., Stab 2. Abt. HVA; 1951 bis 1952 Sonderlehrg./UdSSR; 1952 bis 1956 OAdj. u. Ltr. Adjudantur, Min.dI; 1956 Ltr. Attaché- u. Protokollabt., MfNV; 1956 bis 1959 Ltr. Abt. Op., MfNV; 1959 bis 1961 Gen.stab-Akad. UdSSR; 1961 bis 1962 Stv. Kdr. u. Stabschef 9. Pz.Div.; 1962 bis 1964 Stv. Stadtkdt. u. Chef d. Stabes, Stadtkommandantur Berlin(Ost); 1964 bis 1969 Stv. Chef Mil.Bez. u. Chef d. Stabes, Kdo. Mil.Bez. III; **Gen.Maj.**: 07.10.1966; 1969 bis 1972 Stv. Chef d. Stabes Vereinte Streitkräfte Warschauer Vertrag; 1972 bis 1976 Stv. Chef LaSK u. Chef d. Stabes, Kdo. LaSK; **Gen.Ltn.**: 01.03.1974; 1976 bis 1990 Ltr. Zivilverteid. DDR; **Gen.Oberst:** 07.10.1989; Auszeichn.: Vaterländ.Verd.Ord. Gold; Scharnhorstorden; Entl.: 30.04.1990

Petroschka, Bruno; Dr. rer. mil.; Dipl.-Mil.; Generalleutnant

Geb.: 21.02.1932; in: Neulinkühnen/Ostpreußen; Vater: Landarbeiter; Schule: 12 Klassen in Grundlagenfächern; Beruf: ohne/Berufssoldat; gest.: 20.09.1991

1946 bis 1949 Landarbeiter; **Eintritt bew. Org.**: 27.08.1949; 1949 bis 1950 Offz.schüler, VP-Schule Priemerwald; 1950 bis 1952 Zugfhr., Kp.Chef, VP-Bereitschaft Gotha; 1952 bis 1956 Militärakad./UdSSR; 1956 SED; 1956 bis 1959 Stv. Kdr. u. Stabschef Pz.Rgt.-23, 9. Pz.Div.; 1959 bis 1960 Ltr. Unterabt. Op., 9. Pz.Div.; 1961 bis 1966 Stv. Chef d. Stabes f. op. Arb./Ltr. Abt. Op., Kdo. Mil.Bez. V; 1966 bis 1968 Gen.stab-Akad. UdSSR; 1968 bis 1973 Stv. Kdr. u. Stabschef 1. Mot.Schützen-Div.; 1973 bis 1976 Abt.-Ltr. op. Arb. u. Ausbild., Kdo. LaSK; 1976 bis 1987 Stv. Chef d. Stabes f. op. Arbeit, Kdo. LaSK.; **Gen.Maj.**: 07.10.1978; **Gen.Ltn.**: 07.10.1987; 1988 bis 1990 Stv. Chef d.

Stabes Vereinte Streitkräfte Warschauer Vertrag; Auszeichn.: Vaterländ.Verd.-Ord. Silb.; Kampforden Silb.; Entl.: 30.09.1990

Pitschel, Rolf; Dipl.-Hist.; Generalmajor

Geb.: 29.06.1932; in: Gotha; Vater: Kellner; Schule: Mittlere Reife; Beruf: Verkäufer

1949 bis 1951 Lehre; 1951 Verkaufsstellenltr./Betriebsass.; 1952 Lehrg. f. Wirtschaftsfunktionäre; **Eintritt bew. Org.**: 15.07.1952; 1952 bis 1953 Kursant, Stv. Gruppenführer; 1953 bis 1958 FDJ-Sekr., Mot.Schützen-Rgt.-18; 1954 SED; 1958 bis 1959 FDJ-Instrukteur, 11. Mot.Schützen-Div.; 1961 bis 1962 OInstrukteur Jugend, Polit. HV, MfNV; 1962 bis 1963 OInstrukteur, Abt. Bewaffnete Organe, Zentralrat FDJ; 1963 bis 1970 Ltr. Abt. Bewaffnete Organe, Zentralrat FDJ; 1971 bis 1972 Stv. Vors. Zentralvorst. GST f. Ausbild.; 1972 bis 1978 Stv. Vors. Zentralvorst. GST f. Agit./Prop.; 1978 bis 1986 Stv. Vors. Zentralvorst. GST f. Speziallaufbahnausb.; 1986 bis 1990 Stv. Vors. Zentralvorst. GST f. Ausbild.; **Gen.Maj.**: 01.03.1988; Auszeichn.: Vaterländ.Verd.Ord. Bronze; Kampforden Gold; Entl.: 30.04.1990

Poppe, Helmut; Dipl.-Mil.; Generalleutnant

Geb.: 08.10.1926; in: Niederhannsdorf (Polen); Vater: Chemiearbeiter; Schule: 8 Klassen; Beruf: Elektriker; gest.: 26.07.1979

1941 bis 1944 Lehre; 1944 bis 1945 Wehrmacht, Uffz. (Luftwaffe/ Nachrichten); 1945 bis 1948 sowjet. Gefangensch.

Eintritt bew. Org.: 22.09.1948; 1948 bis 1949 Wachmstr., 5. VP-Bereitschaft Apollensdorf; 1949 bis 1950 Gruppenführer, Zugfhr., Kp.Chef, VP-Bereitschaft Bernburg, VP-Schule Erfurt; 1950 SED; 1951 bis 1952 Sonderlehrg./UdSSR; 1952 bis 1953 Stv. Kdr. f. Allgem., KVP-Dienstst. Kochstedt; 1953 bis 1956 Abt.-Ltr., Stab KVP; 1956 bis 1959 Chef Verw. Ausbild., MfNV; 1959 bis 1961 Gen.stab-Akad. UdSSR; 1961 bis 1962 Kdr. 4. Mot.Schützen-Div.; **Gen.Maj.**: 23.08.1962; 1962 bis 1971 Stadtkdt. Berlin (Ost); **Gen.Ltn.**: 01.03.1971; 1971 bis 1972 Stv. Chef Mil.Bez. u. Chef Ausbild., Kdo. Mil.Bez. V; 1972 bis 1979 Stv. Min.fNV u. Chef Rückw.Dienste; Auszeichn.: Vaterländ.Verd.Ord. Silb.; Kampforden Gold

Pöschel, Günther; Prof. Dr. sc. mil.; Konteradmiral

Geb.: 14.06.1933; in: Jechaburg, Kyffhäuserkreis; Vater: Arbeiter; Schule: 12 Klassen in Grundlagenfächern; Beruf: Autoschlosser

1947 bis 1951 Lehre, Autoschlosser; **Eintritt bew. Org.**: 10.07.1951; 1952 bis 1954 Sonderlehrg./UdSSR; 1954 bis 1958 1. Offz., Kdt., Minenleg- u. Räum-Schiff; 1958 bis 1960 Offz. f. Ausbild. d. Räumkräfte, Stab 3. Flottille u. Kdo. Seestreitkräfte/VM; 1961 bis 1964 Seekriegsakad./UdSSR; 1965 bis 1972 Stv. Chef u. Stabschef, 4. Flottille; 1972 bis 1976 Abt.-Ltr. Gefechtsausb. d. Flottenkräfte, Kdo. VM; 1976 bis 1990 Kdr. Sektion Seestreitkr., Militärakad. Dresden; **K.Adm.**: 07.10.1984; 1989 bis 1990 Dekan Mil.wiss. Fakultät, Militärakad. Dresden; Entl.: 30.09.1990

Priem, Arnold; Dipl.-Mil.; Generalmajor

Geb.: 29.08.1931; in: Stettin (Polen); Vater: Telegrafenbauarbeiter; Schule: 12 Klassen in Grundlagenfächern; Beruf: Verwaltungsangest.

1948 bis 1949 Lehre, Angest.; **Eintritt bew. Org.**: 13.08.1949; 1949 bis 1950 Persönl. Referent b. Ltr. d. VP-Schule Rostock; 1950 bis 1952 Adj. d. Kdr. VP-Bereitschaft Stern-Buchholz; 1952 bis 1954 Offz./OOffz. f. Ausbild. Rückw.Dienste, Stab KVP; 1953 SED; 1954 bis 1955 Offz.hörer Offz.Schule Erfurt; 1955 bis 1959 Militärakad./UdSSR; 1959 bis 1961 Abt.-Ltr. Org./Plan., 1. Mot.Schützen-Div.; 1962 bis 1968 Stv. Kdr. f. Rückw.Dienste, 1. Mot.-Schützen-Div.; 1968 bis 1970 Gen.stab-Akad. UdSSR; 1970 bis 1971 Abt.-Ltr., Stab Rückw.Dienste, MfNV; 1971 bis 1972 Stv. Stabschef u. Ltr. 1. Abt. Stab Rückw.Dienste, MfNV; 1972 bis 1976 Stv. Chef Rückw.Dienste u. Stabschef, Kdo. LaSK; 1976 bis 1984 Stv. Chef Mil.Bez. u. Chef Rückw.Dienste, Kdo. Mil.Bez. III; **Gen.Maj.**: 07.10.1979; 1984 bis 1990 Stv. Chef Militärakad. u. Chef Rückw.Dienste, Militärakad. Dresden; Auszeichn.: Vaterländ.Verd.Ord. Bronze; Kampforden Gold; Entl.: 30.09.1990

Rappmann, Kurt; Dipl.-Mil.; Generalmajor

Geb.: 15.08.1931; in: Kahla, Holzlandkreis; Vater: Dreher; Schule: Mittlere Reife; Beruf: ohne/Berufssoldat; gest.: 08.09.1978

Eintritt bew. Org.: 28.08.1949; 1949 bis 1950 Zugfhr., VP-Dienstst. Löbau; 1950 bis 1951 Abt.-Ltr., VP-Dienstst. Apolda; 1951 SED; 1951 bis 1952 Offz.schüler Naumburg, Zugfhr. Pinnow, Treptow; 1952 bis 1953 Sonderlehrg./UdSSR; 1953 bis 1954 Stv. Kdr. f. flieg. Ausbild., Aeroklub Bautzen; 1954 bis 1955 Abt.-Ltr., Aeroklub Bautzen; 1955 bis 1956 Ltr. 1. Kdo., Aeroklub Bautzen; 1956 bis 1958 Kdr. Fliegergeschwader-2; 1958 bis 1959 Stv. Kdr. f. flieg. Ausbild., 1. Fliegerdiv.; 1960 Kdr. 1. Fliegerdiv. (m.d.F.b.); 1960 bis 1965 Kdr. 1. LVDiv.; 1965 bis 1967 Gen.stab-Akad. UdSSR; 1967 bis 1970 Stv. Chef LSK/LV f. LSK, Kdo. LSK/LV; **Gen.Maj.**: 07.10.1969; 1970 bis 1972 Kdr. 3. LVDiv.; 1972 bis 1973 Chef materielle Sicherstellung b. Chef Rückw. Dienste, Kdo. LSK/LV; 28.11.1973 Herabsetzung im Dienstgrad z. Oberstltn. d.R.; Auszeichn.: Vaterländ.Verd.Ord. Bronze; Kampforden Bronze; Entl.: 30.09.1973

Rathmann, Harry; Dipl.-Mil.; Generalmajor

Geb.: 08.07.1925; in: Dresden; Vater: Werkzeugmacher; Schule: Mittlere Reife; Beruf: Werkzeugschlosser

1942 bis 1943 Praktikant Maschinen- u. Flugzeugbau; 1943 bis 1945 Wehrmacht, Gefr. (Luftwaffe); 1945 bis 1949 sowjet. Gefangensch.

1949 SED; **Eintritt bew. Org.**: 23.07.1949; 1949 bis 1950 Anwärter, Kursant, Polit-Kultur-Offz., VP Dresden, VP-Schule Torgau; 1950 bis 1954 Polit-Kultur-Offz, Politschule Treptow; 1954 bis 1956 Stv. Ltr. Politabt., Politschule Treptow; 1956 bis 1957 Offz.hörer Auslandsabt., MfNV; 1957 OInstrukteur, 1. Flak-Div.; 1957 bis 1959 OInstrukteur, Politabt. 4. Mot.Schützen-Div.; 1960 bis 1961 Fachlehrer Ges.-Wiss., Militärakad. Dresden; 1961 bis 1963 Sekr. Parteiltg., II. Fakultät, Militärakad. Dresden; 1963 bis 1964 Offz. Stellenplan R, MfNV, Auslandsvertretung; 1964 bis 1970 Mil.-Attaché in Jugoslawien; 1971 Ltr. Unterabt., Abt. Internat. Verb., MfNV; 1972 bis 1974 Stv. Ltr./Chef Abt./Verw. Internat. Verb., MfNV; 1974 bis 1983 Ltr. f. Koord./ Aus- u. Weiterbild. u. Stv. d. Stv. d. Chef Aufkl. f. strategische Aufkl., Verw. Aufkl., MfNV; 1983 bis 1984 Stv. Chef Verw. Aufkl. f. strategische Aufkl. (m.d.F.b.), Bereich Aufkl., MfNV; 1984 bis 1988 Stv. Chef Aufkl. und Ltr. 2. Verw., Bereich Aufkl., MfNV; **Gen.Maj.**: 01.03.1987; Auszeichn.: Vaterländ.Verd.Ord. Bronze; Kampforden Gold; Entl.: 30.04.1988

Raubach, Rudolf; Dipl.-Ges.-Wiss.; Generalmajor

Geb.: 31.12.1919; in: Oschatz, Kr. Torgau-Oschatz; Vater: Schlosser; Schule: 12 Klassen in Grundlagenfächern; Beruf: Dekorationsmaler

1926 bis 1933 SAJ; 1934 bis 1938 Lehre, Geselle; 1939 erwerbslos, Maler, Gestapo-Haft; 1939 bis 1945 Wehrmacht, Bausoldat, Feldw. (Luftwaffe); 1945 amerik. Gefangensch.

1945 KPD; 1945 Finanzkontrolleur, Oschatz; 1945 bis 1948 Arbeitsgebiets-Ltr. u. 1. Sekr. Kr.Ltg. d. FDJ Oschatz; 1946 SED; 1948 bis 1949 Sekr. Landesltg. d. FDJ Sachsen, Schüler Landesparteischule d. SED; **Eintritt bew. Org.**: 01.11.1949; 1949 bis 1950 Polit-Kultur-Offz. Kp., Parteisekr., VP-Schule Glöwen; 1950 bis 1952 Ltr. Politabt., VP-Dienstst. Meiningen; 1952 bis 1954 Ltr. Politabt., KVP-Dienstst. Kamenz; 1954 bis 1956 Inspekteur Parteiarb., Territor.Verw. Nord; 1956 bis 1958 Stv. Ltr. Politabt., Kdo. Mil.Bez. V; 1958 bis 1961 1. Sekr. Kr.Ltg. SED, Offz.hörer Militärakad. Dresden; 1962 bis 1965 1. Sekr. Kr.Ltg. SED, MfNV; 1965 bis 1967 Stv. Chef Mil.Bez. u. Ltr. Polit.Verw., Kdo. Mil.Bez. III; 1967 bis 1969 Offz.hörer Militärakad. Dresden; 1969 bis 1972 1. Sekr. Kr.Ltg. SED, Militärakad. Dresden; 1972 bis 1981 Stv. Chef Militärakad. u. Ltr. Politabt., Militärakad. Dresden; **Gen.Maj.**: 01.03.1976; Auszeichn.: Vaterländ.Verd.Ord. Gold; Scharnhorstorden; Entl.: 31.12.1981

Raupach, Manfred; Dipl.-Mil.; Generalmajor

Geb.: 20.01.1926; in: Chemnitz; Vater: Arbeiter; Schule: 12 Klassen in Grundlagenfächern; Beruf: Flachwirker

1940 bis 1943 Lehre; 1943 bis 1945 RAD; 1945 Wehrmacht, Soldat (Infanterie); 1945 bis 1949 sowjet. Gefangensch.

Eintritt bew. Org.: 25.08.1949; 1949 bis 1950 Anwärter, Zugfhr., VP-Schule Torgau; 1950 SED; 1950 bis 1951 Kp.Chef, VP-Dienstst. Treptow; 1952 bis 1953 Stabschef Abt., VP-Dienstst. Halle; 1954 bis 1955 Ltr. 1. Abt., Bezirksregistrierverwaltung Karl-Marx-Stadt; 1955 bis 1956 Ltr. Kreisregistrierabt. Schneeberg; 1956 bis 1962 Ltr. Wehrkreiskdo. Annaberg, Karl-Marx-Stadt; 1962 bis 1966 Chef Wehrbez.kdo. Karl-Marx-Stadt; 1966 bis 1967 Offz.hörer Militärakad. Dresden; 1967 bis 1986 Chef Wehrbez.kdo. Karl-Marx-Stadt; **Gen.Maj.**: 07.10.1977; Auszeichn.: Vaterländ.Verd.Ord. Bronze; Kampforden Silb.; Entl.: 28.02.1986

Rehwald, Gerhard; Prof Dr. sc. med.; Dr. h.c.; OMed.Rat; Generalleutnant

Geb.: 28.06.1929; in: Zuckmantel (ČR); Vater: Zimmerer; Schule: Abitur; Beruf: Arzt/Berufssoldat

1948 SED; 1948 Praktikant, Kreisrat Freiberg; 1948 bis 1949 Mitarb., FDJ-Kreisvorstand Freiberg; 1949 bis 1950 Mitarb., FDJ-Landesverband Sachsen; **Eintritt bew. Org.**: 23.03.1950; 1950 FDJ-Sekr., VP-Dienstst. Gera; 1950 bis 1952 Student Arb.-u.-Bauern-Fak.; 1952 bis 1959 Militärmed.Akad./UdSSR; 1959 bis 1960 Rgt.-Arzt, Mot.Schützen-Rgt.-7; 1961 bis 1962 OOffz., Ltr. Unterabt. Ausbild., Med. Verw., MfNV; 1962 bis 1965 Ltr. Abt. Org. u. Ausbild., Med. Verw., MfNV; 1965 bis 1966 Stv. Chef Med.-Dienst u. Ltr. Abt. Plan., Ausbild. u. Wissenschaft, Med. Verw., MfNV; 1966 bis 1987 Chef Verw. Med. Dienst, MfNV; **Gen.Maj.**: 01.03.1971; **Gen.Ltn.**: 07.10.1978; 1987 bis 1989 Präsident DRK d. DDR; Auszeichn.: Vaterländ.Verd.Ord. Bronze; Entl.: 30.04.1987

Reiche, Hans-Christian; Dipl.-Mil.; Generalmajor

Geb.: 20.10.1944; in: Delitzsch; Vater: Schlosser; Schule: Abitur; Beruf: ohne/Berufssoldat

Eintritt bew. Org.: 29.08.1963; 1963 bis 1966 Offz.schüler, Offz.Schule LaSK; 1966 bis 1969 Zugfhr., Uffz.-Ausb.-Rgt.-7; 1967 SED; 1969 bis 1972 Zugfhr., Kp.Chef/Hpt.fachlehrer, Uffz.Schule-II; 1972 bis 1976 Militärakad./UdSSR; 1976 bis 1979 Stv. Kdr. u. Stabschef, Mot.Schützen-Rgt.-24; 1979 bis 1981 Stv. Stabschef u. Ltr. Unterabt. Op., 4. Mot.Schützen-Div.; 1981 bis 1984 Stv. Kdr. u. Stabschef 9. Pz.Div.; 1984 bis 1986 Gen.stab-Akad. UdSSR; 1986 bis 1987 Stv. Chef d. Stabes f. op. Arb., Kdo. Mil.Bez. V; 1987 bis 1989 Kdr. 9. Pz.Div.; **Gen.Maj.**: 07.10.1989; 1989 bis 1990 Stv. Chef Mil.Bez. u. Chef d. Stabes, Kdo. Mil.Bez. V; 1990 Stv. Chef LaSK u. Chef d. Stabes, Kdo. LaSK; ab 15.09.1990 Chef LaSK; Auszeichn.: Kampforden Bronze; Entl.: 02.10.1990

Reinhold, Wolfgang; Dipl.-Mil.; Generaloberst

Geb.: 16.04.1923; in: Friedrichshagen b. Berlin; Vater: Forstmann; Kraftfahrer; Schule: 12 Klassen in Grundlagenfächern; Beruf: Kaufm. Handlungsgehilfe

1938 bis 1940 Lehre; 1940 bis 1941 Kontenführer, Beamtenbank Dresden; 1941 bis 1945 Wehrmacht, Feldw. (Luftwaffe); 1945 bis 1949 sowjet. Gefangensch.

1949 Hilfsdreher, Polit-Lehrer, FDJ-Landesjugendschule Sachsen; 1950 SED; 1950 Schulltr. Landesjugendschule Zschorna; 1951 bis 1952 Sektorenltr., Zentralrat FDJ; **Eintritt bew. Org.**: 13.05.1952; 1952 Propagandist/Stv. Kdr. f. Politarb., VP-Dienstst. Pirna; 1952 bis 1953 Kdr. KVP-Dienstst. Cottbus; 1953 bis 1956 Ltr. 2. Aeroklub, Drewitz; 1956 bis 1957 Kdr. 3. Fliegerdiv.; 1957 bis 1958 Militärakad./UdSSR; 1958 bis 1960 Ltr. Abt. Ausbild., Kdo. LSK/LV; 1960 bis 1965 Stv. Chef LSK/LV f. LSK, Kdo. LSK/LV; **Gen.Maj.**: 07.10.1963; 1965 bis 1967 Gen.stab-Akad. UdSSR; 1967 bis 1972 Stv. Chef LSK/LV u. Chef d. Stabes, Kdo. LSK/LV; 1972 bis 1989 Stv. Min.fNV u. Chef LSK/LV; **Gen.Ltn.**: 01.03.1974; **Gen.Oberst**: 07.10.1979; Auszeichn.: Karl-Marx-Orden; Ehrenspange Vaterländ.Verd.Ord. Gold; Scharnhorstorden; Entl.: 31.12.1989

Reinholz, Jürgen; Dr. rer. mil.; Dipl.-Mil.; Generalmajor

Geb.: 05.03.1940; in: Küstrin (Polen); Vater: Chemiearbeiter; Eisenbahner; Schule: 12 Klassen in Grundlagenfächern; Beruf: Betonbauer; gest.: 24.06.2000

1954 bis 1956 Lehre; 1956 bis 1958 Betonbauer; **Eintritt bew. Org.**: 04.02.1958; 1958 bis 1961 Gruppenführer, Uffz., Dingelstedt; 1959 SED; 1961 bis 1964 Offz.schüler, Offz.Schule Infanterie Frankenberg, Offz.Schule GT, Plauen; 1964 bis 1971 Zugfhr., Kp.Chef, GrenzRgt.-44; 1971 bis 1974 Offz.hörer Militärakad. Dresden; 1974 bis 1982 Fachlehrer/Lehrgangsltr., Offz.Hochschule GT, Plauen/Suhl; 1982 bis 1984 Ltr. Lehrstuhl Taktik, Offz.Hochschule GT, Suhl; 1984 bis 1986 Stv. Kdr. f. Ausbild., GrenzKdo. Nord; 1986 bis 1987 Kdr. Sektion Grenzsicherung, Offz.Hochschule GT, Suhl; 1987 bis 1989 Kdr. Uffz.Schule-VI GT; **Gen.Maj.**: 07.10.1989; 1989 bis 1990 Stv. Chef GT u. Chef Ausbild., Kdo. GT; Auszeichn.: Kampforden Bronze; Entl.: 30.09.1990

Rentzsch, Hermann; Generalmajor

Geb.: 27.05.1913; in: Schmiedeberg, Weißeritzkreis; Vater: Eisendreher; Schule: 8 Klassen; Beruf: Bau- u. Möbeltischler; gest.: 12.04.1978

1927 bis 1933 Soz. Arb.jugend; 1927 bis 1934 Lehre, Tischlergehilfe; 1934 bis 1943 Wehrmacht, Hptm. (Nebelwerfer); 1943 bis 1945 sowjet. Gefangensch.; 1943 Frontbeauftragter d. NKFD

1945 KPD; 1945 bis 1947 Bürgermeister in Stollberg; 1946 SED; 1947 bis 1948 Landrat, Kr. Stollberg; **Eintritt bew. Org.**: 26.07.1948; 1948 bis 1949 Chefinspekt. u. HAbt.-Ltr. Grenze/Bereitschaften, Dt. Verw. d. Innern; 1949 bis 1950 Sonderlehrg./UdSSR; 1950 bis 1952 Ltr. VP-Bereitschaft Frankenberg; **Gen.Maj.**: 01.10.1952; 1952 bis 1956 Chef Territor.Verw. Nord (Pasewalk), KVP; 1956 bis 1958 Chef Mil.Bez. Nord/Mil.Bez. V; 1958 bis 1959 Chef Ausbild., MfNV; 1959 Versetzung Reserve; 1959 bis 1961 Hauptdir. Vereinig. Volkseig. Betr. UNIMAK; 1961 bis 1965 Stv. Vors. Volkswirtschaftsrat DDR; 1966 bis 1967 Stv. Min.f. Schwermaschinen- u. Anlagenbau; 1967 bis 1972 Ltr. Verw. Verteidigungswirtschaft d. HVerw. I b. Vors. Ministerrat; 1972 bis 1976 Stv. Chef Techn./Bewaffn. f. spez. Prod., MfNV; Auszeichn.: Vaterländ.Verd.-Ord. Gold; Kampforden Silb.; Entl.: 31.10.1959

Resenhöft, Rolf; Dipl.-Mil.; Generalmajor

Geb.: 28.01.1925; in: Selmsdorf, Kr. Nordwestmecklenburg; Vater: Maurer; Schule: 12 Klassen in Grundlagenfächern; Beruf: Kaufm. Angestellter; gest.: 11.11.1975

1939 bis 1943 Lehre, Kaufm. Angest.; 1943 bis 1945 Wehrmacht, Gefr. (Infanterie)

1945 Landarbeiter; 1946 bis 1947 Maurerumschüler; 1947 SED; 1947 bis 1948 Arbeitsgebiets-Ltr., FDJ Schönberg; 1948 bis 1949 FDJ-Sekr., Kr. Grevesmühlen; **Eintritt bew. Org.**: 15.09.1949; 1949 bis 1950 Offz. f. Org./Instr., VP-Schule Rostock; 1950 bis 1952 Stv. Kdr. f. Politarb. Kp., VP-Schule Rostock, VP-Schule Pinnow; 1953 Offz.hörer Politschule; 1953 bis 1957 Inspekteur/OInspekteur, Polit.Verw. KVP/NVA; 1958 bis 1960 Stv. Kdr. u. Ltr. Politabt., 8. Mot.Schützen-Div.; 1961 bis 1963 Gen.stab-Akad. UdSSR; 1963 bis 1968 Stv. Kdr. u. Ltr. Politabt. 8. Mot.Schützen-Div.; 1968 bis 1975 Stv. Chef Verw. Kader f. Partei- u. Politkader, Verw. Kader, MfNV; **Gen.Maj.**: 01.03.1973; Auszeichn.: Vaterländ.Verd.Ord. Bronze; Kampforden Silb.

Reuschel, Gerhard; Dipl.-Mil.; Ing.; Generalmajor

Geb.: 23.09.1944; in: Döbeln; Vater: Kaufmann; Schule: Abitur; Beruf: ohne/Berufssoldat

Eintritt bew. Org.: 01.09.1963; 1963 bis 1967 Offz.schüler, Offz.Schule LSK/LV Kamenz; 1966 SED; 1967 bis 1972 Flugzeugführer/Oberflieger; 1972 bis 1973 Kettenkdr., Jagdfliegergeschwader-3; 1973 bis 1974 Steuermann, Jagdfliegergeschwader-3; 1974 bis 1978 Militärakad./UdSSR; 1978 bis 1980 Kdr. Jagdfliederstaffel, Jagdfliegergeschwader-3; 1980 bis 1982 Stv. f. flieg. Ausbild., Jagdfliegergeschwader-3; 1982 bis 1986 Kdr. Jagdfliegergeschwader-3; 1986 bis 1988 Stv. Kdr. f. Jagdfliegerkräfte, 1. LVDiv.; 1988 bis 1990 Kdr. 1. LVDiv.; **Gen.Maj.**: 07.10.1989; Auszeichn.: Vaterländ.Verd.Ord. Bronze; Kampforden Bronze; Entl.: 02.10.1990

Reymann, Georg; Ing.; Generalmajor

Geb.: 31.12.1914; in: Herrnhut, Kr. Löbau-Zittau; Vater: Schriftsetzer; Schule: 8 Klassen; Beruf: Kaufm. Angest.; Schriftsetzer; gest.: 15.10.1999

1929 bis 1933 kaufm. Lehre; 1933 bis 1936 Lehre, Schriftsetzer; 1936 bis 1938 Wehrmacht, Uffz. d.R. (Wehrpflicht); 1938 bis 1939 Schriftsetzer, Leipzig; 1939 bis 1944 Wehrmacht, Hptm. (Nachrichten); 1944 bis 1948 sowjet. Gefangensch.

Eintritt bew. Org.: 01.11.1948; 1948 bis 1949 Fernschreib- u. Fernsprechref., Landesbehörde d. VP Sachsen; 1949 SED; 1949 bis 1950 Hpt.fachlehrer, VP-Schule Pirna; 1950 bis 1952 Abt.-Ltr., Stab HVA; 1952 bis 1956 Chef 3. Verw., Stab KVP; 1956 bis 1957 Chef d. Nachrichtentruppen, MfNV; 1957 bis 1975 Chef Nachr., MfNV; **Gen.Maj.**: 07.10.1961; Auszeichn.: Ehrenspange Vaterländ.Verd.Ord. Gold; Scharnhorstorden; Entl.: 01.03.1975

Richter, Joachim; Dipl.-Mil.; Generalleutnant

Geb.: 22.07.1929; in: Hammer-Leubsdorf, Kr. Freiberg; Vater: Ankerwickler; Schule: 12 Klassen in Grundlagenfächern; Beruf: Schriftsetzer; gest.: 09.03.1998

1944 bis 1948 Lehre, Schriftsetzer

1948 SED; **Eintritt bew. Org.**: 16.08.1948; 1948 bis 1950 Schutzmann, Abt.-Ltr., VP-Bereitschaft Frankenberg, Zeithain; 1951 Offz.hörer Kochstedt; 1951 bis 1952 Abt./Kdo. Ltr., VP-Dienstst. Zeithain; 1952 bis 1954 Bat.-Kdr., VP-Dienstst. Kamenz, 2. Techn. Basis Drewitz; 1954 bis 1956 Ltr. Rückw.Dienste, Aeroklub Drewitz; 1956 bis 1961 Militärakad./UdSSR; 1961 Stv. Chef Rückw.Dienste u. Stabschef, Kdo. LSK/LV; 1962 bis 1983 Stv. Chef LSK/LV u. Chef Rückw.Dienste, Kdo. LSK/LV; **Gen.Maj.**: 01.03.1971; **Gen.Ltn.**: 01.03.1981; Auszeichn.: Vaterländ.Verd.Ord. Silb.; Kampforden Gold; Entl.: 01.02.1983

Richter, Richard; Dr. phil.; Dipl.-Ges.-Wiss.; Generalmajor

Geb.: 24.12.1928; in: Dresden; Vater: Arbeiter; Schule: 8 Klassen; Beruf: Elektromaschinenbauer

1943 bis 1946 Lehre

1946 SED; 1946 bis 1949 Elektromaschinenbauer; 1949 Jugendsekr., FDGB Dresden; **Eintritt bew. Org.**: 06.09.1949; 1949 bis 1950 Kursant, VP-Schule Torgau; 1950 bis 1954 Fachlehrer/Hpt.fachlehrer, Politschule Treptow; 1954 bis 1958 Lehrstuhl-Ltr. Ges.-Wiss., Nachr.-Schule Döbeln; 1958 bis 1962 Aspirantur, Ges.-Wiss.-Institut b. ZK d. SED; 1963 Hpt.fachlehrer Ges.-Wiss., Militärakad. Dresden; 1963 bis 1968 Ltr. Fachrichtung Ges.-Wiss., Offz.Schule LaSK, Löbau; 1968 bis 1969 Chef Verw. Prop. (m.d.F.b.), Polit. HV, MfNV; 1969 bis 1971 Ltr. Abt. ges.-wiss. Ausb. u. Forschung, Polit. HV, MfNV; 1971 bis 1972 Offz.hörer Militärakad. Dresden; 1972 bis 1973 Ltr. Abt. Prop., Polit.Verw., MfNV; 1973 bis 1980 Chef Verw. Polit. Massenarb., Polit. HV, MfNV; **Gen.Maj.**: 01.03.1976; 1980 bis 1988 Direktor Filmstudio NVA; Auszeichn.: Vaterländ.Verd.Ord. Silb.; Kampforden Silb.; Entl.: 31.12.1988

Riebisch, Fritz; Dipl.-Mil.; Generalmajor

Geb.: 17.08.1928; in: Leipzig; Vater: Berufsfeuerwehrmann; Schule: 10 Klassen; Beruf: ohne/Berufssoldat

1944 bis 1945 Luftwaffenhelfer; 1945 Verwaltungslehrling; 1945 RAD; 1945 amerk. Gefangensch., engl. Internierung

1945 SPD; 1945 bis 1946 Lehrling, Verwaltungsangest.; 1946 SED; **Eintritt bew. Org.**: 18.02.1946; 1946 bis 1948 Polizeianwärter, Posten, Schutzpolizei Leipzig, Posten, Kommandantur Oberlind; 1948 bis 1949 Geschäftszimmerltr. Kommandantur Oberlind; 1949 bis 1950 Instrukteur, Grenzbereitschaft Köppelsdorf, Gefell; 1950 bis 1951 Kommandantur-Ltr., Grenzbereitschaft Gefell; 1951 bis 1952 Stabschef, Grenzbereitschaft Dermbach; 1952 bis 1954 Gehilfe/Stabschef, Grenzbereitschaft Meiningen; 1954 bis 1955 Stv. Kdr. f. Allgem./Stabschef, Kommandantur Aue; 1955 Offz.hörer Sondershausen; 1955 bis 1957 Kdr. Grenzbereitschaft Rostock; 1957 bis 1958 Stabschef Abschnittsstab VI Rostock; 1959 Offz.hörer Offz.Schule f. Mot.-Schützen-Kdr.; 1959 bis 1960 Stv. Kdr. u. Stabschef 6. Grenzbrig. (Küste); 1960 bis 1967 Stv. Chef d. Stabes f. Org., Kdo. GT; 1967 bis 1969 Offz.hörer Militärakad. Dresden; 1969 bis 1990 Stv. Chef d. Stabes f. Org., Kdo. GT; **Gen.Maj.**: 07.10.1988; Auszeichn.: Vaterländ.Verd.Ord. Silb.; Kampforden Silb.; Entl.: 31.03.1990

Riedel, Sigfrid; Dipl.-Mil.; Generalleutnant

Geb.: 03.09.1918; in: Neuwelt, Kr. Aue-Schwarzenberg; Vater: Metallarbeiter; Schule: 9 Klassen; Beruf: Handlungsgehilfe

1929 bis 1933 Rote Pioniere u. KJVD; 1935 bis 1938 Lehre, Handlungsgehilfe; 1938 bis 1939 RAD; 1939 bis 1945 Wehrmacht, Feldw. (Luftnachrichten); 1945 amerik. Gefangensch.

1945 KPD; 1945 Buchhalter; 1945 bis 1947 Arbeitsamtsleiter Schwarzenberg; 1946 SED; **Eintritt bew. Org.**: 01.03.1947; 1947 bis 1949 Personal-Ltr., VP-Kreisamt Aue; 1949 bis 1950 Sonderlehrg./UdSSR; 1950 bis 1952 Stabschef, VP-Dienststt. Leipzig II; 1952 bis 1953 Stabschef Territor.Verw. Pasewalk, KVP; 1953 bis 1954 Stabschef KVP-Dienststt. Potsdam; 1954 bis 1955 Chef 4. Verw., Stab KVP; 1955 bis 1957 Gen.stab-Akad. UdSSR; 1958 bis 1960 Stv. Chef d. Hauptstabes f. Org., MfNV; **Gen.Maj.**: 07.10.1959; 1960 bis 1967 Stv. Min.fNV u. Chef d. Hauptstabes; **Gen.Ltn.**: 07.10.1963; 1967 bis 1982 Staatssekr. u. Ltr. HV f. Plan. b. Vors. d. Ministerrats d. DDR; Auszeichn.: Ehrenspange Vaterländ.Verd.Ord. Gold; Scharnhorstorden; Entl.: 01.01.1983

Rödel, Rolf; Dipl.-Mil.; Konteradmiral

Geb.: 05.04.1940; in: Wünschendorf, Kr. Greiz; Vater: Maurer; Schule: Abitur; Beruf: ohne/Berufssoldat

Eintritt bew. Org.: 01.09.1958; 1958 bis 1959 Matrose, Wachkp., Kdo. Seestreitkr.; 1959-1962 Offz.schüler, Offz.Schule Seestreitkr./VM; 1960 SED;

1962 bis 1963 Gehilfe Kdt. Torpedo-Schnellboots-Brig., 1. Flottille; 1963 bis 1965 Kdt. Torpedo-Schnellboot, 6. Flottille; 1965 bis 1968 Stv. Abt.-Chef f. Torp.einsatz, 6. Flottille; 1968 bis 1970 Abt.-Chef, Torpedo-Schnellboots-Abt., 6. Flottille; 1970 bis 1973 Seekriegsakad./UdSSR; 1973 bis 1974 Stv. Chef Rak.-Torpedo-Schnellboots-Brig., 6. Flottille; 1974 bis 1976 Chef 3. Rak.-Torpedo-Schnellboots-Brig., 6. Flottille; 1976 bis 1980 Stv. Chef u. Stabschef 4. Flottille; 1980 bis 1985 Chef 4. Flottille; **K.Adm.**: 07.10.1983; 1985 bis 1987 Stv. Chef d. Stabes f. op. Arbeit, Kdo. VM; 1987 bis 1990 Stv. Chef VM u. Chef d. Stabes, Kdo. VM; Auszeichn.: Kampforden Silb.; Entl.: 02.10.1990

Röhr, Kurt; Prof. Dr. rer. mil.; Dipl.-Mil.; Generalmajor (a.D.)

Geb.: 02.09.1917; in: Leipzig; Vater: Bauschlosser; Schule: Abitur; Beruf: Berufssoldat; verst.: 02.02.1994

1937 RAD; 1937 bis 1945 Wehrmacht, Oberltn. d.R. (Infanterie); 1945 bis 1948 sowjet. Gefangensch.

Eintritt bew. Org.: 10.09.1948; 1948 bis 1949 Stv. d. Ltr./Referats-Ltr., Abt. Grenzpolizei/Bereitschaften, Weimar; 1949 bis 1950 Sonderlehrg./UdSSR; 1952 SED; 1952 bis 1953 Kdr. VP-Bereitschaft Prora; 1953 bis 1956 Stv. Chef Verw. Op., Stab KVP; 1956 bis 1957 Abt.-Ltr. Ausbild., Verw. Op., MfNV; 1957 bis 1960 Abt.-Ltr. op. Schulung, Verw. Op., MfNV; 1960 bis 1961 Chef Verw. Op., MfNV; 1961 bis 1963 Gen.stab-Akad. UdSSR; 1963 bis 1968 Ltr. Fachrichtung Automat. d. Truppenführung LaSK u. Ltr. Lehrstuhl, Fakultät LaSK, Militärakad. Dresden; 1969 bis 1970 Ltr. Lehrstuhl op. Kunst u. Führung LaSK, Fakultät LaSK, Militärakad. Dresden; 1970 bis 1977 Ltr. Lehrstuhl op. Kunst d. LaSK, Sektion LaSK, Militärakad. Dresden; **Gen.Maj.**: 01.12.1977 (a.D.); Auszeichn.: Vaterländ.Verd.Ord. Silb.; Kampforden Gold; Entl.: 30.11.1977

Rös, Franz; Dipl.-Mil.; Generalmajor

Geb.: 25.12.1920; in: Bad Hersfeld; Vater: Tuchweber; Schule: 12 Klassen in Grundlagenfächern; Beruf: Tuchweber

1939 bis 1944 Wehrmacht, Infanterie Uffz. (Flak); 1944 bis 1945 sowjet. Gefangensch.

1945 KPD; **Eintritt bew. Org.**: 15.11.1945; 1945 bis 1947 Schutzpolizei, Amt Sömmerda; 1946 SED; 1947 bis 1948 Referats-Ltr. Kader, VP-Inspektion, Thüringen; 1948 bis 1949 Kdr. 6. VP-Bereitschaft Thüringen; 1950 Kp.Chef, Offz.Schule Naumburg; 1950 bis 1952 Kdr. 1. Kdo., VP-Bereitschaft Weißenfels; 1953 Offz.hörer Hochschule f. Offz.; 1953 bis 1954 Kdr. KVP-Kdo. Pinnow (m.d.F.b.); 1954 Stv. Kdr. f. Ausbild., KVP-Kdo. Prenzlau; 1954 bis 1956 Kdr. Kdo. Pinnow; 1956 bis 1958 Stv. Kdr. f. Ausbild., 9. Pz.Div.; 1958 bis 1960 Kdr. 7. Pz.Div. (m.d.F.b.); 1961 Offz.hörer Militärakad. Dresden; 1961 bis 1965 1. Stv. Kdr. 11. Mot.Schützen-Div.; 1965 bis 1967 Offz.hörer Militärakad.

Dresden; 1967 bis 1969 Stv. Chef f. territ. Arbeit, Wehrbez.kdo. Halle; 1969 bis 1974 Stv. Chef u. Stabschef, Wehrbez.kdo. Halle; 1974 bis 1982 Chef Wehrbez.kdo. Halle; **Gen.Maj.**: 07.10.1978; Auszeichn.: Vaterländ.Verd.Ord. Silb.; Kampforden Gold; Entl.: 31.01.1982

Rossow, Kurt; Dipl.-Mil.; Generalmajor

Geb.: 26.10.1928; in: Schönwalde, Kr. Randow; Vater: Zimmermann; Schule: 12 Klassen in Grundlagenfächern; Beruf: ohne/Berufssoldat

1943 bis 1945 Lehre Flugmotorenschlosser; 1945 bis 1946 amerik. Internierung

1946 Schlosser; 1946 bis 1948 Landarbeiter; 1948 bis 1949 Vermessungsgehilfe; **Eintritt bew. Org.**: 17.11.1949; 1949 bis 1950 Kursant, Zugfhr.; 1951 bis 1952 Offz.hörer Hochschule f. Offz.; 1952 SED; 1952 bis 1953 Ltr. Lehrkdo., VP-Dienstst. Leipzig I; 1953 bis 1954 Stv. Kdr., KVP-Dienstst. Leipzig VI; 1954 bis 1955 Stv. Kdo. Ltr., KVP-Dienstst. Halle; 1956 bis 1959 Militärakad./UdSSR; 1960 Stv. Stabschef u. Ltr. Unterabt. Op., 11. Mot.Schützen-Div.; 1960 bis 1961 Stv. Kdr. u. Stabschef 11. Mot.Schützen-Div.; 1962 bis 1967 OOffz. f. op. Schulung, Verw. Op., MfNV; 1967 bis 1969 Gen.stab-Akad. UdSSR; 1969 bis 1971 Ltr. Unterabt. Landesverteidigung, Verw. Op., MfNV; 1971 bis 1972 Wiss. Mitarb./OAdj. b. Min.fNV; 1972 bis 1981 Ltr. Sekretariat d. Min.fNV; **Gen.Maj.**: 01.03.1974; Auszeichn.: Vaterländ.Verd.Ord. Bronze; Kampforden Gold; Entl.: 31.10.1981

Rothe, Fritz; Dipl.-Mil.; Generalmajor

Geb.: 30.01.1927; in: Bernburg; Vater: Schlosser; Schule: 12 Klassen in Grundlagenfächern; Beruf: Zimmermann

1941 bis 1944 Schüler, Uffz.-Vorschule; 1944 bis 1945 Wehrmacht, Uffz. (Nachrichten); 1945 engl. Internierung

1945 bis 1946 Landarbeiter; 1946 bis 1948 Lehre, Zimmermann; 1948 bis 1950 Zimmermann; **Eintritt bew. Org.**: 18.02.1950; 1950 bis 1952 Gruppenführer, Zugfhr., Kdo.-Polit-Kultur-Offz., Kdo.-Ltr., Grenzbereitschaft Aschersleben, Gardelegen; 1951 SED; 1952 bis 1953 Gehilfe Stabschef, Grenzbereitschaft Gardelegen; 1953 Offz.hörer Lehranstalt Sondershausen; 1954 bis 1955 Stv. Kdr. f. allg. Fragen, Grenzbereitschaft Gardelegen; 1955 bis 1956 Sonderlehrg./UdSSR; 1956 bis 1957 Stv. Kdr. f. Allgem., Grenzbereitschaft Gardelegen; 1957 bis 1960 Stabschef, Abschnittsstab II, DGP; 1960 bis 1964 Offz.hörer Militärakad. Dresden; 1964 bis 1965 Kdr. Offz.Schule GT; 1965 bis 1971 Stv. Chef u. Chef d. Stabes, Kdo. GT; 1971 bis 1982 Kdr. Uffz.Schule-VI GT; **Gen.Maj.**: 07.10.1979; 1982 bis 1987 Ltr. Inspektion Hauptbereich GT, Verw. Inspektion, MfNV; Auszeichn.: Vaterländ.Verd.Ord. Silb.; Kampforden Gold; Entl.: 31.03.1987

Rothe, Werner; Dipl.-Mil.; Generalleutnant

Geb.: 09.03.1929; in: Görlitz; Vater: Zimmermann; Schule: 12 Klassen in Grundlagenfächern; Beruf: Eisenbahnfacharbeiter

1943 bis 1945 Lehre

1945 bis 1946 Hilfsarbeiter/Schlosser; 1946 bis 1948 Lehre, Bahnhof Weißenfels, Cottbus; 1948 SED; 1948 Jugendltr., Reichsbahnamt Cottbus; **Eintritt bew. Org.**: 15.09.1948; 1948 bis 1950 Offz. Polit-Kultur, Zug, Kp., VP-Bereitschaft Wittenberge, VP-Schule Glöwen, Kursant Potsdam II; 1951 bis 1952 Fachlehrer Polit, VP-Schule Glöwen; 1952 bis 1956 Ltr. Politabt. KVP-Dienststt. Cottbus; 1956 bis 1957 Ltr. Politabt., Jagdfliegerdiv. Cottbus; 1957 bis 1959 Stv. Ltr. Politabt., Kdo. LSK/LV; 1959 bis 1962 Stv. Chef LSK/LV u. Ltr. Politabt., Kdo. LSK/LV; 1963 bis 1965 Offz.hörer Militärakad. Dresden; 1965 bis 1968 Stv. Chef LSK/LV u. Ltr. Polit.Verw., Kdo. LSK/LV; **Gen.Maj.**: 01.03.1967; 1968 bis 1972 Stv. Chef d. Polit. HV f. org.-polit. Arb., Polit. HV, MfNV; 1972 bis 1990 Stv. Chef LaSK u. Chef Polit.Verw., Kdo. LaSK; **Gen.Ltn.**: 01.03.1976; Auszeichn.: Vaterländ.Verd.Ord. Gold; Scharnhorst-Orden; Entl.: 01.03.1990

Rother, Gerhard; Dipl.-Mil.; Generalmajor

Geb.: 29.11.1930; in: Falkenberg (Polen); Vater: Braumeister; Schule: 12 Klassen in Grundlagenfächern; Beruf: Feinmechaniker

1945 bis 1946 Landarbeiter; 1946 bis 1949 Lehre, Feinmechaniker; **Eintritt bew. Org.**: 14.08.1949; 1949 bis 1950 Offz.schüler, VP-Schule Naumburg; 1950 bis 1952 Ltr. Abt., VP-Dienststt. Frankenberg; 1952 bis 1953 Ltr. Abt., Stabschef 1. Kdo., KVP-Dienststt. Prora; 1953 bis 1954 Offz.hörer Hochschule f. Offz.; 1954 SED; 1954 bis 1956 Ltr. Aufkl., KVP-Dienststt. Prenzlau; 1956 bis 1957 Ltr. Aufkl., 6. Mot.Schützen-Div.; 1958 bis 1962 Militärakad./UdSSR; 1962 bis 1969 Chef Aufkl., Kdo. Mil.Bez. III; 1969 bis 1971 Gen.stab-Akad. UdSSR; 1971 bis 1975 Ltr. Abt. Op., Kdo. Mil.Bez. III; 1975 bis 1978 Stv. Stabschef f. op. Arb., Kdo. Mil.Bez. III; **Gen.Maj.**: 09.06.1978; 1978 bis 1982 Mil.-Attaché UdSSR; 1982 bis 1984 Stv. Chef Verw. Aufkl. f. op.-takt. Aufkl., Verw. Aufl., MfNV; 1984 bis 1990 Stv. Chef Aufkl. u. Chef Truppenaufkl., Verw./Bereich Aufkl., MfNV; Auszeichn.: Vaterländ.Verd.Ord. Bronze; Kampforden Gold; Entl.: 30.09.1990

Rude, Klaus; Dipl.-Staatswiss.; Generalmajor

Geb.: 14.08.1930; in: Niederzehren, Kr. Marienwerder (Polen); Vater: Lehrer; Schule: 12 Klassen in Grundlagenfächern; Beruf: Großhandelskaufmann

1945 bis 1946 Bote, Rat d. Gemeinde, Landarbeiter, Detershagen/Meckl.; 1946 bis 1949 Lehre, Disponent, Raiffeisengenossenschaft, Volkseigener Erfassungs- und Aufkaufbetrieb, Kröpelin, Rostock; 1951 SED; 1951 bis 1955 Sachbearb., Referent, Staatssekretariat f. Erfassung u. Aufkauf landwirtl. Erzeugnisse, Berlin; **Eintritt bew. Org.**: 20.04.1955; 1955 Kursant, VP Berlin; 1955 bis 1956 Offz.schüler, Zentralschule DVP Weimar; 1956 bis 1958 Polit. Mitarb., Verw. Aktiver Brandschutz, MdI; 1958 bis 1959 Institut f. Luftschutz UdSSR; 1959 bis 1967 Referatsltr./Abt.-Ltr. Ausbild., Verw. Luftschutz, MdI; 1967 bis 1978 Ltr. Abt. Volkswirtschaft u. Bevölkerungsschutz, Zivilverteid. DDR; 1978 bis 1990 Stv. Ltr. u. Chef Ausbild., Zivilverteid. DDR; **Gen.Maj.**: 07.10.1986; Auszeichn.: Vaterländ.Verd.Ord. Bronze; Kampforden Bronze; Entl.: 31.08.1990

Rühl, Manfred; Dipl.-Mil.; Generalmajor

Geb.: 05.05.1933; in: Holzweißig, Kr. Bitterfeld; Vater: Gärtner; Schule: 12 Klassen in Grundlagenfächern; Beruf: Gärtner; gest.: 16.09.1983

1948 bis 1951 Lehre; 1951 bis 1952 Gärtnergehilfe; **Eintritt bew. Org.**: 01.01.1953; 1953 bis 1954 Offz.schüler, Offz.Schule Naumburg; 1954 SED; 1954 bis 1955 Zugfhr., 2. mech. Rgt., Karpin; 1955 bis 1956 Stv. Stabschef, 2. mech. Rgt. Karpin; 1956 bis 1960 Militärakad./UdSSR; 1960 bis 1961 Ltr. Unterabt. Op., Kdo. Mil.Bez. V; 1962 bis 1966 OOffz., Verw. Op, MfNV; 1966 bis 1969 Abt.-Ltr., Verw. Op., MfNV; 1969 bis 1971 Gen.stab-Akad. UdSSR; 1971 bis 1972 Stv. Chef Verw. Op. u. Ltr. Abt. Verw. Op., MfNV; 1972 bis 1974 Chef Verw. Op. (m.d.F.b.), MfNV; 1974 bis 1975 Stv. d. Stv. d. Chef d. Hauptstabes f. op. Fragen u. op. Zusammenwirken, MfNV; 1975 bis 1979 Stv. Kdr. u. Stabschef 7. Pz.Div.; 1979 bis 1982 Stv. d. Stv. d. Chef d. Hauptstabes f. op. Fragen u. Chef d. Verw. Op., Verw. Op., MfNV; **Gen.Maj.**: 07.10.1979; 1982 bis 1983 Stv. Chef d. Hauptstabes f. op. Fragen (m.d.F.b.), MfNV; 1983 Stv. d. Stv. Chef d. Hauptstabes f. op. Fragen u. Chef Verw. Op., MfNV; Auszeichn.: Kampforden Gold

Sarge, Günter; Dr. jur.; Dipl.-Jur.; Dipl.-Ges.-Wiss.; Generalmajor

Geb.: 30.12.1930; in: Gutenfeld (Ostpreußen); Vater: Arbeiter; Schule: 8 Klassen; Beruf: ohne/Berufssoldat

1946 bis 1949 Landarbeiter; **Eintritt bew. Org.**: 17.03.1949; 1949 Wachtmeister, 4. VP-Bereitschaft Brandenburg; 1949 bis 1950 Abt.-Polit-Kultur-Offz., 4. VP-Bereitschaft, Brandenburg; 1950 SED; 1950 bis 1952 Propagandist, Offz.Schule Pirna; 1952 bis 1953 Lehrer, Offz.Schule Naumburg, Kochstedt, Dresden; 1953 1. Juristenlehrg. Dresden; 1954 bis 1955 Staatsanwalt b. Oberstaatsanwalt d. VP; 1955 bis 1956 Stv. d. Ltr. b. Staatsanwalt d. HVDVP; 1956 bis 1959 Stv. Abt.-Ltr. b. Militäroberstaatsanwalt; 1959 bis 1962 Abt.-Ltr. b. Militäroberstaatsanwalt; 1963 bis 1977 Vors. d. Kollegiums f. Militärstrafsachen b. Obersten Gericht d. DDR; **Gen.Maj.**: 01.03.1974; 1977 bis 1986 1. Vizepräsident d. Obersten Gerichts d. DDR; 1986 bis 1990 Präsident d. Obersten Gerichts d. DDR; Auszeichn.: Kampforden Silb.; Entl.: 30.11.1977

Schäfer, Wilfried; Dipl.-Ges.-Wiss.; Generalmajor

Geb.: 18.12.1926; in: Chemnitz; Vater: Betriebsleiter; Schule: 12 Klassen in Grundlagenfächern; Beruf: Industriekaufmann

1941 bis 1943 Lehre; 1943 kaufm. Angest.; 1944 RAD, kaufm. Angest.; 1944 bis 1945 Wehrmacht, Soldat (Luftnachrichten)

1945 KPD; 1945 erwerbslos, Landarbeiter; **Eintritt bew. Org.**: 12.12.1945; 1945 bis 1948 Sachbearb., Personalltr., Polizei Chemnitz; 1946 SED; 1948 bis 1950 Personalltr., VP-Dienstst. Frankenberg II; 1951 bis 1952 Ltr. Unterabt. Kader, VP-Dienstst. Zeithain; 1952 bis 1956 Offz./OOffz., Verw. Kader, Stab KVP; 1956 bis 1958 OOffz., Abt. Kader, Kdo. Mil.Bez. V; 1959 Offz.hörer Politschule Treptow; 1959 bis 1960 OInstrukteur, Abt. Kader, Kdo. Mil.Bez. V; 1961 Ltr. Abt. Kader, Kdo. Mil.Bez. V; 1961 bis 1965 Abt.-Ltr., Verw. Kader, MfNV; 1965 bis 1967 Offz.hörer Militärakad. Dresden; 1967 bis 1972 Stv. Chef Kader, MfNV; 1972 bis 1979 Abt.-Ltr., Verw. Kader, MfNV; 1979 bis 1981 Stv. Chef Kader f. Plan., Verw. Kader, MfNV; 1981 bis 1989 Stv. Chef Kader f. Einsatz u. Entwickl. d. Kader, Verw. Kader, MfNV; **Gen.Maj.**: 07.10.1982; Auszeichn.: Vaterländ.Verd.Ord. Silb.; Scharnhorstorden; Entl.: 30.11.1989

Scheffler, Felix; Dipl. Mil.; Konteradmiral

Geb.: 09.02.1915; in: Hamburg; Vater: Kaufmann; Schule: 9 Klassen; Beruf: Drogist; gest.: 13.03.1986

1930 bis 1933 Lehre; 1933 bis 1936 Schiffsjunge; 1936 bis 1937 RAD; 1937 Seefahrt; 1937 bis 1941 Wehrmacht, Uffz., HptFw. (Pioniere); 1941 bis 1947 sowjet. Gefangensch.; 1943 NKFD; 1944/45 Partisaneneinsatz

1947 bis 1948 Direktionssekr., Parteihochschule SED, Klein Machnow; 1948 DBD; 1948 bis 1950 Org. Sekr. DBD, Berlin; 1950 SED; **Eintritt bew. Org.**: 27.02.1950; 1950 Polit-Kultur-Offz., Stabschef, HV Seepolizei; 1950 bis 1954 Stv. Ltr. HV Seepolizei/VP-See; **K.Adm.**: 01.10.1952; 1954 bis 1955 Chef Lehranst., VP-See; 1955 bis 1956 Chef VP-See/Chef Seestreitkr. (m.d.F.b.); 1957 bis 1959 Seekriegsakad./UdSSR; 1959 bis 1961 Stv. Chef Seestreitkr./VM f. Ausbild., Kdo. Seestreitkr./VM; 1962 bis 1963 Stv. Chef VM f. Techn., Kdo. VM; 1964 bis 1975 Stv. Chef VM u. Chef Rückw.Dienste, Kdo. VM; Auszeichn.: Vaterländ.Verd.Ord. Gold; Entl.: 01.03.1975

Scheibe, Herbert; Dipl.-Mil.; Generaloberst

Geb.: 28.11.1914; in: Hohenmölsen, Kr. Weißenfels; Vater: Arbeiter; Schule: 12 Klassen in Grundlagenfächern; Beruf: Schriftsetzer; gest.: 07.02.1991

1929 bis 1933 Lehre, Gehilfe; 1930 bis 1933 KJVD; 1933 bis 1934 Haft wegen pol. Tätigkeit gegen NS-Regime, Haftanstalt Bautzen; 1934 bis 1935 erwerbslos; 1935 bis 1945 Haft, Zuchthaus Zwickau, KZ-Buchenwald

1945 KPD; **Eintritt bew. Org.**: 01.06.1945; 1945 bis 1948 Stv. Ltr. Kripo Leipzig; 1946 SED; 1948 bis 1949 Ltr. Kripo Görlitz, Döbeln; 1949 bis 1950

Sonderlehrg./UdSSR; 1950 bis 1951 Polit-Kultur-Offz., VP-Bereitschaft Prenzlau; 1951 bis 1952 Abt.-Ltr., Stab HVA; 1952 bis 1954 Stv. Chef Verw. 19, Stab KVP; 1954 bis 1956 Chef 2. Verw., Stab KVP; 1956 bis 1957 Chef Verw. Aufkl., MfNV; 1957 bis 1959 Gen.stab-Akad. UdSSR; 1959 bis 1960 Stv. Chef d. Hauptstabes u. Chef Verw. Op., MfNV; 1960 bis 1967 Stv. Chef LSK/LV u. Chef d. Stabes, Kdo. LSK/LV; **Gen.Maj.**: 07.10.1961; **Gen.Ltn.**: 01.03.1966; 1967 bis 1972 Chef LSK/LV; **Gen.Oberst**: 01.03.1972; 1972 bis 1985 Ltr. Abt. Sicherheit d. ZK; Auszeichn.: Karl-Marx-Orden; Ehrenspange Vaterländ.Verd.-Ord. Gold; Scharnhorstorden; Entl.: 15.03.1985

Schieck, Heinz; Dipl.-Mil.; Generalmajor

Geb.: 23.02.1923; in: Lehndorf, Kr. Bad Liebenwerda; Vater: Landarbeiter; Schule: 10 Klassen in Grundlagenfächern; Beruf: Maschinenschlosser; gest.: 12.12.1991

1937 bis 1941 Lehre, Geselle; 1941 bis 1945 Wehrmacht, Uffz. (Panzer); 1945 amerik. Gefangensch.

1945 KPD; **Eintritt bew. Org.**: 01.07.1945; 1945 bis 1948 VP-Kreisamt Liebenwerda; 1946 SED; 1948 bis 1949 Kursant, VP-Schule Kochstedt; 1949 bis 1950 Instrukteur, VP-Dienstst. Halle; 1951 bis 1952 Ltr. Rückw.Dienste, HVDGP; 1952 bis 1953 Kdr. Grenzbereitschaft, Halberstadt; 1953 Offz.hörer Sondershausen; 1954 bis 1956 Stv. Kdr. f. Allgem./Kdr. Grenzbereitschaft Halberstadt; 1956 bis 1958 Offz.hörer Hochschule f. Offz.; 1958 bis 1959 Kdr. Grenzbereitschaft Oschersleben; 1959 bis 1962 Kdr. 3. Grenzbrig.; 1963 Offz.hörer Militärakad. Dresden; 1963 bis 1965 1. Stv. d. Kdr. 9. Grenzbrig.; 1965 bis 1969 Kdr. 9. Grenzbrig.; 1969 bis 1971 Offz.hörer Militärakad. Dresden; 1972 bis 1983 Chef Wehrbez.kdo. Magdeburg; **Gen.Maj.** 01.03.1976; Auszeichn.: Vaterländ.Verd.Ord. Silb.; Kampforden Silb.; Entl.: 30.11.1983

Schindhelm, Franz; Dipl.-Mil.; Generalmajor

Geb.: 26.05.1926; in: Lauscha, Kr. Sonneberg; Vater: Glasbläser; Schule: Abitur; Beruf: ohne/Berufssoldat; gest.: 16.01.1983

1944 RAD; 1944 bis 1945 Wehrmacht, Uffz. (Infanterie); 1945 bis 1949 sowjet. Gefangensch.

Eintritt bew. Org.: 23.08.1949; 1949 bis 1950 Offz.schüler, Offz.Schule Döbeln; 1950 bis 1951 Ausbild.-Ltr. Kdo., VP-Bereitschaft Hohenstücken; 1952 bis 1952 Offz. f. Schießausb., HVA; 1952 bis 1953 Sonderlehrg./UdSSR; 1953 SED; 1953 bis 1954 Abt.-Ltr., KVP-Dienstst. Frankenberg; 1954 bis 1956 Stv. Kdr. f. Ausbild., 1. mech. Kdo., KVP-Dienstst. Frankenberg; 1956 bis 1959 1. Stv. Kdr. Mot.Schützen-Rgt.-9; 1960 bis 1963 Kdr. Mot.Schützen-Rgt.-9; 1963 bis 1983 Chef Wehrbez.kdo. Neubrandenburg; **Gen.Maj.**: 07.10.1980; Auszeichn.: Vaterländ.Verd.Ord. Bronze; Kampforden Bronze

Schlothauer, Michael; Dipl.-Mil.; Generalmajor

Geb.: 21.06.1943; in: Großschirma, Kr. Freiberg; Vater: Tierarzt; Schule: Abitur; Beruf: ohne/Berufssoldat

Eintritt bew. Org.: 03.09.1962; 1962 bis 1965 Offz.schüler, Offz.Schule Löbau; 1964 SED; 1965 bis 1966 Zugfhr., Mot.Schützen-Rgt.-16; 1966 bis 1970 Stv. Stabschef Mot.Schützenbat., Mot.Schützen-Rgt.-16; 1970 bis 1971 Stv. Kdr. u. Stabschef Mot.Schützenbat., Mot.Schützen-Rgt.-16; 1971 bis 1975 Militärakad./UdSSR; 1975 bis 1977 Stv. Kdr. f. Ausbild., Mot.Schützen-Rgt.-16; 1977 bis 1978 Stv. Kdr. u. Stabschef Mot.Schützen-Rgt.-16; 1978 bis 1979 Kdr. Mot.Schützen-Rgt.-24; 1979 bis 1980 Stv. Kdr. u. Stabschef 4. Mot.Schützen-Div.; 1980 bis 1982 Stv. Kdr. f. Ausbild., 4. Mot.Schützen-Div.; 1982 bis 1984 Gen.stab-Akad. UdSSR; 1984 bis 1985 Stv. Kdr. u. Stabschef 4. Mot.Schützen-Div.; 1985 bis 1987 Kdr. 4. Mot.Schützen-Div.; **Gen.Maj.**: 01.03.1987; 1987 bis 1990 Stv. Chef Mil.Bez. u. Chef d. Stabes, Kdo. Mil.Bez. III; ab 15.09.1990 Chef d. Hauptstabes NVA, MfAV; Auszeichn.: Kampforden Bronze; Entl.: 02.10.1990

Schmerler, Herbert; Dipl.-Mil.; Generalmajor

Geb.: 16.10.1929; in: Olbernau, Mittlerer Erzgebirgskreis; Vater: Zimmerer; Schule: 10 Klassen; Beruf: Verwaltungsangest.

1944 bis 1945 Lehrerbildungsinstitut Annaberg; 1945 Wehrmacht, Soldat (Pz.-Nahkampf-Bat.)

1945 KPD; 1945 bis 1948 Lehre, Verwaltungsangest.; 1946 SED; **Eintritt bew. Org.**: 01.09.1948; 1948 bis 1949 Schutzmann, Personalsachbearb., VP-Bereitschaft Pirna; 1949 bis 1950 Offz. f. Kader, HVA Berlin; 1951 bis 1952 Referent Abt. Kader, HVA Berlin, Ltr. Abt. Kader, Offz.Schule Kamenz; 1952 bis 1953 Ltr. Abt. Kader 1. Fliegerdiv. Cottbus; 1953 bis 1954 OOffz./ Unterabt.-Ltr. Kader, Verw. d. Aeroklubs; 1954 bis 1956 Stv. Abt.-Ltr. Kader, Verw. d. Aeroklubs; 1956 Ltr. Abt. Kader, Kdo. LSK/LV; 1956 bis 1957 Offz.hörer Hochschule f. Offz.; 1957 bis 1963 Ltr. d. Abt. Org.-Plan., zugleich Stv. Chef d. Stabes, Kdo. LSK/LV; 1963 bis 1967 Chef Verw. Org.-Plan., MfNV; 1967 bis 1969 Offz.hörer Militärakad. Dresden; 1969 bis 1973 Chef Verw. Org.-Plan., MfNV; 1973 bis 1974 Stv. Chef d. Hauptstabes f. Org. (m.d.F.b.), MfNV; 1974 bis 1987 Chef Verw. Org.-Plan., MfNV; **Gen.Maj.**: 07.10.1978; 1987 bis 1990 Stv. Chef d. Hauptstabes u. Chef Verw. Org.-Plan., MfNV; Auszeichn.: Vaterländ.Verd.Ord. Silb.; Kampforden Gold; Entl.: 01.04.1990

Schmidt, Dieter; Dipl.-Ing.; Generalmajor

Geb.: 30.03.1935; in: Hinternah, Kr. Hildburghausen; Vater: Werkzeugdreher; Schule: 12 Klassen in Grundlagenfächern; Beruf: Feinmechaniker

1949 bis 1952 Lehre; 1952 bis 1954 Feinmechaniker; **Eintritt bew. Org.**: 12.08.1954; 1954 bis 1957 Offz.schüler, Offz.Schule Erfurt; 1957 SED; 1957 bis

1958 Stv. Techn./Ausrüst. Kp., Mot.Schützen-Rgt.-9; 1958 bis 1962 Offz. f. Nutzung, Mot.Schützen-Rgt.-9; 1962 bis 1963 Offz.hörer Pz.-Schule Großenhain; 1963 bis 1964 Offz. f. Pz., Mot.Schützen-Rgt.-9; 1964 bis 1965 Offz. f. Nutzung, Stab 9. Pz.Div.; 1965 bis 1971 Militärakad./UdSSR; 1971 bis 1972 Stv. Kdr. f. Techn./Ausrüst., Pz.Rgt.-23; 1973 bis 1975 Ltr. Unterabt. Pz., 9. Pz.Div.; 1975 bis 1983 Stv. Kdr. f. Techn./Ausrüst., 9. Pz.Div.; 1983 bis 1988 Stv. Chef Mil.Bez. u. Chef Techn./Bewaffn., Kdo. Mil.Bez. V; **Gen.Maj.**: 01.03.1986; 1989 bis 1990 Chef Pz.-Dienst, MfNV/MfAV; Auszeichn.: Kampforden Gold; Entl.: 30.09.1990

Schmidt, Günther; Dipl.-Mil.; Generalmajor

Geb.: 07.01.1925; in: Heidenau, Sächsische Schweiz; Vater: Dreher; Schule: 10 Klassen; Beruf: Feinmechaniker; Lehrer

1940 bis 1942 Feinmechaniker; 1942 bis 1945 Wehrmacht, Uffz. (Luftwaffe)

1945 Landarbeiter, Werkzeugmacher; 1946 KPD/SED; 1946 bis 1952 Lehrer, Heidenau; **Eintritt bew. Org.**: 28.01.1952; 1952 Lehrer, KVP-Dienstst. Pinnow; 1952 bis 1954 Hauptnavigator, 1. Fliegerdiv. Cottbus; 1954 bis 1958 Stv. Kdr. f. flieg. Ausbild., 1. Aero-Klub/1. Fliegerdiv., Cottbus; 1958 bis 1959 Kdr. 1. Fliegerdiv.; 1960 bis 1962 Gen.stab-Akad. UdSSR; 1963 Ltr. Abt. Gefechtsausb. d. Fliegerkräfte, Kdo. LSK/LV; 1963 bis 1965 Stv. Kdr. u. Stabschef 1. LVDiv.; 1965 bis 1976 Kdr. 1. LVDiv.; **Gen.Maj.**: 07.10.1968; 1976 bis 1977 Ltr. Inspektionsbereich LSK/LV, Verw. Inspektion, MfNV; Auszeichn.: Vaterländ.Verd.Ord. Bronze; Kampforden Silb.; Entl.: 31.12.1977

Schmieder, Horst; Dipl.-Mil.; Generalmajor

Geb.: 21.10.1931; in: Pfaffroda, Mittlerer Erzgebirgskreis; Vater: Arbeiter; Schule: 12 Klassen in Grundlagenfächern; Beruf: ohne/Berufssoldat

1946 bis 1947 Lehre; 1947 SED; 1947 bis 1948 Mitarb. FDJ-Kr.Ltg./ Stadtjugend-Ltr., Freiberg; **Eintritt bew. Org.**: 23.08.1948; 1948 bis 1949 Revierposten, VP-Kreisamt Freiberg; 1949 bis 1952 Innendienst-Ltr., VP-Bereitschaft Zittau; 1952 bis 1955 Ltr. Bekleid./Ausrüst., KVP-Bereitschaft Dresden; 1955 bis 1956 Offz.hörer Hochschule f. Offz.; 1956 bis 1960 Ltr. Versorgung, 7. Pz.Div.; 1961 bis 1964 Offz.hörer Militärakad. Dresden; 1964 bis 1969 Stv. Kdr. f. Rückw.Dienste, Mot.Schützen-Rgt.-7; 1969 bis 1975 Stv. Kdr. f. Rückw.-Dienste, 11. Mot.Schützen-Div.; 1975 bis 1990 Ltr. Verpflegungsdienst, MfNV/MfAV; **Gen.Maj.**: 07.10.1987; Auszeichn.: Kampforden Gold; Entl.: 30.09.1990

Schollbach, Heinz; Dipl.-Ges.-Wiss.; Generalmajor

Geb.: 28.12.1928; in: Schönborn, Kr. Elbe-Elster; Vater: Bergmann; Schule: 12 Klassen in Grundlagenfächern; Beruf: Reichsbahngehilfe

1943 bis 1945 Reichsbahnjunghelfer; 1945 bis 1948 sowjet. Gefangensch.

1948 SED; **Eintritt bew. Org.**: 24.09.1948; 1948 bis 1951 Kursant, Zugfhr., Ltr. Nachr., VP-Bereitschaft Pirna, Leipzig; 1952 bis 1954 Instrukteur f. Partei-Org. u. Stv. Ltr. Politabt.; 1954 bis 1959 Militärpol.Akad./UdSSR; 1959 bis 1960 Stv. Kdr. f. Politarb., Mot.Schützen-Rgt.-17; 1961 Stv. Ltr. Politabt., 11. Mot.Schützen-Div.; 1961 bis 1965 OInstrukteur, Polit. HV, MfNV; 1965 bis 1973 Ltr. Abt. Struktur/Perspektivaufg., Polit. HV, MfNV; 1973 bis 1981 Chef Verw. Instr., Polit. HV, MfNV; **Gen.Maj.**: 01.03.1975; 1981 bis 1986 Stv. d. Stv. Chef d. Polit. HV f. org.-polit. Arb. d. Parteiorgane; 1986 bis 1987 Nachweis z.b.V., MfNV; Auszeichn.: Vaterländ.Verd.Ord. Bronze; Kampforden Silb.; Entl.: 01.05.1987

Schönherr, Gerhard; Dipl.-Wirtschaftler; Generalmajor

Geb.: 07.10.1926; in: Chemnitz; Vater: Strumpfwirker; Schule: Abitur; Beruf: Maschinenschlosser

1941 bis 1943 Lehre; 1944 RAD; 1944 bis 1945 Wehrmacht, Gefr. (Luftwaffenfeldregiment)

1945 SPD; 1945 Schlosser; 1945 bis 1946 Student, Ing.-Schule Ilmenau; 1946 SED; 1946 bis 1947 Dreher/Schlosser; 1947 bis 1949 Student, Arb.-u.-Bauern-Fak. Chemnitz; 1949 bis 1953 Student, TH Dresden; 1953 bis 1955 Referent, Abt.-Ltr., Staatssekretariat f. Hochschulen, Berlin; **Eintritt bew. Org.**: 01.01.1956; 1956 Offz.hörer Hochschule f. Offz.; 1956 bis 1957 OOffz. Pz., Verw. Ing.Techn. b. Stv. Min.fNV f. Techn./Bewaffn., MfNV; 1957 bis 1959 OOffz. f. techn. wiss. Zusammenarb., Verw. Ing.Techn. b. Stv. Min.fNV f. Techn./Bewaffn., MfNV; 1959 bis 1960 Ltr. Abt. Org. u. Plan., Ing.Techn. Verw., MfNV; 1961 bis 1965 Ltr. HAbt. Beschaffung, Ing.Techn. Hpt.Verw., Mf Außen- u. innerdt. Handel; 1965 bis 1966 Stv. Ltr. Hpt.Verw. Ing.Techn. u. Ltr. Bereich Spez.-Außenhandel, Hpt.Verw. Ing.Techn., Mf Außen- u. innerdt. Handel; 1966 bis 1975 Ltr. Bereich Spez.-Außenhandel, Mf Außenwirtschaft; 1975 bis 1981 Chef Bereich Spez.-Außenhandel, Mf Außenhandel; **Gen.Maj.**: 07.10.1980; 1981 bis 1988 Stv. Min.f. Außenhandel u. Chef Spez.-Außenhandel; Auszeichn.: Vaterländ.Verd.Ord. Silb.; Kampforden Gold; Entl.: 30.06.1988

Schubert, Wolfgang; Dipl.-Ing.; Generalmajor

Geb.: 29.08.1936; in: Berlin; Vater: Gärtner; Schule: Abitur; Beruf: ohne/Berufssoldat

Eintritt bew. Org.: 05.08.1955; 1955 bis 1956 Kursant, Offz.schüler, Seeoffz.-Schule Stralsund; 1956 bis 1961 Offz.hörer Ing.techn. Militärhochschule/UdSSR; 1957 SED; 1961 Offz. f. Hafenbau, Abt. Bauwesen, Kdo. VM; 1962 bis 1964 OOffz. Plan. Stützpunktbau, Kdo. VM; 1964 bis 1966 OOffz. Schutzbauwerke, Verw. Bauwesen, MfNV; 1966 bis 1969 Abt.-Ltr. Spezialbauten, Verw. Bauwesen, MfNV; 1969 bis 1979 Stv. Chef Verw. Spezialbauwesen, MfNV; 1979 bis 1990 Chef Verw. Spezialbauwesen, MfNV; **Gen.Maj.**:

01.03.1986; 1990 Stv. Chef Militärbauwesen f. Unterbringung/Ökologie/ Wissenschaft/Techn., MfAV; Auszeichn.: Kampforden Silb.; Entl.: 02.10.1990

Schulze, Werner; Dipl.-Mil.; Generalmajor

Geb.: 26.09.1934; in: Magdeburg; Vater: Werkzeugmacher; Schule: Abitur; Beruf: ohne/Berufssoldat

Eintritt bew. Org.: 29.07.1953; 1953 bis 1956 Offz.schüler, Offz.Schule Großenhain; 1954 SED; 1956 bis 1961 Zugfhr., Kp.Chef, Mot.Schützen-Rgt.-17; 1961 bis 1962 Stabschef Pz.Bat., Mot.Schützen-Rgt.-18; 1962 bis 1966 Militärakad./UdSSR; 1966 bis 1968 Offz. f. Gefechtsausb, Abt. Gefechtsausb., Kdo. Mil.Bez. III; 1969 bis 1972 Offz./OOffz. f. Truppenübungen, Verw. Ausbild., MfNV; 1972 bis 1973 Ltr. Unterabt. Grundsatz, Abt. Mot.-Schützen, Kdo. LaSK; 1973 bis 1975 Kdr. Pz.Rgt.-21, 9. Pz.Div.; 1975 bis 1977 Gen.stab-Akad. UdSSR; 1977 bis 1978 Stv. Kdr. f. Ausbild. 4. Mot.Schützen-Div.; 1978 bis 1979 Stv. Kdr. u. Stabschef 4. Mot.Schützen-Div.; 1979 bis 1983 Kdr. Uffz.Schule-IV, Mil.Bez. III; **Gen.Maj.**: 07.10.1983; 1983 bis 1985 Kdr. 4. Mot.Schützen-Div.; 1985 bis 1990 Stv. Chef Militärakad. u. Chef Ausbild., Militärakad. Dresden; Auszeichn.: Vaterländ.Verd.Ord. Bronze; Kampforden Silb.; Entl.: 30.09.1990

Schütz, Josef; Generalmajor (a.D.)

Geb.: 23.07.1910; in: Bärringen, Kr. Karlsbad (ČR); Vater: Lederhandschuhmacher; Schule: 8 Klassen; Beruf: Lederhandschuhmacher; gest.: 17.03.1989

1924 bis 1928 Lehre, Geselle; 1929 bis 1931 Meister; 1931 bis 1932 Student, UdSSR; 1932 KPČ; 1932 bis 1933 Haft, Eger; 1934 bis 1939 Geselle; 1938 Tschechische Armee; 1940 bis 1941 Fräser, UdSSR; 1942 bis 1943 Meister, UdSSR; 1943 bis 1944 Student, Ufa u. Moskau, UdSSR

1945 bis 1946 Bezirksbürgermeister in Obertham u. Schönlind (ČR); 1946 SED; **Eintritt bew. Org.**: 01.11.1946; 1946 bis 1948 VP-Kommissar, HVDVP Halle/Merseburg; 1948 bis 1949 Offz., VP-Landesbehörde, Halle; 1949 Ltr. HAbt. Grenze, Dt. Verw. d. Innern; 1949 bis 1956 Konsul u. Botschaftsrat, Moskau, Stv. Ltr Hpt.Abt., Außenm. d. DDR; 1956 bis 1959 Ltr. Auslandsabt., MfNV; 1959 bis 1960 Offz.hörer Militärakad. Dresden; 1961 bis 1971 Ltr. Abt. Intern. Verb., MfNV; **Gen.Maj.** (a.D.): 14.07.1979; Auszeichn.: Karl-Marx-Orden; Vaterländ.Verd.Ord. Gold; Entl.: 31.12.1971

Schütz, Rudi; Dipl.-Mil.; Generalmajor

Geb.: 01.07.1926; in: Roschütz, Kr. Lauenburg (Polen); Vater: Arbeiter; Schule: 12 Klassen in Grundlagenfächern; Beruf: Landarbeiter

1941 bis 1943 Landarbeiter, RAD; 1943 bis 1945 Wehrmacht, Soldat (Infanterie); 1945 bis 1949 sowjet. Gefangensch.

Eintritt bew. Org.: 05.10.1949; 1949 bis 1951 Gruppenführer, Zugfhr., VP-Dienstst. Prenzlau; 1951 bis 1956 Zugfhr., Kp.Chef, Bat.-Kdr., Wachrgt. Berlin; 1953 SED; 1956 bis 1959 Militärakad./UdSSR; 1960 bis 1962 Ltr. Unterabt. Op., 1. Mot.Schützen-Div.; 1962 bis 1966 Stv. Chef d. Stabes u. Ltr. Abt. Op. (m.d.F.b.), Stadtkommandantur Berlin(Ost); 1966 bis 1969 Stv. Stadtkdt. u. Chef d. Stabes, Stadtkommandantur Berlin(Ost); 1968 bis 1970 Gen.stab-Akad. UdSSR; 1970 Stv. Stadtkdt., Stadtkommandantur Berlin(Ost); 1970 bis 1978 Stv. Chef GT u. Chef d. Stabes, Kdo. GT; **Gen.Maj.**: 01.03.1971; 1978 bis 1986 Stv. Ltr. Zivilverteid. u. Chef d. Stabes, Zivilverteid. DDR; Auszeichn.: Vaterländ.Verd.Ord. Gold; Kampforden Gold; Entl.: 01.12.1986

Schwipper, Bernd; Dr. rer. mil.; Dipl.-Mil.; Generalmajor

Geb.: 15.12.1941; in: Ortelsdorf, Kr. Mittweida; Vater: Färbermeister; Schule: Abitur; Beruf: Werkzeugmacher

1958 bis 1960 Lehre; 1960 SED; **Eintritt bew. Org.**: 01.09.1960; 1960 Kanonier, Flak.Rgt.-14; 1960 bis 1962 Offz.schüler Geltow; 1962 bis 1965 Obertechniker 4. Fla-Rak..Abt., Großröhrsdorf; 1965 bis 1969 Zugfhr. HF-Zug, 4. Fla-Rak..Abt.; 1969 bis 1971 Kp.Chef Funktechn.Kp., Fla-Rak.Abt.-114; 1971 bis 1973 Parteisekr. Fla-Rak.Abt.-114, Fla-Rak.Rgt.-11; 1973 bis 1976 Offz.hörer Militärakad. Dresden; 1976 bis 1978 Kdr. Fla-Rak..Abt.-192, Blankenburg; 1978 bis 1979 Kdr. Fla-Rak.Rgt.-11; 1979 bis 1980 Stv. Kdr. f. Fla.-Rak., 1. LVDiv.; 1980 bis 1982 Gen.stab-Akad. UdSSR; 1982 bis 1985 Stv. Kdr. u. Stabschef, 1. LVDiv.; 1985 bis 1990 Kdr. 3. LVDiv.; **Gen.Maj.**: 01.03.1988; Auszeichn.: Vaterländ.Verd.Ord. Bronze; Kampforden Bronze; Entl.: 02.10.1990

Seefeldt, Artur; Dipl.-Mil.; Generalleutnant

Geb.: 29.12.1930; in: Seidel (Polen); Vater: Bauarbeiter; Schule: 12 Klassen in Grundlagenfächern; Beruf: Bau- u. Möbeltischler

1945 bis 1946 Land- u. Waldarbeiter; 1946 bis 1949 Lehre, Geselle; **Eintritt bew. Org.**: 12.09.1949; 1949 bis 1950 VP-Anwärter, Gruppenführer, Innendienst-Ltr., VP-Dienstst. Weißenfels; 1951 Offz.schüler, Offz.Schule Naumburg; 1951 SED; 1951 bis 1952 Kp.Chef, VP-Bereitschaft Weißenfels; 1952 bis 1953 Kdr. Pz.Bat., KVP-Dienstst. Erfurt; 1953 Hpt.fachlehrer Taktik, Offz.Schule Leipzig; 1953 bis 1955 Offz.hörer Hochschule f. Offz.; 1955 bis 1956 OOffz. Taktik, Stab KVP; 1956 Offz. f. Methodik/Progr., Verw. Ausbild., MfNV; 1956 bis 1958 Kdr. Pz.Bat., Mot.Schützen-Rgt.-18; 1958 bis 1962 Offz.hörer Hochschule f. Offz./Militärakad. Dresden; 1962 bis 1967 Kdr. Pz.Rgt.-16; 1967 bis 1969 1. Stv. Kdr. 7. Pz.Div.; 1969 bis 1971 Gen.stab-Akad. UdSSR; 1971 bis 1972 Stv. Kdr. f. Ausbild., 7. Pz.Div.; 1972 bis 1979 Kdr. 4. Mot.Schützen-Div.; **Gen.Maj.**: 01.03.1974; 1979 bis 1986 Stv. Chef Mil.Bez. u. Chef Ausbild., Kdo. Mil.Bez. V; 1986 bis 1990 Kdr. Offz.Hochschule Prora;

Gen.Ltn.: 01.03.1989; Auszeichn.: Vaterländ.Verd.Ord. Silb.; Kampforden Silb.; Entl.: 30.09.1990

Seifert, Gerhard; Dipl.-Ing.; Generalmajor

Geb.: 06.01.1932; in: Mühlau, Kr. Mittweida; Vater: Bauzeichner; Schule: 12 Klassen in Grundlagenfächern; Beruf: Kfz.-Handwerker

1946 bis 1949 Lehre; 1949 bis 1952 Geselle; **Eintritt bew. Org.**: 01.02.1953; 1953 Offz.schüler, Offz.Schule Erfurt; 1953 bis 1954 Zugfhr., Offz.Schule Erfurt; 1954 bis 1956 Stv. Kp.Chef, Offz.Schule Erfurt; 1955 SED; 1956 bis 1958 Fachlehrer, Pz.techn.-Schule/Inf.-Schule Plauen; 1959 bis 1963 Offz.hörer Militärakad. Dresden; 1963 bis 1964 Stv. Kdr. f. Techn./Ausrüst. Pz.Rgt.-11; 1964 bis 1968 Stv. Kdr. f. Techn./Ausrüst. 5. Rak.Br.; 1968 bis 1976 Stv. Kdr. f. Techn./Ausrüst. 1. Mot.Schützen-Div.; 1976 bis 1983 Chef Pz.-Dienst, Kdo. LaSK; 1983 bis 1989 Stv. Chef Techn./Bewaffn., Kdo. LaSK; **Gen.Maj.**: 01.03.1989; 1989 bis 1990 Chef Wehrbez.kdo. Potsdam; Auszeichn.: Vaterländ.Verd.Ord. Bronze; Kampforden Silb.; Entl.: 30.09.1990

Seifert, Waldemar; Dipl.-Ing.; Dipl.-Mil.; Generalleutnant

Geb.: 07.06.1935; in: Zadelsdorf, Kr. Greiz; Vater: Bauer; Schule: 12 Klassen in Grundlagenfächern; Beruf: Stellmacher

1949 bis 1953 Lehre, Geselle; 1953 Hilfsarbeiter; **Eintritt bew. Org.**: 20.05.1953; 1953 bis 1956 VP-Anwärter, Offz.schüler, KVP-Dienstst. Leipzig, Weißenfels, Dessau; 1955 SED; 1956 bis 1957 Zugfhr., Brückenbau-Rgt.; 1957 bis 1963 Militärakad./UdSSR; 1963 bis 1964 Offz. f. op. Arb., Ltr. Pio.-Dienst, 9. Pz.Div.; 1964 bis 1965 Offz. f. Ausbild. b. Chef Pio.-Wesen, Mil.Bez. V; 1965 bis 1967 Offz. f. op. Arb. b. Chef Pio.-Wesen, MfNV; 1967 bis 1968 OOffz. f. Sperren b. Chef Pio.-Wesen, MfNV; 1969 bis 1972 Ltr. Abt. Sperren u. Spez. Ausbild. b. Chef Pio.-Wesen, MfNV; 1972 bis 1975 Stv. Techn. b. Chef Pio.-Wesen, MfNV; 1975 bis 1977 Gen.stab-Akad. UdSSR; 1977 bis 1978 Stv. d. Chef Pio.-Wesen f. Techn., MfNV; 1978 bis 1990 Chef Pio.-Wesen, MfNV; **Gen.Maj.**: 07.10.1979; **Gen.Ltn.**: 07.10.1987; 1990 Ltr. d. Amtes f. Berufsvorbereitung u. Überleitung von Berufssoldaten u. Zivilbeschäft./HAbt. f. personelle und regionale Konversion, MfNV/MfAV; Auszeichn.: Vaterländ.Verd.Ord. Silb.; Kampforden Bronze; Entl.: 30.09.1990

Senf, Klaus; Dipl.-Forst-Ing.; Generalmajor

Geb.: 14.05.1923; in: Bad Liebenstein, Wartburgkreis; Vater: Schmied; Schule: Abitur; Beruf: Forsting.; gest.: 28.11.1991

1941 bis 1945 Wehrmacht, Uffz. (Luftwaffe); 1945 amerik. u. engl. Internierung

1945 bis 1946 Waldarbeiter; 1946 bis 1950 Student, Uni Jena, Berlin; 1950 bis 1954 Angest., Staatliche Plankommission; 1952 SED; **Eintritt bew. Org.**:

15.05.1954; 1954 bis 1955 OOffz. f. Forstwirtschaft, Stab KVP; 1956 bis 1957 OOffz. f. Forstwirtschaft b. Chef Bauwesen u. Unterkunft, MfNV; 1957 bis 1959 Hpt.Referent f. militärökon. Forstaufgaben, MfNV; 1960 bis 1972 Ltr. Abt. Forstwirtschaft, MfNV; 1972 bis 1986 Ltr. d. Militärforstwirtschaft, MfNV; **Gen.Maj.**: 07.10.1977; 1986 bis 1988 Ltr. Militärforstwirtschaftsbetrieb, MfNV; Auszeichn.: Vaterländ.Verd.Ord. Bronze; Kampforden Gold; Entl.: 30.06.1988

Sieg, Hans; Dipl.-Mil.; Generalmajor

Geb.: 24.05.1930; in: Giesen, Kr. Treuburg (Polen); Vater: Schachtmeister; Schule: 9 Klassen; Beruf: Bäcker

1945 bis 1949 Lehre, Geselle; **Eintritt bew. Org.**: 01.09.1949; 1949 bis 1952 Kursant, Innendienstltr., VP-Dienstst. Großenhain, Frankenberg; 1952 bis 1954 Gehilfe Stabschef Abt., Kp.Chef, KVP-Dienstst. Prenzlau; 1953 SED; 1954 bis 1955 Kdr. SFL-Abt., Prenzlau; 1955 bis 1959 Militärakad./UdSSR; 1960 bis 1965 Kdr. Pz.Rgt.-14; 1965 bis 1968 Stv. Kdr. u. Stabschef 7. Pz.Div.; 1968 bis 1970 Gen.stab-Akad. UdSSR; 1970 bis 1971 1. Stv. Kdr. 7. Pz.Div.; 1971 bis 1976 Kdr. 7. Pz.Div.; **Gen.Maj.**: 01.03.1973; 1976 bis 1980 Stv. Chef Mil.Bez. u. Chef Ausbild., Kdo. Mil.Bez. III; 1980 bis 1981 Kdr. Sektion LaSK, Militärakad. Dresden; 24.09.1985 Herabsetzung im Dienstgrad vom Gen.Maj. d.R. zum Oberstltn.d.R.; Auszeichn.: Vaterländ.Verd.Ord. Bronze; Kampforden Silb.; Entl.: 31.10.1981

Siegmund, Werner; Dr. paed.; Dipl.-Mil.; Generalmajor

Geb.: 02.09.1931; in: Stotternheim, Kr. Erfurt; Vater: Kraftfahrer; Schule: 12 Klassen in Grundlagenfächern; Beruf: Elektroinstallateur

1946 bis 1949 Lehre; 1949 SED; **Eintritt bew. Org.**: 23.08.1949; 1949 bis 1950 VP-Anwärter, VP-Schule Döbeln; 1950 bis 1951 Zugfhr., VP-Bereitschaft Torgau; 1951 bis 1953 Abt.-Ltr., OAdj., VP-Dienstst. Torgau; 1953 bis 1956 Stabschef Abt., KVP-Dienstst. Prenzlau; 1956 bis 1957 Stv. Kdr. u. Stabschef, Mot.Schützen-Rgt.-13; 1957 bis 1961 Militärakad./UdSSR; 1961 bis 1967 OOffz. Taktik, Verw. Ausbild., MfNV; 1967 bis 1968 OAdj. d. Min.fNV; 1968 bis 1971 Wiss. Mitarb., zugl. OAdj. d. Min.fNV; 1971 bis 1973 Gen.stab-Akad. UdSSR; 1973 bis 1975 Ltr. Unterabt. Grundsatzfragen, MfNV; 1975 bis 1977 Stv. Kdr. f. Ausbild., 1. Mot.Schützen-Div.; 1977 bis 1990 Chef Verw. Militärwiss., MfNV; **Gen.Maj.**: 01.03.1989; Auszeichn.: Kampforden Gold; Entl.: 30.09.1990

Siewert, Eberhard; Dipl.-Wirtschaftler; Generalmajor

Geb.: 24.03.1934; in: Chemnitz; Vater: Maurer; Schule: Abitur; Beruf: Ökonom/Berufssoldat

1952 SED; 1952 bis 1956 Student, Hochschule f. Ökon. Berlin-Karlshorst; **Eintritt bew. Org.**: 01.09.1956; 1956 bis 1958 Offz./OOffz., Verw. Aufkl., MfNV; 1958 bis 1970 Abt-Ltr., Verw. Aufkl., MfNV; 1970 bis 1971 Offz.hörer Militärakad. Dresden; 1971 bis 1972 Abt.-Ltr., Verw. Aufkl., MfNV; 1972 bis 1980 Stv. Chef Verw. Aufkl. f. Strateg. Aufkl., Verw. Aufkl., MfNV; 1980 bis 1982 Stv. Chef Verw. Aufkl. f. Agenturaufkl., Verw. Aufkl., MfNV; **Gen.Maj.**: 07.10.1982; 1982 bis 1990 Kdr. Militärwiss. Institut NVA, Klietz; Auszeichn.: Vaterländ.Verd.Ord. Silb.; Kampforden Gold; Entl.: 30.09.1990

Skerra, Horst; Dipl.-Mil.; Generalleutnant

Geb.: 01.09.1930; in: Kulsen (Polen); Vater: Landarbeiter; Schule: 12 Klassen in Grundlagenfächern; Beruf: ohne/Berufssoldat

1945 bis 1948 Traktorist, UdSSR, »Umsiedlung« in d. SBZ; 1948 bis 1949 Zuschläger, Braunkohlenwerk; **Eintritt bew. Org.**: 01.09.1949; 1949 bis 1950 Kursant, Gruppenführer, VP-Schule Naumburg; 1950 bis 1951 Zugfhr., Ausbild. Ltr. Abt., VP-Dienstst. Kochstedt; 1951 SED; 1951 bis 1952 Offz.hörer VP-Schule Kochstedt; 1952 Ltr. Unterabt. Op., VP-Dienstst. Kochstedt; 1952 bis 1956 Militärakad./UdSSR; 1956 bis 1960 OOffz. u. Ltr. Unterabt., Verw. Op., MfNV; 1961 bis 1964 Stv. Chef d. Hauptstabes u. Chef Verw. Op., MfNV; 1964 bis 1966 Gen.stab-Akad. UdSSR; 1966 bis 1969 Kdr. 1. Mot.Schützen-Div.; **Gen.Maj.**: 01.03.1967; 1969 bis 1973 Stv. Chef Mil.Bez. u. Chef d. Stabes, Kdo. Mil.Bez. III; 1973 bis 1974 Stv. f. op. Zusammenwirken b. Stv. d. Stv. d. Chef d. Hauptstabes f. op. Fragen, MfNV; 1974 bis 1976 Stv. d. Stv. Chef d. Hauptstabes f. op. Fragen u. Chef Verw. Op., MfNV; 1976 bis 1982 Chef Mil.Bez. III; **Gen.Ltn.**: 07.10.1977; 1982 bis 1989 Stv. Chef LaSK u. Chef d. Stabes, Kdo. LaSK; 1990 Chef LaSK; Auszeichn.: Vaterländ.Verd.Ord. Silb.; Scharnhorstorden; Entl.: 30.09.1990

Sommer, Kurt; Dipl.-Mil.; Generalmajor

Geb.: 03.07.1930; in: Schönebeck/Elbe; Vater: Zimmermann; Schule: 12 Klassen in Grundlagenfächern; Beruf: Industriekaufmann

1944 bis 1949 Lehre, kaufm. Angest.

Eintritt bew. Org.: 20.09.1949; 1949 bis 1950 Kursant, VP-Schule Torgau; 1950 bis 1953 Polit-Kultur-Offz., Stv. Kdr. f. Politarb. Abt./Kdo., Parteisekr., VP-Dienstst. Halle; 1951 SED; 1953 bis 1956 Stv. Kdr. f. Politarb. Kp./Bat., KVP-Dienstst. Burg, Spremberg; 1956 bis 1958 Stv. Kdr. f. Politarb. Pz.Bat.; 1958 bis 1959 Stv. Kdr. f. Politarb. Pz.Rgt.-14; 1960 bis 1961 OInstrukteur f. Parteiarb., 7. Pz.Div.; 1962 bis 1965 Offz.hörer Militärakad. Dresden; 1965 bis 1968 Ltr. Unterabt. Instr., Polit.Verw., Mil.Bez. III; 1969 bis 1975 Stv. Chef f. Instr./Org., Polit.Verw., Mil.Bez. III; 1975 bis 1976 Parteihochschule KPdSU/UdSSR; 1976 bis 1977 Stv. Chef Polit.Verw. f. Instr./Org., Polit.Verw. Mil.-Bez. III; 1977 bis 1978 Stv. Ltr. Zivilverteid. u. Chef Politorgan, Zivilverteid.

DDR; 1978 bis 1990 Stv. Ltr. Zivilverteid. u. Chef Polit.Verw., Zivilverteid. DDR; **Gen.Maj.**: 07.10.1980; Auszeichn.: Vaterländ.Verd.Ord. Silb.; Kampforden Silb.; Entl.: 01.05.1990

Stach, Erich; Dipl.-Mil.; Generalmajor

Geb.: 18.04.1933; in: Schossin, Kr. Ludwigslust; Vater: Bauer; Schule: 12 Klassen in Grundlagenfächern; Beruf: Landwirtschaftsgehilfe

1947 bis 1949 Lehre; 1950 bis 1951 Mitarb. FDJ-Kr.Ltg. Schwerin; 1951 bis 1952 2. Sekr./1. Sekr. FDJ-Kr.Ltg. Usedom; 1952 SED; **Eintritt bew. Org.**: 17.12.1952; 1952 bis 1953 Offz.schüler, Pz.-Offz.Schule; 1953 bis 1954 Zugfhr., Pz.-Offz.Schule; 1954 bis 1956 Kp.Chef, Pz.-Offz.Schule; 1957 bis 1961 Militärakad./UdSSR; 1961 bis 1964 Kdr. Pz.Bat., Pz.Rgt.-23; 1965 bis 1971 Kdr. Pz.Rgt.-23; 1971 bis 1972 Ltr. Unterabt. Gefechtsausb., Verw. Ausbild., MfNV; 1972 bis 1973 Ltr. Abt. Mot.-Schützen u. allg. militär. Ausbild., Kdo. LaSK; 1973 bis 1975 Gen.stab-Akad. UdSSR; 1975 bis 1980 Stv. Chef Ausbild., Kdo. Mil.Bez. III; 1981 bis 1990 Stv. Kdr. f. Ausbild. u. Forschung, Offz.Hochschule LaSK Löbau; **Gen.Maj.**: 07.10.1989; Auszeichn.: Vaterländ.Verd.Ord. Bronze; Kampforden Silb.; Entl.: 30.09.1990

Städtke, Herbert; Dipl.-Mil.; Konteradmiral

Geb.: 17.03.1931; in: Magdeburg; Vater: Schlosser; Schule: Abitur; Beruf: Stahlbauschlosser

1947 bis 1950 Lehre; 1950 bis 1952 Student, Arb.-u.-Bauern-Fak.; 1952 bis 1953 Student, Techn. Fakultät f. Luftfahrtwesen, Uni Rostock; **Eintritt bew. Org.**: 01.11.1953; 1953 bis 1956 Offz.schüler, See-Offz.lehranstalt; 1956 SED; 1956 bis 1959 Bootskdt., 7. Flottille/6. Grenzbrig. Küste; 1959 bis 1961 Offz. Op., 6. Grenzbrig. Küste; 1961 bis 1962 OOffz. op. Plan., 6. Grenzbrig. Küste; 1962 Ltr. Gefechts-Stand, 6. Grenzbrig. Küste; 1963 bis 1966 Offz.hörer Militärakad. Dresden; 1966 bis 1967 Ltr. Unterabt. Op., 6. Grenzbrig. Küste; 1967 bis 1979 Stv. Chef Brig. u. Stabschef, 6. Grenzbrig. Küste; 1979 bis 1990 Chef 6. Grenzbrig. Küste; **K.Adm.**: 01.03.1984; Auszeichn.: Vaterländ.Verd.Ord. Bronze; Kampforden Gold; Entl.: 30.09.1990

Stahr, Gerhard; Dipl.-Ing.; Generalmajor

Geb.: 13.09.1931; in: Distelwitz (Polen); Vater: Landwirt; Schule: 12 Klassen in Grundlagenfächern; Beruf: ohne/Berufssoldat

1945 bis 1946 Waldarbeiter; 1947 bis 1949 Landarbeiter; **Eintritt bew. Org.**: 05.01.1950; 1950 bis 1952 Anwärter, Gruppenführer, VP-Dienstst. Kochstedt, Leipzig; 1952 bis 1955 Zugfhr., KVP-Dienstst. Drögeheide, Stern-Buchholz, Eggesin; 1955 bis 1956 Kp.Chef, KVP-Dienstst. Eggesin; 1956 SED; 1956 bis 1958 1. Stv. Kdr. Nachr.Bat.-9; 1959 Offz.hörer Offz.Schule Döbeln; 1959 bis 1960 Stv. Kdr. u. Stabschef Nachr.Bat.-9; 1960 bis 1961 Kdr. Nachr.Bat.-9;

1961 bis 1965 Kdr. Nachr.Bat.-5; 1965 bis 1966 Offz.hörer Naumburg; 1966 bis 1971 Militärakad./UdSSR; 1971 bis 1978 Chef Nachr., Kdo. Mil.Bez. V; 1978 bis 1990 Chef Nachr., Kdo. LaSK; **Gen.Maj.**: 01.03.1987; Auszeichn.: Vaterländ.Verd.Ord. Bronze; Kampforden Silb.; Entl.: 30.09.1990

Staimer, Richard; Generalmajor

Geb.: 25.01.1907; in: München; Vater: Gewerkschaftssekretär; Schule: 8 Klassen; Beruf: Fliesenleger; gest.: 24.10.1982

1922 bis 1926 KJVD; 1922 bis 1927 Lehre, Fliesenleger; 1924 KPD; seit 1924/25 Mitglied der Internationalen Roten Hilfe, der RGO u. d. RFB; 1927 bis 1929 Wanderschaft; 1930 Bauarbeiter; 1930 Sekr. KPD-Unterbez.; 1931 Besuch Militärpol. Schule Moskau/UdSSR; 1932 Gauführer RFB; 1932 bis 1933 erwerblos; 1933 bis 1936 Emigration, Student Universität der Westvölker, Moskau/UdSSR; 1936 bis 1938 Interbrig. in Spanien, Kdr. »Thälmann-Bat.« u. XI. Internat. Brig. (»General Hoffmann«); 1939 Parteiarb. in d. Schweiz; 1939 bis 1941 Haft, Zuchthaus St. Gallen (Schweiz); 1941 bis 1945 Emigration UdSSR, u.a. tätig im Volkskommissariat f. öffentl. Industrie u. als Politarb. im Gefangenenlager 97

Eintritt bew. Org.: 1945; 1945 bis 1946 Ltr. Polizei-Inspektion Berlin-Prenzlauer Berg; 1946 SED; 1946 bis 1950 Chef d. Landespolizei Brandenburg; 1950 bis 1951 Sonderlehrg./UdSSR; 1951 bis 1952 Ltr. VP-Bereitschaft Leipzig; 1952 bis 1955 Stv. Generaldirektor DR, Stv. Min.f. Verkehrswesen; 1955 bis 1963 Ltr. bzw. Vors. Zentralvorstand d. GST; **Gen.Maj.**: 15.02.1960 (d.R); 01.04.1963 (reaktiviert); 1963 bis 1969 Ltr. Mil. HAbt. b. Staatssekr. f. Hoch- und Fachschulwesen; Auszeichn.: Vaterländ.Verd.Ord. Gold; Kampforden Silb.; Entl.: 01.10.1969

Stechbarth, Horst; Dipl.-Mil.; Generaloberst

Geb.: 13.04.1925; in: Eichenrode (Polen); Vater: Landwirt; Schule: 8 Klassen; Beruf: Landwirtschaftsgehilfe

1939 bis 1943 Landwirtschaftsgehilfe; 1943 RAD; 1943 NSDAP-Anwärter; 1943 bis 1945 Wehrmacht, Uffz. (Pz.-Grenadier); 1945 bis 1948 sowjet. Gefangensch.

1948 bis 1949 Landarbeiter; **Eintritt bew. Org.**: 01.03.1949; 1949 bis 1950 Gruppenführer, Zugfhr., Kp.Chef, VP-Dienstst. Eldena, Eggesin; 1950 bis 1951 Abt. Kdr., VP-Dienstst. Eggesin; 1951 bis 1952 Sonderlehrg./UdSSR; 1951 SED; 1952 bis 1954 Kdo. Ltr., KVP-Bereitschaft Eggesin; 1954 bis 1955 Offz.hörer Hochschule f. Offz.; 1955 bis 1956 Stv. Kdr. KVP-Dienstst. Schwerin; 1956 bis 1957 1. Stv. Kdr. 1. Mot.Schützen-Div.; 1957 bis 1959 Kdr. 1. Mot.Schützen-Div.; 1959 bis 1961 Gen.stab-Akad. UdSSR; 1961 bis 1964 1. Stv. Chef Mil.Bez., Kdo. Mil.Bez. V; **Gen.Maj.**: 01.03.1964; 1964 bis 1967 Chef Mil.Bez. V; 1967 bis 1968 Chef Verw. Ausbild., MfNV; 1969 bis 1972 Stv. d. Stv. d. Min.f. Ausbild. u. Chef Verw. Ausbild., MfNV; **Gen.Ltn.**: 02.11.1970;

1972 bis 1989 Stv. Min.fNV u. Chef LaSK; **Gen.Oberst**: 01.03.1976; Auszeichn.: Karl-Marx-Orden; Scharnhorst-Orden; Entl.: 31.12.1989

Steger, Wolfgang; Dipl.-Mil.; Generalleutnant

Geb.: 06.06.1934; in: Gera; Vater: Weber; Schule: 12 Klassen in Grundlagenfächern; Beruf: Weber

1949 bis 1951 Lehre; **Eintritt bew. Org.**: 06.03.1951; 1951 bis 1953 Soldat, Offz.schüler, Offz.Schule Erfurt; 1953 bis 1955 Zugfhr., KVP-Dienstst. Oranienburg; 1955 bis 1959 Militärakad./UdSSR; 1957 SED; 1959 bis 1960 Stv. Kdr. u. Stabschef Mot.Schützen-Rgt.-18; 1961 bis 1966 Ltr. Unterabt. op. Arb., Kdo. Mil.Bez. III; 1966 bis 1969 Stv. Ltr. Abt. Op., Kdo. Mil.Bez. III; 1969 bis 1971 Ltr. Abt. Op., Mil.Bez. III; 1971 bis 1973 Gen.stab-Akad. UdSSR; 1973 bis 1978 Stv. Kdr. u. Stabschef 4. Mot.Schützen-Div.; 1978 bis 1981 Stv. Chef d. Stabes f. op. Arb., Kdo. Mil.Bez. III; **Gen.Maj.**: 07.10.1982; 1982 bis 1986 Stv. Chef Mil.Bez. u. Chef d. Stabes, Kdo. Mil.Bez. III; 1986 bis 1987 Chef Mil.Bez. III; **Gen.Ltn.**: 07.10.1987; 1987 bis 1990 Stv. Chef d. Hauptstabes f. op. Fragen, MfNV/MfAV; Auszeichn.: Vaterländ.Verd.Ord. Silb.; Kampforden Gold; Entl.: 30.09.1990

Steiger, Georg; Dipl.-Mil.; Generalleutnant

Geb.: 24.04.1928; in: Lichtenstein, Kr. Chemnitzer Land; Vater: Arbeiter; Schule: 12 Klassen in Grundlagenfächern; Beruf: Strickmaschineneinrichter

1942 bis 1944 Lehre; 1944 bis 1945 Wehrmacht, Luftwaffenhelfer, Kanonier (Flak)

1945 bis 1948 Stricker, Lichtenstein; 1946 KPD/SED; **Eintritt bew. Org.**: 27.09.1948; 1948 VP-Wachtmeister, VP-Kreisamt Glauchau; 1948 bis 1949 Offz.schüler, IV. VP-Bereitschaft Sachsen; 1950 Ltr. Versorgung Kdo., IV. VP-Bereitschaft Sachsen; 1951 Ltr. VS-Stelle, Wach-Bat. Berlin; 1951 bis 1952 Stv. Rückw.Dienste, Kfz.-Transport-Bat. Berlin-Adlershof; 1953 Offz.hörer Offz.Schule Erfurt; 1953 Stv. Rückw.Dienste, Kfz.-Bat., Kfz-Schule, KVP-Bereitschaft Potsdam; 1954 bis 1956 Stv. Kdr. f. Rückw.Dienste, Transport-Rgt., Stab KVP/MfNV; 1956 bis 1957 Offz.hörer Hochschule f. Offz.; 1957 bis 1961 Militärakad./UdSSR; 1961 bis 1962 OOffz. Org./Plan., 7. Pz.Div.; 1962 bis 1963 Stabschef Rückw.Dienste, Kdo. Mil.Bez. V; 1963 bis 1965 Stv. Chef Mil.Bez. u. Chef Rückw.Dienste, Kdo. Mil.Bez. V; 1965 bis 1967 Gen.stab-Akad. UdSSR; 1967 bis 1972 Stv. Chef Mil.Bez. u. Chef Rückw.Dienste, Kdo. Mil.Bez. III; **Gen.Maj.**: 02.11.1970; 1972 bis 1981 Stv. Chef Rückw.Dienste u. Stabschef, MfNV; **Gen.Ltn.**: 07.10.1979; 1982 bis 1987 Stv. Chef Techn. Komitee Vereinte Streitkräfte Warschauer Vertrag; 1987 bis 1988 Reserve MfNV; Auszeichn.: Vaterländ.Verd.Ord. Silb.; Kampforden Gold; Entl.: 30.04.1988

Steiner, Edgar; Prof. Dr. sc. med.; OMed.Rat; Generalmajor

Geb.: 21.06.1933; in: Deutsch-Eylau, Kr. Rosenberg (Polen); Vater: Holz- u. Waldarbeiter; Schule: Abitur; Beruf: Arzt/Berufssoldat

1951 SED; 1951 Krankenpfleger; **Eintritt bew. Org.**: 01.07.1951; 1951 bis 1954 Student, Uni Leipzig; 1954 bis 1958 Student, Militärmed. Akad./UdSSR; 1958 bis 1959 Rgt.arzt, Mot.Schützen-Rgt.-1; 1959 bis 1961 OOffz. f. Entw., Med. Verw., MfNV; 1961 bis 1962 OOffz. f. Org., Koord.abt. b. Min.f. Gesundheitswesen; 1962 bis 1967 freigestellt als Ltr. Koord.abt. b. Min.f. Gesundheitswesen; 1967 bis 1968 zeitw. Entlassung aus akt. Wehrdienst, Ltr. Büro d. Min.f. Gesundheitswesen; 1968 bis 1971 Abt.-Ltr., Mf Gesundheitswesen; 1971 bis 1988 Kdr. Militärmed.Sektion Greifswald; **Gen.Maj.**: 07.10.1982; Auszeichn.: Vaterländ.Verd.Ord. Bronze; Kampforden Bronze; Entl.: 31.3.1988

Steurich, Peter; Dipl.-Ges.-Wiss.; Generalmajor

Geb.: 17.12.1934; in: Leutersdorf, Kr. Zittau; Vater: Arbeiter; Schule: 12 Klassen in Grundlagenfächern; Beruf: Verwaltungsangest.

1949 bis 1951 Lehre; 1951 Verwaltungsangest.; 1952 Referent Jugendfragen, Rat d. Kr. Zittau; **Eintritt bew. Org.**: 05.06.1952; 1952 bis 1954 Gruppenführer, VP-Dienstst. Zittau, Offz.schüler, Offz.Schule Döbeln; 1953 SED; 1954 bis 1955 Zugfhr., KVP-Dienstst. Rostock; 1955 bis 1963 Klubltr., Offz.Schule Döbeln, Plauen; 1963 bis 1967 OInstrukteur polit. Massenarb., Polit. HV, MfNV; 1967 bis 1968 Ltr. Abt. Kultur, Polit. HV, MfNV; 1968 bis 1969 Chef Verw. Agit. (m.d.F.b.), Polit. HV, MfNV; 1969 bis 1981 Ltr. Abt. Kultur, Polit. HV, MfNV; 1981 bis 1990 Stv. f. kulturpolit. Arb. d. Stv. Chef d. Polit. HV f. ideol Arbeit, Polit. HV, MfNV; **Gen.Maj.**: 01.03.1984; 1990 Verw. Staatsbgl. Arbeit, MfNV/MfAV; Auszeichn.: Vaterländ.Verd.Ord. Silb.; Kampforden Silb.; Entl.: 31.08.1990

Stoph, Willi; Armeegeneral

Geb.: 09.07.1914; in: Berlin; Vater: Arbeiter; Schule: 8 Klassen; Beruf: Maurer/Bautechniker; gest.: 13.04.1999

1928 KJVD; 1928 bis 1931 Lehre; 1931 KPD, Mitarb. im Militär-Apparat Kippenberg; 1931 bis 1935 Maurer, Maurerpolier, Fernstudium als Bautechniker; 1935 bis 1937 Wehrmacht; 1937 bis 1940 Tätigkeit im Bauwesen; 1940 bis 1942 Wehrmacht, Stabsgefr. (Artillerie)/Lazarett; 1943 bis 1945 Bauleiter/ Volkssturm; 1945 sowjet. Gefangensch.

1945 bis 1946 Mitarb. d. Polit-Abt. d. SMAD; 1946 SED; 1946 bis 1947 Ltr. Abt. Baustoffindustrie/Bauwirtschaft, Dt. Zentralverw. d. Industrie; 1947 bis 1948 Ltr. d. HAbt. Grundstoffindustrie, Dt. Zentralverw. d. Industrie; 1948 bis 1950 Ltr. d. Abt. Wirtschaftspolitik b. Parteivorstand d. SED; 1951 bis 1952 Ltr. d. Büro f. Wirtschaftsfragen b. Min.-Präsidenten; **Eintritt bew. Org.**: 09.05.1952; 1952 bis 1955 Min.dI; **Gen.Oberst**: 07.10.1955; 1955 bis 1956 Stv. Vors. Min.-rats f. Verteidig.fragen; 1956 bis 1960 Min.fNV; **Armeegen.**: 07.10.1959; 1960 bis

1964 Stv./1. Stv. d. Vors. d. Min.-rats; 1964 bis 1973 Vors. Min.-rats; 1973 bis 1976 Vors. d. Staatsrats; 1976 bis 1989 Vors. Min.-rats; Auszeichn.: Karl-Marx-Orden; Ehrenspange Vaterländ.Verd.Ord.; Held DDR; Entl.: 30.06.1960

Storbeck, Gerhard; Dipl.-Ing.; Generalmajor

Geb.: 31.12.1927; in: Zühlen, Altmarkkreis Salzwedel; Vater: Kraftfahrer; Schule: 12 Klassen in Grundlagenfächern; Beruf: Landmaschinenschlosser

1942 bis 1944 Lehre; 1944 RAD; 1944 bis 1945 Wehrmacht, Soldat (Pz.-Grenadier); 1945 amerik. Gefangensch.

1945 bis 1949 Landarbeiter/Landmaschinenschlosser; **Eintritt bew. Org.**: 01.06.1949; 1949 bis 1951, Abt.- u. Einsatzltr., VP-Bereitschaft Kirchmöser, Burg; 1951 Offz.schüler, VP-Schule Priemerwald; 1952 SED; 1952 bis 1953 Stab, VP-Schule Priemerwald; 1953 bis 1956 Offz./OOffz. Abt. Ausbild., Pz.-Schule Großenhain; 1956 bis 1960 OOffz., Abt. Org./Plan. b. Chef Pz., MfNV; 1961 bis 1963 Abt.-Ltr. Pz.-Bewaffn., Verw. Pz.-Bewaffn., MfNV; 1963 bis 1964 Abt.-Ltr. u. Stv. Chef, Verw. Pz.-Bewaffn., MfNV; 1964 bis 1972 Chef Verw. Pz.-Bewaffn., MfNV; 1972 bis 1989 Chef Panzerdienst/Chef Verw. Panzerdienst, MfNV; **Gen.Maj.**: 01.03.1974; Auszeichn.: Vaterländ.Verd.Ord. Silb.; Kampforden Gold; Entl.: 30.05.1989

Streletz, Fritz; Dipl.-Mil.; Generaloberst

Geb.: 28.09.1926; in: Friedrichsgrätz, Kr. Oppeln (Polen); Vater: Bergmann; Schule: 8 Klassen; Beruf: ohne/Berufssoldat

1941 bis 1943 Heeres-Uffz.-Vorschule; 1943 bis 1944 RAD; 1944 bis 1945 Wehrmacht, Uffz. (Infanterie); 1945 bis 1948 sowjet. Gefangensch.

Eintritt bew. Org.: 05.10.1948; 1948 SED; 1948 bis 1949 Wachtmeister/Kursant, Gruppenfhr., 3. VP-Bereitschaft Zerbst/Quedlinburg; 1949 Zugfhr., VP-Bereitschaft Bernburg, Stabsschef, VP-Bereitschaft Dommitzsch; 1949 bis 1950 Stv. Ltr. f. Ausbild., VP-Bereitschaft Kirchmöser; 1950 Ltr. VP-Bereitschaft Frankenberg; 1950 bis 1951 z.b.V., HVA; 1951 Stv. Ltr. f. Ausbild., VP-Bereitschaft Prenzlau; 1951 bis 1952 Sonderlehrg./UdSSR; 1952 bis 1953 Ltr. KVP-Dienstst. Großenhain, Oranienburg; 1953 bis 1954 Stv. Ltr. KVP-Dienstst. Halle; 1954 bis 1955 Offz.hörer Hochschule f. Offz.; 1955 bis 1956 Stv. Chef Territor.Verw. Süd, KVP; 1956 bis 1959 1. Stv. Chef Mil.Bez., Kdo. Mil.Bez. III; 1959 bis 1961 Gen.stab-Akad. UdSSR; 1961 bis 1964 Stv. Chef Mil.Bez. u. Chef d. Stabes, Kdo. Mil.Bez. III; **Gen.Maj.**: 01.03.1964; 1964 bis 1972 Stv. Chef d. Hauptstabes f. op. Fragen u. Chef Verw. Op., MfNV; **Gen.Ltn.**: 07.10.1969; 1972 bis 1978 Stv. Chef d. Hauptstabes f. op. Fragen, MfNV; 1971 bis 1989 Sekretär NVR; **Gen.Oberst**: 07.10.1979; 1979 bis 1989 Stv. Min.fNV u. Chef d. Hauptstabes, MfNV; Auszeichn.: Karl-Marx-Orden; Ehrenspange Vaterländ.Verd.Ord. Gold; Scharnhorstorden; Entl.: 31.12.1989

Streubel, Johannes; Dipl.-Mil.; Konteradmiral

Geb.: 17.01.1921; in: Erdmannsdorf, Kr. Freiberg; Vater: Müller; Schule: 8 Klassen; Beruf: Betriebselektriker; gest.: 22.02.1990

1935 bis 1939 Lehre; 1939 RAD; 1939 bis 1945 Kriegsmarine, Fähnrich z. See; 1945 sowjet. Gefangensch.

1945 bis 1946 ohne Tätigkeit; 1946 KPD/SED; 1946 bis 1947 Neulehrer, Berufsschule Flöha; 1947 bis 1950 Ltr. Kulturamt, Rat d. Kr. Flöha; **Eintritt bew. Org.:** 10.02.1950;1950 bis 1952 Instrukteur, MdI; 1952 bis 1953 Ltr. Abt. Koord. u. Kontr., Berlin; 1953 bis 1955 Instrukteur, Abt. Sicherheit d. ZK; 1956 bis 1957 Seekriegsakad./UdSSR; 1957 bis 1958 Instrukteur, Abt. Sicherheit d. ZK; 1959 bis 1961 Chef 4. Flottille, Seestreitkr./VM; 1962 bis 1964 Stv. Chef d. Stabes f. op. Fragen, Kdo. VM; **K.Adm.**: 01.05.1964; 1964 bis 1971 Stv. Chef VM u. Chef d. Stabes, Kdo. VM; 1972 bis 1981 Direktor Armeemuseum Dresden; Auszeichn.: Vaterländ.Verd.Ord. Silb.; Kampforden Gold; Entl.: 01.12.1981

Strobel, Harry; Dipl.-Mil.; Generalleutnant

Geb.: 30.09.1928; in: Gera; Vater: Maurer; Schule: Abitur; Beruf: Kaufmann

1944 bis 1945 Wehrmacht, Kanonier (Flak-Artillerie)

1945 bis 1948 Lehre; 1946 KPD/SED; 1948 bis 1949 Kalkulator, Konsumgenossenschaft Gera; **Eintritt bew. Org.**: 23.08.1949; 1949 bis 1950 Gruppenführer, Zugfhr., VP-Schule Döbeln; 1951 bis 1953 Kp.Chef, Stabschef, VP-Dienstst. Frankenberg, Dresden; 1953 bis 1954 Abt.-Ltr., KVP-Dienstst. Dresden II; 1954 bis 1956 Offz.hörer Hochschule f. Offz.; 1956 bis 1958 Kdr. Pio.Bat.-7; 1959 bis 1961 Ltr. Pio.-Dienst, 4. Mot.Schützen-Div.; 1962 bis 1964 Gen.stab-Akad. UdSSR; 1964 bis 1968 Chef Pio.-Wesen, Kdo. Mil.Bez. V; 1968 bis 1978 Chef Pio.-Wesen, MfNV; **Gen.Maj.**: 02.11.1970; **Gen.Ltn.**: 01.09.1978; 1978 bis 1982 (freigestellt) Stv. Min.f. Bauwesen u. Chef Spezialbauwesen, Mf Bauwesen; 28.04.1982 Herabsetzung im Dienstgrad zum Generalmajor; Auszeichn.: Vaterländ.Verd.Ord. Silb.; Kampforden Gold; Entl.: 31.12.1982

Süß, Hans; Prof. Dr. rer. mil.; Generalleutnant

Geb.: 20.4.1935; in: Buchholz, Kr. Annaberg; Vater: Präger; Schule: Abitur; Beruf: ohne/Berufssoldat

Eintritt bew. Org.: 27.07.1953; 1953 bis 1956 Kursant, Offz.schüler, Offz.Schule Dresden; 1955 SED; 1956 bis 1960 Militärakad./UdSSR; 1961 1. Stv. Kdr. Fu.-techn. Rgt.-4; 1961 bis 1962 Stv. Kdr. u. Stabschef Fu.-techn. Rgt.-4; 1962 bis 1965 Stv. Chef Funktechn. Truppen, Kdo. LSK/LV; 1965 bis 1974 Chef Funktechn. Truppen, Kdo. LSK/LV; 1974 bis 1976 Gen.stab-Akad. UdSSR; 1976 bis 1978 Stv. Kdr. u. Stabschef, 1. LVDiv.; 1978 bis 1988 Kdr. Offz.Hochschule LSK/LV Kamenz; **Gen.Maj.**: 07.10.1979; **Gen.Ltn.**: 07.10.1988; 1988 bis 1990 Hptinspekt. NVA; 1990 Chef Militärakad. Dresden; Auszeichn.: Vaterländ.Verd.Ord. Bronze; Scharnhorstorden; Entl.: 30.09.1990

Sylla, Horst; Dipl.-Mil.; Generalleutnant

Geb.: 11.02.1933; in: Hindenburg (Polen); Vater: Bergarbeiter; Schule: 10 Klassen; Beruf: Elektromaschinenbauer/Bohrwerksdreher

1947 bis 1950 Lehre; 1950 bis 1951 Umschulung als Bohrwerksdreher; 1951 bis 1953 Bohrwerksdreher; **Eintritt bew. Org.**: 23.01.1953; 1953 bis 1954 Offz.schüler, Pz.-Schule Priemerwald, Großenhain; 1954 SED; 1954 bis 1957 Zugfhr., Kp.Chef, KVP-Dienstst. Dresden, Pz.Rgt.-14; 1957 bis 1960 Fachlehrer, Pz.-Schule Großenhain; 1961 bis 1964 Offz.hörer Militärakad. Dresden; 1964 bis 1968 1. Stv. Kdr., Pz.Rgt.-4; 1968 bis 1971 Kdr. Pz.Rgt.-4; 1971 bis 1974 Gen.stab-Akad. UdSSR; 1974 bis 1977 Stv. Kdr. f. Ausbild., 4. Mot.Schützen-Div.; 1977 bis 1982 Kdr. 9. Pz.Div.; **Gen.Maj.**: 07.10.1979; 1983 bis 1985 Kdr. Offz.Hochschule LaSK Löbau; 1985 bis 1986 Stv. Chef Mil.Bez. u. Chef d. Stabes, Kdo. Mil.Bez. V; 1986 bis 1990 Chef Mil.Bez. V; **Gen.Ltn.**: 01.03.1988; Auszeichn.: Vaterländ.Verd.Ord. Bronze; Kampforden Silb.; Entl.: 30.09.1990

Syrbe, Horst; Prof. Dr. phil.; Dipl.-Ges.-Wiss.; Generalmajor

Geb.: 25.11.1930; in: Roschütz, Kr. Riesa-Großenhain; Vater: Porzellanbrenner; Schule: 10 Klassen; Beruf: Keramikmaler

1945 bis 1947 Lehre; 1947 bis 1950 Schüler, Oberschule Gera; 1950 bis 1951 Funktionär, FDJ-Landesverband Erfurt; 1951 bis 1952 Chemiewerker, Buna; 1952 SED; **Eintritt bew. Org.**: 05.06.1952; 1952 bis 1953 Kursant, Offz.Schule Weißenfels, Berlin II; 1953 bis 1954 Stv. Kdr. f. Politarb. Kp., Ltr. Kabinett, Politschule Treptow; 1954 bis 1958 Fachlehrer, Politschule Treptow; 1958 bis 1963 Studium u. Aspirantur, Inst. f. Ges.-Wiss. b. ZK d. SED; 1963 bis 1964 OLektor, Polit. HV, MfNV; 1964 bis 1965 Ltr. Unterabt. ges.-wiss. Ausbild., Polit. HV, MfNV; 1965 bis 1967 Ltr. Abt. ges.-wiss. Ausb. u. Forschung, Polit. HV, MfNV; 1967 bis 1968 Stv. Kdr. f. ges.-wiss. Ausbild., Militärakad. Dresden; 1968 bis 1969 Offz.hörer Militärakad. Dresden; 1969 bis 1970 Ltr. d. Fak. Ges.-Wiss. u. Stv. d. Kdr. f. ges.-wiss. Ausbild., Militärakad. Dresden; 1970 bis 1990 Kdr. Sektion Ges.-Wiss., Militärakad. Dresden; **Gen.Maj.**: 07.10.1980; Auszeichn.: Vaterländ.Verd.Ord. Bronze; Kampforden Gold; Entl.: 30.09.1990

Tanner, Walter; Dipl.-Mil.; Generalmajor

Geb.: 29.11.1931; in: Rauske, Kr. Falkenberg (Polen); Vater: Landarbeiter; Schule: 12 Klassen in Grundlagenfächern; Beruf: ohne/Berufssoldat; gest.: 06.04.1987

1945 bis 1947 Landarbeiter; 1947 bis 1948 Hilfsschweißer; 1948 bis 1949 Arbeiter Gärtnerei, Ölmühle; **Eintritt bew. Org.**: 28.04.1949; 1949 bis 1951 Anwärter, Posten, Gruppenführer, Schichtltr., Unterführerlehrg., Lehranstalt Sondershausen, DGP; 1951 bis 1952 Kp.Chef, Grenzbereitschaft Blankenfelde; 1952 bis 1953 Offz.schüler, Lehranstalt Sondershausen; 1953 SED; 1953 bis 1954 Offz. f. Ausbild., HVDGP; 1954 bis 1955 Stabschef, Grenzkommandantur, Grenzbereitschaft Blankenfelde; 1955 bis 1956 Kommandanturltr., Grenzbereitschaft Blankenfelde; 1956 bis 1957 Sonderlehrg./UdSSR; 1958 bis 1959; Ltr. Unterabt. Ausbild./Ltr. Unterabt. Op., 5. Grenzbrig.; 1959 bis 1962 Stabschef (m.d.F.b.), 14. Grenzbereitschaft; 1963 bis 1966 Offz.hörer Militärakad. Dresden; 1966 bis 1968 Stv. Kdr. u. Stabschef, 2. Grenzbrig.; 1968 bis 1971 Kdr. Uffz.-Ausb.-Rgt., Stadtkommandantur Berlin(Ost); 1971 bis 1973 Kdr. Uffz.Schule VII GT; 1973 bis 1978 Stv. Kdr. f. Ausbild., Offz.Hochschule GT Suhl; 1978 bis 1982 Kdr. GrenzKdo. Süd; **Gen.Maj.**: 07.10.1979; 1982 bis 1987 Kdr. Uffz.Schule VI GT; Auszeichn.: Vaterländ.Verd.Ord. Bronze; Kampforden Silb.

Tappert, Heinz; Dr. rer. oec.; Diplomwirtschaftler; Generalleutnant

Geb.: 15.05.1928; in: Senitz (Polen); Vater: Fabrikarbeiter; Schule: 12 Klassen in Grundlagenfächern; Beruf: Kaufmann

1942 bis 1944 Lehre; 1944 bis 1945 Wehrertüchtigungslager; 1945 RAD; 1945 sowjet. Gefangensch.

1945 bis 1948 Wirtschaftsgehilfe; 1948 SED; **Eintritt bew. Org.**: 15.09.1948; 1948 bis 1949 Innendienstltr. u. Rechnungsführer, VP-Dienstst. Quedlinburg; 1949 bis 1951 Zahlstellenltr., VP-Dienstst. Rostock; 1951 bis 1952 Revisor, Stab HVA; 1952 bis 1954 Offz., Abt. Inspektion, Verw. Finan., Stab KVP; 1955 bis 1956 Stv. Chef Verw. Finan. u. Ltr. Abt. Inspektion, Stab KVP; 1956 bis 1959 Stv. Chef Verw. Finan., MfNV; 1959 bis 1976 Chef Verw. Finan., MfNV; **Gen.Maj.**: 01.03.1967; 1976 bis 1990 Chef Finanzökon., MfNV; **Gen.Ltn.**: 07.10.1977; Auszeichn.: Ehrenspange Vaterländ.Verd.Ord. Gold; Scharnhorstorden; Entl.: 28.02.1990

Teichmann, Dieter; Dipl.-Mil.; Ing.; Generalmajor

Geb.: 19.10.1930; in: Nobitz, Kr. Altenburg; Vater: Buchdrucker; Schule: 10 Klassen in Grundlagenfächern; Beruf: Forstingenieur

1948 bis 1950 Lehre; 1950 bis 1953 Student, Forstfachschule Schwarzburg; 1953 bis 1955 Forsting., Altenburg; **Eintritt bew. Org.**: 01.05.1955; 1955 bis 1957 Soldat, Zugfhr., Kp.Chef, VP-Dienstst. Naumburg, Bad Düben, Halle; 1957 bis 1958 Offz. Ausbild., 5. VP-Bereitschaft Leipzig; 1959 bis 1960 Stv. Kdr. Allg., 5. VP-Bereitschaft; 1960 bis 1961 1. Stv. Kdr., 5. VP-Bereitschaft; 1961 bis 1962 Ltr. Ausbild. u. Schulung 1. Grenzbrig., Stadtkommandantur Berlin(Ost); 1963 bis 1966 Offz.hörer Militärakad. Dresden; 1966 bis 1971 Ltr. op. Arb., Stadtkommandantur Berlin(Ost); 1971 bis 1973 Stv. Stabschef f. op. Arb., GrenzKdo. Mitte; 1973 bis 1979 Ltr. Abt. Op. , Kdo. GT; 1979 bis 1981 Stv. Chef d. Stabes f. op. Arb., Kdo. GT; **Gen.Maj.**: 07.10.1982; 1982 bis 1986 Stv. Chef d. Stabes f. Grenzsicherung u. Grenzüberwachung, Kdo. GT; 1986 bis 1989 Stv. Chef GT u. Chef d. Stabes; 1990 Chef GT (m.d.F.b.), ab 01.03.1990 Chef GT/Chef Grenzschutz; Auszeichn.: Vaterländ.Verd.Ord. Silb.; Kampforden Gold; Entl.: 30.09.1990

Telle, Erhard; Dipl.-Ing.-Öko.; Generalmajor

Geb.: 20.01.1933; in: Haynsburg, Burgenlandkreis; Vater: Zimmermann; Schule: 12 Klassen in Grundlagenfächern; Beruf: Schlosser; verst.: 07.04.1991

1947 bis 1951 Lehre; 1951 bis 1952 Maschinenschlosser; **Eintritt bew. Org.**: 28.08.1952; 1952 bis 1954 Offz.schüler, Offz.Schule Kamenz; 1954 bis 1957 Kettentechn., Jagdfliegergeschwader-7; 1955 SED; 1957 bis 1961 OOffz. allgem. Reparatur, 3. Fliegerdiv.; 1961 bis 1966 Ltr. Fliegering.-Dienst, 1. LVDiv.; 1966 bis 1968 Studium, TU Dresden; 1968 bis 1972 Ltr. Fliegering.-Dienst, Offz.Schule/Offz.Hochschule LSK/LV Kamenz; 1972 Stv. Ltr. Fliegering.-Dienst f. Wartung u. Inbetriebnahme, Kdo. LSK/LV; 1972 bis 1990 Chef Fliegering.-Dienst, Kdo. LSK/LV; **Gen.Maj.**: 07.10.1980; Auszeichn.: Vaterländ.-Verd.Ord. Bronze; Scharnhorstorden; Entl.: 31.05.1990

Teller, Günther; Dipl.-Mil.; Generalleutnant

Geb.: 24.11.1925; in: Halle/Saale; Vater: Salzarbeiter; Schule: 12 Klassen in Grundlagenfächern; Beruf: Schlosser; gest.: 28.06.1982

1940 bis 1943 Lehre, Schlosser; 1943 RAD; 1943 bis 1945 Wehrmacht, Obergefreiter (Infanterie); 1945 amerik. Gefangensch.

1945 Kraftfahrer; 1945 bis 1946 Org. Ltr., Jugendausschuß Halle; 1946 bis 1949 Kreis- u. Landessekr. FDJ, Halle u. Sachsen-Anhalt; 1947 SED; **Eintritt bew. Org.**: 01.09.1949; 1949 bis 1950 Instrukteur, HVA; 1950 bis 1951 Studium, Parteihochschule SED; 1951 bis 1952 Instrukteur/OInstrukteur Polit.-Arb., VP-Dienststt. Quedlinburg; 1952 bis 1953 Ltr. Politabt., KVP-Dienststt. Mühlhausen; 1953 bis 1957 Ltr. Abt. Jugend, Polit.Verw., KVP/MfNV; 1957 bis 1962 Offz.hörer Hochschule f. Offz./Militärakad. Dresden; 1962 bis 1964 Stv. Ltr. Polit.Verw. u. Ltr. Abt. Org./Instr., Polit.Verw. Kdo. Mil.Bez. III; 1964 bis 1965 Stv. Chef Mil.Bez. u. Ltr. Polit.Verw., Kdo. Mil.Bez. III; 1965 bis 1968 Stv. Chef f. org.-polit. Arb., Polit. HV, MfNV; **Gen.Maj.**: 01.03.1966; 1968 bis 1982 Vors. Zentralvorst. GST; **Gen.Ltn.**: 01.03.1975; Auszeichn.: Vaterländ.-Verd.Ord. Silb.; Scharnhorstorden

Thieme, Heinz-Ottomar; Dipl.-Mil.; Generalmajor

Geb.: 17.02.1926; in: Erfurt; Vater: Arbeiter; Schule: 10 Klassen in Grundlagenfächern; Beruf: Tischler

1940 bis 1943 Lehre, Tischler; 1943 RAD; 1943 bis 1945 Wehrmacht, Gefr. (Panzer); 1945 amerik. u. engl. Gefangensch.

1946 SPD/SED; 1946 bis 1948 Tischler; **Eintritt bew. Org.**: 20.02.1948; 1948 bis 1949 Schutzmann, Erfurt, Grenzpolizist, Grenzbereitschaft Benneckenstein; 1949 bis 1950 Kdo. Ltr., Grenzbereitschaft Mihla; 1951 bis 1953 Taktiklehrer, Kp.Chef, Lehranstalt Sondershausen; 1953 bis 1957 Kdr. Grenzbereitschaft Meiningen; 1957 bis 1958 Offz.hörer Hochschule f. Offz.; 1958 bis 1961 Stabschef, Grenzbereitschaft Karl-Marx-Stadt; 1962 Offz.hörer Militärakad. Dresden; 1962 bis 1967 Kdr. 7. Grenzbrig.; 1967 bis 1969 Offz.hörer Militärakad. Dresden; 1969 bis 1971 Stv. Chef d. Stabes f. op. Fragen, Kdo. GT; 1971 bis 1986 Stv. Chef GT f. Ausbild., Kdo. GT; **Gen.Maj.**: 01.03.1973; Auszeichn.: Vaterländ.Verd.Ord. Silb.; Kampforden Gold; Entl.: 30.11.1986

Thieme, Manfred; Dipl.-Mil.; Generalmajor

Geb.: 01.01.1936; in: Falkenstein, Kr. Auerbach; Vater: Erdarbeiter; Schule: 12 Klassen in Grundlagenfächern; Beruf: Weber

1950 bis 1954 Lehre, Weber; **Eintritt bew. Org.**: 12.08.1954; 1954 bis 1957 Offz.schüler, Offz.Schule Großenhain; 1957 bis 1960 Zugfhr., Mot.Schützen-Rgt.-7; 1959 SED; 1960 bis 1964 Kp.Chef, Mot.Schützen-Rgt.-7; 1964 bis 1966 Stabschef Pz.Bat.; 1966 bis 1970 Kdr. Pz.Bat.; 1970 bis 1973 Offz.hörer Militärakad. Dresden; 1973 bis 1980 Kdr. Mot.Schützen-Rgt.-17; 1979 bis 1980 Stv. Kdr. f. Ausbild. (m.d.F.b.), 11. Mot.Schützen-Div.; 1981 Stv. Chef Ausbild. u. Ltr. Abt. Ausbild., Kdo. Mil.Bez. III; 1981 bis 1990 Chef Wehrbez.kdo. Suhl; **Gen.Maj.**: 01.03.1989; Auszeichn.: Kampforden Gold; Entl.: 30.09.1990

Thonke, Wolfgang; Dr. rer. mil.; Dipl. rer. mil.; Generalmajor

Geb.: 28.12.1938; in: Schneidemühl (Polen); Vater: Kellner; Schule: Abitur; Beruf: ohne/Berufssoldat

Eintritt bew. Org.: 05.08.1957; 1957 bis 1959 Offz.schüler, Offz.Schule Bautzen; 1958 SED; 1959 bis 1961 Fluglehrer, Fliegerausb.geschwader-3; 1961 bis 1965 Ltr. Lufttaktik/Luftschießen, Jagdfliegerausb.geschwader-15, Offz.Schule LSK/LV Kamenz; 1965 bis 1968 Ltr. Gefechtsausb., Offz.Schule LSK/LV; 1968 bis 1970 Stv. Kdr. f. flieg. Ausbild., Offz.Schule LSK/LV; 1970 bis 1973 Offz.hörer Militärakad. Dresden; 1973 bis 1975 Kdr. Jagdfliegergeschwader-1; 1975 bis 1977 Gen.stab-Akad. UdSSR; 1977 bis 1978 Ltr. Abt. Fluginsp., Kdo. LSK/LV; 1978 bis 1981 Stv./Ltr. Ausbild. Jagdfliegerkräfte, Kdo. LSK/LV; 1981 bis 1986 Stv./Chef Jagdfliegerkräfte, Kdo. LSK/LV; 1986 bis 1989 Kdr. Offz.Hochschule LSK/LV f. Militärflieger Bautzen; **Gen.Maj.**: 07.10.1987; 1989 bis 1990 Stv. Chef LSK/LV f. Ausbild. LSK, Kdo. LSK/LV; Auszeichn.: Vaterländ.Verd.Ord. Bronze; Kampforden Silb.; Entl.: 02.10.1990

Thunemann, Henri; Dipl.-Mil.; Generalmajor

Geb.: 02.03.1937; in: Unseburg, Kr. Aschersleben-Staßfurt; Vater: Bergmann; Schule: 12 Klassen in Grundlagenfächern; Beruf: Maschinenschlosser

1951 bis 1953 Lehre; 1953 bis 1955 Student, Arb.-u.-Bauern-Fak. Halle; **Eintritt bew. Org.**: 01.08.1955; 1955 bis 1958 Offz.schüler, Offz.Schule Großenhain; 1958 SED; 1958 bis 1967 Zugfhr., Kp.Chef, Parteisekr., Pz.Rgt.-21; 1967 bis 1968 Stabschef Pz.Bat., Pz.Rgt.-21; 1968 bis 1970 OOffz. Aufkl., Pz.Rgt.-21; 1970 bis 1973 Militärakad./UdSSR; 1973 bis 1974 Ltr. Abt. Gefechtsausb., 9. Pz.Div.; 1974 bis 1975 Stv. Kdr. f. Ausbild., Pz.Rgt.-21; 1975 bis 1978 Kdr. Pz.Rgt.-21; 1978 bis 1980 Gen.stab-Akad. UdSSR; 1980 bis 1984 Stv. Kdr. u. Stabschef 1. Mot.Schützen-Div.; 1984 bis 1990 Kdr. Ausbild.Zentrum-20;

Gen.Maj.: 01.03.1989; 1990 Stv. Chef Mil.Bez. u. Chef Ausbild., Kdo. Mil.Bez. V; 1990 Stv. Chef Mil.Bez. u. Chef d. Stabes, Kdo. Mil.Bez. V; Auszeichn.: Vaterländ.Verd.Ord. Bronze; Kampforden Bronze; Entl.: 30.09.1990

Thurow, Heinz; Dipl.-Ges.-Wiss.; Generalmajor

Geb.: 09.11.1930; in: Greifswald; Vater: Landwirt; Schule: 12 Klassen in Grundlagenfächern; Beruf: Kfz-Schlosser

1945 bis 1949 Lehre, Kfz. Schlosser; **Eintritt bew. Org.**: 13.08.1949; 1949 bis 1952 Kursant, Zugfhr., VP-Schule Rostock, VP-Dienstst. Eggesin; 1952 SED; 1952 Kursant, Politschule Treptow; 1952 bis 1956 Stv. Kdr. f. Politarb., Batt./Abt., KVP-Dienstst. Erfurt, Premnitz; 1957 Instrukteur Parteiarb., Mot.Schützen-Rgt.-29; 1957 bis 1958 Offz.hörer Flakart.-Schule; 1958 bis 1959 Politoffz., Politabt., Flak.Rgt.-13; 1960 bis 1962 Stv. Kdr. f. Politarb., Flak.Rgt.-5; 1962 bis 1964 OInstrukteur, Ltr. Arbeitsgr. Org./Instr., Art. Brig-2; 1965 OInstrukteur b. Chef Art., MfNV; 1965 bis 1969 Offz.hörer Militärakad. Dresden; 1969 bis 1972 Ltr. Arbeitsgr., Politabt. MfNV; 1972 bis 1975 Ltr. Abt. Org., Polit.Verw. MfNV; 1975 bis 1977 Stv. Ltr. Politorgan b. MfNV f. direkt unterstellte Bereiche u. Truppen; 1977 bis 1978 Chef Politorgan b. MfNV (m.d.F.b.); 1978 bis 1979 Stv. Chef Politorgan f. Instr./Org. b. MfNV; 1979 bis 1981 Chef Politorgan b. MfNV (m.d.F.b.); 1981 bis 1986 Chef Politorgan b. MfNV f. direkt unterstellt Bereiche und Truppen; 1986 bis 1990 Stv. Chef Militärbauwesen u. Ltr. Politabt., MfNV; **Gen.Maj.**: 07.10.1988; Auszeichn.: Vaterländ.Verd.Ord. Bronze; Kampforden Bronze; Entl.: 28.02.1990

Trautsch, Heinz; Dipl.-Mil.; Generalleutnant

Geb.: 02.10.1927; in: Weida, Kr. Greiz; Vater: Maurer; Schule: 12 Klassen in Grundlagenfächern; Beruf: Fleischer

1942 bis 1944 Lehre; 1944 RAD; 1944 bis 1945 Wehrmacht, Gefr. (Infanterie); 1945 engl. Gefangensch.

1945 KPD; 1945 bis 1949 Arbeiter, Kraftfahrer; 1946 SED; **Eintritt bew. Org.**: 01.08.1949; 1949 bis 1950 Kursant, VP-Schule Zittau; 1950 bis 1951 Kdr. Art.-Abt.; 1951 bis 1952 Offz.hörer Offz.Schule Pinnow; 1952 bis 1955 Fachlehrer, Flak-Art.-Schule; 1955 bis 1957 Hpt.fachlehrer/Lehrstuhlltr., Flak-Art.-Schule; 1957 bis 1958 1. Stv. Kdr., 1. Flak-Div.; 1958 bis 1959 Sonderlehrg. Fla-Rak., UdSSR; 1959 bis 1961 Kdr. Lehr- u. Ausbild.Bat.; 1961 bis 1965 Stv. Kdr. f. Fla-Rak., 1. LVDiv.; 1965 bis 1966 Offz.hörer Militärakad./UdSSR; 1966 bis 1968 Stv. Chef LSK/LV f. Fla-Rak.-Truppen, Kdo. LSK/LV; 1968 bis 1971 Gen.stab-Akad. UdSSR; 1971 bis 1972 Ltr. f. Gefechtsausb. b. Stv. Chef LSK/LV f. Fla-Rak.-Truppen, Kdo. LSK/LV; 1972 bis 1981 Stv. Chef LSK/ LV f. Fla-Rak.-Truppen, Kdo. LSK/LV; **Gen.Maj.**: 01.03.1974; **Gen.Ltn.**: 01.03.1981; 1981 bis 1987 Stv. Chef LSK/LV f. Ausbild. d. LV, Kdo. LSK/LV; Auszeichn.: Vaterländ.Verd.Ord. Gold; Kampforden Silb.; Entl.: 31.12.1987

Tröger, Manfred; Dipl.-Mil.; Generalmajor

Geb.: 28.02.1931; in: Ebersbrunn, Kr. Zwickauer Land; Vater: Former/Gießer; Schule: 10 Klassen; Beruf: Werkzeugmacher

1945 bis 1949 Lehre, Werkzeugmacher; **Eintritt bew. Org.**: 08.09.1949; 1949 bis 1952 Kursant, VP-Schulen Frankenberg, Döbeln, Treuenbrietzen; 1951 SED; 1952 bis 1954 Stv. Kdr. f. Politarb. Staffel, Offz.Schule, Verw. d. Aeroklubs; 1954 bis 1956 Kdr. Staffel, Offz.Schule, Verw. d. Aeroklubs; 1956 bis 1960 Stv. f. flieg. Ausbild., Fliegergeschwader-8, Fliegerausb.geschwader-3; 1960 bis 1965 Kdr. Fliegerausb.geschwader-3, Jagdflliegerausb.geschwader-15; 1965 bis 1968 Stv. f. flieg. Ausbild., Offz.Schule LSK/LV; 1968 bis 1970 Offz.hörer Militärakad. Dresden; 1970 bis 1973 Stv. Kdr. f. Uffz.ausb., Offz.Hochschule LSK/LV Kamenz; 1973 bis 1988 Kdr. Uffz.Schule VIII/Militärtechn. Schule LSK/LV Bad Düben; **Gen.Maj.**: 07.10.1979; Auszeichn.: Vaterländ.Verd.Ord. Silb.; Kampforden Silb.; Entl.: 31.08.1988

Tschesche, Werner; Dipl.-Ges.-Wiss.; Generalmajor

Geb.: 16.04.1931; in: Zerbau, Kr. Glogau (Polen); Vater: Tiefbauarbeiter; Schule: 10 Klassen; Beruf: ohne/Berufssoldat

1945 bis 1946 Landarbeiter; 1946 bis 1948 Bote, Glienicke/Zossen; 1948 SED; 1948 Landarbeiter; 1948 bis 1949 Student Uni Berlin; **Eintritt bew. Org.**: 09.04.1949; 1949 bis 1956 Postenfhr., Jugendinstrukteur, OInstrukteur Parteiarbeit, Grenzbereitschaft Teltow, Löcknitz; 1956 bis 1957 Offz.hörer Politschule DGP Glienicke; 1957 bis 1958 Oberlehrer, Politschule DGP; 1958 bis 1961 OInstrukteur Parteiarb, Parteisekr., Grenzbrig., Stab; 1961 bis 1971 OInstrukteur Parteiarb., Ltr. Unterabt. Instr., Ltr. Unterabt. Org., Polit.Verw. Kdo. GT; 1971 bis 1972 Offz.hörer Militärakad. Dresden; 1972 bis 1973 Ltr. Unterabt. Instr., GrenzKdo. Mitte; 1973 bis 1975 Stv. Ltr. Politabt. f. Instr./Org., GrenzKdo. Mitte; 1975 bis 1978 Stv. Ltr. Politabt., Verw. Aufkl., MfNV; 1978 bis 1990 Stv. Chef Verw. Aufkl. u. Ltr. Politabt., MfNV; **Gen.Maj.**: 01.03.1987; 1990 kommandiert zur Dienstausübung z. Chef Info.-Zentrum, MfNV; Auszeichn.: Vaterländ.Verd.Ord. Bronze; Kampforden Silb.; Entl.: 30.04.1990

Tschoep, Rudolf; Dipl.-Mil.; Generalmajor

Geb.: 25.09.1929; in: Guhrau (Polen); Vater: Angest.; Schule: 9 Klassen; Beruf: ohne/Berufssoldat; verst.

1945 bis 1947 Landarbeiter; 1946 KPD/SED; 1947 bis 1948 Funktionär, FDJ-Kr.Ltg. Großenhain; 1948 bis 1949 Referent, Rat d. Kr. Großenhain; **Eintritt bew. Org.**: 01.11.1949; 1949 bis 1952 Kursant, Ltr. Verpflegung, VP-Dienstst. Großenhain, Priemerwald, Klietz; 1952 bis 1956 Militärakad./UdSSR; 1956 bis 1958 OOffz. f. Org./Plan., 8. Mot.Schützen-Div.; 1958 bis 1960 OOffz., Stab Rückw.Dienste, MfNV; 1961 bis 1963 Stv. Stabschef Rückw.Dienste u. Ltr. Abt. Op. u. Gefechtsausb., MfNV; 1963 bis 1967 Stabschef Rückw.Dienste, MfNV; 1967 bis 1969 Gen.stab-Akad. UdSSR; 1969 bis

1979 Stv. Chef Rückw.Dienste f. materielle Sicherstellung, MfNV; **Gen.Maj.**: 02.11.1970; 1979 bis 1983 (freigestellt) Ltr. Staatl. Verw. d. Staatsreserve b. Ministerrat d. DDR; Auszeichn.: Vaterländ.Verd.Ord. Bronze; Kampforden Gold; Entl.: 31.03.1983

Tzschoppe, Walter; Dipl.-Wirtschaftler; Bauing.; Generalmajor

Geb.: 31.12.1939; in: Wehrau, Kr. Bunzlau (Polen); Vater: Schmied; Schule: 8 Klassen; Beruf: Betonbauer

1953 bis 1955 Lehre; 1956 bis 1959 Student, Bauing.-Schule; **Eintritt bew. Org.**: 01.08.1959 (Zivilbeschäft.); 1959 bis 1965 Zivilbeschäft., Unterkunftsabt. Pasewalk; 1960 SED; 1965 bis 1967 Zivilbeschäft., Bereich Militärbauwesen/Unterbringung, MfNV; 1967 bis 1972 Ltr. Unterabt. Kasernenunterhaltung, Verw. Unterkunft, MfNV; 1972 bis 1976 Abt.-Ltr. Kasernenunterh. u. Energie, Verw. Unterbringung, MfNV; 1975 bis 1976 Offz.hörer Militärakad. Dresden; 1976 bis 1978 Ltr. Unterkunftsabt. Dresden; 1978 bis 1982 Stv. Chef Militärbauwesen, MfNV; 1982 bis 1990 Stv. Chef Militärbauwesen f. Ökonomie, Wissenschaft u. Techn., MfNV; **Gen.Maj.**: 07.10.1989; 1990 Chef Militärbauwesen u. Unterbringung/Ökologie, MfAV; Auszeichn.: Kampforden Silb.; Entl.: 02.10.1990

Ullmann, Ehrenfried; Dipl.-Ing.; Generalleutnant

Geb.: 15.08.1932; in: Grumbach, Kr. Annaberg; Vater: Strumpfwirker; Schule: Abitur; Beruf: Bergmann

1951 bis 1952 Lehre; **Eintritt bew. Org.**: 15.08.1953; 1953 bis 1956 Soldat, Flugzeugmechaniker, Kettentechniker, Aeroklub Cottbus; 1954 SED; 1956 bis 1958 Staffeling., Fliegergeschwader-1/Fliegergeschwader-2; 1958 bis 1959 Ltr. Fliegering.-Dienst, Fliegergeschwader-3; 1960 bis 1962 Ltr. Fliegering.-Dienst, Fliegerschule LSK/LV; 1962 bis 1963 Ltr. Fliegering.-Dienst., Fliegertechnische Schule, LSK/LV; 1963 bis 1964 Ltr. Fliegering.-Dienst, Offz.Schule LSK/LV; 1964 bis 1966 Stv. Ltr. Fliegering.-Dienst, Kdo. LSK/LV; 1966 bis 1972 Ltr. Fliegering.-Dienst, Kdo. LSK/LV; 1972 bis 1983 Stv. Chef Rückw.Dienste f. Techn., Kdo. LSK/LV; **Gen.Maj.**: 07.10.1980; 1983 bis 1987 Stv. Chef LSK/LV f. Techn. u. Instand., Kdo. LSK/LV; **Gen.Ltn.**: 07.10.1987; 1988 bis 1990 Stv. d. Stv. Min.f. Techn./Bewaffn. u. Chef Beschaffung u. Instand., MfNV; Auszeichn.: Vaterländ.Verd.Ord. Gold; Kampforden Silb.; Entl.: 30.09.1990

Unterdörfel, Hans; Dipl.-Mil.; Generalmajor

Geb.: 06.05.1933; in: Schneidenbach, Kr. Reichenbach; Vater: Bergmann; Schule: 12 Klassen in Grundlagenfächern; Beruf: Schuhmacher

1948 bis 1951 Lehre, Schuhmacher; 1951 Traktorist; 1952 SED; 1952 Org.-Instr., FDJ-Kr.Ltg. Plauen; 1952 bis 1953 Mitarb., GST-Kr.Ltg. Reichenbach; **Eintritt bew. Org.**: 08.01.1953; 1953 bis 1954 Offz.schüler, Offz.Schulen Großenhain, Erfurt; 1954 bis 1956 Zugfhr., Kp.Chef Pz.Bat., KVP-Dienstst.

Spremberg; 1956 bis 1958 1. Stv. Kdr. Pz.Bat., Pz.Rgt.-16; 1958 bis 1962 Militärakad./UdSSR; 1962 bis 1966 Stv. Kdr. u. Stabschef, Pz.Rgt.-21; 1966 bis 1967 OOffz. op. Arb., Stab 9. Pz.Div.; 1967 bis 1971 Stv. Ltr. Unterabt. Op., 9. Pz.Div.; 1971 bis 1973 Ltr. Unterabt. Op., 9. Pz.Div.; 1974 bis 1975 Stv. Kdr. u. Stabschef, Mot.Schützen-Rgt.-2; 1975 bis 1976 Kdr. Mot.Schützen-Rgt.-2; 1976 bis 1978 Gen.stab-Akad. UdSSR; 1978 bis 1979 Stv. Kdr. f. Ausbild., 8. Mot.Schützen-Div.; 1979 bis 1982 Stv. Kdr. u. Stabschef, 8. Mot.Schützen-Div.; 1982 bis 1986 Kdr. 8. Mot.Schützen-Div.; **Gen.Maj.**: 01.03.1984; 1986 bis 1987 Stv. Chef Mil.Bez. u. Chef Ausbild., Kdo. Mil.Bez. V; 1987 bis 1990 Mil.-Attaché UdSSR; Auszeichn.: Vaterländ.Verd.Ord. Bronze; Kampforden Silb.; Entl.: 30.09.1990

Verner, Waldemar; Dipl.-Mil.; Admiral

Geb.: 27.08.1914; in: Chemnitz; Vater: Metallarbeiter; Schule: 8 Klassen; Beruf: Schaufensterdekorateur; gest.: 15.02.1982

1923 Jungspartakusbund; 1929 KJVD; 1929 bis 1933 Lehre; 1930 KPD; 1933 Haft; 1934 bis 1935 Dekorateur; 1935 bis 1938 Emigr. UdSSR, Besuch Leninschule, Moskau; 1938 bis 1945 illegale kommunist. Parteiarb. in Dänemark

1946 bis 1947 Vors. Kr.Vorstand KPD/SED, Kr. Hagenow; 1947 bis 1949 1. Sekr. Kr.Ltg.-SED Stralsund; 1950 Sekr., SED-Landesltg. Mecklenburg, Ltr. Amt f. Information d. Landesregierung Mecklenburg; **Eintritt bew. Org.**: 15.06.1950; 1952 bis 1953 Stv. Min. dJ. u. Chef VP-See 1953 bis 1952 Gen.inspekt. (15.06.1950) u. Ltr. HV Seepolizei, MdI; **VizeAdm.**: 01.10.1952; 1952/1953 Stv. Min.dI u. Chef VP-See; 1953 bis 1955 Chef VP-See; 1955 bis 1956 Seekriegsakad./UdSSR; 1957 bis 1959 Chef Seestreitkr.; 1959 bis 1978 Stv. Min.fNV u. Chef Polit.Verw./Polit. HV, MfNV; **Adm.**: 01.03.1961; Auszeichn.: Karl-Marx-Orden; Scharnhorstorden; Entl.: 31.12.1978

Vogel, Alfred; Dipl.-Ges.-Wiss.; Generalleutnant

Geb.: 23.02.1930; in: Chemnitz; Vater: Dreher; Schule: 12 Klassen in Grundlagenfächern; Beruf: Kaufm. Angestellter

1944 bis 1948 Lehre, Angest.

1946 SPD/SED; 1948 bis 1949 Bahnarbeiter; **Eintritt bew. Org.**: 09.06.1949; 1949 bis 1952 Kursant, Stv. Kdr. f. Politarb. Abt. u. Kdo., VP-Schule Torgau, VP-Dienststt. Meiningen; 1952 bis 1954 OInstrukteur/Stv. Ltr. Politabt. u. Ltr. Politabt. Sonderobjekte, Stab KVP; 1954 bis 1955 Offz.hörer Politschule Treptow; 1955 bis 1956 Inspekteur Org.-Abt., Polit.Verw., KVP; 1956 bis 1958 Stv. Kdr. f. Politarb., Wach-Rgt., MfNV; 1958 bis 1962 OInstrukteur, Unterabt.-Ltr., Abt. Ltr, Polit.Verw./Polit. HV, MfNV; 1963 bis 1965 Offz.hörer Militärakad. Dresden; 1965 bis 1973 Chef Verw. Instr., Polit. HV, MfNV; **Gen.Maj.**: 02.11.1970; 1973 bis 1990 Stv. Chef LSK/LV u. Chef Polit.Verw., Kdo. LSK/LV; **Gen.Ltn.**: 07.10.1979; Auszeichn.: Vaterländ.Verd.Ord. Silb.; Scharnhorstorden; Entl.: 28.02.1990

Vogel, Kurt; Generalmajor

Geb.: 03.02.1910; in: Potsdam; Vater: Zimmerer; Schule: 8 Klassen; Beruf: Installateur; gest.: 20.04.1995

1924 bis 1932 Lehre, Rohrleger; 1925 KJVD; 1928 KPD; 1932 bis 1935 Haft wg. polit. Tätigkeit, Zuchthaus Lichtenburg; 1936 bis 1939 Interbrig. Spanien; 1939 bis 1941 Internierung; 1941 bis 1945 Haft u. KZ-Buchenwald

Eintritt bew. Org.: 15.05.1945; 1945 Ltr. Schutzpolizei Weimar; 1945 bis 1946 Polizeipräsident v. Potsdam; 1946 bis 1949 Ltr. HAbt. Schutzpolizei, Dt. Verw. d. Innern; 1949 bis 1950 Sonderlehrg./UdSSR; **Gen.Maj.**: 01.10.1952; 1950 bis 1952 Ltr. KVP-Bereitschaft Gotha; 1953 bis 1954 Kdr. Territor.Verw. Süd (Leipzig), KVP; Auszeichn.: Ehrensp. Vaterländ.Verd.Ord. Gold; Entl.: 01.11.1954

Vogt, Hermann; Dipl.-Mil.; Generalmajor

Geb.: 10.03.1915; in: Bielefeld; Vater: Tischler; Schule: Mittlere Reife; Beruf: ohne/Berufssoldat; gest.: 13.04.1978

1931 bis 1932 Bote, Buchhandlung; 1932 bis 1942 Reichswehr/Wehrmacht, Feldw. (Infanterie); 1942 bis 1945 sowjet. Gefangensch.; 1944 bis 1945 Armeebevollmächtigter d. NKFD im Bereich d. Leningrader Front u. d. 1. Ukrainischen Front

1945 KPD; **Eintritt bew. Org.**: 20.05.1945; 1945 bis 1948 Ltr.-Schutzpolizei, Polizeipräsid. Dresden; 1946 SED; 1948 bis 1949 Ltr. Abt. Grenze u. Bereitschaften, Weimar; 1949 bis 1950 Ltr. VP-Schule Naumburg; 1950 bis 1952 Ltr. VP-Bereitschaft Zittau; 1952 bis 1953 Sonderlehrg./UdSSR; 1953 bis 1956 Ltr. KVP-Dienstst. Halle; 1956 bis 1960 Kdr. 11. Mot.Schützen-Div.; 1960 bis 1962 1. Stv. Chef Mil.Bez., Kdo. Mil.Bez. III; 1962 bis 1964 Gen.stab-Akad. UdSSR; 1964 bis 1969 1. Stv. Chef Mil.Bez., Kdo. Mil.Bez. III; **Gen.Maj.**: 01.03.1966; 1969 bis 1973 Ltr. mil. HAbt. b. Min.f. Hoch- u. Fachschulwesen; 1973 bis 1976 Mil.-Attaché in UdSSR; Auszeichn.: Vaterländ.Verd.Ord. Gold; Kampforden Silb.; Entl.: 31.08.1976

Voigt, Günter; Dr. rer. mil.; Dipl.-Ing.; Dipl.-Mil.; Generalmajor

Geb.: 02.01.1933; in: Kleindrebnitz, Kr. Bautzen; Vater: Zimmermann; Schule: Abitur; Beruf: Kaufm. Angestellter

1947 bis 1950 Lehre, Angest.; **Eintritt bew. Org.**: 28.12.1950; 1950 bis 1952 Offz.schüler, Offz.Schule Pirna; 1952 SED; 1952 bis 1953 Zugfhr., 1. Aeroklub; 1953 bis 1955 Stv. Ltr. f. Ausbild., Abt. Nachr./Flugsicherung, 1. Aeroclub; 1955 bis 1961 Militärakad./UdSSR; 1961 bis 1962 Stv. Chef Nachr. f. Techn., Kdo. LSK/LV; 1962 bis 1963 Stv. Chef Nachr. u. Ltr. Unterabt. Nachr., Kdo. LSK/LV; 1963 bis 1972 Chef Nachr., Kdo. LSK/LV; 1972 bis 1973 Chef Nachr./Flugsicherung, Kdo. LSK/LV; 1973 bis 1975 Gen.stab-Akad. UdSSR; 1975 bis 1989 Stv. d. Chef d. Stabes f. op. Arb., Kdo. LSK/LV; **Gen.Maj.**: 07.10.1977; 1989 bis 1990 Stv. Chef LSK/LV u. Chef d. Stabes, Kdo. LSK/LV; Auszeichn.: Vaterländ.Verd.Ord. Silb.; Kampforden Bronze; Entl.: 30.09.1990

Volland, Manfred; Dipl.-Mil.; Generalleutnant

Geb.: 09.03.1933; in: Apolda, Kr. Weimar-Land; Vater: Schlosser; Schule: 12 Klassen in Grundlagenfächern; Beruf: Werkzeugmacher

1947 bis 1950 Lehre, Werkzeugmacher; 1950 Funktionär, FDJ-Kr.Ltg. Arnstadt; **Eintritt bew. Org.**: 28.12.1950; 1950 bis 1951 Kursant, VP-Schule Priemerwald; 1951 SED; 1952 Offz.hörer Polit-Kultur-Lehrgang, Treuenbrietzen, Parteisekr., VP-Bereitschaft Mühlhausen; 1952 bis 1956 Stv. Kdr. f. Politarb. Kp., Stv. Kdr. f. Politarb. Lehr-Bat., KVP-Dienstst. Eggesin; 1956 bis 1957 Offz.hörer Politschule Treptow; 1957 bis 1959 Stv. Kdr. f. Politarb. Pz.-Lehr-Bat.-1; 1959 bis 1964 Stv. Kdr. f. Politarb., Art.Rgt.-1; 1964 bis 1969 Militärakad./UdSSR; 1969 bis 1972 Stv. Kdr. u. Ltr. Politabt., 5. RBrig.; 1972 bis 1974 Gen.stab-Akad. UdSSR; 1974 bis 1976 Stv. Kdr. u. Ltr. Politabt., 9. Pz.Div.; 1976 bis 1981 Stv. Chef Polit.Verw. f. Instr./Org., Kdo. Mil.Bez. V; 1981 bis 1986 Stv. Chef Mil.Bez. u. Chef Polit.Verw., Kdo. Mil.Bez. III; **Gen.Maj.**: 07.10.1982; 1986 bis 1990 Stv. Chef d. Polit. HV f. org.pol. Arb., Polit. HV, MfNV; **Gen.Ltn.**: 01.03.1988; Auszeichn.: Vaterländ.Verd.Ord. Bronze; Kampforden Bronze; Entl.: 28.02.1990

Wagner, Kurt; Dipl.-Mil.; Generaloberst

Geb.: 31.07.1904; in: Chemnitz; Vater: Gaswerkarbeiter; Schule: 8 Klassen; Beruf: Steinsetzer; gest.: 08.07.1989

1919 bis 1920 Elektrolehre; 1920 bis 1922 Arbeiter; 1922 bis 1935 Straßenbahnarbeiter/Steinsetzer, erwerbslos; 1932 KPD; 1932 bis 1935 illegal komm. Arbeit; 1935 bis 1945 Haft Zuchthaus Waldheim aus polit. Gründen

1945 bis 1946 Kriminaldir., Chemnitz, Polizeipräsident Leipzig; 1946 SED; **Eintritt bew. Org.**: 17.08.1946; 1946 bis 1949 Gen.inspekt. (17.08.1946) u. 1. Vizepräs. Dt. Verw. d. Innern; 1949 bis 1950 Sonderlehrg./UdSSR; 1950 bis 1952 Ltr. VP-Dienstst. Hohenstücken; (Chefinspekt.: 01.07.1952); **Gen.Maj.**: 01.10.1952; 1952 Ltr. 1. Abt., HVA; 1952 bis 1953 1. Stv. Chef 1. Verw. u. Ltr. Abt. Op., Stab KVP; 1953 bis 1955 Chef Verw. Op. u. Stv. Chef d. Stabes f. op. Arb., Stab KVP; 1955 bis 1957 Gen.stab-Akad. UdSSR; 1957 bis 1959 Chef Mil.Bez. III; **Gen.Ltn.**: 07.10.1961; 1959 bis 1967 Stv. Min.fNV f. Ausbild.; **Gen.Oberst**: 01.03.1966; Auszeichn.: Karl-Marx-Orden; Ehrenspange Vaterländ.Verd.Ord. Gold; Scharnhorstorden; Entl.: 15.08.1967

Wagner, Kurt; Dr. phil.; Dipl.-Mil.; Generalmajor

Geb.: 19.11.1927; in: Salzwedel, Altmarkkreis Salzwedel; Vater: Heizer; Schule: 12 Klassen in Grundlagenfächern; Beruf: Industrie-Kaufmann

1941 bis 1944 Lehre, RAD; 1944 Industriekaufmann; 1945 Kriegsmarine, Matrose

1945 KPD; 1945 Landarbeiter; 1945 bis 1946 Betriebsjugend-Ltr., Finanzamt Salzwedel; 1946 SED; 1946 bis 1947 Funktionär, FDJ-Kr.Ltg. Salzwedel; 1947 bis 1949 Kreissekr. Kulturbund, Kreissekr. DSF, Salzwedel; **Eintritt bew. Org.**:

01.07.1949; 1949 bis 1951 Polit-Kultur-Offizier, VP-Bereitschaft Torgau, Dessau, Klietz; 1951 bis 1952 OInstrukteur f. Parteiarb., VP-Dienstst. Burg, Potsdam; 1952 bis 1954 Stv. Kdr. f. Politarb., Mech.-Abt. Kdo. Hohenstücken; 1954 bis 1955 Offz.hörer Politschule Treptow; 1955 bis 1958 Stv. Kdr. f. Politarb., KVP-Bereitschaft/Mot.Schützen-Rgt.-28; 1958 bis 1960 Stv. Ltr. Politabt., 4. Mot.Schützen-Div.; 1961 bis 1964 Offz.hörer Militärakad. Dresden; 1964 bis 1966 Ltr. Unterabt. Parteiinstr., Polit.Verw. Mil.Bez. V; 1966 bis 1969 Stv. Ltr. Polit.Verw., Mil.Bez. V; 1969 bis 1971 Gen.stab./UdSSR; 1971 bis 1972 Stv. Kdr. u. Ltr. Politabt., 9. Pz.Div.; 1972 bis 1975 Stv. Ltr. Polit.Verw. f. Instr./ Org., Polit.Verw. Mil.Bez. V; 1975 bis 1982 Stv. Chef Mil.Bez. u. Chef Polit. Verw., Kdo. Mil.Bez. V; **Gen.Maj.**: 07.10.1977; 1982 bis 1987 Stv. Kdr. u. Ltr. Politabt., Militärmed.Sektion Greifswald; Auszeichn.: Vaterländ.Verd.Ord. Silb.; Kampforden Gold; Entl.: 01.12.1987

Walter, Alfred; Dipl.-Mil.; Generalmajor

Geb.: 03.02.1930; in: Kunzendorf, Kr. Glogau (Polen); Vater: Landwirt; Schule: 12 Klassen in Grundlagenfächern; Beruf: ohne/Berufssoldat

1945 bis 1947 Schmiedegehilfe; 1947 bis 1948 Maschinenformer; **Eintritt bew. Org.**: 04.10.1948; 1948 bis 1950 VP-Anwärter, Gruppenführer, VP-Bereitschaft Blankenburg, Quedlinburg; 1950 bis 1952 Stv. Ausbild., Abt., VP-Dienstst. Quedlinburg; 1952 Offz.hörer VP-Schule Dresden; 1952 bis 1956 Stv. Bat.-Kdr., VP-Dienstst. Eggesin; 1953 SED; 1956 bis 1958 Kdr. Mot.Schützenbat., Mot.Schützen-Rgt.-13; 1958 bis 1960 Kdr. Bat., Ausb.-Rgt.-3; 1961 bis 1964 Offz.hörer Militärakad. Dresden; 1964 bis 1965 1. Stv. Kdr. , Mot.Schützen-Rgt.-3; 1965 bis 1970 Kdr. Mot.Schützen-Rgt.-29; 1970 bis 1972 Gen.stab-Akad. UdSSR; 1972 bis 1979 Stv. Chef Ausbild. u. Ltr. Abt. Ausbild., Kdo. Mil. Bez. V; 1979 bis 1990 Chef Wehrbez.kdo. Schwerin; **Gen.Maj.**: 07.10.1984; Auszeichn.: Kampforden Silb.; Entl.: 31.08.1990

Walther, Karl; Prof. Dr. med. habil.; Generalmajor

Geb.: 04.10.1895; in: Gotha; Vater: Kaufm. Angestellter; Schule: Abitur; Beruf: Arzt/Berufssoldat; gest.: 09.03.1965

1914 bis 1921 Medizinstudent, Teiln. am Ersten Weltkrieg; 1920 bis 1922 Dt. Demokr. Partei; 1921 bis 1922 med. Staatsexamen; 1922 bis 1928 Arzt, Oberarzt, Standortarzt in d. Reichswehr, Berlin, Halberstadt, Görlitz; 1928 bis 1933 Ltr. d. Med.-Untersuchungsamtes Berlin, Hyg. Untersuchungsstelle Dresden; 1933 bis 1939 Fachref. f. Hyg., Heeressanitätsinspekt. i. Reichswehrmin.; 1936 Standort- u. Chefarzt, Standortlazarett Berlin, Dozent f. Hyg., Uni. Leipzig; 1939 bis 1941, Chefepidemologe, Heeresarzt, Stab Oberquartiermeister Frankreich; 1941 bis 1942 u.a. Div.- u. Korpsarzt, 7. Pz.Div./XXIII. AK; 1942 bis 1944 Chefepidemologe/Armeearzt, Heeresgr. A, AOK Norwegen; 1944 Gen.arzt; 1944 bis 1945 Doz., wiss. Direktor, Hyg. Institut, Leipzig; 1945 bis 1949 sowjet. Gefangensch.

1949 bis 1952 Abt./Hpt. Abt.-Ltr., Min.f. Gesundheitswesen; **Eintritt bew. Org.**: 15.09.1952; **Gen.Maj.**: 01.10.1952; 1952 bis 1953 Chef Med. Verw., MdI; 1953 bis 1955 Chef Med.Verw., KVP; 1954 SED; 1955 bis 1956 Ltr. Militärmed.Sektion Greifswald; Auszeichn.: Vaterländ.Verd.Ord. Bronze; Entl.: 31.12.1956

Wansierski, Bruno; Vizeadmiral

Geb.: 05.08.1904; in: Danzig-Oliva (Polen); Vater: Landarbeiter; Schule: 8 Klassen; Beruf: Tischler; verst.

1918 bis 1920 Arbeitsbursche; 1920 bis 1940 Lehre, Tischler, dazw. 1936 bis 1938 erwerbslos; 1922 bis 1923 KJVD; 1923 KPD; 1940 bis 1945 Wehrmacht, Hilfsassistent/Soldat (Marine-Wetterdienst); 1945 sowjet. Gefangensch.

1945 bis 1946 Tischler; 1946 SED; 1946 bis 1949 Neubauer; 1949 bis 1950 Kulturltr., Maschinen-Ausleih-Station Wieckendorf; 1950 bis 1951 Abt.-Ltr., Kr.Ltg.-SED Schwerin, Landrat in Ludwigslust; 1951 bis 1952 1. Sekr. Kr.Ltg.-SED Güstrow; **Eintritt bew. Org.**: 07.07.1952; 1952 bis 1953 Instrukteur/Ltr. Politabt., Baubelehrung Wolgast, VP-See; 1953 bis 1954 Ltr. Politabt., Unterführer- u. Mannsch.-Schule Parow, VP-See; 1954 bis 1955 Ltr. Politabt., Offz.lehranstalt, VP-See, Stralsund; 1955 bis 1956 Offz.hörer Politschule Treptow; 1956 bis 1959 Instrukteur/Sektorenltr., Abt. Sicherheit d. ZK; 1959 bis 1976 Stv. Ltr. Abt. Sicherheit d. ZK; **K.Adm.**: 01.03.1963; **VizeAdm.**: 01.03.1971; Auszeichn.: Vaterländ.Verd.Ord. Gold; Karl-Marx-Orden; Entl.: 31.01.1976

Weber, Gerd; Dr. rer. pol.; Dipl. Lehrer Marxismus/Leninismus; Generalmajor

Geb.: 21.05.1933; in: Neundorf, Kr. Aschersleben-Staßfurt; Vater: Schlosser; Schule: Mittlere Reife; Beruf: Forstfacharbeiter

1949 bis 1951 Lehre; 1951 SED; 1951 bis 1952 Bauernförster; **Eintritt bew. Org.**: 23.05.1952; 1952 bis 1953 Kursant, Propagandist, Treuenbrietzen, Verw. d. VP-Luft; 1953 bis 1957 Fachlehrer, Fliegertechn. Schule Kamenz; 1957 bis 1958 Offz.hörer Politschule Treptow; 1958 bis 1961 Propagandist, Fliegergeschwader-9; 1960 bis 1961 Stv. Kdr. f. Politarb., Fliegergeschwader-9, Propagandist, 3. Jagdfliegerdiv.; 1961 bis 1970 Stv. Ltr. Politabt. u. Ltr. Unterabt. Prop./Agit., 3. LVDiv.; 1971 bis 1976 Kdr. Sektion Ges.-Wiss., Offz. Hochschule LSK/LV Kamenz; 1976 bis 1977 Offz.hörer Militärakad. Dresden; 1977 bis 1989 Stv. Chef Polit.Verw. f. Prop./Agit., Kdo. LSK/LV; **Gen.Maj.**: 01.03.1986; 1989 bis 1990 Vors. Parteikontr.kommission LSK/LV; Auszeichn.: Vaterländ.Verd.Ord. Bronze; Kampforden Silb.; Entl.: 01.06.1990

Weber, Wolfgang; Dr. rer. pol.; Dipl. Staats-wiss.; Generalmajor (d.R.)

Geb.: 04.09.1929; in: Dresden; Vater: Fleischer; Schule: 10 Klassen in Grundlagenfächern; Beruf: Maschinenschlosser

1945 bis 1948 Lehre, Maschinenschlosser; 1946 KPD/SED; 1948 bis 1949 Sachbearb., Kriminalpolizei; **Eintritt bew. Org.**: 15.06.1949; 1949 bis 1950

Kursant, Torgau; 1950 bis 1952 Stv. Kdr. f. Politarb., Parteisekr., VP-Dienstst. Pirna, Großenhain; 1952 bis 1953 Vors. Parteikontr.kommission, VP-Dienstst. Erfurt; 1953 bis 1954 Instrukteur Parteikontr.kommission, Verw. d. Aeroklubs; 1954 bis 1955 Vors. Parteikontr.kommission, Verw. d. Aeroklubs; 1955 bis 1956 Militärpol.Akad./UdSSR; 1956 bis 1960 Untersuchungs-Offz. f. Parteiverfahren, Parteikontr.kommission, Kdo. LSK/LV; 1960 bis 1961 Vors. Parteikontr.kommission, 3. Fliegerdiv.; 1961 bis 1962 Vors. Parteikontr.kommission Sonderobjekte LSK/LV; 1962 bis 1986 Vors. Parteikontr.kommission, Polit.Verw., Kdo. LSK/LV; **Gen.Maj.** (d.R.): 07.10.1986; 1986 bis 1989 Mitarb. Zentr. Parteikontr.kommission b. ZK d. SED; Auszeichn.: Vaterländ.Verd.Ord. Silb.; Kampforden Gold; Entl.: 31.05.1986/30.06.1990

Wegehaupt, Günter; Dipl.-Mil.; Generalmajor

Geb.: 13.10.1926; in: Görlitz; Vater: Feinmechaniker; Schule: 8 Klassen; Beruf: Textilverkäufer

1941 bis 1943 Lehre, RAD; 1943 bis 1945 Wehrmacht, Gefr. (Panzer); 1945 bis 1948 sowjet. Gefangensch.

1948 SED; **Eintritt bew. Org.**: 04.10.1948; 1948 bis 1950 VP-Anwärter, Gruppenführer, VP-Dienstst. Zittau; 1951 Offz.schüler, VP-Schule Kochstedt; 1951 bis 1952 Stv. Kdr. f. Allg., Kdo., VP-Dienstst. Zittau; 1952 bis 1956 Militärakad./UdSSR; 1956 bis 1958 Ltr. Unterabt. Op., 1. Mot.Schützen-Div.; 1958 bis 1961 Ltr. Abt. Op., Kdo. Mil.Bez. III; 1961 bis 1964 Stv. Chef Verw. Op., MfNV; 1964 bis 1967 Vertreter d. NVA im Stab Vereinte Streitkräfte Warschauer Vertrag; 1967 bis 1969 Gen.stab-Akad. UdSSR; 1969 bis 1973 Stv. Chef Verw. Op., MfNV; 1973 bis 1990 Ltr. Abt. Koord. f. op. Zusammenarb. mit den zentralen Staatsorganen, MfNV; **Gen.Maj.**: 07.10.1977; Auszeichn.: Vaterländ.Verd.Ord. Bronze; Kampforden Gold; Entl.: 28.02.1990

Wegner, Rudi; Dipl.-Mil.; Konteradmiral

Geb.: 27.05.1923; in: Richtenberg, Kr. Nordvorpommern; Vater: Steinschläger; Schule: 12 Klassen in Grundlagenfächern; Beruf: Schmied; gest.:1997

1937 bis 1941 Lehre; 1941 bis 1945 Kriegsmarine, Maat; Uffz. (Panzergrenadiere); 1945 bis 1946 engl. Gefangensch.

1946 bis 1947 Schmiedegeselle; 1947 SED; 1947 bis 1948 FDJ-Funktionär, Richtenberg; 1948 bis 1950 Funktionär, FDJ-Kreisltg. Stralsund, SED-Landeslgt. Mecklenburg; **Eintritt bew. Org.**: 15.07.1950; 1950 bis 1951 Polit-Kultur-Offz./Parteisekr. Boot, HV Seepolizei; 1951 bis 1952 Vors. Parteikontr.kommission, Räum- u. Küstensicherungs-Div.; 1952 bis 1954 Stv. f. Politarb. b. Chef Rückw. Dienste, VP-See; 1954 Stv. f. Politarb. b. Chef Bewaffn. u. Schiffsreparatur, VP-See; 1954 bis 1955 Politstv. b. Chef d. Stabes VP-See; 1955 bis 1956 Stv. Ltr. Politabt., VP-See/Kdo. Seestreitkr.; 1956 bis 1958 Stv. Chef Seestreitkr. u. Ltr. Politabt., Kdo. Seestreitkr.; 1959 bis 1961 Seekriegsakad./UdSSR; 1961 bis 1974 Stellvertr. Chef VM u. Ltr. Polit.Verw., Kdo. VM; **K.Adm.**: 07.10.1968; 1974 bis

1983 Kdr. Flottenschule d. VM; Auszeichn.: Vaterländ.Verd.Ord. Gold; Kampforden Gold; Entl.: 31.05.1983

Weinberger, Bernd; Ing.; Generalmajor

Geb.: 04.08.1904; in: Edelény (Ungarn); Vater: Kaufmann; Schule: 8 Klassen; Beruf: Elektroingenieur; gest.: 26.03.1957

1929 KPD; Studium Polytechnikum, Friedberg; bis 1933 Tätigkeit als Elektroing.; 1933 illegale kommunist. Parteiarb.; 1933 bis 1938 Emigr. UdSSR, u.a. als Ltr. eines techn. Labors tätig; 1938 bis 1939 Haft in Deutschland aus polit. Gründen; 1939 bis 1947 Emigr. UdSSR

1947 SED; 1947 bis 1950 HAbt.-Ltr., Dt. Wirtschaftskomm., Ltr. d. Büros b. Ministerpräsidenten u. Ltr. d. Amtes f. Reparationen; **Eintritt bew. Org.**: 1950 (zivil); 1950 bis 1952 Ltr. d. Verw. f. Auftragserteilung, MdI; **Gen.Maj.**: 01.10.1952; 1952 bis 1953 Stv. Min.dI f. Wirtschaftsfragen; Okt. 1953 Aberkennung d. Dienstgrades; 1954 bis 1957 u.a. Ltr. d. Büros für wiss.-techn. Zusammenarb. d. Staatl.Plankomm.; Entl.: Okt. 1953

Weiß, Karl; Dr. rer.mil.; Dipl.-Mil.; Konteradmiral

Geb.: 06.04.1935; in: Oberfrohna; Vater: Zuschneider; Schule: 10 Klassen in Grundlagenfächern; Beruf: Bauschlosser

1949 bis 1952 Lehre, Bauschlosser; **Eintritt bew. Org.**: 01.04.1952; 1952 Kursant, VP-See-Schule Parow; 1953 bis 1955 Offz.schüler, Ing.offz.lehranstalt Kühlungsborn; 1955 bis 1956 Zugfhr., Ing.offz.-Schule; 1956 SED; 1956 bis 1957 Ltr. Kfz-Transportgr., 4. Flottille; 1958 Offz./OOffz. f. Treib- u. Schmierstoffe, 4. Flottille; 1959 OOffz. Org./Plan., 4. Flottille; 1959 bis 1963 Offz.hörer Militärakad. Dresden; 1963 bis 1965 OOffz. f. Org./Plan. u. Ausbild., 4. Flottille; 1965 bis 1971 Ltr. Unterabt. Ausbild., Stab Rückw.Dienste, Kdo. VM; 1971 bis 1989 Stv. Chef Rückw.Dienste u. Stabschef, Kdo. VM; **K.Adm.**: 07.10.1987; 1990 Stv. Chef VM u. Chef Rückw.Dienste, Kdo. VM; Auszeichn.: Vaterländ.Verd.Ord. Bronze; Kampforden Silb.; Entl.: 30.09.1990

Weiß, Siegfried; Dipl.-Mil.; Generalleutnant

Geb.: 14.02.1914; in: Pirna, Kr. Sächsische Schweiz; Vater: Zimmermann; Schule: 8 Klassen; Beruf: Former; gest.: 27.06.1986

1926 bis 1928 Jungspartakusbund; 1928 bis 1932 Lehre; 1927 bis 1933 Rote Sportorganisation; 1932 bis 1934 erwerbslos, Arbeitsdienst; 1934 bis 1936 Former, Stahlgießerei; 1936 bis 1938 Wehrmacht, Kanonier (Artillerie); 1938 bis 1939 Former; 1939 bis 1945 Wehrmacht, Oberwachtmstr. (Artillerie); 1945 bis 1949 sowjet. Gefangensch.

1949 SED; 1949 Ltr. Betriebsparteischule, Zellstoffwerke Pirna, Sekr. SED-Kr.Ltg., Pirna; **Eintritt bew. Org.**: 08.11.1949; 1949 bis 1951 Stv. HAbt.-Ltr., HAbt. Inspektion, HVA; 1951 Schulltr., VP-Schule Pinnow; 1951 bis 1952 Sonderlehrg./UdSSR; 1952 bis 1955 Ltr. KVP-Dienstst. Eggesin; **Gen.Maj.**:

01.11.1954; 1955 bis 1957 Gen.stab-Akad. UdSSR; 1957 bis 1959 Chef Verw. Inspektion, MfNV; 1959 bis 1967 Chef Verw. Ausbild., MfNV; **Gen.Ltn.**: 01.03.1967; 1967 bis 1972 Stv. Min.fNV f. Ausbild., MfNV; 1972 bis 1974 Hptinspekt. NVA, MfNV; Auszeichn.: Ehrenspange Vaterländ.Verd.Ord. Gold; Scharnhorstorden; Entl.: 30.04.1974

Wejda, Josef; Dipl.-Mil.; Generalmajor

Geb.: 15.03.1932; in: Schirmdorf, Kr. Zwittau (ČR); Vater: Eisenbahner; Schule: 12 Klassen in Grundlagenfächern; Beruf: Landmaschinenschlosser

1945 bis 1946 Landarbeiter; 1946 bis 1949 Lehre, Landmaschinenschlosser; **Eintritt bew. Org.**: 05.09.1949; 1949 bis 1952 Kursant, Gruppenführer, Zugfhr., VP-Dienstst. Burg, Apollensdorf, Offz.schüler, VP-Schule Naumburg; 1952 bis 1953 Zugfhr., VP-Dienstst. Torgau; 1953 SED; 1953 bis 1955 Kp.Chef, KVP-Dienstst. Potsdam II; 1955 bis 1956 1. Stv. Kdr. Bat., Mot.Schützen-Rgt.-2; 1956 bis 1958 Offz.hörer Hochschule f. Offz.; 1958 bis 1959 Offz. f. op. Arb., Stab 1. Mot.Schützen-Div.; 1959 bis 1962 Stv. Kdr. u. Stabschef Mot.Schützen-Rgt.-1; 1963 bis 1966 Offz.hörer Militärakad. Dresden; 1966 bis 1973 Kdr. Mot.Schützen-Rgt.-1; 1973 bis 1979 Ltr. Abt. Mot.-Schützen b. Stv. Chef Ausbild., Kdo. LaSK; 1979 bis 1990 Stv. Chef Ausbild., Kdo. LaSK; **Gen.Maj.**: 01.03.1986; Auszeichn.: Vaterländ.Verd.Ord. Bronze; Kampforden Gold; Entl.: 30.09.1990

Wendt, Dieter; Dipl.-Ges.-Wiss.; Generalmajor

Geb.: 14.06.1930; in: Leipzig; Vater: Verkäufer; Schule: 12 Klassen in Grundlagenfächern; Beruf: Maurer

1945 bis 1948 Lehre; 1948 SED; **Eintritt bew. Org.**: 01.06.1948; 1948 bis 1949 Wachtmeister, VP-Dienstst. Leipzig, Frankenberg; 1949 bis 1950 Polit-Kultur-Offz. Kp., VP-Schule Eggesin; 1950 bis 1953 Polit-Kultur-Offz./Stv. Kdr. f. pol. Arb., 3. Kdo., VP-Dienstst. Zittau; 1953 bis 1954 Instrukteur f. Parteiarb., KVP-Dienstst. Frankenberg, Offz.hörer Politschule Treptow; 1954 bis 1956 Stv. Kdr. f. pol. Arb., VP-Dienstst., Frankenberg; 1956 bis 1959 Parteisekr., LehrBat.-7; 1960 Stv. Kdr. f. Politarb., Pz.Rgt.-15; 1961 OInstrukteur Instr./Org., Polit. HV, MfNV; 1961 bis 1962 Abt.-Ltr. Plan./Koord., Polit. HV, MfNV; 1963 bis 1965 Offz.hörer Militärakad. Dresden; 1965 bis 1968 Stv./Ltr. Unterabt. Instr., 8. Mot.Schützen-Div.; 1968 bis 1972 Stv. Kdr. u. Ltr. Politabt. 8. Mot.Schützen-Div.; 1972 bis 1976 Stv. Ltr. Polit.Verw. f. Instr./Org., Kdo. LaSK; **Gen.Maj.**: 01.03.1976; 1976 bis 1990 Chef Politorgan b. Stv. Min.fNV u. Chef Rückw.Dienste, MfNV; 1990 Dienstausübung b. Chef Rückw.Dienste, MfNV; Auszeichn.: Vaterländ.Verd.Ord. Silb.; Kampforden Gold; Entl.: 30.04.1990

Wendt, Günther; Dipl.-Mil.; Generalmajor

Geb.: 08.02.1931; in: Rakow, Kr. Bad Doberan; Vater: Musiker; Schule: 10 Klassen; Beruf: ohne/Berufssoldat

1945 bis 1946 Gärtnerlehrling; 1946 bis 1949 Landarbeiter; **Eintritt bew. Org.**: 01.09.1949; 1949 bis 1950 Kursant VP-Schule Rostock; 1951 Abt.-Ltr., Inf.-Abt., VP-Dienstst. Schwerin; 1951 bis 1952 Kursant, Hochschule f. Offz. Kochstedt, Abt.-Ltr., VP-Dienstst. Schwerin; 1952 SED; 1952 bis 1953 1. Gehilfe Ltr. op. Abt., Territor.Verw. Dessau; 1953 bis 1955 OOffz., Kreisregistrierabt. Wittenberg, Bezirksregistrierverwaltung Halle; 1955 bis 1956 Abt.-Ltr., Bezirksregistrierverwaltung Halle; 1956 bis 1957 Ltr. Abt. Werbung, Wehrbez.kdo. Halle; 1957 bis 1958 Ltr. Wehrkreiskdo. Schwerin; 1958 bis 1962 Stv. Chef Wehrbez.kdo. u. Ltr. Abt. Nachweisführung, Wehrbez.kdo. Schwerin; 1962 bis 1963 Chef Wehrbez.kdo. Schwerin; 1963 bis 1968 Ltr. Abt. Org./Plan., Kdo. Mil.Bez. V; 1968 bis 1972 Stv. Chef d. Stabes f. Org., Kdo. Mil.Bez. V; 1972 bis 1990 Stv. Chef d. Stabes f. Org., Kdo. LaSK; **Gen.Maj.**: 07.10.1979; Auszeichn.: Vaterländ.Verd.Ord. Bronze; Kampforden Gold; Entl.: 30.09.1990

Werner, Günter; Dipl.-Mil.; Generalmajor

Geb.: 29.06.1933; in: Ottendorf, Kr. Bunzlau (Polen); Vater: Schuhmacher/Bergmann; Schule: 12 Klassen in Grundlagenfächern; Beruf: Elektroschweißer

1948 bis 1950 Land-u. Ziegeleiarbeiter; 1950 bis 1951 Elektroschweißer; **Eintritt bew. Org.**: 05.02.1951; 1951 bis 1952 VP-Anwärter, VP-Dienstst. Frankenberg; 1952 Offz.schüler, VP-Schule Pirna; 1952 bis 1954 Zugfhr., Kp.Chef, KVP-Dienstst. Gera, Frankenberg, Halle; 1954 bis 1955 Kp.Cheflehrg., Offz.Schule Pirna I; 1955 SED; 1955 bis 1959 Militärakad./UdSSR; 1959 bis 1960 Kdr. Nachr.Bat.-3; 1961 Stv. Chef Nachr., Kdo. Mil.Bez. III; 1962 bis 1972 Chef Nachr., Kdo. Mil.Bez. III; 1972 bis 1974 Gen.stab-Akad. UdSSR; 1974 bis 1988 Stv. Chef Nachr. f. Nachr.verbindungen, MfNV; **Gen.Maj.**: 07.10.1979; 1988 bis 1990 Ltr. Abt. materielle Plan. u. Sicherstellung d. Gefechtsausb., Verw. Gefechtsausb., MfNV; Auszeichn.: Vaterländ.Verd.Ord. Bronze; Kampforden Gold; Entl.: 31.05.1990

Werner, Günter; Prof. Dr. sc. med.; OMed.Rat; Generalmajor

Geb.: 20.06.1931; in: Weischlitz, Kr. Plauen; Vater: Arbeiter; Schule: Abitur; Beruf: Landwirtschaftsgehilfe, Arzt; gest.: 01.08.1998

1945 bis 1949 Lehre, Landwirtsgehilfe; 1949 bis 1951 Student, Arb.-u.-Bauern-Fak.; 1951 SED; 1951 bis 1955 Medizinstudent, UdSSR; **Eintritt bew. Org.**: 01.07.1955; 1955 bis 1957 Student, Offz.hörer Militärmed.Sektion Greifswald; 1957 bis 1958 Pflichtassist., Militärmed.Sektion Greifswald; 1958 bis 1959 Facharztaspirant, Militärmed.Sektion Greifswald; 1959 bis 1963 Stationsarzt, Zentr.Lazarett d. NVA, Bad Saarow; 1963 bis 1968 Oberarzt, Zentr.-

Lazarett d. NVA; 1968 bis 1969 Offz.hörer Militärmed.Akad./UdSSR; 1969 bis 1972 Stv. Ltr. f. klinische Arb., Med.-Klinik d. Zentr.Lazarett d. NVA; 1972 bis 1988 Ltr. Med.-Klinik d. Militärmed.Akad. d. NVA, Bad Saarow; **Gen.Maj.**: 07.10.1978; 1988 bis 1990 Chef Militärmed.Akad. d. NVA; Auszeichn.: Vaterländ.Verd.Ord. Bronze; Kampforden Silb.; Entl.: 30.09.1990

Wiegand, Klaus; Dipl.-Mil.; Generalmajor

Geb.: 16.08.1941; in: Stadtilm, Ilm-Kreis; Vater: Schuhfabrikarbeiter; Schule: Abitur; Beruf: ohne/Berufssoldat

1958 bis 1959 Dreher; **Eintritt bew. Org.**: 08.04.1959; 1959 Richtschütze, Pz.Rgt.-4; 1959 bis 1961 Offz.schüler, Offz.Schule LaSK; 1961 bis 1966 Zugfhr., Pz.Rgt.-4; 1962 SED; 1966 bis 1971 Offz. f. Info., 4. Mot.Schützen-Div.; 1971 bis 1975 Militärakad./UdSSR; 1975 bis 1977 Ltr. Unterabt. Aufkl., 4. Mot.Schützen-Div.; 1977 bis 1979 Ltr. Unterabt. Op., 4. Mot.Schützen-Div.; 1979 bis 1980 Abt.-Ltr. Op., Kdo. Mil.Bez. III; 1980 bis 1982 Gen.stab-Akad. UdSSR; 1982 bis 1984 Stv. Kdr. u. Stabschef 7. Pz.Div.; 1984 bis 1986 Kdr. 11. Mot.Schützen-Div.; **Gen.Maj.**: 01.03.1986; 1986 bis 1987 Stv. Chef Mil.Bez. u. Chef d. Stabes, Kdo. Mil.Bez. III; 1987 bis 1990 Chef Mil.Bez. III; Auszeichn.: Kampforden Bronze; Entl.: 02.10.1990

Wiesner, Hans-Joachim; Prof.; Dipl.-Mil.; Generalleutnant

Geb.: 10.09.1925; in: Görlitz; Vater: Zimmermann; Schule: Mittlere Reife; Beruf: Zimmermann

1941 bis 1942 Lehre; 1942 bis 1943 Baustudent, Fachschule f. Hoch- u. Tiefbau, Görlitz; 1943 RAD; 1943 bis 1944 Wehrmacht, Soldat (Artillerie), Funker; 1944 bis 1949 sowjet. Gefangensch.

1950 SED; **Eintritt bew. Org.**: 01.02.1950; 1950 bis 1951 Polit-Kultur-Führungslehrg., VP-Bereitschaft Leipzig, Polit-Kultur-Offz., Kdo., VP-Bereitschaft Großenhain; 1951 bis 1953 Instrukteur f. Parteiarb., Ltr. Unterabt., Polit.Verw. HVA/KVP; 1953 bis 1954 Offz.hörer Hochschule f. Offz.; 1954 bis 1960 Stv. Kdr. u. Ltr. Politabt., KVP-Bereitschaft/9. Pz.Div., Eggesin; 1960 bis 1962 Gen.stab-Akad. UdSSR; 1962 bis 1964 Stv. Chef Mil.Bez. u. Ltr. Polit.Verw., Kdo. Mil.Bez. III; **Gen.Maj.**: 01.05.1964; 1964 bis 1986 Kdr./Chef Militärakad. Dresden; **Gen.Ltn.**: 01.03.1973; Auszeichn.: Vaterländ.Verd.Ord. Silb.; Scharnhorstorden; Entl.: 31.12.1986

Wilhelm, Karl; Dipl.-Mil.; Generalmajor

Geb.: 22.04.1922; in: Friedrichsroda, Kr. Gotha; Vater: Bergmann; Schule: 10 Klassen; Beruf: Waldfacharbeiter

1936 bis 1939 Lehre; 1939 bis 1941 Betriebsarbeiter, Heeresmunitionsanstalt; 1941 bis 1945 Kriegsmarine, Bootsmaat; 1945 engl. Gefangensch.

1945 SPD; 1945 bis 1946 Landarbeiter, Holzschäler; 1946 SED; **Eintritt bew. Org.**: 01.12.1946; 1946 bis 1948 Offz./Polit-Kultur-Offz., Grenzpolizei Liebenrode/Bad Sülzhayn; 1948 bis 1949 Kursant, Instrukteur, Dt. Verw. d. Innern Berlin; 1950 bis 1952 Ltr. Abt. Rückw.Dienste, HAbt. DGP; 1953 bis 1960 Chef Rückw.Dienste, Kdo. DGP; 1960 bis 1961 Offz.hörer Politschule Treptow; 1961 bis 1967 Stv. Chef GT u. Chef Rückw.Dienste, Kdo. GT; 1967 bis 1968 Offz.hörer Militärakad. Dresden; 1969 bis 1982 Stv. Chef GT u. Chef Rückw.Dienste, Kdo. GT; **Gen.Maj.**: 01.03.1971; Auszeichn.: Vaterländ.Verd. Ord. Gold; Kampforden Gold; Entl.: 30.11.1982

Winkler, Heinrich; Dipl.-Mil.; Dipl.-Staats-Wiss.; Generalmajor

Geb.: 05.03.1929; in: Leipzig; Vater: Maurer; Schule: 12 Klassen in Grundlagenfächern; Beruf: Handlungsgehilfe

1943 bis 1946 Kaufm. Lehre

1945 KPD; 1946 SED; 1946 bis 1948 Angest.; **Eintritt bew. Org.**: 15.08.1948; 1948 bis 1949 Sachbearb., VP-Bereitschaft Leipzig; 1949 bis 1951 Sachbearb., Zugfhr., VP-Bereitschaft Leipzig, VP-Schule Döbeln; 1951 bis 1954 Sachbearb., Instrukteur/OInstrukteur, Abt. Kader, Polit.Verw. HVA/KVP; 1954 bis 1955 Ltr. Unterabt. Lehranstalten d. Abt. Kader, Polit.Verw., KVP; 1955 bis 1956 Offz.hörer Politschule Treptow; 1956 bis 1957 Offz.hörer 1. Mil.-Attaché-Lehrg., Berlin; 1957 bis 1959 Mil.-Attaché in VR Ungarn; 1959 bis 1960 Ltr. Auslandsabt., MfNV (m.d.F.b.); 1961 bis 1965 Stv. Ltr. Auslandsabt., MfNV; 1965 bis 1967 Militärakad. Dresden; 1967 bis 1971 Stv. Ltr. Abt. Internat. Verb., MfNV; 1971 bis 1990 Ltr./Chef Abt./Verw. Internat. Verb., MfNV; **Gen.Maj.**: 07.10.1978; Auszeichn.: Vaterländ.Verd.Ord. Bronze; Kampforden Gold; Entl.: 31.03.1990

Winter, Klaus; Dipl.-Mil.; Generalleutnant

Geb.: 08.10.1930; in: Uhlstädt, Schwarza-Kreis; Vater: Drechsler; Schule: 12 Klassen in Grundlagenfächern; Beruf: Maschinenschlosser; gest.: 23.05.2001

1945 bis 1946 Hilfsarbeiter; 1946 bis 1949 Lehre, Maschinenschlosser; 1949 SED; **Eintritt bew. Org.**: 01.08.1949; 1949 bis 1950 Offz.schüler, VP-Schule Döbeln; 1950 bis 1953 Ltr. Abt., VP-Bereitschaft Großenhain, Oranienburg; 1953 bis 1955 Offz.hörer Hochschule f. Offz.; 1955 bis 1956 Ltr. Abt., KVP-Bereitschaft Erfurt; 1956 bis 1959 Offz./OOffz. Gefechtsausb., Kdo. Mil.-Bez. III; 1959 bis 1960 Ltr. Abt. Gefechtsausb., Kdo Mil.Bez. III; 1961 bis 1963 Gen.stab-Akad. UdSSR; 1963 bis 1969 1. Stv. Kdr. 1. Mot.Schützen-Div.; 1969 bis 1974 Kdr. 1. Mot.Schützen-Div.; **Gen.Maj.**: 01.03.1971; 1974 bis 1978 Stv. Chef Mil.Bez. u. Chef Ausbild., Kdo. Mil.Bez. V; 1978 bis 1990 Stv. Chef LaSK u. Chef Ausbild., Kdo. LaSK; **Gen.Ltn.**: 01.03.1981; Auszeichn.: Vaterländ.Verd.Ord. Silb.; Kampforden Gold; Entl.: 30.09.1990

Winter, Werner; Dipl.-Mil.; Generalleutnant

Geb.: 02.04.1923; in: Remse, Kr. Chemnitzer Land; Vater: Bauarbeiter; Schule: 8 Klassen; Beruf: ohne/Berufssoldat

1937 bis 1940 Landarbeiter; 1940 bis 1945 Wehrmacht, Uffz. (Panzer); 1945 bis 1949 sowjet. Gefangensch.

Eintritt bew. Org.: 01.09.1949; 1949 bis 1950 Kursant, Abt.-Ltr., Stv. Ausbild., 4. VP-Bereitschaft Sachsen; 1950 bis 1951 Abt.-Ltr., VP-Dienstst. Eggesin, VP-Bereitschaft Meiningen; 1951 bis 1952 Sonderlehrg./UdSSR; 1952 bis 1955 Offz., Verw. Ausbild./Inspektion, Verw. Motorisierung, Stab KVP; 1953 SED; 1956 Ltr. Abt. Pz.-u. Mech., Verw. Ausbild., MfNV; 1956 bis 1959 Kdr. Pz.Rgt.-16; 1959 bis 1961 1. Stv. Kdr. 7. Pz.Div.; 1962 bis 1964 Gen.stab-Akad. UdSSR; 1964 bis 1971 Kdr. 7. Pz.Div.; **Gen.Maj.**: 01.03.1966; 1971 bis 1972 Stv. Chef Verw. Ausbild., MfNV; 1972 bis 1977 Stv. Chef LaSK u. Chef Ausbild., Kdo. LaSK; **Gen.Ltn.**: 07.10.1977; 1977 bis 1983 Kdr. Offz.Hochschule LaSK Löbau; Auszeichn.: Vaterländ.Verd.Ord. Gold; Kampforden Silb.; Entl.: 30.04.1983

Wirsching, Hans; Dipl.-Mil.; Generalmajor

Geb.: 17.11.1929; in: Ebenrode (Ostpreußen); Vater: Getreidearbeiter; Schule: 8 Klassen; Beruf: ohne/Berufssoldat

1944 bis 1949 Lehrling/Landarbeiter

Eintritt bew. Org.: 15.08.1949; 1949 bis 1950 Offz.schüler, VP-Schule Naumburg; 1950 bis 1952 Abt.-Ltr., VP-Bereitschaft Quedlinburg; 1952 SED; 1952 Offz.hörer VP-Hochschulen Kochstedt u. Dresden; 1952 bis 1953 Kdr. Bat., VP-Dienstst. Premnitz; 1953 bis 1956 Offz. Auffüllung, 5. Verw., Stab KVP; 1956 bis 1960 Militärakad./UdSSR; 1960 bis 1961 Kdr. Mot.Schützenbat., Kdr. Mot.Schützen-Rgt.-1/Mot.Schützen-Rgt.-2; 1961 bis 1966 OOffz., Verw. Op., MfNV; 1966 bis 1970 Stv. Abt.-Ltr. u. Ltr. Unterabt., Verw. Op., MfNV; 1970 bis 1972 Gen.stab-Akad. UdSSR; 1972 bis 1979 Ltr. Abt. Gefechtsbereitschaft u. op. Ausbild., Verw. Op., MfNV; 1979 bis 1983 Ltr. Abt. I b. Staatsrat DDR; 1983 bis 1990 Ltr. Bereich I b. Staatsrat DDR; **Gen.Maj.**: 01.03.1986; Auszeichn.: Vaterländ.Verd.Ord. Silb.; Kampforden Gold; Entl.: 28.02.1990

Wittek, Heinz; Dipl.-Phil.; Generalmajor

Geb.: 01.11.1933; in: Schönau, Kr. Oelsen (Polen); Vater: Schmied; Schule: Abitur; Beruf: Maschinenschlosser

1949 bis 1954 Lehre, Maschinenschlosser; 1954 SED; 1954 bis 1955 FDJ-Sekr., Halle; **Eintritt bew. Org.**: 25.05.1955; 1955 bis 1958 Gruppenfhr., Offz.schüler, Politschule Treptow; 1958 bis 1961 FDJ-Sekr. Bat. u. Rgt., Mot.Schützen-Rgt.-16; 1961 bis 1966 Instrukteur Jugendarb., Polit.Verw. Mil.Bez. III; 1966 bis 1968 Ltr. Unterabt. Jugend, Polit.Verw. Mil.Bez. III; 1968 bis 1975 Ltr. Abt. Jugend, Polit. HV, MfNV; 1976 bis 1981 Stv. Vors. f. sportpol. Arb., Komitee ASV »Vorwärts"; 1981 bis 1986 Stv. d. Vors. d. Zentralvorst. d. GST f. allg. vormilit. Ausbild.; 1986 bis 1989 Stv. d. Vors. d. Zentralvorst. d. GST f. Wehrsport; **Gen.Maj.**: 07.10.1989; 1989 bis 1990 Vors. Komitee

ASV »Vorwärts«; Auszeichn.: Vaterländ.Verd.Ord. Bronze; Kampforden Gold; Entl.: 30.09.1990

Wolff, Norbert; Dipl.-Ing.; Generalmajor

Geb.: 17.05.1935; in: Breslau (Polen); Vater: Koch/Fleischer; Schule: Abitur; Beruf: ohne/Berufssoldat

Eintritt bew. Org.: 28.07.1953; 1953 bis 1954 Offz.schüler, Offz.Schule Torgau; 1954 SED; 1954 bis 1959 Offz.hörer Hochschule f. Offz./Institut f. Ballistik, Dresden; 1959 bis 1960 Fachlehrer f. Ballistik, Institut f. Ballistik; 1960 bis 1961 Offz., Abt. Forschung u. Entw., MfNV; 1961 bis 1962 Spez.-Lehrg./UdSSR; 1963 bis 1964 OOffz. f. Ballistik, Abt. Forschung u. Entw., MfNV; 1964 bis 1965 Ltr. Unterabt. Maschinenbau, Abt. Forschung u. Entw., MfNV; 1965 bis 1972 Stv. Chef Verw. Techn., MfNV; 1972 bis 1977 Stv. Chef Verw. Instandsetzung u. Abt.-Ltr. Ökon. u. Kontr., Verw. Instandsetzung, MfNV; 1977 bis 1981 Stv. Chef Techn. Komitee d. Vereinten Streitkräfte Warschauer Vertrag; 1982 Stv. Chef Techn./Bewaffn. f. Techn. (m.d.F.b.), MfNV; 1982 bis 1983 Stv. Chef Techn./Bewaffn. f. Techn., MfNV; 1983 bis 1984 Stv. d. Stv. Chef Techn./Bewaffn. f. Beschaffung/Instand. u. Chef Verw. Techn., MfNV; 1985 bis 1990 Stv. Chef Techn./Bewaffn. f. wiss.-techn. u. ökon. Zusammenarb., MfNV; **Gen.Maj.**: 01.03.1986; Auszeichn.: Vaterländ.Verd.Ord. Bronze; Kampforden Gold; Entl.: 30.09.1990

Wöllner, Erich; Dipl.-Mil.; Generalmajor

Geb.: 16.03.1931; in: Kirchhasel, Schwarza-Kreis; Vater: Zimmermann; Schule: 12 Klassen in Grundlagenfächern; Beruf: Schuhmacher

1945 Landarbeiter; 1945 bis 1949 Lehre, Schuhmacher, Transportarbeiter; **Eintritt bew. Org.**: 20.08.1949; 1949 bis 1950 Offz.schüler, VP-Schule Döbeln; 1952 bis 1955 Zugfhr., Kp.Chef, Stv. Kdr. Bat., KVP-Dienstst. Gera, Pinnow; 1953 SED; 1955 bis 1959 Militärakad./UdSSR; 1959 bis 1960 Stv. Stabschef, Mot.Schützen-Rgt.-16; 1961 Stv. Kdr. u. Stabschef, Mot.Schützen-Rgt.-16; 1962 bis 1965 Kdr. Mot.Schützen-Rgt.-16; 1965 bis 1967 Gen.stab-Akad. UdSSR; 1967 bis 1971 1. Stv. Kdr. 4. Mot.Schützen-Div.; 1971 bis 1973 Stv. Kdr. u. Stabschef 4. Mot.Schützen-Div.; 1973 bis 1979 Kdr. Uffz.-Schule IV, Mil.Bez. III; **Gen.Maj.**: 01.03.1976; 1979 bis 1990 Kdr. GrenzKdo. Mitte; Auszeichn.: Vaterländ.Verd.Ord. Silb.; Kampforden Gold; Entl.: 30.04.1990

Wulz, Hans; Generalmajor

Geb.: 01.10.1893; in: Neubreisach/Elsaß; Vater: Offizier/Beamter; Schule: Abitur; Beruf: Berufssoldat; gest.: 10.12.1975

1912 bis 1919 Offz.-Anwärter, Gruppenführer, Zugfhr., Batt.-Offz., Batt.-Fhr.; 1919 bis 1920 Kursant, Militärturnanstalt Wünsdorf; 1920 bis 1924 Inspektions-Offz., Adj., Art.-Schule Jüterbog; 1924 bis 1929 Batt.-Chef, Art.Rgt.-2

Itzehoe; 1929 bis 1934 Lehrer, Pio.-Schule (Reichswehr), München; 1934 bis 1936 Abt.-Kdr., Art.Rgt.-33; 1936 bis 1942 Referent u. Abt.-Chef, Heeresamt Berlin; 1942 Rgt.-Kdr., Art.Rgt.-35; 1942 bis 1943 Art.-Kdr. IV. Korps, Stalingrad; 1942 Gen.Maj.; 1943 bis 1948 sowjet. Gefangensch.; 1943 BDO

Eintritt bew. Org.: 14.09.1948; 1948 bis 1949 Stv. Schulltr., Höhere Polizeischule, Dt. Verw. d. Innern; 1949 Wiss. Ltr., Hauptabt. Schulung, Dt. Verw. d. Innern; 1949 Stabschef Hauptabt. Grenze u. Bereitschaften, Dt. Verw. d. Innern; 1949 bis 1950 Stv. Ltr. f. Allgem., HVA Berlin; 1950 bis 1952 Ltr. Abt. Inspektion, Stab HVA; 1951 SED; **Gen.Maj.**: 01.10.1952; 1952 bis 1953 Chef Verw. Art.-Versorgung, Stab MdI; 1953 bis 1954 Chef Verw. Art.-Versorgung, Stab KVP; 1955 bis 1956 Chef Standortbereiches Berlin(Ost); 1956 bis 1958 Ltr. Standortkommandantur Berlin(Ost); Auszeichn.: Vaterländ.Verd.Ord. Silb.; Kampforden Silb.; Entl.: 30.09.1958

Wunderlich, Werner; Prof. Dr. phil.; Dipl.-Hist.; Dipl.-Wirtschaftler; Generalmajor

Geb.: 07.07.1925; in: Bad Brambach, Kr. Oelsnitz; Vater: Maler; Schule: 8 Klassen; Beruf: Maler

1940 bis 1943 Lehre, Malerfachschule Magdeburg; 1943 RAD; 1943 NSDAP-Anwärter; 1943 bis 1945 Wehrmacht, Feldw., Fahnenjunker (Infanterie); 1945 amerik. Gefangensch.

1945 bis 1946 Maler; 1946 KPD/SED; 1947 Instrukteur SED-Kreisvorst. Oelsnitz; 1947 bis 1949 Ltr. Handwerkskammer, Oelsnitz; 1949 bis 1950 Oberreferent, Min.f. Industrie; 1950 bis 1952 Student, Deutsche Verwaltungs-Akademie **Eintritt bew. Org.**: 01.09.1952; 1952 Polit-Kultur-Offz., VP-Dienstst., VP-See; 1953 Ltr. Politabt., Ing.Offz.Schule, VP-See; 1953 bis 1960 Ltr. Unterabt. Agit./Prop., Polit.Abt., VP-See/Seestreitkr.; 1961 bis 1963 Oberlekt., Polit. HV, MfNV; 1963 bis 1965 Stv. Ltr. Abt. Prop., Polit. HV, MfNV; 1965 bis 1968 Chef Verw. Prop., Polit. HV, MfNV; 1968 bis 1969 Stv. Chef d. Polit. HV, MfNV; 1969 bis 1976 Chef Verw. Prop., Polit. HV, MfNV; **Gen.Maj.**: 01.03.1974; 1976 bis 1983 Kdr. Militärpol. Hochschule Berlin; Auszeichn.: Vaterländ.Verd.Ord. Silb.; Kampforden Gold; Entl.: 31.07.1983

Zabelt, Siegfried; Dipl.-Mil.; Generalmajor

Geb.: 19.01.1932; in: Chemnitz; Vater: Angest.; Schule: 12 Klassen in Grundlagenfächern; Beruf: Bergmann/Hauer

1946 bis 1949 Lehre; 1949 SED; 1949 bis 1950 FDJ-Sekr., Steinkohlenwerk Oelsnitz; **Eintritt bew. Org.**: 07.01.1950; 1950 Kursant, VP-Schule Döbeln; 1950 bis 1952 Gehilfe Stabschef, VP-Dienstst. Halle; 1952 bis 1953 Ltr. Unterabt. Op., KVP-Dienstst. Halle; 1953 bis 1955 Offz.hörer Hochschule f. Offz.; 1955 bis 1956 Stv. Ltr. Unterabt. Op., VP-Dienstst. Erfurt; 1956 bis 1957 OOffz. op. Arb., 4. Mot.Schützen-Div.; 1957 bis 1960 OOffz. Taktik, Verw. Ausbild., MfNV; 1961 Militärakad. Dresden; 1962 bis 1963 OOffz./Ltr. Arbeitsgr., Verw. Ausbild., MfNV; 1963 bis 1967 Ltr. Unterabt., Verw. Ausbild., MfNV; 1967 bis 1972 Ltr. Abt., Verw. Ausbild., MfNV; 1972 bis 1975 Stv. Chef Ausbild., Kdo. LaSK; 1975 bis 1977 Gen.stab-Akad. UdSSR; 1977 bis 1978 Stv. Kdr. f. Ausbild., 1. Mot.Schützen-Div.; 1978 bis 1983 Kdr. 1. Mot.Schützen-Div.; **Gen.Maj.**: 07.10.1980; 1983 bis 1990 Ltr. d. Mil. HAbt. im Min.f. Hoch- u. Fachschulwesen; 1990 Dienstausübung b. Chef Ausbild., MfAV; Auszeichn.: Vaterländ.Verd.Ord. Bronze; Kampforden Gold; Entl.: 30.09.1990

Zander, Horst; Dipl.-Mil.; Generalleutnant

Geb.: 09.01.1929; in: Röbel, Kr. Müritz; Vater: Landarbeiter; Schule: 12 Klassen in Grundlagenfächern; Beruf: Molkereigehilfe

1944 bis 1945 Student, Lehrerbildungsanstalt Güstrow

1945 bis 1946 Landarbeiter; 1946 bis 1949 Lehre; **Eintritt bew. Org.**: 25.08.1949; 1949 bis 1950 Kursant, VP-Schule Priemerwald; 1950 bis 1952 Zugfhr., stv. Kp.Chef, Stv. Abt.-Ltr., VP-Dienstst. Eggesin; 1952 SED; 1952 bis 1953 Sonderlehrg./UdSSR; 1953 bis 1958 Offz./OOffz. Schießausb., Territor.Verw. Nord/Kdo. Mil.Bez. V; 1958 bis 1959 1. Stv. Kdr. Pz.Rgt.-8; 1959 Ltr. Ausbild., Pz.-Offz.Schule; 1960 bis 1962 Stv. Kdr. f. Ausbild., Pz.-Offz.Schule Großenhain; 1962 bis 1965 Offz.hörer Militärakad. Dresden; 1965 bis 1969 Kdr. Pz.Rgt.-8; 1969 bis 1971 Gen.stab-Akad. UdSSR; 1971 bis 1974 Stv. Kdr. f. Ausbild., 9. Pz.Div.; 1974 bis 1978 Kdr. 1. Mot.Schützen-Div.; **Gen.Maj.**: 07.10.1977; 1978 bis 1983 Stv. Chef LaSK u. Chef Rückw.Dienste., Kdo. LaSK; **Gen.Ltn.**: 01.03.1981; 1983 bis 1990 Stv. Chef LaSK u. Chef Techn./Bewaffn., Kdo. LaSK; Auszeichn.: Vaterländ.Verd.Ord. Silb.; Scharnhorstorden; Entl.: 28.02.1990

Zaroba, Werner; Dipl.-Mil.; Generalmajor

Geb.: 29.12.1930; in: Bohsdorf-Vorwerk, Kr. Spree-Neiße; Vater: Bergmann; Schule: 12 Klassen in Grundlagenfächern; Beruf: Elektriker

1945 bis 1949 Lehre, Elektriker

Eintritt bew. Org.: 12.08.1949; 1949 bis 1950 Kursant, VP-Schule Glöwen; 1950 bis 1951 Stv. Abt.-Ltr. f. Ausbild., VP-Dienstst. Frankenberg; 1951 bis 1952 Ltr. Abt. Art., Stabschef Art.-Abt., VP-Dienstst. Frankenberg; 1952 SED; 1952 bis 1954 Offz. Kader, Verw. Kader, Stab KVP; 1954 bis 1959 Militärakad./UdSSR; 1959 bis 1961 OOffz. op. Arb. b. Chef Art., MfNV; 1961 bis 1965 Ltr. Abt. b. Chef Art., MfNV; 1965 bis 1967 Stv. Chef Art. u. Stabschef, MfNV; 1967 bis 1969 Gen.stab-Akad. UdSSR; 1969 bis 1971 Ltr. Abt. Op. b. Chef Art., MfNV; 1971 bis 1975 Stv. Chef Rak.Truppen/Art. u. Stabschef, Kdo. Mil.Bez. III; 1975 bis 1982 Stv. Chef Rak.Truppen/Art. u. Stabschef, Kdo. LaSK; **Gen.Maj.**: 07.10.1980; 1982 Stv. f. op. Zusammenwirken d. Stv. d. Chef d. Hauptstabes f. op. Fragen, MfNV; 1982 bis 1986 Stv. Chef d. Stabes Vereinte Streitkräfte Warschauer Vertrag; 1986 bis 1990 Stv. Ltr. Zivilverteid. u.

Chef d. Stabes, Zivilverteid. DDR; Auszeichn.: Vaterländ.Verd.Ord. Bronze; Kampforden Gold; Entl.: 30.09.1990

Zeh, Manfred; Dr. rer. mil.; Dipl.-Mil.; Generalmajor

Geb.: 12.04.1933; in: Heidewilxen, Kr. Trebnitz (Polen); Vater: Tischler; Schule: 12 Klassen in Grundlagenfächern; Beruf: ohne/Berufssoldat

1945 bis 1946 »Umsiedlung« in d. SBZ; 1946 bis 1950 Landarbeiter; **Eintritt bew. Org.**: 24.03.1950; 1950 Kursant, VP-Schule Priemerwald; 1950 bis 1952 Zugfhr., OAdj., VP-Dienstst. Stern-Buchholz; 1952 bis 1953 1. Gehilfe Stabschef, VP-Dienstst. Stern-Buchholz; 1953 bis 1955 Stabschef Abt., VP-Dienstst. Stern-Buchholz; 1954 SED; 1956 bis 1957 Offz.hörer Hochschule f. Offz.; 1957 bis 1958 Op. Offz., Stab 8. Mot.Schützen-Div.; 1958 bis 1960 Ltr. Unterabt. Aufkl., 8. Mot.Schützen-Div.; 1961 bis 1964 Offz.hörer Militärakad. Dresden; 1964 bis 1971 Kdr. Mot.Schützen-Rgt.-2; 1971 bis 1974 Gen.stab-Akad. UdSSR; 1974 bis 1977 Stv. Kdr. f. Ausbild., 11. Mot.Schützen-Div.; 1977 bis 1984 Kdr. 11. Mot.Schützen-Div.; **Gen.Maj.**: 07.10.1979; 1984 bis 1990 Kdr. Sekt. LaSK, Militärakad. Dresden; Auszeichn.: Vaterländ.Verd.Ord. Bronze; Kampforden Bronze; Entl.: 30.09.1990

Zeiler, Friedrich; Dr. oec.; Generalleutnant

Geb.: 09.09.1920; in: München; Vater: Kraftfahrer; Schule: 8 Klassen; Beruf: Klempner/Installateur

1934 bis 1939 Lehre, Geselle; 1939 bis 1945 Wehrmacht, Uffz. (Luftwaffe); 1945 amerik. Gefangensch.

1945 KPD; 1945 bis 1946 Klempner; 1946 SED; 1946 bis 1947 1. Sekr. FDJ-Kr.Ltg. Eisleben; 1947 bis 1949 Sekr. f. Wirtschaft, SED-Kr.Ltg. Eisleben; 1949 bis 1951 Abt.-Ltr., SED-Bez.Leitung Halle; **Eintritt bew. Org.**: 01.11.1951; 1951 bis 1961 Instr., Sektorenltr., Sonderbevollm., Abt.-Ltr., ZK d. SED; 1961 bis 1962 Stellenplan »R« MfNV; 1962 bis 1982 Stv. d. Vors. Staatl.Plankomm. u. Chef Militärbereich; **Gen.Maj.**: 07.10.1969; **Gen.Ltn.**: 07.10.1979; Auszeichn.: Vaterländ.Verd.Ord. Silb.; Scharnhorstorden; Entl.: 31.01.1982

Zickmann, Werner; Dipl.-Mil.; Generalmajor

Geb.: 04.11.1933; in: Frankenberg, Kr. Mittweida; Vater: Dreher; Schule: Abitur; Beruf: ohne/Berufssoldat

1952 SED; **Eintritt bew. Org.**: 16.06.1952; 1952 Kursant, VP-Bereitschaft Frankenberg, Offz.schüler, Offz.Schule Döbeln; 1953 Zugfhr., VP-Dienstst. Leipzig, Potsdam; 1953 bis 1955 Adj. d. Chef Territor.Verw. Süd, KVP; 1955 bis 1959 Militärakad./UdSSR; 1959 bis 1960 Stabschef Aufkl.-Bat.-7, 7. Pz.Div.; 1961 bis 1962 Offz./OOffz. f. militärgeographische Arb., Verw. Op., MfNV; 1962 bis 1964 OOffz. op. Plan./Perspektiv Plan., Verw. Op., MfNV; 1964 bis 1972 OOffz./Ltr. Arbeitsgr., Verw. Op., MfNV; 1972 bis 1974 Ltr. Unterabt., Verw. Op., MfNV; 1974 bis 1975 Stv./Ltr. Abt. op. Plan. (m.d.F.b.), Verw. Op.,

MfNV; 1975 bis 1982 Stv./Ltr. Abt. Entw., Plan. u. op. Vorbereitung, Verw. Op., MfNV; **Gen.Maj.**: 07.10.1982; 1982 bis 1983 Stv. d. Stv. d. Chefs d. Hauptstabes f. op. Fragen u. Chef Verw. Op. (m.d.F.b.); 1983 bis 1990 Stv./Ltr. Abt. Entw., Plan. u. op. Vorbereitung, Verw. Op. d. Hauptstabes, MfNV/ MfAV; Auszeichn.: Vaterländ.Verd.Ord. Bronze; Kampforden Silb.; Entl.: 30.09.1990

Ziems, Hans; Dipl.-Mil.; Generalmajor

Geb.: 28.08.1928; in: Mansfeld, Kr. Prignitz; Vater: Fabrikarbeiter; Schule: 12 Klassen in Grundlagenfächern; Beruf: Neulehrer; gest.: 08.09.1992

1944 bis 1945 Kriegsmarine, Marinehelfer; Wehrmacht, Soldat (Infanterie)

1945 bis 1947 Landarbeiter; 1947 SED; 1947 bis 1949 Neulehrer; **Eintritt bew. Org.**: 17.08.1949; 1949 bis 1950 Fachlehrer, VP-Schule Glöwen; 1950 bis 1951 Stv. Kdr. Abt. f. Ausbild., VP-Dienstst. Hohenstücken; 1951 bis 1953 Offz., 3. Verw., Stab HVA/KVP; 1953 bis 1954 Ltr. Abt. Nachweisführung, Verw. Lehranstalten, Stab KVP; 1954 bis 1956 Offz.hörer Hochschule f. Offz.; 1956 bis 1957 Ltr. Abt. Auffüllung u. Nachweisführung, Verw. Auffüllung, MfNV; 1957 bis 1961 Ltr. Unterabt. Militärwiss., Kdo. Mil.Bez. III; 1961 bis 1964 1. Stv. Kdr. Mot.Schützen-Rgt.-18; 1964 bis 1966 Stv. Chef Wehrbez.kdo. u. Ltr. Abt. Org./Plan., Wehrbez.kdo. Potsdam; 1966 Chef Wehrbez.kdo. Potsdam (m.d.F.b.); 1966 bis 1969 Stv. Chef Wehrbez.kdo. f. Org., Wehrbez.kdo. Potsdam; 1969 bis 1972 Offz.hörer Militärakad. Dresden; 1972 bis 1976 Stv. Chef d. Stabes f. Org., Kdo. Mil.Bez. V; 1976 bis 1989 Chef Wehrbez.kdo. Rostock; **Gen.Maj.**: 07.10.1982; Auszeichn.: Vaterländ.Verd.Ord. Silb.; Kampforden Silb.; Entl.: 30.11.1989

Zieris, Alois; Dr. rer. mil.; Dipl.-Mil.; Generalmajor

Geb.: 29.01.1936; in: Glasendorf, Kr. Trautenau (ČR); Vater: Arbeiter; Schule: 12 Klassen in Grundlagenfächern; Beruf: Betriebsschlosser

1951 bis 1955 Lehre, Betriebsschlosser; **Eintritt bew. Org.**: 23.04.1955; 1955 bis 1957 Soldat/Techniker, 1. Fliegerdiv.; 1957 bis 1958 Stations-Ltr., Funktechn.Rgt.-4; 1958 SED; 1959 bis 1961 Kp.Chef, Funktechn.Rgt.-4; 1961 bis 1966 Stv. Kdr. u. Stabschef, Funktechn.Bat.-1; 1966 bis 1969 Offz.hörer Militärakad. Dresden; 1969 bis 1970 OOffz. Führung u. Einsatz, 1. LVDiv.; 1970 bis 1972 Ltr. Unterabt. Führung u. Einsatz, 1. LVDiv.; 1972 bis 1976 Chef Funktechn. Truppen, 1. LVDiv.; 1976 bis 1981 Stv. Stabschef u. Ltr. Unterabt. Op., 1. LVDiv.; 1981 bis 1982 Stv. Kdr. u. Stabschef, 1. LVDiv. (m.d.F.b.); 1983 bis 1988 Kdr. 1. LVDiv.; **Gen.Maj.**: 01.03.1986; 1988 bis 1990 Kdr. Offz.Hochschule LSK/LV Kamenz; Auszeichn.: Vaterländ.Verd.Ord. Silb.; Kampforden Bronze; Entl.: 02.10.1990

Zimmermann, Klaus; Dipl.-Mil.; Generalmajor

Geb.: 30.08.1941; in: Burgstaden, Kr. Merseburg-Querfurt; Vater: Landarbeiter; Schule: Abitur; Beruf: ohne/Berufssoldat

1959 Betonhilfsarbeiter; **Eintritt bew. Org.**: 01.11.1959; 1959 bis 1961 Offz.schüler, Offz.Schule Bautzen; 1961 bis 1963 Flugzeugführer, Kettenkdr., Jagdfliegergeschwader-2; 1962 SED; 1963 bis 1965 Stv. Kdr. f. Politarb. Staffel, Jagdfliegergeschwader-2; 1965 bis 1967 Staffelkdr., Jagdfliegergeschwader-2; 1967 bis 1970 Offz.hörer Militärakad. Dresden; 1971 Staffelkdr., Jagdfliegergeschwader-2; 1971 bis 1977 Stv. Kdr f. flieg. Ausbild., Jagdfliegergeschwader-9; 1977 bis 1978 Kdr. Jagdfliegergeschwader-9; 1978 bis 1980 Stv. Kdr. f. Jagdflieger, 3. LVDiv.; 1980 bis 1982 Gen.stab-Akad. UdSSR; 1982 bis 1983 Stv. Kdr. f. Fliegerkräfte, Führungsorgan d. Front- u. Armeefliegerkräfte; 1984 bis 1990 Kdr. Führungsorgan Front- u. Militärtransportfliegerkräfte; **Gen.Maj.**: 01.03.1987; Auszeichn.: Kampforden Gold ; Entl.: 31.03.1990

Zorn, Heinz; Dipl.-Mil.; Generalmajor

Geb.: 28.04.1912; in: Berlin; Vater: Beamter; Schule: Abitur; Beruf: Berufssoldat; gest.: 15.05.1993

1930 bis 1931 Flugschüler, Reichswehr; 1931 bis 1935 Offz.-Anwärter, Zugfhr.; 1935 bis 1941 Flugzeugführer, Kp.Chef, Staffel-Kapitän; 1941 bis 1944 versch. Gen.stabsverwend., zuletzt b. Befehlshaber d. dt. Luftw. Rumänien; 1942 Major i. Gen.stab; 1944 bis 1949 sowjet. Gefangensch.; 1944 NKFD

1949 SED; **Eintritt bew. Org.**: 10.07.1949; 1949 bis 1950 Ltr. HAbt. Inspektion, Stab HVA; 1950 bis 1955 Chef d. Stabes, VP-Luft/Verw. d. Aeroklubs; **Gen.Maj.**: 01.10.1952; 1955 bis 1956 Chef Verw. d. Aeroklubs (m.d.F.b.); 1956 bis 1957 Chef d. Verw. LSK/Stv. Chef LSK/LV f. LSK; 1957 bis 1959 Gen.stab-Akad. UdSSR; 1959 bis 1969 Stv. Kdr. Militärakad. Dresden u. Ltr. Fakultät LSK/LV, Militärakad. Dresden; 1969 bis 1974 Gruppe z.B.V, Dt. Inst. f. Militärgesch./Militärgesch. Institut Potsdam; Auszeichn.: Vaterländ.Verd.Ord. Silb.; Kampforden Silb.; Entl.: 31.12.1974

Zukunft, Hans; Dipl.-Jur.; Dipl.-Mil.; Generalmajor

Geb.: 16.09.1929; in: Freital, Weißeritzkreis; Vater: Rangierarbeiter; Schule: 8 Klassen; Beruf: Eletroinstallateur

1944 bis 1947 Lehre

1947 SED; **Eintritt bew. Org.**: 01.04.1947; 1947 bis 1949 Schutzmann, HVDVP; 1949 bis 1950 Kaderltr., HVA; 1950 bis 1960 Offz. d. MfS, u.a. Ref.-Ltr. HAbt. I, Mil.Bez. III; 1960 bis 1965 Stv. Abt.-Ltr., 14. Abt., Polit. HV, MfNV; 1965 bis 1972 Abt.-Ltr. 10. Verw., Polit. HV, MfNV; 1972 bis 1990 Chef 10. Verw., Polit. HV, MfNV; **Gen.Maj.**: 07.10.1974; Auszeichn.: Vaterländ.Verd.Ord. Gold; Kampforden Gold; Entl.: 30.04.1990

Tabellarische Übersichten

Die nachfolgenden Zusammenstellungen und Übersichten sollen dem Nutzer rasche und kompakte Informationen über ausgewählte Personalbereiche der NVA-Generalität vermitteln. Die Tabellen geben in einer Auswahl Auskunft über die Besetzung von Führungsstellen und beinhalten chronologische Ernennungs- und Beförderungstafeln. Sie beziehen sich in der Regel nur auf die in den Kurzbiographien vorgestellten Vertreter der DDR-Militärelite.

Grundsätzliche Erläuterungen zu den Tabellen mit Angaben über die Besetzung von Führungsstellen

In einigen Fällen konnten keine exakten Daten ermittelt werden. Ursachen dafür sind vor allem in der oft lückenhaften Aktenüberlieferung, in den zahlreichen Struktur- und Stellenplanänderungen sowie in den Spezifika der SED-»Kaderpolitik« zu suchen. Zudem zeigen die ausgewerteten Dokumente – Kaderbefehle, Stellenpläne, Personalunterlagen, Chroniken – nicht nur z.T. erhebliche Abweichungen bei einigen individuellen Personaldaten, sondern auch bei Bezeichnungen von Dienststellungen usw. Vor diesem Hintergrund sind auch Überschneidungen z.B. zwischen dem Dienstende eines Offiziers und dem Dienstantritt seines Nachfolgers zu bewerten. In der Regel wurden in solchen Fällen die am »dichtesten« zusammenliegenden Daten ausgewählt. Soweit es aus den Quellen ersichtlich war, erfolgte zudem bei einer Übernahme des Dienstpostens durch Vertreter ein gesonderter Hinweis (z.B. »m.d.F.b.« – mit der Führung beauftragt). Einige Angaben sind aus bisher unveröffentlichten NVA-Studien zur Geschichte der Teilstreitkräfte entnommen.

Politische Tätigkeit vor 1945, Wehrmachtzugehörigkeit, Parteimitgliedschaft 1945/46 sowie Tätigkeit in zentralen Partei- und Staatsorganen der SBZ/DDR

Erläuterungen zur nachstehenden Tabelle 15: Zu den kommunistischen Parteien werden in der nachstehenden Tabelle die Kommunistische Partei Deutschlands (KPD), die Kommunistische Partei Spaniens (KPSp), die Kommunistische Partei der Sowjetunion (KPdSU) und die Kommunistische Partei der Tschechoslowakei (KPČ) gezählt.

Tab. 15: Funktionäre und Mitglieder kommunistischer Parteien vor 1945

Name, Vorname	Partei	Mitglied seit
Allenstein, Walter	SPD/	1926/
	KPD	1928
Breitfeld, Walter	KPD/	1923/
	KPSp	1937 bis 1939
Dickel, Friedrich	KPD	1931
Dölling, Rudolf	KPČ	1923
Dollwetzel, Heinrich	KPD	1932
Fischer, Richard	KPD	1930
Franke, Arthur	KPD/	1930/
	KPSp	1938 bis 1939
Gartmann, Herrmann	KPD	1927
Hoffmann, Heinz	KPD	1930
Johne, Fritz	KPČ	1936
Köhn, Fritz	KPD	1931
Linke, Karl	USPD/	1920 bis 1923/
	KPC/	1924 bis 1930/
	KPdSU	1930 bis 1951
Lohberger, Kurt	KPD	1930
Mayer, Wilhelm	KPD	1924
Menzel, Rudolf	KPD	1928
Munschke, Ewald	KPD	1923/1930
Schütz, Josef	KPČ	1932
Staimer, Richard	KPD	1924
Stoph, Willi	KPD	1931
Verner, Waldemar	KPD	1930
Vogel, Kurt	KPD/KPSp	1928/1937 bis 1939
Wagner, Kurt	KPD	1932
Wansierski, Bruno	KPD	1923
Weinberger, Bernd	KPD	1929

Erläuterung zur nachstehenden Tabelle 16: Über die jeweilige Dauer sowie über die Gründe der Anwartschaft/Mitgliedschaft der genannten Personen liegen z.Zt. keine Kenntnisse vor.

Tab. 16: Anwärter/Mitglieder der Nationalsozialistischen Deutschen Arbeiterpartei (NSDAP) 1933 bis 1945

Name, Vorname	Parteieintritt
Geisler, Helmut	1943
Hofmann, Heinz	1944
Irmscher, Heinz	1942
Otto, Günter	1943
Stechbarth, Horst	1943
Wunderlich, Werner	1943

Erläuterungen zur nachstehenden Tabelle 17: In den »Internationalen Brigaden« unterstützten Freiwillige aus 53 Ländern, darunter etwa 5000 Deutsche, die spanische Republik in ihrem Kampf gegen Truppen des Generals Franco und dessen deutsche und italienische Verbündete. Nach der Niederlage Volksfront-Spaniens wurden zahlreiche »Interbrigadisten« in Frankreich interniert. Einigen von ihnen gelang die Flucht ins Exil (z.B. UdSSR). Andere »Spanienkämpfer« wurden nach Deutschland ausgeliefert und kamen dort ins Zuchthaus bzw. in Konzentrationslager.

Tab. 17: Angehörige der »Internationalen Brigaden« im Spanischen Bürgerkrieg 1936 bis 1939

Name, Vorname	Teilnahme am Bürgerkrieg von ... bis	Einsatz u.a. als
Breitfeld, Walter	1937 bis 1939	Kriegskommissar der XI. Internationalen Brigade
Dickel, Friedrich	1936 bis 1937	Angehöriger des »Thälmann-Bataillons«
Dollwetzel, Heinrich	1937 bis 1938	Panzerkommandant
Franke, Arthur	1938 bis 1939	Infanterist im »Thälmann-Bataillon«
Gartmann, Hermann	1937 bis 1939	Panzersoldat
Hoffmann, Heinz	1937 bis 1938	Kriegskommissar des »Hans-Beimler-Bataillons«

Tab. 17: Angehörige der »Internationalen Brigaden« im Spanischen Bürgerkrieg 1936 bis 1939

Name, Vorname	Teilnahme am Bürgerkrieg von ... bis	Einsatz u.a. als
Johne, Fritz	1937 bis 1939	Bataillonskommissar in der XI. Internationalen Brigade
Köhn, Fritz	1937 bis 1939	Angehöriger des »Thälmann-Bataillons«
Lohberger, Kurt	1937 bis 1939	Angehöriger der XI. Internationalen Brigade
Menzel, Rudolf	1937 bis 1939	Funktionär in der Kaderabteilung und Tätigkeit im Kriegskommissariat der XI. Internationalen Brigade
Munschke, Ewald	1936 bis 1938	Kriegskommissar des »Tschapajew-Bataillons« der XIII. Internationalen Brigade; militärischer Leiter einer Partei- bzw. Kommissarschule
Staimer, Richard	1936 bis 1939	Kommandeur des »Thälmann-Bataillons«; Kommandeur (»General Hoffmann«) der XI. Internationalen Brigade
Vogel, Kurt	1936 bis 1939	Hauptmann in der XI. Internationalen Brigade

Erläuterungen zur nachstehenden Tabelle 18: In der DVdI bzw. im MdI bis zum 1. Oktober 1952 diensttuende, aber nicht in die KVP/NVA mit militärischem Dienstgrad übernommene Wehrmachtgenerale und -offiziere wurden nicht berücksichtigt, so u.a. die Generalmajore der Wehrmacht und späteren Chefinspekteure der VP Arthur Brandt und Hans von Weech sowie Friedrich Mehlmack (ehemals Oberarzt). Die Dauer der Dienstzeit der Offiziere in der Wehrmacht sowie ihr Status waren sehr unterschiedlich. Neben Berufssoldaten gab es Reserveoffiziere sowie Wehrmachtangehörige, die oft erst in den letzten Monaten des Krieges zum Offizier ernannt wurden. So war z.B. Helmut Geisler nur wenige Tage Leutnant, bevor er im Februar 1945 in Gefangenschaft geriet.

Tab. 18: Frühere Generale und Offiziere der Wehrmacht als General/ Admiral im aktiven Dienst der KVP/NVA

Name, Vorname	Dienstgrad in der Wehrmacht	Letzter Dienstgrad in der KVP/NVA
Adam, Wilhelm	Oberst	Generalmajor (a.D.)
Bamler, Rudolf	Generalleutnant	Generalmajor
Bechler, Bernhard	Major	Generalmajor
Borufka, Helmut	Leutnant	Generalleutnant
Brühl, Reinhard	Leutnant	Generalmajor
Elchlepp, Friedrich	Oberleutnant z.S.	Konteradmiral (a.D.)
Freytag, Walter	Generalmajor	Generalmajor
Gall, Ullrich	Leutnant	Generalleutnant
Geiger, Kurt	Unterarzt	Generalmajor
Geisler, Helmut	Leutnant	Generalmajor
Gestewitz, Hans Rudolf	Unterarzt	Generalleutnant
Heitsch, Heinrich	Major i.G.	Generalleutnant
Korfes, Otto	Generalmajor	Generalmajor
Lenski, Arno von	Generalmajor *	Generalmajor
Müller, Vincenz	Generalleutnant	Generalleutnant
Neukirchen, Heinrich	Oberleutnant z.S.	Vizeadmiral
Rentzsch, Hermann	Hauptmann	Generalmajor
Reymann, Georg	Hauptmann	Generalmajor
Röhr, Kurt	Oberleutnant (d. R.)	Generalmajor (a.D.)
Walther, Karl	Generalarzt	Generalmajor
Wulz, Hans	Generalmajor	Generalmajor
Zorn, Heinz	Major i.G.	Generalmajor
Karin, Alexander	Oberfähnrich	Generalmajor
Otto, Günter	Fähnrich (d.R.)	Generalmajor
Streubel, Johannes	Fähnrich z. S.	Konteradmiral

Erläuterungen zur nachstehenden Tabelle 19: Das Nationalkomitee »Freies Deutschland« wurde auf Entschluß der sowjetischen Führung am 12./13. Juli 1943 in Krasnogorsk (UdSSR) gegründet. In ihm schlossen sich kommunistische Emigranten und kriegsgefangene deutsche Offiziere und Soldaten gegen das Hitler-Regime zusammen. Präsident des NKFD war der deutsche kommunistische Schriftsteller Erich Weinert. Am 11./12. September 1943 erfolgte die Gründung des Bundes Deutscher Offiziere (BDO) in Lunjowo (UdSSR). Zum Präsidenten des BDO wurde General Walther von Seydlitz-Kurzbach gewählt. Wenige Tage später erfolgte der Anschluß des BDO an das NKFD. * m. Vorpatent Gen.Ltn.

Tab. 19: Mitglieder des Nationalkomitees »Freies Deutschland« (NKFD)/Bund Deutscher Offiziere (BDO)

Name, Vorname	Mitglied seit	Einsatz u.a. als
Adam, Wilhelm	1943	
Bamler, Rudolf	1944	
Bechler, Bernhard	1943	Fronteinsatz
Blechschmidt, Paul	1944	Armeebeauftragter der 1. Weißrussischen Front/Aufklärer
Borufka, Helmut	1943	
Keßler, Heinz	1943	Frontbevollmächtigter
Korfes, Otto	1943	
Lenski, Arno von	1944	
Maseberg, Edwin	1944	Fronteinsatz
Müller, Vincenz	1944	
Rentzsch, Hermann	1943	Armee- und Frontbevollmächtigter
Reymann, Georg	1944	
Scheffler, Felix	1943	Front- bzw. Partisaneneinsatz
Vogt, Hermann	1944	Armeebevollmächtigter/Frontbeauftragter
Wulz, Hans	1943	
Zorn, Heinz	1944	

Erläuterungen zur nachstehenden Tabelle 20: Diese Aufstellung umfaßt vor allem mehrjährige Zuchthaus- und KZ-Aufenthalte. Auf Grund ihrer politischen Tätigkeit gegen das NS-Regime wurde eine Reihe weiterer Personen (manchmal auch deren Angehörige) in Deutschland und im Ausland verurteilt, zeitweise interniert (zumeist in Frankreich) bzw. inhaftiert, so u.a. Walter Borning, Walter Breitfeld, Paul Blechschmidt, Friedrich Dickel, Rudolf Dölling, Heinrich Dollwetzel, Artur Kunath, Karl Linke, Rudolf Raubach, Josef Schütz, Waldemar Verner und Bernd Weinberger. Todesurteile – zumeist in Abwesenheit – wurden u.a. gegen Bernhard Bechler, Heinrich Dollwetzel, Erwin Freyer, Otto Korfes, Arno von Lenski und Hermann Rentzsch gefällt. Eine Liste des Ministeriums für Nationale Verteidigung aus dem Jahre 1962 nennt zusammenfassend als Teilnehmer an »revolutionären Kämpfen« bzw. am »aktiven Widerstandskampf gegen den Faschismus« folgende Generale und Admirale: Wilhelm Adam, Rudolf Bamler, Bernhard Bechler, Paul Blechschmidt, Friedrich Dickel, Heinrich Dollwetzel, Richard Fischer, Erwin Freyer, Herrmann Gartmann, Heinz Hoffmann, Fritz Johne, Heinz Keßler, Fritz Köhn, Otto Korfes, Arno von Lenski, Karl Linke, Kurt Lohberger, Edwin Maseberg, Wilhelm Mayer, Rudolf Menzel, Vincenz Müller, Ewald Munschke, Hermann Rentzsch, Felix

Scheffler, Herbert Scheibe, Josef Schütz, Richard Staimer, Waldemar Verner, Kurt Vogel, Herrmann Vogt, Hans Wulz. Genannt werden außerdem Friedrich Mehlmack (NKFD) und Paul Ludwig (»Interbrigadist«). Willi Stoph wird nicht erwähnt.

Tab. 20: Zuchthaus- und KZ-Haft aus politischen Gründen im NS-Regime 1933 bis 1945

Name, Vorname	von ... bis	Verurteilungen/ Haft
Blechschmidt, Paul	1934 bis 1936	Zuchthaus
Fischer, Richard	1934 bis 1945	Zuchthaus/ KZ Sachsenhausen
Franke, Arthur	1939 bis 1945	Internierung/ Haft/ KZ Sachsenhausen
Freyer, Erwin	1944	Verurteilung zum Tode/ Umwandlung in Zuchthausstrafe, Zuchthaus Brandenburg
Gartmann, Hermann	1939 bis 1945	Internierung/ Haft/ KZ Dachau
Johne, Fritz	1939 bis 1945	Internierung/ Haft/ KZ Sachsenhausen
Köhn, Fritz	1939 bis 1945	Haft/ KZ
Lohberger, Kurt	1939 bis 1943; 1943 bis 1944	Internierung/ Haft/ Zuchthaus Waldheim; Strafbataillon 999
Mayer, Wilhelm	1935 bis 1939	Zuchthaus Luckau
Menzel, Rudolf	1933; 1939-1945	KZ Hohenstein; Internierung/ Zuchthaus Waldheim/ KZ Buchenwald
Scheibe, Herbert	1933 bis 1945	Zuchthaus Zwickau/ KZ Buchenwald
Staimer, Richard	1939 bis 1941	Zuchthaus St. Gallen
Vogel, Kurt	1932 bis 1935; 1941 bis 1945	Zuchthaus Lichtenburg; KZ Buchenwald
Wagner, Kurt	1935 bis 1945	Zuchthaus Waldheim

Erläuterung zur nachstehenden Tabelle 21: Die Angaben betreffen nur den Neueintritt in die Partei 1945/1946.

Tab. 21: Eintritt in die Kommunistische Partei Deutschlands (KPD) 1945/46

Name, Vorname	Parteieintritt
Arnold, Hellmut	1945
Bechler, Bernhard	1945
Blechschmidt, Paul	1945
Bleck, Martin	1945
Freyer, Erwin	1945
Harwardt, Hugo	1946
Herkner, Walter	1946
Hofmann, Heinz	1945
Keßler, Heinz	1945
Kleffel, Harry	1945
Klenner, Nikolaus	1946
Krysmann, Walter	1945
Kühn, Walter	1945
Kunath, Artur	1945
Lindner, Rudi	1945
Maseberg, Edwin	1945
Neumann, Günther	1945
Noack, Horst	1946
Otto, Siegfried	1945
Pahnke, Martin	1946
Pech, Ottomar	1945
Peter, Erich	1945
Raubach, Rudolf	1945
Rentzsch, Hermann	1945
Riedel, Sigfrid	1945
Rös, Franz	1945
Schäfer, Wilfried	1945
Scheibe, Herbert	1945
Schieck, Heinz	1945
Schmerler, Herbert	1945
Schmidt, Günther	1945
Steiger, Georg	1946
Streubel, Johannes	1946
Strobel, Harry	1946
Trautsch, Heinz	1945
Tschoep, Rudolf	1946
Vogt, Hermann	1945
Wagner, Kurt (*1927)	1945
Weber, Wolfgang	1946

Tab. 21: Eintritt in die Kommunistische Partei Deutschlands (KPD) 1945/46

Name, Vorname	Parteieintritt
Winkler, Heinrich	1945
Wunderlich, Werner	1946
Zeiler, Friedrich	1945

Erläuterungen zur nachstehenden Tabelle 22: Der Eintritt in die Sozialdemokratische Partei Deutschlands (SPD) 1945/46 bzw. in die sogenannten Blockparteien Demokratische Bauernpartei Deutschlands (DBD), Liberal-Demokratische Partei (LDP) sowie National-Demokratische Partei Deutschlands (NDPD) war in der Regel vor dem Eintritt in die bewaffneten Kräfte der SBZ/DDR erfolgt. Alle genannten Mitglieder der SPD traten nach der »Vereinigung« mit der KPD im April 1946 der SED bei. Das galt ebenso für die in die SBZ zurückgekehrten Angehörigen ausländischer kommunistischer Parteien. In die Einheitspartei gingen letztlich auch die unten genannten Mitglieder der Blockparteien mit Ausnahme von Otto Korfes, Arno von Lenski und Vincenz Müller (alle NDPD). Sie blieben die einzigen Generale, die bis zum Ende ihrer aktiven Dienstzeit in der KVP/NVA nicht der SED angehörten. Oberst a.D. Wilhelm Adam wurde als NDPD-Mitglied im Jahr 1977 zum Generalmajor a.D. ernannt.

Tab. 22: Parteimitgliedschaft außerhalb von KPD/SED nach 1945

Name, Vorname	Parteieintritt/ Mitgliedschaft	Partei
Adam, Wilhelm	1948	NDPD
Bär, Harald	1946	SPD
Dölling, Rudolf	1923 bis 1946	KPČ
Ebertz, Werner	1945	SPD
Ernst, Hans	1945	SPD
Fleißner, Werner	1946	SPD
Freytag, Walter	1949 bis 1950	DBD
Geiger, Kurt	1945 bis 1946	LDP
Gräfe, Siegfried	1945	SPD
Henkel, Alfred	1946	SPD
Heß, Karl-Heinz	1946	SPD
Hiemann, Günter	1946 bis 1947	LDP
Johne, Fritz	1936 bis 1946	KPČ
Jordt, Heinrich	1945	SPD
Korfes, Otto	1948	NDPD
Lenski, Arno von	1948	NDPD

Tab. 22: Parteimitgliedschaft außerhalb von KPD/SED nach 1945

Name, Vorname	Parteieintritt/ Mitgliedschaft	Partei
Linke, Karl	1930 bis 1951	KPdSU
Ludwig, Fritz	1946	SPD
Müller, Vincenz	1948	NDPD
Nebrig, Joachim	1945	SPD
Neukirchen, Heinrich	1949 bis 1961	NDPD
Otto, Günter	1946	SPD
Pankau, Albert	1945	SPD
Riebisch, Fritz	1945	SPD
Scheffler, Felix	1948 bis 1950	DBD
Schönherr, Gerhard	1945	SPD
Schütz, Josef	1932 bis 1946	KPČ
Thieme, Heinz-Ottomar	1946	SPD
Vogel, Alfred	1946	SPD
Wilhelm, Karl	1945	SPD

Erläuterung zu den nachstehenden Tabellen 23 bis 32 über Mitglieder und Kandidaten in zentralen Führungsorganen der SED und des Staates:

In den Tabellen wird die Kandidatenzeit nicht gesondert ausgewiesen.

Zu Tabelle 23: 1950 wurde erstmals ein Zentralkomitee der SED gewählt. Im gleichen Jahr war das 1949 eingerichtete »Kleine Sekretariat« des Politbüros in ein Sekretariat des Zentralkomitees umgewandelt worden.

Zu Tabelle 26: Von 1971 bis 1973 ist Oberst Rudolf Bossenz Mitglied der Zentralen Parteikontrollkommission (ZPKK).

Zu Tabelle 29: Im September 1953 entstand die Sicherheitskommission der SED. Sie bildete das zentrale Gremium der Partei, in dem wesentliche Fragen des Schutzes und der Sicherheit der DDR behandelt wurden. Neben ihrem Vorsitzenden Walter Ulbricht gehörten ihr bis zur Auflösung im Jahr 1960 (mit unterschiedlicher Dauer) Otto Grotewohl, Erich Honecker, Bruno Leuschner, Karl Maron, Hermann Matern, Alfred Neumann, Alois Pisnik, Gustav Roebelen, Karl Schirdewan und Ernst Wollweber an.

Zu Tabelle 30: Die Abteilung für Sicherheitsfragen des ZK der SED wurde auf Beschluß des ZK-Sekretariats offiziell am 12. August 1953 gebildet. Ihr Vorläufer war seit 1949/50 die sogenannte »M(ilitärische)-Abteilung«, später auch nach deren Leiter »Abteilung Roebelen« genannt. Die Aufgaben der ZK-Abteilung bestanden u.a. in der Erarbeitung von grundsätzlichen militär- und sicherheitspolitischen Richtlinien zur Landesverteidigung, in der Anleitung und Kontrolle der SED-Parteiorganisationen in den bewaffneten Kräften, in der Durchsetzung und Kontrolle der Kadernomenklatur sowie in der Bearbeitung von Eingaben aus der Bevölkerung. Als Leiter der »Sicherheitsabteilung« fungierten: 1949 bis 1950 Gustav Szinda; 1950 bis 1956 Gustav Roebelen; 1956 bis 1959 Walter Borning m.d.F.b.; 1960 bis 1972 Walter Borning; 1972 bis 1985 Herbert Scheibe; 1985 bis 08.11.1989 Wolfgang Herger, danach für kurze Zeit Peter Miethe (m.d.F.b.). Die späteren Generalmajore Werner Eltze (01.11.1964 bis 14.02.1979), Walter Herkner (01.01.1953 bis 30.11.1957 bzw. 01.01.1959 bis 30.09.1962 als Instrukteur bzw. Sektorenleiter) und Rolf Martin (15.7.1958 bis 31.12.1962 als Politischer Mitarbeiter) sowie der spätere Konteradmiral Johannes Streubel (01.03.1953 bis 31.07.1955 bzw. 01.12.1957 bis 30.09.1958 als Instrukteur) waren zeitweise Mitarbeiter der Abteilung Sicherheit bzw. im ZK tätig gewesen.

Zu Tabelle 31: Der Nationale Verteidigungsrat der DDR (NVR) wurde am 10. Februar 1960 geschaffen und bestand bis zum Dezember 1989. Laut Statut war er für die Organisierung und Leitung aller erforderlichen Verteidigungs- und Sicherungsmaßnahmen der DDR zuständig. Er übte die oberste militärische Kommandogewalt gegenüber den bewaffneten Kräften aus. Seine Vorsitzenden waren Walter Ulbricht 1960-1970, Erich Honecker 1971-1989 und Egon Krenz 1989. Als Sekretäre fungierten Erich Honecker und ab 1971 Fritz Streletz. Die Übersicht zeigt nur aktive NVA-Generale im NVR. Willi Stoph war 1960 nur wenige Monate als »aktiver« Armeegeneral (Minister) im NVR tätig, danach als Zivilist. Mitglieder im Generalsrang waren außerdem: Generaloberst Karl Maron (bis 1963) und Armeegeneral Friedrich Dickel (1963-1989) als Innenminster und Chef der Deutschen Volkspolizei sowie Armeegeneral Erich Mielke als Minister für Staatssicherheit(1960-1989). Weitere (zivile) Mitglieder des NVR (mit unterschiedlicher Dauer und zu unterschiedlichen Zeiten): Hans Albrecht, Alois Bräutigam, Werner Eberlein, Werner Felfe, Otto Grotewohl, Kurt Hager, Wolfgang Herger, Günther Kleiber, Egon Krenz, Werner Krolikowski, Bruno Leuschner, Hermann Matern, Günter Mittag, Alfred Neumann, Albert Norden, Alois Pisnik, Horst Sindermann und Kurt Tiedke.

Zu Tabelle 32: Die Volkskammer der DDR ging aus dem 1948 im Rahmen der Volkskongreßbewegung entstandenen »Deutschen Volksrat« für die Sowjetische Besatzungszone hervor und konstituierte sich am 7. Oktober 1949 als »Provisorische Volkskammer«. Die ersten Wahlen zur Volkskammer fanden am 15. Oktober 1950 statt. Die Volkskammer hatte bis 1963 466 Abgeordnete, danach 500 Mitglieder. Die SED stellte stets die stärkste Fraktion. Die ersten und zugleich letzten freien Wahlen zur Volkskammer in der DDR fanden am 18. März 1990 statt. In die Aufstellung wurden nur Abgeordnete im Generalsrang aufgenommen, die während der jeweiligen Legislaturperiode aktiv in der KVP/NVA dienten.

Tab. 23: Mitglied des »Kleinen Sekretariats« des Politbüros bzw. des Sekretariats des Zentralkomitees der SED

Name, Vorname	von ... bis
Stoph, Willi	1950 bis 1953 (seit 09.05.1952 Minister des Innern)

Tab. 24: Mitglieder des Politbüros des Zentralkomitees der SED

Name, Vorname	von ... bis
Hoffmann, Heinz	1973 bis 1985
Keßler, Heinz	1986 bis 1989
Stoph, Willi	1953 bis 1989

Tab. 25: Mitglieder und Kandidaten des Zentralkomitees der SED

Name, Vorname	von ... bis
Baumgarten, Klaus-Dieter	1981 bis 1989
Brünner, Horst	1976 bis 1989
Dickel, Friedrich (als Minister des Innern)	1967 bis 1989
Dölling, Rudolf	1958 bis 1967
Ehm, Wilhelm	1981 bis 1989
Ernst, Hans	1963 bis 1967
Hoffmann, Heinz	1950 bis 1985
Keßler, Heinz	1946 bis 1989
Reinhold, Wolfgang	1981 bis 1989
Scheibe, Herbert	1967 bis 1989
Stechbarth, Horst	1976 bis 1989
Stoph, Willi	1950 bis 1989
Streletz, Fritz	1981 bis 1989
Verner, Waldemar	1954 bis 1982
Volland, Manfred	1986 bis 1989

Tab. 26: Mitglieder und Kandidaten der Zentralen Parteikontrollkommission der SED

Name, Vorname	von ... bis
Munschke, Ewald	1961 bis 1970
Pahnke, Martin	1973 bis 1989
Weber, Wolfgang	1989

Tab. 27: Mitglieder der Zentralen Revisionskommission der SED

Name, Vorname	von ... bis
Köhn, Fritz	1958 bis 1963
Conrad, Wolfgang	1976 bis 1989

Tab. 28: Mitglied des Parteivorstandes der SED/PDS 1989/90

Name, Vorname	von ... bis
Calvelage, Heinz	1989 bis 1990

Tab. 29: Mitglied der Sicherheitskommission der SED

Name, Vorname	von ... bis
Stoph, Willi	1953 bis 1960

Tab. 30: Generale und Admirale der Abteilung für Sicherheitsfragen des ZK der SED

Name, Vorname	von ... bis	Bemerkungen
Borning, Walter	01.06.1952 bis 31.03.1972	Instrukteur, Sektorenleiter, ab 1956 amtierender Leiter, ab1960 Abteilungsleiter; 01.03.1963 Generalmajor, 01.03.1970 Generalleutnant
Clement, Fritz	01.01.1961 bis 30.11.1988	Sektorenleiter NVA; 01.03.1971 Generalmajor
Glomba, Horst	1968 bis 1990	Politischer Mitarbeiter, Sektorenleiter »B-Arbeit« (Mobilmachung); 07.10.1982 Generalmajor
Hübner, Werner	1955 bis 1964/ 1979 bis 28.02.1990	Instrukteur, Sektorenleiter Wehrpolitische Massenarbeit; 01.03.1987 Generalmajor
Miethe, Peter	01.09.1984 bis 28.02.1990 (Auflösung der Abteilung)	stellvertretender Abteilungsleiter; ab November 1989 Abteilungsleiter (m.d.F.b.); 07.10.1989 Konteradmiral

Tab. 30: Generale und Admirale der Abteilung für Sicherheitsfragen des ZK der SED

Name, Vorname	von ... bis	Bemerkungen
Otto, Siegfried,	01.02.1955 bis 01.12.1957/ 01.01.1959 bis 30.11.1989	Sektorenleiter/ Persönlicher Mitarbeiter von Erich Honecker; 01.03.1974 Generalmajor
Scheibe, Herbert	15.03.1972 bis 15.03.1985	Abteilungsleiter; 01.03.1972 Generaloberst
Wansierski, Bruno	01.11.1956 bis 31.01.1976	Instrukteur, Sektorenleiter, stellvertretender Abteilungsleiter; 01.03.1963 Konteradmiral, 01.03.1971 Vizeadmiral

Tab. 31: Mitglieder des Nationalen Verteidigungsrates der DDR

Name, Vorname	von ... bis
Brünner, Horst	1986 bis 1989
Hoffmann, Heinz	1960 bis 1985
Keßler, Heinz	1967 bis 1989
Riedel, Sigfrid	1963 bis 1967
Stoph, Willi	1960 bis 1989
Streletz, Fritz	1971 bis 1989
Verner, Waldemar	1960 bis 1979

Tab. 32: Mitglieder der Volkskammer der DDR

Name, Vorname	Fraktion	Legislaturperiode
Adam, Wilhelm (Oberst)	NDPD	1950 bis 1958
Breitfeld, Walter	SED	1958 bis 1963
Brünner, Horst	SED	1986 bis 17.03.1990
Dölling, Rudolf	SED	1954 bis 1963
Gehmert, Manfred	SED	1986 bis 17.03.1990
Hoffmann, Heinz	SED	1950 bis 1985
Keßler, Heinz	SED	1950 bis 17.03.1990
Müller, Vincenz	NDPD	1950 bis 1958
Stoph, Willi	SED	1950 bis 17.03.1990
Wiesner, Hans	SED	1963 bis 1986

Besetzung von ausgewählten Führungsstellen in der Deutschen Verwaltung des Innern und in kasernierten Formationen des Ministeriums des Innern (1946 bis 1955/56)

Erläuterungen zur nachstehenden Tabelle 33: Die Deutsche Verwaltung des Innern (DVdI) war im Juli 1946 auf Befehl der Sowjetischen Militäradministration gebildet worden. Sie hatte u.a. die Aufgabe, die ostdeutsche Polizeiorganisation zu koordinieren und zu zentralisieren. Aus der DVdI ging im Oktober 1949 das Ministerium des Innern (MdI) der DDR hervor.

Die Vizepräsidenten fungierten als Stellvertreter des Präsidenten und waren für bestimmte übergreifende Bereiche verantwortlich. Ihnen unterstanden die Hauptabteilungs- und Abteilungsleiter. Ursprünglich gab es drei Vizepräsidenten, später erhöhte sich die Zahl, wobei sich auch die Verantwortungsbereiche verschoben. Erster Polit-Kultur(PK)-Leiter wurde Robert Bialek. Die Vizepräsidenten standen im Range eines Generalinspekteurs.

Die »Hauptabteilung Grenzpolizei/Bereitschaften (HA GP/B)« der DVdI entstand am 13. Juli 1948 zur Leitung territorialer Polizei- und Grenzpolizeibereitschaften. Ab November 1948 waren die kasernierten Bereitschaften und die Grenzpolizei nicht mehr den Ländern, sondern der HA GP/B unterstellt. Die Dienstgrade (General- bzw. Chefinspekteur) waren an die Dienststellung gebunden, z.B. war ein Hauptabteilungsleiter in der Regel im Rang eines Chefinspekteurs. Nach Gründung der DDR wurden diese Dienstgrade neu eingestuft. Der ehemalige Leiter der HA GP/B, Chefinspekteur Hermann Rentzsch, erhielt z.B. im November 1950 den Dienstgrad »VP-Inspekteur«.

Tab. 33: Deutsche Verwaltung des Innern

Dienststellung	Dienstgrad, Vorname, Name	von ... bis	Bemerkungen
Präsident	Erich Reschke	30.07.1946 bis 11.07.1948	
	Generalinspekteur Kurt Fischer	12.07.1948 bis 11.10.1949	Präsident und Chef der Deutschen Volkspolizei
Vizepräsident	Generalinspekteur Erich Mielke	17.08.1946 bis 11.10.1949	verantwortlich u.a. für Personal

Tab. 33: Deutsche Verwaltung des Innern

Dienststellung	Dienstgrad, Vorname, Name	von ... bis	Bemerkungen
	Generalinspekteur Willi Seifert	01.09.1946 bis 11.10.1949	verantwortlich u.a. für die Verwaltungs- und Verkehrspolizei sowie für die Feuerwehr
	Generalinspekteur Kurt Wagner	17.08.1946 bis 11.10.1949	verantwortlich u.a. für die Schutzpolizei
	Generalinspekteur Heinz Hoffmann	01.07.1949 bis 11.10.1949	Leiter der Hauptabteilung Polit-Kultur
	Generalinspekteur Wilhelm Zaisser	24.06.1949 bis 15.10.1949	Ab August 1949 Leiter der Verwaltung für Schulung
Leiter der Hauptabteilung Grenzpolizei/ Bereitschaften	Chefinspekteur Hermann Rentzsch	13.07.1948 bis 15.09.1949	

Erläuterungen zur nachstehenden Tabelle 34: Am 25. August 1949 erfolgte die Umbennung der »Hauptabteilung Bereitschaften« der DVdI in »Verwaltung für Schulung« (VfS). Ihr unterstanden über 40 kasernierte Volkspolizei-Bereitschaften und -Schulen, deren hauptsächlichstes Ziel darin bestand, Unterführer und Offiziere militärisch auszubilden.

Tab. 34: Verwaltung für Schulung

Dienststellung	Dienstgrad, Vorname, Name	von ... bis	Bemerkungen
Leiter	Generalinspekteur Wilhelm Zaisser	25.08.1949 bis 15.10.1949	ab Februar 1950 Minister für Staatssicherheit

Tab. 34: Verwaltung für Schulung

Dienststellung	Dienstgrad, Vorname, Name	von ... bis	Bemerkungen
Stabschef	Chefinspekteur Hans Wulz	25.08.1949 bis 14.09.1949	Seit Mai 1949 als Stabschef in der HA GP/B bzw. HA Bereitschaften tätig.
	Chefinspekteur Heinrich Heitsch	15.09.1949 bis 15.10.1949	
Stellvertreter und Leiter der Hauptabteilung Polit-Kultur	Chefinspekteur Rudolf Dölling	15.09.1949 bis 15.10.1949	
Stellvertreter Allgemein des Leiters	Chefinspekteur Hans Wulz	15.09.1949 bis 15.10.1949	
Stellvertreter des Leiters und Leiter der Hauptabteilung Intendantur	Chefinspekteur Hans von Weech	15.09.1949 bis 15.10.1949	
Leiter der Personalabteilung	Inspekteur Fritz Köhn	15.09.1949 bis 15.10.1949	

Erläuterungen zur nachstehenden Tabelle 35: Das Ministerium des Innern ging aus der DVdI hervor. Es wurde nach Gründung der DDR im Oktober 1949 geschaffen. Ihm unterstanden zu diesem Zeitpunkt im Prinzip alle bewaffneten Polizei- und Grenzpolizeikräfte. Die Dienststellung des Ministers des Innern und Chefs der Deutschen Volkspolizei war anfangs noch getrennt. So bekleidete vom 12.10.1949 bis zum 22.06.1950 Generalinspekteur Kurt Fischer den Posten des Chefs der Deutschen Volkspolizei. Vom 01.09.1950 bis 30.06.1955 hatte Generalinspekteur Karl Maron als ein Stellvertreter des Minsters die Funktion des Chefs der Deutschen Volkspolizei inne. Erst danach (ab 1955) kamen beide Dienststellungen in die Hand des Innenministers. Als weitere Stellvertreter des Ministers des Innern fungierten in der Zeit vom Oktober 1952 bis Ende 1955 u.a. folgende Generale: Generalleutnant Heinz Hoffmann als Chef der Kasernierten Volkspolizei 1952 bis 1955, Generalleutnant Vincenz Müller als Chef des Stabes 1952 bis 1953, Generalmajor Rudolf Dölling als Chef der Politischen Verwaltung 1952 bis 1953, Generalmajor Heinz Keßler als Chef der VP-Luft 1952 bis 1953, Vizeadmiral Waldemar Verner als Chef der VP-See 1952 bis 1953, Generalmajor Bernd Weinberger als Stellvertreter für Wirtschaftsfragen 1952 bis 1953, Generalmajor Hermann Gartmann als Chef der DGP 1953 bis 1955, Ernst Wollweber (Zivilist) als Staatssekretär für Staatsicherheit 1953 bis 1955, Rudolf Menzel als Stellvertreter für Finanzen und Verwaltung 1953 bis 1955.

Tab. 35: Ministerium des Innern

Dienststellung	Dienstgrad, Vorname, Name	von ... bis	Bemerkungen
Minister des Innern	Carl Steinhoff	12.10.1949 bis 08.05.1952	Als Chef der DVP waren eingesetzt: 1949 bis 1950 Generalinspekteur Kurt Fischer; 1950 bis 1952 Generalinspekteur Karl Maron
	Willi Stoph	09.05.1952 bis 30.06.1955	Von 1952 bis 1955 als Stellvertreter des Ministers und Chef der DVP eingesetzt: Generalinspekteur Karl Maron
Minister des Innern und Chef der Deutschen Volkspolizei (DVP)	Generalinspekteur Karl Maron	01.07.1955 bis 14.11.1963	1957 Generalleutnant; 1962 Generaloberst
	Generalleutnant Friedrich Dickel	15.11.1963 bis 10.11.1989	07.10.1965 Generaloberst; 03.10.1984 Armeegeneral
Minister für Innere Angelegenheiten	Generalleutnant Lothar Ahrendt	18.11.1989 bis 18.03.1990	Chef der DVP: Generalmajor Dieter Winderlich
	Peter-Michael Diestel	12.04.1990 bis 02.10.1990	Chef der DVP: Generalmajor Dieter Winderlich

Erläuterungen zur nachstehenden Tabelle 36: Der Aufbau einer Grenzpolizei in der Sowjetischen Besatzungszone hatte im November 1946 begonnen. Die Grenzpolizeieinheiten unterstanden bis 1948 den Landespolizeibehörden der fünf ostdeutschen Länder. Danach erfolgte eine Zentralisierung der Grenzpolizei in Form der »Hauptabteilung Grenzpolizei/Bereitschaften« in der DVdI. Im Zuge der Trennung der für eine militärische Entwicklung bestimmten Bereitschaften wurden die Einheiten der Grenzpolizei im Juli 1949 wieder den jeweiligen Chefs der Landespolizeibehörden unterstellt; eine »Hauptabteilung Grenzpolizei« in der DVdI blieb aber bestehen. Nach Bildung des MdI wurde die »Hauptabteilung Grenzpolizei« Teil der »Hauptverwaltung Deutsche Volkspolizei« (HVDVP). Im Jahr 1952 unterstellte man die »Deutsche Grenzpolizei« (DGP) dem Ministerium für Staatssicherheit. Nach dem 17. Juni 1953 erfolgte die Herauslösung der DGP aus der Staatssicherheit und ihre erneute Unterstellung unter das MdI als selbständige »Hauptverwaltung Deutsche Grenzpolizei« (HVDGP). Knapp zwei Jahre später wurde die DGP wieder dem MfS (hier noch »Staatssekretariat für Staatssicherheit«) unterstellt. Nach einer kurzen Führung durch die »Hauptverwaltung Innere Sicherheit« (HVIS) innerhalb des MfS erhielt die Grenzpolizei mit dem »Kommando der DGP« ein Führungsorgan, das dem Staatssicherheitsminister direkt unterstehen sollte, dann aber am 1. März 1957 dem MdI zugeordnet wurde. In dieser Unterstellung verblieb die DGP bis zu ihrer Umwandlung in die dem Verteidigungsministerium unterstehenden Grenztruppen im Jahr 1961.

Tab. 36: Deutsche Grenzpolizei

Dienststellung	Dienstgrad, Vorname, Name	von ... bis	Bemerkungen
Leiter der Hauptabteilung Grenzpolizei/ Bereitschaften	Chefinspekteur Hermann Rentzsch	13.07.1948 bis 15.09.1949	im Juli 1949 Trennung der Bereiche
Leiter der Hauptabteilung Grenzpolizei	Chefinspekteur Max Zaspel	20.07.1949 bis 15.09.1949	DVdI
	Chefinspekteur Josef Schütz	16.09.1949 bis 31.12.1949	DVdI/Hauptverwaltung Deutsche Volkspolizei, MdI
	Chefinspekteur Herrmann Schuldt	01.01.1950 bis 30.09.1950	Hauptverwaltung Deutsche Volkspolizei, MdI
	Inspekteur Erich Kurschinski	01.10.1950 bis 30.09.1951	Hauptverwaltung Deutsche Volkspolizei, MdI
	Chefinspekteur Richard Smolorz	01.11.1951 bis 31.07.1952	Hauptverwaltung Deutsche Volkspolizei, MdI

Tab. 36: Deutsche Grenzpolizei

Dienststellung	Dienstgrad, Vorname, Name	von ... bis	Bemerkungen
Chef der Deutschen Grenzpolizei/Leiter der Hauptverwaltung Deutsche Grenzpolizei	Generalinspekteur Hermann Gartmann	01.09.1952 bis 30.04.1955	Stellvertreter des Ministers für Staatssicherheit (1952)/Stellvertreter des Ministers des Innern (1953); 12.02.1953 Generalmajor
Leiter der Hauptverwaltung Deutsche Grenzpolizei	Oberst Heinrich Stock	01.05.1955 bis 28.02.1957	MfS
Chef der Deutschen Grenzpolizei	Generalmajor Hermann Gartmann	01.03.1957 bis 15.05.1957	MdI
	Generalmajor Paul Ludwig	16.05.1957 bis 14.05.1960	MdI; Januar bis Mai 1960 Generalmajor Helmut Borufka m.d.F.b.
	Oberst Erich Peter	15.05.1960 bis 15.09.1961	

Erläuterungen zur nachstehenden Tabelle 37: Die Hauptverwaltung für Ausbildung (HVA) des MdI war im Oktober 1949 aus der »Verwaltung für Schulung« hervorgegangen. Ihr Leiter unterstand direkt dem Innenminister. Die der HVA zugeordneten kasernierten VP-Bereitschaften und VP-Schulen erfuhren durch verschiedene Umstrukturierungen einen zunehmend militärischen Charakter. Die HVA bildete die »Kaderschmiede« künftiger Streitkräfte der DDR. Ihr personeller Übergang in die Anfang Juli 1952 offiziell gebildete »Kasernierte Volkspolizei« (KVP) erfolgte fließend.

Wegen der Bedeutung für die personelle Entwicklung der militärischen Formationen in der DDR werden in der Folge neben den herausgehobenen Führungsfunktionen im Ministerium und in den Teilstreitkräften auch die jeweiligen Leiter/Chefs des Personalbereichs (Kader) der Streitkräfte sowie die Kommandeure/Chefs der höchsten militärischen Lehreinrichtung der NVA genannt.

Tab. 37: Hauptverwaltung für Ausbildung

Dienststellung	Dienstgrad, Vorname, Name	von ... bis	Bemerkungen
Leiter	Generalinspekteur Wilhelm Zaisser	15.10.1949 bis 24.02.1950	
	Chefinspekteur Heinz Zorn	25.02.1950 bis 25.04.1950	m.d.F.b.
	Generalinspekteur Heinz Hoffmann	26.04.1950 bis 30.06.1952	
Stabschef	Chefinspekteur Heinrich Heitsch	15.10.1949 bis 30.10.1950	
	Chefinspekteur Bernhard Bechler	01.11.1950 bis 30.06.1952	
Stellvertreter und Leiter der Hauptabteilung Polit-Kultur	Chefinspekteur Rudolf Dölling	15.10.1949 bis 30.06.1952	
Stellvertreter Allgemein	Chefinspekteur Hans Wulz	15.10.1949 bis 01.10.1950	Diese Dienststellung wurde 1950 offenbar abgeschafft
Stellvertreter und Leiter der Hauptabteilung Intendantur/ Versorgung	Chefinspekteur Hans von Weech	15.10.1949 bis 30.09.1951	
	Chefinspekteur Heinrich Heitsch	01.11.1951 bis 30.08.1952	
Chef der Abteilung Kader	Chefinspekteur Fritz Köhn	15.10.1949 bis 30.06.1952	Anfangs noch »Abteilung Personal«
Leiter der Höheren Polizeischule/ Hochschule der Volkspolizei	Chefinspekteur Walter Freytag	15.10.1949 bis 30.06.1952	Die »Höhere Polizeischule« wurde im April 1949 in Kochstedt eröffnet. Aus ihr ging die VP-Hochschule hervor, die sich ab 1952 in Dresden befand.

Erläuterungen zur nachstehenden Tabelle 38: Aus dem im Oktober 1950 geschaffenen »Referat z.b.V.« (zur besonderen Verwendung) der HVA erwuchs der Führungsapparat für die späteren Luftstreitkräfte. Die auch als »HVA/ Zweigstelle Johannisthal« bezeichnete Dienststelle und deren nachgeordneten Einheiten erhielten am 1. Juli 1952 den Namen »VP-Luft«.

Tab. 38: Hauptverwaltung Luftpolizei

Dienststellung	Dienstgrad, Vorname, Name	von ... bis	Bemerkungen
Leiter	Generalinspekteur Heinz Keßler	01.10.1950 bis 30.06.1952	
Stabschef	Chefinspekteur Heinz Zorn	01.10.1950 bis 30.06.1952	
Stellvertreter des Leiters für Polit-Kultur	Inspekteur Arthur Franke	01.01.1951 bis 30.06.1952	

Erläuterungen zur nachstehenden Tabelle 39: Im Februar 1950 war im MdI eine »Hauptabteilung z.b.V.« eingerichtet worden. Aus ihr ging im Juni 1950 die »Hauptverwaltung der Seepolizei« (HVS) hervor, deren Sitz sich anfangs in Berlin-Wilhelmsruh befand. Sie leitete die Aufstellung der maritimen Komponente der künftigen DDR-Streitkräfte. Im Sommer 1952 erhielt die Seepolizei die Bezeichnung »VP-See«.

Tab. 39: Hauptverwaltung Seepolizei

Dienststellung	Dienstgrad, Vorname, Name	Von ... bis	Bemerkungen
Leiter	Generalinspekteur Waldemar Verner	15.06.1950 bis 30.06.1952	
Stabschef	Inspekteur Felix Scheffler	16.06.1950 bis 30.04.1951	01.07.1950 Chefinspekteur
	Chefinspekteur Heinz Neukirchen	01.05.1951 bis 30.06.1952	
Stellvertreter des Leiters für Polit-Kultur	Inspekteur Felix Scheffler	16.06.1950 bis 30.06.1950	Anfangs Abteilung z.b.V. (Seepolizei)
	Chefinspekteur Erwin Bartz	01.07.1950 bis 30.06.1952	

Erläuterungen zur nachstehenden Tabelle 40: Die Stäbe und Einheiten der HVA – seit dem Frühjahr 1952 vor allem durch eine forcierte personelle Auffüllung gekennzeichnet – erhielten am 1. Juli 1952 die Bezeichnung Kasernierte Volkspolizei (KVP). Damit war ein qualitativer und quantitativer Ausbau der militärischen Formationen in der DDR verbunden, der im Januar 1956 in der Gründung der NVA mündete. Aufgrund zahlreicher Umstrukturierungen des MdI bzw. der KVP kam es zu einer Fülle unterschiedlicher Bezeichnungen von Dienstposten sowie zu wechselnden Unterstellungen. Im folgenden werden vor allem die nach der Umstrukturierung vom Herbst 1953 entstandenen Dienstbereiche der KVP-Führung berücksichtigt. Zu diesem Zeitpunkt wurden auch die bis dahin relativ eigenständigen Dienstzweige der VP-Luft und der VP-See dem Chef der KVP direkt unterstellt.

Einige Bemerkungen zu Veränderungen in mehreren Dienststellungen: Ursprünglich war offenbar die Dienststellung des Chefs der KVP als »Stellvertreter des Ministers für Ausbildung« geplant. Seit dem 1. September 1952 hieß die Dienststellung »Stellvertreter des Ministers und Chef der KVP«. Die Dienststellung des Stellvertreters des Chefs der KVP und Chefs für Ausbildung wurde als eigenständige Dienststellung mit Stellvertreterstatus erst 1953 geschaffen. Seit September 1952 gab es die Verwaltung für »Ausbildung und Lehranstalten« bzw. »Ausbildung und Inspektion«. Letztere wurde vom 01.09.1952 bis 30.11.1955 von Generalmajor Helmut Borufka geleitet.

Die Bezeichnung der Dienststellung »Stellvertreter und Chef für Rückwärtige Dienste« wechselte mehrfach. Der Chef Rückwärtige Dienste war bis 1953 ein Stellvertreter des Stellvertreters des Ministers für Wirtschaftsfragen (Generalmajor Bernd Weinberger).

Bis 1954 wurden an der KVP-Hochschule vorwiegend Kompaniechefs und Bataillonskommandeure ausgebildet, danach konzentrierte sich die Ausbildung auf die Führungsebene »Regiment«. Der Standort der Hochschule war Dresden.

Tab. 40: Kasernierte Volkspolizei

Dienststellung	Dienstgrad, Vorname, Name	von ... bis	Bemerkungen
Chef der KVP	Generalinspekteur Heinz Hoffmann	01.07.1952 bis 14.10.1955	1952 bis 1953: Stellvertreter des Ministers des Innern und Chef Ausbildung/Chef der KVP; ab 01.08.1953: Stellvertreter des Ministers des Innern und Chef der KVP; 01.10.1952 Generalleutnant

Tab. 40: Kasernierte Volkspolizei

Dienststellung	Dienstgrad, Vorname, Name	von ... bis	Bemerkungen
Chef der KVP	Generaloberst Willi Stoph	15.10.1955 bis 18.01.1956	Als Stv. d. Vors. d. Min.rates f. Verteid.fragen Übernahme der Dienstgeschäfte des Chefs der KVP (Befehls- und Disziplinarbefugnis); Generalmajor Heinrich Dollwetzel, 1. Stellvertreter des Chefs der KVP, ist während der Abwesenheit Heinz Hoffmanns (Studium in der UdSSR) organisatorisch und administrativ m.d.F.b.
Chef des Stabes	Chefinspekteur Bernhard Bechler	01.07.1952 bis 30.08.1952	
	Generalleutnant Vincenz Müller	01.09.1952 bis 29.02.1956	01.10.1952 Generalleutnant; 1952 bis 1953: 1. Stellvertreter des Ministers des Innern und Chef der Hauptverwaltung Organisation/ Chef des Stabes; ab 01.08.1953: Stellvertreter des Chefs der KVP und Chef des Stabes

Tab. 40: Kasernierte Volkspolizei

Dienststellung	Dienstgrad, Vorname, Name	von ... bis	Bemerkungen
Stellvertreter und Chef der Politischen Verwaltung	Generalinspekteur Rudolf Dölling	01.07.1952 bis 15.10.1955	1952 bis 1953: Stellvertreter des Ministers des Innern für Politarbeit und Chef der Politischen Verwaltung; ab 01.08.1953 Stellvertreter des Chefs der KVP; 01.10.1952 Generalmajor
	Generalmajor Friedrich Dickel	15.10.1955 bis 29.02.1956	m.d.F.b.; Stellvertreter des Chefs der KVP
Stellvertreter und Chef für Ausbildung	Generalmajor Fritz Johne	01.09.1953 bis 14.08.1954	Gehilfe des Chefs und Chef der Verwaltung Ausbildung und Lehranstalten
	Oberst Heinrich Dollwetzel	15.08.1954 bis 30.11.1955	Chef für Ausbildung und Lehranstalten; 01.11.1954 Generalmajor
	Generalmajor Helmut Borufka	15.10.1955 bis 29.02.1956	Stellvertreter des Chefs der KVP für Ausbildung
Chef für Rückwärtige Dienste	Chefinspekteur Heinrich Heitsch	01.07.1952 bis 15.05.1953	bis 01.09.1952 Leiter der Verwaltung Versorgung; Chef der Verwaltung Versorgung; 01.10.1952 Generalmajor
Chef Rückwärtige Dienste	Generalmajor Walter Allenstein	16.05.1953 bis 29.02.1956	1955: Stellvertreter des Chefs und Chef Rückwärtige Dienste

Tab. 40: Kasernierte Volkspolizei

Dienststellung	Dienstgrad, Vorname, Name	von ... bis	Bemerkungen
Stellvertreter und Chef für Bauwesen und Unterbringung	Wilhelm Mayer	01.09.1953 bis 31.10.1955	01.11.1953 Generalmajor
	Generalmajor Rudolf Menzel	01.09.1955 bis 29.02.1956	
Chef der Verwaltung Kader	Chefinspekteur Fritz Köhn	01.07.1952 bis 30.09.1952	
	Generalmajor Ewald Munschke	01.10.1952 bis 29.02.1956	
Leiter der KVP-Hochschule für Offiziere	Chefinspekteur Walter Freytag	01.07.1952 bis 30.10.1953	01.10.1952 Generalmajor
	Oberst Wilhelm Adam	15.11.1953 bis 29.02.1956	

Erläuterungen zur nachstehenden Tabelle 41: Die Umbennung der VP-Luft in »Verwaltung der Aeroklubs« (VdAK) erfolgte mit Wirkung vom 23. September 1953. Dieser Tarnname für die entstehenden Luftstreitkräfte war aber bereits 1951/52 kurzzeitig eingeführt worden.

Tab. 41: VP-Luft/Verwaltung der Aeroklubs

Dienststellung	Dienstgrad, Vorname, Name	von ... bis	Bemerkungen
Chef	Generalinspekteur Heinz Keßler	01.09.1952 bis 31.08.1955	1952 bis 1953: Stellvertreter des Ministers und Chef der VP-Luft; ab 01.08.1953 Stellvertreter des Chefs der KVP und Chef der VP-Luft; ab 24.09.1953 Stellvertreter des Chefs der KVP und Chef der Verwaltung der Aeroklubs; 01.10.1952 Generalmajor

Tab. 41: VP-Luft/Verwaltung der Aeroklubs

Dienststellung	Dienstgrad, Vorname, Name	von ... bis	Bemerkungen
	Generalmajor Heinz Zorn	15.10.1955 bis 29.02.1956	Chef der Verwaltung der Aeroklubs m.d.F. b.
Stabschef	Chefinspekteur Heinz Zorn	01.07.1952 bis 14.10.1955	01.10.1952 Generalmajor
	Oberstleutnant Helmut Sommerfeld	15.10.1955 bis 29.02.1956	
Stellvertreter und Leiter der Politabteilung	Inspekteur Arthur Franke	01.07.1952 bis 29.02.1956	07.10.1952 Oberst

Tab. 42: VP-See

Dienststellung	Dienstgrad, Vorname, Name	von ... bis	Bemerkungen
Chef	Generalinspekteur Waldemar Verner	01.07.1952 bis 31.08.1955	bis 27.07.1953 Stellvertreter des Ministers des Innern; danach Stellvertreter des Chefs der KVP und Chef der VP-See; 01.10.1952 Vizeadmiral
	Konteradmiral Felix Scheffler	15.10.1955 bis 29.02.1956	m.d.F.b.
Stabschef	Chefinspekteur Heinz Neukirchen	01.07.1952 bis 31.07.1954	01.10.1952 Konteradmiral
	Kapitän zur See Friedrich Elchlepp	01.08.1954 bis 29.02.1956	m.d.F.b.
Stellvertreter und Leiter der Politabteilung	Inspekteur Heinrich Ißleib	01.07.1952 bis 29.02.1956	07.10.1952 Kapitän zur See

Erläuterungen zu den nachstehenden Tabellen 44 und 43: Im Sommer 1952 wurden vier Territoriale Verwaltungen (TV) geschaffen, den jeweils sechs VP-Bereitschaften unterstanden. Nach der Umstrukturierung der KVP gab es mit Wirkung vom 15. September 1953 nur noch zwei TV – die TV Nord und die

TV Süd – , die dann die unmittelbaren Vorläufer der späteren Militärbezirke der NVA bildeten. Ihnen waren die KVP-Bereitschaften in Schwerin, Prenzlau, Eggesin, Erfurt, Halle und Dresden zugeordnet. Die KVP-Bereitschaft Potsdam unterstand direkt der KVP-Führung. Die genannten Bereitschaften bildeten die Basis für die künftigen Divisionen der Landstreitkräfte der NVA.

Tab. 43: Territoriale Verwaltung Nord

Dienststellung	Dienstgrad, Vorname, Name	von ... bis	Bemerkungen
Chef	Generalmajor Hermann Rentzsch	15.09.1953 bis 29.02.1956	seit 01.06.1952 Kommandeur der »TV-4000« Pasewalk
Stabschef	Oberst Job von Witzleben	15.09.1953 bis 29.02.1956	
Stellvertreter und Leiter der Politabteilung	Oberstleutnant Rudolf Neitsch	01.11.1952 bis 30.09.1954	
	Oberstleutnant Hans Uhlmann	01.10.1954 bis 31.10.1955	
	Oberst Kurt Lohberger	01.11.1955 bis 29.02.1956	

Tab. 44: Territoriale Verwaltung Süd

Dienststellung	Dienstgrad, Vorname, Name	von ... bis	Bemerkungen
Chef	Generalmajor Kurt Vogel	15.09.1953 bis 25.08.1954	
	Generalmajor Fritz Johne	01.11.1954 bis 29.02.1956	
Stabschef	Oberstleutnant Wilhelm Brumm	15.09.1953 bis 01.09.1954	
	Oberst Hellmut Arnold	01.09.1954 bis 29.02.1956	
Stellvertreter und Leiter der Politabteilung	Oberstleutnant Hans Uhlmann	01.11.1952 bis 30.09.1953	
	Oberst Kurt Lohberger	01.10.1953 bis 30.09.1955	
	Oberstleutnant Rudolf Neitsch	01.10.1955 bis 29.02.1956	

Besetzung von ausgewählten Führungsstellen in der NVA, den Grenztruppen, der Zivilverteidigung und der GST (1956 bis 1990)

Erläuterungen zur nachstehenden Tabelle 45: Die Nationale Volksarmee wurde offiziell am 18. Januar 1956 gegründet. Als Beginn des Dienstantritts im neu gebildeten Ministerium für Nationale Verteidigung wurde von den Autoren einheitlich der 1. März 1956 festgelegt. An diesem Tag hatten in der Regel die Führungsorgane (Ministerium und Teilstreitkräfte) ihre Tätigkeit aufgenommen. Fast alle leitenden Generale, Admirale und Offiziere der NVA waren jedoch bereits vor dem 1. März 1956 – teilweise seit längerer Zeit – in Führungsfunktionen des NVA-›Vorläufers‹ KVP tätig gewesen. Insofern führten sie nach der offiziellen Gründung der NVA ihre bisherige Tätigkeit unter Umbennung der Dienststellung nahezu bruchlos weiter. Bereits am 6. Dezember 1955 hatte das Politbüro der SED die Neubesetzung der Dienststellungen für die NVA-Führung beschlossen. Das traf vor allem auf die Generale Allenstein, Borufka, Dickel, Freyer (Oberst), Johne, Menzel, Müller, Munschke, Rentzsch, Scheffler und Zorn zu. Das Ende der Tätigkeit des Ministeriums für Nationale Verteidigung wurde ebenfalls einheitlich festgelegt auf den 18. April 1990, dem Tag, an dem die offizielle Übergabe der Amtsgeschäfte von Admiral Theodor Hofmann an den neuen Minister Rainer Eppelmann erfolgte.

Einige Bemerkungen zu Veränderungen in mehreren Dienststellungen: Die Dienststellung »1. Stellvertreter des Ministers« wurde als eigenständige Dienststellung 1958 abgeschafft. Seit 1969/70 war der Chef des Hauptstabes auch Stellvertreter des Oberkommandierenden der Vereinten Streitkräfte des Warschauer Vertrages für die NVA. Nach dem 30.09.1961 trat an die Stelle der Bezeichnung »Stellvertreter des Ministers und Chef der Politischen Verwaltung« die des »Stellvertreters des Ministers und Chefs der Politischen Hauptverwaltung«. Nach dem 31.10.1972 trat an die Stelle der Bezeichnung »Stellvertreter des Ministers für Technik und Bewaffnung« die des »Stellvertreters des Ministers und Chef Technik und Bewaffnung«. Die Dienststellung »Stellvertreter des Ministers für Ausbildung« geht zurück auf die eines »Chefs für Ausbildung« im Ministerium für Nationale Verteidigung (bis 14.09.1959). Im Zusammenhang mit der Bildung des Kommandos der Landstreitkräfte wurde diese Dienststellung eines Ministerstellvertreters mit Wirkung vom 1. Dezember 1972 abgeschafft. Die Dienststellung »Stellvertreter des Ministers und Chef Rückwärtige Dienste« ging hervor aus der des »Chef Rückwärtige Dienste« im Ministerium für Nationale Verteidigung (bis 24.09.1961).

Tab. 45: Ministerium für Nationale Verteidigung

Dienststellung	Dienstgrad, Vorname, Name	von ... bis	Bemerkungen
Minister für Nationale Verteidigung	Generaloberst Willi Stoph	19.01.1956 bis 14.07.1960	07.10.1959 Armeegeneral
	Generaloberst Heinz Hoffmann	14.07.1960 bis 02.12.1985	01.03.1961 Armeegeneral
	Armeegeneral Heinz Keßler	03.12.1985 bis 17.11.1989	03.12.1985 Armeegeneral
	Admiral Theodor Hoffmann	18.11.1989 bis 18.04.1990	
1. Stellvertreter des Ministers	Generalmajor Heinrich Dollwetzel	01.03.1956 bis 24.08.1956	
	Generalmajor Friedrich Dickel	25.08.1956 bis 01.12.1957	
	Generalleutnant Heinz Hoffmann	01.12.1957 bis 01.03.1958	bis 01.07.1960 in Doppelfunktion mit der Dienststellung Chef des Hauptstabes
Stellvertreter des Ministers und Chef des Hauptstabes	Generalleutnant Vincenz Müller	01.03.1956 bis 01.03.1958	seit 1952 Chef des Stabes der KVP
	Generalleutnant Heinz Hoffmann	01.03.1958 bis 01.07.1960	zugleich weiter 1. Stellvertreter des Ministers; 07.10.1959 Generaloberst
	Generalmajor Sigfrid Riedel	01.07.1960 bis 15.03.1967	07.10.1963 Generalleutnant
	Generaloberst Heinz Keßler	15.03.1967 bis 10.01.1979	seit 1970 Stellvertreter des Oberkommandierenden der Vereinten Streitkräfte für die NVA

Tab. 45: Ministerium für Nationale Verteidigung

Dienststellung	Dienstgrad, Vorname, Name	von ... bis	Bemerkungen
	Generalleutnant Fritz Streletz	10.01.1979 bis 31.12.1989	zugleich Stellvertreter des Oberkommandierenden der Vereinten Streitkräfte für die NVA; 1971 bis 1989 Sekretär des Nationalen Verteidigungsrates; 07.10.1979 Generaloberst
	Generalleutnant Manfred Grätz	01.01.1990 bis 18.04.1990	ab 18.04.1990 nur Chef des Hauptstabes der NVA
Stellvertreter des Ministers und Chef der Politischen Verwaltung	Generalmajor Friedrich Dickel	01.03.1956 bis 24.08.1956	seit 1955 Chef der Politischen Verwaltung der KVP
	Oberst Gottfried Grünberg	25.08.1956 bis 27.11.1957	seit 1928 KPD, Spanienkämpfer; nach 1945 u.a. Generalsekretär der Gesellschaft für Deutsch-Sowjetische Freundschaft
	Generalmajor Rudolf Dölling	28.11.1957 bis 31.07.1959	1952 bis 1955 Chef der Politischen Verwaltung der KVP
Stellvertreter des Ministers und Chef der Politischen Verwaltung/Hauptverwaltung	Vizeadmiral Waldemar Verner	01.08.1959 bis 31.12.1978	01.03.1961 Admiral
Stellvertreter des Ministers und	Generaloberst Heinz Keßler	10.01.1979 bis 03.12.1985	03.12.1985 Armeegeneral

Tab. 45: Ministerium für Nationale Verteidigung

Dienststellung	Dienstgrad, Vorname, Name	von ... bis	Bemerkungen
Chef der Politischen Hauptverwaltung	Generalleutnant Horst Brünner	10.12.1985 bis 31.12.1989	01.03.1987 Generaloberst
Chef Staatsbürgerliche Arbeit	Generalmajor Olivier Anders	01.01.1990 bis 18.04.1990	Die Auflösung der Politorgane in der NVA war bis zum 15.02.1990 erfolgt
Stellvertreter des Ministers für Technik und Bewaffnung	Oberst Erwin Freyer	01.03.1956 bis 01.05.1957	01.09.1956 Generalmajor
	Generalmajor Rudolf Menzel	01.05.1957 bis 14.10.1959	
Stellvertreter des Ministers und Chef Technik und Bewaffnung	Generalmajor Friedrich Dickel	15.10.1959 bis 14.11.1963	07.10.1963 Generalleutnant
	Generalmajor Werner Fleißner	01.02.1964 bis 27.12.1985	07.10.1969 Generalleutnant; 07.10.1977 Generaloberst
	Generalleutnant Joachim Goldbach	01.02.1986 bis 18.04.1990	01.03.1986 Generaloberst
Chef für Ausbildung	Generalmajor Helmut Borufka	01.03.1956 bis 31.12.1957	seit 1955 Chef Ausbildung der KVP
	Generalmajor Hermann Rentzsch	01.01.1958 bis 30.09.1959	
Stellvertreter des Ministers für Ausbildung	Generalmajor Kurt Wagner	08.10.1959 bis 15.03.1967	07.10.1961 Generalleutnant; 01.03.1966 Generaloberst
	Generalleutnant Siegfried Weiß	15.03.1967 bis 30.11.1972	
Chef Rückwärtige Dienste	Generalmajor Walter Allenstein	01.03.1956 bis 15.09.1972	seit 1953 Chef der Rückwärtigen Dienste der KVP; 07.10.1963 Generalleutnant
Stellvertreter des Ministers und	Generalleutnant Helmut Poppe	15.09.1972 bis 26.07.1979	

Tab. 45: Ministerium für Nationale Verteidigung

Dienststellung	Dienstgrad, Vorname, Name	von ... bis	Bemerkungen
Chef Rückwärtige Dienste	Generalleutnant Joachim Goldbach	16.10.1979 bis 31.01.1986	
	Generalleutnant Manfred Grätz	01.02.1986 bis 31.12.1989	
	Vizeadmiral Hans Hofmann	01.01.1990 bis 18.04.1990	
Chef der Verwaltung Kader	Generalmajor Ewald Munschke	01.03.1956 bis 31.01.1961	seit 1952 Chef der Verwaltung Kader der KVP
	Generalmajor Ottomar Pech	01.02.1961 bis 31.07.1979	07.10.1969 Generalleutnant
	Generalmajor Harald Ludwig	01.08.1979 bis 18.04.1990	seit 1981: Chef Kader; 01.03.1981 Generalleutnant

Erläuterungen zur nachstehenden Tabelle 46: In Durchführung einer Verordnung über die Bildung von Kollegien in den Ministerien entstand im Juli 1952 das Kollegium des MdI. Es war ein beratendes Organ des Ministers und sollte alle prinzipiellen Fragen der Polizei behandeln. Die erste Sitzung fand am 7. Juli 1952 statt, an der Innenminister Willi Stoph als Vorsitzender sowie die Generalinspekteure Rudolf Dölling, Heinz Hoffmann, Heinz Keßler, Waldemar Verner und der Leiter des Büros für Wirtschaftsfragen, Bernd Weinberger, teilnahmen. Kollegiumsmitglied war ebenfalls der 1. Stellvertreter des Ministers, Vincenz Müller. Bei Notwendigkeit konnte der Chef der DVP, Generalinspekteur Karl Maron, sowie andere leitende Mitarbeiter des MdI hinzugezogen werden. Ab Anfang 1953 bestand das Kollegium aus Willi Stoph sowie den Generalen Hoffmann, Dölling, Keßler, Verner (Vizeadmiral), Allenstein, Müller, von Lenski, Munschke, Pech, Mayer (bis November 1953 Zivilist) und Oberst Berger. Im August/September 1953 erfolgte die Auflösung des bisherigen (zentralen) Kollegiums des MdI. Nunmehr wurden in den Dienstbereichen des Chefs der KVP, der Hauptverwaltung DGP und des Staatssekretariats für Staatssicherheit gesonderte Kollegien geschaffen. Die stellvertretenden Minister führten den Vorsitz. Zum Kollegium der KVP gehörten nunmehr als Kern: der Chef der KVP, der Chef des Stabes, der Chef der Politischen Verwaltung, der Chef der VP-See, der Chef der VP-Luft/Verwaltung der Aeroklubs, der »Gehilfe« des Chefs der KVP für Ausbildung und Lehranstalten, der »Gehilfe« des Chefs der KVP für Bauwesen und Quartiernutzung, der Chef Rückwärtige Dienste, der Chef Motorisierung, der Chef Bewaffnung und der Chef der Kaderverwaltung. Das »Kollegium des Ministeriums für Nationale Verteidigung«, dessen erste Sitzung am 2. Februar 1956 stattfand, befaßte sich in der Folge u.a. mit Fragen der Führung und Ausbildung der NVA, des Personaleinsatzes, der Werbung und Auffüllung, der Planung und Versorgung sowie der Dienstgestaltung in den Streitkräften. Es setzte sich im Prinzip aus dem Minister als Vorsitzenden, seinen Stellvertretern, dem Chef der Verwaltung Kader, dem Chef Finanzökonomie, dem Hauptinspekteur (ab 1972) sowie den Chefs der Teilstreitkräfte (bis 1972 Militärbezirke) zusammen. Dazu kamen als ständige Gäste der Leiter der Sicherheitsabteilung des ZK der SED, der Leiter der Hauptabteilung I des MfS, der Militäroberstaatsanwalt, der Leiter der Zivilverteidigung (ab 1976) und der Vertreter des Oberkommandos der Vereinten Streitkräfte des Warschauer Paktes in der NVA. Zu den Sitzungen konnten weitere NVA-Offiziere hinzugezogen werden. Die Zusammensetzung des Kollegiums erfuhr im Laufe der Jahre mehrfache Veränderungen.

Tab. 46: Mitglieder des Kollegiums des Ministeriums für Nationale Verteidigung (einschließlich der KVP 1953 bis 1956)

Name, Vorname	von ... bis	Bemerkungen
Allenstein, Walter	1953 bis 1972	
Baumgarten, Klaus-Dieter	1979 bis 1989	
Bechler, Bernhard	1954 bis 1956	
Berger, Max	1953 bis 1956	Oberstaatsanwalt der VP, Oberst
Bleck, Martin	1958 bis 1972	
Borning, Walter	1960 bis 1972	Leiter der Abteilung für Sicherheitsfragen des ZK
Borufka, Helmut	1955 bis 1958/ 1974 bis 1982	
Brünner, Horst	1985 bis 1989	
Dickel, Friedrich	1955 bis 1963	
Dietze, Manfred	1981 bis 1989	Leiter der Hauptabteilung I des MfS
Dölling, Rudolf	1953 bis 1955	
Dollwetzel, Heinrich	1954 bis 1956	
Ehm, Wilhelm	1963 bis 1987	
Ernst, Hans	1961 bis 1972	
Fleißner, Werner	1964 bis 1985	
Freyer, Erwin	1956 bis 1957	
Girke, Ernst	1987 bis 1989	
Goldbach, Joachim	1976 bis 1989	

Tab. 46: Mitglieder des Kollegiums des Ministeriums für Nationale Verteidigung (einschließlich der KVP 1953 bis 1956)

Name, Vorname	von ... bis	Bemerkungen
Gronau, Heinz	1952 bis 1953	Leiter der Hauptabteilung I des MfS
Grätz, Manfred	1986 bis 1989	
Grünberg, Gottfried	1956 bis 1958	Oberst, Chef der Politischen Verwaltung der NVA
Handke, Heinz	1982 bis 1988	
Heitsch, Heinrich	1952 bis 1953	
Herger, Wolfgang	1985 bis 1989	Leiter der Abteilung für Sicherheitsfragen des ZK
Hoffmann, Heinz	1952 bis 1955/ 1957 bis 1985	1953 bis 1955 und 1960 bis 1985 Vorsitzender
Hoffmann, Theodor	1987 bis 1989	
Johne, Fritz	1953 bis 1954	
Keßler, Heinz	1957 bis 1989	1985 bis 1989 Vorsitzender
Kleinjung, Karl	1957 bis 1981	Leiter der Hauptabteilung I des MfS
Kunath, Artur	1953 bis 1961/ 1971 bis 1972	
Lange, Kurt	1967 bis 1972	
Leibner, Alfred	1965 bis 1987	
Lenski, Arno v.	1953 bis 1956	
Ludwig, Harald	1979 bis 1989	
Mayer, Wilhelm	1953 bis 1955	
Menzel, Rudolf	1955 bis 1959	
Müller, Vincenz	1953 bis 1958	
Munschke, Ewald	1953 bis 1961	
Neukirchen, Heinrich	1961 bis 1963	
Pech, Ottomar	1953 bis 1956/ 1961 bis 1979	1953 bis 1955 Leiter der Hauptabteilung I des MfS
Peter, Erich	1961 bis 1979	
Peter, Fritz	1976 bis 1989	
Poppe, Helmut	1961 bis 1979	
Reinhold, Wolfgang	1972 bis 1989	
Rentzsch, Hermann	1956 bis 1959	
Riedel, Sigfrid	1960 bis 1967	
Scheffler, Felix	1955 bis 1956	

Tab. 46: Mitglieder des Kollegiums des Ministeriums für Nationale Verteidigung (einschließlich der KVP 1953 bis 1956)

Name, Vorname	von ... bis	Bemerkungen
Scheibe, Herbert	1967 bis 1985	1972 bis 1985 Leiter der Abteilung für Sicherheitsfragen des ZK
Stechbarth, Horst	1964 bis 1967/ 1972 bis 1989	
Stoph, Willi	1952 bis 1953/ 1955 bis 1960	1952 bis 1953 u. 1955 bis 1960 Vors.
Streletz, Fritz	1979 bis 1989	
Süß, Hans	1988 bis 1989	
Tappert, Heinz	1987 bis 1989	
Verner, Waldemar	1953 bis 1955/ 1957 bis 1979	
Wagner, Kurt	1953 (?)/ 1957 bis 1967	
Weiß, Siegfried	1967 bis 1974	
Wiesner, Joachim	1965 bis 1972	
Zorn, Heinz	1955 bis 1957	

Erläuterungen zur nachstehenden Tabelle 47: Als Datum des Dienstantritts der Mitarbeiter des Ministeriums für Abrüstung und Verteidigung wurde von den Autoren generell der Tag der Übernahme der Amtsgeschäfte durch Minister Rainer Eppelmann, der 18. April 1990, festgelegt. Der Eppelmann-Befehl Nr. 1/90 über die Berufung leitender Angehöriger des Ministeriums in ihre neuen Funktionen ist vom 24. April 1990 datiert und damit im Grunde nur noch als Bestätigung schon vollzogener Personalentscheidungen anzusehen. Die Ernennung Eppelmanns zum Minister hatte im Kabinett bereits am 9. April 1990 stattgefunden. Seine Wahl erfolgte am 12. April. Staatssekretär Werner E. Ablaß war am 10. April vom Ministerpräsidenten in sein Amt berufen worden.

Die Bezeichnung einiger Dienststellungen unterlag mehrfachen Veränderungen. Die Hauptabteilung Ausrüstungsplanung, anfangs unter Generalmajor Johannes Oreschko, ab 15. August 1990 unter Oberst Connert, wurde sukzessive ebenso wie der Bereich Militärabwehr (ab 1. Juli 1990) Staatssekretär Ablaß unterstellt. Der Befehl Nr. 26/90 vom 8. August 1990 wies die sofortige Auflösung der Organe der staatsbürgerlichen Arbeit in der NVA, in den Grenztruppen und in der Zivilverteidigung an. Ende September 1990 wurden alle noch im Dienst befindlichen Generale entlassen. Eine offizielle Übergabe der Dienstgeschäfte an ihre Nachfolger – wie bisher in Form von Übergabeprotokollen – erfolgte diesmal nicht. Bis zum 02.10.1990, 24.00 Uhr – und teilweise darüber hinaus –, führten zumeist ihre Stellvertreter die Dienstgeschäfte.

Tab. 47: Ministerium für Abrüstung und Verteidigung (Auswahl)

Dienststellung	Dienstgrad, Vorname, Name	von ... bis	Bemerkungen
Minister für Abrüstung und Verteidigung	Rainer Eppelmann	18.04.1990 bis 02.10.1990	
Staatssekretär im Ministerium für Abrüstung und Verteidigung	Werner E. Ablaß	18.04.1990 bis 02.10.1990	Vertreter des Ministers
	Bertram Wieczorek	18.04.1990 bis 02.10.1990	Parlamentarischer Staatssekretär
	Frank Marczinek	18.04.1990 bis 02.10.1990	Staatssekretär für Abrüstung
Chef der Nationalen Volksarmee	Admiral Theodor Hoffmann	18.04.1990 bis 14.09.1990	
	Generalmajor Lothar Engelhardt	15.09.1990 bis 02.10.1990	m.d.F.b.
Amts- und Hauptabteilungsleiter	Oberst Uwe Hempel	18.04.1990 bis 01.09.1990	Staatssekretär Ablaß unterstellt: Amt für Information und Öffentlichkeitsarbeit/ Pressestab; ab 01.09.1990 Leiter Leitungsstab/ Adjudant beim Minister
	Gerd Engelmann	18.04.1990 bis 02.10.1990	Staatssekretär Ablaß unterstellt: Personalamt
	Generalmajor Johannes Kaden	18.04.1990 bis 14.09.1990	Staatssekretär Ablaß unterstellt: Amt für Haushalt
	Oberst Wolfgang Schirmer	15.09.1990 bis 02.10.1990	Leiter der Hauptabteilung Haushalt
	Oberst Horst Schulze	18.04.1990 bis 30.09.1990	Staatssekretär Ablaß unterstellt: Amt für Verwaltung, Recht und Soziales

Tab. 47: Ministerium für Abrüstung und Verteidigung (Auswahl)

Dienststellung	Dienstgrad, Vorname, Name	von ... bis	Bemerkungen
	Oberst Dieter Schuster	18.04.1990 bis 30.09.1990	Staatssekretär Marczinek unterstellt: Amt/Abteilung für Allgemeine Angelegenheiten der Abrüstung
	Generaloberst Joachim Goldbach	18.04.1990 bis 30.09.1990	Staatssekretär Marczinek unterstellt: Amt für Technik, Abrüstung und Konversion/Hauptabteilung Technik und Abrüstung
	Generalleutnant Waldemar Seifert	18.04.1990 bis 30.09.1990	Staatssekretär Marczinek unterstellt: Amt für Berufsvorbereitung und Überleitung von Berufssoldaten und Zivilbeschäftigten/ Leiter Hauptabteilung für personelle und regionale Konversion
Chef des Hauptstabes der NVA	Generalleutnant Manfred Grätz	18.04.1990 bis 14.09.1990	
	Generalmajor Michael Schlothauer	15.09.1990 bis 02.10.1990	m.d.F.b.
Chef Ausbildung der NVA	Generalmajor Klaus Listemann	18.04.1990 bis 02.10.1990	
Chef Sicherstellung der NVA	Vizeadmiral Hans Hofmann	18.04.1990 bis 14.09.1990	
	Generalmajor Olivier Anders	15.09.1990 bis 02.10.1990	m.d.F.b.

Tab. 47: Ministerium für Abrüstung und Verteidigung (Auswahl)

Dienststellung	Dienstgrad, Vorname, Name	von ... bis	Bemerkungen
Chef Militärbauwesen und Unterbringung/ Ökologie der NVA	Generalmajor Walter Tzschoppe	18.04.1990 bis 02.10.1990	
Chef Staatsbürgerliche Arbeit der NVA	Generalmajor Olivier Anders	18.04.1990 bis 08.08.1990	

Erläuterung zur nachstehenden Tabelle 48: Am 01.12.1972 nahm das Kommando der Landstreitkräfte in Geltow (bei Potsdam) seine Tätigkeit als neu geschaffenes Führungsorgan der Landstreitkräfte auf.

Tab. 48: Kommando der Landstreitkräfte

Dienststellung	Dienstgrad, Vorname, Name	von ... bis	Bemerkungen
Stellvertreter des Ministers und Chef der Landstreitkräfte	Generalleutnant Horst Stechbarth	01.12.1972 bis 31.12.1989	01.03.1976 Generaloberst
Chef der Landstreitkräfte	Generalleutnant Horst Skerra	01.01.1990 bis 14.09.1990	kein Ministerstellvertreter
	Generalmajor Hans-Christian Reiche	15.09.1990 bis 02.10.1990	m.d.F.b.; kein Ministerstellvertreter
Stellvertreter des Chefs und Chef des Stabes	Generalmajor Fritz Peter	01.12.1972 bis 31.05.1976	01.03.1976 Generalleutnant
	Generalmajor Heinz Gerloff	01.06,1976 bis 31.12.1977	
	Generalleutnant Heinz Handke	01.04.1978 bis 31.10.1982	
	Generalleutnant Horst Skerra	01.11.1982 bis 31.12.1989	
	Generalmajor Lothar Engelhardt	01.01.1990 bis 14.09.1990	
	Generalmajor Roland Großer	15.09.1990 bis 02.10.1990	m.d.F.b.

Tab. 48: Kommando der Landstreitkräfte

Dienststellung	Dienstgrad, Vorname, Name	von ... bis	Bemerkungen
Stellvertreter des Chefs und Chef der Politischen Verwaltung	Generalmajor Werner Rothe	01.12.1972 bis 28.02.1990	01.03.1976 Generalleutnant
Leiter der Abteilung Staatsbürgerliche Arbeit	Generalmajor Wolfgang Gruschke	01.03.1990 bis 08.08.1990	
Stellvertreter des Chefs und Chef Ausbildung	Generalmajor Werner Winter	01.12.1972 bis 30.03.1977	
	Generalleutnant Heinz Handke	01.04.1977 bis 31.03.1978	
	Generalmajor Klaus Winter	01.04.1978 bis 30.09.1990	01.03.1981 Generalleutnant
Stellvertreter des Chefs und Chef Technik und Bewaffnung	Generalleutnant Horst Zander	15.07.1983 bis 28.02.1990	Diese Dienststellung wurde 1983 neu geschaffen.
Stellvertreter des Chefs und Chef Rückwärtige Dienste	Generalmajor Günther Kopetz	01.12.1972 bis 30.09.1973	
	Generalmajor Harry Kleffel	01.11.1973 bis 31.10.1978	
	Generalmajor Horst Zander	01.11.1978 bis 14.07.1983	01.03.1981 Generalleutnant
	Generalmajor Gerhard Link	15.07.1983 bis 28.02.1990	01.03.1986 Generalleutnant

Erläuterungen zur nachstehenden Tabelle 49: Die Bildung des Militärbezirkes (Mil.Bez.) III erfolgte auf Befehl Nr. 3/56 des Ministers für Nationale Verteidigung vom 13. Februar 1956. Bis zum 1. März 1956 entstand auf der Grundlage der Territorialen Verwaltung »Süd« der KVP die Verwaltung (Stab) des Mil.Bez. in Leipzig. Mitte 1957 wurde sie in »Kommando des Militärbezirkes« umbenannt.

Einige Bemerkungen zu den Dienststellungen: Die Dienststellung des »Stellvertreters des Chefs und Leiter der Politischen Verwaltung« ging aus der eines »Stellvertreters des Chefs und Leiter der Politabteilung« (bis 30. September 1961) hervor. Ab dem 1. Dezember 1978 wurde die Bezeichnung »Stellvertreter des Chefs und Chef der Politischen Verwaltung« eingeführt. Die Dienststellung des »Stellvertreter des Chefs und Chef Ausbildung« wurde anstelle des

»1. Stellvertreters des Chefs des Militärbezirkes« mit Wirkung vom 01.11.1972 neu geschaffen. Die Dienststellung des »Stellvertreters des Chefs und Chef Technik und Bewaffnung« wurde 1983 neu eingeführt.

Tab. 49: Kommando des Militärbezirkes III (Leipzig) der Landstreitkräfte

Dienststellung	Dienstgrad, Vorname, Name	von ... bis	Bemerkungen
Chef des Militärbezirkes	Generalmajor Friedrich Johne	01.03.1956 bis 31.07.1957	Seit 1954 Chef der TV Süd der KVP
	Oberst Fritz Streletz	01.09.1957 bis 30.11.1957	m.d.F.b.
	Generalmajor Kurt Wagner	01.12.1957 bis 15.10.1959	
	Generalmajor Artur Kunath	15.10.1959 bis 17.10.1961	
	Generalmajor Hans Ernst	01.11.1961 bis 30.11.1973	07.10.1968 Generalleutnant
	Generalmajor Heinz Handke	01.12.1973 bis 30.11.1976	01.03.1976 Generalleutnant
	Generalmajor Horst Skerra	01.12.1976 bis 31.10.1982	07.10.1977 Generalleutnant
	Generalmajor Manfred Grätz	01.11.1982 bis 09.02.1986	01.03.1984 Generalleutnant
	Generalmajor Wolfgang Steger	10.02.1986 bis 30.09.1987	
	Generalmajor Klaus Wiegand	01.10.1987 bis 02.10.1990	
1. Stellvertreter des Chefs	Oberst Fritz Streletz	01.03.1956 bis 30.05.1959	Seit 1955 Stellvertreter des Chefs der TV Süd; 01.09.1957 bis 30.11.1957 Chef des Militärbezirkes m.d.F.b.
	Oberstleutnant Willi Mirtschin	31.05.1959 bis 14.01.1960	m.d.F.b.
	Oberst Hermann Vogt	15.08.1960 bis 14.08.1961	
	Generalmajor Hans Ernst	15.08.1961 bis 31.10.1961	m.d.F.b.

Tab. 49: Kommando des Militärbezirkes III (Leipzig) der Landstreitkräfte

Dienststellung	Dienstgrad, Vorname, Name	von ... bis	Bemerkungen
	Oberst Hermann Vogt	01.11.1961 bis 31.08.1962	
	Oberst Ernst Neubert	01.09.1962 bis 31.07.1964	
	Oberst Hermann Vogt	01.08.1964 bis 30.09.1969	01.03.1966 Generalmajor
	Generalmajor Joachim Goldbach	01.11.1969 bis 14.09.1972	1972 wurde die Dienststellung des 1. Stellvertreters des Chefs des Militärbezirkes abgeschafft.
Stellvertreter des Chefs und Chef des Stabes	Oberst Hellmut Arnold	01.03.1956 bis 31.07.1961	seit 1954 Chef des Stabes der TV Süd der KVP
	Oberst Fritz Streletz	01.08.1961 bis 31.07.1964	01.03.1964 Generalmajor
	Oberst Fritz Peter	01.08.1964 bis 31.08.1969	07.10.1966 Generalmajor
	Generalmajor Horst Skerra	01.09.1969 bis 30.09.1973	
	Oberst Kurt Gottwald	01.10.1973 bis 31.07.1977	07.10.1974 Generalmajor
	Oberst Alfred Krause	01.09.1977 bis 31.10.1979	07.10.1977 Generalmajor
	Generalmajor Walter Müller	01.11.1979 bis 31.12.1981	
	Oberst Wolfgang Steger	01.01.1982 bis 31.01.1986	07.10.1982 Generalmajor
	Oberst Klaus Wiegand	01.02.1986 bis 31.08.1987	01.03.1986 Generalmajor
	Generalmajor Michael Schlothauer	01.09.1987 bis 14.09.1990	
	Oberst Uwe Bergmann	15.09.1990 bis 02.10.1990	m.d.F.b.

Tab. 49: Kommando des Militärbezirkes III (Leipzig) der Landstreitkräfte

Dienststellung	Dienstgrad, Vorname, Name	von ... bis	Bemerkungen
Stellvertreter des Chefs und Leiter der Politischen Abteilung	Oberst Rudolf Neitsch	01.03.1956 bis 31.12.1957	seit 1955 Leiter der Politabteilung der TV Süd der KVP
	Oberst Erhard Helbig	01.01.1958 bis 31.12.1959	
	Oberst Walter Schäfer	01.10.1960 bis 31.12.1960	
Stellvertreter des Chefs und Leiter der Politischen Verwaltung	Oberst Ernst Plink	01.01.1961 bis 13.04.1962	
	Oberst Horst Gaudigs	01.05.1962 bis 31.08.1962	
	Oberstleutant Hans-Joachim Wiesner	01.09.1962 bis 30.04.1964	07.10.1962 Oberst
	Oberst Günther Teller	01.05.1964 bis 31.01.1965	
	Oberst Rudolf Raubach	01.02.1965 bis 19.05.1967	
	Oberst Joachim Nebrig	20.05.1967 bis 20.05.1971	07.10.1969 Generalmajor
	Generalmajor Horst Brünner	21.05.1971 bis 14.09.1972	
Stellvertreter des Chefs und Leiter/ Chef Pol. Verw.	Oberst Heinz Bilan	15.09.1972 bis 30.11.1981	01.03.1973 Generalmajor
Stellvertreter des Chefs und Chef der Politischen Verwaltung	Oberst Manfred Volland	01.12.1981 bis 31.01.1986	07.10.1982 Generalmajor
	Oberst Gerd Meinhold	01.02.1986 bis 28.02.1989	07.10.1987 Generalmajor
	Oberst Günter Gnauck	01.03.1989 bis Februar 1990	
Stellvertreter des Chefs für Ausbildung	Generalmajor Heinz Handke	01.09.1972 bis 31.10.1973	
	Generalmajor Walter Krysmann	01.11.1973 bis 31.10.1974	
	Generalmajor Rudolf Magnitzke	01.11.1974 bis 30.11.1976	

Tab. 49: Kommando des Militärbezirkes III (Leipzig) der Landstreitkräfte

Dienststellung	Dienstgrad, Vorname, Name	von ... bis	Bemerkungen
	Generalmajor Hans Sieg	01.12.1976 bis 31.10.1980	
	Generalmajor Werner Käseberg	01.11.1980 bis 31.10.1983	
	Generalmajor Egon Gleau	01.11.1983 bis 31.08.1985	
	Oberst Sebald Daum	01.09.1985 bis 30.09.1990	01.03.1986 Generalmajor
Stellvertreter des Chefs und Chef Technik und Bewaffnung	Oberst Günter Menger	15.07.1983 bis 31.07.1987	07.10.1984 Generalmajor
	Oberst Roland Rosegger	01.08.1987 bis 30.09.1990	
Stellvertreter des Chefs und Leiter Rückwärtige Dienste	Oberst Herbert Thiede	01.03.1956 bis 31.12.1959	Leiter Rückwärtige Dienste (bis 30.11.1958)
Stellvertreter des Chefs und Chef Rückwärtige Dienste	Oberstleutnant Hans Winkler	01.01.1960 bis 30.11.1962	
	Oberst Heinz Hitziger	01.12.1962 bis 31.08.1967	
	Oberst Georg Steiger	01.09.1967 bis 31.08.1972	02.11.1970 Generalmajor
	Oberst Erwin Kunow	01.09.1972 bis 30.03.1976	01.03.1975 Generalmajor
	Oberst Arnold Priem	01.04.1976 bis 30.03.1984	07.10.1979 Generalmajor
	Oberst Klaus-Dieter Ölschläger	01.04.1984 bis 31.10.1986	01.03.1986 Generalmajor
	Oberst Bernhard Beyer	01.11.1986 bis 30.09.1990	07.10.1988 Generalmajor

Erläuterungen zur nachstehenden Tabelle 50: Die Bildung des Militärbezirkes V erfolgte auf der Grundlage des Befehls Nr. 3/56 des Ministers für Nationale Verteidigung vom 13. Februar 1956. Bis zum 1. März 1956 entstand auf der Grundlage der Territorialen Verwaltung »Nord« der KVP die Verwaltung (Stab) des Militärbezirkes in Pasewalk, ab November 1956 mit Sitz in Neubrandenburg. Mitte 1957 wurde sie in »Kommando des Militärbezirkes« umbenannt. Bemerkungen zu den Dienststellungen siehe analog Tabelle 49.

Tab. 50: Kommando des Militärbezirkes V (Neubrandenburg) der Landstreitkräfte

Dienststellung	Dienstgrad, Vorname, Name	von ... bis	Bemerkungen
Chef des Militärbezirkes	Generalmajor Hermann Rentzsch	01.03.1956 bis 31.12.1957	seit 1953 Chef der TV Nord (Pasewalk) der KVP
	Oberst Martin Bleck	01.01.1958 bis 31.07.1964	07.10.1959 Generalmajor
	Generalmajor Horst Stechbarth	01.08.1964 bis 28.02.1967	
	Generalmajor Kurt Lange	16.03.1967 bis 30.09.1972	02.11.1970 Generalleutnant
	Generalmajor Joachim Goldbach	01.10.1972 bis 15.10.1979	07.10.1974 Generalleutnant
	Generalmajor Manfred Gehmert	16.10.1979 bis 30.11.1986	01.03.1981 Generalleuntant
	Generalmajor Horst Sylla	01.12.1986 bis 14.09.1990	01.03.1988 Generalleutnant
	Generalmajor Manfred Jonischkies	15.09.1990 bis 02.10.1990	m.d.F.b.
1. Stellvertreter des Chefs	Oberstleutnant Rudolf Bürger	01.03.1956 bis 31.12.1960	15.07.1957 Oberst
	Oberst Rudi Lindner	01.01.1961 bis 12.08.1961	m.d.F.b.
	Oberst Horst Stechbarth	13.08.1961 bis 31.07.1964	01.03.1964 Generalmajor
	Oberst Kurt Lange	01.08.1964 bis 31.10.1967	01.03.1966 Generalmajor
	Oberst Werner Otto	01.11.1967 bis 31.08.1970	
	Oberst Rudi Lindner	01.09.1970 bis 31.05.1971	
	Generalleutnant Helmut Poppe	01.06.1971 bis 14.09.1972	1972 wurde die Dienststellung des 1. Stellvertreters des Chefs des Militärbezirkes abgeschafft.
Stellvertreter des Chefs und Chef	Oberst Job von Witzleben	01.03.1956 bis 31.12.1957	

Tab. 50: Kommando des Militärbezirkes V (Neubrandenburg) der Landstreitkräfte

Dienststellung	Dienstgrad, Vorname, Name	von ... bis	Bemerkungen
	Generalleutnant Helmut Poppe	01.06.1971 bis 14.09.1972	1972 wurde die Dienststellung des 1. Stellvertreters des Chefs des Militärbezirkes abgeschafft.
Stellvertreter des Chefs und Chef des Stabes	Oberst Job von Witzleben	01.03.1956 bis 31.12.1957	
	Oberst Friedwald Oehlmann	01.01.1958 bis 31.03.1963	
	Oberst Rudi Lindner	01.04.1963 bis 31.10.1963	m.d.F.b.
	Oberstleutnant Gerhard Kunze	01.11.1963 bis 31.08.1965	01.03.1964 Oberst
	Oberstleutnant Günter Leistner	01.09.1965 bis 30.09.1974	01.03.1966 Oberst; 01.03.1970 Generalmajor
	Generalmajor Walter Krysmann	01.10.1974 bis 31.10.1977	
	Generalmajor Manfred Gehmert	01.11.1977 bis 15.10.1979	
	Generalmajor Manfred Grätz	16.10.1979 bis 30.09.1982	
	Oberst Ulrich Bethmann	01.10.1982 bis 31.09.1986	07.10.1982 Generalmajor
	Oberst Hans-Georg Löffler	01.10.1986 bis 31.12.1989	01.03.1987 Generalmajor
	Generalmajor Hans-Christian Reiche	01.01.1990 bis 14.09.1990	
	Generalmajor Henri Thunemann	15.09.1990 bis 30.09.1990	m.d.F.b.
Stellvertreter des Chefs und Leiter der Politischen Abteilung	Oberst Kurt Lohberger	01.03.1956 bis 15.05.1956	seit 1955 Leiter der Politabteilung der TV Nord der KVP
	Oberstleutnant Rudolf Raubach	16.05.1956 bis 20.10.1956	m.d.F.b.

Tab. 50: Kommando des Militärbezirkes V (Neubrandenburg) der Landstreitkräfte

Dienststellung	Dienstgrad, Vorname, Name	von ... bis	Bemerkungen
	Oberst Kurt Böhme	21.10.1956 bis 30.09.1958	
	Oberst Max Stoll	01.10.1958 bis 31.12.1961	
Stellvertreter des Chefs und Leiter der Politischen Verwaltung	Oberst Rudolf Bossenz	01.01.1962 bis 31.10.1963	
	Oberst Kurt Kallmann	01.11.1963 bis 31.01.1967	
	Oberst Karl-Heinz Drews	01.02.1967 bis 30.11.1975	07.10.1969 Generalmajor
Stellvertreter des Chefs und Leiter/ Chef der Politischen Verwaltung	Oberst Kurt Wagner	01.12.1975 bis 30.11.1981	07.10.1977 Generalmajor
Stellvertreter des Chefs und Chef der Politischen Verwaltung	Generalmajor Wolfgang Dombrowski	01.12.1981 bis 31.10.1989	
	Oberst Horst Roth	01.11.1989 bis 15.02.1990	
Stellvertreter des Chefs für Ausbildung	Generalmajor Nikolaus Klenner	15.08.1972 bis 30.09.1974	
	Generalmajor Klaus Winter	01.10.1974 bis 30.09.1978	
	Oberst Manfred Grätz	01.10.1978 bis 15.10.1979	07.10.1979 Generalmajor
	Generalmajor Artur Seefeldt	15.10.1979 bis 30.09.1986	
	Generalmajor Hans Unterdörfel	01.10.1986 bis 31.05.1987	
	Generalmajor Henri Thunemann	18.04.1990 bis 15.09.1990	
	Oberst Klaus Listemann	01.10.1987 bis 18.04.1990	07.10.1987 Generalmajor
Stellvertreter des Chefs und Chef Technik und Bewaffnung	Oberst Dieter Schmidt	15.07.1983 bis 31.11.1988	01.03.1986 Generalmajor
	Oberst Helmut Friedrich	01.12.1988 bis 30.09.1990	

Tab. 50: Kommando des Militärbezirkes V (Neubrandenburg) der Landstreitkräfte

Dienststellung	Dienstgrad, Vorname, Name	von ... bis	Bemerkungen
Stellvertreter des Chefs und Leiter Rückwärtige Dienste	Oberstleutnant Kurt Decke	01.03.1956 bis 31.12.1958	
Stellvertreter des Chefs und Leiter/Chef Rückwärtige Dienste	Oberstleutnant Gerhard Kondziela	01.01.1958 bis 31.07.1959	01.01.1959 Oberst
Stellvertreter des Chefs und Chef Rückwärtige Dienste	Oberstleutnant Klaus Gierke	01.08.1959 bis 30.11.1960	
	Oberst Herbert Thiede	01.12.1960 bis 31.10.1963	
	Oberstleutnant Georg Steiger	01.11.1963 bis 31.08.1965	
	Oberstleutnant Günter Kopetz	01.09.1965 bis 31.10.1968	
	Oberst Harry Kleffel	01.11.1968 bis 31.08.1973	02.11.1970 , Generalmajor
	Oberst Gerhard Link	01.09.1973 bis 15.07.1983	07.10.1979 Generalmajor
	Oberst Dieter Grapentin	15.07.1983 bis 30.09.1990	01.03.1986 Generalmajor

Erläuterungen zu nachstehenden Tabellen 51 bis 57: Die Tabellen informieren über die Divisionen der Landstreitkäfte, berücksichtigen jedoch nicht die Mobilmachungsdivisionen bzw. Ausbildungszentren.

Zu Tabelle 51: Die Aufstellung der 1. Mot.-Schützen-Division erfolgte als 1. Mechanisierte Division am 30. April 1956 auf der Grundlage einer KVP-Bereitschaft, die von 1953 bis zum 15. Oktober 1955 von Oberst Hans Ernst geführt worden war. Am 30. November 1956 wurde sie in 1. Motorisierte Schützen-Division (im NVA-Sprachgebrauch als »MSD« abgekürzt) umbenannt. Standort des Stabes war Potsdam. Die 1. Mot.-Schützen-Division war dem Militärbezirk V zugeordnet.

Tab. 51: Landstreitkräfte – 1. Mot.-Schützen-Division

Dienststellung	Dienstgrad, Vorname, Name	von ... bis	Bemerkungen
Divisionskommandeur	Oberst Erich Jäckel	30.04.1956 bis 13.05.1957	seit 15.10.1955 Leiter/ Kommandeur der mechanisierten KVP-Bereitschaft Potsdam
	Oberstleutnant Horst Stechbarth	15.05.1957 bis 30.05.1959	01.09.1957 Oberst
	Oberst Helmut Klebsch	01.06.1959 bis 15.10.1959	m.d.F.b.
	Oberst Leopold Gotthilf	15.10.1959 bis 31.08.1963	
	Oberstleutnant Walter Krysmann	01.11.1963 bis 31.10.1966	07.10.1964 Oberst
	Oberst Horst Skerra	01.11.1966 bis 31.08.1969	01.03.1967 Generalmajor
	Oberst Klaus Winter	01.09.1969 bis 31.08.1974	01.03.1972 Generalmajor
	Oberst Horst Zander	01.09.1974 bis 31.10.1978	07.10.1977 Generalmajor
	Oberst Siegfried Zabelt	01.11.1978 bis 31.10.1983	07.10.1980 Generalmajor
	Oberst Hans-Georg Löffler	01.11.1983 bis 30.09.1986	
	Oberst Rolf Bogdanow	01.10.1986 bis 31.05.1988	
	Oberst Peter Priemer	01.06.1988 bis 02.10.1990	

Erläuterungen zur nachstehenden Tabelle 52: Die Aufstellung der 4. Mot.-Schützen-Division erfolgte als 4. Infanteriedivision auf der Grundlage einer KVP-Bereitschaft. Am 30. November 1956 wurde sie in 4. Mot.-Schützen-Division umbenannt. Standort des Stabes war Erfurt. Die Divison gehörte zum Militärbezirk III.

Tab. 52: Landstreitkräfte – 4. Mot.-Schützen-Division

Dienststellung	Dienstgrad, Vorname, Name	von ... bis	Bemerkungen
Divisionskommandeur	Oberst Martin Günther	15.06.1956 bis 15.01.1958	seit 01.08.1953 Leiter/Kommandeur der KVP-Bereitschaft Erfurt
	Oberst Hans Ernst	15.01.1958 bis 15.08.1961	01.03.1961 Generalmajor
	Oberst Helmut Poppe	15.08.1961 bis 22.08.1962	
	Oberst Karl-Heinz Hollstein	01.10.1962 bis 30.09.1966	
	Oberst Joachim Goldbach	01.10.1966 bis 31.08.1969	07.10.1966 Generalmajor
	Oberst Heinz Koch	01.09.1969 bis 31.07.1972	
	Oberst Artur Seefeldt	01.08.1972 bis 30.09.1979	01.03.1974 Generalmajor
	Oberst Egon Gleau	01.10.1979 bis 31.10.1983	07.10.1982 Generalmajor
	Generalmajor Werner Schulze	01.11.1983 bis 31.08.1985	
	Oberst Michael Schlothauer	01.09.1985 bis 31.08.1987	01.03.1987 Generalmajor
	Oberst Bernd Leistner	01.09.1987 bis 02.10.1990	07.10.1989 Generalmajor

Erläuterungen zur nachstehenden Tabelle 53: Die Aufstellung der 6. Mot.-Schützen-Division – geplant war eine Infanteriedivison auf der Grundlage einer KVP-Bereitschaft – erfolgte am 30. Oktober 1956 bereits als 6. Mot.-Schützen-Division im Bereich des Militärbezirkes V. Der Standort des Stabes war Prenzlau. Auf Grund personeller und wirtschaftlicher Probleme wurde die 6. Mot.-Schützen-Division jedoch schon Ende Dezember 1958 wieder aufgelöst. Ihr Personal setzte man zur Aufstellung von drei neuen Ausbildungsregimentern sowie zur Auffüllung bisher kadrierter Truppenteile ein.

Tab. 53: Landstreitkräfte – 6. Mot.-Schützen-Division

Dienststellung	Dienstgrad, Vorname, Name	von ... bis	Bemerkungen
Divisionskommandeur	Oberst Willi Riedel	30.10.1956 bis 31.12.1957	seit 01.08.1953 Leiter/ Kommandeur der KVP-Bereitschaft Prenzlau
	Oberst Werner Krüger	01.01.1958 bis 09.12.1958	

Erläuterungen zur nachstehenden Tabelle 54: Die Aufstellung der 8. Mot.-Schützen-Division erfolgte als 8. Infanteriedivision am 30. Juni 1956 auf der Grundlage einer KVP-Bereitschaft, die von 1953 bis zum 15. Oktober 1955 von Oberst Martin Bleck geführt worden war. Am 30. November 1956 wurde die Infanteriedivision in 8. Mot.-Schützen-Division umbenannt. Standort des Stabes war Schwerin. Die Division gehörte zum Militärbezirk V.

Tab. 54: Landstreitkräfte – 8. Mot.-Schützen-Division

Dienststellung	Dienstgrad, Vorname, Name	von ... bis	Bemerkungen
Divisionskommandeur	Oberst Karl Nacke	30.06.1956 bis 31.01.1959	seit 15.10.1955 Leiter/ Kommandeur der Infanteriebereitschaft der KVP Schwerin (m.d.F.b.)
	Oberst Werner Krüger	01.02.1959 bis 31.10.1960	
	Oberst Gerhard Amm	01.11.1960 bis 31.12.1962	
	Oberst Anton Hotzky	01.01.1963 bis 31.08.1965	
	Oberst Nikolaus Klenner	01.09.1965 bis 10.08.1972	01.03.1970 Generalmajor
	Oberst Günter Malewsky	10.08.1972 bis 30.09.1976	07.10.1974 Generalmajor
	Oberst Manfred Grätz	01.10.1976 bis 31.08.1978	

Tab. 54: Landstreitkräfte – 8. Mot.-Schützen-Division

Dienststellung	Dienstgrad, Vorname, Name	von ... bis	Bemerkungen
	Oberst Ulrich Bethmann	01.09.1978 bis 31.08.1982	
	Oberst Hans Unterdörfel	01.09.1982 bis 31.08.1986	01.03.1984 Generalmajor
	Oberst Manfred Jonischkies	01.09.1986 bis 31.08.1990	07.10.1988 Generalmajor
	Oberst Rolf Zander	01.09.1990 bis 02.10.1990	

Erläuterungen zur nachstehenden Tabelle 55: Die Aufstellung der 11. Mot.-Schützen-Division – geplant war eine Mechanisierte Division auf der Grundlage einer KVP-Bereitschaft – erfolgte am 22. Oktober 1956 als 11. Mot.-Schützen-Division im Bereich des Militärbezirkes III. Standort des Stabes war Halle.

Tab. 55: Landstreitkräfte – 11. Mot.-Schützen-Division

Dienststellung	Dienstgrad, Vorname, Name	von ... bis	Bemerkungen
Divisionskommandeur	Oberst Hermann Vogt	11.10.1956 bis 15.08.1960	seit 01.10.1953 Leiter/ Kommandeur der KVP-Bereitschaft Halle
	Oberst Hans Spallek	15.08.1960 bis 31.08.1965	
	Oberst Erich Dirwelis	01.09.1965 bis 30.06.1969	
	Oberst Heinz Handke	01.09.1969 bis 31.08.1972	02.11.1970 Generalmajor
	Oberst Rudolf Magnitzke	01.09.1972 bis 31.10.1974	01.03.1974 Genralmajor
	Oberst Alfred Krause	01.11.1974 bis 31.08.1977	07.10.1977 Generalmajor
	Oberst Manfred Zeh	01.09.1977 bis 30.04.1984	07.10.1979 Generalmajor
	Oberst Klaus Wiegand	01.05.1984 bis 31.10.1986	01.03.1986 Generalmajor
	Oberst Olivier Anders	01.11.1986 bis 31.12.1989	07.10.1988 Generalmajor

Tab. 55: Landstreitkräfte – 11. Mot.-Schützen-Division

Dienststellung	Dienstgrad, Vorname, Name	von ... bis	Bemerkungen
	Oberst Reinhard Panian	01.02.1990 bis 02.10.1990	

Erläuterungen zur nachstehenden Tabelle 56: Die Aufstellung der 7. Panzerdivision erfolgte am 18. August 1956 auf der Grundlage einer KVP-Bereitschaft. Standort des Stabes war Dresden. Die 7. Panzerdivision war dem Militärbezirk III zugeordnet.

Tab. 56: Landstreitkräfte – 7. Panzerdivision

Dienststellung	Dienstgrad, Vorname, Name	von ... bis	Bemerkungen
Divisionskommandeur	Oberst Werner Pilz	18.08.1956 bis 31.08.1956	seit 01.09.1953 Leiter/ Kommandeur der mechanisierten KVP-Bereitschaft Dresden
	Oberst Heinrich Brandes	01.09.1956 bis 15.08.1958	01.02.1956 bis 31.08.1956 Leiter der Panzerschule Großenhain
	Oberst Franz Rös	01.09.1958 bis 31.10.1960	
	Oberst Joachim Goldbach	01.11.1960 bis 31.07.1964	
	Oberstleutnant Werner Winter	01.08.1964 bis 08.11.1971	07.10.1964 Oberst; 01.03.1966 Generalmajor
	Oberst Hans Sieg	09.11.1971 bis 31.10.1976	01.03.1973 Generalmajor
	Oberst Walter Müller	01.11.1976 bis 31.10.1979	07.10.1978 Generalmajor
	Oberst Günter Möckel	01.11.1979 bis 30.06.1985	07.10.1983 Generalmajor
	Oberst Klaus Listemann	01.07.1985 bis 30.09.1987	

Tab. 56: Landstreitkräfte – 7. Panzerdivision

Dienststellung	Dienstgrad, Vorname, Name	von ... bis	Bemerkungen
	Oberst Volker Bednara	01.10.1987 bis 02.10.1990	

Erläuterungen zur nachstehenden Tabelle 57: Die Aufstellung der 9. Panzerdivision erfolgte am 15. September 1956 auf der Grundlage einer KVP-Bereitschaft, die von 1952 bis zum 15. Oktober 1955 von Oberst/ Generalmajor Siegfried Weiß geführt worden war. Standort des Stabes war Eggesin. Die 9. Panzerdivision gehörte zum Militärbezirk V.

Tab. 57: Landstreitkräfte – 9. Panzerdivision

Dienststellung	Dienstgrad, Vorname, Name	von ... bis	Bemerkungen
Divisionskommandeur	Oberst Reinhold Tappert	15.09.1956 bis 15.10.1959	seit 15.10.1955 Leiter der mech. KVP-Bereitschaft m.d.F.b.
	Oberst Erich Peter	15.10.1959 bis 14.05.1960	
	Oberstleutnant Kurt Lange	14.07.1960 bis 31.07.1964	01.03.1961 Oberst
	Oberstleutnant Rolf Kappis	01.08.1964 bis 31.08.1968	07.10.1964 Oberst
	Oberst Walter Krysmann	01.09.1968 bis 31.08.1973	07.10.1969 Generalmajor
	Oberst Manfred Gehmert	01.09.1973 bis 20.10.1977	07.10.1977 Generalmajor
	Oberst Horst Sylla	20.10.1977 bis 31.08.1982	07.10.1979 Generalmajor
	Oberst Franz Erdmann	01.09.1982 bis 31.10.1987	01.03.1984 Generalmajor
	Oberst Hans-Christian Reiche	01.11.1987 bis 31.10.1989	07.10.1989 Generalmajor
	Oberst Karl-Heinz Marschner	01.11.1989 bis 02.10.1990	

Erläuterungen zur nachstehenden Tabelle 58: 1956 waren jeweils eine Verwaltung für Luftstreitkräfte und eine Verwaltung für Luftverteidigung in der NVA gebildet worden, die auch getrennt geführt wurden. Erster Chef der Luftstreitkräfte der NVA war Generalmajor Heinz Zorn, erster Chef der Luftverteidigung war Oberst Gerhard Bauer.

Als Generalmajor Heinz Keßler – vormals Chef der VP-Luft bzw. der Verwaltung der Aeroklubs – im Herbst 1956 vom Studium an einer sowjetischen Militärakademie zurückkehrte, wurde er personengebunden in die Dienststellung eines Stellvertreters des Ministers und Chefs der Luftstreitkräfte/Luftverteidigung (LSK/LV) eingesetzt. Wenige Monate später, ab Frühjahr 1957, erfolgte dann die Führung der Luftstreitkräfte und der Luftverteidigung durch ein gemeinsames »Kommando LSK/LV« mit Sitz in Eggersdorf. Nach einer Unterbrechung (1967 bis 1972) erhielt der Chef LSK/LV bis Ende 1989 wieder den Status eines Ministerstellvertreters.

Die Dienststellung des Stellvertreters des Chefs LSK/LV für Luftstreitkräfte wurde erst im September 1956 eingeführt. Bis dahin unterstand die »Verwaltung der Luftstreitkräfte«, die aus der bisherigen »Verwaltung der Aeroklubs« (KVP) hervorgegangen war, direkt dem Minister für Nationale Verteidigung. Später (01.12.1972) wurde diese Dienststellung in »Stellvertreter des Chefs LSK/LV für Ausbildung der Luftstreitkräfte« umbenannt, um ihre vorrangige Verantwortung für Ausbildungsaufgaben hervorzuheben.

Die Dienststellung des Stellvertreters des Chefs der LSK/LV für Fla-Raketentruppen bzw. für Ausbildung der Luftverteidigung wurde im Laufe der Jahre unterschiedlich bezeichnet: Anfangs als »Chef der Verwaltung der Luftverteidigung« , dann bis 1960 » Stellverteter des Chefs der LSK/LV für Flakartillerie«. Seit Mitte der 60er Jahre war die Bezeichnung »Stellvertreter des Chefs der LSK/LV für Fla-Raketentruppen« üblich. 1972 wurde die Bezeichnung des »Stellvertreters des Chefs der LSK/LV für Ausbildung der Luftverteidigung« eingeführt.

Tab. 58: Kommando der Luftstreitkräfte/Luftverteidigung (LSK/LV)

Dienststellung	Dienstgrad, Vorname, Name	von ... bis	Bemerkungen
Chef der Luftstreitkräfte	Generalmajor Hans Zorn	01.03.1956 bis 30.08.1956	1955/56 Chef der Verwaltung der Aeroklubs, ab 01.09.1956 Chef der Verwaltung Luftstreitkräfte (bis 14.04.1957)

Tab. 58: Kommando der Luftstreitkräfte/Luftverteidigung (LSK/LV)

Dienststellung	Dienstgrad, Vorname, Name	von ... bis	Bemerkungen
Stellvertreter des Ministers und Chef der LSK/LV	Generalmajor Heinz Keßler	01.09.1956 bis 15.03.1967	von 1952 bis 1955 Chef der VP-Luft bzw. der Verwaltung der Aeroklubs; 07.10.1959 Generalleutnant; 01.03.1966 Generaloberst
Chef der LSK/LV	Generalleutnant Herbert Scheibe	15.03.1967 bis 14.03.1972	kein Ministerstellvertreter; 01.03.1972 Generaloberst
Stellvertreter des Ministers und Chef der LSK/LV	Generalmajor Wolfgang Reinhold	15.03.1972 bis 30.11.1989	bis 30.11.1972 kein Ministerstellvertreter; 01.03.1974 Generalleutnant; 07.10.1979 Generaloberst
	Generalleutnant Rolf Berger	01.12.1989 bis 02.10.1990	kein Ministerstellvertreter
Stellvertreter des Chefs und Chef des Stabes	Oberstleutnant Helmut Sommerfeld	01.03.1956 bis 30.04.1957	Stellvertreter des Chefs Luftstreitkräfte
	Oberst Hans-Gustav Schröter	01.05.1957 bis 30.10.1960	
	Oberst Herbert Scheibe	01.11.1960 bis 14.03.1967	07.10.1961 Generalmajor; 01.03.1966 Generalleutnant
	Generalmajor Wolfgang Reinhold	01.09.1967 bis 14.03.1972	
	Oberst Manfred Barthel	01.06.1972 bis 31.01.1986	01.03.1973 Generalmajor; 07.10.1979 Generalleutnant
	Generalmajor Rolf Berger	01.02.1986 bis 30.11.1989	07.10.1988 Generalleutnant

Tab. 58: Kommando der Luftstreitkräfte/Luftverteidigung (LSK/LV)

Dienststellung	Dienstgrad, Vorname, Name	von ... bis	Bemerkungen
	Generalmajor Günter Voigt	01.12.1989 bis 30.09.1990	
	Oberst Siegfried Wünsche	30.09.1990 bis 02.10.1990	
Stellvertreter des Chefs und Leiter der Politabteilung	Oberst Arthur Franke	01.03.1956 bis 10.02.1959	seit 1952 Leiter der Politabteilung der VP-Luft/ Verwaltung der Aeroklubs der KVP
	Oberst Werner Rothe	10.02.1959 bis 30.11.1962	
Stellvertreter des Chefs und Leiter der Politischen Verwaltung	Oberst Martin Pahnke	01.12.1962 bis 31.05.1965	
	Oberst Werner Rothe	01.09.1965 bis 28.02.1968	01.03.1968 Generalmajor
	Oberst Martin Pahnke	01.05.1968 bis 30.09.1973	07.10.1969 Generalmajor
Stellvertreter des Chefs und Leiter/Chef der Politischen Verwaltung	Generalmajor Alfred Vogel	01.10.1973 bis 15.02.1990	07.10.1979 Generalleutnant
Stellvertreter für staatsbürgerliche Arbeit	Oberst Siegfried Garn	15.02.1990 bis 08.08.1990	
Luftstreitkräfte			
Stellvertreter des Chefs der Verwaltung Luftstreitkräfte	Oberst Walther Lehweß-Litzmann	01.03.1956 bis 30.04.1957	
Stellvertreter des Chefs für Luftstreitkräfte	Oberst Paul Wilpert	01.05.1957 bis 31.10.1960	
	Oberst Wolfgang Reinhold	01.11.1960 bis 28.02.1965	07.10.1963 Generalmajor
	Oberstleutnant Gerhard Baustian	01.03.1965 bis 31.10.1967	31.10.1967 Oberst
	Oberst Kurt Rappmann	01.09.1967 bis 31.08.1970	07.10.1969 Generalmajor

Tab. 58: Kommando der Luftstreitkräfte/Luftverteidigung (LSK/LV)

Dienststellung	Dienstgrad, Vorname, Name	von ... bis	Bemerkungen
Stellvertreter des Chefs für Ausbildung der Luftstreitkräfte	Oberst Gerhard Baustian	01.09.1970 bis 31.05.1978	Bis 30.11.1972 Stellvertreter des Chefs für Luftstreitkräfte 01.03.1973 Generalmajor
	Oberst Klaus-Jürgen Baarß	01.06.1978 bis 31.10.1988	07.10.1978 Generalmajor; 01.03.1986 Generalleutnant m.d.F.b.
	Oberst Dieter Kleemann	01.11.1988 bis 31.01.1990	
	Generalmajor Wolfgang Thonke	01.02.1990 bis 30.09.1990	
Luftverteidigung			
Chef der Verwaltung Luftverteidigung/ Stellvertreter des Chefs der LSK/LV für Flakartillerie	Oberst Gerhard Bauer	01.03.1956 bis 30.09.1959	
Stellvertreter des Chefs der LSK/LV für Fla-Raketentruppen	Oberstleutnant Manfred Barthel	01.11.1960 bis 31.08.1966	07.10.1964 Oberst
	Oberst Heinz Trautsch	01.10.1966 bis 31.08.1968	
	Oberst Manfred Barthel	01.09.1968 bis 31.05.1972	
Stellvertreter des Chefs für Ausbildung der Luftverteidigung	Oberst Heinz Trautsch	01.06.1972 bis 31.12.1987	bis 30.11.1981 Stellvertreter des Chefs der LSK/LV für Fla-Raketentruppen; 01.03.1974 Generalmajor; 01.03.1981 Generalleutnant m.d.F.b.
	Generalmajor Kurt Kronig	01.01.1988 bis 31.10.1988	

Tab. 58: Kommando der Luftstreitkräfte/Luftverteidigung (LSK/LV)

Dienststellung	Dienstgrad, Vorname, Name	von ... bis	Bemerkungen
	Generalleutnant Klaus-Jürgen Baarß	01.11.1988 bis 28.02.1990	
	Generalmajor Kurt Kronig	01.03.1990 bis 30.09.1990	m.d.F.b., da Generalleutnant Baarß (Planstelle) kommandiert war (Kommission für Militärreform)
Stellvertreter des Chefs und Chef für Technik und Instandsetzung/ Bewaffnung	Generalmajor Ehrenfried Ullmann	15.07.1983 bis 30.11.1987	07.10.1987 Generalleutnant
	Oberst Dieter Nagler	01.12.1987 bis 30.09.1990	07.10.1988 Generalmajor
	Oberst Gerd Heine	30.09.1990 bis 02.10.1990	
Stellvertreter des Chefs und Chef Rückwärtige Dienste	Oberst Johannes Alter	01.03.1956 bis 12.11.1960	Anfangs Leiter des Rückwärtigen Dienstes.
	Oberst Werner Barthel	01.11.1960 bis 31.12.1961	
	Oberstleutnant Joachim Richter	01.01.1962 bis 31.12.1982	07.10.1965 Oberst; 01.03.1971 Generalmajor; 01.03.1981 Generalleutnant
	Oberst Walter Lobner	01.01.1983 bis 28.02.1990	07.10.1984 Generalmajor
	Oberst Günter Gerloff	01.03.1990 bis 02.10.1990	

Erläuterungen zur nachstehenden Tabelle 59: Die 1. Luftverteidigungsdivision wurde auf der Grundlage bestehender Einheiten der KVP (1. Aeroklub und Teile des 3. Aeroklubs) am 1. Juli 1956 als 1. Fliegerdivison aufgestellt. Später erfolgte die Umbennung in 1. Jagdfliegerdivision, Anfang Dezember 1961 wurde die Luftverteidigungsdivison geschaffen. Standort des Stabes war Cottbus.

Tab. 59: Divisionen der LSK/LV – 1. Luftverteidigungsdivision

Dienststellung	Dienstgrad, Vorname, Name	von ... bis	Bemerkungen
Divisionskommandeur	Oberstleutnant Leander Ratz	01.07.1956 bis 31.03.1958	seit 1953 Kommandeur des 1. Aeroklubs Cottbus
	Oberstleutnant Günther Schmidt	01.04.1958 bis 31.12.1959	
	Major Kurt Rappmann	01.01.1960 bis 28.02.1965	
	Oberst Günther Schmidt	01.03.1965 bis 31.10.1976	07.10.1968 Generalmajor
	Oberst Herbert Bohne	01.11.1976 bis 31.12.1982	07.10.1978 Generalmajor
	Oberst Alois Zieris	01.01.1983 bis 30.04.1988	01.03.1986 Generalmajor
	Oberst Gerhard Reuschel	01.05.1988 bis 02.10.1990	07.10.1989 Generalmajor

Erläuterungen zur nachstehenden Tabelle 60: Die 3. Luftverteidigungsdivision wurde auf der Grundlage bestehender Einheiten der KVP (2. Aeroklub und Teile des 3. Aeroklubs) am 26. September 1956 als 3. Fliegerdivison aufgestellt. Standort des Stabes war Drewitz (bei Cottbus). Später erfolgte die Umbennung in 3. Jagdfliegerdivision. Anfang Dezember 1961 wurde die Luftverteidigungsdivison geschaffen. Seit dem 20.10.1961 befand sich der Stab der Division in Trollenhagen (bei Neubrandenburg).

Tab. 60: Divisionen der LSK/LV – 3. Luftverteidigungsdivision

Dienststellung	Dienstgrad, Vorname, Name	von ... bis	Bemerkungen
Divisionskommandeur	Oberstleutnant Wolfgang Reinhold	26.09.1956 bis 30.04.1957	seit 1953 Kommandeur des 2. Aeroklubs Drewitz
	Major Manfred Lange	01.09.1957 bis 31.12.1958	01.05.1957 bis 31.08.1957 m.d.F.b.; 01.03.1958 Oberstleutnant

Tab. 60: Divisionen der LSK/LV – 3. Luftverteidigungsdivision

Dienststellung	Dienstgrad, Vorname, Name	von ... bis	Bemerkungen
	Major Siegfried Haufe	15.01.1959 bis 31.12.1960	
	Oberstleutnant Manfred Lange	01.01.1961 bis 30.09.1966	01.03.1963 Oberst
	Oberst Heinz Böhme	01.10.1966 bis 31.08.1970	07.10.1969 Generalmajor
	Generalmajor Kurt Rappmann	01.09.1970 bis 31.05.1972	
	Oberst Günter Oldenburg	01.06.1972 bis 30.11.1981	07.10.1974 Generalmajor
	Oberst Hans Partzsch	01.12.1981 bis 31.08.1982	m.d.F.b.
	Oberst Rolf Berger	01.09.1982 bis 31.10.1985	01.03.1984 Generalmajor
	Oberst Bernd Schwipper	01.11.1985 bis 02.10.1990	01.03.1988 Generalmajor

Erläuterungen zur nachstehenden Tabelle 61: Die Flakdivision entstand auf der Basis eines Flakregiments der KVP im Herbst 1956 in Eggersdorf. Der Stab verlegte dann im Frühjahr 1957 nach Frankenberg. Die Flakdivision, deren Führung kurzzeitig noch einmal Oberstleutnant Rudi Bräutigam übernahm, wurde 1960 im Zuge des Aufbaus von Fla-Raketenregimentern aufgelöst.

Tab. 61: Divisionen der LSK/LV – 1. Flakdivision

Dienststellung	Dienstgrad, Vorname, Name	von ... bis	Bemerkungen
Divisionskommandeur	Oberstleutnant Rudi Bräutigam	10.12.1956 bis 30.05.1957	
	Major Hans Rau	01.06.1957 bis 01.01.1960	01.10.1957 Oberstleutnant
	Oberstleutnant Rudi Bräutigam	01.01.1960 bis ?	

Erläuterungen zur nachstehenden Tabelle 62: Im Dezember 1981 wurde beim Kommando der LSK/LV in Eggersdorf/Strausberg ein Führungsorgan der Front- und Armeefliegerkräfte (FO FAFK) geschaffen, das den Stab einer Fliegerdivision darstellte. Ab 1983/84 erhielt das bisherige FO FAFK die Bezeichnung

Führungsorgan Front- und Militärtransportfliegerkräfte (FO FMTFK). Sitz des Stabes war Strausberg.

Tab. 62: Divisionen der LSK/LV – Führungsorgan Front- und Militärtransportfliegerkräfte

Dienststellung	Dienstgrad, Vorname, Name	von ... bis	Bemerkungen
Divisionskommandeur	Oberst Wolfgang Büttner	01.12.1981 bis 31.08.1983	
	Oberst Klaus Zimmermann	01.01.1984 bis 31.12.1989	01.03.1987 Generalmajor
	Oberst Ralf Wukasch	01.01.1990 bis 02.10.1990	

Erläuterungen zur nachstehenden Tabelle 63: Die Aufstellung der aus der VP-See hervorgegangenen Seestreitkräfte der DDR erfolgte auf der Grundlage des Ministerbefehls Nr. 4/56 vom 21.02.1956. Die Bezeichnung »Volksmarine« erhielten die Seestreitkräfte am 3. November 1960.

Die Seestreitkräfte wurden anfangs durch eine Verwaltung, ab Frühjahr 1957 durch das »Kommando der Seestreitkräfte« bzw. ab 1960 durch das »Kommando der Volksmarine« mit Sitz in Rostock geführt. Am 1. Dezember 1972 erhielt der Chef der Volksmarine den Status eines Ministerstellvertreters.

Tab. 63: Kommando der Volksmarine

Dienststellung	Dienstgrad, Vorname, Name	von ... bis	Bemerkungen
Chef Seestreitkräfte	Konteradmiral Felix Scheffler	01.03.1956 bis 31.12.1956	seit 1955 Chef der VP-See
	Vizeadmiral Waldemar Verner	01.01.1957 bis 31.07.1959	
Chef Seestreitkräfte/Volksmarine	Konteradmiral Wilhelm Ehm	01.08.1959 bis 31.07.1961	
	Konteradmiral Heinrich Neukirchen	01.08.1961 bis 24.02.1963	m.d.F.b.

Tab. 63: Kommando der Volksmarine

Dienststellung	Dienstgrad, Vorname, Name	von ... bis	Bemerkungen
Chef Volksmarine/Stellvertreter des Ministers und Chef Volksmarine	Konteradmiral Wilhelm Ehm	25.02.1963 bis 30.11.1987	seit 01.12.1972 Stellvertreter des Ministers; 01.03.1964 Vizeadmiral; 07.10.1977 Admiral
Stellvertreter des Ministers und Chef Volksmarine	Vizeadmiral Theodor Hoffmann	01.12.1987 bis 17.11.1989	16.11.1989 Admiral
	Vizeadmiral Hendrik Born	11.12.1989 bis 02.10.1990	kein Ministerstellvertreter
Stellvertreter des Chefs und Chef des Stabes	Kapitän zur See Friedrich Elchlepp	01.03.1956 bis 30.06.1956	m.d.F.b.
	Konteradmiral Heinrich Neukirchen	01.07.1956 bis 31.07.1961	seit 1951 Chef des Stabes der Seepolizei/VP-See
	Kapitän zur See Wilhelm Nordin	01.08.1961 bis 24.02.1963	
	Konteradmiral Heinrich Neukirchen	25.02.1963 bis 30.04.1964	m.d. F. b. 01.03.1964 Vizeadmiral
	Konteradmiral Johannes Streubel	01.05.1964 bis 31.05.1971	
	Konteradmiral Gustav Hesse	01.06.1971 bis 30.11.1985	07.10.1979 Vizeadmiral
	Konteradmiral Theodor Hoffmann	01.12.1985 bis 30.11.1987	01.03.1987 Vizeadmiral
	Konteradmiral Rolf Rödel	01.12.1987 bis 02.10.1990	
Stellvertreter des Chefs und Leiter der Politabteilung	Fregattenkapitän Rudi Wegner	01.04.1956 bis 31.12.1958	
	Korvettenkapitän Heinz Thude	01.10.1959 bis 31.01.1961	bis 30.09.1961 Politabteilung; 07.10.1959 Fregattenkapitän

Tab. 63: Kommando der Volksmarine

Dienststellung	Dienstgrad, Vorname, Name	von ... bis	Bemerkungen
Stellvertreter des Chefs und Leiter der Politischen Verwaltung	Kapitän zur See Rudi Wegner	01.02.1961 bis 30.11.1974	07.10.1968 Konteradmiral
Stellvertreter des Chefs und Leiter/Chef der Politischen Verwaltung	Konteradmiral Günter Kutzschebauch	01.11.1974 bis 15.10.1982	01.03.1981 Vizeadmiral
Stellvertreter des Chefs und Chef der Politischen Verwaltung	Konteradmiral Hans Heß	15.10.1982 bis 31.12.1989	
	Konteradmiral Helmut Milzow	01.01.1990 bis 15.02.1990	
Stellvertreter des Chefs und Chef Ausbildung	Konteradmiral Felix Scheffler	01.02.1959 bis 31.12.1961	Die Dienststellung war zwischen 1962 und 1972 abgeschafft worden.
	Kapitän zur See Lothar Heinecke	01.12.1972 bis 21.02.1985	01.03.1974 Konteradmiral
	Konteradmiral Theodor Hoffmann	01.07.1985 bis 30.11.1985	
	Vizeadmiral Gustav Hesse	01.12.1985 bis 30.11.1988	
	Konteradmiral Eberhard Grießbach	01.12.1988 bis 30.09.1990	
Stellvertreter des Chefs und Chef Technik und Bewaffnung	Kapitän zur See Heinz Müller	01.10.1956 bis 31.01.1959	
	Fregattenkapitän Franz Pfeifer	01.02.1959 bis 31.12.1961	07.10.1959 Kapitän zur See
	Konteradmiral Felix Scheffler	01.01.1962 bis 31.12.1963	Die Dienststellung wurde 1964 abgeschafft.
Leiter Rückwärtige Dienste	Generalmajor Paul Blechschmidt	01.03.1956 bis 30.04.1956	

Tab. 63: Kommando der Volksmarine

Dienststellung	Dienstgrad, Vorname, Name	von ... bis	Bemerkungen
	Major/Korvettenkapitän Gerhard Riese	01.05.1956 bis 31.12.1957	Leiter der Rückwärtigen Dienste m.d.F.b.; 01.06.1957 Fregattenkapitän
Stellvertreter des Chefs für Rückwärtige Dienste	Kapitän zur See Wilhelm Ehm	01.01.1958 bis 31.07.1959	
Stellvertreter des Chefs und Chef Rückwärtige Dienste	Fregattenkapitän Gerhard Riese	01.08.1959 bis 31.12.1962	01.03.1961 Kapitän zur See m.d.F.b.
	Fregattenkapitän Willi Winkler	01.01.1963 bis 31.12.1963	
	Konteradmiral Felix Scheffler	01.01.1964 bis 28.02.1975	
	Konteradmiral Hans Hofmann	01.03.1975 bis 31.12.1989	01.03.1986 Vizeadmiral
	Konteradmiral Karl Weiß	01.01.1990 bis 30.09.1990	

Erläuterungen zur nachstehenden Tabelle 64: Die 1. Flottille wurde auf der Grundlage der seit 1950 bestehenden Einheiten – 1950 Räumflottille, 1951 Räum- und Küstensicherungsdivision, 1953 Flottenbasis »Ost« – am 15. November 1956 aufgestellt. Ihr Standort war zuerst Parow, dann Wolgast und ab 1952 Peenemünde. Die Flottille wurde bis 1956 geführt von Seepolizei-Oberrat Wolfram Zuch (1950), Seepolizei-Rat Alfred Schneider (1950), Seepolizei-Oberrat Heinrich Schunk (1950 bis 1951), VP-Inspekteur/Kapitän zur See Friedrich Elchlepp (1951 bis 1953) und Fregattenkapitän Kurt Kmetsch (1953 bis 1955).

Tab. 64: Flottillen – 1. Flottille

Dienststellung	Dienstgrad, Vorname, Name	von ... bis	Bemerkungen
Flottillenchef	Kapitän zur See Heinz Irmscher	30.04.1956 bis 31.08.1957	seit 1955 Chef der Flottenbasis Ost/ Peenemünde
	Korvettenkapitän Herbert Bauer	01.09.1957 bis 31.12.1959	

Tab. 64: Flottillen – 1. Flottille

Dienststellung	Dienstgrad, Vorname, Name	von ... bis	Bemerkungen
	Fregattenkapitän Werner Elmenhorst	01.01.1960 bis 30.11.1964	01.03.1961 Kapitän zur See
	Fregattenkapitän Lothar Heinecke	01.12.1964 bis 31.08.1970	07.10.1969 Kapitän zur See
	Fregattenkapitän Hans Hofmann	01.09.1970 bis 30.11.1974	04.11.1970 Kapitän zur See
	Kapitän zur See Werner Kotte	01.12.1974 bis 30.11.1984	07.10.1982 Konteradmiral
	Kapitän zur See Hendrik Born	01.12.1984 bis 10.12.1989	07.10.1988 Konteradmiral; 22.11.1989 Vizeadmiral
	Kapitän zur See Gerd Leupold	11.12.1989 bis 02.10.1990	

Erläuterungen zur nachstehenden Tabelle 65: Die 3. Flottille (Küstensicherungsflottille) ging aus dem Küstenabschnitt I der VP-See hervor und wurde ab 1. Mai 1956 als Küstenabschnitts-Flottille II der Flottenbasis »Ost« bezeichnet. Sie wurde bereits 1958 aufgelöst. Ihr Standort war Saßnitz.

Tab. 65: Flottillen – 3. Flottille

Dienststellung	Dienstgrad, Vorname, Name	von ... bis	Bemerkungen
Flottillenchef	Korvettenkapitän Werner Elmenhorst	30.04.1956 bis 31.01.1957	
	Korvettenkapitän Fritz Notroff	01.02.1957 bis 31.12.1958	

Erläuterungen zur nachstehenden Tabelle 66: Die 4. Flottille wurde auf der Grundlage der Flottenbasis »West« am 15. November 1956 aufgestellt. Ihr Standort war Rostock-Gehlsdorf, dann Warnemünde/Hohe Düne.

Tab. 66: Flottillen – 4. Flottille

Dienststellung	Dienstgrad, Vorname, Name	von ... bis	Bemerkungen
Flottillenchef	Fregattenkapitän Hellmut Neumeister	01.05.1956 bis 31.10.1956	
	Fregattenkapitän Walter Kühn	01.11.1956 bis 31.12.1958	seit 1954 Stellvertreter des Leiters der Politabteilung der VP-See; 01.03.1958 Kapitän zur See
	Fregattenkapitän Johannes Streubel	01.02.1959 bis 31.12.1961	01.11.1960 Kapitän zur See
	Fregattenkapitän Fritz Notroff	01.01.1961 bis 30.11.1964	07.10.1964 Kapitän zur See
	Fregattenkapitän Herbert Bernig	01.12.1964 bis 31.05.1971	07.10.1969 Kapitän zur See
	Kapitän zur See Waldemar Richter	01.06.1971 bis 30.04.1976	
	Kapitän zur See Klaus Kahnt	07.05.1976 bis 30.11.1980	07.10.1979 Konteradmiral
	Kapitän zur See Rolf Rödel	01.12.1980 bis 30.06.1985	07.10.1983 Konteradmiral
	Kapitän zur See Gerhard Müller	01.07.1985 bis 31.01.1990	01.03.1989 Konteradmiral
	Kapitän zur See Hans-Joachim Fechner	01.02.1990 bis 02.10.1990	

Erläuterungen zur nachstehenden Tabelle 67: Aufgebaut als eine Torpedoschnellbootsflottille wurde die 6. Flottille 1959 unter Bildung einer selbständigen Küstenschutzschiffbrigade und einer selbständigen Torpedoschnellbootsbrigade aufgelöst. Im Jahr 1963 begann die Neuaufstellung der Flottille. Ihre Standorte waren Saßnitz und Parow (1956 bis 1958) sowie 1963 bis 1965 Stubbenkammer (Sitz des Flottillenstabes) und danach Bug/Dranske.

Tab. 67: Flottillen – 6. Flottille

Dienststellung	Dienstgrad, Vorname, Name	von ... bis	Bemerkungen
Flottillenchef	Kapitänleutnant Alfred Schneider	01.03.1956 bis 01.04.1958	15.06.1956 Korvettenkapitän m.d.F.b.
	Kapitänleutnant Fritz Mösch	01.04.1959 bis 31.12.1958	
	Fregattenkapitän Werner Elmenhorst	01.01.1959 bis 31.12.1959	
	Kapitän zur See Hellmut Neumeister	01.05.1963 bis 31.10.1963	
	Fregattenkapitän Gustav Hesse	01.11.1963 bis 30.04.1971	01.03.1968 Kapitän zur See; 07.10.1969 Konteradmiral
	Fregattenkapitän Theodor Hoffmann	01.05.1971 bis 30.11.1974	07.10.1971 Kapitän zur See
	Kapitän zur See Hans-Joachim Dönitz	01.12.1974 bis 30.04.1983	07.10.1980 Konteradmiral
	Kapitän zur See Eberhard Grießbach	01.05.1983 bis 31.10.1987	01.03.1986 Konteradmiral
	Kapitän zur See Werner Murzynowski	01.11.1987 bis 02.10.1990	

Erläuterungen zur nachstehenden Tabelle 68: Die im Jahr 1956 aus einer 1953 aufgestellten Schulbootsabteilung als Schulbootsflottille geschaffene 7. Flottille wurde bereits ein Jahr später wieder aufgelöst. Ihr Standort war Parow.

Tab. 68: Flottillen – 7. Flottille

Dienststellung	Dienstgrad, Vorname, Name	von ... bis	Bemerkungen
Flottillenchef	Oberleutnant Kurt Hollatz	30.04.1956 bis 18.09.1956	15.06.1956 Kapitänleutnant m.d.F.b.
	Kapitänleutnant Rudolf Vorsprach	18.09.1956 bis 01.12.1956	

Tab. 68: Flottillen – 7. Flottille

Dienststellung	Dienstgrad, Vorname, Name	von ... bis	Bemerkungen
	Korvettenkapitän Walter Mehlhorn	01.02.1957 bis 31.12.1957	

Erläuterungen zur nachstehenden Tabelle 69: Die 9. Flottille (Erprobungsschiffsflottille) entstand auf der Basis einer Baubelehrungsabteilung und wurde nach kurzer Zeit aufgelöst. 1958/59 wurde ein Erprobungszentrum, ab 1961 ein »Wissenschaftlich-technisches Zentrum (WTZ)«, bzw. ab 1963 das WTZ/Baubelehrung gebildet. Standort der 9. Flottille war Wolgast.

Tab. 69: Flottillen – 9. Flottille

Dienststellung	Dienstgrad, Vorname, Name	von ... bis	Bemerkungen
Flottillenchef	Kapitänleutnant Kurt Jungnickel	31.05.1956 bis 31.12.1957	01.06.1957 Korvettenkapitän
	Kapitänleutnant Manfred Fritzsche	01.01.1958 bis 31.12.1960	01.11.1960 Korvettenkapitän; Leiter des Erprobungs- und Abnahmezentrums, ab 01.01.1959 Leiter des Erprobungszentrums der Seestreitkräfte m.d.F.b.

Erläuterungen zur nachstehenden Tabelle 70: Am 15. September 1961 wurde die Deutsche Grenzpolizei dem Ministerium für Nationale Verteidigung unterstellt. Anfangs noch als »Grenztruppen der NVA« bezeichnet, setzte sich später die Bezeichnung »Grenztruppen der DDR« durch. Das Führungsorgan erhielt die Bezeichnung »Kommando der Grenztruppen«. Sein Sitz war Pätz (bei Königs Wusterhausen).

Der Chef der Grenztruppen erhielt Ende 1972 den Status eines Stellvertreters des Ministers für Nationale Verteidigung. Die Dienststellung »Stellvertreter des Chefs und Chef Grenzsicherungsanlagen/Chef Technik und Bewaffnung« wurde am 1. Mai 1980 geschaffen. Ihre Umbennung erfolgte mit Wirkung vom 1. Juli 1984. Ende 1989 begann eine Neustrukturierung der Grenztruppen. Anfang 1990 beschloß die Modrow-Regierung die Umwandlung der Grenztruppen in ein Grenzschutzorgan. Dieses Organ sollte dem Innenminister unterstehen. Die im Bestand des Ministers für Abrüstung und Verteidigung verbleibenden Kräfte der Grenztruppen wurden im Sommer 1990 dem Staatssekretär für Abrüstung unterstellt und erhielten ab September die Bezeichnung »Auflösungs- und Rekultivierungskommando des Ministeriums für Abrüstung und Verteidigung«. Am 21. September 1990 erging der Befehl von Minister Rainer Eppelmann zur Auflösung der Grenztruppen.

Tab. 70: Kommando der Grenztruppen

Dienststellung	Dienstgrad, Vorname, Name	von ... bis	Bemerkungen
Chef Kommando Grenze/Chef der Grenztruppen	Oberst Erich Peter	15.09.1961 bis 31.07.1979	ab 01.12.1972 Stellvertreter des Ministers und Chef der Grenztruppen; 07.10.1963 Generalmajor; 07.10.1969 Generalleutnant; 14.07.1979 Generaloberst
Stellvertreter des Ministers und Chef der Grenztruppen	Generalmajor Klaus-Dieter Baumgarten	01.08.1979 bis 31.12.1989	07.10.1979 Generalleutnant; 07.10.1988 Generaloberst
Chef der Grenztruppen	Generalmajor Dieter Teichmann	01.01.1990 bis 30.09.1990	ab 01.09.1990 Leiter des Auflösungs- und Rekultivierungskommandos des Ministeriums für Abrüstung und Verteidigung
	Oberst Jürgen Hörnlein	30.09.1990 bis 02.10.1990	Leiter des Auflösungs- und Rekultivierungskommandos des Ministeriums für Abrüstung und Verteidigung

Tab. 70: Kommando der Grenztruppen

Dienststellung	Dienstgrad, Vorname, Name	von ... bis	Bemerkungen
1. Stellvertreter des Chefs	Oberst Rudolf Bürger	15.09.1961 bis 31.01.1965	
	Oberst Klaus-Dieter Baumgarten	01.02.1965 bis 31.08.1970	
	Oberst Karl Leonhardt	01.03.1971 bis 31.10.1972	
	Oberst Klaus-Dieter Baumgarten	01.11.1972 bis 31.10.1973	ab 01.11.1973 Abschaffung der Planstelle 1. Stellvertreter
Stellvertreter des Chefs und Chef des Stabes	Generalmajor Helmut Borufka	15.09.1961 bis 31.03.1962	seit 01.03.1957 Chef des Stabes der Deutschen Grenzpolizei
	Oberst Ernst Greiner-Mai	01.04.1962 bis 31.07.1964	m.d.F.b.
	Generalmajor Helmut Borufka	01.08.1964 bis 31.01.1965	
	Oberst Fritz Rothe	01.02.1965 bis 15.12.1970	
	Oberst Rudi Schütz	16.12.1970 bis 31.05.1978	01.03.1978 Generalmajor
	Generalmajor Klaus-Dieter Baumgarten	01.06.1978 bis 31.07.1979	
	Generalmajor Karl Leonhardt	01.08.1979 bis 30.11.1986	07.10.1986 Generalleutnant
	Generalmajor Dieter Teichmann	01.12.1986 bis 31.12.1989	
	Oberst Frithjof Banisch	01.01.1990 bis 31.03.1990	m.d.F.b.
	Generalmajor Otto Gereit	01.04.1990 bis 30.09.1990	
Stellvertreter des Chefs und Leiter der Politabteilung	Generalmajor Walter Breitfeld	15.09.1961 bis 28.02.1962	
Stellvertreter des Chefs und Leiter	Oberst Heinz Seyfert	01.03.1962 bis 28.02.1965	

Tab. 70: Kommando der Grenztruppen

Dienststellung	Dienstgrad, Vorname, Name	von ... bis	Bemerkungen
der Politischen Verwaltung	Oberst Horst Brünner	01.03.1965 bis 28.02.1968	
	Generalmajor Walter Herkner	15.12.1970 bis 30.11.1973	
Stellvertreter des Chefs und Leiter/Chef der Politischen Verwaltung	Generalmajor Gerhard Lorenz	01.12.1973 bis 15.02.1990	01.03.1981 Generalleutnant
Stellvertreter des Chefs und Chef Ausbildung	Oberst Heinz-Ottomar Thieme	01.02.1971 bis 30.11.1986	01.03.1973 Generalleutnant
	Generalleutnant Karl Leonhardt	01.12.1986 bis 30.11.1989	
	Generalmajor Jürgen Reinholz	01.12.1989 bis 30.09.1990	
Stellvertreter des Chefs und Chef Grenzsicherungsanlagen/ Chef Technik und Bewaffnung	Oberst Günter Gabriel	01.05.1980 bis 30.06.1984	Chef Grenzsicherungsanlagen; 07.10.1982 Generalmajor
	Generalmajor Günter Gabriel	01.07.1984 bis 31.12.1989	Chef Technik und Bewaffnung
	Oberst Jochen Lehmann	01.01.1990 bis 30.09.1990	
Stellvertreter des Chefs und Chef Rückwärtige Dienste	Oberst Karl Wilhelm	15.09.1961 bis 31.08.1967	
	Oberst Josef Schewtschik	01.09.1967 bis 31.08.1969	
	Oberst Karl Wilhelm	01.09.1969 bis 30.11.1982	01.03.1971 Generalmajor
	Oberst Dieter Mühlmann	01.12.1982 bis 30.09.1990	01.03.1984 Generalmajor
Stellvertreter des Chefs und Chef Grenzschutz	Oberst Frithjof Banisch	01.04.1990 bis 30.09.1990	

Erläuterungen zur nachstehenden Tabelle 71: 1971 wurden aus den bisherigen Grenzbrigaden Grenzkommandos formiert: das »Grenzkommando Nord« mit Sitz in Kalbe, später Stendal, und das »Grenzkommando Süd« mit Sitz in Erfurt. Speziell für die Grenzsicherung zu Berlin (West) wurde das »Grenzkommando

Mitte« mit Sitz in Berlin-Karlshorst geschaffen. 1989/90 sollten an Stelle der Grenzkommandos drei Grenzschutzkommandos (Küste, Ost, Südost) aufgebaut werden. Diese Neugliederung konnte jedoch nicht mehr vollständig umgesetzt werden.

Tab. 71: Grenzkommandos – Grenzkommando Nord

Dienststellung	Dienstgrad, Vorname, Name	von ... bis	Bemerkungen
Kommandeur	Oberst Harald Bär	01.02.1971 bis 31.12.1981	01.03.1971 Generalmajor
	Oberst Johannes Fritzsche	01.01.1982 bis 30.11.1989	07.10.1983 Generalmajor

Tab. 72: Grenzkommandos – Grenzkommando Mitte

Dienststellung	Dienstgrad, Vorname, Name	von ... bis	Bemerkungen
Kommandeur	Oberst Bernhard Geier	01.05.1971 bis 31.08.1979	01.03.1972 Generalmajor
	Generalmajor Erich Wöllner	01.09.1979 bis 30.04.1990	
	Oberst Günter Leo	01.05.1990 bis 30.09.1990	

Tab. 73: Grenzkommandos – Grenzkommando Süd

Dienststellung	Dienstgrad, Vorname, Name	von ... bis	Bemerkungen
Kommandeur	Oberst Gerhard Lorenz	01.02.1971 bis 30.10.1973	01.03.1971 Generalmajor
	Oberst Klaus-Dieter Baumgarten	01.11.1973 bis 14.04.1978	07.10.1974 Generalmajor
	Oberst Walter Tanner	15.04.1978 bis 31.10.1982	07.10.1980 Generalmajor
	Oberst Heinz Janshen	01.11.1982 bis 30.06.1987	07.10.1984 Generalmajor
	Oberst Dieter Hoffmann	01.07.1987 bis 30.11.1989	

Erläuterungen zur nachstehenden Tabelle 74: Die 6. Grenzbrigade »Küste« war vom 1. November 1961 bis zum 31. März 1990 operativ dem Kommando der Volksmarine unterstellt worden, verblieb aber im Bestand der Grenztruppen. Im Frühjahr 1990 wurde ihre Führung durch den Chef der Grenztruppen übernommen.

Tab. 74: 6. Grenzbrigade »Küste«

Dienststellung	Dienstgrad, Vorname, Name	von ... bis	Bemerkungen
Chef	Fregattenkapitän Fritz Fischer	01.11.1961 bis 31.12.1961	m.d.F.b.
	Kapitän zur See Heinrich Jordt	01.01.1962 bis 30.11.1963	
	Fregattenkapitän Fritz Fischer	01.12.1963 bis 30.11.1964	m.d.F.b.; 01.10.1964 Kapitän zur See
	Kapitän zur See Heinrich Jordt	01.12.1964 bis 30.11.1979	01.03.1974 Konteradmiral
	Kapitän zur See Herbert Städtke	01.12.1979 bis 30.09.1990	01.03.1984 Konteradmiral

Erläuterungen zur nachstehenden Tabelle 75: Die Stadtkommandantur Berlin der NVA wurde als »Standortkommandantur« auf Befehl des Ministers für Nationale Verteidigung vom 23.03.1956 gebildet und 1962 zur »Stadtkommandantur der Hauptstadt der DDR – Berlin – « umstrukturiert. Ihr unterstanden bis Anfang der 70er Jahre die Grenztruppen Berlin. Danach wurde die Grenzsicherung zu Berlin (West) aus der Verantwortung der Stadtkommandantur herausgelöst.

Tab. 75: Stadtkommandantur Berlin

Dienststellung	Dienstgrad, Vorname, Name	von ... bis	Bemerkungen
Leiter der Standort-kommandantur	Generalmajor Hans Wulz	29.03.1956 bis 30.09.1958	01.12.1955 bis 28.03.1956 Chef des Standortbereiches Berlin (KVP)
	Oberstleutnant Otto Blankenstein	01.10.1958 bis ?	
Stadtkommandant	Generalmajor Helmut Poppe	23.08.1962 bis 31.05.1971	01.03.1971 Generalleutnant

Tab. 75: Stadtkommandantur Berlin

Dienststellung	Dienstgrad, Vorname, Name	von ... bis	Bemerkungen
	Generalleutnant Artur Kunath	01.06.1971 bis 31.08.1978	
	Generalmajor Karl-Heinz Drews	01.09.1978 bis 31.12.1989	01.03.1981 Generallleutnant
	Generalmajor Wolfgang Dombrowski	01.01.1990 bis 30.09.1990	
	Oberstleutnant Detlef Wendorf	30.09.1990 bis 02.10.1990	

Tab. 76: Hauptinspekteur der NVA

Dienststellung	Dienstgrad, Vorname, Name	von ... bis	Bemerkungen
Hauptinspekteur der NVA	Generalleutnant Siegfried Weiß	01.12.1972 bis 30.04.1974	Die Dienststellung des Hauptinspekteurs der NVA wurde erst 1972 eingeführt.
	Generalleutnant Helmut Borufka	01.05.1974 bis 31.10.1982	
	Generalleutnant Heinz Handke	01.11.1982 bis 30.11.1988	
	Generalleutnant Hans Süß	01.12.1988 bis 28.02.1990	
	Generalleutnant Klaus-Jürgen Baarß	01.03.1990 bis 18.04.1990	Ab 18.04.1990 Kommandierung als Bevollmächtigter f.d. Militärreform

Erläuterungen zur nachstehenden Tabelle 77: Die Militärakademie »Friedrich Engels« wurde am 5. Januar 1959 in Dresden auf der Basis der bisherigen »Hochschule für Offiziere« der NVA offiziell gegründet, die vom 5. Oktober 1956 bis zum 15. Februar 1958 von Oberst Wilhelm Adam geleitet worden war. Danach übernahm Generalmajor Heinrich Dollwetzel die Leitung der Hochschule. Er wurde am 1. Oktober 1958 zum Kommandeur der Militärakademie berufen. Die Militärakademie war die höchste militärische Bildungsstätte in der DDR.

Tab. 77: Militärakademie »Friedrich Engels«

Dienststellung	Dienstgrad, Vorname, Name	von ... bis	Bemerkungen
Kommandeur	Generalmajor Heinrich Dollwetzel	01.10.1958 bis 30.09.1959	
	Generalmajor Fritz Johne	01.10.1959 bis 31.05.1963	
	Generalmajor Heinrich Heitsch	01.06.1963 bis 30.04.1964	m.d.F.b.
Kommandeur/ Chef	Generalmajor Hans Wiesner	01.05.1964 bis 10.12.1986	ab 01.09.1970 Chef; 01.03.1973 Generalleutnant
Chef	Generalleutnant Manfred Gehmert	11.12.1986 bis 28.02 1990	
	Generalleutnant Hans Süß	01.03.1990 bis 30.09.1990	
	Oberst Kolitsch, Gerhard	01.10.1990 bis 02.10.1990	m.d.F.b.

Erläuterungen zur nachstehenden Tabelle 78: Das Vereinte Kommando wurde mit der Gründung des Warschauer Vertrages im Mai 1955 als militärisches Führungsorgan der verbündeten Paktarmeen geschaffen. An seiner Spitze stand der Oberkommandierende der Vereinten Streitkräfte – stets ein sowjetischer Marschall. Dem Vereinten Kommando gehörten Vertreter der verbündeten Armeen an, seit 1969/70 u.a. als Stellvertreter des Oberkommandierenden seitens der DDR der Chef des Hauptstabes der NVA (1970 bis 1979 Generaloberst Heinz Keßler; 1979 bis 1988 Generaloberst Fritz Streletz).

Der Stab der Vereinten Streitkräfte war das Führungsorgan des Oberkommandierenden und das Arbeitsorgan des Komitees der Verteidigungsminister. Er existierte praktisch erst seit 1969/70. Zuvor hatte dessen eigentliche Aufgaben die 10. Verwaltung des Generalstabes der Sowjetarmee übernommen, in deren Bestand auch ein Oberst der NVA tätig war. Der Chef des Stabes – immer ein sowjetischer General – hatte mehrere Stellvertreter, darunter jeweils auch einen Stellverteter aus der NVA in der Dienststellung eines stellvertretenden Chefs des Hauptstabes. Zudem waren weitere Offiziere der DDR-Streitkräfte in Führungsorganen der Vereinten Streitkräfte tätig (lt. Stellenplan Anfang der 80er Jahre insgesamt 2 Generale und 19 Offiziere).

Das 1969 geschaffene Technische Komitee der Vereinten Streitkräfte sollte die Forschungs- und Entwicklungsarbeiten zur Schaffung neuer Bewaffnung und Technik im Pakt koordinieren. Der (sowjetische) Leiter/Chef des Technischen Komitees hatte – ebenso wie der Chef des Stabes – ständige Stellvertreter aus jeder verbündeten Armee.

Tab. 78: Vertreter der NVA in Führungsorganen des Warschauer Vertrages

Dienststellung	Dienstgrad, Vorname, Name	von ... bis	Bemerkungen
Vertreter der NVA beim Vereinten Kommando	Oberst Kurt Lohberger	15.05.1956 bis 31.05.1959	
	Oberst Otto Kubik	01.06.1959 bis 31.05.1962	
	Oberst Horst Kalkbrenner	01.09.1962 bis 31.08.1964	
	Oberstleutnant Günter Wegehaupt	01.09.1964 bis 31.08.1967	07.10.1964 Oberst
	Oberst Friedhold Neumeister	01.09.1967 bis 15.09.1969	
Stellvertreter des Chefs des Stabes der Vereinten Streitkräfte	Generalmajor Fritz Peter	01.09.1969 bis 30.09.1972	
	Generalleutnant Kurt Lange	01.10.1972 bis 14.06.1974	
	Generalmajor Nikolaus Klenner	15.06.1974 bis 31.08.1977	
	Generalmajor Kurt Gottwald	01.09.1977 bis 30.09.1982	
	Generalmajor Werner Zaroba	01.10.1982 bis 31.08.1986	
	Generalleutnant Manfred Barthel	01.09.1986 bis 31.12.1987	
	Generalleutnant Bruno Petroschka	01.01.1988 bis 27.09.1990	
Stellvertreter des Chefs des Technischen Komitees der Vereinten Streitkräfte	Oberst Wolfgang Neidhardt	01.09.1969 bis 31.01.1973	
	Oberst Horst Noack	01.02.1973 bis 30.04.1977	
	Oberst Norbert Wolff	01.05.1977 bis 31.12.1981	
	Generalleutnant Georg Steiger	01.01.1982 bis 31.07.1987	
	Generalmajor Günter Menger	01.08.1987 bis 27.09.1990	

Erläuterungen zur nachstehenden Tabelle 79: DDR-Militärattachés versahen ihren Dienst zuletzt in mehr als dreißig Staaten. Der erste NVA-Offizier in dieser Funktion hatte seine Akkreditierung am 31. Juli 1957 in der Volksrepublik China erhalten. Der Militärattaché bei der Botschaft der DDR in der UdSSR nahm einen herausgehobenen Platz ein und stand seit den 60er Jahren – im Unterschied zu den DDR-Militärattachés in anderen Ländern – im Generalsrang.

Tab. 79: Militärattachés der DDR in der Sowjetunion

Dienststellung	Dienstgrad, Vorname, Name	von ... bis	Bemerkungen
Militärattaché	Generalmajor Herrmann Gartmann	01.10.1957 bis 01.02.1960	
	Oberst Gottfried Grünberg	01.02.1960 bis 01.06.1961	
	Oberst Kurt Böhme	01.06.1961 bis 01.10.1962	
	Generalmajor Richard Fischer	01.10.1962 bis 30.04.1967	
	Generalmajor Rudolf Menzel	01.05.1967 bis 30.04.1973	01.03.1973 Generalleutnant
	Generalmajor Hermann Vogt	01.05.1973 bis 28.02.1976	
	Generalmajor Karl-Heinz Drews	01.03.1976 bis 31.08.1978	
	Generalmajor Gerhard Rother	01.07.1978 bis 28.02.1982	
	Generalmajor Günter Oldenburg	01.03.1982 bis 31.05.1987	
	Generalmajor Hans Unterdörfel	01.06.1987 bis 30.09.1990	seit 18.04.1990 Abrüstungs- und Verteidigungsattaché

Erläuterungen zur nachstehenden Tabelle 80: Die Zivilverteidigung (ZV) der DDR entstand auf der Grundlage der seit Mitte der 50er Jahre schrittweise ausgebauten Organisation des zivilen Luftschutzes. Mitte 1958 war das Kommando Luftschutz im MdI unter Oberst Johannes Börner gebildet worden. Ab Ende der 60er Jahre begann die Umgestaltung des Luftschutzes zur Zivilverteidigung. Die Leitung des Luftschutzes oblag dem Minister des Innern (1958 bis 1963

Karl Maron; 1963 bis 1976 Friedrich Dickel). Mit Wirkung vom 1. Juni 1976 wechselte die ZV in die Zuständigkeit des Ministeriums für Nationale Verteidigung. Die Verantwortung für die Führung und Entwicklung lag von nun ab beim Verteidigungsminster. Es entstand eine »Hauptverwaltung ZV« mit Sitz in Berlin. Weitere strukturelle Veränderungen wurden ab Juni 1978 wirksam. Die ZV gehörte nicht zur NVA.

Tab. 80: Generale in der Zivilverteidigung der DDR

Name, Vorname	von ... bis	Höchste Dienststellung/Bemerkungen
Peter, Fritz	01.12.1976 bis 30.04.1990	Leiter der Zivilverteidigung der DDR; Generalleutnant; 07.10.1989 Generaloberst
Schütz, Rudi	01.06.1978 bis 30.11.1986	Stellvertreter des Leiters und Chef des Stabes; Generalmajor
Zaroba, Werner	01.09.1986 bis 30.09.1990	Stellvertreter des Leiters und Chef des Stabes; Generalmajor
Fischer, Rolf	01.12.1976 bis 31.05.1990	Stellvertreter des Leiters und Chef des Bevölkerungs- und Volkswirtschaftsschutzes; Oberst; 01.03.1978 Generalmajor
Rude, Klaus	01.06.1978 bis 31.08.1990	Stellvertreter des Leiters und Chef Ausbildung; Oberst; 07.10.1986 Generalmajor
Sommer, Kurt	16.11.1977 bis 30.04.1990	Stellvertreter des Leiters und Chef der Politischen Verwaltung; Oberst; 07.10.1980 Generalmajor
Harwardt, Hugo	15.11.1967 bis 31.03.1984	Leiter/Kommandeur der Zentralen Lehranstalt/ der Fachschule/ des Instituts der Zivilverteidigung; Oberst; 31.03.1984 Gen.Maj. (a.D.)
Pankau, Albert	01.03.1984 bis 31.03.1990	Kommandeur des Instituts der Zivilverteidigung; Generalmajor

Erläuterungen zur nachstehenden Tabelle 81: Die Gesellschaft für Sport und Technik (GST) war eine Massenorganisation, die vor allem durch die vormilitärischen Ausbildung der Jugend der Wehrbereitschaft und Wehrfähigkeit der Bevölkerung dienen sollte. Sie wurde am 7. August 1952 gebildet. Ihre Auflösung erfolgte im Frühjahr 1990.

Die Übersicht zeigt nur Funktionäre im Generalsrang. Mit Blick auf die ebenfalls 1952 gebildete paramilitärische Arbeitsorganisation »Dienst für Deutschland« soll auf den am 4. November 1952 an Gerhard Balzer verliehenen Rang eines »Generalfeldmeisters« verwiesen werden, der faktisch einen Generalsrang darstellte. Der »Dienst für Deutschland« wurde 1953 wieder aufgelöst.

Tab. 81: Leitende Funktionäre der Gesellschaft für Sport und Technik (GST)

Name, Vorname	von ... bis	Höchste Funktion/ Bemerkungen
Berthold, Arno	07.08.1952 bis 03.01.1955	Leiter der GST; Chefinspekteur; später Oberst
Staimer, Richard	04.01.1955 bis 27.02.1963	Leiter der GST/ Vorsitzender des Zentralvorstandes der GST; Chefinspekteur; 01.04.1960 Generalmajor d.R./1963 Generalmajor (reaktiviert)
Lohberger, Kurt	01.03.1963 bis 01.02.1968	Vorsitzender des Zentralvorstandes der GST; Oberst; 01.03.1966 Generalmajor
Teller, Günther	01.02.1968 bis 28.06.1982	Vorsitzender des Zentralvorstandes der GST; Generalmajor; 01.03.1966 Generalleutnant
Kutzschebauch, Günter	24.11.1982 bis 28.01.1990	Vorsitzender des Zentralvorstandes der GST; Vizeadmiral
Baustian, Gerhard	01.08.1978 bis 30.11.1984	Stellvertreter des Vorsitzenden für Flug- und Fallschirmsprungausbildung; 01.03.1973 Generalmajor

Tab. 81: Leitende Funktionäre der Gesellschaft für Sport und Technik (GST)

Name, Vorname	von ... bis	Höchste Funktion/ Bemerkungen
Eltze, Werner	15.02.1979 bis 30.01.1990	Stellvertreter des Vorsitzenden für Agitation und Propaganda; Oberst; 07.10.1986 Generalmajor
Krämer, Kurt	01.02.1968 bis 30.11.1984	Stellvertreter des Vorsitzenden für Organisation und Planung; Vorsitzender des Zentralvorstandes der GST (m.d.F.b.); 1982 Oberst; 07.10.1980 Generalmajor
Pitschel, Rolf	01.08.1971 bis 28.01.1990	Stellvertreter des Vorsitzenden für Ausbildung; Stellvertreter des Vorsitzenden für Agitation und Propaganda; Stellvertreter des Vorsitzenden für Speziallaufbahnausbildung; Oberst; 01.03.1988 Generalmajor

Ernennungen, Beförderungstafeln und Entlassungen

Erläuterungen zur nachstehenden Tabelle 82: Eine Nennung erfolgt nur, wenn der Betreffende nach 1952 weiter leitend im militärischem Bereich (KVP/NVA) bzw. in der Grenzpolizei/Grenztruppen tätig war. Die exakte Bezeichnung des Dienstgrades hatte den Zusatz »der VP«. Die Seepolizei erhielt am 1. Juli 1952 die Bezeichnung »VP-See«.

Tab. 82: Generalinspekteure und Chefinspekteure der Volkspolizei in der Deutschen Verwaltung des Innern 1946 bis 1949/ Ministerium des Innern 1949 bis 1952 (Auswahl)

Name, Vorname	Dienstgrad	seit
Bamler, Rudolf	Chefinspekteur	01.01.1951
Bartz, Erwin	Chefinspekteur (der Seepolizei)	01.07.1950

Tab. 82: Generalinspekteure und Chefinspekteure der Volkspolizei in der Deutschen Verwaltung des Innern 1946 bis 1949/ Ministerium des Innern 1949 bis 1952 (Auswahl)

Name, Vorname	Dienstgrad	seit
Bechler, Bernhard	Chefinspekteur	01.11.1950
Berthold, Arno	Chefinspekteur	
Blechschmidt, Paul	Chefinspekteur (der Seepolizei)	01.10.1950
Borufka, Helmut	Chefinspekteur	01.01.1950
Dickel, Friedrich	Chefinspekteur	
Dölling, Rudolf	Chefinspekteur/ Generalinspekteur	15.09.1949/ 01.09.1950
Fischer, Richard	Chefinspekteur (der Seepolizei)	01.07.1950
Freytag, Walter	Chefinspekteur	01.11.1949
Gartmann, Hermann	Chefinspekteur/ Generalinspekteur (MfS)	01.03.1950
Heitsch, Heinrich	Chefinspekteur	01.10.1949
Hoffmann, Heinz	Generalinspekteur	01.06.1949
Keßler, Heinz	Generalinspekteur (der VP-Luft)	01.11.1950
Köhn, Fritz	Chefinspekteur	01.01.1950
Mehlmack, Friedrich	Chefinspekteur	01.10.1950
Menzel, Rudolf	Chefinspekteur (MfS)	07.03.1950
Müller, Vincenz	Chefinspekteur	15.09.1948 bis 28.02.1949
Neukirchen, Heinrich	Chefinspekteur (der Seepolizei)	01.03.1951
Rentzsch, Hermann	Chefinspekteur	26.07.1948
Röbelen, Gustav	Chefinspekteur	
Scheffler, Felix	Chefinspekteur (der Seepolizei)	01.07.1950
Schuldt, Hermann	Chefinspekteur	
Schütz, Josef	Chefinspekteur	
Smolorz, Richard	Chefinspekteur	
Staimer, Richard	Chefinspekteur	01.11.1950
Verner, Waldemar	Generalinspekteur (der Seepolizei)	15.06.1950
Vogel, Kurt	Chefinspekteur	Juni 1952
Wagner, Kurt	Generalinspekteur/ Chefinspekteur	17.08.1946/1950
Weech, Hans von	Chefinspekteur	18.09.1948

Tab. 82: Generalinspekteure und Chefinspekteure der Volkspolizei in der Deutschen Verwaltung des Innern 1946 bis 1949/ Ministerium des Innern 1949 bis 1952 (Auswahl)

Name, Vorname	Dienstgrad	seit
Wulz, Hans	Chefinspekteur	22.09.1948
Zaspel, Max	Chefinspekteur	
Zorn, Heinz	Chefinspekteur	01.10.1949

Erläuterungen zur nachstehenden Tabelle 83: Die Reihenfolge der Namensnennung entspricht einer Beschlußvorlage an den DDR-Ministerpräsidenten vom 1. Oktober 1952. Die Bekanntgabe des Beschlusses erfolgte zum 6. Oktober 1952. Im Originaldokument steht statt Hermann Rentzsch der falsch geschriebene Name Herbert Hentzsch.

Tab. 83: Die ersten Generale und Admirale der DDR

Name, Vorname	bisheriger VP-Dienstgrad (September 1952)	Dienststellung zum Zeitpunkt der Rangverleihung	Neuer militärischer Dienstgrad
Müller, Vincenz	(1948/49 Chefinspekteur)	1. Stellvertreter des Ministers und Chef des Stabes	Generalleutnant
Hoffmann, Heinz	Generalinspekteur	Stellvertreter des Ministers für Ausbildung/Chef der KVP	Generalleutnant
Dölling, Rudolf	Generalinspekteur	Stellvertreter des Ministers für Politarbeit und Chef der Politischen Verwaltung	Generalmajor
Verner, Waldemar	Generalinspekteur (der VP-See)	Stellvertreter des Ministers und Chef der VP-See	Vizeadmiral
Keßler, Heinz	Generalinspekteur (der VP-Luft)	Stellvertreter des Ministers und Chef der VP-Luft	Generalmajor der Flieger
Weinberger, Bernd	—	Stellvertreter des Ministers für Wirtschaftsfragen	Generalmajor (Ing.)

Tab. 83: Die ersten Generale und Admirale der DDR

Name, Vorname	bisheriger VP-Dienstgrad (September 1952)	Dienststellung zum Zeitpunkt der Rangverleihung	Neuer militärischer Dienstgrad
Bechler, Bernhard	Chefinspekteur	Stellvertreter des Chefs des Stabes	Generalmajor
Heitsch, Heinrich	Chefinspekteur	Chef der Verwaltung Versorgung	Generalmajor
Wagner, Kurt	Chefinspekteur	Chef der Verwaltung Operativ	Generalmajor
Lenski, Arno von	—	Chef der Verwaltung Motorisierung	Generalmajor der Panzer
Wulz, Hans	Chefinspekteur	Chef der Verwaltung Artillerieversorgung	Generalmajor der Artillerie
Korfes, Otto Dr.	—	Leiter der Historischen Abteilung	Generalmajor
Walther, Karl Prof. Dr.	—	Chef der Medizinischen Verwaltung	Generalmajor des Medizinischen Dienstes
Munschke, Ewald	—	Chef der Verwaltung Kader	Generalmajor
Allenstein, Walter	—	Chef der Verwaltung Finanzen	Generalmajor des Intendantendienstes
Linke, Karl	—	Chef der Verwaltung allgemeine Fragen	Generalmajor
Johne, Fritz	Inspekteur	Chef der Verwaltung Lehranstalten	Generalmajor
Borufka, Helmut	Chefinspekteur	Chef der Verwaltung Ausbildung/Inspektion	Generalmajor
Köhn, Fritz	Chefinspekteur	Stellvertretender Chef der Verwaltung Kader	Generalmajor
Fischer, Richard	Chefinspekteur (der VP-See)	Stellvertretender Chef der Verwaltung Kader	Konteradmiral

Tab. 83: Die ersten Generale und Admirale der DDR

Name, Vorname	bisheriger VP-Dienstgrad (September 1952)	Dienststellung zum Zeitpunkt der Rangverleihung	Neuer militärischer Dienstgrad
Scheffler, Felix	Chefinspekteur (der VP-See)	Stellvertretender Chef der VP-See für allgemeine Fragen	Konteradmiral
Neukirchen, Heinrich	Chefinspekteur (der VP-See)	Stabschef der VP-See	Konteradmiral
Blechschmidt, Paul	Chefinspekteur (der VP-See)	Stellvertretender Chef der VP-See für Versorgung	Generalmajor des Intendantendienstes
Zorn, Heinz	Chefinspekteur (der VP-Luft)	Stabschef der VP-Luft	Generalmajor der Flieger
Rentzsch, Hermann	Chefinspekteur	Chef der Territorialverwaltung Pasewalk m.d.F.b.	Generalmajor
Freytag, Walter	Chefinspekteur	Chef der Höheren Polizeischule	Generalmajor
Vogel, Kurt	Chefinspekteur	Leiter der Bereitschaft Gotha	Generalmajor
Dickel, Friedrich	Chefinspekteur	Leiter der Politschule	Generalmajor

Erläuterungen zur nachstehenden Tabelle 84: Die Ernennungen und Beförderungen erfolgten seit Anfang der 60er Jahre in der Regel jeweils im Frühjahr anläßlich des Jahrestages der NVA (1. März) und/oder im Herbst aus Anlaß des Jahrestages der DDR (7. Oktober). Die Datierung des entsprechenden Befehls des Vorsitzenden des Nationalen Verteidigungsrates sowie der Tag des eigentlichen Beförderungs- und Ernennungsaktes lagen jedoch – teilweise noch voneinander abweichend – zumeist im Vorfeld dieser Jahrestage und variierten von Jahr zu Jahr. Auf der Grundlage der in den Personalunterlagen einheitlich fixierten Angaben (1. März bzw. 7. Oktober) sowie aus Gründen der Übersichtlichkeit wurden im folgenden die Daten der o.g. Jahrestage als Ernennungs- bzw. Beförderungsdatum ausgewiesen. Abweichungen von der allgemeinen Beförderungspraxis sind mit dem Datum der Inkraftsetzung der gesonderten Befehle aufgenommen worden.

Tab. 84: Ernennungen und Beförderungen 1952 bis 1989

Datum	Name, Vorname	Geburtsjahr	Ernennung/ Beförderung zum:
01.10.1952	Hoffmann, Heinz	1910	Generalleutnant
	Müller, Vincenz	1894	Generalleutnant
	Verner, Waldemar	1914	Vizeadmiral
	Allenstein, Walter	1906	Generalmajor
	Bechler, Bernhard	1911	Generalmajor
	Blechschmidt, Paul	1907	Generalmajor
	Borufka, Helmut	1918	Generalmajor
	Dickel, Friedrich	1913	Generalmajor
	Dölling, Rudolf	1902	Generalmajor
	Freytag, Walter	1892	Generalmajor
	Heitsch, Heinrich	1916	Generalmajor
	Johne, Fritz	1911	Generalmajor
	Keßler, Heinz	1920	Generalmajor
	Köhn, Fritz	1901	Generalmajor
	Korfes, Otto	1889	Generalmajor
	Lenski, Arno von	1893	Generalmajor
	Linke, Karl	1900	Generalmajor
	Munschke, Ewald	1901	Generalmajor
	Rentzsch, Hermann	1913	Generalmajor
	Vogel, Kurt	1910	Generalmajor
	Wagner, Kurt	1904	Generalmajor
	Walther, Karl	1895	Generalmajor
	Weinberger, Bernd	1904	Generalmajor
	Wulz, Hans	1893	Generalmajor
	Zorn, Heinz	1912	Generalmajor
	Fischer, Richard	1906	Konteradmiral
	Neukirchen, Heinrich	1915	Konteradmiral
	Scheffler, Felix	1915	Konteradmiral
01.01.1953	Bamler, Rudolf	1896	Generalmajor
12.02.1953	Gartmann, Hermann	1906	Generalmajor (MfS)
	Pech, Ottomar	1914	Generalmajor (MfS)
01.11.1953	Mayer, Wilhelm	1905	Generalmajor
	Menzel, Rudolf	1910	Generalmajor (MfS)
01.11.1954	Dollwetzel, Heinrich	1912	Generalmajor
	Kunath, Artur	1914	Generalmajor
	Weiß, Siegfried	1914	Generalmajor
07.10.1955	Stoph, Willi	1914	Generaloberst
01.09.1956	Freyer, Erwin	1914	Generalmajor
01.08.1959	Ehm, Wilhelm	1918	Konteradmiral

Tab. 84: Ernennungen und Beförderungen 1952 bis 1989

Datum	Name, Vorname	Geburtsjahr	Ernennung/ Beförderung zum:
07.10.1959	Stoph, Willi	1914	Armeegeneral
	Hoffmann, Heinz	1910	Generaloberst
	Keßler, Heinz	1920	Generalleutnant
	Bleck, Martin	1919	Generalmajor
	Geiger, Kurt	1920	Generalmajor
	Riedel, Sigfrid	1918	Generalmajor
	Breitfeld, Walter	1903	Generalmajor
01.02.1960	Fischer, Richard	1906	Generalmajor (1952 bis 1954 Konteradmiral)
15.02.1960	Staimer, Richard	1907	Generalmajor (d.R.) [1963 reaktiviert]
01.03.1961	Hoffmann, Heinz	1910	Armeegeneral
	Verner, Waldemar	1914	Admiral
	Ernst, Hans	1921	Generalmajor
07.10.1961	Wagner, Kurt	1904	Generalleutnant
	Reymann, Georg	1914	Generalmajor
	Scheibe, Herbert	1914	Generalmajor
23.08.1962	Poppe, Helmut	1926	Generalmajor
01.03.1963	Borning, Walter	1920	Generalmajor
	Wansierski, Bruno	1904	Konteradmiral
07.10.1963	Riedel, Sigfrid	1918	Generalleutnant
	Allenstein, Walter	1906	Generalleutnant
	Dickel, Friedrich	1913	Generalleutnant (danach MdI)
	Fleißner, Werner	1922	Generalmajor
	Peter, Erich	1919	Generalmajor
	Reinhold, Wolfgang	1923	Generalmajor
01.03.1964	Neukirchen, Heinrich	1915	Vizeadmiral
	Ehm, Wilhelm	1918	Vizeadmiral
	Stechbarth, Horst	1925	Generalmajor
	Streletz, Fritz	1926	Generalmajor
01.05.1964	Wiesner, Hans-Joachim	1925	Generalmajor
	Streubel, Johannes	1921	Konteradmiral
01.03.1966	Keßler, Heinz	1920	Generaloberst
	Wagner, Kurt	1904	Generaloberst
	Kunath, Artur	1914	Generalleutnant
	Scheibe, Herbert	1914	Generalleutnant
	Gestewitz, Hans	1921	Generalmajor

Tab. 84: Ernennungen und Beförderungen 1952 bis 1989

Datum	Name, Vorname	Geburtsjahr	Ernennung/ Beförderung zum:
	Lange, Kurt	1923	Generalmajor
	Winter, Werner	1923	Generalmajor
	Lohberger, Kurt	1914	Generalmajor (d.R.)
	Vogt, Hermann	1915	Generalmajor
	Franke, Arthur	1909	Generalmajor
	Teller, Günther	1925	Generalmajor
	Nordin, Wilhelm	1924	Konteradmiral
07.10.1966	Arnold, Hellmut	1921	Generalmajor
	Goldbach, Joachim	1929	Generalmajor
	Peter, Fritz	1927	Generalmajor
01.03.1967	Weiß, Siegfried	1914	Generalleutnant
	Rothe, Werner	1929	Generalmajor
	Skerra, Horst	1930	Generalmajor
	Tappert, Heinz	1928	Generalmajor
07.10.1968	Ernst, Hans	1921	Generalleutnant
	Gotthilf, Leopold	1918	Generalmajor
	Schmidt, Günther	1925	Generalmajor
	Wegner, Rudi	1923	Konteradmiral
07.10.1969	Fleißner, Werner	1922	Generalleutnant
	Pech, Ottomar	1914	Generalleutnant
	Peter, Erich	1919	Generalleutnant
	Streletz, Fritz	1926	Generalleutnant
	Böhme, Heinz	1929	Generalmajor
	Drews, Karl-Heinz	1929	Generalmajor
	Hampf, Ernst	1929	Generalmajor
	Herkner, Walter	1928	Generalmajor
	Hotzky, Anton	1919	Generalmajor
	Kunze, Gerhard	1923	Generalmajor
	Kopetz, Günther	1930	Generalmajor
	Krysmann, Walter	1929	Generalmajor
	Nebrig, Joachim	1919	Generalmajor
	Pahnke, Martin	1924	Generalmajor
	Rappmann, Kurt	1931	Generalmajor
	Zeiler, Friedrich	1920	Generalmajor
	Hesse, Gustav	1931	Konteradmiral
01.03.1970	Borning, Walter	1920	Generalleutnant
	Bormann, Günther	1927	Generalmajor
	Klenner, Nikolaus	1925	Generalmajor
	Leistner, Günter	1931	Generalmajor

Tab. 84: Ernennungen und Beförderungen 1952 bis 1989

Datum	Name, Vorname	Geburtsjahr	Ernennung/ Beförderung zum:
02.11.1970	Lange, Kurt	1923	Generalleutnant
	Stechbarth, Horst	1925	Generalleutnant
	Gräfe, Siegfried	1928	Generalmajor
	Handke, Heinz	1927	Generalmajor
	Kleffel, Harry	1929	Generalmajor
	Steiger, Georg	1928	Generalmajor
	Strobel, Harry	1928	Generalmajor
	Tschoep, Rudolf	1929	Generalmajor
	Vogel, Alfred	1930	Generalmajor
01.03.1971	Bleck, Martin	1919	Generalleutnant
	Borufka, Helmut	1918	Generalleutnant
	Poppe, Helmut	1926	Generalleutnant
	Wansierski, Bruno	1904	Vizeadmiral
	Bär, Harald	1927	Generalmajor
	Brünner, Horst	1929	Generalmajor
	Clement, Fritz	1926	Generalmajor
	Leibner, Alfred	1922	Generalmajor
	Lorenz, Gerhard	1930	Generalmajor
	Ludwig, Fritz	1925	Generalmajor
	Rehwald, Gerhard	1929	Generalmajor
	Richter, Joachim	1929	Generalmajor
	Schütz, Rudi	1926	Generalmajor
	Wilhelm, Karl	1922	Generalmajor
	Winter, Klaus	1930	Generalmajor
	Irmscher, Heinz	1920	Konteradmiral
01.03.1972	Scheibe, Herbert	1914	Generaloberst
	Dirwelis, Erich	1921	Generalmajor
	Geier, Bernhard	1926	Generalmajor
01.03.1973	Menzel, Rudolf	1910	Generalleutnant
	Wiesner, Hans-Joachim	1925	Generalleutnant
	Barthel, Manfred	1928	Generalmajor
	Baustian, Gerhard	1927	Generalmajor
	Bilan, Heinz	1931	Generalmajor
	Resenhöft, Rolf	1925	Generalmajor
	Sieg, Hans	1930	Generalmajor
	Thieme, Heinz-Ottomar	1926	Generalmajor
01.11.1973	Gerloff, Heinz	1931	Generalmajor
01.03.1974	Arnold, Hellmut	1921	Generalleutnant

Tab. 84: Ernennungen und Beförderungen 1952 bis 1989

Datum	Name, Vorname	Geburtsjahr	Ernennung/ Beförderung zum:
	Franke, Arthur	1909	Generalleutnant
	Gestewitz, Hans	1921	Generalleutnant
	Peter, Fritz	1927	Generalleutnant
	Reinhold, Wolfgang	1923	Generalleutnant
	Dreiseidler, Gustav	1916	Generalmajor
	Ebertz, Werner	1921	Generalmajor
	Lange, Manfred	1927	Generalmajor
	Magnitzke, Rudolf	1927	Generalmajor
	Neidhardt, Wolfgang	1930	Generalmajor
	Otto, Siegfried	1922	Generalmajor
	Rossow, Kurt	1928	Generalmajor
	Sarge, Günter	1930	Generalmajor
	Seefeldt, Artur	1930	Generalmajor
	Storbeck, Gerhard	1927	Generalmajor
	Trautsch, Heinz	1927	Generalmajor
	Wunderlich, Werner	1925	Generalmajor
	Jordt, Heinrich	1917	Konteradmiral
	Heinecke, Lothar	1933	Konteradmiral
07.10.1974	Goldbach, Joachim	1929	Generalleutnant
	Baumgarten, Klaus-Dieter	1931	Generalmajor
	Beaujean, Kurt	1928	Generalmajor
	Gottwald, Kurt	1931	Generalmajor
	Hollstein, Karl-Heinz	1919	Generalmajor
	Malewsky, Günther	1932	Generalmajor
	Oldenburg, Günter	1931	Generalmajor
	Otto, Werner	1930	Generalmajor
	Zukunft, Hans	1929	Generalmajor
	Kutzschebauch, Günter	1930	Konteradmiral
01.03.1975	Teller, Günther	1925	Generalleutnant
	Gall, Ullrich	1923	Generalmajor
	Heinz, Otto	1927	Generalmajor
	Henkes, Klaus	1929	Generalmajor
	Hofmann, Hans	1933	Konteradmiral
	Kneiphoff, Paul	1929	Generalmajor
	Kunow, Erwin	1928	Generalmajor
	Schollbach, Heinz	1928	Generalmajor
01.03.1976	Stechbarth, Horst	1925	Generaloberst
	Brünner, Horst	1929	Generalleutnant
	Handke, Heinz	1927	Generalleutnant

Tab. 84: Ernennungen und Beförderungen 1952 bis 1989

Datum	Name, Vorname	Geburtsjahr	Ernennung/ Beförderung zum:
	Rothe, Werner	1929	Generalleutnant
	Dietzsch, Rolf	1930	Generalmajor
	Geisler, Helmut	1925	Generalmajor
	Gregori, Theo	1929	Generalmajor
	Hampel, Heinz	1928	Generalmajor
	Kaekow, Günter	1924	Generalmajor
	Kalwert, Günter	1930	Generalmajor
	Ludwig, Harald	1930	Generalmajor
	Müller, Karl-Heinz	1933	Generalmajor
	Paduch, Walter	1931	Generalmajor
	Pankau, Albert	1927	Generalmajor
	Raubach, Rudolf	1919	Generalmajor
	Richter, Richard	1928	Generalmajor
	Schieck, Heinz	1923	Generalmajor
	Wendt, Dieter	1930	Generalmajor
	Wöllner, Erich	1931	Generalmajor
	Kühn, Walter	1920	Konteradmiral
07.10.1977	Fleißner, Werner	1922	Generaloberst
	Ehm, Wilhelm	1918	Admiral
	Bormann, Günther	1927	Generalleutnant
	Hampf, Ernst	1929	Generalleutnant
	Heitsch, Heinrich	1916	Generalleutnant
	Skerra, Horst	1930	Generalleutnant
	Tappert, Heinz	1928	Generalleutnant
	Winter, Werner	1923	Generalleutnant
	Adam, Wilhelm	1893	Generalmajor (a.D.)
	Deim, Hans-Werner	1934	Generalmajor
	Dombrowski, Wolfgang	1933	Generalmajor
	Exner, Heinz	1925	Generalmajor
	Förster, Martin	1928	Generalmajor
	Fuhrmann, Ingolf	1931	Generalmajor
	Gehmert, Manfred	1931	Generalmajor
	Krause, Alfred	1930	Generalmajor
	Maseberg, Edwin	1919	Generalmajor
	Oreschko, Johannes	1929	Generalmajor
	Raupach, Manfred	1926	Generalmajor
	Senf, Klaus	1923	Generalmajor
	Voigt, Günter	1933	Generalmajor
	Wagner, Kurt	1927	Generalmajor

Tab. 84: Ernennungen und Beförderungen 1952 bis 1989

Datum	Name, Vorname	Geburtsjahr	Ernennung/ Beförderung zum:
	Wegehaupt, Günter	1926	Generalmajor
	Zander, Horst	1929	Generalmajor
	Hoffmann, Theodor	1935	Konteradmiral
01.12.1977	Röhr, Kurt	1917	Generalmajor (a.D.)
10.02.1978	Fischer, Rolf	1930	Generalmajor
09.06.1978	Rother, Gerhard	1930	Generalmajor
07.10.1978	Rehwald, Gerhard	1929	Generalleutnant
	Strobel, Harry	1928	Generalleutnant (ab 28.04.1982 Generalmajor)
	Nordin, Wilhelm	1930	Vizeadmiral
	Baarß, Klaus-Jürgen	1934	Generalmajor
	Bohne, Herbert	1932	Generalmajor
	Conrad, Wolfgang	1928	Generalmajor
	Leonhardt, Karl	1929	Generalmajor
	Leopold, Hans-Joachim	1931	Generalmajor
	Müller, Walter	1931	Generalmajor
	Petroschka, Bruno	1932	Generalmajor
	Rös, Franz	1920	Generalmajor
	Schmerler, Herbert	1929	Generalmajor
	Werner, Günter	1931	Generalmajor
	Winkler, Heinrich	1929	Generalmajor
14.07.1979	Peter, Erich	1919	Generaloberst
	Schütz, Josef	1910	Generalmajor (a.D.)
07.10.1979	Streletz, Fritz	1926	Generaloberst
	Reinhold, Wolfgang	1923	Generaloberst
	Baumgarten, Klaus-Dieter	1931	Generalleutnant
	Barthel, Manfred	1928	Generalleutnant
	Gregori, Theo	1929	Generalleutnant
	Kunze, Gerhard	1923	Generalleutnant
	Neidhardt, Wolfgang	1930	Generalleutnant
	Steiger, Georg	1928	Generalleutnant
	Vogel, Alfred	1930	Generalleutnant
	Zeiler, Friedrich	1920	Generalleutnant
	Hesse, Gustav	1931	Vizeadmiral
	Brühl, Reinhard	1924	Generalmajor
	Butzlaff, Max	1932	Generalmajor
	Calvelage, Heinz	1933	Generalmajor

Tab. 84: Ernennungen und Beförderungen 1952 bis 1989

Datum	Name, Vorname	Geburtsjahr	Ernennung/ Beförderung zum:
	Christians, Herbert	1931	Generalmajor
	Dörnbrack, Willi	1929	Generalmajor
	Grätz, Manfred	1935	Generalmajor
	Herbst, Joachim	1928	Generalmajor
	Heß, Karl-Heinz	1928	Generalmajor
	Hiemann, Günter	1930	Generalmajor
	Hofmann, Heinz	1927	Generalmajor
	Kaiser, Wolfgang	1930	Generalmajor
	Kalkbrenner, Horst	1929	Generalmajor
	Käseberg, Werner	1930	Generalmajor
	Lindner, Rudi	1923	Generalmajor
	Link, Gerhard	1932	Generalmajor
	Lipski, Heinz	1931	Generalmajor
	Lochmann, Gerhard	1935	Generalmajor
	Neumann, Günther	1925	Generalmajor
	Noack, Horst	1929	Generalmajor
	Priem, Arnold	1931	Generalmajor
	Rothe, Fritz	1927	Generalmajor
	Rühl, Manfred	1933	Generalmajor
	Seifert, Waldemar	1935	Generalmajor
	Süß, Hans	1935	Generalmajor
	Sylla, Horst	1933	Generalmajor
	Tanner, Walter	1931	Generalmajor
	Tröger, Manfred	1931	Generalmajor
	Wendt, Günther	1931	Generalmajor
	Werner, Günter	1933	Generalmajor
	Zeh, Manfred	1933	Generalmajor
	Henninger, Werner	1929	Konteradmiral
	Kahnt, Klaus	1935	Konteradmiral
07.10.1980	Bretschneider, Günther	1930	Generalmajor
	Deutsch, Rudolf	1931	Generalmajor
	Girke, Ernst	1930	Generalmajor
	Karin, Alexander	1925	Generalmajor
	Krämer, Kurt	1934	Generalmajor
	Mädler, Rudi	1922	Generalmajor
	Otto, Günter	1925	Generalmajor
	Schindhelm, Franz	1926	Generalmajor
	Schönherr, Gerhard	1926	Generalmajor
	Sommer, Kurt	1930	Generalmajor

Tab. 84: Ernennungen und Beförderungen 1952 bis 1989

Datum	Name, Vorname	Geburtsjahr	Ernennung/ Beförderung zum:
	Syrbe, Horst	1930	Generalmajor
	Telle, Erhard	1933	Generalmajor
	Ullmann, Ehrenfried	1932	Generalmajor
	Zabelt, Siegfried	1932	Generalmajor
	Zaroba, Werner	1930	Generalmajor
	Dönitz, Hans-Joachim	1930	Konteradmiral
01.03.1981	Drews, Karl-Heinz	1929	Generalleutnant
	Gehmert, Manfred	1931	Generalleutnant
	Leibner, Alfred	1922	Generalleutnant
	Lorenz, Gerhard	1930	Generalleutnant
	Ludwig, Harald	1930	Generalleutnant
	Ludwig, Fritz	1925	Generalleutnant
	Pahnke, Martin	1924	Generalleutnant
	Richter, Joachim	1929	Generalleutnant
	Trautsch, Heinz	1927	Generalleutnant
	Winter, Klaus	1930	Generalleutnant
	Zander, Horst	1929	Generalleutnant
	Kutzschebauch, Günter	1930	Vizeadmiral
07.10.1982	Gall, Ullrich	1923	Generalleutnant
	Henkes, Klaus	1929	Generalleutnant
	Kneiphoff, Paul	1929	Generalleutnant
	Bethmann, Ulrich	1934	Generalmajor
	Gabriel, Günter	1930	Generalmajor
	Gleau, Egon	1937	Generalmajor
	Glomba, Horst	1927	Generalmajor
	Grabowsky, Joachim	1931	Generalmajor
	Kokott, Raimund	1930	Generalmajor
	Kronig, Kurt	1933	Generalmajor
	Mattler, Ernst	1934	Generalmajor
	Patzer, Werner	1932	Generalmajor
	Penndorf, Lothar	1928	Generalmajor
	Schäfer, Wilfried	1926	Generalmajor
	Siewert, Eberhard	1934	Generalmajor
	Steger, Wolfgang	1934	Generalmajor
	Steiner, Edgar	1933	Generalmajor
	Teichmann, Dieter	1930	Generalmajor
	Volland, Manfred	1933	Generalmajor
	Zickmann, Werner	1933	Generalmajor
	Ziems, Hans	1928	Generalmajor

Tab. 84: Ernennungen und Beförderungen 1952 bis 1989

Datum	Name, Vorname	Geburtsjahr	Ernennung/ Beförderung zum:
	Heß, Hans	1929	Konteradmiral
	Kotte, Werner	1931	Konteradmiral
	Laue, Wolfgang	1929	Konteradmiral
	Münch, Joachim	1928	Konteradmiral
07.10.1983	Paduch, Walter	1931	Generalleutnant
	Fritzsche, Johannes	1934	Generalmajor
	Großer, Roland	1936	Generalmajor
	Lorenz, Günter	1932	Generalmajor
	Merkel, Manfred	1933	Generalmajor
	Möckel, Günter	1933	Generalmajor
	Schulze, Werner	1934	Generalmajor
	Rödel, Rolf	1940	Konteradmiral
01.03.1984	Grätz, Manfred	1935	Generalleutnant
	Leistner, Günter	1931	Generalleutnant
	Berger, Rolf	1936	Generalmajor
	Büttner, Wolfgang	1931	Generalmajor
	Erdmann, Franz	1939	Generalmajor
	Jahr, Günter	1931	Generalmajor
	Kusch, Ernst	1937	Generalmajor
	Mühlmann, Dieter	1933	Generalmajor
	Steurich, Peter	1934	Generalmajor
	Unterdörfel, Hans	1933	Generalmajor
	Städtke, Herbert	1931	Konteradmiral
31.03.1984	Harwardt, Hugo	1922	Generalmajor (a.D.)
07.10.1984	Bousseljot, Werner	1934	Generalmajor
	Diederich, Günther	1930	Generalmajor
	Eschke, Siegfried	1933	Generalmajor
	Janshen, Heinz	1934	Generalmajor
	Korndörfer, Eberhard	1926	Generalmajor
	Lehmann, Rolf	1934	Generalmajor
	Lobner, Walter	1930	Generalmajor
	Menger, Günter	1931	Generalmajor
	Nagler, Karlheinz	1928	Generalmajor
	Walter, Alfred	1930	Generalmajor
	Milzow, Helmut	1932	Konteradmiral
	Pöschel, Günter	1933	Konteradmiral
30.11.1984	Elchlepp, Friedrich	1924	Konteradmiral (a.D.)
03.12.1985	Keßler, Heinz	1920	Armeegeneral
28.02.1986	Martin, Rolf	1922	Generalmajor (a.D.)

Tab. 84: Ernennungen und Beförderungen 1952 bis 1989

Datum	Name, Vorname	Geburtsjahr	Ernennung/ Beförderung zum:
01.03.1986	Goldbach, Joachim	1929	Generaloberst
	Baarß, Klaus-Jürgen	1934	Generalleutnant
	Krause, Alfred	1930	Generalleutnant
	Link, Gerhard	1932	Generalleutnant
	Hofmann, Hans	1933	Vizeadmiral
	Daum, Sebald	1934	Generalmajor
	Dziewulski, Alfred	1932	Generalmajor
	Fischer, Wolfgang	1932	Generalmajor
	Grapentin, Dieter	1937	Generalmajor
	Jähn, Sigmund	1937	Generalmajor
	Ölschläger, Klaus-Dieter	1938	Generalmajor
	Schmidt, Dieter	1935	Generalmajor
	Schubert, Wolfgang	1936	Generalmajor
	Weber, Gerd	1933	Generalmajor
	Wejda, Josef	1932	Generalmajor
	Wiegand, Klaus	1941	Generalmajor
	Wirsching, Hans	1929	Generalmajor
	Wolff, Norbert	1935	Generalmajor
	Zieris, Alois	1936	Generalmajor
	Grießbach, Eberhard	1935	Konteradmiral
07.10.1986	Leonhardt, Karl	1929	Generalleutnant
	Eltze, Werner	1930	Generalmajor
	Gereit, Otto	1934	Generalmajor
	Hübner, Lothar	1938	Generalmajor
	Rude, Klaus	1930	Generalmajor
	Weber, Wolfgang	1929	Generalmajor (d.R.)
01.03.1987	Brünner, Horst	1929	Generaloberst
	Gottwald, Kurt	1931	Generalleutnant
	Hoffmann, Theodor	1935	Vizeadmiral
	Hammer, Wolfgang	1929	Generalmajor
	Hübner, Werner	1931	Generalmajor
	Kohlmay, Erwin	1930	Generalmajor
	Löffler, Hans-Georg	1937	Generalmajor
	Nawrot, Manfred	1929	Generalmajor
	Rathmann, Harry	1925	Generalmajor
	Schlothauer, Michael	1943	Generalmajor
	Stahr, Gerhard	1931	Generalmajor
	Tschesche, Werner	1931	Generalmajor
	Zimmermann, Klaus	1941	Generalmajor

Tab. 84: Ernennungen und Beförderungen 1952 bis 1989

Datum	Name, Vorname	Geburtsjahr	Ernennung/ Beförderung zum:
	Nitz, Egon	1934	Konteradmiral
30.04.1987	Kämmerer, Felix	1934	Generalmajor (a.D.)
07.10.1987	Petroschka, Bruno	1932	Generalleutnant
	Seifert, Waldemar	1935	Generalleutnant
	Steger, Wolfgang	1934	Generalleutnant
	Ullmann, Ehrenfried	1932	Generalleutnant
	Henkel, Alfred	1928	Generalmajor
	Klimpel, Horst	1931	Generalmajor
	Listemann, Klaus	1940	Generalmajor
	Meinhold, Gerd	1943	Generalmajor
	Schmieder, Horst	1931	Generalmajor
	Thonke, Wolfgang	1938	Generalmajor
	Weiß, Karl	1935	Konteradmiral
01.03.1988	Kaiser, Wolfgang	1930	Generalleutnant
	Sylla, Horst	1933	Generalleutnant
	Volland, Manfred	1933	Generalleutnant
	Bernhagen, Kurt	1932	Generalmajor
	Dürichen, Rainer	1937	Generalmajor
	Engelhardt, Lothar	1939	Generalmajor
	Freitag, Werner	1935	Generalmajor
	Gruschke, Wolfgang	1939	Generalmajor
	Kaden, Johannes	1932	Generalmajor
	Kiesewalter, Waldemar	1935	Generalmajor
	Möwes, Georg	1938	Generalmajor
	Pitschel, Rolf	1932	Generalmajor
	Schwipper, Bernd	1941	Generalmajor
	Partzsch, Hans	1930	Konteradmiral
07.10.1988	Baumgarten, Klaus-Dieter	1931	Generaloberst
	Berger, Rolf	1936	Generalleutnant
	Bethmann, Ulrich	1934	Generalleutnant
	Süß, Hans	1935	Generalleutnant
	Anders, Olivier	1942	Generalmajor
	Beyer, Bernhard	1940	Generalmajor
	Beyer, Eberhard	1944	Generalmajor
	Brodowsky, Günter	1932	Generalmajor
	Heiland, Achim	1932	Generalmajor
	Herrich, Peter	1936	Generalmajor
	Jonischkies, Manfred	1942	Generalmajor

Tab. 84: Ernennungen und Beförderungen 1952 bis 1989

Datum	Name, Vorname	Geburtsjahr	Ernennung/ Beförderung zum:
	Klabunde, Helmut	1935	Generalmajor (d.R.)
	Nagler, Dieter	1934	Generalmajor
	Riebisch, Fritz	1928	Generalmajor
	Thurow, Heinz	1930	Generalmajor
	Bernig, Herbert	1931	Konteradmiral
	Born, Hendrik	1944	Konteradmiral
01.03.1989	Butzlaff, Max	1932	Generalleutnant
	Lorenz, Günter	1932	Generalleutnant
	Seefeldt, Artur	1930	Generalleutnant
	Bartsch, Karl-Heinz	1932	Generalmajor
	Seifert, Gerhard	1932	Generalmajor
	Siegmund, Werner	1932	Generalmajor
	Thieme, Manfred	1936	Generalmajor
	Thunemann, Henri	1937	Generalmajor
	Müller, Gerhard	1941	Konteradmiral
07.10.1989	Peter, Fritz	1927	Generaloberst
	Albrecht, Joachim	1933	Generalmajor
	Brunner, Kurt	1934	Generalmajor
	Heinig, Werner	1931	Generalmajor
	Leistner, Bernd	1943	Generalmajor
	Reiche, Hans-Christian	1944	Generalmajor
	Reinholz, Jürgen	1940	Generalmajor
	Reuschel, Gerhard	1944	Generalmajor
	Stach, Erich	1933	Generalmajor
	Tzschoppe, Walter	1939	Generalmajor
	Wittek, Heinz	1933	Generalmajor
	Miethe, Peter	1944	Konteradmiral
16.11.1989	Hoffmann, Theodor	1935	Admiral
22.11.1989	Born, Hendrik	1944	Vizeadmiral

Tab. 85: Armeegenerale der DDR (einschließlich MdI und MfS)

Name, Vorname	Datum der Beförderung	Bisheriger Dienstgrad	seit
Stoph, Willi	07.10.1959	Generaloberst	07.10.1955
Hoffmann, Heinz	01.03.1961	Generalleutnant	01.10.1952
		Generaloberst	07.10.1959
Dickel, Friedrich	07.10.1984 (MdI)	Generalmajor	01.10.1952
		Generalleutnant	07.10.1963

Tab. 85: Armeegenerale der DDR (einschließlich MdI und MfS)

Name, Vorname	Datum der Beförderung	Bisheriger Dienstgrad	seit
		Generaloberst (MdI)	07.10.1965
Mielke, Erich	01.02.1980 (MfS)	Generalleutnant (MfS)	01.01.1953
		Generaloberst (MfS)	01.10.1959
Keßler, Heinz	03.12.1985	Generalmajor	01.10.1952
		Generalleutnant	07.10.1959
		Generaloberst	01.03.1966

Tab. 86: Generaloberste und Admirale der NVA (als höchster erreichter Dienstgrad; einschließlich Grenztruppen und Zivilverteidigung)

Name, Vorname	Datum der Beförderung	Bisheriger Dienstgrad	Seit
Verner, Waldemar (Admiral)	01.03.1961	Vizeadmiral	01.10.1952
Wagner, Kurt	01.03.1966	Generalmajor	01.10.1952
		Generalleutnant	07.10.1961
Scheibe, Herbert	01.03.1972	Generalmajor	07.10.1961
		Generalleutnant	01.03.1966
Stechbarth, Horst	01.03.1976	Generalmajor	01.03.1964
		Generalleutnant	02.11.1970
Fleißner, Werner	07.10.1977	Generalmajor	07.10.1963
		Generalleutnant	07.10.1969
Ehm, Wilhelm (Admiral)	07.10.1977	Konteradmiral	01.08.1959
		Vizeadmiral	01.03.1964
Peter, Erich	14.07.1979	Generalmajor	07.10.1963
		Generalleutnant	07.10.1969
Reinhold, Wolfgang	07.10.1979	Generalmajor	07.10.1963
		Generalleutnant	01.03.1974
Streletz, Fritz	07.10.1979	Generalmajor	01.03.1964
		Generalleutnant	07.10.1969
Brünner, Horst	01.03.1987	Generalmajor	01.03.1971
		Generalleutnant	01.03.1976
Baumgarten, Klaus-Dieter	07.10.1988	Generalmajor	07.10.1974
		Generalleutnant	07.10.1979
Goldbach, Joachim	01.03.1986	Generalmajor	07.10.1966
		Generalleutnant	07.10.1974

Tab. 86: Generaloberste und Admirale der NVA (als höchster erreichter Dienstgrad; einschließlich Grenztruppen und Zivilverteidigung)

Name, Vorname	Datum der Beförderung	Bisheriger Dienstgrad	Seit
Peter, Fritz	07.10.1989	Generalmajor Generalleutnant	07.10.1966 01.03.1974
Hoffmann, Theodor (Admiral)	16.11.1989	Konteradmiral Vizeadmiral	07.10.1977 01.03.1987

Tab. 87: Generalleutnante und Vizeadmirale der NVA (als höchster erreichter Dienstgrad; einschließlich Grenztruppen und Zivilverteidigung)

Name, Vorname	Datum der Beförderung	Bisheriger Dienstgrad	seit
Müller, Vincenz	01.10.1952	(Ernennung; Generalleutnant der Wehrmacht; 1948 Chefinspekteur)	
Allenstein, Walter	07.10.1963	Generalmajor	01.10.1952
Riedel, Sigfrid	07.10.1963	Generalmajor	07.10.1959
Dickel, Friedrich	07.10.1963	Generalmajor	01.10.1952
Neukirchen, Heinrich (Vizeadmiral)	01.03.1964	Konteradmiral	01.10.1952
Kunath, Artur	01.03.1966	Generalmajor	01.11.1954
Weiß, Siegfried	01.03.1967	Generalmajor	01.11.1954
Ernst, Hans	07.10.1968	Generalmajor	01.03.1961
Pech, Ottomar	07.10.1969	Generalmajor	12.02.1953
Borning, Walter	01.03.1970	Generalmajor	01.03.1963
Lange, Kurt	02.11.1970	Generalmajor	01.03.1966
Bleck, Martin	01.03.1971	Generalmajor	07.10.1959
Borufka, Helmut	01.03.1971	Generalmajor	01.10.1952
Poppe, Helmut	01.03.1971	Generalmajor	23.08.1962
Wansierski, Bruno (Vizeadmiral)	01.03.1971	Konteradmiral	01.03.1963
Menzel, Rudolf	01.03.1973	Generalmajor	01.11.1953
Wiesner, Hans-Joachim	01.03.1973	Generalmajor	01.05.1964
Arnold, Hellmut	01.03.1974	Generalmajor	07.10.1966
Franke, Arthur	01.03.1974	Generalmajor	01.03.1966
Gestewitz, Hans	01.03.1974	Generalmajor	01.03.1966

Tab. 87: Generalleutnante und Vizeadmirale der NVA (als höchster erreichter Dienstgrad; einschließlich Grenztruppen und Zivilverteidigung)

Name, Vorname	Datum der Beförderung	Bisheriger Dienstgrad	seit
Teller, Günther	01.03.1975	Generalmajor	01.03.1966
Handke, Heinz	01.03.1976	Generalmajor	02.11.1970
Rothe, Werner	01.03.1976	Generalmajor	01.03.1967
Bormann, Günther	07.10.1977	Generalmajor	01.03.1970
Hampf, Ernst	07.10.1977	Generalmajor	07.10.1969
Heitsch, Heinrich	07.10.1977	Generalmajor	01.10.1952
Skerra, Horst	07.10.1977	Generalmajor	01.03.1967
Tappert, Heinz	07.10.1977	Generalmajor	01.03.1967
Winter, Werner	07.10.1977	Generalmajor	01.03.1966
Nordin, Wilhelm (Vizeadmiral)	07.10.1978	Konteradmiral	01.03.1966
Rehwald, Gerhard	07.10.1978	Generalmajor	01.03.1971
Strobel, Harry (Herabsetzung im Dienstgrad zum Generalmajor am 28.04.1982)	07.10.1978	Generalmajor	02.11.1970
Barthel, Manfred	07.10.1979	Generalmajor	01.03.1973
Hesse, Gustav (Vizeadmiral)	07.10.1979	Konteradmiral	07.10.1969
Gregori, Theo	07.10.1979	Generalmajor	01.03.1976
Kunze, Gerhard	07.10.1979	Generalmajor	07.10.1969
Neidhardt, Wolfgang	07.10.1979	Generalmajor	01.03.1974
Steiger, Georg	07.10.1979	Generalmajor	02.11.1970
Vogel, Alfred	07.10.1979	Generalmajor	02.11.1970
Zeiler, Friedrich	07.10.1979	Generalmajor	07.10.1969
Drews, Karl-Heinz	01.03.1981	Generalmajor	07.10.1969
Gehmert, Manfred	01.03.1981	Generalmajor	07.10.1977
Kutzschebauch, Günter (Vizeadmiral)	01.03.1981	Konteradmiral	07.10.1974
Leibner, Alfred	01.03.1981	Generalmajor	01.03.1971
Lorenz, Gerhard	01.03.1981	Generalmajor	01.03.1971

Tab. 87: Generalleutnante und Vizeadmirale der NVA (als höchster erreichter Dienstgrad; einschließlich Grenztruppen und Zivilverteidigung)

Name, Vorname	Datum der Beförderung	Bisheriger Dienstgrad	seit
Ludwig, Fritz	01.03.1981	Generalmajor	01.03.1971
Ludwig, Harald	01.03.1981	Generalmajor	01.03.1976
Pahnke, Martin	01.03.1981	Generalmajor	07.10.1969
Richter, Joachim	01.03.1981	Generalmajor	01.03.1971
Trautsch, Heinz	01.03.1981	Generalmajor	01.03.1974
Winter, Klaus	01.03.1981	Generalmajor	01.03.1971
Zander, Horst	01.03.1981	Generalmajor	07.10.1977
Gall, Ullrich	07.10.1982	Generalmajor	01.03.1975
Henkes, Klaus	07.10.1982	Generalmajor	01.03.1975
Kneiphoff, Paul	07.10.1982	Generalmajor	01.03.1975
Paduch, Walter	07.10.1983	Generalmajor	01.03.1976
Grätz, Manfred	01.03.1984	Generalmajor	07.10.1979
Leistner, Günter	01.03.1984	Generalmajor	01.03.1970
Baarß, Klaus-Jürgen	01.03.1986	Generalmajor	07.10.1978
Hofmann, Hans (Vizeadmiral)	01.03.1986	Konteradmiral	01.03.1975
Krause, Alfred	01.03.1986	Generalmajor	07.10.1977
Link, Gerhard	01.03.1986	Generalmajor	07.10.1979
Leonhardt, Karl	07.10.1986	Generalmajor	07.10.1978
Gottwald, Kurt	01.03.1987	Generalmajor	07.10.1974
Petroschka, Bruno	07.10.1987	Generalmajor	07.10.1978
Seifert, Waldemar	07.10.1987	Generalmajor	07.10.1979
Steger, Wolfgang	07.10.1987	Generalmajor	07.10.1982
Ullmann, Ehrenfried	07.10.1987	Generalmajor	07.10.1980
Kaiser, Wolfgang	01.03.1988	Generalmajor	07.10.1979
Sylla, Horst	01.03.1988	Generalmajor	07.10.1979
Volland, Manfred	01.03.1988	Generalmajor	07.10.1982
Berger, Rolf	07.10.1988	Generalmajor	01.03.1984
Bethmann, Ulrich	07.10.1988	Generalmajor	07.10.1982
Süß, Hans	07.10.1988	Generalmajor	07.10.1979
Butzlaff, Max	01.03.1989	Generalmajor	07.10.1979
Lorenz, Günter	01.03.1989	Generalmajor	07.10.1983
Seefeldt, Artur	01.03.1989	Generalmajor	01.03.1974
Born, Hendrik (Vizeadmiral)	22.11.1989	Konteradmiral	07.10.1988

Erläuterungen zur nachstehenden Tabelle 88: Einige Admirale bekamen auch außerhalb der Seestreitkräfte/Volksmarine leitende Dienststellungen übertragen; siehe dazu z.B. »Generale in den Grenztruppen«. Eine Unterscheidung in »Fach«- und Politoffiziere wurde nicht vorgenommen. Von 1950 bis 1952 hatten in der Seepolizei/VP-See sechs Offiziere den Rang eines General- bzw. Chefinspekteurs. Im Oktober 1952 erhielt einer von ihnen den Rang eines Vizeadmirals (Waldemar Verner) und drei den Rang eines Konteradmirals (Richard Fischer, Heinrich Neukirchen und Felix Scheffer) verliehen. Chefinspekteur Paul Blechschmidt wurde zum Generalmajor umattestiert. Chefinspekteur Erwin Bartz wurde nach längerer Krankheit im Juli 1953 Oberst und schied mit diesem Dienstgrad 1966 aus dem aktiven Dienst aus. Konteradmiral Richard Fischer beendete seine aktive Dienstzeit 1954. Er wurde im Jahr 1960 mit dem NVA-Dienstgrad Generalmajor reaktiviert.

Tab. 88: Admirale der KVP/NVA

Name, Vorname	Höchster Dienstgrad
Bernig, Herbert	Konteradmiral
Born, Hendrik	Vizeadmiral
Dönitz, Hans-Joachim	Konteradmiral
Ehm, Wilhelm	Admiral
Elchlepp, Friedrich	Konteradmiral (a.D.)
Fischer, Richard	Konteradmiral
Grießbach, Eberhard	Konteradmiral
Heinecke, Lothar	Konteradmiral
Henninger, Werner	Konteradmiral
Heß, Hans	Konteradmiral
Hesse, Gustav	Vizeadmiral
Hoffmann, Theodor	Admiral
Hofmann, Hans	Vizeadmiral
Irmscher, Heinz	Konteradmiral
Jordt, Heinrich	Konteradmiral
Kahnt, Klaus	Konteradmiral
Kotte, Werner	Konteradmiral
Kühn, Walter	Konteradmiral
Kutzschebauch, Günter	Vizeadmiral
Laue, Wolfgang	Konteradmiral
Miethe, Peter	Konteradmiral
Milzow, Helmut	Konteradmiral
Müller, Gerhard	Konteradmiral
Münch, Joachim	Konteradmiral
Neukirchen, Heinrich	Vizeadmiral
Nitz, Egon	Konteradmiral

Tab. 88: Admirale der KVP/NVA

Name, Vorname	Höchster Dienstgrad
Nordin, Wilhelm	Vizeadmiral
Partzsch, Hans	Konteradmiral
Pöschel, Günther	Konteradmiral
Rödel, Rolf	Konteradmiral
Scheffler, Felix	Konteradmiral
Städtke, Herbert	Konteradmiral
Streubel, Johannes	Konteradmiral
Verner, Waldemar	Admiral
Wansierski, Bruno	Vizeadmiral
Wegner, Rudi	Konteradmiral
Weiß, Karl	Konteradmiral

Erläuterungen zur nachstehenden Tabelle 89: Es wurden nur jene Offiziere aufgenommen, die während ihrer Dienstzeit in den Grenztruppen zum General ernannt wurden bzw. in der Grenzpolizei/Grenztruppen in einem Generalsdienstgrad gedient hatten. Eine Unterscheidung in »Fach«- und Politoffiziere erfolgte nicht.

Der Chef der Deutschen Grenzpolizei von 1957 bis 1960, Generalmajor Paul Ludwig, fand hier keine Aufnahme, da er weder vor noch nach seiner Zeit als Chef der DGP eine Dienststellung im Militärbereich der DDR eingenommen hatte.

Paul Ludwig wurde als Sohn eines Arbeiters am 05.10.1910 in Breslau geboren und absolvierte eine Lehre als Tischler und Zimmermann. 1932 trat er der KPD bei. Ein Jahr später emigrierte er in die Tschechoslowakei und war von dort aus politisch gegen das NS-Regime tätig. 1937 bis 1939 nahm er als Interbrigadist am Spanischen Bürgerkrieg teil. Nach anschließender Internierung in Frankreich wurde Ludwig 1941 an Deutschland ausgeliefert und zu drei Jahren Zuchthaus verurteilt. 1943/44 diente er im Strafbataillon 999 in Griechenland und Albanien. Hier schloß er sich nach seiner Desertion einer albanischen Partisanenbrigade an. Nach einem Antifa-Lehrgang in der UdSSR kehrte er 1945 in die Sowjetische Besatzungszone zurück und wurde im selben Jahr (10.08.1945) Angehöriger der Polizei. Bis 1949 leitete er das Volkspolizeikreisamt Bernau, danach war er als stellvertretender Abteilungsleiter in der Hauptverwaltung Deutsche Volkspolizei bzw. stellvertretender Chef der Hauptabteilung Eisenbahnpolizei tätig. Von 1949 bis 1957 war er Chef der Landesbehörde bzw. der Bezirksbehörde der Deutschen Volkspolizei in Mecklenburg bzw. im Bezirk Rostock. Danach übernahm er für drei Jahre die Leitung der Deutschen Grenzpolizei. Anschließend leitete er bis 1967 die Transportpolizei der DDR. Generalmajor Paul Ludwig starb am 02.10.1992.

Tab. 89: Generale der Grenztruppen

Name, Vorname	Höchster Dienstgrad
Bär, Harald	Generalmajor
Baumgarten, Klaus-Dieter	Generaloberst
Borufka, Helmut	Generalleutnant
Breitfeld, Walter	Generalmajor
Ebertz, Werner	Generalmajor
Fritzsche, Johannes	Generalmajor
Gabriel, Günter	Generalmajor
Gartmann, Hermann	Generalmajor
Geier, Bernhard	Generalmajor
Gereit, Otto	Generalmajor
Herkner, Walter	Generalmajor
Hübner, Lothar	Generalmajor
Janshen, Heinz	Generalmajor
Jordt, Heinrich (Grenzbrig. »Küste«)	Konteradmiral
Leonhardt, Karl	Generalleutnant
Lorenz, Gerhard	Generalleutnant
Mühlmann, Dieter	Generalmajor
Peter, Erich	Generaloberst
Reinholz, Jürgen	Generalmajor
Riebisch, Fritz	Generalmajor
Rothe, Fritz	Generalmajor
Schütz, Rudi	Generalmajor
Städtke, Herbert (Grenzbrig. »Küste«)	Konteradmiral
Tanner, Walter	Generalmajor
Teichmann, Dieter	Generalmajor
Thieme, Heinz-Ottomar	Generalmajor
Wilhelm, Karl	Generalmajor
Wöllner, Erich	Generalmajor

Erläuterungen zur nachstehenden Tabelle 90: Zusammengestellt nach Befehl Nr. 43/90 des Ministers für Abrüstung und Verteidigung über Personalentscheidungen vom 28.09.1990. Generalmajor Eberhard Beyer, Chef des Medizinischen Dienstes im Ministerium für Abrüstung und Verteidigung, verblieb im aktiven Dienst und wurde ab 3. Oktober 1990 als Oberstarzt in die Bundeswehr zeitweise übernommen.

Tab. 90: Die letzten Generale und Admirale der NVA, 2. Oktober 1990

Name, Vorname	Dienstgrad	Letzte Dienststellung
Anders, Olivier	Generalmajor	Chef Sicherstellung im Ministerium für Abrüstung und Verteidigung
Berger, Rolf	Generalleutnant	Chef der LSK/LV
Beyer, Bernhard	Generalmajor	Stellvertreter des Chefs des Militärbezirks III und Chef des Stabes
Beyer, Eberhard	Generalmajor	Chef des Medizinischen Dienstes im Ministerium für Abrüstung und Verteidigung
Born, Hendrik	Vizeadmiral	Chef der Volksmarine
Engelhardt, Lothar	Generalmajor	Chef der NVA
Großer, Roland	Generalmajor	Stellvertreter des Chefs der Landstreitkräfte und Chef des Stabes
Herrich, Peter	Generalmajor	Chef der Verwaltung Rüstungskontrolle/-verifikation im Ministerium für Abrüstung und Verteidigung
Jähn, Sigmund	Generalmajor	Chef Kosmische Ausbildung/ Kosmonaut
Jonischkies, Manfred	Generalmajor	Chef des Militärbezirkes V
Leistner, Bernd	Generalmajor	Kommandeur der 4. Mot.-Schützendivision
Listemann, Klaus	Generalmajor	Chef Ausbildung im Ministerium für Abrüstung und Verteidigung
Löffler, Hans-Georg	Generalmajor	Chef der Verwaltung Organisation im Ministerium für Abrüstung und Verteidigung
Meinhold, Gerd	Generalmajor	geführt im Nachweis für Berufssoldaten in der Berufsvorbereitung

Tab. 90: Die letzten Generale und Admirale der NVA, 2. Oktober 1990

Name, Vorname	Dienstgrad	Letzte Dienststellung
Müller, Gerhard	Konteradmiral	Stellvertreter des Chefs Rückwärtige Dienste der Volksmarine und Stabschef
Reiche, Hans-Christian	Generalmajor	Chef der Landstreitkräfte
Reuschel, Gerhard	Generalmajor	Kommandeur der 1. Luftverteidigungsdivision
Rödel, Rolf	Konteradmiral	Stellvertreter des Chefs der Volksmarine und Chef des Stabes
Schlothauer, Michael	Generalmajor	Chef des Hauptstabes im Ministerium für Abrüstung und Verteidigung
Schubert, Wolfgang	Generalmajor	Stellvertreter des Chefs Militärbauwesen und Unterbringung für Ökologie/Wissenschaft/Technik im Ministerium für Abrüstung und Verteidigung
Schwipper, Bernd	Generalmajor	Kommandeur der 3. Luftverteidigungsdivision
Thonke, Wolfgang	Generalmajor	Stellvertreter des Chefs der LSK/LV für Ausbildung der Luftstreitkräfte
Tzschoppe, Walter	Generalmajor	Chef Militärbauwesen und Unterbringung/Ökologie im Ministerium für Abrüstung und Verteidigung
Wiegand, Klaus	Generalmajor	Chef des Militärbezirkes III
Zieris, Alois	Generalmajor	Kommandeur der Offizierhochschule der LSK/LV

Erläuterungen zur nachstehenden Tabelle 91: Von 1945 bis 1994 befanden sich sowjetische/russische Truppen unter den Bezeichnungen »Gruppe der Sowjetischen Besatzungstruppen« (1945 bis 1954), »Gruppe der Sowjetischen Streitkräfte in Deutschland« (1954 bis 1989) bzw. »Westgruppe der Truppen« in der SBZ/DDR. Sie bildeten die stärkste militärische Kräftekonzentration der UdSSR außerhalb ihres Staatsgebietes.

Wir danken Herrn Kurt Arlt, Potsdam, für diese Zusammenstellung.

Tab. 91: Oberkommandierende der in Deutschland stationierten sowjetischen (russischen) Truppen (1945 bis 1994)

Dienststellung	Dienstgrad, Vorname, Name	von ... bis	Bemerkungen
Oberkommandierender der »Gruppe der Sowjetischen Besatzungstruppen«	Marschall der Sowjetunion Georgij Konstantinovič Žukov	09.06.1945 bis 21.03.1946	gest.: 18.06.1974
	Armeegeneral Vasilij Danilovič Sokolovskij	22.03.1946 bis 31.03.1949	1946 Marschall der Sowjetunion; gest.: 10.05.1968
	Armeegeneral Vasilij Ivanovič Čuikov	01.04.1949 bis 26.05.1953	1955 Marschall der Sowjetunion; gest.: 1982
Oberkommandierender der »Gruppe der Sowjetischen Besatzungstruppen«/»Gruppe der Sowjetischen Streitkräfte in Deutschland«	Generaloberst Andrej Antonovič Grečko	27.05.1953 bis 16.11.1957	1953 Armeegeneral; 1955 Marschall der Sowjetunion; gest.: 26.04.1976
Oberkommandierender der »Gruppe der Sowjetischen Streitkräfte in Deutschland«	Armeegeneral Matvej Vasil´evic Zacharov	17.11.1957 bis 14.04.1960	1959 Marschall der Sowjetunion; gest.: 31.01.1972
	Generaloberst Ivan Ignat´evic Jakubovskij	15.04.1960 bis 09.08.1961	1967 Marschall der Sowjetunion; gest.: 30.11.1976
	Marschall der Sowjetunion Ivan Stepanovič Konev	09.08.1961 bis 18.04.1962	gest.: 21.05.1973

Tab. 91: Oberkommandierende der in Deutschland stationierten sowjetischen (russischen) Truppen (1945 bis 1994)

Dienststellung	Dienstgrad, Vorname, Name	von ... bis	Bemerkungen
	Armeegeneral Ivan Ignat´evič Jakubowskij	19.04.1962 bis 26.01.1965	1967 Marschall der Sowjetunion; gest.: 30.11.1976
	Armeegeneral Petr Kirillovič Koševoj	27.01.1965 bis 31.10.1969	1968 Marschall der Sowjetunion; gest.: 1976
	Generaloberst Viktor Georgievič Kulikov	01.11.1969 bis 13.09.1972	1972 Armeegeneral; 1977 Marschall der Sowjetunion
	Generaloberst Semen Konstantinovič Kurkotkin	14.09.1971 bis 19.07.1972	1983 Marschall der Sowjetunion
	Generaloberst Evgenij Filippovič Ivanovskij	20.07.1972 bis 25.11.1980	1972 Armeegeneral
	Armeegeneral Michail Mitrofanovič Zajcev	26.11.1980 bis 06.07.1985	
	Armeegeneral Petr Georgievič Lušev	07.07.1985 bis 11.07.1986	
	Armeegeneral Valerij Aleksandrovič Belikov	12.07.1986 bis 12.11.1987	gest.: 12.11.1987
Oberkommandierender der »Gruppe der Sowjetischen Streitkräfte in Deutschland«/ »Westgruppe der Truppen«	Armeegeneral Boris Vasil´evič Snetkov	26.11.1987 bis 13.12.1990	
Oberkommandierender der »Westgruppe der Truppen«	Generaloberst Matvej Prokop´evič Burlakov	13.12.1990 bis 31.08.1994	

Bildteil

Leitende Generale der Kasernierten Volkspolizei 1952 bis 1956 (Auswahl)

Die Wahlkommission der KVP zu den Volkskammerwahlen am 17. Oktober 1954: Generalleutnant Heinz Hoffmann (4.v.r.) – Chef der KVP, Generalmajor Rudolf Dölling (3.v.r.) – Stellvertreter des Chefs und Chef der Politischen Verwaltung, Generalmajor Bernhard Bechler (5.v.r.) – Stellvertreter des Chefs des Stabes, und Generalmajor Ottomar Pech – Leiter der für die KVP zuständigen Hauptabteilung I des MfS (1.v.r.)

links: Generalmajor Rudolf Menzel – 1955 bis 1956 Stellvertreter des Chefs der KVP für Bauwesen und Unterbringung

rechts: Generalmajor Dr. Otto Korfes – ehemaliger Generalmajor der Wehrmacht. Von 1952 bis 1955 Leiter der Historischen Abteilung im Stab der KVP.

Generalmajor Prof. Dr. Karl Walther – ehemaliger Generalarzt der Wehrmacht. Von 1952 bis 1955 Chef der Medizinischen Verwaltung der KVP

Leitende Generale und Admirale in der Aufbauphase der NVA 1956 bis 1961 (Auswahl)

Übergabe der Truppenfahne an die 1. Mechanisierte Division Potsdam am 30. April 1956: Generalmajor Ewald Munschke – Chef der Verwaltung Kader (2.v.l.), Generalmajor Hermann Rentzsch – Chef des Militärbezirkes V (3.v.l.), Generaloberst Willi Stoph – Minister für Nationale Verteidigung (2.v.r.)

Vereidigung von Generalen der NVA am 28. April 1956 (v.l.n.r.): Generaloberst Willi Stoph – 1956 bis 1960 Minister für Nationale Verteidigung, Generalmajor Friedrich Dickel – 1956 Stellvertreter des Ministers und Chef der Politischen Verwaltung, Generalleutnant Heinz Hoffmann – 1956 Studium an der sowjetischen Generalstabsakademie, danach Stellvertreter des Ministers, Generalleutnant Vincenz Müller – Stellvertreter des Ministers und Chef des Hauptstabes, Generalmajor Heinrich Dollwetzel – 1. Stellvertreter des Ministers, Generalmajor Rudolf Dölling – 1956 Studium an der sowjetischen Generalstabsakademie, danach Stellvertreter des Ministers, Oberst Erwin Freyer – Stellvertreter des Ministers für Technik und Bewaffnung

links: Generalmajor Bernhard Bechler – 1956/57 Stellvertreter des Chefs des Hauptstabes, ab 1959 Stellvertreter des Kommandeurs der Militärakademie »Friedrich Engels«

rechts: Generalmajor Heinz Zorn – 1956/57 Chef der Luftstreitkräfte, ab 1959 Stellvertreter des Kommandeurs der Militärakademie »Friedrich Engels«

Gemeinsame Übung von NVA-Einheiten und sowjetischen Truppen im August 1957 (v.r.n.l.): Erich Honecker – ZK-Sekretär für Sicherheitsfragen, Generalmajor Heinz Keßler – Stellvertreter des Ministers und Chef der LSK/LV, Generalmajor Helmut Borufka – Stellvertreter des Ministers für Ausbildung (beide in Ledermänteln)

Besuch von SED-Chef Walter Ulbricht (l.) bei den Seestreitkräften, 1959: Vizeadmiral Waldemar Verner – Chef der Seestreitkräfte (1.v.r.) – und Konteradmiral Felix Scheffler – Stellvertreter des Chefs der Seestreitkräfte für Ausbildung (2.v.r.) – als Matrose während eines »Bordpraktikums«

Generalmajor Rudolf Dölling – 1957 bis 1959 Stellvertreter des Ministers und Chef der Politischen Verwaltung

Generalmajor Friedrich Dickel – 1959 bis 1963 Stellvertreter des Ministers für Technik und Bewaffnung

Generalmajor Fritz Johne – 1959 bis 1963 Kommandeur der Militärakademie »Friedrich Engels«

Generale und Admirale in Führungspositionen der NVA 1960 bis 1985 (Auswahl)

Armeegeneral Heinz Hoffmann – 1960 bis 1985 Minister für Nationale Verteidigung (Aufnahme von 1980)

Admiral Waldemar Verner – 1959 bis 1978 Stellvertreter des Ministers und Chef der Politischen Hauptverwaltung (Aufnahme von 1973)

Generalleutnant Sigfrid Riedel (l.) – 1960 bis 1967 Stellvertreter des Ministers und Chef des Hauptstabes (Aufnahme von 1963)

Generaloberst Heinz Keßler – 1967 bis 1979 Stellvertreter des Ministers und Chef des Hauptstabes, 1979 bis 1985 Stellvertreter des Ministers und Chef der Politischen Hauptverwaltung (Aufnahme von 1981)

Generaloberst Fritz Streletz – 1979 bis 1989 Stellvertreter des Ministers und Chef des Hauptstabes
(Aufnahme von 1979)

Generaloberst Werner Fleißner (Mitte) – 1964 bis 1985 Stellvertreter des Ministers und Chef Technik und Bewaffnung – zeichnet »Neuererkollektive« der NVA aus, 1979.

oben links: Generalleutnant Walter Allenstein – 1956 bis 1972 Stellvertreter des Ministers und Chef Rückwärtige Dienste

oben mittig: Generalleutnant Helmut Poppe – 1972 bis 1979 Stellvertreter des Ministers und Chef der Rückwärtigen Dienste (Aufnahme von 1973)

oben rechts: Generalleutnant Joachim Goldbach – 1979 bis 1986 Stellvertreter des Ministers und Chef der Rückwärtigen Dienste, anschließend Stellvertreter des Ministers und Chef Technik und Bewaffnung (seit 1986 Generaloberst)

unten links: Generalleutnant Kurt Wagner – 1959 bis 1967 Stellvertreter des Ministers für Ausbildung (Aufnahme von 1964, seit 1966 Generaloberst)

unten mittig: Generalleutnant Siegfried Weiß – 1967 bis 1972 Stellvertreter des Ministers und Chef Ausbildung

unten rechts: Generalmajor Herbert Scheibe – 1967 bis 1972 Chef der Luftstreitkräfte/Luftverteidigung (Aufnahme von 1964 als Generalmajor und Chef des Stabes der LSK/LV, seit 1966 Generalleutnant)

Generaloberst Horst Stechbarth – 1972 bis 1989 Stellvertreter des Ministers und Chef der Landstreitkräfte

Generalleutnant Wolfgang Reinhold – 1972 bis 1989 Stellvertreter des Ministers und Chef der Luftstreitkräfte/Luftverteidigung (Aufnahme von 1978, seit 1979 Generaloberst)

Konteradmiral Heinrich Neukirchen (r.) – 1961 bis 1963 Chef der Volksmarine m.d.F.b. – beim Abschreiten einer Ehrenformation der Baltischen Flotte der UdSSR, 1962

Armeegeneral Heinz Hoffmann (l.) zeichnet zum 1. März 1966 Generalmajor Hans-Joachim Wiesner (r.) – 1964 bis 1986 Kommandeur/Chef der Militärakademie »Friedrich Engels« – aus. Neben Wiesner (v.r.n.l.): Generalmajor Heinz Zorn, Generalmajor a.D. Arno von Lenski und Generalmajor Horst Stechbarth

Armeegeneral Heinz Hoffmann (l.) zeichnet am »Tag der NVA« Vizeadmiral Wilhelm Ehm – 1963 bis 1987 Stellvertreter des Ministers (seit 1972) und Chef der Volksmarine (seit 1977 Admiral) – aus. Im Hintergrund (v.r.n.l.) Generalleutnant Sigfrid Riedel und Generalmajor Heinz Zorn (Aufnahme von 1966)

Am Rednerpult Generalleutnant Klaus-Dieter Baumgarten – 1979 bis 1989 Stellvertreter des Ministers und Chef der Grenztruppen (Aufnahme von 1981, seit 1988 Generaloberst)

Generalleutnant Erich Peter – 1961 bis 1979 Stellvertreter des Ministers (ab 1972) und Chef der Grenztruppen (Aufnahme von 1973, seit 1979 Generaloberst)

Der Vorsitzende des Nationalen Verteidigungsrates, Erich Honecker, ernennt Oberst Horst Syrbe (l.) zum Generalmajor, 2. Oktober 1980. Anwesend sind Generaloberst Herbert Scheibe – Leiter der Abteilung für Sicherheitsfragen des ZK der SED, Verteidigungsminister Armeegeneral Heinz Hoffmann und Generaloberst Fritz Streletz, Sekretär des Nationalen Verteidigungsrates (v.r.n.l.)

Auf der Tribüne der Feldparade des Manövers »Waffenbrüderschaft« 1980 (v.r.n.l.): Willi Stoph – Vorsitzender des Ministerrates, Armeegeneral Heinz Hoffmann – Minister für Nationale Verteidigung, Erich Honecker – Generalsekretär des ZK der SED und Vorsitzender des Nationalen Verteidigungsrates, Generaloberst Heinz Keßler – Stellvertreter des Ministers und Chef der Politischen Hauptverwaltung, Marschall der Sowjetunion Dimitri F. Ustinov – Minister für Verteidigung der UdSSR, Marschall der Sowjetunion Viktor G. Kulikov, Oberkommandierender der Vereinten Streitkräfte des Warschauer Vertrages, Horst Sindermann – Präsident der Volkskammer

Beförderung bzw. Ernennung von Generalen und Admiralen anläßlich des 33. Jahrestages der DDR 1982. Angetreten sind: Die Generalmajore Ullrich Gall, Klaus Henkes und Paul Kneiphoff (Bildmitte, v.l.n.r.) sowie die Oberste Ulrich Bethmann, Günter Gabriel, Egon Gleau, Horst Glomba, Joachim Grabowsky, Raimund Kokott , Kurt Kronig, Ernst Mattler, Werner Patzer, Lothar Penndorf, Eberhard Siewert, Wilfried Schäfer, Wolfgang Steger, Edgar Steiner, Dieter Teichmann, Manfred Volland, Werner Zickmann, Hans Ziems und die Kapitäne zur See Werner Kotte, Wolfgang Laue, Hans Heß (verdeckt) und Joachim Münch. (1. und. 2. Reihe v.l.n.r., z.T. verdeckt) Auf der linken Seite: Generaloberst Herbert Scheibe, Armeegeneral Heinz Hoffmann, Erich Honecker, Generaloberst Fritz Streletz

Die Verteidigungsminister der DDR und der UdSSR, Armeegeneral Heinz Hoffmann und Marschall der Sowjetunion Dimitri F. Ustinov in Moskau, 1981

links: Generalmajor Sigmund Jähn – erster Deutscher im All und »Fliegerkosmonaut« der DDR (Aufnahme von 1986)
rechts: Generalleutnant Fritz Peter (l.) – 1976 bis 1990 Leiter der Zivilverteidigung der DDR – zeichnet Mitarbeiter der Zivilverteidigung aus, 1982 (seit 1989 Generaloberst)

Generale und Admirale in Führungspositionen der NVA 1985 bis 1989 (Auswahl)

Armeegeneral Heinz Keßler – 1985 bis 1989 Minister für Nationale Verteidigung – beim Besuch der NVA-Ausbildungseinrichung in Seelingstädt, 1987

Generaloberst Fritz Streletz – Stellvertreter des Ministers und Chef des Hauptstabes im Gespräch mit Nachrichtensoldaten, 1979

Generaloberst Horst Brünner – Stellvertreter des Ministers und Chef der Politischen Hauptverwaltung (Aufnahme von 1988)

Verteidigungsminister Armeegeneral Heinz Keßler (sitzend) verabschiedet Admiral Wilhelm Ehm (2.v.r.) und ernennt Vizeadmiral Theodor Hoffmann (r.) zum neuen Stellvertreter des Ministers und Chef der Volksmarine, November 1987. Neben Keßler Generaloberst Fritz Streletz (2.v.l.) und Generalleutnant Harald Ludwig

Auszeichnungs,- Beförderungs- und Ernennungsakt anläßlich des 30. Jahrestages der NVA am 24. Februar 1986 in Berlin (v.l.n.r.) : Verleihung des Scharnhorstordens an Generaloberst Horst Stechbarth, Generaloberst Wolfgang Reinhold, Admiral Wilhelm Ehm, Generalleutnant Walter Paduch, Generalleutnant Horst Skerra, Generalmajor Raimund Kokott, Generalmajor Hans Süß, Konteradmiral Theodor Hoffmann, Generalleutnant a.D. Arthur Franke (in weißer Jacke). Beförderungen: Generalleutnant Joachim Goldbach zum Generaloberst, die Generalmajore Klaus-Jürgen Baarß, Alfred Krause und Gerhard Link zu Generalleutnanten sowie Konteradmiral Hans Hofmann zum Vizeadmiral. Ernennungen: die Obersten Sebald Daum, Alfred Dziewulski, Wolfgang Fischer, Dieter Grapentin, Sigmund Jähn, Klaus-Dieter Ölschläger, Dieter Schmidt, Kapitän zur See Wolfgang Schubert, die Oberste Gerd Weber, Josef Wejda, Klaus Wiegand, Hans Wirsching, Norbert Wolff, Alois Zieris und Kapitän zur See Eberhard Grießbach.

Erich Honecker verleiht Generaloberst Horst Stechbarth anläßlich des 30. Jahrestages der NVA am 24. Februar 1986 den Scharnhorstorden

Zur Beförderung und Ernennung anläßlich des 31. Jahrestages der NVA (1987) sind angetreten (1. Reihe v.r.n.l.): Generalleutnant Horst Brünner, Generalmajor Kurt Gottwald, Konteradmiral Theodor Hoffmann, die Oberste Wolfgang Hammer, Lothar Hübner, Erwin Kohlmay, Hans-Georg Löffler, Manfred Nawrot; (2. Reihe v.r.n.l.): Die Oberste Harry Rathmann, Michael Schlothauer, Gerhard Stahr, Werner Tschesche, Klaus Zimmermann sowie Kapitän zur See Egon Nitz

Zur Beförderung und Ernennung anläßlich des 38. Jahrestages der DDR (1987) sind angetreten (v.l.n.r.): Die Generalmajore Wolfgang Steger, Bruno Petroschka, Waldemar Seifert und Ehrenfried Ullmann. Die Oberste Alfred Henkel, Horst Klimpel, Klaus Listemann, Gerd Meinhold, Horst Schmieder, Wolfgang Thonke sowie Kapitän zur See Karl Weiß

Erich Honecker überreicht Generalmajor Bruno Petroschka, Stellvertreter des Chefs des Stabes für operative Arbeit im Kommando Landstreitkräfte, anläßlich des 38. Jahrestages der DDR (1987) die Urkunde zur Beförderung zum Generalleutnant. Anwesend sind u.a. Generaloberst Fritz Streletz (1.v.l.), Armeegeneral Heinz Keßler und Egon Krenz

Armeegeneral Heinz Keßler zeichnet den Vorsitzenden des Zentralvorstandes der Gesellschaft für Sport und Technik, Vizeadmiral Günter Kutzschebauch (l.), mit dem Scharnhorstorden aus, 6. August 1987

Generale und Admirale in der Endphase der NVA 1989 bis 1990 (Auswahl)

links: Der Minister für Nationale Verteidigung, Admiral Theodor Hoffmann, verabschiedet Generaloberst Wolfgang Reinhold (l.) und ernennt Generalleutnant Rolf Berger (r.) zum neuen Chef der Luftstreitkräfte und Luftverteidigung, November 1989
rechts: Generalleutnant Manfred Grätz – seit 1. Januar 1990 Stellvertreter des Ministers und Chef des Hauptstabes (Aufnahme von 1986 als Stellvertreter des Ministers und Chef Rückwärtige Dienste)

links: Vizeadmiral Hendrik Born – Chef der Volksmarine
rechts: Einführung von Rainer Eppelmann (r.) als Minister für Abrüstung und Verteidigung, April 1990. Links neben Eppelmann Staatssekretär Werner E. Ablaß und Admiral Theodor Hoffmann

Berufung von leitenden Militärs in Funktionen des Ministeriums für Abrüstung und Verteidigung. Im Vordergrund Minister Rainer Eppelmann und Generaloberst Joachim Goldbach. Im Hintergrund (v.l.n.r.) die Generalleutnante Klaus-Jürgen Baarß und Harald Ludwig sowie die Generalmajore Walter Tzschoppe, Olivier Anders, Peter Herrich und Heinz Wittek. Daneben Roland Peupelmann sowie die Oberste Horst Schulze, Dieter Schuster und Uwe Hempel

links: Pressekonferenz des Ministers für Abrüstung und Verteidigung am 23. April 1990 (v.l.n.r.): Generalleutnant Rolf Berger – Chef der Luftstreitkräfte/Luftverteidigung, Admiral Theodor Hoffmann – Chef der Nationalen Volksarmee, Rainer Eppelmann – Minister für Abrüstung und Verteidigung, Oberst Uwe Hempel – Leiter des Amtes für Information und Öffentlichkeitsarbeit, Generalleutnant Horst Skerra – Chef der Landstreitkräfte und Vizeadmiral Hendrik Born – Chef der Volksmarine
rechts: Generalmajor Lothar Engelhardt – vom 15. September bis 2. Oktober 1990 letzter Chef der Nationalen Volksarmee (Aufnahme von 1988)

Faksimiles

Faksimile 1: Bescheid über die Einstellung des ehemaligen Wehrmachtgenerals Walter Freytag in die HVA vom 17.11.1949 (Quelle: Private Sammlung Dr. Froh)

Hauptverwaltung für Ausbildung
- P.L.c-
~~Deutsche Verwaltung des Innern in der sowjetischen Besatzungszone~~

Berlin, den 17.11.1949

Herrn
Walter F r e y t a g
H a l l e /Saale
Robert-Franz-Ring 9
Gästehaus der SED

Betr.: Ihre Einstellung.

Mit Wirkung vom 1.11.1949 sind Sie zur Dienstleistung in die Deutche Verwaltung des Innern in der sowjetischen Besatzungszone mit einer Probezeit von 3 Monaten eingestellt. (Bei einer evtl. Verwendung im Exekutivdienst ist die durch einen Amtsarzt festgestellte Pol.-Diensttauglichkeit Voraussetzung.)
Sie werden nach der Besoldungsgruppe des B. B. G. von 1927 III bezahlt.
Die Kündigungsfrist während der Probezeit beträgt 14 Tage.
Bei zufriedenstellenden Leistungen werden Sie fest angestellt. Die Kündigungsfristen richten sich nach dem jeweils gültigen Arbeitsrecht.
Sie verpflichten sich, über alle Ihnen bekanntgewordenen Angelegenheiten strengste Verschwiegenheit zu bewahren. Diese Verpflichtung besteht auch nach Ihrem evtl. Ausscheiden aus den Diensten der Deutschen Verwaltung des Innern in der sowjetischen Besatzungszone.
Sie werden darauf hingewiesen, daß Sie bei Verletzung Ihrer Schweigepflicht mit sofortiger Entlassung bzw. gerichtlicher Bestrafung zu rechnen haben.
Sie bekräftigen diese Verpflichtung durch Unterschrift.

Köhn
(K ö h n)
Volkspol.-Inspekteur

Den Inhalt des vorstehenden Schreibens erkenne ich hierdurch an und erkläre die Verpflichtung für mich als bindend.

Freytag
(F r e y t a g)

Berlin, den 17.11.1949

Vorgesehen für:
als: Leiter der VP.-Schule Kochstedt

Faksimile 2: Befehl des Ministers des Innern Nr. 40/54 über die Bestrafung von Generalmajor Kurt Wagner mit einem Verweis im Befehl vom 11.09.1954
(Quelle: BA-MA, DVH 3/3895, Bl. 25)

Vertrauliche Verschlußsache!
VVS-Tgb.-Nr. A1/136 /54
1. Ausfertigungen = 1. Blatt

Vertrauliche Verschlußsache

Urschrift

224

BEFEHL

DES MINISTERS DES INNERN DER REGIERUNG DER DEUTSCHEN DEMOKRATISCHEN REPUBLIK

über Kader

Nr. 40 /54

11. September 1954 Berlin

Generalmajor W a g n e r , Kurt,

WIRD MIT EINEM VERWEIS IM BEFEHL BESTRAFT,

weil er unrichtige Angaben im Personalbogen über seine Mitgliedschaft in der Kommunistischen Partei Deutschlands gemacht hat.

MINISTER DES INNERN DER REGIERUNG DER DEUTSCHEN DEMOKRATISCHEN REPUBLIK

Stoph
/ S T O P H /

Faksimile 3: Ausweis von Generalmajor Heinrich Dollwetzel vom 16.06.1956
(Quelle: Private Sammlung Dr. Froh)

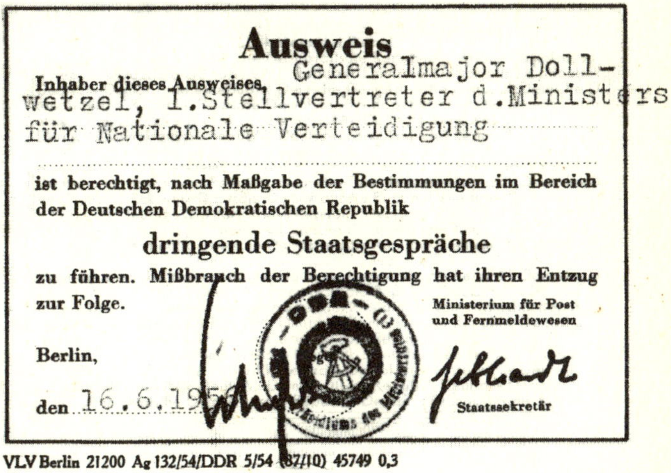

Ausweis

Inhaber dieses Ausweises, Generalmajor Dollwetzel, 1. Stellvertreter d. Ministers für Nationale Verteidigung

ist berechtigt, nach Maßgabe der Bestimmungen im Bereich der Deutschen Demokratischen Republik

dringende Staatsgespräche

zu führen. Mißbrauch der Berechtigung hat ihren Entzug zur Folge.

Berlin,

den 16.6.1956

Ministerium für Post und Fernmeldewesen

Staatssekretär

VLV Berlin 21200 Ag 132/54/DDR 5/54 (87/10) 45749 0,3

Faksimile 4: Befehl des Ministers für Nationale Verteidigung Nr. 508/56 über die Ernennung von Erwin Freyer zum Generalmajor vom 25.08.1956
(Quelle: BA-MA, VA-01/2276, Bl. 41)

41

Vertrauliche Verschlußsache

Vertrauliche Verschlußsache!
VVS-Tgb.-Nr. II/ 1955 /56
.1. Ausfertigungen .1. Blatt

+ 1 Blatt

REGIERUNG
DER DEUTSCHEN DEMOKRATISCHEN REPUBLIK

BEFEHL
DES MINISTERS FÜR NATIONALE VERTEIDIGUNG
über Kader
Nr. 508/56

25.8. 1956 Strausberg

Der Stellvertreter des Ministers für Technik und Bewaffnung des Ministeriums für Nationale Verteidigung

Oberst F r e y e r , Erwin geb. 27.12.1914

wird auf der Grundlage des Beschlusses des Ministerrates der Deutschen Demokratischen Republik vom 23. August 1956

MIT WIRKUNG VOM 1. 9. 1956

ZUM GENERALMAJOR BEFÖRDERT.

MINISTER FÜR NATIONALE VERTEIDIGUNG

- Generaloberst - (S t o p h)

Faksimile 5: Ernennungsurkunde von Friedrich Dickel zum 1. Stellvertreter des Ministers für Nationale Verteidigung vom 31.08.1956
(Quelle: BA-MA, Pers. 14/24)

REGIERUNG DER
DEUTSCHEN DEMOKRATISCHEN REPUBLIK
BÜRO DES PRÄSIDIUMS
DES MINISTERRATES
DER LEITER

BERLIN C 2, DEN 31. August 1956
KLOSTERSTR. 47
TEL.
APP.

E r n e n n u n g s u r k u n d e

Herr

Friedrich D i c k e l

ist durch Beschluß des Präsidiums des Ministerrates vom 23. August 1956 zum

1. Stellvertreter des Ministers für Nationale Verteidigung

ernannt worden.

DEUTSCHE DEMOKRATISCHE REPUBLIK
Büro des Präsidiums des Ministerrates

Plenikowski
(Plenikowski)
Staatssekretär

Faksimile 6: Bestätigung für Generalmajor Heinrich Heitsch über den Abschluß eines Kurses an der Akademie des sowjetischen Generalstabes vom 30.07.1957

(Quelle: Private Sammlung Dr. Froh)

Übersetzung

Linke Seite: Akademieabzeichen

Rechte Seite: »Bestätigung.
Hiermit wird Generalmajor Heinrich Heitsch bestätigt, daß er nach Abschluß des vollständigen Kurses der Höheren Militärakademie ›K. E. Woroschilow‹ (Diplom Nr. 848006 vom Oktober 1957) berechtigt ist, das Abzeichen für Absolventen der Höheren Militärischen Lehranstalt entsprechend den Festlegungen des Präsidiums des Obersten Sowjets der UdSSR vom 15. November 1950 und 8. April 1954 zu tragen.
I. Bagramjan
30. Oktober 1957«

Нагрудный знак

УДОСТОВЕРЕНИЕ

Настоящее выдано Генерал-майору
Хайч
Генриху
окончившему полный курс
Высшей Военной
Академии
имени К.Е. Ворошилова

(диплом №848006 от Октября 1957г.)
на право ношения нагрудного знака для окончивших полный курс высшего военно-учебного заведения в соответствии с Указами Президиума Верховного Совета СССР от 15 ноября 1950 года и 8 апреля 1954 года

(И. Баграмян)

„30" октября 1957 г.

Г-32[illegible] 1955 ЦТ МО –6114

Faksimile 7: Befehl des Ministers für Nationale Verteidigung Nr. 222/63 über die Entlassung von Generalleutnant Friedrich Dickel aus dem aktiven Wehrdienst vom 16.11.1963
(Quelle: BA-MA, Pers. 14/24)

Vertrauliche Verschlußsache!

..........Ausfertigungen

..........Ausfertigung .... Blatt

.... Anlagen .... Blatt

Insgesamt .... Blatt

REGIERUNG
DER DEUTSCHEN DEMOKRATISCHEN REPUBLIK

BEFEHL
DES MINISTERS FÜR NATIONALE VERTEIDIGUNG
über Kader
Nr. 222/63

16. November 1963 Strausberg

Auf Vorschlag des Politbüros des Zentralkomitees der Sozialistischen Einheitspartei Deutschlands und auf Beschluß der Volkskammer vom 14. 11. 1963 wird im Zusammenhang mit der Übernahme einer Funktion im Wehrersatzdienst

MIT WIRKUNG VOM 30. NOVEMBER 1963

Generalleutnant D i c k e l , Friedrich geb. 09.12.1913

aus dem aktiven Wehrdienst der Nationalen Volksarmee entlassen.

gez. H o f f m a n n
Armeegeneral

F.d.R.:
Chef der Verwaltung Kader

16/11.63
B e c h
Generalmajor

Faksimile 8: Vorschlag zur Ernennung eines Obersten zum Generalmajor vom 09.12.1974

(Quelle: Private Sammlung Dr. Froh)

MINISTERRAT
ER DEUTSCHEN DEMOKRATISCHEN REPUBLIK
MINISTERIUM FÜR NATIONALE VERTEIDIGUNG

Stellvertreter des Ministers
und Chef Technik und Bewaffnung

O.U., den 9. 12. 1974

Vorschlag

zur Ernennung zum Generalmajor

Ich schlage vor, den Genossen Oberst Dipl. Ök. Ulrich Gall anläßlich des 19. Jahrestages der Nationalen Volksarmee zum Generalmajor zu ernennen.

Genosse Oberst Gall ist ein der Partei treu ergebener Kader, der mit außerordentlichem Fleiß und hohem persönlichen Einsatz die ihm übertragenen militärischen Aufgaben gut erfüllt.
Als mein Stellvertreter für Beschaffung und Instandsetzung leitet er mit Umsicht und zielstrebig seinen Dienstbereich. Dabei setzt er die Einheit von politischer und militärischer Führung durch.
Genosse Gall besitzt für diese Funktion die erforderliche Qualifikation und ist in der Lage, auch in der weiteren Perspektive in dieser verantwortungsvollen Funktion zu arbeiten.
In Übereinstimmung mit seiner Attestation schlage ich ihn deshalb zur Ernennung zum Generalmajor vor.

Fleißner
Generalleutnant

Faksimile 9: Urkunde über die Teilnahme an einem Akademischen Kurs an der Militärakademie Dresden vom 04.04.1986
(Quelle: BA-MA, Pers. 14/115)

NATIONALE VOLKSARMEE
MILITÄRAKADEMIE „FRIEDRICH ENGELS"

URKUNDE

Generalmajor [geschwärzt]

geb.am [geschwärzt] 1927 in [geschwärzt]

hat vom 04. 03. 86 bis 04. 04. 86

an einem

AKADEMISCHEN KURS LEITENDER OFFIZIERE

zur operativ-taktischen Weiterbildung

mit Erfolg teilgenommen.

Chef der Militärakademie
„Friedrich Engels"

Wiesner
Generalleutnant

Dresden, den 04.04.1986

Deutsche Demokratische Republik
Nationale Volksarmee
Siegel

Faksimile 10: Nachweis über den Besuch eines akademischen Kurses zur Weiterbildung an der Militärpolitischen Hochschule Berlin vom 20.02.1987
(Quelle: BA-MA, Pers. 14/115)

NATIONALE VOLKSARMEE

NACHWEIS

Generalmajor

hat an der Militärpolitischen Hochschule „Wilhelm Pieck" im Ausbildungsjahr 86 / 87 einen akademischen Kurs zur marxistisch-leninistischen Weiterbildung leitender Generale, Admirale und Offiziere der Nationalen Volksarmee, der Grenztruppen der DDR und der Zivilverteidigung erfolgreich abgeschlossen.

Kommandeur der
Militärpolitischen Hochschule
„Wilhelm Pieck"

Dietzsch
Generalmajor

Berlin, den 20.02.1987

Faksimile 11: Vorschlag von Generaloberst Fritz Streletz über den Termin des Beförderungs- und Auszeichnungsaktes von Generalen und Admiralen vom 06.09.1988 (erstes Blatt)

(Quelle: BA-MA, DVW 1/40339, Bl. 44 f.)

044

DEUTSCHE DEMOKRATISCHE REPUBLIK

NATIONALER VERTEIDIGUNGSRAT

DER SEKRETÄR

Berlin, den 06.09. 1988
Tgb.-Nr.: V 27 /88

Generalsekretär des Zentralkomitees der Sozialistischen Einheitspartei Deutschlands und Vorsitzenden des Nationalen Verteidigungsrates der Deutschen Demokratischen Republik

Genossen Erich H o n e c k e r.

Werter Genosse Vorsitzender!

Laut Beschluß des Nationalen Verteidigungsrates der DDR ist anläßlich des 39. Jahrestages der Gründung der DDR die Beförderung, Ernennung bzw. Auszeichnung mit dem SCHARNHORST-ORDEN

von 19 Generalen, Admiralen und Offizieren der NVA

vorgesehen.

In Abstimmung mit

- dem Mitglied des Politbüros des ZK der SED und Minister für Nationale Verteidigung, Genossen Armeegeneral K e ß l e r, und
- dem Mitglied des Politbüros und Sekretär des ZK der SED, Genossen Egon K r e n z,

gestatte ich mir, Ihnen folgenden Vorschlag zu unterbreiten:

Faksimile 11: Vorschlag von Generaloberst Fritz Streletz über den Termin des Beförderungs- und Auszeichnungsaktes von Generalen und Admiralen vom 06.09.1988 (zweites Blatt)

045

- 2

Den Beförderungs- und Auszeichnungsakt des Generalsekretärs des ZK der SED und Vorsitzenden des Nationalen Verteidigungsrates der DDR

am Donnerstag, dem 06. 10. 1988, um 10.00 Uhr,

im Staatsrat durchzuführen.

Bei Bestätigung des Vorschlages würde ich alle weiteren Maßnahmen mit dem Sekretär des Staatsrates, Genossen Heinz E i c h l e r , organisieren.

Ich bitte um Kenntnisnahme, Bestätigung des unterbreiteten Vorschlages bzw. um Ihre Weisung.

Mit sozialistischem Gruß

Streletz
Generaloberst

Faksimile 12: Befehl des Vorsitzenden des Nationalen Verteidigungsrates Nr. 3/89 über die Ernennung und Beförderung von Generalen und Admiralen der NVA vom 21.2.1989 (erstes Blatt)
(Quelle: BA-MA, DVW 1/40436, Bl. 35)

DEUTSCHE DEMOKRATISCHE REPUBLIK

NATIONALER VERTEIDIGUNGSRAT

DER VORSITZENDE

BEFEHL Nr. 3 / 89

des Vorsitzenden des Nationalen Verteidigungsrates
der Deutschen Demokratischen Republik

vom 21. 02. 1989

In Anerkennung und Würdigung hervorragender Verdienste bei der ständigen Aufrechterhaltung und Erhöhung der Gefechtsbereitschaft der Nationalen Volksarmee sowie besonderer Leistungen bei der Truppenführung

BEFEHLE ICH:

Aus Anlaß des 33. Jahrestages der Nationalen Volksarmee

werden zum G e n e r a l l e u t n a n t befördert:

Genosse	Generalmajor	Max	B u t z l a f f
Genosse	Generalmajor	Günter	L o r e n z
Genosse	Generalmajor	Artur	S e e f e l d t

zum G e n e r a l m a j o r werden ernannt:

Genosse	Oberst	Karl-Heinz	B a r t s c h
Genosse	Oberst	Gerhard	S e i f e r t
Genosse	Oberst	Werner	S i e g m u n d
Genosse	Oberst	Manfred	T h i e m e
Genosse	Oberst	Henri	T h u n e m a n n

zum K o n t e r a d m i r a l wird ernannt:

Genosse	Kapitän zur See	Gerhard	M ü l l e r

Faksimile 13: Auszug aus dem Befehl des Ministers für Abrüstung und Verteidigung Nr. 1/90 über Personalentscheidungen vom 24.04.1990 (Auszug aus Blatt 1 sowie Unterschrift von Blatt 4)
(Quelle: BA-MA, DVW 1/44498)

MINISTERRAT DER DEUTSCHEN DEMOKRATISCHEN REPUBLIK
MINISTERIUM FÜR ABRÜSTUNG UND VERTEIDIGUNG
BEFEHL Nr. 01/90
über Personalentscheidungen
vom 24. 04. 1990

MIT SOFORTIGER WIRKUNG WERDEN

I. die nachstehend Genannten in folgende Funktionen berufen:

1. Staatssekretär

   Herr Ablaß, Werner E.

2. Parlamentarischer Staatssekretär

   Herr Dr. Wieczorek, Bertram

   Der Parlamentarische Staatssekretär unterstützt den Minister bei der Erfüllung seiner Regierungsaufgaben im Parlament, insbesondere im Verteidigungs- und Haushaltsausschuß, im Kabinett sowie in der Öffentlichkeit und vertritt den Minister bei dessen Abwesenheit in der Volkskammer und im Ministerrat.

3. Staatssekretär für Abrüstung

   Herr Marczinek, Frank

Berlin, den 24. 04. 1990

Rainer Eppelmann

Dokumente

Dokument 1

Auszug aus der Anlage 4 des Protokolls der Sitzung des Politbüros des ZK der SED über Nomenklaturkader, 8. September 1953

Nomenklatur der leitenden Kader des MdI, die vom Politbüro zu bestätigen sind

A. Dienststellung

1. Ministerium:
   Alle Stellvertreter des Ministers
   Leiter der Adjutantur
   Leiter der Kontrollabteilung
   Oberstaatsanwalt des MdI
   Leiter des Obersten Gerichtes des MdI
2. Bereich des Stellv. Ministers für Finanzen und Verwaltung:
   Chef der Finanzverwaltung
   Chef der Verwaltung für Planung und Beschaffung
3. Kasernierte Volkspolizei:
   Stellvertreter des Chefs der Kasernierten Volkspolizei
   Chef der VP-See
   Chef der VP-Luft
   Stellv. Chef der VP-See
   Stellv. Chef der VP-Luft
   Gehilfe des Chefs der KVP für Ausbildung u. Lehranstalten
   Gehilfe des Chefs der KVP für Bauwesen und Unterbringung
   Stellvertreter des Chefs des Stabes der KVP
   Chef der rückwärtigen Dienste
   Chef Bewaffnung
   Chef Motorisierung
   alle Chefs der Verwaltungen der KVP sofern Generalstellen
   Chefs der territorialen Verwaltungen
   Stellv. Chefs der territorialen Verwaltungen

Chefs der Bereitschaften
Chef der Schule Dresden der KVP
Standortältester der KVP in Berlin
Polit-Stellvertreter des Standortältesten der KVP in Berlin
Alle übrigen Personen in Generalsdienststellungen werden durch den Minister des Innern bestätigt.

4. Deutsche Grenzpolizei:
   Alle Stellvertreter des Chefs der Deutschen Grenzpolizei
5. Deutsche Volkspolizei:
   Alle Stellvertreter des Chefs der Deutschen Volkspolizei
   Leiter der Hauptabteilungen sofern sie Chefinspekteurstellen haben
   Chefs der Bezirksbehörden
6. Staatssekretariat für Staatssicherheit:
   Stellvertreter des Staatssekretärs
   Abteilungsleiter im Staatssekretariat sofern Generalsstellungen
   Leiter der Transportpolizei
   Leiter der Bezirksverwaltungen
   Alle übrigen Personen in Generalsdienststellungen werden durch den Minister des Innern bestätigt.

B. Dienstgrad
Alle Beförderungen zum General und Höherbeförderungen von Generalen

Quelle: SAPMO-BA, DY 30 I IV 2/2/322, Bl. 77 f.

Dokument 2

Auszug aus einem Schreiben Walter Ulbrichts an Nikita S. Chruščev zur Ausbildung von DDR-Militärkadern an der sowjetischen Generalstabsakademie, 11. Juli 1955

Das Politbüro des ZK der Sozialistischen Einheitspartei Deutschlands richtet an das Zentralkomitee der KPdSU die Bitte, eine Gruppe von 12 bis 15 leitenden Offizieren für ein bis eineinhalb Jahre an der Höheren Kriegsakademie in der Sowjetunion auszubilden.

Die Kasernierte Volkspolizei der Deutschen Demokratischen Republik verfügt über Verbände (Korps, Division), die vom Stab der KVP und den entsprechenden Verwaltungen geleitet werden. Die älteren Offiziere und Generale des Stabes der KVP sowie die Kommandeure der Verbände sind in ihrer Mehrzahl ungenügend in militärischer Hinsicht ausgebildet. Die praktische Arbeit bei der Führung und Ausbildung der Truppen sowie die Kommandeurausbildung haben zwar ihren militärischen Wissenskreis erweitert, aber die erworbenen Kenntnisse sind für die Organisation und Durchführung einer qualitativen operativ-taktischen Ausbildung, der Ausbildung der Stäbe und der Kampfausbildung der Truppen ungenügend.

Davon ausgehend richtet das Politbüro des ZK der SED an Sie die Bitte, der Regierung der Deutschen Demokratischen Republik zu erlauben, im Jahre 1955 eine 12 bis 15 Mann starke Gruppe von leitenden Offizieren und Generalen für ein bis eineinhalb Jahre zur Ausbildung in der Sowjetunion aufzunehmen und ihr die Ausbildung an der Höheren Kriegsakademie »K.E. Woroschilow« nach dem Programm Division, Korps und Armee zu ermöglichen.

Quelle: SAPMO-BA, DY 30 I IV 2/202/64, Bl. 210.

Dokument 3

Auszug aus der Aktennotiz eines MfS-Offiziers über die Arbeit von Generalen im Ministerium für Nationale Verteidigung, 13. März 1957

Am 11.3.57 hatte ich eine längere Aussprache mit dem 1. Stellvertreter des Ministers, Genossen Generalmajor D.

Bei dieser Aussprache kamen wir auf die Arbeit der Generale im Stab zu sprechen und Genosse D. erklärte mir:

1. Generalleutnant M.:
In einer persönlichen Aussprache mit dem Genossen Minister stellten wir fest, daß wir mit dem Verhalten und mit der Arbeit des Genossen M. keineswegs zufrieden sein können. Der Genosse Minister sowie auch ich sind der Meinung, daß man hier unbedingt eine Veränderung herbeiführen muß. Wie sieht die Arbeit des Genossen M. aus? Seine organisatorischen Fähigkeiten sind ungenügend. Die praktischen Beispiele dafür sind, daß die im Oktober terminmäßig festgelegten Vorschriften wie Standortdienstvorschrift, Disziplinarordnung, Innendienstvorschrift und einige andere bis zum heutigen Tage noch nicht bei den Truppenteilen sind.

Besonders die Disziplinarordnung, die in gründlicher vorbereitender Arbeit der betr. Verwaltung ausgearbeitet wurde, die ich persönlich mit leitenden Offizieren der Polit-Verwaltung im Entwurf durchgearbeitet habe und meine Erklärungen dazu gab, verwarf der Genosse M. ohne jeglichen Kommentar und erklärte lediglich, daß diese Disziplinarordnung nicht den Eigenarten der Nationalen Volksarmee entspricht, und man muß sich insbesondere stützen auf die alte Disziplinarordnung der faschistischen Wehrmacht. Damit wurden die praktischen Erfahrungen der Truppenkommandeure sowie die Stellungnahmen der leitenden Offiziere im Ministerium einfach ingnoriert.

Weiter fällt auf, daß der Genosse M. immer dann krank wird, wenn irgendwelche Situationen erhöhter Anforderungen stehen.

Damals als in Ungarn und Polen die Unruhen waren, mußte er laufend zur ärztlichen Behandlung und als Paulus in Dresden verstarb, machte er während dieser Zeit unmittelbar ebenfalls 14 Tage krank.

Besonders bei seiner letzten Krankheit war zu verzeichnen, daß M. keinen seiner Stellvertreter in die laufenden Arbeiten einwies. Dies ist auch heute noch der Fall, so daß bei einem Ausfall von M., und damit muß man auf Grund seiner Eigenarten und angeblichen gesundheitlichen Schwächen täglich rechnen, eine feste Führung im Hauptstab der Nationalen Volksarmee nicht gewährleistet ist.

Generalmajor B. als 1. Stellvertreter wird von M. in keiner Weise mit Aufgaben bedacht. Fernerhin erhält er keine Informationen.

Es ist also beabsichtigt, in dieser Frage eine Veränderung herbeizuführen. Nach Meinung des Genossen D. ist es am zweckmäßigsten, M. zu pensionieren.

2. Generalmajor L.:
Beim Genossen L. kann man im letzten halben Jahr die Stunden zählen, die er gearbeitet hat (...)

L. scheint mir der faulste von allen Generalen zu sein. Außerdem ist er nicht in der Lage, die fachlichen Aufgaben als Panzergeneral der Nationalen Volksarmee zu lösen. Er kennt nicht die elementarsten technischen Daten unserer Technik. Er quasselt viel dummes Zeug und ist sehr kritikempfindlich.

Ich hatte ihm bei meiner letzten dienstlichen Aussprache sehr scharf und offen meine Meinung gesagt über seinen Arbeitsstil.

L. kann man praktisch auch auf das Aussterbeetat setzen. Die Arbeit in der Verw. wird sowieso gemacht unter Leitung des Genossen Oberst Peter. Er hat die Fähigkeiten und wird nach Absolvierung der zweijährigen Akademie voll in der Lage sein, die gestellten Aufgaben zu erfüllen.

3. Generalmajor D.:
Kürzlich hatte ich eine Aussprache mit dem Genossen D. Nach meiner Feststellung hat er sich in all seinen Schwächen keinesfalls geändert. Seine Hauptbeschäftigung besteht in der Durchführung der Jagd. Er ist zur Zeit noch zu Haus, wird aber in den nächsten Tagen wahrscheinlich seinen Dienst in Plauen aufnehmen. Von seiten des Genossen D. scheint aber nicht viel Interesse vorzuliegen. Ich habe ihm auch meine Meinung gesagt und ihm erklärt, daß es wahrscheinlich höchste Zeit wird, daß er seinen Dienst wieder aufnimmt.

Mein persönlicher Eindruck ist der, daß er keinerlei Schlußfolgerungen aus der Vergangenheit gezogen hat.

Generalmajor B.:
Der Genosse B. spielt nach meiner persönlichen Meinung den Gekränkten, weil er nicht wie früher heute die erste Glocke spielt. Über seine Arbeit in der 1. Verw. kann man nicht klagen. Dort gibt er sich viel Mühe und ist sehr strebsam. Zweifelsohne trägt auch das Verhalten des Genossen M., der ihn in keiner Weise für seine Arbeit als 1. Stellvertreter des Chefs des Hauptstabes mit heranzieht, mit bei.

Feststellung: Die offiziellen Angaben des Genossen D. bestätigten die Richtigkeit der bereits vorhandenen inoffiziellen Materialien dieser Art.

Maßnahmen: 1. Zur Information des Leiters der HA I.
2. Durch die weitere inoffizielle Arbeit sowie offizielle Aussprachen wird ständig die Arbeit und das Verhältnis der leitenden Offiziere überprüft.

Quelle: BStU, AIM 11095/70, Bd. 1, Bl. 288-291.
[Das Dokument wurde anonymisiert.]

Dokument 4

Auszug aus der Beurteilung der sowjetischen Generalstabsakademie für einen Generalmajor nach Beendigung seines Studiums, 14. Juli 1959

Geb. 1913, Deutscher, Arbeiter, Parteimitglied seit 1931, in den bewaffneten Kräften seit 1947, Bildung: 8 Klassen Grundschule, mil. Bildung – Sonderlehrgang in der UdSSR, bei Beginn seines Studiums war er Stellvertreter des Ministers für Nationale Verteidigung und Chef der Politischen Verwaltung.

Generalmajor [...] arbeitete während seines Studiums an der Akademie ernsthaft, beharrlich und viel an der Aneignung des Lehrmaterials über die Taktik und operative Kunst. Man muß seine Beharrlichkeit und mühselige Kleinarbeit im Studium hervorheben, der der einzige Wunsch zugrundelag, in die Lehrfragen einzudringen und sie richtig zu verstehen.

Beim Studium der operativen Kunst und besonders beim praktischen Lehrgang zeigte Genosse [...] Selbständigkeit in der Lösung von Aufgaben für Armeeoperationen und volles Verständnis für eine operative Lage. Einige seiner Entschlüsse zeichneten sich durch Originalität und Kühnheit aus. Die Kontrollaufgaben löste er mit der Note *»ausgezeichnet«*. Er beherrscht die Theorie der operativen Kunst sowohl zu Fragen der Organisation und Führung von Armeeoperationen als auch über die Grundlagen der Führung von Frontoperationen.

Genosse [...] besitzt einen weiten militärpolitischen Horizont und durch seine Autorität beeinflußte er die übrigen Genossen in der Gruppe. Er erhielt die ersten Fertigkeiten in der Ausarbeitung einer Kommando-Stabsübung.

Er ist bescheiden, höflich und diszipliniert. Er verfügt über genügend Willensstärke.

Er kann in eine Kommandeursdienststellung oder in der politischen Arbeit eingesetzt werden.

Quelle: BA-MA, Pers. 14.
[Das Dokument wurde anonymisiert.]

Dokument 5

Auszug aus der Dienstlaufbahnordnung der NVA, 25. März 1982

§ 3
Ernennung und Beförderung

Die Angehörigen der Nationalen Volksarmee werden zum ersten Dienstgrad innerhalb einer Dienstgradgruppe, zum ersten Generalsdienstgrad, zum Marschall der DDR oder in eine Dienststellung ernannt und innerhalb der Dienstgradgruppen bzw. als General befördert.

(1) Die Voraussetzungen für die Ernennung in eine Dienststellung oder zu einem Dienstgrad bzw. für die Beförderung im Dienstgrad sind
   (a) die politische, militärische und charakterliche Eignung und die dafür erforderlichen Kenntnisse, Fähigkeiten und Leistungen sowie
   (b) die verfügbare Planstelle.
(2) Die Ernennung kann in eine höhere, gleichgestellte oder niedrigere Dienststellung erfolgen.
(3) Zur Beförderung über den laut Stellenplan festgelegten Dienstgrad hinaus kann der Minister für Nationale Verteidigung Ausnahmen festlegen.
(4) Die Zuständigkeit für die Ernennung und Beförderung regelt der Minister für Nationale Verteidigung.
(5) Generale werden vom Vorsitzenden des Nationalen Verteidigungsrates der Deutschen Demokratischen Republik ernannt bzw. befördert.

(6) Die Ernennung zum Marschall der DDR erfolgt auf Beschluß des Staatsrates der Deutschen Demokratischen Republik durch dessen Vorsitzenden.

Quelle: Anordnung des Nationalen Verteidigungsrates der Deutschen Demokratischen Republik über den Verlauf des Wehrdienstes in der Nationalen Volksarmee – Dienstlaufbahnordnung – NVA – vom 25. März 1982, in: Gesetzblatt der DDR, Teil I, Nr. 12, S. 237.

Dokument 6

Auszug aus dem Bericht der Hauptabteilung I des MfS zum Ergebnis der Sicherheitsüberprüfung für einen NVA-General, 26. Oktober 1984

- General [...] ist als Spitzengeheimnisträger des MfNV für die Unterabteilung T/B im Sicherungsvorgang erfaßt. Weiterhin besteht eine Archiverfassung als AGI Nr. [...] und eine AIMK-Erfassung von 1958. Über die damalige Zusammenarbeit mit dem MfS ist bekannt, daß er zuverlässig und ehrlich seine Aufgaben erfüllt hat.
- Das sicherheitspolitische Denken vollzog sich mit Entwicklung und Einnahme höherer Dienststellungen den Anforderungen entsprechend. Hinweise des MfS macht General [...] zu eigener Sache und setzt es durch. Gelegentlich, aber insgesamt nicht kennzeichnend, ist feststellbar, daß er ohne Bedenken vor unbefugten Personenkreisen Äußerungen tätigt, um sich interessant zu machen, die wenig für die Öffentlichkeit oder Personen im Unterstellungsverhältnis geeignet sind. Ein Geheimnisverrat oder Offenbarung konnte in diesem Zusammenhang nicht erarbeitet werden.
- In Spannungssituationen zeigte General [...] keine Schwankungen, er war immer im höchsten Maße einsatzbereit und wirkte in diesem Sinne auf seine Unterstellten mobilisierend. Er ist als zuverlässiger, der Partei treu ergebener General einzuschätzen.
- Verbindungen in das NSA, nach Westberlin, bestehen nicht. Gegenüber seinen Unterstellten setzt er die Meldepflicht über Kontakte und Verbindungen konsequent durch.
- General [...] hat zum militärischen und staatlichen Geheimnisschutz eine prinzipiell positive Grundeinstellung. Diese Einstellung ist gewohnheitsmäßig gefestigt durch die jahrzehntelange Tätigkeit, nicht überwiegend durch Überzeugung. So erfolgen in seinem Dienstbereich notwendige Anpassungen an neue Anforderungen im Geheimnisschutz von unten nach oben, werden von ihm bestätigt und auch durchgesetzt.
- Zur Person liegen keine negativen zu beachtenden politisch operativ bedeutsame Hinweise vor.

4. Politisch-moralische, charakterliche Eigenschaften und Verhaltensweisen

Politische und militärische Führungseigenschaften
General [...] ist der Arbeiterklasse fest verbunden und vertritt klar und offen seinen parteilichen Standpunkt.

Charakterlich ist er kontaktfreudig und impulsiv. Er ist sehr selbstsicher und von seinen Fähigkeiten überzeugt. Die Selbstsicherheit erscheint in verschiedenen Situationen übertrieben und es zeigen sich Züge von Überheblichkeit in Situationen, die ihn in seinem Leistungsvermögen überfordern. Er ist kritikempfindlich und teilweise nachtragend.

General [...] ist in hohem Maße einsatzbereit und intensiv bemüht, den Forderungen seines Vorgesetzten allseitig zu entsprechen. Ihm eingeräumte bzw. gegebene Möglichkeiten der Nutzung seiner Dienststellung für die Erfüllung persönlicher Bedürfnisse werden von ihm genutzt. Er verfügt über einen großen Kreis von befreundeten und bekannten Personen in der Staats- und Parteiführung durch seine Tätigkeit.

In moralischer Hinsicht sind keine Verfehlungen bekannt und General (...) legt auch nach außenhin großen Wert auf die positive Darstellung seiner Familienverhältnisse und die positive Entwicklung der Kinder und deren Familien. (...) Die Führungseigenschaften des General [...] sind gekennzeichnet durch operatives Handeln und die Tagesprobleme bestimmen den wesentlichen Inhalt der Arbeit. Probleme bestehen im Entwickeln von langfristigen Konzeptionen. (...)

Bei Entscheidungen scheut General [...] kein gesundes Risiko. Er ist bekannt für schnelle Entscheidungen, die auch gelegentlich wenig effektiv sind. In politischen Fragen besteht seine Führungstätigkeit im Bereich der Repräsentation, nicht so sehr in der Mitarbeit in der Grundorganisation. [...]

6. Schlußfolgerungen
Zur Person des General [...] liegen keine ungeklärten politisch-operativen Fakten vor. Die Sicherheitsüberprüfung ist widerspruchslos und es wird dem weiteren Verbleib in der Dienststellung sowie dem Einsatz als NSW-Reisekader zugestimmt.

Planmäßig soll General [...] 19[..] aus dem aktiven Dienst ausscheiden, auch dieser perspektivischen Entscheidung wird wegen der in letzter Zeit auftretenden Anzeichen einer Überforderung zugestimmt.

Eine Wiederholungsüberprüfung wird festgelegt für 1986.

Quelle: BStU, AF 1583/86, Bl. 260—263
[Das Dokument wurde anonymisiert.]

Dokument 7

Auszug aus dem Nomenklaturverzeichnis, bestätigt durch den Minister für Nationale Verteidigung, 27. Mai 1987

Anlage 1

I. Nomenklatur des Politbüros des ZK der SED

Anzahl der Dienststellungen: = 3

1. Minister für Nationale Verteidigung 1
2. Stellvertreter des Ministers für Nationale Verteidigung und
   - Chef des Hauptstabes 1
   - Chef der Politischen Hauptverwaltung der NVA 1

Das Politbüro des ZK der SED bestätigt:

- Beförderungen von Generalen/Admiralen
- Ernennungen zu Generalmajoren/Konteradmiralen

Entlassungen von Generalen/Admiralen aus dem aktiven Wehrdienst

II. Nomenklatur des Sekretariats des ZK der SED

Anzahl der Dienststellungen/ = 7

Funktionen: 2 Zivil

1. Stellvertreter des Ministers für Bauwesen und Chef Spezialbauwesen 1
2. Stellvertreter des Ministers für Außenhandel und Chef Spezieller Außenhandel 1
3. Stellvertreter des Ministers für Verkehrswesen und Generaldirektor der Interflug 1
4. Stellvertreter des Generalstaatsanwaltes der DDR und Militär-Oberstaatsanwalt 1
5. Vizepräsident des Obersten Gerichts der DDR und Vorsitzender des Militärkollegiums 1
6. Stellvertreter des Vorsitzenden der Staatlichen Plankommission und Chef des Militärbereiches 1
7. Vorsitzender des Zentralvorstandes der Gesellschaft für Sport und Technik 1

Zivile Funktionen

8. Vorsitzender des Zentralvorstandes der Gewerkschaft der Zivilbeschäftigten der NVA (1)

9. Vorsitzender des Ausschusses für Nationale Verteidigung der Volkskammer der DDR (1)

Anlage 2

III. Nomenklatur des Nationalen Verteidigungsrates der DDR

Anzahl der Dienststellungen: = 122

1. Stellvertreter des Ministers für Nationale Verteidigung und 6
   - Chef der Landstreitkräfte
   - Chef Technik und Bewaffnung
   - Chef der Rückwärtigen Dienste
   - Chef der Luftstreitkräfte/Luftverteidigung
   - Chef der Volksmarine
   - Chef der Grenztruppen der DDR

2. Hauptinspekteur der NVA 1

3. Die Chefs 4
   - Kader
   - Finanzökonomie
   - Aufklärung
   - Militärbauwesen und Unterbringung

4. Die Stellvertreter des Chefs des Hauptstabes 3
   - für operative Fragen
   - für Organisation
   - für Mechanisierung und Automatisierung der Truppenführung

5. Die Stellvertreter des Chefs der Politischen Hauptverwaltung der NVA 2
   - für organisationspolitische Arbeit
   - für ideologische Arbeit

6. Stellvertreter des Chefs des Stabes der Vereinten Streitkräfte der Teilnehmerstaaten des Warschauer Vertrages für die NVA 1

7. Stellvertreter des Chefs des Technischen Komittees der Vereinten Streitkräfte der Teilnehmerstaaten des Warschauer Vertrages 1

8. Leiter der Kontrollgruppe des Nationalen Verteidigungsrates 1

9. Die Militärattachés bei den Botschaften der DDR z.Zt. 34

10. Stadtkommandant der Hauptstadt der DDR – Berlin 1

11. Die Stellvertreter des Chefs der Landstreitkräfte und 5
- Chef des Stabes
- Chef der Politischen Verwaltung
- Chef Ausbildung
- Chef Technik und Bewaffnung
- Chef der Rückwärtigen Dienste

12. Die Stellvertreter des Chefs der Luftstreitkräfte/Luftverteidigung und 6
- Chef des Stabes
- Chef der Politischen Verwaltung
- für Ausbildung der Luftstreitkräfte
- für Ausbildung der Luftverteidigung
- Chef Technik und Instandsetzung
- Chef der Rückwärtigen Dienste

Chef Kosmische Ausbildung/Kosmonaut des Zentrums für kosmische Ausbildung 1

13. Die Stellvertreter des Chefs der Volksmarine und 4
- Chef des Stabes
- Chef der Politischen Verwaltung
- Chef Ausbildung
- Chef der Rückwärtigen Dienste

14. Die Stellvertreter des Chefs der Grenztruppen der DDR und 5
- Chef des Stabes
- Chef der Politischen Verwaltung
- Chef Ausbildung
- Chef Technik und Bewaffnung
- Chef der Rückwärtigen Dienste

15. Die Chefs
- der Militärbezirke III und V 2

Die Stellvertreter der Chefs der Militärbezirke III und V und Chefs der Politischen Verwaltungen 2

16. Die Kommandeure der Offiziershochschulen 6
- der Landstreitkräfte »Ernst Thälmann«
- der Landstreitkräfte »Otto Winzer«
- der Luftstreitkräfte/Luftverteidigung »Franz Mehring«
- der Luftstreitkräfte/Luftverteidigung für Militärflieger

- der Volksmarine »Karl Liebknecht«
- der Grenztruppen der DDR »Rosa Luxemburg«

17. Die Chefs der Wehrbezirkskommandos 15

18. Die Kommandeure/Chefs 17
    - der Mot.-Schützen- und Panzerdivisionen
    - des Ausbildungszentrums-19
    - der Luftverteidigungsdivisionen
    - des Führungsorgans der Front- und Militärtransportfliegerkräfte
    - der Flottillen
    - der 6. Grenzbrigade KÜSTE
    - der Grenzkommandos NORD, MITTE, SÜD

19. Chef der Militärakademie »Friedrich Engels« 1
    Stellvertreter des Chefs der Militärakademie »Friedrich Engels« und Leiter der Politabteilung 1

20. Kommandeur der Militärpolitischen Hochschule »Wilhelm Pieck« 1

21. Leiter der Zivilverteidigung der DDR 1
    Stellvertreter des Leiters der Zivilverteidigung der DDR und Chef der Politischen Verwaltung 1

Der Nationale Verteidigungsrat der DDR beschließt:
- Beförderungen von Generalen/Admiralen
- Ernennungen zu Generalmajoren/Konteradmiralen
- Entlassungen von Generalen/Admiralen aus dem aktiven Wehrdienst

Anlage 3
IV. Nomenklatur des Ministers für Nationale Verteidigung und Kontrollnomenklatur der Abteilung für Sicherheitsfragen der SED

Anzahl der Dienststellungen/ Funktionen	=	389 (4) Zivil
- davon Kontrollnomenklatur der Abt. f. Sicherheitsfragen des ZK der SED (x)	=	135 (4) Zivil
- Generale/Admirale in Dienststellungen außerhalb der Nomenklatur	=	35
- Offiziershörer an der MAG	=	10

Ministerium für Nationale Verteidigung	Anzahl	Kontrollnomenklatur Abt. S/ZK der SED
1. Dem Minister unmittelbar Unterstellte		
- Chef der Verwaltung Inspektion	1	x
- Chef der Verwaltung Schulen und Weiterbildung	1	x
- Stellvertreter des Chefs Kader	2	x
- für Einsatz und Entwicklung der Kader		
- für Partei- und Politkader		
- Stellvertreter des Chefs Militärbauwesen und Unterbringung	2	
- für Ökonomie, Wissenschaft und Technik		
- und Leiter der Politabteilung	1	
- für Planung, Organisation und Kontrolle		
- Chefs der Verwaltungen	3	
- Militärbauwesen		
- Unterbringung		
- Spezialbauwesen		
- Leiter der Abteilung Koordinierung für operative Zusammenarbeit mit zentralen Staatsorganen	1	
Dienststellungen in staatlichen und wirtschaftsleitenden Organen		
- Stellvertreter des Chefs des Militärbereiches der SPK beim MR/DDR und	2	x
- Chef der Verwaltung I		
- Chef der Verwaltung Planung		
Zivile Funktion		
- Leiter der Verwaltung Regierungsaufträge d. Militärbereiches der SPK[1]	(1)	(x)
- Leiter der Hauptabteilung I im Ministerium der Finanzen (unterstellt Chef Finanzökonomie)	1	x
- Leiter der Militärischen Hauptabteilung im Ministerium für Hoch- und Fachschulwesen (unterstellt Hauptinspekteur der NVA)	1	x
- Leiter der Abteilung I im Ministerium für Umweltschutz und Wasserwirtschaft (unterstellt Chef MBU)	1	x
- Leiter der Hauptabteilung Militärgerichte im Ministerium der Justiz	1	x

Ministerium für Nationale Verteidigung	Anzahl	Kontrollnomenklatur Abt. S/ZK der SED
- Stellvertreter des Militär-Oberstaatsanwalts		
- für Strafverfolgung	1	x
- für Gesetzlichkeitsaufsicht und Organisation	1	
- Stellvertreter des Vizepräsidenten des Obersten Gerichts der DDR und		
- Vorsitzender des Militärstrafsenats	1	x
- Vorsitzender des Militärstrafsenats	1	
Bereich Spezialbauwesen im Ministerium für Bauwesen		
- Stellvertreter des Chefs Spezialbauwesen		
- und Leiter der Politabteilung	1	x
- für Planung, Org. und Kontrolle	1	
- für Wissenschaft und Technik	1	
- Regimentskommandeure	3	
- Hochbauregiment-7001		
- Straßenbauregiment-7002		
- Straßenbrückenbauregiment-7004		
2. Hauptstab		
- Stellvertreter des Chefs des Stabes	2	x
- und Chef des Politorgans		
- für allgemeine Fragen		
- Die Chefs		
- Pionierwesen	1	x
- Chemische Dienste	1	
- Nachrichten	1	x
- Stellvertreter des Stellvertreters des Chefs des Hauptstabes für op. Fragen		
- und Chef der Verwaltung Operativ	1	x
- für Internationale Arbeit	1	
- Die Chefs der Verwaltungen		
- Gefechtsbereitschaft/Operative Ausbildung	1	
- Territorialverteidigung	1	x
- Militärwissenschaft	1	
- Internationale Verbindungen	1	
- Stellvertreter des Stellvertreters des Chefs des Hauptstabes für Organisation zgl. Chef der Verwaltung Org./Planung	1	

Ministerium für Nationale Verteidigung	Anzahl	Kontrollnomenklatur Abt. S/ZK der SED
- Die Chefs der Verwaltungen		
- Org./Auffüllung	1	
- Org./Mobilmachung	1	
- Die Leiter		
- Militärtopographischer Dienst	1	
- Abteilung Kader des MfNV	1	
- Stellvertreter, Leiter, Oberoffiziere, Adjutant/Dolmetscher im Stab und im Technischen Komitee der Vereinten Streitkräfte	19	
- Stellvertreter des Chefs Aufklärung	1	
- Stellvertreter des Chefs Aufklärung und Leiter der Politabteilung	1	x
- Stellvertreter des Chefs Aufklärung/	4	
- Chef der 1. Verwaltung		
- Chef der 2. Verwaltung		
- Chef der Verwaltung OTA		
- für operative Sicherstellung		
- Brigadekommandeur der 2. Nachrichtenbrigade	1	x
- Regimentskommandeure		
- Funkaufklärungsregiment-2	1	
- Richtfunkregiment-2	1	
- Wachregiment-2	1	
- Kfz.-Regiment-2	1	
- Pionierregiment-2	1	
- Ing.-Bauregiment-2	1	
- Ing.-Bauregiment-12	1	
Dienststellungen in staatlichen und wirtschaftsleitenden Organen		
- Leiter des Bereiches I im Staatsrat der DDR	1	x
- Leiter des Bereiches militärische Vorbereitung des staatlichen Nachrichtenwesens im Ministerium für Post- und Fernmeldewesen (unterstellt Chef Nachrichten)	1	x
- Regimentskommandeur Nachrichteninstandsetzungsregiment-7212	1	

Ministerium für Nationale Verteidigung	Anzahl	Kontrollnomenklatur Abt. S/ZK der SED
3. Bereich Technik und Bewaffnung		
- Stellvertreter des Chefs Technik und Bewaffnung	4	x
- und Stabschef		
- und Chef des Politorgans		
- für Beschaffung und Instandsetzung		
- für wissenschaftlich-technische und ökonomische Zusammenarbeit		
- Die Chefs der Verwaltungen	7	
- Beschaffung		
- Schiffbau		
- Instandsetzung		
- Materielle Planung		
- Panzerdienst		
- Kfz.-Dienst		
- Raketen- und Waffentechnischer Dienst		
- Kommandeur des Militärtechnischen Instituts	1	
Dienststellungen in staatlichen und wirtschaftsleitenden Organen		
- Stellvertreter des Chefs Spezieller Außenhandel und Leiter der Auslandsvertretung in der UdSSR	1	
- Stellvertreter des Leiters der Auslandsvertretung des BSA in der UdSSR	1	
- Chef Ingenieurtechnischer Außenhandel	1	
- Generaldirektor des VEB Kombinat Spezialtechnik Dresden im Ministerium für Allgemeinen Maschinen-, Landmaschinen- und Fahrzeugbau	1	
- Stellvertreter des Staatssekretärs/Leiter der Hauptabteilung Spezielle Produktion und Instandsetzung im Ministerium für Allgemeinen Maschinen-, Landmaschinen- und Fahrzeugbau	1	x
- Leiter der Abteilungen I	4	x
- im Ministerium für Schwermaschinen- und Anlagenbau		
- im Ministerium für Werkzeugmaschinen- und Verarbeitungsmaschinenbau		
- im Ministerium für Chemische Industrie		
- im Ministerium für Elektrotechnik und Elektronik		

Ministerium für Nationale Verteidigung	Anzahl	Kontrollnomenklatur Abt. S/ZK der SED
4. Bereich Rückwärtige Dienste		
- Stellvertreter des Chefs der Rückwärtigen Dienste		
- und Stabschef	1	x
- und Chef des Politorgans	1	x
- für materielle Sicherstellung/Territoriales Zusammenwirken	1	
- Die Chefs		
- Medizinischer Dienst	1	x
- der Militärmedizinischen Akademie	1	x
- Militärtransportwesen	1	
- Regimentskommandeur Eisenbahnpionierausbildungsregiment 2	1	
Dienststellungen in staatlichen und wirtschaftsleitenden Organen		
- Kommandeur der Militärmedizinischen Sektion an der Ernst-Moritz-Arndt-Universität Greifswald	1	
- Kommandeur der Sektion Militärtransport- und Nachrichtenwesen an der Hochschule für Verkehrswesen »Friedrich List« Dresden	1	
- Leiter Bereich Spezielle Transport- und Bauaufgaben im Ministerium für Verkehrswesen	1	x
- Regimentskommandeur des Eisenbahnbauregimentes-7106	1	
5. Bereich Politische Hauptverwaltung		
- Stellvertreter des Chefs der PHV für oganisationspolitische Arbeit	2	
- Stellvertreterfür Operative Aufgaben		
- Stellvertreter für Parteiorgane		
- Stellvertreter des Chefs der PHV für ideologische Arbeit	3	
- Stellvertreter für Propaganda/Agitation		
- Stellvertreter für kulturpolitische Arbeit		
- Stellvertreter für Militärpublizistik/Wehrerziehung		
- Chef der 10. Verwaltung	1	x
- Chef des Komitees der Armeesportvereinigung »Vorwärts«	1	x

Ministerium für Nationale Verteidigung	Anzahl	Kontrollnomenklatur Abt. S/ZK der SED
- Vorsitzender der Parteikontrollkommission der PHV	1	
- Direktor des Militärgeschichtlichen Instituts der DDR	1	x
- Direktor des Militärverlages der DDR (VEB)	1	x
- Chefredakteure der Redaktionen	5	x
- »Volksarmee«		
- »Armeerundschau«		
- »Militärwesen«		
- »Parteiarbeiter«		
- »Der Ausbilder«		
- Stellvertreter des Kommandeurs der Militärpolitischen Hochschule »Wilhelm Pieck« und Leiter der Politabteilung	1	x
Dienststellungen/Funktionen in staatlichen bzw. gesellschaftlichen Organen		
Gesellschaft für Sport und Technik		
- Stellvertreter des Vorsitzenden des Zentralvorstandes der GST	5	x
- für Agitation/Propaganda		
- für Ausbildung		
- für Wehrsport		
- für Flug- und Fallschirmsprungausbildung		
- für materiell-technische Sicherstellung		
Zivile Funktionen der GST		
- Stellvertreter des Vorsitzenden des Zentralvorstandes der GST für organisationspolitische Arbeit	(1)	(x)
- Parteisekretär des Zentralvorstandes der GST	(1)	(x)
- Vorsitzender der Zentralen Revisionskommission des Zentralvorstandes der GST	(1)	(x)
6. Landstreitkräfte		
- Stellvertreter des Chefs der Politischen Verwaltung	2	x
- für Instruktion/Organisation		
- für Agitation/Propaganda		

Ministerium für Nationale Verteidigung	Anzahl	Kontrollnomenklatur Abt. S/ZK der SED
- Chef Raketentruppen/Artillerie, Kommando LaSK	1	x
- Chef Kader, Kommando LaSK	1	x
- Stellvertreter des Chefs der Militärbezirke III und V - und Chef des Stabes (2) - und Chef Ausbildung (2) - und Chef Technik und Bewaffnung (2) - und Chef der Rückwärtigen Dienste (2)	8	x
- Stellvertreter der Kommandeure der Offiziershochschulen »Ernst Thälmann«/»Otto Winzer« und Leiter der Politabteilungen	2	x
- Kommandeur der Militärtechnischen Schule »Erich Habersaath«	1	x
- Stellvertreter des Kommandeurs der Militärtechnischen Schule »Erich Habersaath« und Leiter der Politabteilung	1	x
- Kommandeure der Ausbildungszentren 6, 10, 17 und 20	4	x
- Stellvertreter der Kommandeure der Ausbildungszentren 6, 10, 17 und 20 und Leiter der Politabteilungen	4	x
- Kommandeure der 3. und 5. Raketenbrigade	2	x
- Stellvertreter der Divisionskommandeure und Leiter der Politabteilungen - Mot.-Schützendivisionen (4) - Panzerdivisionen (2) - Ausbildungszentrum-19 (1)	7	x
- Stellvertreter der Divisionskommandeure (MSD, PD, AZ-19) - und Stabschef - für Ausbildung	14	
- Regimentskommandeure, Geschwaderkommandeure - Kommando LaSK = (1) - MB III = (26) - MB V = (31)	58	
- Brigadekommandeur 40. Artl.-Brigade	1	

Ministerium für Nationale Verteidigung	Anzahl	Kontrollnomenklatur Abt. S/ZK der SED
7. Luftstreitkräfte/Luftverteidigung		
- Stellvertreter des Chefs der Politischen Verwaltung - für Instruktion/Organisation - für Propaganda/Agitation	2	x
- Chef Funktechnische Truppen	1	x
- Chef Kader, Kommando LSK/LV	1	x
- Leiter der Politabteilung, Kommando LSK/LV	1	x
- Ständiger Vertreter der LSK/LV im Gefechtsstand des Stabes der Vereinten Streitkräfte/UdSSR	1	
- Stellvertreter der Kommandeure der Offiziershochschulen »Franz Mehring«/für Militärflieger und Leiter der Politabteilungen	2	x
- Kommandeur der Militärtechnischen Schule der LSK/LV	1	x
- Stellvertreter des Kommandeurs der Militärtechnischen Schule der LSK/LV und Leiter der Politabteilung	1	x
- Stellvertreter der Divisionskommandeure bzw. des Führungsorgans FMTFK und Leiter der Politabteilungen	3	x
- Stellvertreter der Divisionskommandeure - und Stabschef (2) - für Jagdfliegerkräfte (2) - für Fla-Raketentruppen (2)	6	
- Stellvertreter des Kommandeurs des Führungsorgans FMTFK - und Stabschef - für Fliegerkräfte	2	
- Brigadekommandeure der 41. und 43. Fla-Raketenbrigade	2	x
- Geschwaderkommandeur des TG-44	1	x
- Geschwaderkommandeure/Regimentskommandeure	18	
8. Volksmarine		
- Stellvertreter des Chefs der Politischen Verwaltung - für Instruktion/Organisation - für Propaganda/Agitation	2	x

Ministerium für Nationale Verteidigung	Anzahl	Kontrollnomenklatur Abt. S/ZK der SED
- Chef Kader, Kommando VM	1	x
- Seekommissar der DDR	1	
- Chef Seehydrographischer Dienst-18	1	x
- Leiter der Politabteilungen - beim Chef des Stabes - beim Chef der Rückwärtigen Dienste	2	x
- Stellvertreter des Kommandeurs der Offiziershochschule »Karl Liebknecht« und Leiter der Politabteilung	1	x
- Kommandeur der Flottenschule	1	x
- Stellvertreter des Kommandeurs der Flottenschule und Leiter der Politabteilung	1	x
- Stellvertreter der Flottillenchefs bzw. des Chefs der 6. GBK und Leiter der Politabteilungen	4	x
- Stellvertreter der Flottillenchefs bzw. des Chefs der 6. GBK und Stabschef	4	
- Brigadechefs, Geschwaderkommandeur, Regimentskommandeure	12	
9. Grenztruppen der DDR		
- Stellvertreter des Chefs der Politischen Verwaltung - für Instruktion/Organisation - für Propaganda/Agitation	2	x
- Chef Kader, Kommando GT/DDR	1	x
- Stellvertreter des Kommandeurs der Offiziershochschule »Rosa Luxemburg« und Leiter der Politabteilung	1	x
- Kommandeure der Grenzbrigaden - zur VR-Polen - zur CSSR	2	x
- Stellvertreter der Kommandeure der Grenzkommandos und Leiter der Politabteilungen	3	x
- Stellvertreter der Kommandeure der Grenzkommandos - und Stabschef (3) - für Ausbildung (3) - für Grenzsicherung (1)	7	
- Regimentskommandeure	24	

Ministerium für Nationale Verteidigung	Anzahl	Kontrollnomenklatur Abt. S/ZK der SED
10. Stadtkommandantur der Hauptstadt der DDR – Berlin		
- Stellvertreter des Stadtkommandanten und Leiter der Politabteilung	1	x
- Kommandeur des Wachregimentes Berlin	1	
11. Militärakademie »Friedrich Engels«		
- 1. Stellvertreter des Chefs der Militärakademie »Friedrich Engels«	1	x
- Stellvertreter des Chefs der Militärakademie »Friedrich Engels«		
- und Chef Ausbildung	1	x
- für Wissenschaft und Forschung	1	x
- und Chef der Rückwärtigen Dienste	1	
- Kommandeure der Sektionen	5	
12. Zivilverteidigung		
- Stellvertreter des Leiters der Zivilverteidigung der DDR und		
- Chef des Stabes	1	x
- Chef Ausbildung	1	
- Chef Bevölkerungs- und Volkswirtschaftsschutz	1	
- Chef der Verwaltung I	1	x
- Kommandeur des Instituts der Zivilverteidigung	1	x
- Stellvertreter des Leiters der ZV und Stabschef	16	
- der Bezirke		
- des Gebietsstabes der SDAG Wismut		
Dienststellungen in staatlichen bzw. wirtschaftsleitenden Organen (unterstellt dem Leiter der Zivilverteidigung der DDR)		
- Leiter der Abteilungen B2 – B6	5	x
- B2 (Leistungen, Gen. Krolikowski)		
- B3 (Produktion, Gen. Mittag)		
- B4 (Finanzen, Gen. Naumann)		
- B5 (Versorgung, Gen. Felfe)		
- B6 (Bildung/Kultur, Genn. Honecker)		

Ministerium für Nationale Verteidigung	Anzahl	Kontrollnomenklatur Abt. S/ZK der SED
13. Zur Nomenklatur des Ministers für Nationale Verteidigung gehören weiterhin:		
- alle Generale/Admirale, soweit sie in Dienststellungen eingesetzt sind, die nicht der Nomenklatur des Ministers für Nationale Verteidigung zugeordnet sind		
- Bestand am: 01.05.1987	35	x
- die Offiziershörer an der Militärakademie des Generalstabes der Streitkräfte der UdSSR »K.J. Woroschilow«		
- gegenwärtig im Studium	10	x

Quelle: BA-MA, DVW 1/43950, Bl. 36-55.

Dokument 8

Aufstellung über die Heinz Keßler verliehenen staatlichen Auszeichnungen der DDR und anderer Staaten 1950 bis 1989

1950	Ehrenzeichen der DVP
07.10.54	VVO Silber
01.03.57	Verdienstmedaille NVA Gold
07.10.59	Medaille »Kämpfer gegen den Faschismus« 1933--1945
07.10.59	Verdienstmedaille der DDR
08.05.60	Orden »Banner der Arbeit«
08.05.65	VVO Gold
10.07.68	Medaille Waffenbrüderschaft Gold
07.10.69	Scharnhorst-Orden
08.05.70	Orden des Vaterländischen Krieges 1. Grades
22.06.70	Verdienstmedaille der Organe des MdI Gold
03.07.70	Medaille Waffenbrüderschaft CSSR Gold
02.11.70	Kampforden Gold
06.05.71	Erinnerungsmedaille »50 Jahre MVA«
10.05.73	Orden des Roten Kampfbanners der MVR
07.10.74	Ehrenspange zum VVO Gold
18.11.74	Orden der Volksarmee mit Lorbeerkranz der SFR Jugoslawien

20.01.75	Jubiläumsmedaille »30 Jahre Bulgarische Volksarmee«
26.05.75	Erinnerungsmedaille der UdSSR zum 30. Jahrestag des Sieges im Großen Vaterländischen Krieg
Mai 1975	Gedenkmedaille zum 30. Jahrestag der Befreiung der CSSR
01.07.75	»Verdienter Volkspolizist der DDR«
03.12.75	Friedrich-Engels-Preis, I. Klasse
01.03.76	Ehrentitel »Verdienter Angehöriger der NVA«
01.03.76	Ehrenurkunde des Zentralrates der FDJ
30.03.76	»Orden der Oktoberrevolution«
01.12.76	Medaille für vorbildlichen Grenzdienst
Okt.1976	Orden für Freiheit und Unabhängigkeit (I. Stufe) KDVR
08.12.78	Medaille Waffenbrüderschaft Gold
28.03.78	Erinnerungsmedaille »60 Jahre Grenztruppen des Komitees für Staatssicherheit« (UdSSR)
11.05.79	Ehrenabzeichen der DOSAAF
17.06.79	Goldene Ehrennadel der »Urania«
03.08.79	Ernst-Schneller-Preis
07.10.79	Karl-Marx-Orden
07.10.79	Medaille »30 Jahre DDR«
Okt.1979	»FDJ-Aufgebot DDR 30«
26.01.80	Scharnhorst-Orden
Juni 80	Medaille Waffenbrüderschaft UdSSR
Juni 80	Medaille Waffenbrüderschaft Bulg. VA
Juni 80	Verdienstmedaille Waffenbrüderschaft Ung. VA Gold
Juni 80	Medaille Waffenbrüderschaft CSSR Gold
01.12.81	Ehrentitel »Verdienter Angehöriger der Grenztruppen d. DDR«
16.04.82	Medaille »60 Jahre MVR«
16.06.82	Ernst-Thälmann-Medaille
16.09.82	Jubiläumsmedaille »100. Geburtstag G. Dimitroffs«
26.05.83	Verdienstorden »Roter Stern« Ungarische VR
11.05.83	Orden für Verdienste der Syrischen Arabischen Republik, 1. Klasse
21.03.84	Orden »Roter Stern« UdSSR
03.08.83	Orden Völkerfreundschaft VDR Laos
07.10.84	Ehrentitel »Held der Arbeit«
03.05.85	Medaille zum 40. Jahrestag des Sieges im Großen Vaterländischen Krieg
15.05.85	Medaille Waffenbrüderschaft Poln. Armee
15.10.85	Orden für Militärische Verdienste, 1. Klasse SR Vietnam
01.03.86	Scharnhorst-Orden
11.09.86	Kommandeurskreuz zum Verdienstorden VR Polen
02.12.86	Medaille »30 Jahre Rev. Streitkräfte« Kuba
11.02.88	Ehrentitel »Verdienter Angehöriger der ZV der DDR«
21.07.88	Staatsbanner-Orden, I. Klasse, KDVR

29.09.88 Orden »Rotes Banner« CSSR
23.02.88 Med. »70 Jahre Streitkräfte UdSSR«
17.10.89 Orden »10. JT der Sandinistischen VA«, Nikaragua

Quelle: BA-MA, Pers. 14

Dokument 9

Auszug aus dem Bericht des Untersuchungsausschusses des Ministeriums für Nationale Verteidigung über einen NVA-General mit Hinweisen auf Mißbrauch seiner Dienststellung, 18. Januar 1990

Im Ergebnis der Prüfung zahlreicher Hinweise auf Mißbrauch der Dienststellung, der Befragung einer Reihe Armeeangehöriger und Zivilbeschäftigten und Anhörung des Herrn Generalmajor [...] gelangte der Untersuchungsausschuß zu folgenden Erkenntnissen:

1. Generalmajor [...] mißbrauchte seine Dienststellung
- indem er den Verpflegungsdienst und die Küche/Fleischerei des Ministeriums für Nationale Verteidigung zu seinem persönlichen Vorteil nutzte. Er bestätigte, daß er auch in seiner dienstfreien Zeit, u.a. im Urlaub, aus der Küche in 15--20 Fällen im Jahr sich das Essen nach Hause bringen ließ. Desgleichen ließ er sich auch mitunter auf seinem Gartengrundstück versorgen.
- indem er die Küche und die Fleischerei des MfNV für private Jubiläen und Feiern zur materiellen Sicherstellung nutzte (Aufschnittplatten und Rohfleisch).
- indem er sich durch den Zivilbeschäftigten H.[...] aus seiner Fleischerei in Schönefeld privat versorgen ließ.

In jedem Fall wurden die Produkte bezahlt.

Zusätzlich entstandene Fahrtkosten wurden nicht erfaßt.

Generalmajor [...] berief sich bei seiner Handlungsweise auf die Anordnung Nr. 55/80 des Stellvertreters des Ministers und Chefs des Hauptstabes. In dieser Anordnung ist die Fleischerei des MfNV gar nicht erwähnt und die Nutzung der Küche und der Fleischerei zu privaten Zwecken steht im Gegensatz zu dieser Anordnung.

Generalmajor [...] ist jedoch für die Kontrolle der Durchsetzung dieser Anordnung persönlich verantwortlich.

Auf Grund der ungenügenden Durchsetzung dieser Anordnung 55/80 wurde durch weitere Armeeangehörige die Küche und Fleischerei für persönliche Bedürfnisse genutzt.

2. Der Einsatz eines Multicar bzw. Hängers zum Abfahren von Müll vom Gartengrundstück des Generalmajor [...] wurde durch ihn in einem Fall bestätigt.

Kosten wurden dafür keine bezahlt.

Desweiteren erfolgte auf seine Weisung der Einsatz von Armeeangehörigen, des Multicar und des Einachstraktors der Sicherstellungskompanie 02 auf dem Gartengrundstück des Generalleutnant [...]. Dieser Arbeitseinsatz wurde mit Hilfsbereitschaft und alter Freundschaft begründet.

Eine Rechnungslegung erfolgte nicht.(...)

5. Generalmajor [...] bekannte sich dazu, Vorrechte aus seiner Dienststellung für sich in Anspruch genommen zu haben.
   Es besteht jedoch angesichts vorliegender protokollarischer Aussagen der Verdacht, daß der Umfang des Mißbrauchs der Dienstbefugnisse weitaus größer ist, als er von Generalmajor [...] zugegeben wird.

Die Anhörung des Generalmajor [...] vor dem Untersuchungsausschuß am 17.01.1990 sowie die vorliegenden Aussagen in den Protokollen zeigen eine Reihe von Widersprüchen auf. Bezeichnend ist, daß die Befragten zu verschiedenen Sachverhalten übereinstimmende Grundaussagen tätigten (Einsatz von AA im Garten, Einsatz von Technik im Garten, Arbeiten in der Wohnung usw.), die jedoch vom Betroffenen bestritten werden.

Die Untersuchungen sind in ein Stadium eingetreten, wo mit der allgemeinen Ermittlungstätigkeit durch den Untersuchungsausschuß keine greifbaren Ergebnisse mehr erzielt werden können. (...)

Es wird vorgeschlagen, den Vorgang der Militärstaatsanwaltschaft zur Prüfung der Einleitung eines Ermittlungsverfahrens gegen Generalmajor [...], wegen

des Mißbrauchs der Dienstbefugnisse zur Befriedigung persönlicher Belange

sowie

des Verdachts des Tatbestandes der Untreue zum Nachteil des sozialistischen Eigentums

zu übergeben.

Quelle: BA-MA, Pers. 14.
[Das Dokument wurde anonymisiert.]

Dokument 10

Auszug aus den Erinnerungen des Staatssekretärs im Ministerium für Abrüstung und Verteidigung, Werner E. Ablaß, zur Verabschiedung von Generalen und Admiralen der NVA, September 1990

Die letzten Tage der Nationalen Volksarmee gingen dann eigentlich sehr schnell vorbei. Am 24. September fand ein Empfang für General Luschew statt. Anlaß war der Ausstieg aus dem Warschauer Vertrag. Es war eine kurze unfeierliche Zeremonie in Berlin. Es war das, was die Sowjets eigentlich hatten verhindern wollen. Dieser Akt fand nicht im Feldlager, sondern im Verbindungsbüro in Berlin statt. Es war letztlich nur die Unterschrift einer längst beschlossenen Sache. Was schon tot war, wurde für tot erklärt.

Am gleichen Tag hatte ich noch einmal Besuch von Egon Bahr. Er äußerte ein paar Ideen. Auch hier stellte sich einmal mehr heraus, daß Egon Bahr ein hochintelligenter Demokrat ist, der im Umgang sehr angenehm war. Er war im August schon zweimal da, wobei ich diese Gespräche genossen habe.

Am gleichen Tag fand dann auch noch die Verabschiedung der Führung der Nationalen Volksarmee statt. Admiral Theodor Hoffmann, der Chef der Hauptverwaltung und die Chefs der Teilstreitkräfte waren zusammengekommen. Nach der offiziellen Verabschiedung gab es ein Essen in Schloß Wilkendorf in kleinem Kreis mit der Führung der NVA. Es waren nur sechs bis sieben Leute zusammen. Minister Eppelmann war ziemlich abgespannt. Die Verabschiedeten waren entsprechend bedrückt. Es war vielleicht nicht sehr klug, aber ich habe zu Eppelmann gesagt, er hätte die ganze Zeit die falschen Berater gehabt. Er zuckte daraufhin nur mit den Schultern, worauf Admiral Hoffmann und die gesamte NVA-Führung aufstanden und sich verabschiedeten. Sie konnten wohl die Sprachlosigkeit des Ministers nicht mehr ertragen. Eppelmann hatte immerhin eine Zeit lang die Richtung bestimmt, der übergroße Militärapparat hörte auf sein Kommando.

Der letzte große Wachaufzug fand dann am 26. September statt und war mit General Engelhardt vereinbart. Auch das war ein Abschied von den Traditionen der NVA insgesamt.

Es war ab Mitte September etwa klar, daß keine Generäle übernommen werden würden in die Bundeswehr. Eppelmann konnte sich damit aber nicht abfinden, dieses waren Generäle, die seit dem 18. April um ihn waren. Bis zum letzten Augenblick hatte er noch Hoffnung, daß es doch klappen könnte. Wenn keine Übernahme erfolgen könnte, dann sollte die Verabschiedung am Freitag, 28. September, erfolgen. Ich habe um 9.10 Uhr morgens bei ihm angerufen und gehört, es würden keine übernommen. In wenigen Stunden mußten die Entlassungsdokumente geschrieben werden und trafen dann um 14.00 Uhr bei mir ein. Generalmajor Engelhardt hat dann die Generäle zusammengerufen und ihnen mitgeteilt, daß am 2. Oktober, 24.00 Uhr, Schluß sei. Mir war es vorbehalten, die Generäle mit wenigen Worten zu verabschieden. Damit war etwas geschehen, was eine Protestwelle ausgelöst hat. Der Staatssekretär hat die Männer verabschiedet, die vom Staatsoberhaupt bestellt worden waren. Sie haben das als ein Wegjagen empfunden. Vier oder fünf von ihnen haben auch mit mir nicht angestoßen. Der Minister hatte gesagt, er könne das aus zeitlichen Gründen nicht einrichten, weil gerade die Volkskammer tagte. Meine persönliche Meinung ist, er hätte kommen können, hat aber lieber darauf verzichtet. Ihm hat die Macht wohl Freude bereitet, aber das Ende ging ihm doch zu nahe.

Quelle: Werner E. Ablaß, Zapfenstreich. Von der NVA zur Bundeswehr, Düsseldorf 1992, S. 172 f.

Dokument 11

Auszug aus einem transkribierten Interview mit einem Generaloberst der NVA, August 1992

Fr.: Gab es Entwicklungsabschnitte, so in den letzten 10 – 15 Jahren der DDR-Zeit, wo Sie dem System gegenüber kritisch wurden?

Antw.: Ja, aber da war ich nicht der Einzige, da waren viele, wobei diese Kritik bis weit in die Wendezeit hinein immer getragen wurde von den Gedanken der Reformierbarkeit des sozialistischen Systems. Viele unserer Genossen waren mit vielen Dingen nicht einverstanden. Aber sie waren immer der Meinung, das ist reparabel. Das kann geändert werden, das ist falsch, was dort gemacht wird. Aber bei den wenigsten war die Alternative: Wir müssen jetzt den Sozialismus beiseite legen und müssen zum Kapitalismus übergehen. Das ist erst im Laufe der Wende gekommen und schlägt jetzt langsam wieder ins Gegenteil um. Das Bild der Leute war geprägt vom Werbefernsehen und die jetzige Realität des Lebens zwingt die Leute wieder an Alternativen zu denken. Schauen Sie Diestel an – vielleicht ist es ein Demagoge, solche Zeiten, Wendezeiten, sind Zeiten für Demagogen – aber es gab auch in der Armee – ich bin nicht in der PDS und ich war auch nie ein wilder Parteimensch – aber die Parteiversammlungen haben bei uns immerhin noch eine positive Rolle gespielt. Aber was z.B. auch dienstliche Belange anbetraf, es wurde sich auf diesen Parteiversammlungen doch relativ kritisch auseinandergesetzt. Kritiken waren auf Sachen bezogen und bestimmte Unzufriedenheiten – auf dienstliche Angelegenheiten bezogen – wurden geäußert. Zum Beispiel der Einsatz der NVA in der Volkswirtschaft. Hierzu gab es in breiten Bereichen des Offizierskorps gegenteilige Auffassungen und Ablehnungen. Selbst bis in das Kollegium für Nationale Verteidigung ging diese Kritik, aber sie wurde dann mit Disziplin und Parteidisziplin wieder eingefangen, aber die Auffassung war: Das ist Betrug. Die Vorgaben der Gefechtsbereitschaft waren dadurch nicht mehr zu halten und es paßte nicht zusammen. Das war ein wesentlicher Kritikpunkt. Dann machte sich in den letzten Jahren – es mag sein, daß es auch ein bißchen gefördert wurde – als Gorbatschow an die Macht kam und die Parteiführung der DDR zu ihm nicht gerade ein sehr loyales Verhältnis an den Tag legte, das war die Auffassung dieser bedingungslosen Übernahme sowjetischer Anschauungen und Methoden. Das war in der Zeit bis zur Perestroika und verstärkt auch während der Perestroika. Man wurde von oben sanktioniert, aber das half auch nicht mehr allzuviel, weil das gesamte System nach dem sowjetischen Vorbild aufgebaut war und Einzellösungen brachten nichts. Das sowjetische Militärsystem war immer – und das ist durch den Sieg im Großen Vaterländischen Krieg noch bestärkt worden – extensiv. Man war nicht in der Lage, weder technisch noch aus der Sicht des Menschenmaterials, die notwendige Qualität zu liefern. Es wirkte eine Ambivalenz, auf der einen Seite waren allzu intelligente Offiziere für das System gefährlich, also hat Stalin erst mal tabula rasa gemacht und hat dort erstmal alles was ein bißchen Kopf hatte kurz vor dem Kriege abgehackt und hat dann Unteroffiziere in die höheren Ränge gebracht und diese Unteroffiziere hatten natürlich nicht die Führungsfähigkeiten, die ein gut ausgebildeter und ausgewählter Offizier hatte. Bei uns wurde das alles über Zahlen geregelt und kaum einer wurde ausgewählt nach Eignung. Das war wie in der Industrie, es wurde von Jahr zu Jahr schlimmer durch die Parteiloyalität. In jeder Attestation stand als erstes die Beurteilung seines Verhältnisses zur Partei. Wir hätten nach meiner Schätzung mit der Hälfte der Offiziere auskommen können, wir hätten mit 60 % der Armee auskommen können, ohne daß die Gefechtsbereitschaft auch nur einen Deut schlechter gewesen wäre. Sie hätte besser sein können. Wenn die Armee befreit worden wäre von dem ganzen Blödsinn, den man ihr aufgebürdet hatte, wie z.B. Einsatz in der Volkswirtschaft, Bewachung, Palast der Republik und was weiß ich wozu die Armee überall herangezogen wurde.

Die Leute um Günther Mittag herum haben dem Honecker wahrscheinlich eingeredet, daß man damit sparen kann, weil der Soldat nicht so viel verdient. Daß der Soldat aber auf Staatskosten verpflegt, angezogen und letztendlich der Produktion ausfällt, das wurde nicht berücksichtigt. So hatte der Staat beim Einsatz der NVA draufgezahlt, denn er hat nichts dabei gewonnen. Diese ganzen Dinge waren kritikwürdig und wurden auch in breitem Maße angesprochen.

Fr.: Konnten Sie das im Kollegium für Nationale Verteidigung offen ansprechen?

Antw.: Naja, nicht in dieser Form wie ich das jetzt gemacht habe, aber es ist angesprochen worden.

Fr.: Was wäre, wenn Sie es so wie jetzt angesprochen hätten?

Antw.: Man hätte damals wohl damit rechnen müssen wahrscheinlich nicht so sehr, daß man juristisch ins Gerangel geraten wäre, aber man wäre sicher entfernt worden, sozial in Mitleidenschaft gezogen worden. Mehr hatte man in der jüngsten Vergangenheit auch nicht mit solchen Leuten gemacht, weil man Angst hatte, daß das irgendwelche Kreise gezogen hätte und ruchbar geworden wäre. Vorsichtig stillgelegt – wie Modrow. Man hätte Modrow am liebsten damals zur Dresdner Affäre (1988/89) auch abgeschossen, aber man hat es nicht gemacht, weil man Angst hatte, daß man dem Modrow über die Westmedien zur Märtyrerfigur aufgebaut hätte und damit Kontrast geschaffen hätte zu den anderen Leuten, diesen tauben Nüssen im Politbüro. Ähnlich war das also auch bei uns im Kollegium und wenn es das Ziel gewesen wäre, das Ziel einer größeren Gruppe von Leuten an dem Staatswesen insgesamt etwas bruchartig zu verändern, dann wäre das dort auch zur Sprache gekommen und als es dann zum Knallen kam, war es schon zu spät, als damals dann die Auseinandersetzung im Kollegium geführt wurde. Da war alles schon vorbei.

Fr.: Hat das Kollegium nur kollektive Entscheidungen getroffen oder waren das vorwiegend Einzelentscheidungen, die dann kollektiv getragen wurden?

Antw.: So war es, wie Sie es in zweiter Linie sagen. Es wurde beraten, die Leute konnten ihre Auffassungen sagen, auch kritische Auffassungen dazu, dann wurde es etwas überarbeitet durch Generaloberst ..., der war ja da ein Schlitzohr auf dieser Strecke und dann wurde es dem Minister zur Unterschrift vorgelegt. Und damit wurde das dann gültig, obwohl die letzten Jahre war es dann so ähnlich wie im Politbüro, es waren solche Berge von Problemen aufgewachsen, die man nicht mehr lösen konnte und es kam dann einfach zum Ausdruck, daß man die ganzen Festlegungen sowohl im Kollegium als auch im Politbüro, die wurden in solch allgemeinen Formulierungen gehalten, daß im Grunde genommen durch die Formulierung des Textes niemand für irgend etwas verpflichtet wurde. Die gefaßten Beschlüsse wurden im Grunde genommen ad acta gelegt und so schnell wie möglich vergessen und wenn jemand vielleicht doch versuchte, sich auf einen Beschluß von vor einem halben Jahr zu berufen, hat er nur Ärger hervorgerufen. Man wollte gar nicht so sehr an die gefaßten Beschlüsse erinnert werden.

Aber es ging um die Frage der kritischen Einstellungen und diese gab es im Grunde genommen zu allen Zeiten in unterschiedlicher Stärke und ich halte es übrigens für einen völlig natürlichen Prozeß. Es kann nicht sein, daß alle Leute so gleich geschaltet sind, daß sie von vornherein mit allem einverstanden sind, das gibt es nicht und das kann es auch gar nicht geben, weil die Gesichtswinkel der Kompanie- und Bataillonsebene schon andere sind als die des Regiments, der Division, der Armee und gar nicht zu reden vom Ministerium wo dann doch schon mehr politische Beweggründe eine Rolle spielen. Im politischen Bereich ging das meistens im Ministerium in Zusammenarbeit mit solchen Dingen wie z.B. Ungarn 1956. Dazu gab es heftige Diskussionen. 1961 gab es Diskussionen, weil ja bis dahin immer die Einheit Deutschlands im Mittelpunkt stand. Es gab heftige Diskussionen über solche Reden wie: »Überholen ohne Einzuholen« und Chruschtschow wollte bis 1968 Amerika in den wesentlichen Produktionsbereichen überholt haben usw. Hier wurden damals doch schon recht offen Zweifel geäußert, ob so etwas überhaupt möglich sei. Übrigens, wenn man die Unterlagen der Gauck-Behörde richtig nutzen würde – heute stürzt man sich ja nur auf die sogenannten IM (Inoffizielle Mitarbeiter der Staatssicherheit) –, aber in den sachbezogenen Unterlagen der Gauck-Behörde wird man es finden, was damals zu oben genanntem alles diskutiert wurde. Aber die Sachakten, die für die Geschichtsaufarbeitung unerläßlich sind, werden zur Einsicht nicht freigegeben. Zur Zeit geht man nur auf den kleinen Mann, dem man eingeredet hatte, für das Vaterland und für die Partei und was weiß ich noch als IM zu arbeiten – ich bin überzeugt, daß auch in meinem Sekretariat und in meiner Umgebung Leute waren, die mich bespitzelt haben, es gab auch welche, die haben es mir gesagt, daß sie auf mich angesetzt waren, aber ich würde den Leuten persönlich keinen Vorwurf machen, weil ich weiß, wie so etwas zustande kam, wie sie geworben wurden, wie eine Bespitzelung zustande kam und ich weiß auch, wie dann dieser arme Hund, dieser Spitzel eben, dann dort so im Schweiße seines Angesichts sich einen abgeklemmt hat, um die geforderten Berichte zu schreiben. Z.B. weiß ich es von meinem Kraftfahrer, er sollte aufschreiben was im Auto so gesprochen wird. Erstens mal war es sowieso über seinem Horizont und zweitens mußte er auf die Straße aufpassen und nicht die Ohren spitzen, was da so geredet wird. Also hat er nur dummes Zeug zusammengeschrieben und die Hand wird ihm dabei noch der Stasioffizier geführt haben. Ich habe meistens mit meinen Stasi- und Abwehrleuten in meinem unterstellten Bereich offen darüber gesprochen und habe gesagt: Wenn ihr das schon macht – ich habe ja schon Verständnis, daß ihr solche Pflichten habt – bloß dann macht es doch nicht so dämlich.

Fr.: Nochmal zu einer anderen Problematik: Begeben wir uns in das Jahr 1990, zu dem Zeitpunkt als es klar war, daß sich die deutsche Einheit im Herbst vollziehen wird, und es war klar, daß die NVA ab dem Tag der deutschen Einheit nicht mehr weiterexistieren wird und egal wie, in die Bundeswehr übergehen wird. Was hatten Sie in ihrer damaligen Dienststellung als Stellvertreter des Ministers und Generaloberst, in dem Moment, wo Sie wußten, die NVA hört auf zu existieren, für ein Gefühl?

Antw.: Für mich war eigentlich ab März klar, daß die NVA liquidiert wird. Das habe ich schon damals dem Admiral Hoffmann gegenüber in Denkschriften zum Ausdruck gebracht, es hätte auch nicht anders sein können. Es geht nicht.

Es sind zwei Armeen, die hier vereinigt werden sollen, die beide von unterschiedlichen Ideologien getragen worden sind. Es gibt in der »Zeit« einen Artikel von Ivan Nagel, der sich mit dieser Problematik beschäftigt. Das waren im Grunde genommen zwei potentielle Bürgerkriegsarmeen mit der Herstellung der Einheit Deutschlands. Denkt man an die Geschichte, so gab es durchaus die Vereinigung einer sächsischen und einer preußischen Armee. Und da gab es keine Probleme, denn beide trugen den feudalistischen Staat, der sich dann nur in seinen Grenzen ein wenig veränderte. Mehr änderte sich kaum. Sie behielten sogar ihre Uniformen. Bei uns war das grundsätzlich anders. Wir waren 40 Jahre lang von beiden Seiten konträr, so daß klar war, daß der Verlierer die Rechnung zu bezahlen hat. Und so habe ich mich 1990 auch gefühlt, als Verlierer, der mit der Niederlage leben muß und so gut als möglich noch Haltung bewahren muß und nicht anfängt, den Siegern am Arsch zu lecken. Was leider Gottes eine Reihe Genossen von uns getan haben, in der Hoffnung – und das hat man sehr klug gemacht über die Herren Eppelmann und so weiter, die Leute immer wieder mit Hoffnung zu füttern, um damit ihren Widerstandsgeist zu lähmen. Diese Erkenntnis wollte man nicht hören, im Gegenteil, das Ministerium hat noch bis weit in den September 1990 im Keller gesessen und hat neue Strukturen erarbeitet und ich weiß nicht, ob Eppelmann es subjektiv ehrlich gemeint hat oder ob er wie ein Agent/Provokateur hier eingeschleust worden ist, um die Situation zu entschärfen. Objektiv hat er das auf jeden Fall gemacht, hat es mit großem Geschick gemacht, muß man sagen, vielleicht ist es sogar ein Verdienst, daß es nicht zu blutigen Auseinandersetzungen kam. Das wird die Geschichte beurteilen nicht ich. Aber es ist nun mal so.

Fr.: Als der erste Westgeneral oder Westoffizier zu Ihnen kam, hatten Sie das Gefühl, daß der Feind kommt?

Antw.: Zumindest nicht, daß ein Freund kommt. Feind vielleicht nicht so sehr, ich bin zu lange Offizier der Deutschen Demokratischen Republik gewesen, man will es mir zwar immer ausreden, daß es eine Niederlage gewesen ist, für uns war es auf alle Fälle eine Niederlage. In Auswertung Max Webers sagte man: Die Legitimität der Macht gründet sich in ihren Siegen. Eine Macht die verliert, verliert auch sofort ihre Legitimität. Das war früher etwas anderes z.B. bei feudalen Häusern, die sich über Jahrhunderte hielten, aber sie unterschieden sich, da sie gewissermaßen nicht durch Volkes Gnaden sondern durch Gottes Gnaden erhalten wurden. Gesellschaftliche Erscheinungen wurden nicht reflektiert.

Quelle: Frithjof H. Knabe, Unter der Flagge des Gegners. Wertewandel im Umbruch in den Streitkräften – von der NVA zur Bundeswehr, Opladen 1994, S. 230–233.

Verzeichnis der Tabellen, Faksimiles und Dokumente

Tabellen

Faksimiles

Dokumente

Verzeichnis der Abbildungen

Grafiken

Fotografien

Abkürzungsverzeichnis

Hinweis: Abkürzungen, die nur im Dokumententeil enthalten sind, werden durch ein hochgestelltes Sternchen * gekennzeichnet.

AA*	Armeeangehörige
a.D.	außer Dienst
Abt.	Abteilung
Abt. S/ZK*	Abteilung Sicherheit/Zentralkomitee
Adj.	Adjudant
Adm.	Admiral
AGI*	Archivierte Akte eines Geheimen Informators
AIMK*	Archivierte Akte eines Inoffiziellen Mitarbeiters zur Sicherung der Konspiration und des Verbindungswesens
AK	Armeekorps
Akad.	Akademie
Allg.	Allgemein
amerik.	amerikanisch
Angest.	Angestellter
antifasch.	antifaschistisch
AOK	Armeeoberkommando
Arb.	Arbeit
Armeegen.	Armeegeneral
Art.	Artillerie
Artl.*	Artillerie
ASV	Armeesportvereinigung »Vorwärts«
Aufkl.	Aufklärung
Ausbild.	Ausbildung
Ausrüst.	Ausrüstung
Auszeichn.	Auszeichnung
Automat.	Automatisierung
AZ*	Ausbildungszentrum
Bat.	Bataillon
Batt.	Batterie
BDO	Bund Deutscher Offiziere
Bekleid.	Bekleidung
Bevollm.	Bevollmächtigter
Bewaffn.	Bewaffnung
Bez.	Bezirk
Brig.	Brigade
chem.	chemische
ČR	Tschechische Republik
ČSSR*	Tschechoslowakische Sozialistische Republik
d. R.	der Reserve
DBD	Demokratische Bauernpartei Deutschlands
DGP	Deutsche Grenzpolizei
Dienstst.	Dienststelle
Dipl.	Diplom
Dipl.-Ges.-Wiss.	Diplom-Gesellschafts-Wissenchaftlter
Dipl.-Mil.	Diplom-Militärwissenschaftler
Div.	Division
DOSAAF*	Freiwilligenorganisation zur Unterstützung von Armee, Luftwaffe und Flotte der UdSSR

DR	Deutsche Reichsbahn
Dr. sc.	Doktor der Wissenschaften
DRK	Deutsches Rotes Kreuz
DSF	Deutsch-Sowjetische Freundschaft
Dt.	Deutsch
DVP	Deutsche Volkspolizei
Emigr.	Emigration
Engl.	Englisch
Fak.	Fakultät
FDGB	Freier Deutscher Gewerkschaftsbund
FDJ	Freie Deutsche Jugend
Feldw.	Feldwebel
Fhr.	Führer
Finan.	Finanzen
Fla-	Flugabwehr-
flieg.	fliegerisch
Flugz.	Flugzeug
FMTFK*	Front- und Militärtransportfliegerkräfte
Forsch.	Forschung
franz.	französisch
GBK*	Grenzbrigade »Küste«
Gefr.	Gefreiter
Gen.*	Genosse
Gen.-Fm.	Generalfeldmarschall
Gen.inspekt.	Generalinspekteur
Gen.Ltn.	Generalleutnant
Gen.Maj.	Generalmajor
Gen.Oberst	Generaloberst
Gen.stab-Akad. UdSSR	Generalstabsakademie der sowjetischen Streitkräfte in der UdSSR
Genn.*	Genossin
Ges.-Wiss.	Gesellschaftswissenschaftler
ges.-wiss.	gesellschaftswissenschaftlich
Gesch.	Geschichte
GrenzKdo.	Grenzkommando
GST	Gesellschaft für Sport und Technik
GT	Grenztruppen
HA*	Hauptabteilung
HAbt.	Hauptabteilung
Hist.	Historiker
HNO	Hals-Nasen-Ohren
Hpt.-	Haupt-
Hptm.	Hauptmann
HV	Hauptverwaltung
HVA	Hauptverwaltung für Ausbildung
HVDGP	Hauptverwaltung Deutsche Grenzpolizei
HVDVP	Hauptverwaltung Deutsche Volkspolizei
HVIS	Hauptverwaltung Innere Sicherheit
HVS	Hauptverwaltung Seepolizei
i.G.	im Generalstab
ideol.	ideologisch
Inf.	Infanterie
Ing.	Ingenieur
Inspekt.	Inspekteur
Inst.	Institut
Instand.	Instandsetzung
Instrukt.	Intruktion/Organisation
Interbrig.	Interbrigade
JT*	Jahrestag
jugosl.	jugoslawisch
kaufm.	kaufmännisch
Kdo.	Kommando
Kdr.	Kommandeur
KDVR*	Koreanische Volksdemokratische Republik
Kfz.	Kraftfahrzeug
KJVD	Kommunistischer Jugendverband Deutschlands
Komm.	Kommission
kommand.	kommandiert

Kontr.	Kontrolle
KPD	Kommunistische Partei Deutschlands
KPdSU	Kommunistische Partei der Sowjetunion
Kr.	Kreis
Kripo	Kriminalpolizei
KVP	Kasernierte Volkspolizei
KZ	Konzentrationslager
LaSK	Landstreitkräfte
Lehrg.	Lehrgang
LSK	Luftstreitkräfte
LSK/LV	Luftstreitkräfte/Luftverteidigung
Ltg.	Leitung
Ltn.	Leutnant
Ltr.	Leiter
LV	Luftverteidigung
LVDiv.	Luftverteidigungsdivision
m.d.F.b.	mit der Führung beauftragt
M.A.	Marineartillerie
MAG*	Militärakademie des Generalstabes
MB*	Militärbezirk
MBU*	Militärbauwesen und Unterbringung
MdI	Ministerium des Innern
mech.	mechanisiert
Med.	Medizin/medizinisch
MfAA	Ministerium für Auswärtige Angelegenheiten
MfAV	Ministerium für Abrüstung und Verteidigung
MfNV	Ministerium für Nationale Verteidigung
MfS	Ministerium für Staatssicherheit
Mil.Bez.	Militärbezirk
Militärakad.	Militärakademie
Militärakad./UdSSR	Militärakademie in der Sowjetunion
Min.	Minister
Mitarb.	Mitarbeiter
MSD*	Motorisierte Schützendivision
Nachr.	Nachrichten
nat.	national
NDPD	Nationaldemokratische Partei Deutschlands
NKFD	Nationalkomitee »Freies Deutschland«
NSA*	Nichtsozialistisches Ausland
NSW*	Nichtsozialistisches Wirtschaftsgebiet
NVA	Nationale Volksarmee
NVR	Nationaler Verteidigungsrat
OAdj.	Oberadjudant
Offz.	Offizier
OKW	Oberkommando der Wehrmacht
Ökon.	Ökonom
OMed.Rat	Obermedizinalrat
OOffz.	Oberoffizier
Op.	Operativ
Ord.	Orden
Org.	Organsation
PD*	Panzerdivison
PDS*	Partei des Demokratischen Sozialismus
Phil.	Philosophie
PHV*	Politische Hauptverwaltung
Pio-	Pionier-
pol.	politisch
Polit. HV	Politische Hauptverwaltung
Prod.	Produktion
Prof.	Professor
Prop.	Propaganda/Agitation
Pz.	Panzer

Pz.Div.	Panzerdivision
RAD	Reicharbeitsdienst
Rak.	Raketen
RGO	Rote Gewerkschafts-opposition
Rgt.	Regiment
Rückw.	Rückwärtige
SBZ	Sowjetische Besatzungszone
SDAG*	Sowjetisch-Deutsche Aktiengesellschaft
SED	Sozialistische Einheitspartei Deutschlands
Sekr.	Sekretär/Sekretariat
Silb.	Silber
sowjet.	sowjetisch
SPD	Sozialdemokratische Partei Deutschlands
Spez.	Spezial
SPK*	Staatliche Plankommission
Staatl.	Staatlich
Stellv.*	Stellvertreter
Streitkr.	Streitkräfte
Stv.	Stellvertreter
T/B*	Technik/Bewaffnung
Techn.	Technik
Territor.	Territorial
TG*	Transportfliegergeschwader
TH	Technische Hochschule
Topogr.	Topographie
UAbt.	Unterabteilung
UdSSR	Union der Sozialistischen Sowjetrepubliken
Uffz.	Unteroffizier
Uni	Universität
USA	Vereinigte Staaten von Amerika
Vaterländ.	Vaterländischer
VEB*	Volkseigener Betrieb
Verb.	Verbindung
Verd.	Verdienst
Verteid.	Verteidigung
Verw.	Verwaltung
VizeAdm.	Vizeadmiral
VM	Volksmarine
Vorb.	Vorbereitung
Vors.	Vorsitzender
Vorst.	Vorstand
VP	Volkspolizei-
VR*	Volksrepublik
VVO*	Vaterländischer Verdienstorden
z.b.V.	zur besonderen Verwendung
Zentr.	Zentrale
Zivilbeschäft.	Zivilbeschäftigter
ZK	Zentralkomitee
Zugfhr.	Zugführer
Zusammenarb.	Zusammenarbeit
ZV	Zivilverteidigung

Personenregister

Zu den Autoren

Klaus Froh, Jahrgang 1939, Dr. phil., Studium der Philosophie an der Humboldt-Universität zu Berlin, postgraduales Studium Militärgeschichte in Potsdam, 1957 bis 1989 Berufsoffizier der NVA, Oberstleutnant a.D., 1981 bis 1991 wissenschaftlicher Mitarbeiter/wissenschaftlicher Oberassistent am Militärgeschichtlichen Institut in Potsdam, seit 1991 im Versicherungswesen tätig. Veröffentlichungen zur Geschichte der NVA, vor allem zur Truppengeschichtsschreibung.

Rüdiger Wenzke, Jahrgang 1955, Dr. phil., Studium der Geschichte in Leipzig, 1981 bis 1990 wissenschaftlicher Assistent/Oberassistent am Militärgeschichtlichen Institut der DDR in Potsdam, seit 1990/91 Historiker am Militärgeschichtlichen Forschungsamt in Potsdam. Zahlreiche Veröffentlichungen zur Militärgeschichte der DDR, u.a. Die NVA und der Prager Frühling 1968. Die Rolle Ulbrichts und der DDR-Streitkräfte bei der Niederschlagung der tschechoslowakischen Reformbewegung, Berlin 1995; zusammen mit Torsten Diedrich und Hans Ehlert (Hrsg.), Im Dienste der Partei. Handbuch der bewaffneten Organe der DDR, Berlin 1998; zusammen mit Torsten Diedrich, Die Getarnte Armee. Geschichte der Kasernierten Volkspolizei der DDR 1952–1956, Berlin 2001.